Jürgen Peter Ravens

VOM BARDENGAU
ZUM LANDKREIS LÜNEBURG

Jürgen Peter Ravens

VOM BARDENGAU ZUM LANDKREIS LÜNEBURG

Stadt Lüneburg

Stadt Bleckede · Adendorf · Amelinghausen
Bardowick · Dahlenburg · Gellersen
Ilmenau · Ostheide · Scharnebeck

Zweite durchgesehene und erweiterte Auflage

VERLAG NORDLAND-DRUCK
LÜNEBURG

ISBN 3-922639-00-3

VORWORT
ZUR ZWEITEN AUFLAGE

1969 erschien die erste Auflage dieses Buches. Die Geschichte, die Politik, die Wirtschaft und die Kultur des Kreises Lüneburg und seiner Gemeinden wurde in anschaulicher und wissenschaftlich fundierter Form dargestellt. Das Werk Dr. Ravens' stellte und stellt die erste Gesamtdarstellung unseres Lüneburger Kreises dar. Seit einiger Zeit ist das Buch vergriffen. Eine zweite Auflage ist erforderlich. Dabei konnte es nicht nur darum gehen, das Buch unverändert neu erscheinen zu lassen. Die Zeit seit 1969 hat unseren Kreis in vielerlei Beziehung verändert:

Die vor zehn Jahren durchgeführte Gebietsreform hat die Kreisgrenzen nach außen verändert, Gemeindegrenzen im Innern aufgehoben und insbesondere das historische und wirtschaftliche Zentrum unseres Raumes, nämlich die Stadt Lüneburg, in den Kreis miteinbezogen. Gemeinden und Kreis haben darüber hinaus in großen Anstrengungen die Einrichtungen geschaffen, auf die die Bevölkerung heute Anspruch hat. Dr. Ravens hat deshalb sein Buch in vollem Umfang überarbeitet und aktualisiert. Der gelungene große Wurf der ersten Darstellung ist dabei trotzdem unverändert geblieben. Insbesondere ist deutlich geworden, daß wir alle in einer Kontinuität leben und stehen. Bei allen gegenwärtigen Problemen und Zukunftsaufgaben können wir uns von den Wurzeln unserer Vergangenheit nicht lösen. Das ist aber auch gut so. Nur wurzellos gewordenen Mitmenschen wird es an der Kraft fehlen, die Zukunft zu meistern.

Wir freuen uns, daß die zweite Auflage dieses Buches in einem Jahr erscheint, in dem wir auf 100 Jahre Kreis Lüneburg zurückblicken können.

Lüneburg 1985

Dr. Wilhelm Martens
Landrat

Klaus Harries
Oberkreisdirektor

VORWORT
ZUR ERSTEN AUFLAGE

In unserer Generation wandelt sich die Welt, in der wir leben, mehr als in früheren Zeiten. Auch im Landkreis Lüneburg ist in den letzten Jahren das überkommene Erscheinungsbild immer mehr den Erfordernissen der Zukunft angepaßt worden. Die bevorstehende Gebietsreform wird die Grenzen des Kreises und der Gemeinden ändern und vertraute Namen aufheben. Die Struktur und das Bild der Landschaft werden sich wandeln. Nicht zuletzt dieser Wandel rechtfertigt die Herausgabe eines Werkes über unseren Lüneburger Raum. Der Schwerpunkt des Buches liegt bewußt im Aufzeigen des historischen Weges, der vom Bardengau zur heutigen Zeit geführt hat. Die Probleme und Aufgaben der Gegenwart und der Zukunft sollten uns nicht daran hindern, auch die Vergangenheit zu sehen, zu verstehen und nachträglich zu erleben.

Die Stadt Lüneburg besitzt bereits seit 1933 ein gültiges Geschichtswerk, die „Geschichte der Stadt Lüneburg“ aus der Feder von Stadtarchivar Dr. Wilhelm Reinecke. Der Landkreis Lüneburg gelangt erst jetzt — 36 Jahre später — zu einer umfassenden Chronik.

Der Landkreis Lüneburg hat keinen Archivar. Er mußte sich seinen Autor suchen. Mit Dr. Anneliese Gerecke, Heiligenthal, und Dr. Jürgen Peter Ravens, Winsen (Luhe), beide Historiker, beide Journalisten, ging er schließlich ans Werk.

Eine tragische Zäsur bedeutete der 28. Juni 1967: Dr. Gerecke verunglückte tödlich. Zu diesem Zeitpunkt war erst ein Drittel des vorliegenden Buches fertig, zudem vorwiegend kirchen- und verfassungsgeschichtliche Abschnitte, die Dr. Ravens übernommen hatte. —

Der Landkreis Lüneburg war von vornherein entschlossen, nicht den üblichen Weg zu beschreiten und mehrere Autoren auf jeweils begrenzte Themen anzusetzen. Ihm schwebte ein Werk aus einem Guß vor, das sich dazu durch Lesbarkeit auszeichnen sollte.

Etwas anderes ist es mit der Aufteilung des Stoffes. Der erste Hauptteil, der den langen geschichtlichen Weg vom Bardengau zum Landkreis Lüneburg zum Inhalt hat, ist ebenso wie das ABC der Gemeinden umfangreicher geworden, als es der erste Plan vorsah. Verantwortlich dafür war die Fülle des zu verarbeitenden historischen Stoffes. Nur schweren Herzens entschlossen sich Autor und Kreis, den Wirtschafts- und den Kulturteil zu kürzen.

Der Dank des Landkreises gilt auch Josef Makovec, Lüneburg, der dem Wort das charakteristische Bild an die Seite stellte, er gilt weiter dem Verlag Nordland-Druck, Lüneburg, der dem Buch eine großzügige Ausstattung gab.

Lüneburg 1969

Hermann Hahn
Landrat

Klaus Harries
Oberkreisdirektor

INHALTSVERZEICHNIS

Goe · Vogteien · Ämter · Kreise

ABC der Gemeinden

Die rechtselbischen Gemeinden

Bücherverzeichnis und Register

GOE
VOGTEIEN
ÄMTER
KREISE

CHRONICON
oder
Beschreibung
der Stadt und des Stiffts
Bardewick /

Vor und nach der Zerstörung:

Darinn zugleich unterschiedliches von dem Zustand des alten Sachsen-Landes / so wohl im Heydenthum / als nach eingeführter Christlichen Religion / enthalten /

Wobey auch der umliegenden Stiffter / Clöster und Pfarr-Kirchen / und derer Geistlichen hin und wieder Meldung geschicht;

Aus untrüglichen Archiven / alten und neuen bewehrten Scribenten / nebst andern glaubwürdigen Uhrkunden / und eigener Erfahrung zusammen getragen

Von

Christian Schlöpken /

der Bardewickischen Stiffts-Schulen Rectore.

LUBECK /
In Verlegung des Autoris,
Anno 1704.

„Chronicon oder Beschreibung der Stadt und des Stiffts Bardewick“ von Christian Schlöpke, 1704 in Lübeck erschienen (Titelblatt).

BARDOWICKS GROSSE ZEIT

Die „uhralte" Stadt

„Daß Bardewick eine uhralte Stadt, ja älter, als das alte Rom selbst, gewesen, ist nicht nur eine alte Tradition, die von den Einwohnern dieses Orts für wahr gehalten wird; sondern man findet auch verschiedene Geschicht-Schreiber, die derselben Beyfall geben." Mit diesen Worten bekräftigt Christian Schlöpke, Bardowicks bedeutendster Chronist, die stolze Überlieferung, wonach der Ort an der Ilmenau schon um das Jahr 1000 vor Christi Geburt entstanden sein soll.

Tatsächlich zählt Bardowick zu den ältesten Orten Norddeutschlands. Seine frühe Bedeutung verdankt es der verkehrsgünstigen Lage. Von Bardowick fuhren die Schiffe auf der Ilmenau in die Elbe und weiter ins offene Meer. Außerdem führte ein zu jeder Jahreszeit gang- und fahrbarer Weg durch die Marsch nach Artlenburg, einer der meistbenutzten Fährstellen zwischen den Gebieten westlich und östlich der Elbe.

805 setzte Kaiser Karl der Große in Diedenhofen an der Mosel fest, daß die fränkischen Kaufleute, die mit den Slawen Handel treiben wollten, bis an die Ilmenau ziehen durften. Weiter sollten sie nicht vorstoßen. Karl wollte, daß sie in Bardowick mit den slawischen Partnern ihre Geschäfte abwickelten.

Der Handel macht die eine Seite von Bardowicks Bekanntheit aus. Dazu gewann der Ort kirchliche Bedeutung, zunächst freilich mehr in negativem Sinne. Am 3. November 782 wurde der Missionar Marianus, ein Schüler Willehads, des ersten Bischofs von Bremen, auf der Ilmenaubrücke bei Bardowick ermordet. Diese Bluttat gehört in die wilde Zeit der Sachsenkriege. Noch waren Widukind und seine Gefolgsleute nicht bereit, sich Karl dem Großen zu beugen und das Christentum anzunehmen.

Die neue, christlich-fränkische Ära war unaufhaltsam. Schon begann die Geschichte der wichtigsten Bardowicker Kirche, des sogenannten Domes. „Dieses ... halten wir für ungezweifelt", erzählt Schlöpke, „daß das Stifft, welches noch itzo würcklich bey hiesiger Kirche blühet, ... zu Caroli M(agni) Zeiten seinen Anfang genommen ..."

Nach der gängigen Überlieferung soll Karl der Große Bardowick zum Sitz eines der insgesamt acht von ihm im sächsischen Raum eingesetzten Bischöfe bestimmt haben. Nur einige Jahrzehnte freilich, besagt diese Überlieferung weiter, konnte Bardowick bischöfliche Residenz bleiben. Die Normannen, von deren Überfällen kein Ort an der Elbe und deren Nebenflüssen sicher war, verursachten die Verlegung des Bischofssitzes in das weniger bedrohte Verden.

Die Bezeichnung „Dom" für Bardowicks älteste Kirche scheint diese Lesart zu bestätigen. Aber es muß keineswegs so sein, daß „Dom" für „Bischofskirche" steht. Möglicherweise gewöhnte man sich wegen der Größe der Bardowicker Hauptkirche an, „Dom" zu sagen. Dafür spricht, daß diese Bezeichnung erst nach 1400 begegnet.

Anstatt die Gründung eines Bistums in Bardowick und seine Verlegung nach Verden zu vermuten, folgt man besser der These, daß Karl der Große sowohl in Verden als auch in Bardowick Missionsstationen einrichtete, deren Aktionsgebiete dann später zu einem Bistum mit dem Sitz in Verden zusammengelegt wurden.

Unbestritten ist demgegenüber, daß der Bardowicker Dom als Kollegialstift in die Geschichte eintrat, das heißt, an dieser Kirche wirkte eine größere Anzahl von Klerikern, die sich einer Art von mönchischem Lebensstil unterworfen hatten. Die Missionsaufgaben und die sich rasch dazu gesellenden Verwaltungsaufgaben verlangten — in moderner Sprechweise — ein Team von Geistlichen. Auch ohne Bischof war Bardowick anfangs das kirchliche Zentrum des Bardengaus.

Seit dem letzten Drittel des achten Jahrhunderts begegnet in der sächsischen Literatur immer wieder die Bezeichnung „Bardengau". Noch Herzog Wilhelm, der Sohn Heinrichs des Löwen, nennt sich in einer 1205 ausgefertigten Urkunde *Princeps Bardinghie*, Fürst des Bardengaus.

Schon bei seiner ersten Erwähnung (780) war der Name „Bardengau" nichts als eine geschichtliche Erinnerung. Spätestens um 400 hatten die Langobarden ihre Wohnplätze an der unteren Elbe verlassen. Sie zogen südwärts an die Donau und gelangten über Ungarn schließlich nach Oberitalien. Die Reste der langobardischen Bevölkerung in der alten Heimat im Norden vermengten sich mit den nachdrängenden Sachsen, ein Prozeß, der im achten Jahrhundert längst abgeschlossen war.

Der Name „Bardengau" hatte sich behauptet. Er betraf das Gebiet, das im Westen durch die Seeve und im Osten durch die Westgrenze des heutigen Landkreises Lüchow-Dannenberg bezeichnet ist. Den nördlichen Abschluß bildet die Elbe. Im Süden werden die Nordgrenzen der Landkreise Gifhorn und Celle erreicht; der nördliche Teil des Landkreises Soltau-Fallingbostel ist noch zum Bardengau zu rechnen.

Der sächsische Raum, in dem der Bardengau stets eine hervorragende Rolle spielte, wuchs Ende des neunten Jahrhunderts zum Stammesherzogtum der Ludolfinger zusammen. 919 errang die sächsische Herzogsfamilie mit Heinrich I. die deutsche Königswürde. 1024 starb sie mit Heinrich II. aus. Seitdem existierte das Stammesherzogtum Sachsen nicht mehr. Lediglich für einen Teil behaupteten die Billunger den sächsischen Herzogstitel.

Im Jahre 961, ein Jahr bevor er in Rom die Kaiserkrone empfing, setzte König Otto I. Markgraf Hermann Billung im östlichen Sachsen als Herzog ein. Zugleich schenkte er ihm große Ländereien. Die Familie der Billunger nahm einen bedeutenden Aufschwung.

Zur Zeit Hermanns bereits arbeitete in Bardowick eine Münze. Sie prägte Denare, die sogenannten „Bardowicker Pfennige", die überall in den norddeutschen Städten geschätzt waren. Außerdem wurde in dem geschäftigen Stapel- und Handelsplatz ein Marktzoll erhoben. Den zehnten Teil der Einkünfte aus Münze und Zoll gestand Kaiser Otto I. 965 dem Lüneburger Benediktinerkloster St. Michaelis zu.

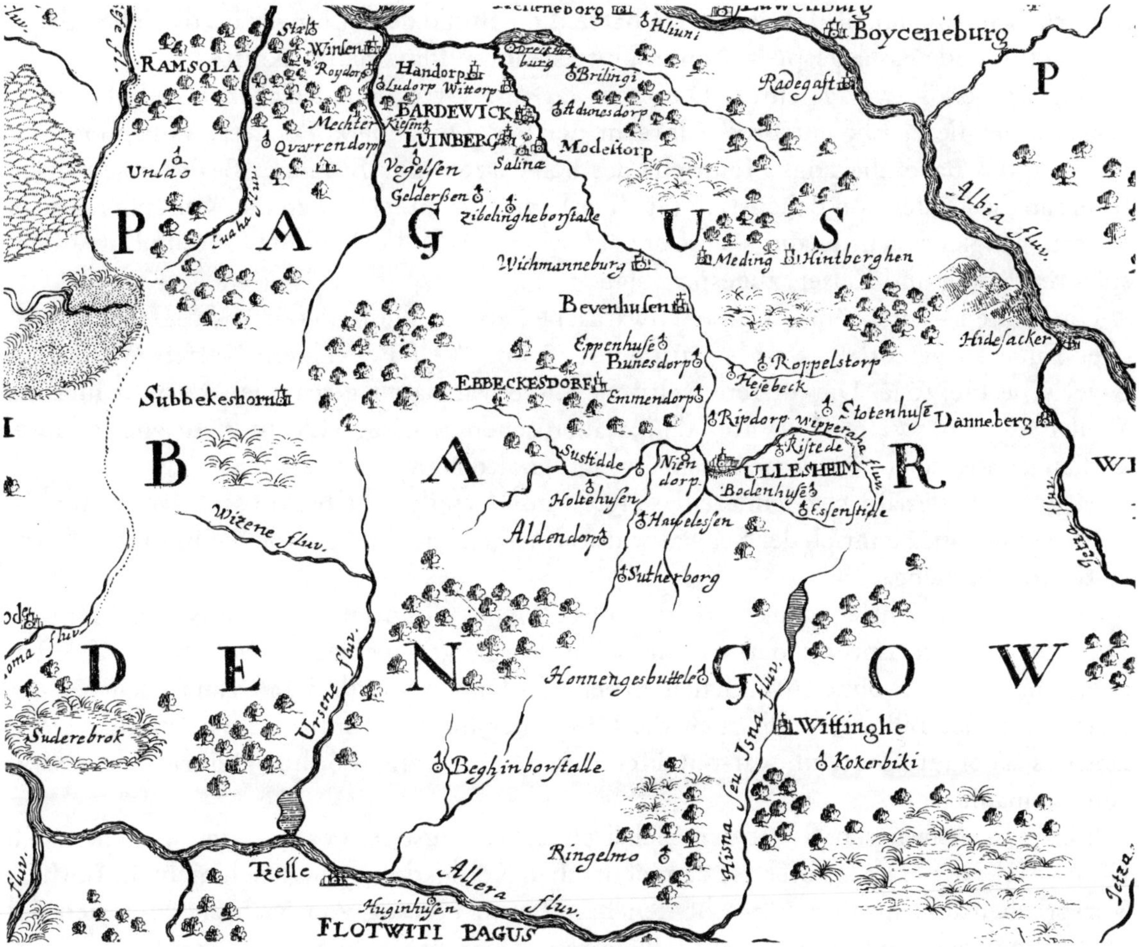

Der „Pagus Bardengow“ mit Bardowick und Lüneburg in Christian Schlöpkes „Chronicon“ (Ausschnitt aus der dort veröffentlichten Karte).

Seitdem sich Karl der Große 795 und 798 in Bardowick aufgehalten hatte, kamen immer wieder kaiserliche und königliche Besucher. Nicht nur auf wirtschaftlichem und kirchlichem Gebiet, sondern ebenso auf politischem lag die Bedeutung der „uhralten“ Stadt an der Ilmenau.

Die Welfen kommen nach Sachsen

Auf der Ertheneburg, die wahrscheinlich schon in karolingischer Zeit den Artlenburger Elbübergang deckte und seit dem zehnten Jahrhundert einer der Stützpunkte der Billunger gegen die slawischen Wenden war, starb 1106 Herzog Magnus, ohne einen Sohn zu hinterlassen. Eineinhalb Jahrhunderte hatte die Familie der Billunger im östlichen Sachsen die führende Rolle gespielt. Nun räumte sie ihren Platz neuen Kräften.

Magnus besaß zwei Töchter. Die eine war mit Otto dem Reichen von Ballenstedt verheiratet; dieser Ehe entsproß Albrecht der Bär. Die andere Tochter, Wulfhilde, war die Frau des Bayernherzogs Heinrichs des Schwarzen. Die Billunger Besitzungen fielen somit an die Grafen von Ballenstedt (auch Askanier genannt) und an die Welfenherzöge in Bayern. Zugleich wurde die sächsische Herzogswürde Lothar von Supplinburg, dem späteren König und Kaiser, zugesprochen.

Die Welfen — ursprünglich eine schwäbische Familie, die 1055 mit Welf III. in männlicher Linie ausgestorben war — wurden 1070 mit Welf IV., einem Neffen Welfs III., bayerische Herzöge. Die jüngere welfische Linie war damit gegründet, korrekt hieß sie Welf-Este, weil Welfs IV. Vater dem italienischen Adelsgeschlecht Este entstammte. Üblich ist aber auch für diesen neuen Zweig der alte Name: die Welfen.

Magnus' Todesjahr bezeichnete das erste Fußfassen der Welfen im sächsischen Raum, und zwar bekam Heinrich der Schwarze durch seine Gemahlin gerade die Billunger Kernlande, den Bardengau.

Den zweiten Schritt in den Norden des Reiches konnten die bayerischen Herzöge 1137 tun. Kaiser Lothar, den es wie seine Vorgänger mehrfach nach Bardowick gezogen hatte, starb ohne männlichen Erben. So kamen wie drei Jahrzehnte vorher der Kernbesitz der Billunger nun auch die Güter der Supplinburger an die Welfen. Denn Lothars Tochter, Gertrud, war mit Heinrich des Schwarzen Sohn, Heinrich dem Stolzen, vermählt.

Sogar die Anwartschaft auf den sächsischen Herzogstitel besaßen die Welfen. Doch Konrad III., der erste Staufer auf dem deutschen Königsthron, hielt sich nicht an Lothars Versprechen und machte Albrecht den Bären zum Herzog von Sachsen. Heinrich der Stolze konnte seine Stellung nicht behaupten. Albrecht fiel in Sachsen ein und eroberte nicht zuletzt Bardowick. Als Heinrich 1139 starb, waren die welfischen Aussichten im Norden ungünstig.

Heinrich der Löwe

Das zwölfte Jahrhundert erlebte das einzigartige Schauspiel, daß sich zwei Herzogtümer des Reiches in der Hand eines Mannes befanden, der, ohne König zu sein, königliche Machtfülle besaß: Herzog Heinrich der Löwe, die überragende Gestalt des Welfenhauses, der Vetter und Gegenspieler Kaiser Friedrich Barbarossas.

1142 hatte Heinrich das Spiel in Sachsen gewonnen. Albrecht der Bär verzichtete auf das Herzogtum und richtete sein Trachten künftig auf die Mark Brandenburg. Heinrich

*Rechts: Heinrich der Löwe — Zerstörer Bardowicks und Förderer Lüneburgs.
Detail des Grabmals im Braunschweiger Dom.*

empfing von König Konrad III. die sächsische Herzogswürde. Zugleich freilich mußte er allen Ansprüchen auf Bayern entsagen. Eineinhalb Jahrzehnte später jedoch vermochte er diesen Verzicht rückgängig zu machen. Die Babenberger, die kurze Zeit den ganzen bayerischen Raum beherrscht hatten, wurden auf Österreich beschränkt.

Seit 1156 hielt Heinrich der Löwe zwei gewaltige Herrschaftskomplexe in Besitz, aber es genügte ihm nicht, bloß das Gewonnene zu wahren. Das Herzogtum Bayern tendierte unverkennbar in den lombardischen Raum, und aus Sachsen stieß nach Norden und Osten die große deutsche Expansionswelle des zwölften Jahrhunderts vor. Von der Lombardei bis Schleswig und vom Rhein bis in die Gebiete östlich der Elbe reichte Heinrichs Einfluß. Innenpolitisch war es sein Bestreben, aus den alten Stammesherzogtümern mit Hilfe des ihm ergebenen Beamtenstandes der Ministerialen militärisch und wirtschaftlich gut funktionierende Territorien zu bilden.

Auch Bardowick bekam die neue Zeit zu spüren. Der Ort war kein Grenzplatz mehr, wo germanische und slawische Händler ihre Waren austauschten. Diese Funktion ging nun an holsteinische und mecklenburgische Orte über — vornehmlich an Lübeck. 1158 erwarb Heinrich der Löwe die 1143 von Graf Adolf von Schauenburg gegründete Stadt und baute sie zu einer großen Handelsmetropole aus.

Noch blühte Bardowick. Eine Vorstellung von dem Treiben, das um die Mitte des zwölften Jahrhunderts in Bardowick herrschte, vermittelt der am 24. April 1912 im „Heidberg“ auf dem rechten Ilmenauufer gehobene Münzenfund. Außer rund 300 Bardowicker Denaren fand man ungefähr 100 Brakteaten verschiedenster Herkunft (Denare sind zweiseitig und Brakteaten einseitig geprägte Münzen). Die zweite Gruppe stammte aus den Prägstätten in Hildesheim, Gandersheim, Goslar, Halberstadt und Quedlinburg; auch Magdeburg und Brandenburg, Eisenach, Erfurt, Orlamünde, Naumburg, Merseburg, Pegau, Meißen und andere Orte waren vertreten. Die heimischen Denare mitgerechnet, ermittelte man insgesamt 48 unterschiedliche Typen. Aus einer Reihe von Merkmalen — wie der Aufschrift *HEINRIC DVX* (Herzog Heinrich) auf den „Bardowicker Pfennigen“ — schlossen die Fachleute, daß der Münzenschatz um das Jahr 1165 im Heidberg vergraben wurde.

Auch die Zahl der Kirchen, die zu Heinrichs des Löwen Zeit in Bardowick standen, beweist den Rang der Stadt. Außer dem Petrus und Paulus geweihten Dom gab es südlich daneben die Kirche „Unser lieben Frauen“ oder *Mariae Virginis*. Am Markt, in unmittelbarer Rathausnähe, erhob sich das Gotteshaus St. Fabiani und Sebastiani. Zwischen dem „Sand“ und dem „Berg“ lag St. Viti, am Nordrand der Stadt, dem sogenannten Wittorfer Ende, St. Stephani, neben der Ilmenaubrücke die St.-Valerii- und Mariani-Kirche. Dazu kamen ilmenauaufwärts St. Johannis, St. Wilhaldi und als letzte, am Südende der Stadt, St. Nikolai.

Die Wilhadi-Kirche wurde offenbar von friesischen Kaufleuten gegründet, die dort beteten, wenn sie in Bardowick waren. In unmittelbarer Nähe der Kirche hatten sie ihre Quartiere. So ergibt sich der bemerkenswerte Sachverhalt, daß die Pfarrei St. Wilhadi nur vier Höfe umfaßte (daneben noch die Bediensteten des benachbarten Gutes Vrestorf).

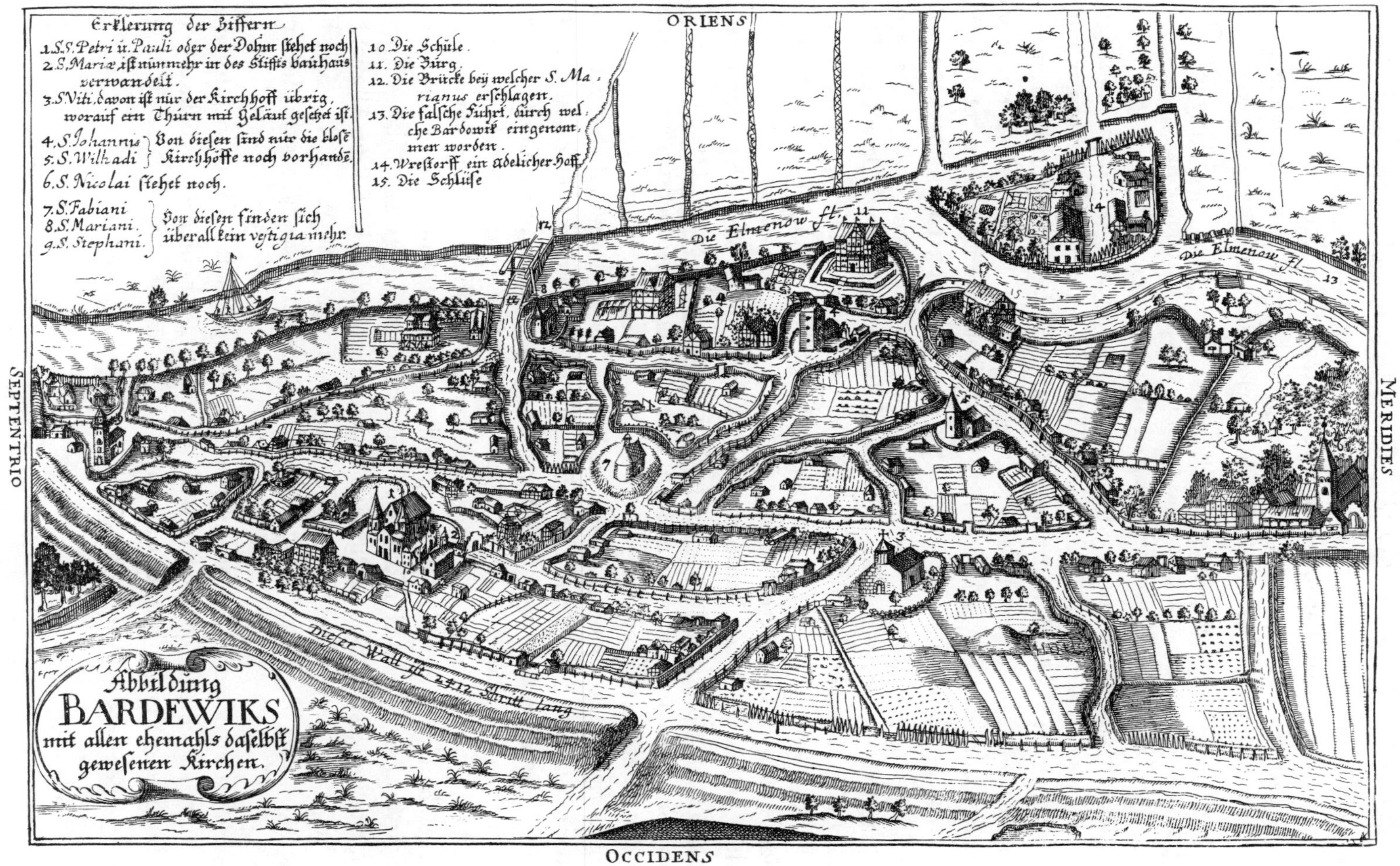

Bardowick in seiner großen Zeit vor der Zerstörung von 1189 durch Heinrich den Löwen. Die Zeichnung ist Schlöpkes „Chronicon“ entnommen.

Eine weitere Kaufmannskirche war St. Johannis. Für St. Stephani ist nicht eindeutig geklärt, ob es sich ebenfalls um eine Kaufmannskirche handelte.

In Nord-Süd-Richtung maß Bardowick gut 2000 Meter, von Osten nach Westen rund 1000 Meter. Mit diesem Umfang, der kostspielige Befestigungsanlagen nötig machte, übertraf die Stadt während ihrer Blütezeit das benachbarte Lüneburg bei weitem. Ein unschätzbarer Wert kommt dem Stadtplan zu, der 1588 von dem Kartographen Daniel Frese gezeichnet wurde. In diesem Plan sind noch alle neun Kirchen eingetragen. Außerdem sieht man die Umwallungslinie und die alten Straßenzüge.

Während die städtische Verwaltung durch einen als Schultheiß bezeichneten herzoglichen Präfekten und vier Ratmannen, die ihm unterstellt waren, offenbar funktionierte, kam es im Kollegialstift zu erheblichen Spannungen. Der Verwalter der Stiftsgüter, der Präpositus, hatte fünf Sechstel der Einkünfte an sich gebracht. Die übrigen Mitglieder des Stifts, die Kanoniker, mußten sich mit dem verbleibenden einen Sechstel begnügen. Schlöpke urteilt: „Solchem Eigennutz haben die Canonici länger nicht nachsehen können, insonderheit, da die Praepositi stattlich und fast Gräfflich gelebet…" 1158 brachte Bischof Hermann von Verden Abhilfe. Der Anteil des Präpositus wurde auf ein Drittel reduziert, die anderen beiden Drittel erhielten die Kanoniker. Außerdem hatten sie von nun an die Möglichkeit, aus ihrer Mitte einen Dekan zu wählen, der ihre Ansprüche gegenüber dem Präpositus vertreten konnte.

Mannigfaltig ist das Bild der Bardowicker Lokalgeschichte zur Zeit Heinrichs des Löwen. Aber nicht sie allein bestimmte den politischen Weg der Stadt. Das entscheidende Ereignis kam von außen, und nicht einmal von Lübeck, der aufstrebenden Konkurrentin, sondern aus der großen Reichspolitik.

Der übermächtige Herzog und sein kaiserlicher Vetter konnten auf die Dauer nicht nebeneinander existieren. Es entstanden Reibungen, es entstand offener Zwist. Das Goslarer Bergwerk beispielsweise wurde zum Streitobjekt zwischen ihnen. In die letzte, gefährlichste Phase trat die Auseinandersetzung 1176, als sich Heinrich in Chiavenna am Comersee weigerte, an Friedrichs Zug gegen den Lombardenbund teilzunehmen.

Das Jahr 1180 brachte die große Abrechnung des Kaisers. Heinrich der Löwe wurde in die Reichsacht erklärt. Beide Herzogtümer büßte er ein. In Bayern folgte Otto von Wittelsbach. Der sächsische Herzogstitel fiel an Bernhard, einen der Söhne Albrechts des Bären. Nur ihre Eigen- oder Hausgüter um Braunschweig und Lüneburg, ihre Allode (zu unterscheiden von den mit der Herzogwürde verbundenen Dienstgütern), blieben den Welfen.

Der Kaiser selbst erschien in Norddeutschland. Heinrich ließ die Ertheneburg anzünden und flüchtete auf einem Schiff nach Stade. Kurz darauf kehrte er zurück, unterwarf sich in Lüneburg dem Vetter, wurde begnadigt, mußte nun aber für drei Jahre das Land verlassen: 1182 ging er zu seinem Schwager, dem König von England, in die Verbannung.

Leonis Vestigium (1189)

Heinrich der Löwe war außer Landes. Drei Jahre lang — bis 1185 — hielt er sich im Königreich England auf. Dann kam er wieder und suchte seine sächsische Position neu zu festigen. Aber nochmals war er der Verlierer. Man nötigte ihm ein zweites Exil auf. 1189 ging Heinrich wieder ins Ausland.

Kaum hatte der Kaiser den dritten Kreuzzug angetreten, auf dem er 1190 ertrank, da machte der Verbannte kehrt und erschien in Sachsen. Selbst die welfischen Allode waren gefährdet. Herzog Bernhard unternahm alle Anstrengungen, seine Lande Wittenberg und Lauenburg abzurunden.

Im Oktober 1189 kam der Löwe in das Lüneburger Gebiet. Die Ertheneburg war inzwischen durch den Askanier abgetragen worden; ihre Steine hatte er zum Bau Lauenburgs verwandt. Zeitweise war sogar die Fähre von Artlenburg nach der nun ein Stück stromaufwärts gelegenen Neugründung verlagert worden. Unter dem Druck der Kaufleute hatte Bernhard aber rasch den alten Zustand wiederherstellen müssen.

Der Löwe rückte vor Bardowick und begann die Stadt zu belagern. „Insgemein wird erzehlet und auch von den meisten gegläubet", weiß Christian Schlöpke dazu zu berichten, „daß die Belägerte so gottloß gewesen, und *Henrico Leoni* von den Mauren, *salva venia* (mit Verlaub zu sagen), die entblößete Hindern gezeiget." Schlöpke motiviert die Belagerung damit, daß Heinrich den Bardowickern alte und neue Beleidigungen heimzahlen wollte, deren sich die Bardowicker aus Ärger über den Aufstieg Lübecks unterstanden hatten.

Auf den drei Landseiten war die Stadt von schwer einnehmbaren Wällen und Mauern umgürtet. Darum richtete Heinrich seine hauptsächlichen Angriffe auf die verhältnismäßig niedrige Mauer, die Bardowick zur Ilmenau hin hatte. Mit Schiffen versuchte er an sie heranzukommen. Aber die Eingeschlossenen merkten die Absicht und schossen die Schiffe in Brand.

Zwei Tage lang mühte sich der Herzog vergebens, die Stadt zu erstürmen. Am dritten Tag jedoch, dem Tag der Apostel Simon und Judas (28. Oktober 1189), erhielt er einen unerwarteten Bundesgenossen: einen Bardowicker Ochsen, der sich verirrt hatte und unversehens im welfischen Lager auf dem östlichen Ilmenauufer erschien.

Die Soldaten hatten ihren Spaß mit dem Tier, das völlig scheu durch die Zeltstraßen lief. Sie jagten es fort, geradewegs gegen den Fluß trieben sie es — und der Ochse watete hindurch! Nur bis an die „Hüffte des Leibes", wie Schlöpke meldet, reichte ihm das Wasser. Der Bardowicker Ochse kannte eine Furt durch die Ilmenau; die „falsche Furt" wurde sie später genannt.

Hinter dem Tier her ließ Heinrich sofort Reiter aufs andere Ufer übersetzen. Die Übergangsstelle lag etwa auf der Höhe der Nikolaikirche. Für einen Angriff war sie eigentlich wenig geeignet. Denn ganz in der Nähe traf die südliche Stadtmauer auf den Fluß, und von ihr herunter konnten die Verteidiger mit Pfeilen schießen. Lediglich der Überraschungseffekt entschied über den Erfolg. Ehe die Belagerten recht begriffen, was geschah oder schon geschehen war, hatten des Löwen Leute bereits über die niedrige Ufermauer den Weg in die Stadt gefunden.

Die Bewaffneten, auf die sie trafen, mußten sterben oder gerieten in Gefangenschaft. Viele Häuser gingen in Flammen auf. Die Stadtmauern und Türme wurden geschleift, die Wälle eingeebnet. Die Eroberer bereicherten sich an goldenen und silbernen Wertsachen. Die Kirchen büßten ihre Schätze ein: ganze Fenster, Glocken, Abendmahlskelche, Weihrauchfässer, Schellen, Meßgewänder und kostbare Bücher wanderten von Bardowick nach Ratzeburg, um zur Ausstattung des dortigen Domes verwandt zu werden. Die Gotteshäuser als solche blieben verschont; alle neun werden noch nach dem Schreckensjahr 1189 erwähnt.

Selbst die Bardowicker Trümmer wurden fortgeschafft. Mit Steinen der zerstörten Stadt an der Ilmenau förderte man den weiteren Ausbau Lübecks. Hamburg profitierte auf gleiche Weise. Den meisten Nutzen aber hatte das benachbarte Lüneburg.

In diesem Sinne erzählt Schlöpke die Geschichte von Bardowicks Untergang — anschaulich, dramatisch und rund, nur kaum in Einklang mit der historischen Wirklichkeit. Die Zerstörung von 1189 war nicht ein Racheakt Heinrichs an den Bardowickern. In die Stadt hatte Herzog Bernhard, Heinrichs Rivale, eine starke Besatzung gelegt. Mit Bardowick brach der Welfe eine der wichtigsten Bastionen des Askaniers.

Im übrigen will es nicht einleuchten, daß der Herzog die Stadt von der Ost- und Ilmenauseite her angegriffen haben soll. Es wäre geradezu töricht gewesen, wenn er nicht die West- und Landseite gewählt hätte. Offenbar gab Schlöpke seine Darstellung unter dem Eindruck späterer Ereignisse; im 30jährigen Krieg kam die Gefahr vielfach aus östlicher Richtung.

Es wäre auch irreführend, den Niedergang Bardowicks plötzlich und allumfassend mit dem Geschehnis von 1189 beginnen zu lassen. Dafür waren politische und wirtschaftliche Verschiebungen größeren Ausmaßes verantwortlich. Freilich wurde die Abwärtsentwicklung durch die Zerstörung zusätzlich gefördert.

Löwe und Ochse (beziehungsweise Bulle, denn als Bulle erlangte Schlöpkes Ochse seine geradezu sprichwörtliche Bedeutung), sie haben beide Symbolcharakter für Bardowick. *Leonis Vestigium* (Des Löwen Spur) heißt die Unterschrift unter dem hölzernen Löwen über dem Südportal des Domes, und kein Zweifel, daß Heinrich der Löwe in die Geschichte Bardowicks seine unverwischbare Spur eindrückte. Kein Zweifel aber auch, daß der sicher gar nicht historische Bulle vorzüglich geeignet ist, den nach seiner städtischen Glanzzeit mehr agrarischen Charakter Bardowicks zu dokumentieren — wenn man die scherzhaft in ihm verdeutlichten Charaktereigenschaften des Bardowicker Gemüsebauers hier einmal liebevoll übergehen darf.

Der hölzerne Löwe über dem Südportal des Bardowicker Domes erinnert an 1189: „Leonis Vestigium" — die Spur des Löwen.

LÜNEBURGS AUFSTIEG

Die Grundlagen: *Mons, Fons, Pons*

Es waren wahrhaftig nicht nur die Anno 1189 aufgrund der Zerstörung Bardowicks verfügbar gewordenen Steine, aus denen Lüneburg gebaut wurde. Eher war es schon das mächtig aufragende Gestein des Kalkbergs, dem die Stadt ihre Entstehung verdankte. Dabei ist zu berücksichtigen, daß die Kuppe des riesigen unterirdischen Zechsteingebirges, die man heute in Lüneburg sehen kann, kaum mehr als ein Sechzehntel des ehemaligen, von einer stolzen Burg gekrönten Massivs darstellt.

Einem Spruch zufolge, der gewiß spätmittelalterlichen Ursprungs ist und jedenfalls noch im 18. Jahrhundert am Eingang der Lüneburger Saline zu lesen war, besitzt die schon im Mittelalter zu strahlendem Glanz aufgeblühte Siedlung an der Ilmenau drei Keimzellen. *Mons, fons, pons; tua Dona Deus* heißt es in dem Spruch. Der Nestor der Lüneburger Geschichtsschreibung, Professor Wilhelm Reinecke, übersetzte die Worte so: „Berg und der Quell und die Brücke — Herr Gott! Dein sind diese Gaben!"

Berg, Quelle und Brücke stehen am Anfang der Entwicklung Lüneburgs. Die so griffige Formel trifft in der Tat die drei zukunftsträchtigen Bereiche am Anfang Lüneburger Geschichte.

Der spätere Burgberg war so ein rechter Zufluchtsort, „Hliuni" im Langobardischen genannt. In dieser Form kommt der Name „Lüneburg" bereits Ende des achten Jahrhunderts in den karolingischen Annalen vor. Im zehnten Jahrhundert begegnet die Schreibweise „Lhiuniburg", im elften ist von einem *dux de Luiniborch* (Herzog von Lüneburg) die Rede.

Bei diesem Herzog handelte es sich um ein Mitglied des Hauses Billung. Nachdem die sächsischen Herzöge aus dem Hause der Liudolfinger zu deutschen Königen aufgestiegen waren, statteten sie die Billunger Markgrafen, ihre Stellvertreter in Sachsen, mit herzoglichen Rechten aus. Die markanteste Gestalt dieses sächsischen Geschlechts war Herzog Hermann Billung. Um 950 ließ er auf der weithin sichtbaren Zechsteinkuppe die Lüneburg errichten. Die Aufgabe für Herzog und Burg lautete, die gleich östlich der Ilmenau siedelnden Wenden in Schach zu halten. Nach dem Abzug der Langobarden waren nicht nur aus Norden die Sachsen nachgerückt, sondern ebenso aus Osten Westslawen.

Die am 13. August 956 von König Otto I. zu Magdeburg gegebene Urkunde, der älteste urkundliche Beleg für Lüneburg, nennt die Burg. Gleichzeitig wird auch das im Vorjahr gegründete Benediktinerkloster St. Michaelis am Hang des Burgberges genannt.

Die Urkunde von 956 erwähnt schließlich die Lüneburger Saline. Zu diesem Zeitpunkt wurde die artesische Quelle, die aus der Tiefe des Zechsteingebirges eine Sole mit 26,5 Prozent Kochsalzgehalt an die Erdoberfläche drückte, längst wirtschaftlich genutzt. Man konnte die Sole sieden. Der Handel mit dem so gewonnenen Salz florierte.

Zu Zeiten Hermann Billungs gründeten die Benediktiner in Lüneburg ihr Michaeliskloster (955). Erinnerung an den Sachsenherzog (16. Jahrhundert).

Seit wann diese einträgliche Erwerbsmöglichkeit bestand, ist ungewiß. Eine Sage versucht die Lücke zu schließen. Eines Tages — sicher nach dem Abzug der Langobarden — soll sich ein weidwund geschossenes Wildschwein in einem Sumpfloch gewälzt haben. Als die Jäger bei ihren bellenden Rüden angelangt waren und das Schwein abgestochen hatten, sahen sie überrascht, daß die schwarzen Borsten glitzerten; je trockener sie wurden, umso deutlicher kristallisierte das Sumpfwasser.

Nur wenige hundert Meter südöstlich des Kalkbergs geschah das Wunder, wenn es geschah. Auf jeden Fall erreichte dort der kostbare Solefluß aus der Tiefe die Erdoberfläche. Man konnte die Quelle durch eine Art Brunnenschacht einfassen; man konnte sie nutzen.

Ebenso wie der Berg und die Quelle waren die Ilmenau und die sie überquerende Brücke geeignet, Menschen anzulocken und das Wachsen der ersten kleinen Ansiedlung zu befördern. Dies galt um so mehr, als Karl der Große gerade nach Modestorp, wie der mit Burg und Saline noch längst nicht zusammenhängende Ort an der Brücke hieß, eines der vier Archidiakonate des Bardengaus legte. Die so entstandene Kirche wurde Johannes dem Täufer geweiht. St. Johannis, das nachmals bedeutendste Gotteshaus der Handelsstadt Lüneburg, trat in die Geschichte ein. Die Verbindung zwischen Berg und Brücke stellte einstweilen ein Heerweg her, benutzt von den Salzfuhrwerken der Lüneburger Kaufleute. Heute verlaufen entlang dieses Weges die Straßenzüge Auf der Altstadt, Grapengießerstraße, Am Sande, Bei der St.-Johannis-Kirche und Altenbrückertorstraße.

Kaiser und Könige auf dem Kalkberg

Seit den Tagen Hermann Billungs bildete die Lüneburg auf hohem Zechsteinfelsen das stärkste Glied innerhalb der Burgenkette an der Grenze zwischen Sachsen und Wenden. Gleichzeitig war sie der Treffpunkt, wenn wichtige staatliche oder auch kirchliche Dinge anstanden. Das war zu Zeiten der Billunger genauso wie hernach, als die Welfen die sächsiche Herzogswürde innehatten.

König Heinrich IV., der spätere Kaiser, nahm 1071 im Verlaufe einer Auseinandersetzung mit Herzog Magnus, dem letzten Billunger, die Lüneburg ein. Auf dem Kalkberg schloß er kurz darauf mit dem dänischen König Sven Estridson ein Bündnis, wobei Erzbischof Adalbert aus Bremen als Ratgeber des deutschen Königs auftrat. Vordem hatte die Kalkbergburg einen glücklichen Magnus gesehen, neben ihm eine ungarische Königstochter, seine Frau.

Sogar wendische Fürsten betraten die Lüneburg, und dies keineswegs etwa nur als Gefangene, sondern durchaus auch als Freunde. Solch ein Freund der Billunger war der Fürst Butue, aber ebenso der Fürst Gottschalk, der von den Benediktinern unterhalb der Burg erzogen worden war, oder der als König bezeichnete Wendenfürst Heinrich, der in der Klosterkirche St. Michaelis seine letzte Ruhe fand.

Die Lüneburg auf dem Kalkberg thront über der mittelalterlichen Stadt. Malerei von Hans Bornemann (um 1400).

Im zwölften Jahrhundert war es Lothar von Supplinburg, der erst als sächsischer Herzog und später als deutscher Kaiser oft und teilweise sogar für längere Zeiträume auf der Lüneburg weilte.

Demgegenüber kam Albrecht der Bär als Eroberer, nicht anders als Heinrich der Löwe. Erzbischof Adalbero von Bremen und dessen Domprobst saßen ebenso wie der Wendenfürst Niklot als Gefangene des Welfen auf dem Kalkberg. Heinrichs Gemahlin Clementia hielt dort Hof. Ein anderer Wendenfürst mit Herzogstitel, Pribislaus, empfing auf der Lüneburg die Taufe.

In diese Aufzählung gehören weiter die Grafen von Ratzeburg, Schaumburg, Dannenberg, Lüchow, Schwerin und Boizenburg, der Landgraf von Thüringen, die Bischöfe von Lübeck, Schwerin und Halberstadt sowie zahlreiche andere weltliche und geistliche Repräsentanten ihrer Zeit, des deutschen Kaisers Friedrichs I. Barbarossa nicht zu vergessen. Auf der Lüneburg saß er dem aufsässigen Vetter, Heinrich dem Löwen, gegenüber, als dieser sich ihm unterwarf und in die englische Verbannung verabschiedete.

Mit Otto dem Kind bekam die Burg auf dem Lüneburger Kalkberg 1235 für die eineinhalb Jahrhunderte, die sie noch bestehen sollte, welfische Herren.

Die Neustadt mit Sand und Markt

Dynamisch vollzog sich Lüneburgs Aufstieg. Salzgewinnung und Salzhandel hießen die beiden Säulen, auf denen die Bedeutung und der zunehmende Reichtum der Stadt ruhten. Befand sich die Salzquelle, aus der man in Eimern die Sole fördern konnte, zunächst im Besitz der sächsischen Herzöge, so geriet sie im Laufe der Jahrhunderte in immer mehr Hände.

Schließlich standen 54 Siedehäuser auf dem Salinengelände. Über hölzerne Rinnen wurde die Sole in sie hineingeleitet, um darinnen in großen Pfannen, unter denen kräftige Holzfeuer loderten, zu Salz verarbeitet zu werden. Jedes Siedehaus enthielt vier Pfannen, wobei eine Pfanne keineswegs der kleinste Besitzanteil auf der Sülze war. Es gab Sülzbegüterte, die nur einen „Chor", den sechsten Teil einer Pfanne, besaßen. Ja um die Eigentumsverhältnisse genau erfassen zu können, hatte man einen Chor weiter in drei „Fuder" und das Fuder wiederum in vier „Rump" aufgliedern müssen. Ein Rump stellte nur noch ein Zweiundsiebzigstel einer Pfanne dar.

Indem die Zahl der großen und kleinen Sülzbegüterten wuchs, bürgerte es sich ein, die Soleanteile zu verpachten. Die Pächter hießen Sülfmeister. Sie waren in Lüneburg ansässig und galten als die wohlhabendsten Einwohner der wachsenden Stadt.

Vermutlich bis ins zwölfte Jahrhundert hinein war zwischen Modestorp an der Ilmenau-Brücke und der Siedlung zu Füßen der Burg freies Feld. Die Burgsiedlung gruppierte sich um drei Straßen, die strahlenförmig auf den Kalkberg zulaufen, mit heutigen Namen Salzbrückerstraße, Auf der Altstadt und Auf dem Meere. Dazu kamen die Querverbindungen In der Techt, Obere und Untere Ohlingerstraße sowie Auf der Rübekuhle.

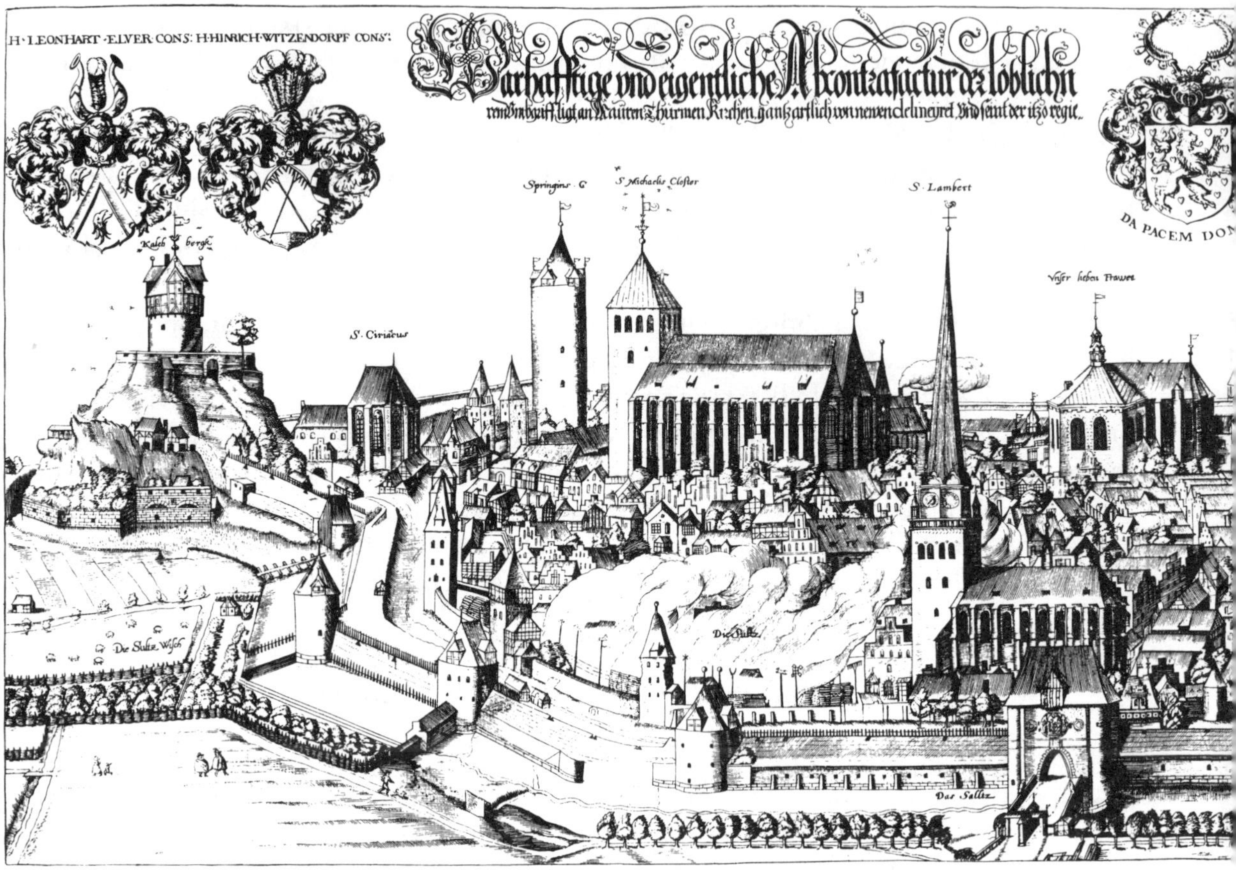

Das hochmittelalterliche Lüneburg mit der Burg und seinen Kirchen.
Eine der zahlreichen Abbildungen aus späterer Zeit.

Der Name Auf dem Meere gibt einen Hinweis darauf, daß dem Lüneburger Untergrund schon im Mittelalter nicht zu trauen war. Durch den Abfluß der Sole aus den Höhlen des unterirdischen Zechsteingebirges bilden sich Hohlräume; Häuser und Straßen können in die Tiefe gezogen werden. Schon 1013 muß ein derartiges Ereignis die Lüneburger und alle, die es erfuhren, aufgeschreckt haben. „Auch öffnete sich auf dem Lüneburger Berge eine fürchterliche Erdspalte“, berichten die Quedlinburger Annalen unter dem genannten Jahr. Der zeitgenössische Merseburger Bischof Thietmar entsetzte sich über einen „ungeheueren Bergspalt“. Wie ein Meer kam den Augenzeugen die Einbruchstelle vor.

Der Städtegründer und -ausbauer Heinrich der Löwe dürfte auch für die Erweiterung Lüneburgs in Anspruch zu nehmen sein, für die Errichtung der Neustadt zwischen den Vierorten, wo am Ausgang der Straße Auf der Altstadt die ehemalige Burgsiedlung endete, und Modestorp.

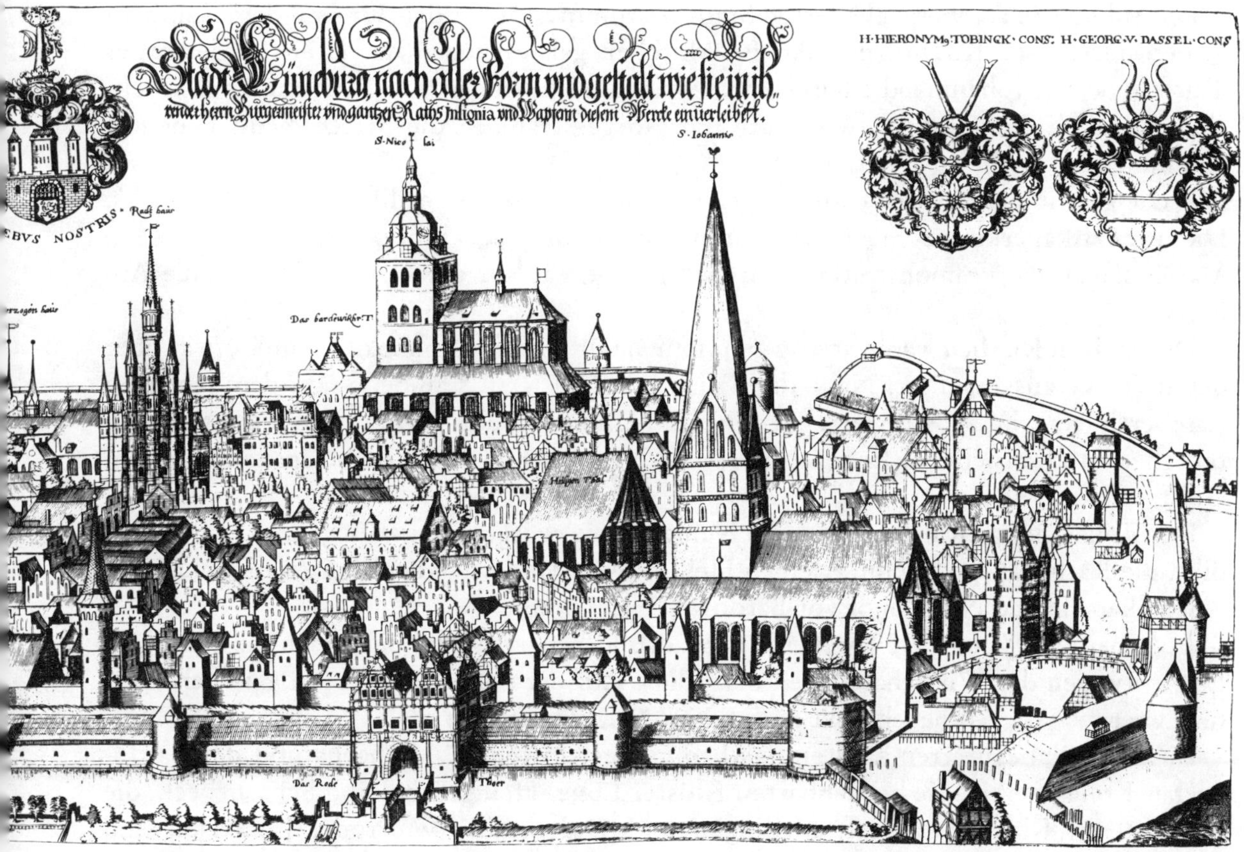

Die östliche Neustadt ist offenkundig nicht historisch gewachsen, sondern planmäßig angelegt worden. Die Straßen laufen im wesentlichen rechtwinklig aufeinander zu. Die West-Ost-Achse, jener alte Heerweg, wie auch die Süd-Nord-Achse werden betont (Rote Straße, Kleine und Große Bäckerstraße, Bardowicker Straße). Die Nahtstelle zwischen Alt- und Neustadt bilden die Salzstraße und ihre Verlängerung über die Vierorte hinaus, die Neue Sülze, eine Erinnerung an eine weitere und kurzfristig auch ausgebeutete Solequelle.

Seitdem die Stadt vom Kalkberg bis zur Ilmenau-Brücke reichte, gliederte sie sich in das Wasser-, das Sand-, das Markt- und das Sülzviertel. Dabei wurden die beiden östlichen Viertel von den beiden westlichen durch die Linie Bardowicker Straße, Große Bäckerstraße, Untere Schrangenstraße, Kuhstraße, Enge Straße und Rackerstraße geschieden. Die quer dazu verlaufende Linie (im Norden Wasser- und Marktviertel, im Süden Sand- und Sülzviertel) markieren Conventstraße — Am Berge — Zollstraße — Große Bäckerstraße — Untere und Obere Schrangenstraße — Vierorte — Auf der Altstadt.

Die Gliederung in vier Stadtbezirke war verwaltungsmäßig von Bedeutung — jedes Viertel hatte seine eigenen Steuerlisten —, ebenso hinsichtlich der Stadtverteidigung, indem jeder Stadtbezirk Formationen der Bürgerwehr aufzustellen hatte.

Die Silhouette der viergegliederten Stadt bestimmten außer der Burg auf dem Kalkberg insbesondere acht Kirchtürme. An Pfarrkirchen gab es neben der alten Modestorper Taufkirche, St. Johannis, die Kirche St. Cyriak zu Füßen der Burg. Sie stand ein Stückchen nördlich des Punktes, wo heute die Görgesstraße in die Straße Beim Benedikt einmündet.

Dazu gesellten sich drei Klosterkirchen, voran die der Benediktiner, St. Michaelis. Die Franziskanerkirche St. Marien stand auf dem Platz hinter dem Rathaus (Am Marienplatz), die Prämonstratenserkirche St. Andreae auf der Ostseite der Straße Am Berge.

Die übrigen Kirchen waren streng genommen nur Kapellen, ohne daß damit etwas über deren Größe ausgesagt ist. Nahe der Saline erhob sich St. Lamberti (auf dem heutigen Lambertiplatz), im Wasserviertel St. Nikolai. Und noch ein Turm ist auf jeder mittelalterlichen Stadtansicht zu finden: die spitze Nadel der Kapelle Zum Großen Heiligen Geist.

Der Vollständigkeit halber seien die Namen sechs weiterer Kapellen genannt: St. Benedikt, die Rathauskapelle Zum Kleinen Heiligen Geist, Marienkapelle, Gertrudenkapelle, Antonikapelle und Nikolaihof vor Bardowick.

Auf eben die Weise, wie Kirchen das Stadtbild beherrschten, beherrschten kirchliche Einrichtungen das Wirtschaftsleben der Stadt. Auf der Saline überwogen geistliche Anteileigner, was die 54 Siedehäuser und die 216 Salzpfannen betraf.

Zu den Sülzbegüterten zählten das heimische Kloster St. Michaelis und das Bardowicker Kollegiatstift, die benachbarten Klöster Lüne, Heiligenthal und Scharnebeck, die entfernteren Klöster Ebstorf, Medingen und Oldenstadt, Walsrode, Isenhagen und Wienhausen, die Domkapitel Verden, Lübeck, Ratzeburg, Hamburg, Hildesheim, Braunschweig, Paderborn, Halberstadt, Magdeburg und Havelberg, eine Fülle weiterer geistlicher Institutionen in Bredenbeck-Neukloster, Buxtehude und Harsefeld, in Reinfeld und Reinbek, Hameln und Salzwedel, in Deister und Harz, im Calenbergischen und an der Weser, in Doberan und Hiddensee, in der Altmark, im Brandenburgischen, in der Neumark, in Sachsen, an vielen anderen Orten noch.

Durch sechs Tore auf sechs Fernstraßen

Was der Klerus besaß und die Sülfmeister verwalteten und zu hochwertigem Salz verarbeiten ließen, bedurfte zwingend des Kaufmanns und des Fuhrmanns oder des Schiffers, um andere Kaufleute und zuletzt die Verbraucher zu erreichen. Der Weg führte unter Umständen durch die Altenbrückertorstraße und das Altenbrückertor über die alte Brücke von Modestorp.

Rechts: Das mächtige Bauwerk des Altenbrückertors wird abgerissen.
Zeichnung von Anthonic Waterloo (1610—1690).

Es war eine Möglichkeit unter vielen. Das mittelalterliche Lüneburg bildete das Zentrum einer riesigen Straßenspinne. Wenn man will, kann man 13 Heer- und Handelsstraßen finden, die alle Lüneburg zum Ausgangs- oder Zielpunkt hatten. Von Osten nach Norden reihten sich aneinander die folgenden Straßen: Neetze — Boizenburg beziehungsweise Bleckede; Barskamp (Bleckede) — Darchau; Dahlenburg — Dannenberg; Vastorf — Lüchow — Salzwedel — Stendal; Dieksbeck (Hohenbostel im Landkreis Uelzen) — Bienenbüttel — Uelzen — Magdeburg; Melbeck — Ebstorf — Suderburg — Braunschweig; Tellmer (Betzendorf) — Wulfsode — Lutterloh — Celle — Hannover; Müden — Hermannsburg — Winsen an der Aller; Amelinghausen — Soltau — Verden; Reppenstedt — Salzhausen — Rotenburg — Bremen; Dachtmissen (Reppenstedt) — Pattensen (Landkreis Harburg) — Harburg — Stade (Alter Postweg); Bardowick — Winsen (Luhe) — Hamburg; Brietlingen — Lüdershausen (Brietlingen) — Artlenburg — Lübeck (Alte Salzstraße).

Der Vielzahl der Straßen entspricht eine niedrigere Zahl von Toren. Die aufgezählten Wege liefen teilweise dicht nebeneinander her und mündeten in gemeinsame Tore. Vereinfacht kann man von sechs Straßen und sechs dazugehörigen Toren sprechen. Durch das Altenbrückertor ging es nach Salzwedel und Stendal, durch das südliche Rotetor nach Uelzen und Braunschweig, durch das südöstliche Sülztor nach Celle und Hannover, durch das westliche Neuetor nach Verden und Bremen, durch das nördliche Bardowicker Tor nach Hamburg, durch das nordöstliche Neubrückertor auf die Alte Salzstraße über Artlenburg nach Lübeck.

Fünf weitere Stadttore hatten für den Handel so gut wie keine Bedeutung. Im Osten gab es noch das Rennenbruchtor, im Westen das Abtstor sowie das Wellen- oder Spillekentor, schließlich das Grimmer- und das Lindenbergertor (an die Stelle dieser beiden Tore trat das Neuetor).

Die wichtigste Straße für die Lüneburger Saline war die Alte Salzstraße. Hatten die Wagen unterhalb der Abtswassermühle die Ilmenau überquert und gleich darauf das „Häringhaus“ (das spätere Alte Kaufhaus) und das Neubrückertor passiert, so ging die Fahrt an Kloster Lüne vorbei durch herrlichen Hochwald, bis linker Hand der Bardowicker Dom auftauchte und sich das Marschenland in Richtung Lüdershausen und Artlenburg öffnete.

Weil ein Großteil des Lüneburger Salzes seinen Weg über Lübeck nahm — in den gesamten nordeuropäischen Raum hinauf —, war diese Route mit Abstand die wichtigste. Um sie zu sichern, kam es darauf an, mit dem nördlichen Nachbarn, den Herzögen von Sachsen-Lauenburg, gute Beziehungen zu unterhalten; denn durch deren Gebiet führte die Alte Salzstraße.

Wichtig war auch der Wasserweg über die ab Lüneburg schiffbare Ilmenau in die Elbe, um sie entweder stromabwärts in Richtung Hamburg oder aber stromaufwärts zu benutzen; in diesem Falle konnten die Lüneburger Schiffer durch Flüsse, Seen und Kanäle sowohl Lübeck wie auch verschiedene mecklenburgische Orte erreichen. Die Fahrt nach Mecklenburg hinauf bot den zusätzlichen Vorteil, daß die Rückfracht feststand: Holz.

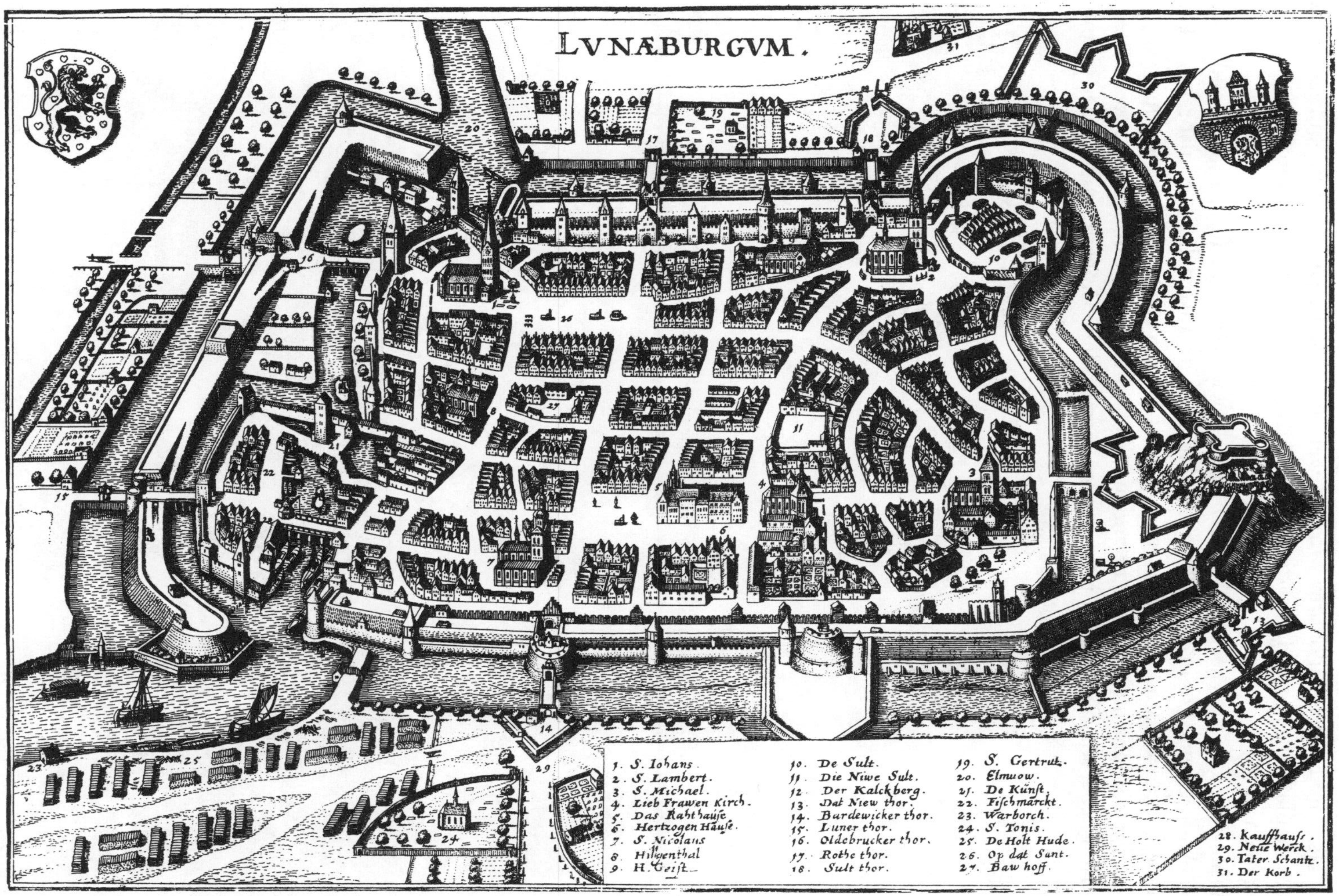

Lüneburgs Befestigungsanlagen aus der Vogelperspektive.
Merianstich (17. Jahrhundert).

Als die Wälder im Bardengau lichter wurden, weil der Holzbedarf der Lüneburger Saline schier unermeßlich war, eröffneten die reichen mecklenburgischen Waldungen eine Zukunftsperspektive.

Der Raubbau in den sächsischen Wäldern hatte gewiß schlimme Folgen; die Landschaft verödete. Andererseits konnte sich nun das Heidekraut ansiedeln und ausbreiten. Die Lüneburger Heide verdankt ihre Entstehung der Lüneburger Salzindustrie. Insofern ist die Heide, im 20. Jahrhundert der Fremdenverkehrsmagnet Nummer eins, keineswegs eine ursprüngliche, sondern eine durch rigorose menschliche Eingriffe entstandene Landschaft.

DIE WELFISCHEN BURGEN

Meier und Vögte

Bevor es herzogliche Ämter, Vogteien und Meierhöfe gab, bestanden im sächsischen Siedlungsgebiet die Gaue mit ihren Unterbezirken, den Goen. Gau und Go reichen bis in die Zeit vor Karl dem Großen zurück. Sie sind die ältesten feststellbaren Einteilungen, die von den Sachsen für militärische und gerichtliche Zwecke geschaffen wurden.

Der Bardengau umfaßte eine größere Anzahl von Goen. Mehrere von ihnen waren bis ins hohe Mittelalter, ja bis in die Neuzeit sichtbar, weil der Name Go fortbestand. Andere wurden durch herzogliche Vogteien überlagert und verloren ihre Konturen.

Bis ins 13. Jahrhundert herrschte im Lüneburgischen das Wirtschaftssystem der Meierhöfe vor. Die Herzöge, aber auch die Kirche und andere Großgrundbesitzer hatten innerhalb ihrer Güter Zentralhöfe, wo die abhängigen Bauern ihre Abgaben abliefern mußten und von wo die Dienstleistungen, zu denen die Bauern verpflichtet waren, kontrolliert wurden. Der auf dem Meierhof eingesetzte Meier war der Verwalter des Grundherrn.

Die wichtige Neuerung des 13. Jahrhunderts bestand darin, daß die welfischen Herzöge Verwaltungseinheiten zu schaffen begannen, die größer waren als die von den Meierhöfen erfaßten Räume. Das Zentrum der neuen Bezirke bildete jeweils eine Burg; der wichtigste Mann war der Burgvogt, nach dem der Einzugsbereich der Burg Vogtei hieß.

Die herzoglichen Meierhöfe hatten die Struktur der Goe, die älter waren als das sächsische Herzogtum, nicht wesentlich zu verändern vermocht. Zwar hatten die Herzöge infolge ihrer starken Position als Grundherren sowie von Amts wegen das Heerwesen und teilweise auch die Gerichtsbarkeit von sich abhängig gemacht, aber sie waren doch weit entfernt davon geblieben, ihr Gebiet — beispielsweise steuerlich — wirksam verwalten zu können.

Das neue Verwaltungssystem funktionierte vor allem deswegen besser, weil die Vögte herzogliche Beamte waren. Das 13. Jahrhundert, in dessen Verlauf die Meierhöfe ihre Bedeutung an die Vogteien abtraten, ist zugleich die große Zeit des Lüneburger Dienstadels, der sich aus dem Stand der unfreien Ministerialen und dem alteingesessenen Adel entwickelt hatte. Damals gaben die Herzöge Teile ihres Grundbesitzes aus der Hand, sie belehnten ihre Vögte und Burgmannen mit Land; dieser Landbesitz war das Gehalt.

In dreifacher Hinsicht wurden die Vögte gebraucht: Erstens übernahmen sie als Burgbefehlshaber alles, was mit der Landesverteidigung und überhaupt mit dem Kriegswesen zusammenhing. Zweitens sprachen sie Recht; ihre Vorgänger waren die sogenannten „Gografen“, Richter, die durch freie Wahl der Gerichtsgemeinde ins Amt gelangten.

Drittens waren die Vögte die Verwalter des herzoglichen Grundbesitzes und paßten auf, daß die Abgaben pünktlich eingingen und die Dienste in vollem Umfange geleistet wurden. Außer den Abgaben, die den Herzögen zustanden, weil sie Grundbesitzer waren, trieben die Vögte die Steuern ein, die auch von den Bauern der Kirche und des Adels sowie von den nicht gutsuntertänigen Bauern der Marschen zu entrichten waren, sofern nicht Ausnahmen bestanden.

Durch Gesetze von 1220 und 1231 machte Kaiser Friedrich II. den deutschen Fürsten wichtige Konzessionen. Die Ausbildung von mehr oder minder unabhängigen Territorien war ein Vorgang, der sich auf das gesamte Reich erstreckte. Im Fürstentum Lüneburg erreichte er um die Mitte des 14. Jahrhunderts einen ersten Abschluß. Das Jahr 1369, in dem das ältere Lüneburger Haus ausstarb, hat den Charakter einer verfassungs- und verwaltungsgeschichtlichen Epoche. Freilich war das Ideal, das *territorium clausum*, das heißt, das geschlossene Gebiet, noch lange nicht erreicht. Überall gab es kleine und große Güter kleiner und großer geistlicher und adeliger Herren, über die das Herzogshaus nur geringe oder gar keine Rechte hatte.

Was von dem im zehnten Jahrhundert so gut wie zusammenhängenden Hausbesitz der Billunger um das Jahr 1369 noch den Welfen gehörte, wurde von mit Vögten besetzten Burgen aus verwaltet, wobei die Burgen ein ungleich höheres Alter besaßen als die Vogteien. Die befestigten Plätze des Fürstentums hatten zum Teil bereits in karolingischer Zeit bestanden, damals freilich so gut wie ausschließlich militärische Bedeutung besessen.

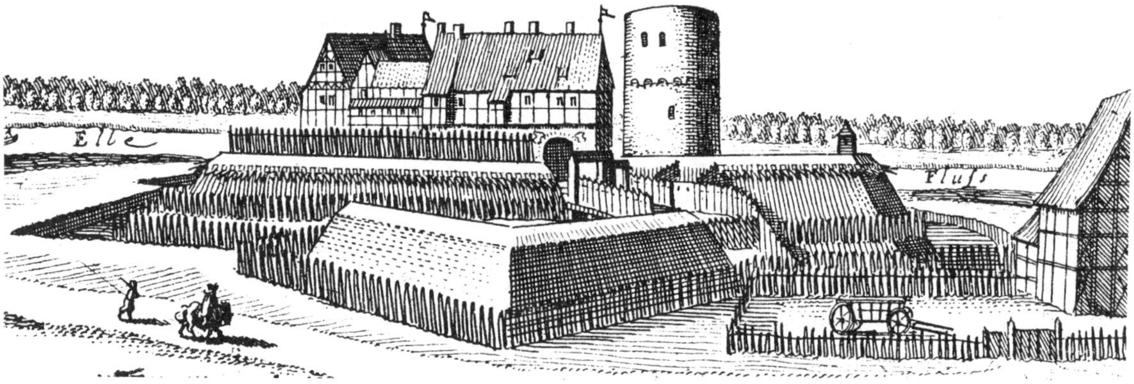

Die Bleckeder Burg, Zentrum von vier Gerichtsbezirken, entstand im 13. Jahrhundert (Ausschnitt aus dem Merianstich von Bleckede).

Die Zahl der Burgen, die einmal innerhalb der Grenzen des heutigen Landkreises Lüneburg lagen, ist hoch. Mit dem Schloß auf dem Kalkberg lassen sich 25 Burgen nachweisen: Amelinghausen, Artlenburg, Bardowick, Barnstedt, Barum, Bleckede, Bockum (Rehlingen), Böhmsholz (Lüneburg), Dachtmissen (Reppenstedt), Dahlenburg, Echem, Garze (Bleckede), Horburg (Barum), Horn (Boitze), Lüdersburg, Lüdershausen (Brietlingen), Oedeme (Lüneburg), Radbruch, Schnellenberg (Lüneburg), Thomasburg, Thune

(Bleckede), Viningheborg (Lüneburg, südlich der Dahlenburger Landstraße), Walmsburg (Bleckede) und Wendhausen (Reinstorf). Aber längst nicht alle diese Burgen wurden im Zuge des Ausbaus der welfischen Landeshoheit zu Verwaltungszentren.

Die meisten von ihnen hatten ein für allemal ausgedient, als im zwölften Jahrhundert die Wenden auf das Lüneburger Wendland zurückgedrängt waren, das heißt, hinter die Ostgrenze der heutigen Landkreise Lüneburg und Uelzen. Andere Burgen gehörten Adelsfamilien und schieden deswegen für die herzogliche Landesverwaltung aus.

Die Winsener Burg hatte Einfluß auf die Vogteien Bardowick und Amelinghausen (Merianstich, Ausschnitt).

Das älteste Dokument, aus dem sich — wenigstens andeutungsweise — der Umfang der mittelalterlichen Goe und Vogteien feststellen läßt, ist das „Winsener Schatzregister" von 1450/51. Die Handschrift umfaßte ursprünglich 19 Einzelregister, aber nur 14 davon blieben erhalten. Zu den verlorengegangenen zählt zum Beispiel das Register für den Bleckeder Raum.

Sechs Register sind für das Gebiet des späteren Landkreises Lüneburg einschlägig. Das erste der Sammlung berücksichtigt unter anderem die Vogteien Bardowick, Amelinghausen und Bienenbüttel. Das zweite betrifft den Go Bevensen, das dritte den Go Oldenbrügge und das vierte den Go Ebstorf. Register sechs bezieht sich auf den Go Salzhausen und Register 14 auf die Vogtei Dannenberg. Alle diese acht Bezirke umfaßten Orte, die heute zum Landkreis Lüneburg gehören.

Der Zweck des Schatzregisters war steuerlicher Art. Ein wichtiges Fundament des herzoglichen Haushalts machte die „Bede" aus, eine um 1200 zuerst nachweisbare Steuer. Außer der ordentlichen oder „regelmäßigen" Bede, die jedes Jahr erhoben wurde, gab es die außerordentliche oder „allgemeine" Bede („gemeyne landbede"), die von den Herzögen nur mit Zustimmung der Stände eingefordert werden konnte. Statt Bede sagte man auch „Schatz"; in den Städten hieß die Steuer „Schoß".

Das Winsener Schatzregister, das seinen Namen dem Schloß in Winsen (Luhe) verdankt, wo nach der Zerstörung der Burg auf dem Lüneburger Kalkberg der verwaltungsmäßige Schwerpunkt im nördlichen Teil des Fürstentums lag, enthält Einzelheiten zur Erhebung der außerordentlichen Bede: Ein Vollhof von einem „ploch" (Pflug) mußte zwei Mark entrichten, ein Hof von einem „haken" (Haken) dagegen brauchte nur eine Mark zu geben. Der „ploch" ist ein Feldmaß, das die — je nach Gegend verschieden große — Ackerfläche eines sächsischen Vollhofs meint. Die Bezeichnung „haken" erinnert an das primitive Ackergerät, mit dem die wendischen Bauern ihre Felder umbrachen.

Das Schatzregister vermittelt somit nicht nur eine Vorstellung von dem gebietlichen Umfang der Goe und Vogteien, es läßt zugleich Schlüsse auf das Verhältnis von germanischer und slawischer Bevölkerung zu.

Eindeutige Hinweise auf die wendische Zeit geben bis heute mehrere Ortsnamen. An der Elbe liegen die inzwischen in Bleckede eingemeindeten Siedlungen Alt Wendischthun, Wendewisch und Wendisch Bleckede sowie Wendischthun, das ehemalige Neu Wendischthun (DDR). Weiter südlich folgen der Scharnebecker Ortsteil Nutzfelde, der im 13. Jahrhundert als *Slavica villa Nuthlikesvelde* erwähnt wird, Wendhausen (Reinstorf), Wendisch Evern und Wennekath (Thomasburg).

Das Winsener Schatzregister verzeichnet beispielsweise für den Go Oldenbrügge, dessen Zentrum die alte Ilmenau-Brücke in Lüneburg war, insgesamt 13 „haken"-Orte. Ihr gemeinsames Merkmal ist, daß sie alle östlich der Ilmenau liegen. Die Zahl der „ploch"-Orte, die der Go Oldenbrügge auf dem Ostufer hatte, betrug zwölf. Das wendische und das sächsische Element hielten sich etwa die Waage.

Bei der Beschäftigung mit den Goen und Vogteien des Fürstentums Lüneburg darf man nicht den Fehler machen, sich säuberlich voneinander abgetrennte Verwaltungsbezirke vorzustellen. Das war weder geographisch noch aufgabenmäßig der Fall. Die Goe, sozusagen Selbstverwaltungseinheiten aus altsächsischer Zeit, wurden mehr oder minder engmaschig von einem Netz von Vogteien, den immer mehr ausgreifenden herzoglichen Verwaltungseinheiten, durchsetzt und überlagert. Die Goe waren Zonen verdünnter und die Vogteien Zonen konzentrierter welfischer Staatlichkeit.

Für den Teil des Landkreises Lüneburg, für den das Winsener Schatzregister schweigt, läßt sich aufgrund späterer Zeugnisse die Aufteilung in Goe und Vogteien bestimmen.

Die Vogtei Bardowick

Das alte Zentrum des Bardengaus, Bardowick, lag inmitten ausgedehnten billungischen beziehungsweise welfischen Hausbesitzes. Bardowick wurde daher der Sitz eines herzoglichen Vogtes. Das Winsener Schatzregister führt die „vogedie to Bardewick" (Vogtei Bardowick) auf. Außer Bardowick werden folgende Orte auf dem Boden des heutigen Landkreises Lüneburg angegeben: Barum, Brietlingen, Handorf, Horburg (Barum), Lüdershausen (Brietlingen), Mechtersen, Vögelsen und Wittorf. Vier dieser Orte gehörten zu dem sogenannten Bardowicker „Sunderghude" (Sondergut): Handorf, Mechtersen, Vögelsen und Wittorf.

Die erste Erwähnung der Vogtei Bardowick liegt für das Jahr 1430 vor. Damals wurde ein Teil von ihr an die Stadt Lüneburg verpfändet. Die chronische Finanzmisere der Welfen führte dazu, daß immer wieder Gebiete des Fürstentums als Pfänder für Kredite verlorengingen. Zahlreiche Abgaben und Leistungen, die sonst die Herzöge beanspruchten, kamen dann den Pfandinhabern zugute.

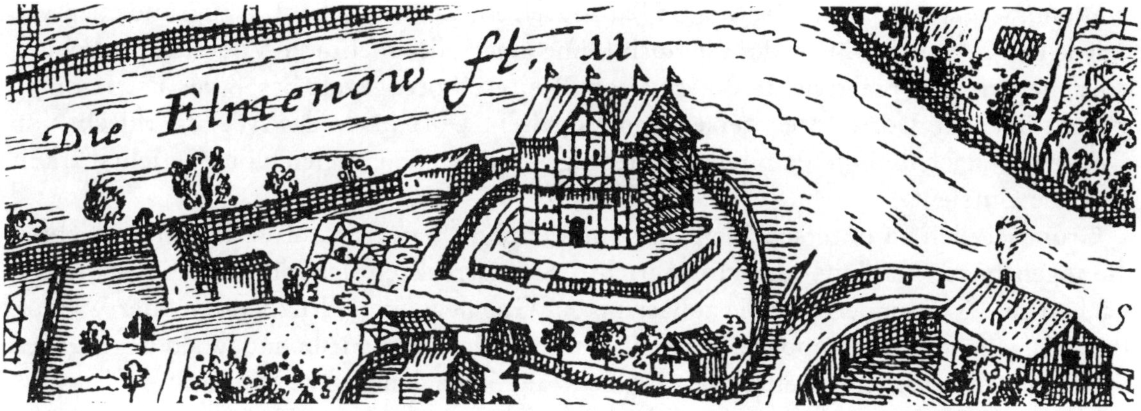

Die Burg Bardowick war das Zentrum der gleichnamigen Vogtei (Ausschnitt aus Schlöpkes Stadtplan).

Am weitesten lassen sich die welfischen Vogteien in ihrer Eigenschaft als Gerichtsbezirke zurückverfolgen. Für das Bardowicker Gebiet kommt man bis auf das Jahr 1366. Wahrscheinlich war schon zu diesem Zeitpunkt ein Vogt als Richter tätig.

Kompliziert sind die Verhältnisse im Bardowicker Raum deswegen, weil sich in ihm offenbar mehrere Vogteien herausgebildet hatten. Das Schatzregister von 1450/51 kennt zwar nur die Vogtei Bardowick, das schließt aber nicht aus, daß vordem auch Horburg und Lüdershausen Sitze von Vögten waren. Beide Orte besaßen wie Bardowick eine Burg und behaupteten eine merkliche Eigenständigkeit. In Horburg erhielt sich ein besonderes Gericht. Lüdershausen wurde unabhängig von Bardowick verpfändet.

Die ehemalige Bardowicker Burg, von der nichts übriggeblieben ist, lag am Südende des Ortes, etwa Gut Vrestorf gegenüber, an der Ilmenau. Auch auf den dem Fluß abgewandten Seiten von Gräben umflossen, war sie eine richtige Wasserburg. Über ihr Alter fehlen Angaben. Doch wird sie sicher ebenso wie der Bardowicker Dom bis in karolingische Zeit zurückreichen.

Auch von der einst an der Mündung der Neetze in die Ilmenau gelegenen Wasserburg Horburg ist nicht bekannt, wann sie entstand. 1318 kam sie an Bischof Ludwig von Minden, ein Mitglied des Welfenhauses. 1430 wurde sie der Stadt Lüneburg verpfändet.

Selbst Barum besaß im Mittelalter einen befestigten Platz, einen von Wall und Graben umgebenen Wachtturm. Das Dorf stand in enger Beziehung zu Bütlingen (Landkreis Harburg) und war später der dort eingerichteten Amtsverwaltung untergeordnet.

Neben Bütlingen entwickelte sich Lüdershausen zu einem Amt. Dieser Platz wurde schon im 14. Jahrhundert an die Stadt Lüneburg verpfändet. Während des Lüneburger Erbfolgekrieges lösten die Herzöge von Sachsen-Wittenberg Burg und Ort Lüdershausen ein. Ende des 14. Jahrhunderts hatten neben Lüneburg auch Lübeck, Hamburg und Hannover Rechte an dem Dorf. Schließlich aber war die mächtige Nachbarstadt wieder alleiniger Pfandinhaber.

Wenn, wie zu vermuten, der Vogtei Bardowick ein altsächsischer Go zugrunde liegt, so wurde das Gogericht durch die Herausbildung einer oder mehrerer Vogteien (mit einem oder mehreren Vogteigerichten) gesprengt. Weitere Sprengkraft besaß das Patrimonialgericht über die Dörfer Mechtersen und Vögelsen. Dort hatte das Adelsgeschlecht von Oedeme — nach ihm die Familie von Meding — Güter und zugleich die Gerichtsbarkeit über die Gutsleute.

Grundsätzlich zu unterscheiden sind von den Go-, Vogtei- und Patrimonialgerichten die sogenannten Marken- oder Holzgerichte. Sie erstreckten sich nicht auf die Siedlungsflächen der Goe, sondern auf die außerhalb der Goe liegenden Holzmarken oder Wälder. Ihre Aufgabe war eine doppelte: Erstens urteilten sie alle in Holz und Wald begangenen Straftaten ab, zweitens regelten sie, wie die Waldungen genutzt werden sollten.

Innerhalb der Vogtei Bardowick gab es eine ganze Anzahl von Holzgerichten, für das Bardowicker Bruch ebenso wie für die Waldungen bei Barum, Brietlingen und Vögelsen oder die Holzmark Radbruch.

Der Go Oldenbrügge

In dem Siedlungsgebiet um die Lüneburger Ilmenau-Brücke hatten die Welfen wenig Grundbesitz. Die ehemals dort gelegenen welfischen Besitzungen waren in andere Hände geraten. Besonders die Kirche hatte von den Herzögen viel Land geschenkt bekommen. Die Reihe der kirchlichen Grundbesitzer wurde angeführt durch das Lüneburger Benediktinerkloster St. Michaelis, durch das Benediktinerinnenkloster Lüne und das Zisterzienserkloster Scharnebeck.

Das Winsener Schatzregister nennt für den „gho tor Oldenbrugge" — nach dem alten Ilmenaudorf Modestorp auch als Go Modestorp bezeichnet — eine lange Reihe von heute im Landkreis Lüneburg liegenden Orten: Adendorf, Barendorf, Bavendorf (Thomasburg), Boltersen (Rullstorf), Breetze (Bleckede), Dachtmissen (Reppenstedt), Deutsch Evern, Embsen, Erbstorf (Adendorf), Häcklingen (Lüneburg), Hagen (Lüneburg), Heinsen (Embsen), Holzen (Reinstorf), Horndorf (Reinstorf), Kolkhagen (Barnstedt), Melbeck, Neetze, Nutzfelde (Scharnebeck), Radenbeck mit Wennekath (Thomasburg), Reinstorf, Reppenstedt mit Brockwinkel, Rettmer (Lüneburg), Rohstorf (Vastorf),

Rechts: St. Johannis zu Lüneburg, von Karl dem Großen zum Archidiakonat bestimmt, Zentrum Modestorps und des Gos Oldenbrügge.

Rullstorf, Süttorf (Neetze), Thomasburg, Volkstorf (Vastorf), Wendhausen mit Sülbeck (Reinstorf) und Wendisch Evern.

Unter den Dörfern dieser Liste befinden sich drei, in denen ehemals Burgen standen: Dachtmissen, Thomasburg und Wendhausen. Aber keine davon spielte im Hoch- oder Spätmittelalter noch eine Rolle. Die Burgen beziehungsweise befestigten Plätze Böhmsholz, Oedeme und Schnellenberg, die ebenfalls im Go Oldenbrügge lagen, befanden sich in der Hand von Adelsfamilien. Schließlich ist die Burg auf dem Lüneburger Kalkberg zu nennen. Sie war früh das Zentrum einer Vogtei über den gesamten herzoglichen Grundbesitz im Go. Nach der Zerstörung von 1371 wurde dieser Teil der welfischen Güter der Vogtei Bienenbüttel unterstellt. Innerhalb des Gos erlangte eine auswärtige Vogtei Bedeutung.

Das Beispiel des Gos Oldenbrügge zeigt, daß die Angaben im Winsener Schatzregister nicht den ganzen Raum der Goe ausmessen. Es gab Orte im Besitz des Adels — wie Schnellenberg — oder auch der Kirche — wie Heiligenthal (Südergellersen) —, die in den Steuerregistern fehlen, weil die Herzöge in ihnen nicht das Recht hatten, die allgemeine Bede zu erheben.

Die älteste Erwähnung des Gos Oldenbrügge liegt für das Jahr 1248 vor. Aus späteren Angaben ist zu ersehen, daß die Gogerichtsbarkeit zu Anfang des 15. Jahrhunderts noch in der Hand des Herzogs war, ihm im Verlaufe des Jahrhunderts aber entglitt. Als Gerichts- oder Goherren werden die Äbte von St. Michaelis und Scharnebeck, der Propst von Lüne sowie die Lüneburger Burgmannengeschlechter von dem Berge, von Estorff, von Grote und von Wittorf genannt. Sie übten die Gerichtsbarkeit aus und vereinnahmten die Gelder, die damit verbunden waren.

Ursprünglich wurde das Oldenbrügger Gogericht auf und an der Lüneburger Ilmenau-Brücke abgehalten. Unmittelbar neben dieser Stelle lag das kirchliche Zentrum des Gos, die Kirche von Modestorp, die St.-Johannis-Kirche von Lüneburg. Sie war seit der Christianisierung in karolingischer Zeit der Sitz eines Archidiakons, dessen Aufsichtsbezirk sich mit dem Go deckte.

Die Zahl der Sondergerichte neben dem Gogericht war im Oldenbrügger Raum groß: Die schon genannte Vogtei Bienenbüttel besaß die Gerichtsbarkeit über alle herzoglichen Höfe im Go und über die durch den Go verlaufenden Heerstraßen. In Bavendorf gab es ein Patrimonialgericht, das der Familie von Meding gehörte. Die von Oedeme hatten über ihre Bauern in Betzendorf und Drögennindorf (Betzendorf) die Patrimonialgerichtsbarkeit, traten sie aber an das Michaeliskloster ab, das im Go Oldenbrügge ein eigenes Gericht unterhielt. Dazu zählten außer zahlreichen Einzelhöfen auch mehrere Ortschaften wie zum Beispiel Wienebüttel (Lüneburg). Oedeme kam von der gleichnamigen Adelsfamilie an St. Michaelis. Ein weiteres Sondergericht hatte Lüneburg. Über alles, was die Stadt betraf, urteilte das „Sültegericht“ (Sülzgericht) des Lüneburger Rats.

Holzgerichte bestanden für die Waldungen bei Betzendorf, Erbstorf (Adendorf), Hagen (Lüneburg), Melbeck, Neetze, Reinstorf und Thomasburg. Der Anteil der Klöster St. Michaelis, Scharnebeck und Lüne an diesen sieben Holzmarken war beträchtlich.

Die Vogtei Amelinghausen

Im Amelinghäuser Gebiet lag alter, zusammenhängender billungischer Besitz. Es handelte sich um die Güter, die einst Amelung, Hermann Billungs Bruder, gehört hatten. Genauso wie in Bardowick entwickelte sich daher in Amelinghausen, wo im Mittelalter eine Burg des Herzogshauses stand, eine Vogtei.

Das Winsener Schatzregister zählt für die „vogedie to Amelinghusen“ (Vogtei Amelinghausen) außer dem Burgort selbst mit Sottorf folgende Dörfer auf: Betzendorf mit Holtorf, Diersbüttel (Rehlingen), Drögennindorf (Betzendorf), Ehlbeck (Rehlingen), Etzen mit Dehnsen (Amelinghausen), Marxen am Berge (Oldendorf/Luhe), Oldendorf (Luhe) mit Wohlenbüttel, Rehlingen, Rolfsen (Soderstorf), Schwindebeck (Soderstorf), Soderstorf, Südergellersen und Wetzen (Oldendorf/Luhe). Eine zweite Burg des Amelinghäuser Raums war Burg Bockum (Rehlingen), von der aus der Raubritter Moritz von Zahrenhusen Kaufleute überfiel.

Die Vogtei Amelinghausen, die auch als Vogtei „Uppe der Tecche“ bezeichnet wird, weil ihre Verwaltungsstelle zeitweise in der Lüneburger Straße In der Techt lag, deckt sich nur in etwa mit einem alten sächsischen Go.

Während die Vogtei Bardowick erst spät ihre Selbständigkeit einbüßte und dem Amt Winsen (Luhe) unterstellt wurde, geriet die Vogtei Amelinghausen früh in die Abhängigkeit des Winsener Schlosses. Schon 1432 war der Amelinghäuser Vogt dem Burgvogt von Winsen untergeordnet. Die Zentralisierung und Systematisierung der Verwaltung, die im 16. Jahrhundert das ganze spätere Kreisgebiet erfaßte, war hier am ehesten zu spüren.

In der Vogtei Amelinghausen, die auch zahlreiche Orte in den heutigen Landkreisen Harburg, Soltau-Fallingbostel und Celle miteinschloß, gab es zwei Holzgerichte. Das eine erstreckte sich über den Druhwald (Landkreis Soltau-Fallingbostel), das andere über die Waldungen um Amelinghausen, in denen die Lüneburger Burgmannenfamilien von dem Berge, von Estorff, von Meding und von Wittorf die Holz- und Gerichtsherrschaft besaßen. Außerdem hatte eine Reihe von Dörfern gewisse Rechte.

Der Go Salzhausen

Genauso wie im Oldenbrügger Gebiet war auch im Raum Salzhausen die Kirche der größte Grundbesitzer. Standen aber dort die Klöster an erster Stelle, so gehörte hier das meiste dem Verdener Bischof. Das Fehlen umfangreicher herzoglicher Güter — es gab keine einzige Burg — war der Grund, weshalb sich während des Mittelalters keine Vogtei entwickelte und der Salzhäuser Bezirk als Go weiterlebte.

Die meisten der im Winsener Schatzregister für den Go Salzhausen („gho to Soltzenshusen“) genannten Orte gehören in das Gebiet des heutigen Landkreises Harburg, in das Lüneburger Kreisgebiet fallen nur: Kirchgellersen mit Einemhof, Oerzen (Embsen), Raven (Soderstorf), Rolfsen (Soderstorf), Südergellersen und Westergellersen.

Die zahlreichen Besitzungen der Verdener Bischöfe im Go Salzhausen wurden von Meierhöfen aus verwaltet. Der am häufigsten vorkommende Name für die Salzhäuser Güter des Hochstifts Verden ist „Offizium". Später bürgerte sich für „Offizium Salzhausen" die Bezeichnung „Vogtei Salzhausen" ein. Nicht nur die Herzöge konnten Vögte bestellen, auch die Kirche ließ ihren weltlichen Besitz unter Umständen durch Vögte verwalten.

Neben der bischöflichen Vogtei Salzhausen entwickelte sich innerhalb des Gos die herzogliche Vogtei Garlstorf (Landkreis Harburg). Wie überall gehörte auch hier der staatlichen Verwaltungseinheit die Zukunft. Schließlich hieß der Go Salzhausen Vogtei Garlstorf und unterstand dem Amt Winsen (Luhe).

Während des Mittelalters lebte erstens das sächsische Gogericht fort. Es befand sich im Besitz der Lüneburger Burgmannengeschlechter von dem Berge, von Lobeck, von Meding und von Wittorf. Einen Teil der Rechte an dem Gericht erwarb das Michaeliskloster. Außerdem bestand eine besondere Gerichtsbarkeit des Verdener Bischofs. Sie erstreckte sich auf die Heerstraße von Lüneburg nach Rotenburg und Bremen, soweit diese durch den Go Salzhausen führte. Alle Straftaten, die auf dem Heerweg vorfielen, gehörten vor das Gericht des Bischofs. Genauso stand dem Hochstift Verden die Gerichtsbarkeit über einen Teil der Luhe zu, das heißt, es hatte innerhalb bestimmter Grenzen die Entscheidung über alles, was den Strom betraf, darunter beispielsweise Fischfang und Mühlenbau.

Die älteste Erwähnung des Gos Salzhausen liegt für das Jahr 1367 vor. Damals änderten sich die Besitzverhältnisse am Gogericht. Eine Nachricht für das Jahr 1414 besagt, daß in Salzhausen, das ebenso wie Modestorp Sitz eines Archidiakons war, das Gogericht abgehalten wurde. Zu den insgesamt acht Holzmarken zählten insbesondere die Gellerser Waldungen, an denen Kirch-, Süder- und Westergellersen beteiligt waren.

Die Vogteien Bienenbüttel und Dannenberg

Die billungischen Allode Bienenbüttel und das benachbarte Wichmannsburg — beide im Go Bevensen gelegen — wurden die Keimzelle einer herzoglichen Vogtei, die vor allem in die Goe Bevensen und Oldenbrügge hineinwuchs.

Von den zahlreichen Ortsnamen, die das Winsener Schatzregister für die Vogtei Bienenbüttel („vogedie to Bynenbuttell") enthält, gehört eine ganze Reihe in den heutigen Landkreis Lüneburg: Barnstedt, Boltersen (Rullstorf), Buendorf (Dahlenburg), Embsen, Etzen (Amelinghausen), Glüsingen (Betzendorf), Heinsen (Embsen), Holzen (Reinstorf), Kolkhagen (Barnstedt), Neetze, Oerzen (Embsen), Radenbeck (Thomasburg), Riecklingen (Dahlenburg) und Vastorf. Die Aufzählung zeigt sofort, daß die Bienenbütteler Vogtei weit ausgriff. Sie war die Klammer um den welfischen Besitz in den vorwiegend aus Kirchengut bestehenden Goen im Norden des Fürstentums Lüneburg.

Das Bienenbütteler Vogteigericht, in dem Burgort Bienenbüttel selbst gehalten, erstreckte sich auf eine große Anzahl verstreut liegender Höfe. Dazu kam die Gerichtsbarkeit über acht Heerstraßen. Auch insoweit reichte der Einfluß der Vogtei Bienenbüttel über den Go Bevensen hinaus.

Alle acht Straßen gingen von Lüneburg aus. Die Boizenburger Heerstraße führte über Neetze an die Elbe. Auch die Bleckeder und die sogenannte „Torgauer“ Heerstraße liefen zur Elbe. Der Name „Torgau“ ist irreführend; die Straße ging über Barskamp (Bleckede) und Darchau in den auf dem jenseitigen Elbufer gelegenen Darzing — das spätere Amt Neuhaus — hinein. Die Dannenberger Heerstraße eilte zunächst auf Dahlenburg zu. Eine weitere Straße berührte Vastorf und verlief von dort weiter in den Raum Lüchow-Salzwedel. Die Uelzener Straße lag noch nicht so hoch wie die heutige Bundesstraße vier, sondern führte als „niedrige Straße“ weiter östlich durch die Ilmenau-Niederungen. Die Braunschweiger Straße nahm zunächst Kurs auf Melbeck. Die Celler Straße strebte über Tellmer (Betzendorf) fort.

Ebenso wie die Amelinghäuser Vogtei geriet die Bienenbütteler schon verhältnismäßig früh in Abhängigkeit von Schloß Winsen (Luhe). In einer Urkunde von 1474 ist von der „knechtevogedie to Binenbuttell“ die Rede, die der herzogliche Aussteller des Dokuments vom „groten vogede unses Slotes Winsen up der Lue“ abhängig weiß. Bienenbüttel war eine Knechtsvogtei, das heißt, ein dem Großvogt von Winsen untergeordneter Bezirk.

Ein Stück ragte auch die Vogtei Dannenberg in das Gebiet des heutigen Landkreises Lüneburg hinein. Das Winsener Schatzregister rechnet folgende Orte dazu: Adendorf, Ellringen (Dahlenburg), Harmstorf (Dahlem), Oldendorf/Göhrde (Nahrendorf) sowie Pommoißel mit Breese, Lüben und Nieperfitz (Nahrendorf).

Die Vogtei Dannenberg („vogedie to Dannenberge“) hatte ihr Zentrum nicht im Bardengau wie die bisher behandelten Bezirke, sondern im Gau Drawehn. Die Grafschaft Dannenberg kam erst 1303 an das mittlere Haus Lüneburg; für das Jahr 1318 ist das Dannenberger Schloß erstmals bezeugt.

Die Vogtei Dannenberg ragte in den heutigen Landkreis Lüneburg hinein.
Hier Schloß Dannenberg (Merianstich).

Die Goe Bevensen und Ebstorf

Lediglich mit seinem nördlichen Rand ragte der Go Bevensen in das Gebiet hinein, das heute den Landkreis Lüneburg bildet. Das Winsener Schatzregister nennt unter zahlreichen, jetzt im Landkreis Uelzen liegenden Dörfern nur eine Ortschaft, die später an den Landkreis Lüneburg fiel: Barnstedt.

Im Verlaufe des 15. Jahrhunderts wechselte der Bevensener Go („gho to Bevensen") mehrfach seinen Besitzer. Bis in die Mitte des Jahrhunderts war der Bischof von Verden Go- und Gerichtsherr. Dann trat das Michaeliskloster an seine Stelle. Bevor die Goherrschaft 1481 endgültig an Kloster Medingen kam, befand sie sich nochmals kurze Zeit beim Verdener Hochstift.

In Barnstedt saß im Mittelalter ein welfischer Ministeriale, dessen Hof durch Türme und Wassergräben befestigt war. Wegen des Waldreichtums der Umgebung wurde der Ort Sitz eines Holzgerichts.

Auch für den Go Ebstorf („gho to Ebbekestorppe") geben die Winsener Steuerlisten aus dem 15. Jahrhundert nur einen heute zum Landkreis Lüneburg zählenden Ort an: Tellmer (Betzendorf). Der Go, der für das Jahr 1380 erstmals bezeugt ist, war im Besitz des Benediktinerinnenklosters Ebstorf. Auch am Holzgericht Süsing (der große Wald südlich von Tellmer) hatte Kloster Ebstorf Rechte.

Das Benediktinerinnenkloster Ebstorf war das Zentrum des gleichnamigen Gos. Auch von Ebstorf existiert ein Merianstich.

Die vier Bleckeder Gerichtsbezirke

Bald nach der Zerstörung Bardowicks (1189) faßte Herzog Wilhelm, einer der Söhne Heinrichs des Löwen, den Plan, eine neue Stadt zu gründen. „Löwenstadt" sollte sie heißen und unmittelbar an der Elbe liegen. Wassernähe war für allen Handel entscheidend. Dazu hatte die „Löwenstadt" einen trockenen Weg nach Lüneburg. Dort, wo sie in

Anlehnung an zwei kleine Siedlungen, eine sächsische und eine wendische, entstand, erreichte eine Geestzunge die Elbe.

In der lateinischen Gründungsurkunde vom 28. August 1209 heißt es: „Wir übermitteln es ... der Kenntnis sowohl der lebenden als auch der nachkommenden Gläubigen Christi, daß wir die Gründung einer neuen Stadt, Löwenstadt mit Namen, auf unserem Grund und Eigen beschlossen haben, dadurch, daß wir ihr ein solches Recht der Freiheit übertragen, wie es auch Bardowick, solange es in seiner Blüte stand, bekanntlich gehabt hat ...“ Die Städter unterstanden keiner Gutsherrschaft. Stadtluft — hieß es im Mittelalter — macht frei!

Um die Mitte des 13. Jahrhunderts (1248) wurde in Bleckede eine Zollstelle eingerichtet, die Vorläuferin des späteren Zollamts. Ihre Aufgabe bestand darin, von allen vorbeifahrenden Elbschiffen einen Zoll zu erheben. Ende des Jahrhunderts (1293) wurde der Hafen- und Handelsstadt das Münzrecht verliehen.

Inzwischen hatte Bleckede — der Name „Löwenstadt“ setzte sich nicht durch — den Besitzer gewechselt. Die Gründung der Stadt fiel in eine wirre Zeit. Noch war nicht entschieden, was aus den welfischen Alloden werden würde. Die Askanier griffen nach Bleckede, nahmen es in Besitz und behaupteten es. Ein 1258 mit den Welfen geschlossener Vertrag schien sie zu den endgültigen Herren des Elbhafens zu machen.

Der Streit ging weiter. Als Lauenburg 1272 begann, in Bleckede eine Burg zu bauen, erhob Lüneburg Einspruch und erreichte die Zusicherung, daß nicht weitergebaut wurde. Nichtsdestoweniger schritt der Bau voran. In unmittelbarer Nähe der welfischen Burg Thune wuchs eine askanische Burg aus dem Boden.

1308 kehrte Bleckede in den Herrschaftsverband des Fürstentums Lüneburg zurück. Herzog Otto der Strenge, der Sohn Johanns des Gütigen, des Stifters der älteren Lüneburger Linie, kaufte die Stadt den Lauenburgern ab. Für 1000 Mark Stendaler Silbergelds kam der strategisch und handelsmäßig wichtige Elbplatz endgültig an das Welfenhaus. Mit Burg Thunes Bedeutung war es nun vollends vorbei; die neue Burg, das Bleckeder Schloß, übernahm alle Aufgaben.

Um Bleckedes Bedeutung zu dokumentieren, stattete Otto den Ort abermals mit den Stadtrechten aus. In einer Urkunde von 1310 wird das Lüneburger Stadtrecht auf Bleckede übertragen. Fünf Jahre war der Ort von jeglichen Steuern und sonstigen Lasten frei. Die Gegenleistung des Magistrats sollte sein, während dieses Zeitraums ordentliche Befestigungsanlagen zu errichten.

Schon bald darauf (1322) wird erstmals ein lüneburgischer Vogt erwähnt. Er saß auf dem Schloß als Beamter des Herzogs, zuständig für die Verteidigung des festen Platzes und die Heeresfolge aus den umliegenden Dörfern, zugleich Steuereinzieher und Gerichtsherr, wenn auch nicht im städtischen Gericht, das wahrscheinlich seit 1209 bestand und in den Händen des Bürgermeisters war.

Der Schloßvogt — auch Schloßhauptmann genannt — hatte neben sich eine Reihe von Burgmannen, einheimische Adlige, die aus dem Stand der welfischen Ministerialen hervorgegangen waren. In Bleckede begegnen zum Beispiel die Namen von Bülow, von Estorff,

1310 wurde das Lüneburger Stadtrecht auf das 1209 gegründete Bleckede übertragen. Urkunde Herzog Ottos des Strengen.

von Grote und von Spörcken. In der Schloßstraße des Städtchens hatten sie ihre Höfe, die sogenannten Burglehen (insgesamt 13). Dazu kam ausgedehnter Gutsbesitz im offenen Land.

Wenn Bleckede nach 1308 auch für dauernd ein Bestandteil des Fürstentums Lüneburg blieb, so sorgten doch zahlreiche Verpfändungen dafür, daß es vom 14. Jahrhundert bis zum Jahre 1600 tatsächlich andere Besitzer hatte. 1351 wurden Stadt, Schloß und Vogtei Bleckede an den Lüneburger Rat verpfändet. 1365 kehrten sie an das Welfenhaus zurück, freilich nicht für lange Zeit. Drückende Geldnot brachte Herzog Magnus von Braunschweig 1373 während des Lüneburger Erbfolgekrieges dazu, Bleckede und sein Gebiet gegen eine Pfandsumme von fast 10 000 Mark Herzog Erich von Sachsen-Lauenburg zu überlassen. Magnus gewann dadurch zugleich einen Bundesgenossen gegen Sachsen-Wittenberg. Doch kaum war er gestorben, da gaben die Lauenburger ihr Bleckeder Pfand an die Wittenberger weiter (1374), die es aber nicht behielten, sondern noch im selben Jahr an die Stadt Lüneburg auslieferten.

1393 löste das Welfenhaus die Zone an der Elbe ein, verpfändete sie indessen sofort wieder (noch 1393) an zwei Ritter. Auch diese vermochten das Pfand nicht zu behaupten. Schon 1397 wurde es an Lüneburg sowie an die Städte Lübeck, Hamburg und Hannover gemeinsam weggegeben. Anfang des 15. Jahrhunderts konnte die Nachbarstadt an der Ilmenau alleiniger Pfandinhaber werden.

Vorher wurde Bleckede in verschiedene Streitereien mithineingezogen. Im Verlauf des 15. Jahrhunderts zog die Bleckeder Fehde, eine Auseinandersetzung zwischen den vom Lüneburger Rat auf Schloß Bleckede eingesetzten Hauptleuten und dem Ritter Bussow von Bülow, Kreise bis nach Sachsen-Lauenburg und Mecklenburg sowie in die Priegnitz.

Außer dem Bleckeder Stadtgericht, auf das die Herzöge beziehungsweise die jeweiligen Pfandinhaber keinen Einfluß hatten, gab es im Einzugsbereich von Schloß Bleckede noch drei weitere Gerichte: das Bleckeder Holz-, das Bleckeder Marsch- und das Bleckeder Bruchgericht.

Der Umfang dieser Bezirke kann dem Winsener Schatzregister nicht mehr entnommen werden, weil das entsprechende Spezialregister verlorengegangen ist. Trotzdem lassen sich die Bleckeder Gerichtsbezirke geographisch bestimmen; andere Quellen füllen die Lücke aus.

An der Bleckeder Holzmark waren außer Bleckede selbst die Dörfer Alt Garge, Alt Wendischthun und Nindorf berechtigt. Dazu kamen auf dem jenseitigen Elbufer Neu Bleckede, Neu Wendischthun (Wendischthun) und Neu Garge (Bobzin) sowie die Orte Stiepelse, Sumte mit Krusendorf und Viehle. Da diese Siedlungen vom Bardengau aus gegründet wurden, gehörten sie schon im Mittelalter im Unterschied zum übrigen Darzing dem Fürstentum Lüneburg an.

Spuren eines Gos lassen sich im Bereich des Bleckeder Holzgerichts nicht nachweisen. Die Marschen sind nicht altsächsisches Siedlungsgebiet. Sie wurden erst seit dem zwölften Jahrhundert von Friesen und Niederländern entwässert und bewohnbar gemacht.

Das Holzgericht, das seinen Namen den ausgedehnten Waldungen südlich von Bleckede verdankte, bezog sich nicht ausschließlich auf Holzangelegenheiten, sondern erfüllte zugleich die Funktionen, die anderswo das Vogteigericht leistete. Gerichtsherr war der Schloßvogt von Bleckede.

Für das Bleckeder Marschgericht, das ebenfalls nicht auf der Grundlage eines Gos ruhte, lassen sich die Beziehungen auf seinen niederländisch-friesischen Ursprung daran ablesen, daß es außer dem Richter Schöffen gab. Der Gerichtsbezirk umfaßte die Dörfer Brackede, Garlstorf, Radegast und Wendewisch. Das Amt des Richters bekleidete der Bleckeder Schloßvogt.

Der Bezirk des Bruchgerichts — auch dieses vom Schloßvogt gehalten — umfaßte die Dörfer Garze, Karze mit Vogelsang und Rosenthal. Burg Garze, auf der später die Lüneburger Burgmannenfamilie von dem Berge saß, hat vermutlich schon in den Wendenkämpfen unter Hermann Billung eine Rolle gespielt. Der Platz war von Gräben und Wällen umgeben.

Nachdem das Bleckeder Bruch zunächst dem Bischof von Verden gehört hatte, kam es 1228 an die Welfen und teilte forthin Bleckedes Geschicke. Um die Mitte des 15. Jahrhunderts allerdings wurde es, früher als die Elbstadt, vom welfischen Herzogshaus eingelöst und Segeband von dem Berge als Gegenleistung für seine Dienste in der herzoglichen Landesverwaltung übertragen. Bis ins 17. Jahrhundert blieb das Bleckeder Bruch im Besitz der alten welfischen Ministerialenfamilie.

Außer den Siedlungen der Bruchgegend gehörten einige Ortschaften im Dahlenburger Raum der Familie von dem Berge: Ahndorf (Boitze), Gienau mit Becklingen und Siecke (Dahlenburg) sowie Pommoißel mit Lüben und Nieperfitz (Nahrendorf). Auch diese Dörfer wurden von Burg beziehungsweise Schloß Garze aus verwaltet.

Die Vogteien Dahlenburg und Barskamp

Wo im heutigen Dahlenburg die Straßen An der Burg und Burg-Straße verlaufen, lag im frühen und hohen Mittelalter eine herzogliche Burg. Sie soll von den Wenden erbaut worden sein. In der Stiftungsurkunde für Kloster Lüne von 1172 erscheint ein Friedrich von Dahlenburg, ein welfischer Ministeriale, der als Burgvogt eingesetzt war.

Genauso wie die Bleckeder hatte auch die Dahlenburger Burgbesatzung im umliegenden Land Güter. Gut Horn (Boitze) zum Beispiel war ein solcher Ministerialensitz. Er gehörte der Familie von Meding. Im Mittelalter war er befestigt und hatte Burgcharakter.

Dahlenburgs große Epoche war das 13. Jahrhundert. Herzog Otto das Kind hielt auf dem festen Platz an der Neetze Hof, auch die Herzöge Johann der Gütige oder der Gute (1252—1277) und Otto der Strenge (1277—1330) residierten dort. Als Johann am 13. Dezember 1277 in Dahlenburg verstorben war, nahmen Adelige aus der Gegend, gemeint sind wohl die Burgmannen, den Sarg mit dem toten Fürsten auf die Schultern und schleppten ihn die gut 20 Kilometer bis nach Lüneburg, wo das ältere Lüneburger Haus der Welfen in der Michaeliskirche seine Begräbnisstätte hatte. Johann der Gütige war ein

St. Laurentius in Dahlenburg — ehedem die Kirche des herzoglichen Schlosses, heute als Heimatmuseum genutzt.

beliebter Herrscher gewesen. Otto der Strenge stiftete 1283 in der Kirche St. Laurentii eine ewige Messe für den Vater. Die Laurentiuskirche, die noch heute steht, war die Schloßkirche; daneben gab es die Stadtkirche St. Johannis.

1289 versah Otto Dahlenburg mit Stadtrechten. Lüneburgs Vorbild war maßgeblich. Ähnlich wie der dortige organisierte sich der Dahlenburger Magistrat. 1293 erhielt die junge Stadt das Münzrecht.

Mit diesem Datum reißt die Überlieferung ab. Burg und Stadt wurden — vielleicht durch Feuer — zerstört. Die Burg erstand nicht wieder.

Die Zerstörung der Burg war der Hauptgrund, weshalb die Vogtei Dahlenburg ihre Selbständigkeit einbüßte und vom Bleckeder Schloß abhängig wurde, ähnlich, wie die Vögte in Bardowick, Amelinghausen, Garlstorf-Salzhausen und Bienenbüttel als Untervögte unter den Großvogt in Winsen (Luhe) traten.

Der Raum, der bereits im zwölften Jahrhundert vom Dahlenburger Burgvogt verwaltet wurde, entsprach einem altsächsischen Go. Die beiden Zentren waren Dahlenburg und Nahrendorf, die Kirchorte des Gebietes. Teilweise war es im Mittelalter üblich, vom Go Dahlenburg und vom Go Nahrendorf zu sprechen. Dadurch sollte aber nicht zum Ausdruck kommen, daß es einmal zwei Goe gegeben hatte. Man wollte bloß den Dahlenburger von dem Nahrendorfer Teil der Vogtei unterscheiden.

Auch für die Vogtei Dahlenburg enthält das Winsener Schatzregister keine Angaben. Spätere Zeugnisse jedoch erlauben, den Umfang abzustecken. Zum Dahlenburger Teil zählten: Boitze, Buendorf (Dahlenburg), Dahlenburg, Eimstorf mit Leestahl (Dahlenburg), Ellringen mit Bargmoor (Dahlenburg), Lemgrabe mit Dumstorf (Dahlenburg), Neetzendorf (Boitze), Oldendorf/Göhrde (Nahrendorf) sowie Seedorf mit Horn und Vindorf (Boitze). Dazu kamen im Nahrendorfer Teil: Kovahl mit Nüdlitz (Nahrendorf), Horndorf (Tosterglope), Mücklingen mit Süschendorf (Nahrendorf), Nahrendorf, Oldendorf (Göhrde) mit Eichdorf (Nahrendorf) und Pommoißel mit Nieperfitz (Nahrendorf).

Das Gericht wurde für beide Teile vom herzoglichen Vogt in Dahlenburg gehalten. Um die Mitte des 15. Jahrhunderts allerdings siedelte der Dahlenburger Beamte nach Bostelwiebeck (Landkreis Uelzen) über. Das Amt des Vogts wurde mit dem des Försters im Wiebeck, dem großen Waldgebiet im Süden der Vogtei, vereinigt. Das bedeutete auch, daß von nun an das Vogteigericht und das Wiebecker Holzgericht zusammen abgehalten wurden.

Die frühesten feststellbaren Gerichtsherren der Wiebecker Holzmark sind die von Meding. An ihre Stelle trat das Herzogshaus. Zu den zahlreichen Orten, die in dem Waldgebiet Rechte besaßen, zählten Dahlenburg, Gienau (Dahlenburg), Lemgrabe mit Dumstorf (Dahlenburg) sowie Seedorf mit Horn und Vindorf (Boitze). Eine weitere Holzmark bildeten die Nahrendorfer Wälder.

Einen besonderen Gerichtsbezirk stellte die Stadt Dahlenburg dar. Ebenso wie in Lüneburg, in Bleckede und in Bardowick hatte hier der Magistrat die Gerichtsbarkeit. Gienau (Dahlenburg) und Horndorf (Tosterglope) besaßen offenbar Patrimonialgerichte.

Während das Dahlenburger Vogteigericht und das Wiebecker Holzgericht erst im 15. Jahrhundert zusammenwuchsen, scheinen in der Vogtei Barskamp die Ämter des Vogts und des Försters schon eher in einer Hand vereinigt gewesen zu sein.

Auch die Barskamper Vogtei basierte auf einem Go. Freilich ist nicht mehr festzustellen, von welcher Burg aus das Herzogshaus seinen Einfluß geltend machte. Für Barskamp (Bleckede) fehlen Nachrichten. Die einzige für den Go bezeugte Burg stand in Walmsburg (Bleckede). Unter Umständen war dieser Platz, der sich während des Mittelalters im Besitz verschiedener Bleckeder Burgmannenfamilien befand, nur so lange das Zentrum der Vogtei, bis der Walmsburger Vogt ebenso wie der Dahlenburger entsprechend der wirtschaftlichen Bedeutung der Holzmark in den Wald ging.

Die Vogtei Barskamp umfaßte folgende Orte: Barskamp mit Schieringen (Bleckede), Göddingen (Bleckede), Harmstorf (Dahlem), Katemin (Landkreis Lüchow-Dannenberg), Köstorf (Dahlem), Tosterglope mit Köhlingen, Reeßeln (Bleckede), Ventschau (Tosterglope) und Walmsburg mit Bruchdorf (Bleckede). Das Winsener Schatzregister schweigt auch in diesem Fall. In der Holzmark hatten außer dem Herzogshaus sowie den aufgezählten Dörfern mehrere Bleckeder Burgmannen und eine Reihe von Klöstern Rechte.

Die Vogtei Barskamp und das eng mit ihr verbundene Holzgericht gerieten ebenso wie die Dahlenburger Vogtei in Abhängigkeit vom Bleckeder Schloß.

Die Vogtei Artlenburg

Der Sturz Heinrichs des Löwen (1180) führte dazu, daß die Marschzone von Obermarschacht (Landkreis Harburg) bis Barförde (Hittbergen) mit dem Zentrum Artlenburg dem Welfenhaus verlorenging. Die Askanier brachten das Gebiet in ihren Besitz. Die Artlenburger Marsch wurde Bestandteil des Herzogtums Sachsen-Lauenburg.

Artlenburg mit der Nikolauskirche war — und ist — das Zentrum der Marschzone zwischen Obermarschacht und Barförde.

1206 sank Artlenburg, das schon zu Zeiten der Billunger und Heinrichs des Löwen aufgrund der Fähre und der Burg von Bedeutung gewesen war, in Schutt und Asche. Diese Zerstörung steht in Zusammenhang mit den Kämpfen der norddeutschen Fürsten gegen die Dänen, die sich bis zu der dänischen Niederlage von Bornhöved (1227) hinzogen.

Der Vertrag von 1258, der Bleckede den Askaniern auslieferte, bestimmte zugleich, daß Artlenburg und die umliegenden Marschdörfer zu Sachsen-Lauenburg gehören sollten. Bis dahin war das Gebiet zwischen Lüneburg und Lauenburg heftig umstritten gewesen.

Die Welfen fanden sich mit dem Verlust nicht ab. 1361 vermochten sie den Vertrag von 1258 rückgängig zu machen; Herzog Wilhelm nahm Artlenburg in Besitz. Spätestens seit dem Lüneburger Erbfolgekrieg — 1373 brannte der Elbort abermals völlig ab — war Artlenburg jedoch wieder bei Lauenburg. 1438 geriet es in den Pfandbesitz der Stadt Lüneburg, 1459 konnten die Lauenburger Herzöge das Pfand wieder einlösen.

Wie im Bleckeder Raum lassen sich auch im Artlenburger keine Goe nachweisen. Die herzoglichen Vögte an der Elbe saßen nicht über gutsuntertäniger sächsischer Bevölkerung, sondern über freien Bauern friesischer und niederländischer Herkunft, die seit dem zwölften Jahrhundert eingewandert waren und mit der Kultivierung der Marsch begonnen hatten.

Die lauenburgische Vogtei Artlenburg bezog folgende Orte ein — das Winsener Schatzregister schweigt wiederum —: Artlenburg, Avendorf (Landkreis Harburg), Barförde (Hittbergen), Bullendorf (Echem), Hittbergen, Hohnstorf, Jürgenstorf (Lüdersburg), Lüdersburg, Obermarschacht (Landkreis Harburg), Sassendorf (Hohnstorf) und Tespe (Landkreis Harburg). Allerdings war die Kompetenz des Vogteigerichts durch zwei Patrimonialgerichte beschränkt. Schloß und Ort Lüdersburg sowie das benachbarte Jürgenstorf gehörten einem Burgmannengeschlecht von der Ertheneburg. Dasselbe gilt für Obermarschacht.

Eine Sonderstellung nahmen der Kirchort Hittbergen und die Dörfer Barförde, Bullendorf und Sassendorf ein. Im Mittelalter wurden sie von den lauenburgischen Herzögen gesondert gepfändet. Später unterstanden diese Orte direkt dem Schloß in Lauenburg, während der übrige linkselbische Besitz der Askanier die Vogtei Artlenburg bildete.

Echem — ebenfalls in der Artlenburger Marsch gelegen — blieb welfisch. Es gehörte nach Ausbildung der Lüneburger Ämterverfassung zum Amt Scharnebeck. Im Mittelalter hatte das Adelsgeschlecht von Echem in dem Marschdorf seinen Stammsitz.

STIFTER UND KLÖSTER

Das Bardowicker Stift

Die reichsten geistlichen Grundbesitzer der mittelalterlichen Welt waren die Stifter und Klöster. Durch Schenkungen von staatlicher und privater Seite kamen riesige Besitzungen zusammen. Von den Stifts- und Klostergütern, die innerhalb der Grenzen des heutigen Landkreises Lüneburg lagen, waren die Bardowicker am ältesten. Einzelheiten über die erste Ausstattung des Kollegiatstifts Bardowick sind nicht überliefert. Man darf aber als sicher annehmen, daß Karl der Große dem Stift viel Grundbesitz gab, damit es die kostspielige Missionsarbeit leisten konnte.

Erst für die Zeit Kaiser Lothars fließen die Nachrichten, wenn auch bloß sehr dünn. Lothar schenkte dem Bardowicker Stift Besitzanteile an der Lüneburger Sülze. Auch Zehnte wandte er ihm zu.

Die Zehnten nehmen im Kirchenbesitz einen hervorragenden Platz ein. Die Grundlage für das Zehntrecht im Bereich des Herzogtums Sachsen hatte Karl der Große gelegt, als er 785 in Paderborn bestimmte, daß der sächsische Klerus den zehnten Teil der geernteten Früchte für sich beanspruchen durfte. Es dauerte freilich nicht lange, bis dieser Grundsatz verwischt war. Die kirchlichen Zehnten gerieten vielfach an die Herzöge und andere adelige Herren. Die Zehnten wurden verkäufliche und verschenkbare Werte.

Dem Bardowicker Stift — die Besitzverhältnisse sind selbst für das Hochmittelalter nur andeutungsweise zu rekonstruieren — gehörten Höfe, einzelne Äcker und Wiesen, Zehnte, Haus-, Land-, Garten- und Meierzinse sowie anderer Besitz überall in der Vogtei Bardowick und darüber hinaus. Der Besitz auf der Lüneburger Sülze erreichte, die großen und kleinen Besitzanteile zusammengerechnet, über zehn Pfannen.

Auf dieser äußerst vielgliederigen wirtschaftlichen Grundlage fußte das geistliche Leben des Stifts: Meistens waren in Bardowick zwölf Kanoniker vorhanden. Jeder von ihnen hatte ein besonderes Amt zu verwalten. Einer war *custos* (Küster), einer *cantor* (Kantor), ein dritter *scholae magister* (Schulmeister); noch andere Funktionen mußten wahrgenommen werden.

Alle Kanoniker wurden als *fratres praedicatores*, das heißt, als „predigende Brüder", bezeichnet. In diesem Namen kommt ihr Missionsauftrag zum Ausdruck. Aber die ursprüngliche Zielsetzung, um derentwillen das Stift einst gegründet war, ging mit der Zeit verloren. Der wachsende Reichtum verursachte Trägheit. Es kam dahin, daß die Stiftsmitglieder nicht einmal mehr die *horae canonicae*, die „Stunden der Kanoniker", beachteten. Nachts um drei (*matutina hora*), morgens um sieben (*prima hora*), um neun (*tertia hora*), mittags um zwölf (*sexta hora*), nachmittags um drei (*nona hora*), im frühen Abend (*vesperae hora*) und später vorm Schlafengehen (*completa hora*) mußten sie sich im Chorraum des Doms zu gemeinsamen Gebeten versammeln, wenn sie ihre

Der Bardowicker Dom — Zeuge großer Vergangenheit. Das Kollegiatstift war weit im Umkreis reich begütert.

Das Chorgestühl (vorne) zählt zu den Schätzen des Bardowicker Doms.
Die Schnitzereien wurden 1485 fertig.

geistlichen Pflichten ernstnahmen. Folgten sie dagegen ihrer Bequemlichkeit, so konnten sie sich zu den Horen durch Vikare vertreten lassen.

In Wohlhabenheit und Wohlleben verbrachten die Bardowicker Kanoniker des hohen und späten Mittelalters ihre Tage. Genauso wie der Präpositus, der Stiftsverwalter, waren sie vor allem auf Mehrung der Einkünfte aus.

Der Gemeindedienst wurde von einem eigens angestellten Gemeindepriester, einem sogenannten Plebanus, besorgt. Ihm zur Seite standen ein jüngerer Geistlicher, der ihn vertreten konnte und schließlich ablösen sollte, ein Organist und ein Schulmeister; denn die Kanoniker nahmen ihre Kirchenämter nur in der Frühzeit des Stifts praktisch wahr. Fünftens war noch ein Glöckner (*campanarius*) da, der alle Küsterdienste versah.

Das Hochstift Verden

Die Verdener Bischöfe hatten für ihren weltlichen Besitz — dieser wird kirchenrechtlich als Hochstift bezeichnet — eine eigene Verwaltung aufgebaut. Im Bardengau gab es vier bischöfliche Verwaltungsbezirke (Offizien). Zwei davon, die Offizien Bevensen und Uelzen, lagen außerhalb der Grenzen des späteren Landkreises Lüneburg. Das Offizium Salzhausen dagegen ragte in das heutige Kreisgebiet hinein, das Offizium Lüneburg-Bardowick befand sich in ihm.

Im Unterschied zu den Lüneburger Herzögen hielten die Verdener Bischöfe noch lange am Wirtschaftssystem der Meierhöfe fest. Das Offizium Lüneburg-Bardowick gruppierte sich um vier Meierhöfe. Zwei lagen in Lüneburg, zwei in Bardowick und Deutsch Evern.

Auch das Offizium Salzhausen hatte vier Meierhöfe, einer davon in Sibelincheborstolde, wie Heiligenthal (Südergellersen) ehemals genannt wurde. Außerdem reichten die riesigen Waldungen des Offizium in das jetzige Lüneburger Kreisgebiet hinein.

Entstanden waren die beiden großen kirchlichen Gutsbezirke durch reiche Schenkungen der Billunger, wobei sich die Zentren vorwiegend an die Amtssitze der Archidiakone von Salzhausen und Modestorp anschlossen.

Außer den Höfen, Ländereien und Waldungen seiner Offizien besaß das Verdener Hochstift ungezählte Zehnte. Darunter fielen die seit alters üblichen Fruchtzehnten sowie Fleisch- und Bienenzehnte, Lieferungen, die vom Geschlachteten und von der Honigernte erhoben wurden, sofern aus den Natural- nicht Geldleistungen geworden waren, wie es nach und nach mit allen Zehnten geschah.

Auch in den erst seit dem zwölften Jahrhundert kultivierten Marschen hatte Verden Besitzrechte. Ein Teil des Siedlungslandes gehörte, schon bevor es urbar gemacht wurde, dem Hochstift. Nachdem Friesen und Niederländer entlang der Elbe ansässig geworden waren, sicherten sich die Verdener Bischöfe die Zehnten. Aus der Bleckeder wie aus der Artlenburger Marsch hatten sie beträchtliche Einkünfte.

Das Lüneburger Benediktinerkloster St. Michaelis (955)

Das vornehmste und reichste, zugleich das älteste Kloster des ganzen Fürstentums war St. Michaelis in Lüneburg (955). Gleich 956 sprach König Otto I. der Neugründung die Einnahmen aus dem Lüneburger Salzzoll zu. 959 schenkte er Ländereien. 965 stattete er St. Michaelis mit dem zehnten Teil der kaiserlichen Zolleinnahmen in Bardowick aus. Unter Friedrich Barbarossa wurde der Anteil des Klosters 1172 auf ein Fünftel erhöht.

Auch die Billunger und die Welfen wandten den Benediktinern auf dem Kalkberg Grundstücke und andere Rechtstitel zu. Zahlreich waren ferner die Schenkungen des lüneburgischen Adels. Um 1500 hatte das Kloster Besitzungen in gut jedem dritten Ort des späteren Landkreises Lüneburg. Die Schwerpunkte lagen im Go Oldenbrügge, im Go Salzhausen sowie im Go Bevensen.

In Lüneburg selbst verfügte St. Michaelis über eine beträchtliche Zahl von Salzpfannen; dazu kamen Ländereien und Gebäude, darunter die Abtswassermühle. Auch in den heutigen Landkreisen Harburg und Uelzen lagen große Besitzungen des Klosters.

Der Abt von St. Michaelis, häufig als der Herr „uppe dem Huse“ oder „vom Hause“ tituliert, weil er innerhalb der befestigten Kalkbergzone residierte, war der erste Prälat

Das Lüneburger Benediktinerkloster St. Michaelis war der größte geistliche Grundbesitzer im Fürstentum. Kupferstich von Braun-Hogenberg (um 1595).

des Fürstentums; der Bischof von Verden konnte das nicht sein, denn er verfügte über ein eigenes Hoheitsgebiet. Und da der Prälatenstand vor den beiden übrigen Ständen des Landtags rangierte — den Rittern und den Vertretern der Städte —, führte der Michaelisabt auf den Ständeversammlungen des Fürstentums den Vorsitz. Die Aufsicht über das riesige Klostervermögen war einem Prior übertragen. Außer mit vielerlei Liegenschaften und Rechten hatte er es mit bedeutenden Kunstschätzen zu tun, darunter die berühmte „Goldene Tafel“, die an den wichtigsten Festtagen den Hochaltar zierte. Während die wahrscheinlich aus dem zwölften Jahrhundert stammende Tafel spurlos verschwand, sind die Altarflügel — in Malerei und Schnitzerei erstrangige Kunstwerke — nach Hannover ins Museum gekommen.

Nachdem 1371 im Lüneburger Erbfolgekrieg die Burg auf dem Kalkberg zerstört worden war, entschlossen sich die Benediktiner zu einem Ortswechsel, obwohl die aufgebrachte Bürgerschaft das Kloster nicht in ihren Zerstörungsplan miteinbezogen hatte. 1376 legte Bischof Heinrich von Verden den Grundstein für den Klosterneubau innerhalb der Lüneburger Mauern. 1418 konnte die dreischiffige Hallenkirche — bis auf den Turm — vollendet werden.

In Grünhagen (Landkreis Uelzen) besaßen die Äbte von St. Michaelis einen schloßähnlichen Sommersitz.

Das Benediktinerinnenkloster Lüne (1172)

Zufluchtsstätte bedeutet der Name Lüne. Zunächst bezeichnete er die Burg auf dem Kalkberg. Seit dem zwölften Jahrhundert benutzte man ihn außerdem für eine Einsiedelei, die in den Wäldern nordöstlich von Lüneburg entstanden war.

Um 1140 gestattete der Abt von St. Michaelis in Lüneburg dem Benediktinermönch Rethard, das Kloster zu verlassen und als Einsiedler im Wald zu leben. Aber lange hielt es Rethard nicht aus in der selbstgewählten Einsamkeit draußen vor den Toren der Stadt. Der Mönch Dietrich löste ihn ab, hielt die Einsiedelei instand und machte sich mit Unterstützung seiner Mitbrüder daran, eine Kapelle zu errichten.

Im Dezember 1157 wurde sie geweiht. Sie erhielt den Namen Jakobikapelle. Da sich jedoch unter den Reliquien, mit denen Bischof Hermann von Verden das hölzerne Gotteshaus ausstattete, ein Stück von der Kleidung des heiligen Bartholomäus befand, bürgerte sich mit der Zeit der Name Bartholomäuskapelle ein.

Es dauerte etwa zehn Jahre, bis der Holzbau durch einen Steinbau ersetzt wurde; Hermann hatte die Kapelle durch Ländereien und Waldungen mit Einkünften versehen. Und nachdem abermals einige Jahre vergangen waren, begann um die Bartholomäuskapelle im Lüner Wald ein Kloster zu entstehen.

Während eines Aufenthaltes in Verden stimmte Heinrich der Löwe 1171 dem Plan zu, in der Nähe von Lüneburg ein Kloster zu gründen. Die hauptsächlichen Befürworter scheinen Bischof Hugo von Verden und Abt Berthold von St. Michaelis in Lüneburg gewesen zu sein. Bereits am 9. Januar 1172 bestätigte Hugo in einer Urkunde offiziell die vollzogene Gründung. Streng genommen freilich war Kloster Lüne in seinen Anfängen noch gar kein Kloster, sondern bloß eine Stiftung. Zwölf Frauen adeliger Herkunft — die Zahl der Stiftsstellen lag fest — lebten in geistlicher Gemeinschaft. Von einer Befolgung der Benediktinerregel konnte noch nicht die Rede sein.

Erst nach dem großen Brand, der in den 30er Jahren des 13. Jahrhunderts die Stiftsgebäude einäscherte, wurde Lüne zu einem richtigen Nonnenkloster. So, wie es die Regel des heiligen Benedikt verlangt, mußten die Insassinnen nun die feierlichen Gelübde der Armut, der Keuschheit und des Gehorsams ablegen. Die zahlenmäßige Beschränkung fiel weg, und bald lebten 60 Frauen in Lüne. Die Kompetenzen der Priorissa und des Propstes, in deren Händen die Verwaltung des Klosters lag, wurden genau festgelegt. Die Priorissa stand dem Konvent, der Versammlung der Nonnen, vor und leitete die inneren Klosterangelegenheiten. Demgegenüber war der Propst, anfangs regelmäßig ein Mönch von St. Michaelis, für die wirtschaftlichen Dinge zuständig.

Auch der im 13. Jahrhundert errichtete Neubau stand nicht lange. Am 30. April 1372 brannte Lüne abermals völlig ab. Zwei Nonnen und eine Novizin kamen in den Flammen um. Die Überlebenden hatten sorgenvolle Tage.

In einer Legende findet die Notlage Ausdruck, in die das Kloster unversehens geraten war: Am Abend nach dem Brand kam von der Mühle in Lüneburg der Klosteresel nach Lüne zurück, schwer beladen. Nun hatten die frommen Frauen keinen Grund mehr zu verzweifeln. Der treue Esel hatte für Mehl gesorgt. Sie konnten Brot backen und brauchten nicht mehr zu hungern.

Am nächsten Abend war der Esel wieder zur Stelle, und so ging es eine ganze Zeit. Das Tier brachte Sack auf Sack, während das Kloster neu emporwuchs. Endlich war der frühere Wohlstand wiederhergestellt. Aus Dankbarkeit ließen die Nonnen dem Esel ein silbernes Hufeisen unterschlagen. Und das kluge Tier begriff, daß die Not vorüber war, und ward nicht mehr gesehen . . .

Nach dem Brand von 1372 baute man das Kloster nicht wieder an der ursprünglichen Stelle auf. Man wählte den näher nach Lüneburg und zur Ilmenau gelegenen Platz, wo es heute noch steht. Eine entscheidende Rolle spielte bei dem Wiederaufbau der Bardowicker Kanoniker Johannes Weigergang, der in den Jahren 1374 bis 1412 Propst von Lüne war. Unter seiner Leitung erhielt das Kloster die großzügigen Ausmaße, die bis in die Gegenwart Bestand gehabt haben.

Außerdem legte Propst Weigergang den heftigen Streit bei, zu dem es zwischen dem Lüner Konvent und der römischen Kurie gekommen war. Als ein Propst des Klosters den Verdener Bischofsstuhl bestieg, hielt sich Papst Urban V. (1362—1370) für berechtigt, Lüne einen italienischen Kardinal als Propst zu geben. Der Konvent akzeptierte die päpstliche Entscheidung nicht, er erkor einen einheimischen Geistlichen. Die folgenden Streitigkeiten verursachten so viel Hitze, daß der Papst Lüne schließlich mit der Exkommunikation (Kirchenbann) und dem Interdikt (Gottesdienstverbot) belegte.

Unter Johannes Weigergang wurde alles wieder eingerenkt. Für Lüne kamen Jahre ungestörten Aufbaus. Herrliche Kunstschätze füllten die neuen Gebäude. Das Kloster entfaltete immer mehr Glanz. Das Fundament war auch hier ein umfangreicher Besitz, aus Höfen, Ländereien, Wäldern, Lüneburger Salzpfannen, Zehnten, Grundrenten, Mietzinsen und Kapitalzinsen bestehend.

Eine vielschichtige Verwaltungsarbeit mußte von den Pröpsten geleistet werden. Der Klosterbesitz verteilte sich außer auf Lüne und Lüneburg auf eine große Zahl von Orten, von denen rund 50 innerhalb der Grenzen des heutigen Landkreises Lüneburg liegen.

Das 15. Jahrhundert brachte neuen Streit. Im Lüneburger Prälatenkrieg (1451—1457) nahm Kloster Lüne eine exponierte Stellung ein, ohne am Ende den Gang der Dinge beeinflussen zu können. Der Rat der Stadt Lüneburg setzte sich durch. Das Kloster tat gut daran, seinem weltlichen Ehrgeiz zu entsagen.

Insoweit konnte die Bursfelder Reformbewegung hilfreich sein. Der Abt des Benediktinerklosters Bursfelde bei Minden begann um die Mitte des 15. Jahrhunderts mit Klosterreformen. Schon als er noch in Gandersheim gewesen war, hatte er die strenge Befolgung der Benediktinerregel verlangt. An der Weser setzte er diese Bemühungen fort und erreichte, daß sich viele Klöster seines Ordens der Reformrichtung anschlossen.

Nur einmal im Jahr zeigt Kloster Lüne seine kostbaren spätmittelalterlichen Bildteppiche. Hier eine Darstellung der Geburt Christi.

Kloster Lüne überdauerte die Jahrhunderte. Herzstück des umfangreichen Klosterkomplexes ist der Kreuzgang mit dem Friedhof darinnen.

1462 empfahl der Bischof von Verden den in seiner Diözese gelegenen Nonnenklöstern des Benediktinerordens die Annahme der Reform. Mitte der 60er Jahre zündeten die Bursfelder Gedanken in Ebstorf. 1481 wurde die Erneuerungsbewegung von Ebstorf nach Lüne weitergetragen.

Am 19. Oktober des Jahres zogen in feierlicher Prozession sieben Nonnen des Ebstorfer Konvents in Kloster Lüne ein, angeführt von der Priorissa Mechthild von Niendorf. Die Lüner Priorissa wurde abgesetzt. Die Ebstorfer Conventualin Sophie von Bodendike nahm ihren Platz ein. Subpriorissa wurde Gertrud von Etzen, die ebenfalls aus Ebstorf gekommen war.

Praktisch bedeutete die Einführung der Bursfelder Reform beispielsweise, daß die Klausur verschärft wurde, das heißt, die Nonnen durften seltener das Kloster verlassen und nur noch wenige Besucher empfangen. Selbst der Briefwechsel mit Laien mußte eingeschränkt werden.

Während das persönliche Leben der Klosterinsassen infolge der Bursfelder Reformbewegung schlichter verlief, wurde das Kloster selbst immer prunkvoller. Mit dem Jahr 1481 begann eine rege Bautätigkeit, zunächst von Propst Nikolaus Graurock geleitet, später von seinen Nachfolgern, den Pröpsten Schomaker und Lorber, mit ähnlichem Enthusiasmus fortgeführt.

Im Unterschied zu den Frauenklöstern Ebstorf und Lüne vermochte sich die Bursfelder Reformbewegung im Benediktinermönchskloster St. Michaelis nicht durchzusetzen.

Das Zisterzienserkloster Scharnebeck (1244)

Im 13. Jahrhundert faßte der Zisterzienserorden, eine der Reformrichtungen innerhalb des Benediktinerordens, im Fürstentum Lüneburg Fuß, freilich nicht gleich in Scharnebeck, sondern zunächst in Steinbeck (Landkreis Soltau-Fallingbostel).

1243 erschienen Zisterziensermönche im oberen Luhetal. Sie waren aus dem Bistum Paderborn entsandt worden, um im Bistum Verden eine Ordensniederlassung anzulegen. Luderus, der Verdener Bischof, hatte sie gerufen und stattete das Kloster in Steinbeck mit Landbesitz, unter anderem in Bispingen, mit den Zehnten aus vier Dörfern und Sülzanteilen auf der Lüneburger Saline aus, als er 1244 die offizielle Gründung vollzog.

Der Name des Klosters war laut Gründungsurkunde *Domus Sanctae Mariae*, Marienkloster. Noch in späteren Jahrhunderten wirkte diese Namensgebung nach, und man sprach statt von Kloster Scharnebeck auch von Kloster Marienbach.

Luderus blieb ein eifriger Förderer seiner Gründung und wurde nach dem Tode in dem Kloster beigesetzt. Demgegenüber gab sich sein Domkapitel reserviert. Gleich 1244 kam es zu Spannungen zwischen Bischof und Kapitel. Was Luderus den Zisterziensern schenkte, ging dem Hochstift Verden verloren. Erst 1245 war das Kapitel bereit, die bischöflichen Schenkungen anzuerkennen. Zugleich gewann es Luderus die Zusicherung ab, daß es bei künftigen Veräußerungen um seine Zustimmung ersucht werden sollte.

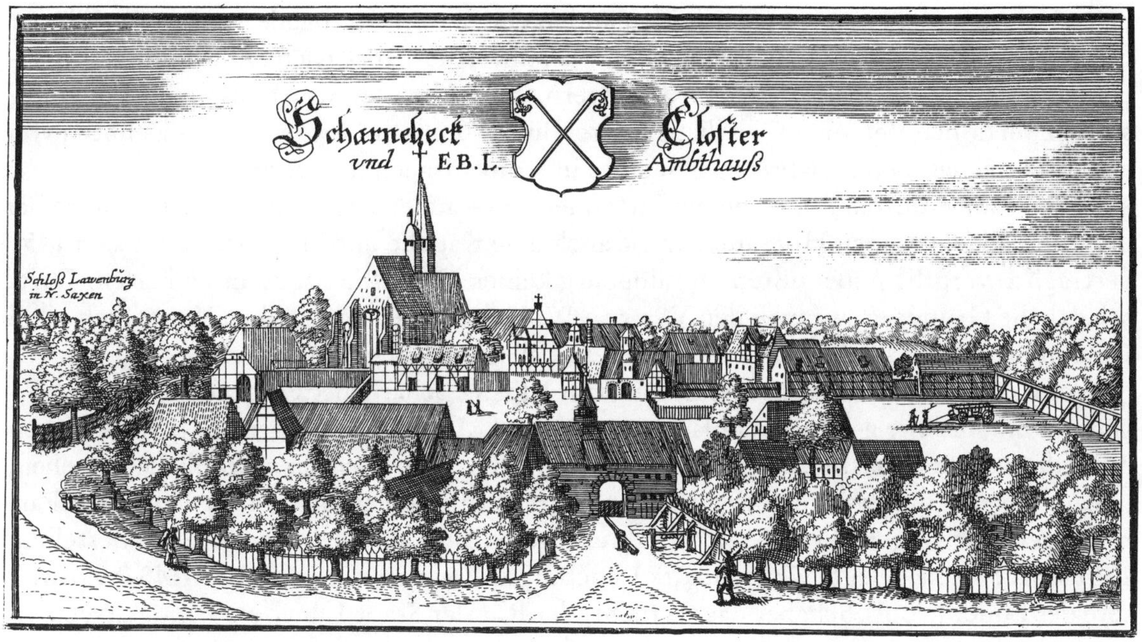

Das Zisterzienserkloster Scharnebeck erwählten die Herzöge oft als Tagungsort in politischen Händeln (Merianstich).

Fast noch wirksamer als die bischöfliche war die herzogliche Unterstützung, die das neue Kloster in Steinbeck erhielt. Herzog Otto das Kind schenkte den Zisterziensern 1251 alle Grundstücke, die er in Scharnebeck und dem benachbarten Erbstorf (Adendorf) besaß. Dazu kamen auf Ottos Betreiben noch sämtliche Scharnebecker Liegenschaften des Michaelisklosters.

Die reichen Schenkungen von 1251 veranlaßten den Steinbecker Abt, das Kloster nach Scharnebeck zu verlegen. Am 19. Januar 1253 wurde das Allerheiligste, die Monstranz mit den geweihten Hostien, überführt. Ganz in der Nähe der herzoglichen Residenz begannen nun die Zisterzienser geistlich und kolonisatorisch wirksam zu werden. Gerade auch auf wirtschaftlichem Gebiet leistete der Zisterzienserorden Bedeutendes, wie sich insbesondere in Nordostdeutschland zeigte.

Im Laufe des 13. Jahrhunderts wurden Kloster Scharnebeck von den Herzögen und Päpsten zahlreiche Privilegien verliehen. Unter anderem erlangte es das Münzrecht. Auch Zollfreiheit gestand man ihm zu.

Ähnlich wie Lüne sammelte Scharnebeck einen erstaunlichen Besitz. Aus über hundert Orten hatte das Kloster Einnahmen, über 30 davon innerhalb der Grenzen des heutigen Landkreises Lüneburg. Die meisten dieser Orte werden in einem Kopialbuch, einer Art Grundbuch, aufgeführt, das der Scharnebecker Mönch Hoyer 1458 verfaßte.

Je größer der Besitz war, um so häufiger ergaben sich seinetwegen Rechtsstreitigkeiten. 1342 zum Beispiel erhoben die Klöster Scharnebeck und Heiligenthal beide Anspruch auf einen Zehnten, der auf einem Stück Neuland in der Pfarrei Kirchgellersen lastete. Als der Streit 1350 noch immer nicht entschieden war, übertrug Papst Klemens VI. die Untersuchung der Angelegenheit drei Schiedsrichtern, dem Abt von St. Michaelis in Lüneburg sowie zwei hohen Verdener Geistlichen. Drei Bullen mußten 1351 wegen des Zehnten von einem Zipfel gerodeten sächsischen Waldes in Rom ausgefertigt werden.

In der Stadt Lüneburg besaßen die Zisterzienser — außer ihren Sülzanteilen — nahe bei der Nikolaikirche einen Hof, auf dem sie auch eine Kapelle unterhielten, bis sie sich 1451 vertraglich verpflichten mußten, in Lüneburg keinen Gottesdienst mehr zu halten. Wirtschaftliche Gründe erzwangen den Vertrag. Wo Scharnebeck die heilige Messe hielt, floß Geld in die Klosterkasse, das heißt in diesem Falle: aus Lüneburg hinaus.

Gleich im Jahrhundert seiner Gründung trat Kloster Scharnebeck gegenüber den Herzögen von Braunschweig-Lüneburg als Kreditgeber auf. Auch in den folgenden Jahrhunderten bis in die Reformationszeit hinein zahlte es den Welfen immer wieder ansehnliche Darlehen.

Kurz vor Beginn des Lüneburger Erbfolgekrieges hatte das Kloster als welfischer Parteigänger eine längere Fehde mit den Herzögen von Sachsen-Lauenburg zu bestehen; 1361 wurde sie beigelegt. Während des Lüneburger Prälatenkrieges (1451—1457) verbreitete der Lüner Propst Schaper das Gerücht, der Rat der Stadt Lüneburg habe Sülzgelder

Von der Bausubstanz des Klosters Scharnebeck ist außer Resten des Kreuzgangs nichts übriggeblieben (1975 restauriert).

unterschlagen und unter dem Hochaltar von Kloster Scharnebeck verstecken lassen. Außer einer großen Menge Silbers würden dort drei Tonnen Gold verborgen gehalten.

Häufig benutzten die Landesherren Scharnebeck als Tagungsort. Die guten Beziehungen zwischen dem Lüneburger Rat und dem Kloster zeigten sich in dem Brauch, wonach die Sülfmeister Pfingsten einen Ausritt nach Scharnebeck machten und dort an der Tafel des Abts speisten.

Das Prämonstratenserkloster Heiligenthal (1313)

Kloster Heiligenthal hat mit Kloster Scharnebeck gemeinsam, daß der Gründungsort nicht der Ort wurde, an dem das Kloster zu Reichtum und Ansehen gelangte. Die Geschichte der einzigen Niederlassung der Prämonstratenser im Fürstentum Lüneburg beginnt in Kirchgellersen.

In einer Urkunde vom 22. November 1313 bestimmte der Ritter Lippold von Doren dem Prämonstratenserorden verschiedene Grundstücke in und nahe bei Kirchgellersen. Das Adelsgeschlecht der von Doren saß im Uelzener Raum; Pieperhöfen, Tatern und Woltersburg gehörten ihm. Außerdem scheint es — wenigstens zeitweise — Böhmsholz (Lüneburg) besessen zu haben; gelegentlich nannten sich die von Doren „de Bemesholte", von Böhmsholz. Die Schenkungsurkunde, die auch Lippolds Frau und seinen Bruder als Stifter aufführt, war für den Prämonstratenserchorherrn Everhard und dessen Mitbrüder ausgefertigt.

Der Prämonstratenserorden ist im Unterschied zum Benediktiner- und zum Zisterzienserorden kein Mönchsorden, sondern ein Orden von Weltgeistlichen. Die Prämonstratenser unterscheidet von den Kanonikern der Kollegiatstifte lediglich, daß sie der Regel des heiligen Augustin folgen. Man nennt sie daher nicht schlicht Kanoniker, sondern regulierte Kanoniker. Statt Kanoniker ist die Bezeichnung Chorherr beliebt; mehrmals am Tage mußten sie sich im Chor ihrer Kirche zu gemeinsamen Gebeten versammeln. Weil sie Weltgeistliche waren, kümmerten sich die Prämonstratenserchorherren in starkem Maße um die Bevölkerung und wirkten als Seelsorger.

Everhard und seine Begleiter kamen aus dem Kloster Heiligenberg in der Grafschaft Hoya ins Fürstentum Lüneburg. Die Verbindung zwischen Heiligenberg und der Neugründung in Kirchgellersen zeigte sich auch später noch darin, daß dem Heiligenberger Abt als dem Vaterabt bestimmte Aufsichtsrechte zustanden. Vaterrechte über beide Klöster beanspruchte der Abt von Kappenberg, denn von diesem Kloster, einer der ältesten deutschen Niederlassungen der Prämonstratenser überhaupt — bei Werne an der Lippe gelegen —, war Heiligenberg gegründet worden.

1314 bestätigten der Lüneburger Herzog und der Verdener Bischof die Schenkung Lippolds von Doren. Bischof Nikolaus von Verden eximierte das Kloster außerdem von der Diözesanjurisdiktion, das heißt, er klammerte es aus der bischöflichen Gerichtshoheit aus. Ferner erhielten die Prämonstratenser das Gotteshaus in Kirchgellersen, das bisher zu Pfarrei Salzhausen gehört hatte, nun aber eine selbständige Gemeindekirche wurde.

Everhard, der erste Prior von Kirchgellersen, löste 1316 einen Hof ein, den Bischof Friedrich, der Vorgänger von Nikolaus, verpfändet hatte. Dieser Hof befand sich in Sibelincheborstolde, wie Heiligenthal (Südergellersen) ehemals hieß. Und da den Prämonstratensern das eingelöste Anwesen besser gefiel als ihr Besitz in Kirchgellersen, verlegten sie ab 1316 das Kloster nach Sibelincheborstolde.

In einer Urkunde von 1332, durch die das Kloster ein halbes Fuder auf der Lüneburger Saline geschenkt bekam, begegnet erstmals der Name *Sancta vallis*, Heiliges Tal, unter dem die Niederlassung der Chorherrn bekannt wurde.

Noch zahlreiche weitere Schenkungen konnte Kloster Heiligenthal in seiner Frühzeit entgegennehmen. Rasch vergrößerte sich der Besitz. Freilich kam es auch zu erbitterten Vermögensstreitigkeiten; die Auseinandersetzung mit den Zisterziensern in Scharnebeck wegen eines Neulandzehnten liefert dafür ein Beispiel.

Im 15. Jahrhundert waren die verschiedenartigen Heiligenthaler Besitzungen auf rund 15 Orte des späteren Landkreises Lüneburg verteilt. Ein wichtiger Teil des Klosterbe-

Die Heiligenthaler Kapelle erinnert an das Prämonstratenserkloster „Sancta vallis", obwohl sie lange nach dem Abzug der Mönche entstand.

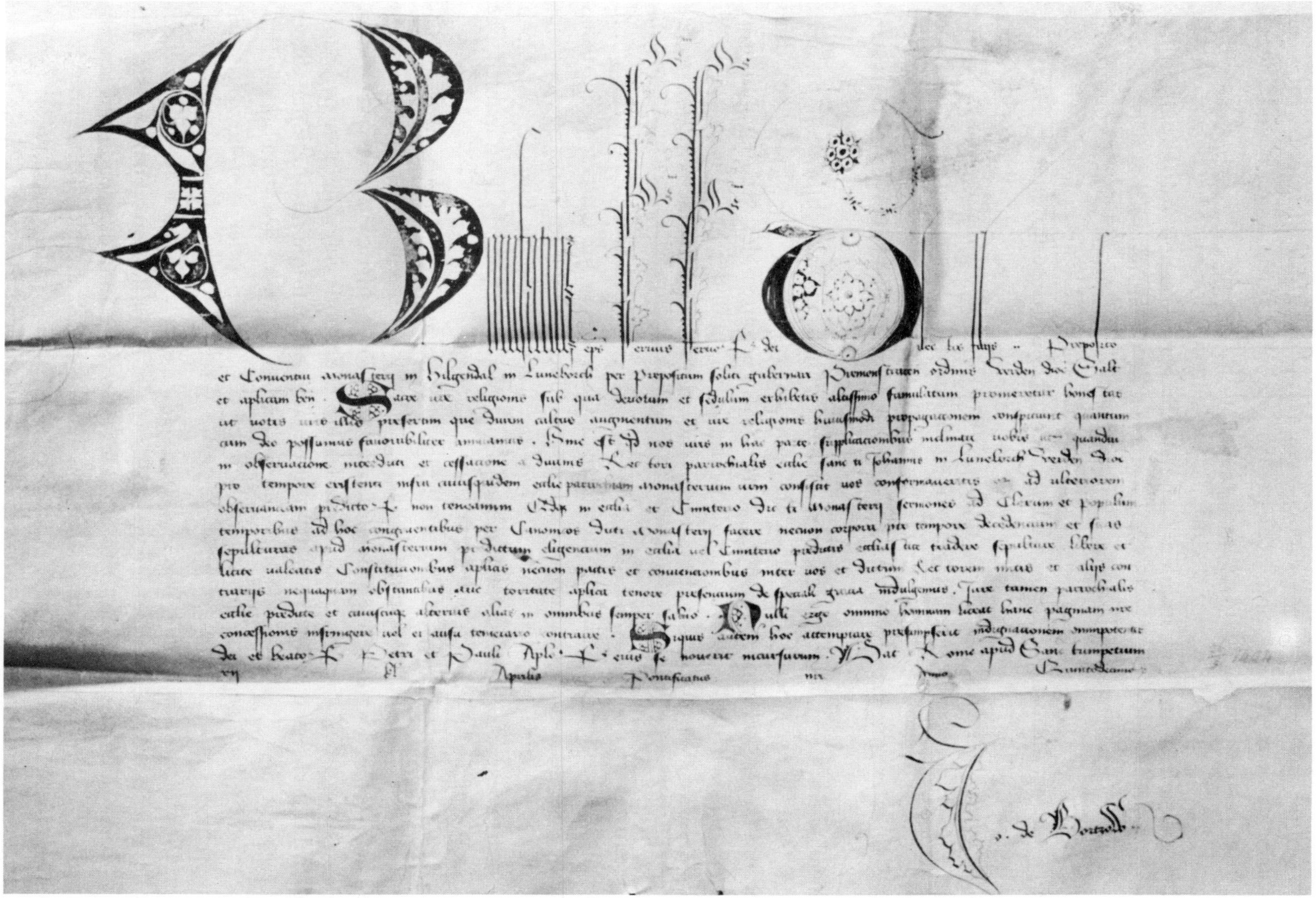

Bulle Papst Bonifaz' IX. für Kloster Heiligenthal vom 21. März 1404. Das Kloster befand sich inzwischen in der Stadt Lüneburg.

sitzes lag in und um Lüneburg, insbesondere auf der Sülze (fünf Pfannen). Unter den Besitzrechten in weiterer Entfernung spielten die Zehnten, Grundrenten und Liegenschaften im Alten Land an der Unterelbe die Hauptrolle.

Während sich Kloster Heiligenthal zunächst mit einem Prior hatte begnügen müssen, wurde ihm 1342 ein Propst zugestanden. Der erste Träger der neuen Würde war Hinrich von Bucken, der bereits für das Jahr 1335 als Prior von Heiligenthal erwähnt wird. Anders als der Lüner Propst hatte freilich ein Heiligenthaler nicht vorwiegend ökonomische Funktionen. Eine doppelte Spitze gab es nur in den Nonnenklöstern. Bei den Prämonstratensern war der Propst geistlicher und wirtschaftlicher Klostervorsteher. Den Titel Prior führte sein Stellvertreter.

Einen Abt hat Heiligenthal nie bekommen, da es ein verhältnismäßig kleines Kloster blieb. Die Klöster Kappenberg und Heiligenberg nahmen die Vaterrechte wahr, was sich zum Beispiel darin äußerte, daß bei der Heiligenthaler Propstwahl der Abt von Kappenberg als Wahlleiter fungierte. War er verhindert, trat der Heiligenberger Abt an seine Stelle.

Wie in allen Stiftern und Klöstern waren auch in Heiligenthal zahlreiche Ämter zu verwalten. Man kannte einen *Bursarius* oder *Camerarius* (Verwalter der Finanzen), dazu einen besonderen *Pistanzionarius* oder *Cellarius* (Verwalter der Renteneinkünfte), schließlich einen *Sacrista* (Verwalter des Klosterinventars und des Kirchenschatzes) und einen *Vestiarius* (Verwalter der Kleiderkammer). Weiter waren vorhanden ein *Infirmarius* (Arzt), ein *Coquinarius* (Küchenchef) und ein *Cantor* (musikalischer Leiter). Für die anfallende Küster-, Koch- und Handwerkerarbeit gab es eine Anzahl Laienbrüder und -schwestern, die bloß die sogenannten einfachen Gelübde — im Unterschied zu den feierlichen der Ordensleute — geleistet hatten, aber doch ständig im Klosterbezirk lebten. Zu ihrer Hilfe wiederum war noch die *Familia*, das Gesinde, da. Eine der Aufgaben der Laienkräfte bestand darin, in der Heiligenthaler Mühle das Getreide zu mahlen, das von den Klosterhöfen angeliefert wurde.

Schon unter Propst Hinrich tauchte die Frage auf, ob man das Kloster vom offenen Lande weg in eine Stadt verlegen sollte. In Heiligenthal wohnten die Prämonstratenser in unmittelbarer Nähe des sumpfigen Baches, der die Mühle antrieb. Es war schwierig, sauberes Wasser zu bekommen. Im Sommer lastete drückende Schwüle über der Bachzone. Nach Hinrichs Tod stellte man dazu noch andere Nachteile fest. In einem Streit des Klosters mit dem Verdener Bischof und besonders während des Lüneburger Erbfolgekrieges war Heiligenthal schutzlos den bischöflichen oder den herzoglichen Truppen preisgegeben.

Mehrere Städte wurden in die Wahl gezogen. Man überlegte, ob man nach Uelzen gehen sollte oder ob Mölln oder Verden günstiger waren. Am Ende entschied man sich für das benachbarte Lüneburg. Propst Otto Kultzing realisierte 1382 den schon seit langem erwogenen Plan. Am 26. August des Jahres wurden die Heiligenthaler Kultgeräte, Reliquien, Urkunden und Bücher nach Lüneburg in die Straße Am Berge gebracht. Propst Weigergang von Lüne geleitete Kultzing an der Hand in die Stadt. Auch Herzog

Albrecht von Sachsen-Wittenberg — noch hatten die Welfen Lüneburg nicht wieder in Besitz nehmen können — war anwesend.

Die in Heiligenthal zurückgelassenen Gebäude wurden weiter instandgehalten. In der Kapelle mußte nach wie vor ein Klosterbruder die heilige Messe lesen. Die übrigen Baulichkeiten übernahm das Klostergut.

Überhaupt bestanden weiterhin enge Beziehungen zu Alt Heiligenthal, wie man von nun an sagte. Wenn in Lüneburg die Pest umging, verließen die Chorherren die Stadt und wohnten wieder auf dem Lande. Der Propst kam regelmäßig. Er beaufsichtigte die Reinigung der Fischteiche, die Trockenlegung der Moorflächen beiderseits des Mühlenbachs und die Holzgewinnung in den großen Waldungen. Sogar auf den Familienfesten der Pächter, die auf den Höfen des Klosters saßen, erschien er.

1510 wurde Matthäus Eickholt Propst des Klosters. Er hatte vorher den Pfarrdienst in Kirchgellersen versehen und während dieser Zeit viel für Heiligenthal getan. Zum Teil mit Mitteln aus seinem Privatvermögen waren die alten Klostergebäude erneuert worden. Der Nachfolger in Kirchgellersen dagegen, der Prämonstratenser Johann Wittenborg, ließ ohne Eickholts Wissen Vieh schlachten und Bäume fällen. Ja er schreckte nicht einmal davor zurück, seine gottesdienstlichen Gewänder zu verkaufen. Noch andere Verfehlungen beging er.

Die Klosterdisziplin war ins Wanken geraten. Auch die übrigen Kanoniker stellten den eigenen Vorteil über den des Konvents. Der wirtschaftliche Ruin des Klosters konnte unter solchen Umständen nicht aufgehalten werden.

Der 1445 entstandene Hochaltar der Klosterkirche St. Andreae ist wenigstens in Teilen im Museum für das Fürstentum Lüneburg zu sehen. Sonst blieb von der Kirche wie auch von dem angrenzenden Kreuzgang nichts übrig.

St. Andreae zu Lüneburg.

Das Franziskanerkloster Lüneburg (1235)

Auch die große mönchische Bewegung des 13. Jahrhunderts, das Bettelmönchtum, erreichte Lüneburg. Gegen die zunehmende Verweltlichung der mittelalterlichen Kirche traten die Bettelmönche an. So, wie es ihnen Franz von Assisi, der Stifter des Franziskanerordens, vorgelebt und vorgeschrieben hatte, machten sie — nicht nur einzeln, sondern auch gemeinsam als Klosterverband — mit der Forderung nach Besitzlosigkeit Ernst.

Herzog Otto das Kind siedelte die Franziskaner 1235 in Lüneburg an. In unmittelbarer Nähe des Rathauses durften sie ihr Marienkloster errichten. Da sie mit dem Elan einer Reformbewegung und im übrigen als Seelsorger ans Werk gingen, flogen ihnen die Herzen vieler Bürger, niedrig und hoch, und damit ausreichende Mittel für ihr Wirken zu.

An der Spitze des Marienklosters, dessen Kirche nicht mehr steht, dessen Kreuzgang aber noch im Gebäude der heutigen Alten Ratsbücherei nachzuweisen ist, walteten ein Guardian und ein Vizeguardian ihrer Ämter.

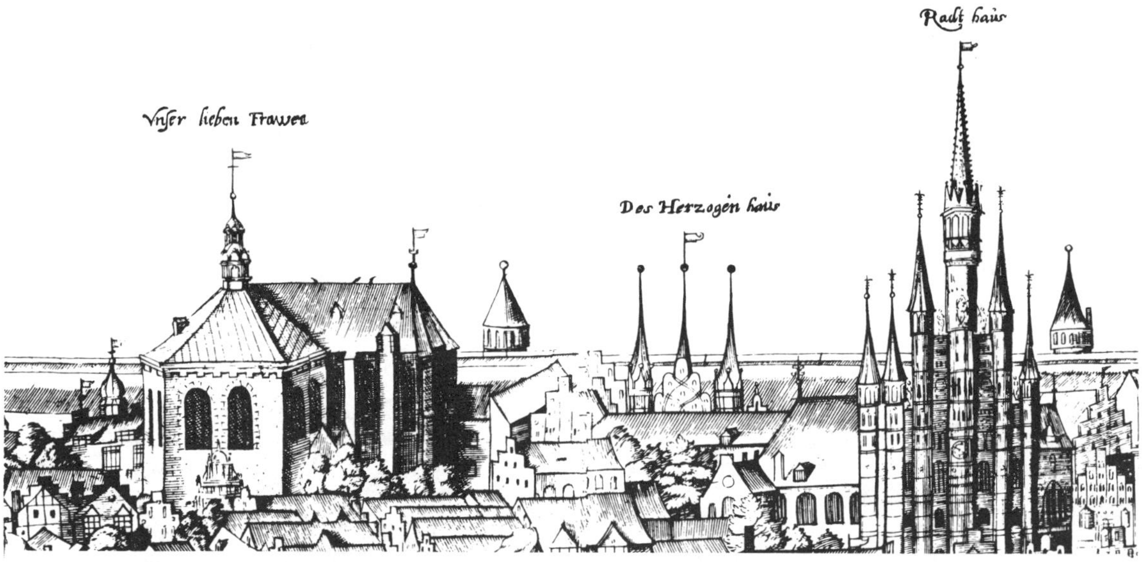

Das Franziskanerkloster mit der Kirche St. Marien lag in unmittelbarer Rathausnähe. Der Name Marienplatz erinnert daran.

HANSESTADT LÜNEBURG

Wider die Zwingburg auf dem Kalkberg (1371)

Die welfischen Allode in Sachsen waren umstritten, seitdem Heinrich der Löwe seine beiden Herzogtümer eingebüßt hatte; die Askanier begnügten sich nicht mit dem sächsischen Herzogstitel. Erst das Jahr 1235 brachte Klarheit, was aus den Gebieten um Braunschweig und Lüneburg werden sollte. In Mainz bestätigte Kaiser Friedrich II. dem Enkel des Löwen, Otto dem Kind, daß dem Welfenhaus sein sächsischer Allodialbesitz verbleiben sollte, von nun an als Herzogtum beziehungsweise Fürstentum Braunschweig-Lüneburg bezeichnet.

Ottos Söhne, Albrecht und Johann der Gütige, regierten gemeinsam, bis sie 1267 eine Teilung der welfischen Lande vornahmen. Damit setzte die unheilvolle Teilungspolitik ein, die in den folgenden Jahrhunderten die Hauptursache dafür war, daß die große Politik über Nordwestdeutschland hinweg entschied.

Albrecht nahm den Braunschweiger und Johann der Gütige den Lüneburger Teil des Herzogtums. Es entstanden das ältere Haus Braunschweig und das ältere Haus Lüneburg. Nicht geteilt wurde der Titel Herzog zu Braunschweig und Lüneburg, er blieb für alle Zeit welfischer Gemeinbesitz. Die Regenten des Fürstentums Braunschweig führten ihn genauso wie die Verwandten im Fürstentum Lüneburg.

Nach rund hundert Jahren schon starb das ältere Haus Lüneburg 1369 mit Herzog Wilhelm aus. Erbberechtigt war die Braunschweiger Linie der Welfen. Zugleich aber meldeten auch die Askanier Ansprüche an, und zwar der Zweig Sachsen-Wittenberg, der seit 1260 neben dem Zweig Sachsen-Lauenburg bestand.

Im Lüneburger Erbfolgekrieg (1371—1373) wurde der Gegensatz zwischen Welfen und Askaniern ausgefochten, wobei zwischen diesen beiden Parteien sozusagen noch eine dritte stand. Sie hatte sich in der Vergangenheit gewiß oft genug gut welfisch gezeigt, war aber jedenfalls askanischem Liebeswerben grundsätzlich keinesfalls abgeneigt: Die Lüneburger Sülfmeister, die Repräsentanten der blühenden Handelsstadt, bildeten diese dritte Partei. Ihnen ging es weniger darum, ob nun die Welfen oder die Askanier auf der Burg über der Stadt das Regiment hatten. Für sie war viel wichtiger, daß der Herzog, der den Kalkberg innehatte, ihnen nicht das Salzgeschäft verdarb. Ein schwacher Fürst war, so gesehen, ein guter Fürst; der beste Fürst freilich war derjenige, der weit weg saß und möglichst gar keine Ansprüche stellte, was Lüneburg und die alte Herzogsburg betraf.

„De sulte, dat is Luneborg" (Die Sülze, das ist Lüneburg) heißt ein altes Lüneburger Sprichwort. Und die Sülze wiederum, darf man erweitern, das waren die Sülz- oder Sülfmeister. Ohne die 216 Siedepfannen zu besitzen — Besitzer waren die sogenannten Sülzprälaten, Herren geistlichen Standes sowie zahlreiche weltliche Herren —, hatten die Sülfmeister doch als Pächter die Salzgewinnung in der Hand. Sie teilten die rund 300

Arbeitskräfte ein, die der mittelalterliche Großbetrieb der Lüneburger Saline beanspruchte: die 24 Sodeskumpane, die unmittelbar an der Salzquelle eingesetzt waren, sowie die verschiedenen Arbeiter in den 54 Siedehütten; es gab die für die Sole- und die Holzzufuhr zuständigen „Vögte", die „Höder", die bei Tag siedeten, die „Seder", die das Sieden nachts fortsetzten, die Gehilfinnen, weibliche Arbeitskräfte für leichtere Tätigkeiten.

Der wichtigste Mann auf der ganzen Saline war der Sodmeister. Er trug die oberste Verantwortung für den reibungslosen Ablauf der Salzherstellung. Aus der Mitte aller Sülfmeister wurde er gewählt. Da jeder Sülfmeister nur eine Siedehütte besitzen durfte, gab es maximal 54 von ihnen. Das schloß aber nicht aus, daß es innerhalb einer Familie mehrere Sülfmeister geben konnte.

Die wirtschaftliche Macht, die das mittelalterliche Lüneburg besaß, ging von dem Patriziat weniger Sülfmeisterfamilien aus. Deren Einfluß war um so größer, als sie auch die politische Macht in Händen hielten. Nur Sülfmeister konnten überhaupt in den Rat der Salzstadt Lüneburg gewählt werden.

Die 24 Ratmannen, die im 14. Jahrhundert an der Spitze der Bürgerschaft standen, verkörperten alle politischen und wirtschaftlichen Interessen der Stadt. Innerhalb des Rates kam dem aus zwölf Ratmannen bestehenden Zwölferausschuß oder regierenden Rat die eigentliche Regierungsgewalt zu. In genau festgelegter Rangordnung und Aufgabenverteilung walteten die zwölf Auserkorenen ihrer Ämter, angeführt von den zwei Bürgermeistern der Stadt.

Diese Lüneburger Ratmannen und Sülfmeister in Personalunion konnten in dem herzoglichen Vogt auf dem Kalkberg nur ihren Widersacher erblicken und setzten deshalb alles daran, ihn mehr und mehr beiseite zu schieben; immerhin war er der oberste Richter und Verwaltungsbeamte. Kurz vor dem Tode Herzog Wilhelms (1369) gelangte der Rat ans Ziel seiner Wünsche. Das Herzogshaus verpfändete den Ratmannen die Stadtvogtei, ein weiterer bedeutender Machtzuwachs für das Patriziat der Sülfmeister.

Ausdruck seiner Machtfülle war insbesondere das Rathaus zu Lüneburg. Im Verlaufe der Jahrhunderte wuchs es sich von der Grundfläche her zu dem größten aller deutschen Rathäuser aus. Unweit des Rathauses wohnten des Rates reitende Diener, standen im Ratsstall deren Rosse. Im Zeughaus (dem heutigen Glockenhaus) lagerte das Kriegsgerät, sofern es nicht in den Türmen der Stadtbefestigung untergebracht war. Die oberen Mühlen — im Unterschied zu den unteren, die dem Michaeliskloster und Kloster Lüne gehörten — gingen aus herzoglichem Besitz an den Rat über.

Das galt auch für die Lüneburger Münze, deren Existenz schon um das Jahr 1000 belegt ist. 1293 konnte der Rat seine Vorstellungen durchsetzen. Das Herzogshaus verkaufte die entsprechend der Ausstrahlung der Stadt weithin bekannte Münzstätte, die seit dem 15. Jahrhundert in der Straße An der Münze nachweisbar ist. Zu den Lüneburger Münzen zählen der Doppelgoldgulden, der Dukaten, der Taler und der Doppeltaler, der Schilling, der Dreiling, die Mark, der Kreuzgroschen und der Hohlpfennig, aber auch der Jagdtaler und der Sterbetaler.

Das Lüneburger Rathaus präsentierte sich ehedem in gotischem Gewande. Dieser Entwurf wird Daniel Frese zugeschrieben (1605).

Der Lüneburger Erbfolgekrieg bot die Chance, die Unabhängigkeit der Stadt wiederum ein Stück weiterzubringen. Herzog Magnus von Braunschweig, der Herzog Wilhelm beerbt hatte, suchte ein strenges landesherrliches Regiment durchzusetzen. Die Burg auf dem Kalkberg nahm sich rasch wie eine drohende Zwingburg aus. Als Magnus den Plan zu verfolgen begann, die Sülzgüter rechtselbischer Besitzer zu konfiszieren, reagierte der Rat. Daß er sich weigerte, diesem Ansinnen zuzustimmen und das bestehende Recht zu brechen, war noch das wenigste. Er konspirierte nun mit den Askaniern, die ebenfalls Erbansprüche auf das Fürstentum Lüneburg geltend gemacht hatten.

Das Haus Sachsen-Wittenberg im Rücken, wagte der Rat 1371 einen tollen Handstreich. Am Abend vor Mariae Lichtmeß (2. Februar) bewegten sich wie stets zahlreiche Gläubige den Kalkberg hinan, um an dem Vespergottesdienst der Benediktiner teilzunehmen. Ungewohnt war, daß sich unter die Kirchgänger Bewaffnete mischten, die Waffen in weiten Gewändern verborgen. Und ihr Ziel war auch gar keine Kirche, sondern die Burg. Hier begehrten sie unversehens Einlaß, töteten den Pförtner und sogar den Schloßhauptmann, Segeband van dem Berge. In kürzester Zeit befand sich die Burg in der Hand der erbosten Lüneburger Bürger; das geplante Zerstörungswerk konnte in Gang gesetzt werden. Am andern Tage, einem Sonntag, ritt Herzog Albrecht von Wittenberg in die Stadt ein. Er hatte dem Rat vorher versichert, daß der Kalkberg niemals wieder eine Burg tragen sollte. Er war der erwünschte gnädige und schwache Fürst. Ihm wie auch seinem Oheim Wenzel mochte der Rat ohne Bedenken huldigen.

Noch gab sich Magnus nicht geschlagen. In der Nacht auf den Tag der heiligen Ursula (21. Oktober) ließ er den Edelherrn von Homburg mit 700 Reitern gegen das schlafende Lüneburg anrücken. In der Nähe der Sülze gelang es, die mitgeführten Leitern anzusetzen. Ehe die Stadt in Verteidigungszustand war, befanden sich des Braunschweigers Leute schon in den Straßen. Dort entwickelte sich die Schlacht: In der Techt, Auf dem Meere, Am Marienplatz, Am Markt. Hier kam das Kampfgeschehen zum Stehen. Der Rat verwickelte die Eindringlinge in Verhandlungen, die nur den Sinn hatten, Zeit zu gewinnen, während der die gesamte waffenfähige Bürgerschaft mobilisiert werden konnte. Und schon loderte der Kampf wieder auf. Durch Große und Kleine Bäckerstraße wurden die Braunschweiger auf den Sand gedrängt, bevor sie unter erheblichen Verlusten die Flucht antraten.

Auch die Lüneburger hatten über Tote und Verwundete zu klagen. Aber dagegen konnten sie ihren Erfolg rechnen. Das Ergebnis der Nacht auf Mariae Lichtmeß war in der St.-Ursula-Nacht behauptet und bestätigt worden. Über der Stadt drohte keine Zwingburg mehr, überhaupt keine Burg. Das geflügelte Wort, wonach Stadtluft frei machte, hatte unversehens noch mehr innere Berechtigung erfahren.

Was auf der großen politischen Bühne vor sich ging, konnte an dem errungenen Status nur wenig ändern. Als Herzog Magnus 1373 in einem seiner vielen Kämpfe getötet wurde, kam das Fürstentum Lüneburg an die Herzöge Albrecht und Wenzel von Sachsen-Wittenberg. Doch die askanische Zeit währte nicht lange; 1385 starb Albrecht und schon 1388 auch Wenzel. Damit war nach einem zwischen den Parteien geschlossenen Vertrag

Erinnerung an die St.-Ursula-Nacht des Jahres 1371: Dieser Bäcker soll 22 Eindringlinge erschlagen haben.

die Bahn frei für die Erben des Magnus. Das Fürstentum gelangte wieder unter die welfischen Herzöge zu Braunschweig und 40 Jahre später unter die eigenen Herzöge zu Celle. 1428 teilten die Herzöge Heinrich und Bernhard den welfischen Gesamtbesitz. Im Süden regierte nun mit Heinrich das mittlere Haus Braunschweig, im Norden mit Bernhard das mittlere Haus Lüneburg.

Die Sate (1392)

Mit der Zerstörung der Burg auf dem Kalkberg war endgültig entschieden, daß Lüneburg als mehr oder minder unabhängige Handelsstadt Geschichte machte; als Residenzstadt des Fürstentums, wofür es an sich prädestiniert war, etablierte sich nunmehr Celle. Den Ratmannen und Sülfmeistern an der Ilmenau war es nur recht. Alles, was die herzogliche Gewalt fernhielt und schwächte, lag auf ihrer Linie.

Zwei Jahrzehnte nach der Zäsur von 1371 glückte mit der Gründung der sogenannten „Sate", was soviel wie „Friedenssatzung" bedeutet, eine weitere Knebelung der welfischen

Landesherren. Die ständige Finanzmisere, in der sie sich befanden, eröffnete die Möglichkeit dazu.

Im September 1392 vermochten die Stände des Fürstentums — also Geistlichkeit, Ritterschaft und Städte — in Celle den Knebel einzusetzen. Auf 47 Quartblättern ist festgehalten, welche Zugeständnisse die Herzöge Bernhard und Heinrich dafür machten, daß sie 50 000 Mark in bar erhielten.

Vordergründig ging es darum, die Fehdefreudigkeit der Zeit einzudämmen. Die sogenannten Sateleute sollten darüber wachen. 16 an der Zahl waren sie: acht Ritter, vier Lüneburger sowie je zwei Uelzener und zwei hannoversche Ratmannen.

Schon hier wird die Stellung Lüneburgs deutlich. Entscheidend offenbart sie sich darin, daß die Stadt den Sülzzoll an sich brachte und eine Reihe von Burgen dazu. Zwei wichtige Zölle wurden in Lüneburg erhoben. Außer dem Sülzzoll, den der Landesherr nun veräußert hatte, gab es den — landesherrlich bleibenden — Warenzoll, der in der „tollenbode" (Zollbude) an der Einmündung der Zollstraße in die Große Bäckerstraße vereinnahmt wurde.

Burgen als Pfänder für Kredite in die Hand zu bekommen, lag genau in der Richtung städtischer Politik. Durch Burgen ließen sich die Handelswege sichern. Ein Rat, der über einen Kranz von Burgen verfügte, besaß beinahe so etwas wie ein eigenes Territorium.

Im „Satebok" (Satebuch) von 1392 ist unter anderen von den Burgen Bleckede und Lüdershausen (Brietlingen) die Rede. Beide Burgen hatten sich auch vordem schon kürzer oder länger in der Pfandschaft der Lüneburger Ratmannen befunden.

1351 verpfändete das Herzogshaus seine Burg Bleckede an die Stadt Lüneburg. Während des Lüneburger Erbfolgekrieges war Bleckede eine Bastion der Welfen. Von den Gefangenen, die das nunmehr askanische Lüneburg in der St.-Ursula-Nacht machte, vermochten etliche aus ihren Gefängnistürmen zu fliehen und sich nach Bleckede zu retten. Schon 1374 gelangte Herzog Albrecht von Sachsen-Wittenberg in den Besitz des Bleckeder Schlosses.

Für mehr als zwei Jahrhunderte konnte Lüneburg 1397 — also fünf Jahre nach Abschluß der Sate — seine Herrschaft über Schloß Bleckede begründen. Anfangs übte die Salzstadt ihre Pfandrechte gemeinsam mit den verbündeten Städten Lübeck, Hamburg und Hannover aus. Am Ende hatte Lüneburg allein das Sagen. Zu Bleckede schalteten und walteten zwei Lüneburger Ratsherren, auf dem Elbschloß Hauptleute geheißen. Sie hatten keine Angst, sich — wie etwa während der Bleckeder Fehde im 15. Jahrhundert — mit den Herzögen von Sachsen-Lauenburg und Mecklenburg oder mit dem Adel der Priegnitz und der Stadt Lenzen (Westpriegnitz) anzulegen. Erst im Jahre 1600 gelang es der auf dem Schloß zu Winsen (Luhe) sitzenden Herzogin Dorothea, genügend Geld aufzubringen und damit das Pfand Bleckede einzulösen.

Das Schicksal von Burg Lüdershausen war ähnlich. Auch in diesem Falle kam der Lüneburger Rat schon in den 50er Jahren des 14. Jahrhunderts zum Zuge und vermochte die Pfandschaft dann 1497 zusammen mit Lübeck, Hamburg und Hannover dauerhaft zu etablieren. Auf dem Neetzeschloß zu Lüdershausen residierte teilweise sogar ein Lüneburger Bürgermeister. Die Einlösung des Pfands besorgte auch hier Herzogin Dorothea.

Die vier verbündeten Städte brachten 1497 drittens die Harburg südlich der Süderelbe in ihre Abhängigkeit. Auch insoweit nahm Lüneburg die Pfandrechte, die bis 1510 bestanden, bald allein wahr.

Ein regelrechtes *Registrum castrorum* (Register der Burgen) hat sich im Lüneburger Stadtarchiv erhalten. Es gibt Aufschluß darüber, wie weit die Sülfmeister im Rathaus der reichen Handelsstadt ihre befestigten Vorposten ins Land hinausschoben. Zu unterschiedlichen Zeiten waren auch die folgenden 16 Burgen als Pfänder im Gewahrsam der Salzstadt: Hitzacker, Dannenberg und Pretzetze, Lüchow und Warpke, Bodenteich, Gifhorn sowie Brome und Meinersen, Fallersleben und Langwedel bei Wittingen, Neustadt am Rübenberge und Rodewald ganz in der Nähe, Rethem an der Aller schließlich, Winsen (Luhe) und Moisburg (Landkreis Harburg) nicht zu vergessen.

Burgen boten Schutz, indem sie erstens die Straßen sicherten und zweitens in Fehde- und Kriegszeiten feindliche Truppen banden und aufhielten. Lüneburgs ganze Pfandschloßpolitik allerdings war wenig wert, wenn nicht gleichzeitig die Befestigungsanlagen der Stadt selbst ständig verbessert wurden.

In den Jahrzehnten nach Abschluß der Sate verstärkten die Lüneburger ihre Mauern insbesondere durch wuchtige Türme. Die sechs Tore, durch die der Handelsverkehr rollte (Altenbrückertor, Rotestor, Sülztor, Neuestor, Bardowicker Tor und Neubrückertor), bauten sie so aus, daß sie jederzeit verteidigt werden konnten.

Um 1400 verstärkten die Lüneburger ihre Mauern und ihre Tore. So auch das Sülztor (links) und das Rotetor (rechts).

Hand in Hand mit den baulichen Maßnahmen, die beträchtliche finanzielle Mittel verschlangen, mußten die Bürger mit Waffen ausgestattet und entsprechend ausgebildet werden. Die älteste Erwähnung des Lüneburger Schützenwesens (1428) hat mit der allgemeinen Wehrpflicht der männlichen Bürger zu tun. Damals existierte vor dem Bardowicker Tor ein Schützenhof, wo die „Kumpanie" (Kompanie) der Schützen, um sich im Umgang mit der Büchse zu üben, nach einem Vogel auf der Stange schoß.

Unabhängig davon waren die einzelnen Abschnitte von Wällen und Mauern bestimmten Handwerksämtern, den Vorläufern der Innungen, übertragen worden. Zehn Ämter hatten für zehn Sektoren der Stadtbefestigung die Verantwortung inne, darunter die Wollweber, die Goldschmiede, die Riemschneider, die Schiffer, die Schmiede, die Bäcker und die Schuster.

Eine ganz spezifische Aufgabe hatten die Landwehren zu erfüllen, kilometerlange Erdwälle mit kräftigem Baumbestand, die außerhalb der Mauern verliefen. Sie sollten die Fuhrleute dazu zwingen, die nach Lüneburg hineinführenden Straßen zu benutzen. Die Stadt konnte ihr Stapelrecht, wonach alle sie passierenden Waren zum Kauf angeboten werden mußten, anders nicht ausüben. Fuhrleute, die ihre Wagen an der Stadt vorbei kutschierten, schadeten dem Lüneburger Handel. Ein großzügiger Ausbau der Landwehren wurde dem Rat im Satebuch ausdrücklich zugestanden.

Die letzte Lücke im Verteidigungssystem der Stadt schloß ein mit eisernen Spitzen versehener gewaltiger Baumstamm. Er versperrte des Nachts auf der Höhe der Einmündung der Baumstraße in die Salzstraße am Wasser die Ilmenau, so daß niemand zu Schiff in die Stadt eindringen konnte.

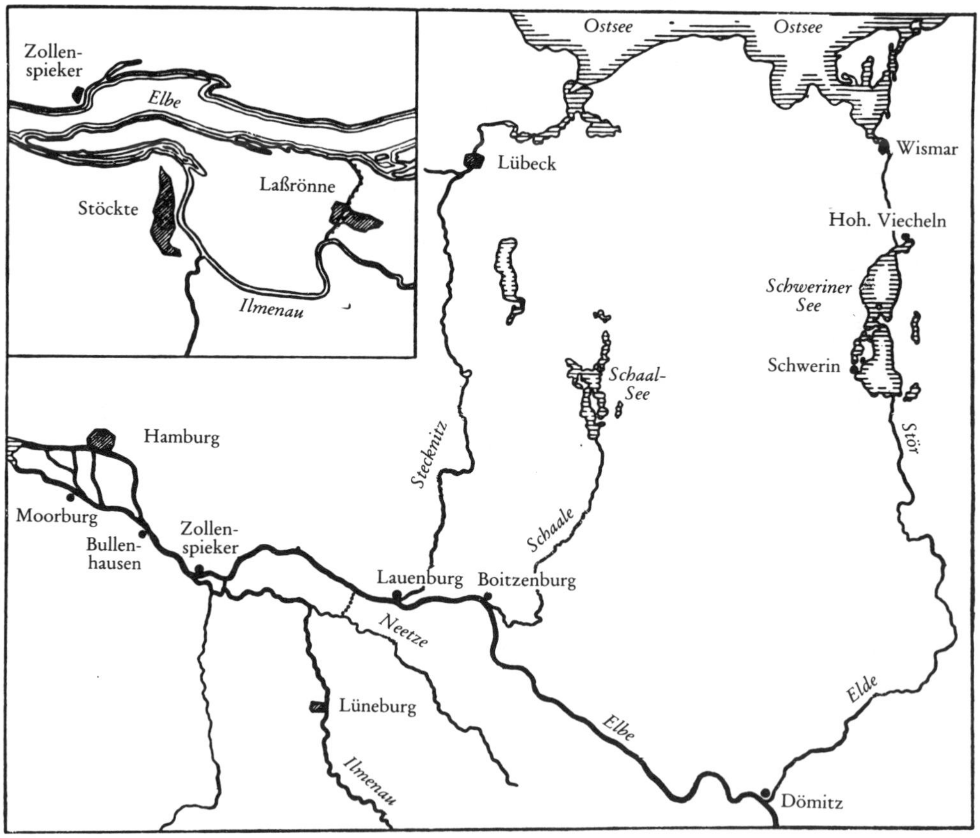

Lüneburger Wasserwege (von links nach rechts) zur Elbe und von der Elbe nordwärts in Stecknitz, Schaale und Elde.

Auch die Ilmenau wurde im übrigen unter den Schutz des Satebuches gestellt. Die Schiffahrt war frei. Ebenso wie in die Neetze, in die Jeetzel oder in den lüneburgischen Teil der Elbe durfte kein Fischer in die Ilmenau Wehre hineinbauen.

Das allein war den Lüneburger Kaufleuten noch zu wenig. Sie unternahmen alle Anstrengungen, den lästigen Zoll zu Zollenspieker auf dem Nordufer der Elbe genau gegenüber der Ilmenaumündung zu umgehen. Unter Ausnutzung eines Deichbruchs ließ der Rat die Ilmenaumündung wenige Kilometer stromaufwärts in die Nähe des Dorfes Laßrönne verlegen. Tatsächlich hat der „Graben bei Laßrönne" keine nennenswerte Rolle gespielt, denn kaum war er fertig, versandete er wieder. Die abenteuerliche Wasserbaumaßnahme zeigt indessen, mit welcher Phantasie Lüneburg seine Energie einzusetzen wußte, wenn es darum ging, die Handelswege schnell und störungsfrei zu machen.

Ein Projekt, das sich bewährte, war die sogenannte Stecknitzfahrt: der Wasserweg von der Elbe nach Lübeck über Delvenau, Stecknitz und Trave, sozusagen parallel zur Alten Salzstraße.

Weiter elbaufwärts erprobte man zwei Routen ins Mecklenburgische hinauf. In beiden Fällen wollten die Lüneburger Schiffer Wismar erreichen. Die eine Route benutzte von Boizenburg aus Schaale und Schaalsee, stellte zwar die direkte Verbindung nach Wismar nicht her, führte aber doch immerhin so weit hinauf, daß man das letzte Stück mit Wagen überbrücken konnte, und bot vor allem die Möglichkeit, auf der Rückfahrt Holz aus den mecklenburgischen Wäldern abzutransportieren. Die zweite Route zweigte in Dömitz von der Elbe ab. Über Elde , Stör und Schweriner See konnte man tatsächlich zu Schiff nach Wismar fahren, wenn auch nur kurze Zeit, da es viel Geld kostete, den Wasserweg offenzuhalten.

Die Gründung der Sate beförderte Lüneburgs Entwicklung. *De jure* wurden die Satetage, an denen die Sateleute — darunter die vier Lüneburger — zusammentraten, bis 1519 aufrechterhalten. *De facto* reichten die Impulse, die das Selbstbewußtsein des Rates der Salzstadt aus dem Satebuch gewonnen hatten, viel weiter.

Der Prälatenkrieg (1451—1457)

Auf kirchliche Machtansprüche reagierten die Lüneburger Sülfmeister nicht minder gereizt als auf herzogliche. Die mittelalterliche Kirche stellte einen kaum zu überschätzenden Wirtschaftsfaktor dar. Reiche Prälaten, womöglich Sülzprälaten, und reiche Handelsherren, womöglich Sülzpatrizier wie in Lüneburg, waren alles andere als geborene Freunde. Hier tat sich eine tiefe Rivalität auf, und die Frage war nur, welcher Seite es gelang, die Widersacher den eigenen Interessen dienstbar zu machen.

Der Lüneburger Prälatenkrieg des 15. Jahrhunderts brachte die im Grunde schon viel früher angelegte Auseinandersetzung zwischen den beiden Kräften. Den Anstoß dazu gab die Stadt. Die immensen Kosten, die der Ausbau ihrer Befestigungsanlagen — die städtische Pfandschloßpolitik eingeschlossen — verursacht hatte, zwangen den Rat, sich neue

Finanzquellen zu eröffnen. Nichts lag näher, als die Sülzprälaten dazu aufzufordern, sich an der Tilgung des Lüneburger Schuldenberges zu beteiligen. Dies bot sich um so mehr an, als der Verdener Bischof dem Rat den Rücken stärkte.

Nur ein Teil der auf der Saline begüterten Prälaten ging auf das Verlangen der Stadt ein und erklärte sich zu außerordentlichen Zahlungen bereit. Die übrigen traten unter Führung des Propstes von Kloster Lüne, Dietrich Schaper, in die Opposition. Lüneburg leitete sofort Gegenmaßnahmen ein. Die oppositionelle Gruppe wurde aus der Stadt ausgewiesen; alle Sülzprälaten besaßen in Lüneburg Häuser und hielten sich häufiger dort auf. Gegen Schaper betrieb der Rat noch obendrein ein Gerichtsverfahren. Dem Propst wurde vorgeworfen, bei der Verwaltung Kloster Lünes in die eigene Tasche gewirtschaftet zu haben, um seine zahlreichen Laster — Trunk, Spiel, Liebschaften — finanzieren zu können.

Kurz nachdem der Streit ausgebrochen war, begann im September 1451 der Lüneburger Prozeß gegen Schaper. Mit dem Vorsitz des geistlichen Gerichts hatte der Verdener Bischof den Propst von St. Johannis in Lüneburg, Leonhard Lange, betraut. Schaper, der zu keinem der insgesamt 19 Termine persönlich erschien, wurde durch seinen Bruder, einen Hildesheimer Kanoniker, sowie durch den Lüneburger Vikar Dietrich Hoverden, vertreten. Auch die Lüner Nonnen ergriffen nachdrücklich seine Partei. Mitte Oktober erschien der Konvent unter Führung der Priorissa vor dem Gerichtshof und suchte die Vorwürfe gegen den Propst zu entkräften.

Das Gericht entschied anders. Schaper wurde als Propst abgesetzt. Die Exkommunikation traf ihn. Außerdem sollte er hohe Geldbeträge bezahlen. Als Nachfolger für Schaper hatte der Gerichtshof den Hildesheimer Kanoniker und Syndikus des Lüneburger Rates, Ludolf de Lerte, ausersehen.

Am 3. Dezember 1451 begab sich das Gericht zusammen mit dem Rat nach Lüne hinaus, um das Urteil gegen Schaper zu verkünden und den neuen Propst in sein Amt einzuführen. Hoverden empfing die Richter und eröffnete ihnen, daß auf sie bereits ein Gericht in Braunschweig warte. Die Kurie habe den Dekan der Braunschweiger St.-Cyriax-Kirche beauftragt, die gegen Schaper erhobenen Anklagen zu überprüfen.

Diese Ladung hielt den Lüneburger Gerichtshof nicht davon ab, gewaltsam in das Kloster einzudringen. Aber der Konvent stand treu zu seinem Propst, und dieser war nicht auffindbar: Unter einem Fuder Mist versteckt, hatte er im letzten Augenblick auf einem Wagen entkommen können.

Am 23. September 1452 begann das Braunschweiger Gericht zu tagen. Genauso wenig jedoch wie Schaper zu den Terminen in Lüneburg gekommen war, kam die Gegenseite zu den Verhandlungen in Braunschweig. Das Lüneburger Urteil wurde aufgehoben. Schaper war damit wieder Propst von Lüne geworden. Alle Mitglieder des ersten Gerichtshofes verfielen der Exkommunikation.

Nachdem beide Gerichte gesprochen hatten, entsandten die Kontrahenten Boten an die Kurie. Der Papst stellte sich auf Schapers Seite. Rom exkommunizierte den Lüneburger Rat. „Hundsfotte“ seien die Ratsherren, wetterte der Vatikan Anno 1453, „rechtlos und vogelfrei“. Der Bürgermeister und Bakkalaureus der Rechte Albert van der Molen wurde

Der berühmte Lüneburger Silberschatz aus Gotik und Renaissance („Illustrierte Zeitung" vom 20. Dezember 1873).

nach Rom geschickt. Seine Reise war vergebens. Das Interdikt traf Lüneburg. In den Gotteshäusern der Stadt, den wichtigsten Kommunikationszentren eines mittelalterlichen Gemeinwesens, erstarb das Leben.

Propst Schaper feierte seinen größten Triumph. Der exkommunizierte Rat konnte sich nicht mehr behaupten. Er wurde durch einen neuen, den opponierenden Sülzprälaten willfährigen Rat ersetzt, ohne daß dies einem revolutionären Akt gleichkam. Das Patriziat der Sülfmeister dankte noch nicht ab; die Handwerker, die schon aufmuckten, kamen keinesfalls zum Zuge. Der neue Rat setzte sich ebenso wie der alte aus Sülfmeistern zusammen.

Und doch war Entscheidendes geschehen. Sülfmeister, die den Intentionen Schapers folgten, konnten kaum zum Besten der Stadt wirken. Die Stimmung innerhalb der Bürgerschaft richtete sich vollends gegen die neuen Herren, als diese den abgesetzten Bürgermeister Johann Springintgut in dem Turm, in den sie ihn geworfen hatten, sterben ließen. Nun rumorte es in Handwerkerkreisen gegen den neuen Rat. Für den alten machten sich gleichzeitig einflußreiche befreundete Städte stark. Das schier Unmögliche wurde möglich. 1456 kehrten die zwei Jahre zuvor abgesetzten Ratsherren in ihre Ämter zurück. Damit war der Prälatenkrieg zugunsten der Stadt entschieden.

Kraft der „Sülzkonkordie" von 1457 konnte Lüneburg jeden Sülzprälaten mit Abgaben zur Regulierung der städtischen Schulden belegen. Von den insgesamt 216 Siedepfannen waren zu diesem Zeitpunkt 140 — also zwei Drittel — in geistlicher Hand.

Einige Jahre darauf konnte man sich sogar mit Schaper vergleichen. Zuletzt normalisierte sich das Verhältnis zwischen Rat und Kloster Lüne; inzwischen war der Bardowicker Kanoniker Nikolaus Graurock Propst von Lüne geworden.

Wie der welfischen Herzöge hatte sich die Stadt auch der Sülzprälaten erwehrt, während die Gefahr, die vom Verdener Bischof ausging, schon um 1400 beseitigt worden war. Damals gab es Bestrebungen, Lüneburg zum Bischofssitz zu machen. Was Bardowick seinerzeit nicht geworden war, sollte nun die benachbarte Handelsstadt werden. St. Johannis als Bischofsdom in dem allbekannten Lüneburg — das mußte für den Verdener Bischof eine lockende Perspektive sein.

Der Rat wußte es zu verhindern. 1406 gelang es ihm, dem Verdener Domkapitel das Patronatsrecht über St. Johannis abzukaufen. Damit war dem Bischof ein wichtiger Hebel genommen, die Lüneburger Hauptkirche in eigene Pläne einzubeziehen.

Es war schon so, der Kaufmann fühlte sich am wohlsten, wenn Herzog wie Bischof weitab residierten.

Hansischer Glanz

Rund 90 Türme ragten im Spätmittelalter über Lüneburgs Dächern auf. Kirchen, Kapellen und die türmereichen Wälle und Mauern trugen zu diesem beeindruckenden Ensemble bei. Was fehlte, war die stolze Burg auf dem Kalkberg. Nur ein Turm, der innerhalb der

Stadtverteidigungsanlagen seine Bedeutung hatte, krönte den Felsen. Dafür drehte sich am Fuße des Massivs der Mahlstein der Kalkmühle, in die hinein im Laufe der Jahrhunderte Brocken um Brocken der Zechsteinkuppe befördert wurde.

Vorzugsweise das 15. Jahrhundert war eine Zeit geradezu unbändiger Bautätigkeit, bevor an der Schwelle zum 16. Jahrhundert nicht zuletzt aufgrund der Reformation der mittelalterliche Bautrieb erlosch. Die beherrschenden Kirchen im Sand-, Sülz-, Markt- und Wasserviertel Lüneburgs — St. Johannis, St. Lamberti, St. Michaelis und St. Nikolai — waren allesamt während des 15. Jahrhunderts noch im Bau, wurden zudem im Innern mit reichen Kunstschätzen ausgestattet. Für den Hauptaltar von St. Johannis, sozusagen das Zentrum für die insgesamt 41 Nebenaltäre, schuf der Hamburger Maler Hinrik Funhof seine Doppelflügel; auch das kostbare Chorgestühl entstand in diesem Jahrhundert. Für den Hochaltar von St. Lamberti, der später nach dem Abbruch der Kirche in St. Nikolai aufgestellt wurde, malte Hans Bornemann aus Hamburg. Und wenigstens ein weiteres Bauwerk darf in diesem Zusammenhang nicht vergessen werden: das Rathaus, dessen Ausbau und künstlerische Ausstattung gerade auch während des 15. Jahrhunderts staunenswert voranschritt.

Die stolze, turmbesetzte Silhouette, die Lüneburg bot, kleidete inzwischen eine Hansestadt. Die Salzstadt an der Ilmenau fand Anschluß an den gewichtigen Städtebund, als dieser 1370 mit dem Frieden von Stralsund einen seiner größten Erfolge erzielte und jene 1371 mit dem Beginn des Lüneburger Erbfolgekrieges der Hilfe starker Bundesgenossen bedurfte. Als solche boten sich Lübeck und Wismar, wohin bewährte Handelsbande liefen, aber auch die anderen Städte des Wendischen Quartiers der Hanse an. Lüneburg trat dieser hansischen Gruppierung als sechste Stadt bei. Vereinigt waren nun die vier Ostseehäfen Lübeck, Wismar, Rostock und Stralsund sowie Hamburg und Lüneburg, das am weitesten südlich lag und von da her dazu prädestiniert war, die Verbindung zu dem Sächsischen und dem Märkischen Quartier zu halten.

Dem Wendischen Quartier mit Lübeck als der unbestrittenen Königin der Hanse an der Spitze wurde 1418 vom gesamten Bund der Hansestädte die Federführung in den Angelegenheiten übertragen, die alle Mitglieder betrafen. Lüneburg rechnete von Anfang an zum Kern der Hanse und nahm innerhalb dieses oft genug die Stellvertreterrolle für Lübeck wahr. Lüneburger Ratsherren besuchten in dem Zeitraum von etwa 1370 bis 1530 mehr als 350 hansische Tagfahrten, reihum in den bedeutenderen Mitgliedsstädten anberaumte Zusammenkünfte. Erweitert man den Zeitraum bis in den Beginn des 17. Jahrhunderts, so kommt man auf etwa 40 Tagfahrten, die innerhalb der Lüneburger Mauern abgehalten wurden.

Dann hielt die große Politik Einzug in die Salzstadt. Die Hanse korrespondierte und verkehrte mit den Mächtigsten ihrer Zeit, die Könige von Frankreich und England oder der Herzog von Burgund ebenso eingeschlossen wie die nord- und osteuropäischen Potentaten.

Nur ein Nebenaspekt war der kulinarische. Wenn die Abgesandten der Hansestädte zur Tagfahrt nach Lüneburg kamen, wurde aufgetischt, was Küche und Keller nur herzugeben vermochten. Bezogen auf eine Festtafel des Jahres 1535, ist die Rede von einem Hirschen und einem halben Ochsen, von Hühnern und rheinischen Gänsen, von Lammbraten und Ochsenzunge, von Lachs und grünem Aal, von Hecht und Ilmenaustör, von Brot und Kuchen, Mandeln und Rosinen, wobei die letzten vier Positionen den Nachtisch ausmachten.

Dazu trank man Einbecker Bier oder Hamburger Weißbier, wenn man etwas Außergewöhnliches bieten wollte. Sonst konnte man sich all der Biere erfreuen, die in den über 80 Brauhäusern des spätmittelalterlichen Lüneburgs erzeugt wurden. Aus dieser schier unglaublichen Zahl blieben bis ins 20. Jahrhundert nur die Brauerei Luhmann in der Salzstraße am Wasser und die Kronenbrauerei an der Heiligengeiststraße übrig, bis heute nur die zuletzt genannte.

Der Fürstensaal im Lüneburger Rathaus atmet noch die großzügige Weite hansischen wirtschaftlichen und politischen Denkens.

Das Alte Kaufhaus und der Alte Kran am Lüneburger Hafen
waren einst das Zentrum des Handels.

Die Kopefahrt kurz vor Fastnacht: Ein großes Faß voller Steine rollte durch die Stadt. Am Ende wurde es verbrannt.

In den rund zweieinhalb Jahrhunderten, in denen hansischer Glanz auf Lüneburg lag und die hansische Geschäftigkeit eine solide Voraussetzung für die Wohlhabenheit von Stadt, Sülfmeisterpatriziat, Kaufmannschaft und Handwerkerschaft abgab, genossen die Lüneburger tatsächlich die Freiheiten einer Reichsstadt, obwohl dieser Status reichsrechtlich zu keinem Zeitpunkt bestand.

Wie viele Einwohner zählte die Stadt zu ihrer Blütezeit? Die Zahl der Wohnhäuser tendierte vermutlich gegen 2000 und die Zahl der Einwohner demzufolge gegen 14 000. Es handelte sich um überschaubare, nach heutigen Begriffen: kleinstädtische Verhältnisse. Man kannte einander; man pflog gesellschaftlichen Verkehr.

Den Rahmen dafür lieferte im spätmittelalterlichen Lüneburg eine Vielzahl von Bruderschaften, wobei die Freuden der Geselligkeit nur eines der angestrebten Ziele waren. Man wollte auch den gemeinsamen Gottesdienst, und man erfüllte in einer Zeit, da die Fürsorge für die Armen privater Initiative oblag, karitative Aufgaben. Ehefrauen waren in den Bruderschaften grundsätzlich zugelassen.

Die Bruderschaft, die alle anderen an Vermögen und Ansehen übertraf, war die Kalandsbruderschaft. Ihr gehörten sogar der Abt von St. Michaelis und der Propst von St. Johannis an.

Alle Bruderschaften waren im Ansatz geistlich orientiert. Unterschiede bestanden beispielsweise darin, ob es sich um Zusammenschlüsse innerhalb einer bestimmten Berufsgruppe handelte oder ob wie im Falle der Kalandsbruderschaft eher eine bestimmte Stellung innerhalb der sozialen Pyramide über die Mitgliedschaft entschied. Interessanterweise war es so — womit die Parallele zum heutigen Vereinswesen noch deutlicher wird —, daß jeder in mehreren Bruderschaften gleichzeitig Mitglied sein konnte. So gab es beispielsweise einen Lüneburger Apotheker, der gleich elfen dieser frommen Vereinigungen angehörte.

Berufsständisch ausgerichtete Bruderschaften gab es etwa für die Brauer und die Malzbereiter, für die Krämer, die Kaufleute also, für die Bäcker und die Knochenhauer (Schlachter), für die Köche, für die Fischer, die Imker und die Landwirte, weiter für die Goldschmiede, für die Wollweber, die Lakenmacher und die Kürschner, für die Steinschneider, Zimmerleute und Maurer (für diese drei Berufsgruppen bestand eine einzige Bruderschaft), für die Maler und Glaser (eine gemeinsame Bruderschaft), für die Schuster und die Pantoffelmacher, für die Salztonnenböttcher, für alle Sülzleute und -knechte, für die Arbeiter auf dem Kalkberg, für die Schiffer ebenso wie für die Träger im Hafen und die Träger auf dem Sande, die Bader und die Barbiere nicht zu vergessen.

Die Aufzählung vermittelt eine Vorstellung von der Buntheit städtischen Lebens zur Zeit der Hanse, wobei das Bild durch weitere Farbtupfer rasch zu vervollständigen wäre: die ausgelassene Kopefahrt kurz vor dem Fastelabend (Fastnacht), die sich in der Weise vollzog, daß ein großes Faß voller Steine von feurigen Hengsten durch die Stadt gezogen und zuguterletzt verbrannt wurde, und die irren Schreie der Geisteskranken aus den Verliesen im Rotentor und im Neubrückertor, die Huren östlich der Neuen Straße, von deren Einnahmen der Rat eine Art Steuer abschöpfte, und der Türmer auf dem gewaltigen Turm von St. Johannis, der Ausschau hielt, ob irgendwo ein Schadenfeuer die Stadt heimsuchen wollte oder fern am Horizont feindliche Reiter sichtbar wurden.

Ernst der Bekenner — der Reformator des Fürstentums Lüneburg.
Porträtstudie von Lukas Cranach dem Älteren.

DIE REFORMATION

Ernst der Bekenner

Am Anfang der Reformationsgeschichte des Fürstentums Lüneburg steht die Hildesheimer Stiftsfehde (1519—1523). In ihr gelangte der Mann zur Regierung, der aus persönlicher Gläubigkeit wie aus wirtschaftlichen Überlegungen die lutherische Lehre im Lüneburger Land einführte: Herzog Ernst der Bekenner.

Als Bischof Johann von Hildesheim daranging, eine Reihe von Besitzungen, die sein Vorgänger im Bischofsamt verpfändet hatte, wieder einzulösen, verweigerten die Pfandinhaber Johann die Auslieferung. Sie wußten, daß sie auf starke Bundesgenossen rechnen konnten, auf das mittlere Haus Braunschweig, das sich inzwischen in eine Wolfenbütteler und in eine Calenberger Linie gespalten hatte.

Herzog Heinrich der Jüngere von Wolfenbüttel wurde in der Angelegenheit wirksam; er stärkte den Gegnern des Bischofs den Rücken. Auch Herzog Erich von Calenberg griff in den Streit ein. Die Bischöfe von Minden und Bremen vervollständigten die gegen Johann gerichtete Koalition. Das mittlere Haus Lüneburg, Herzog Heinrich der Mittlere, engagierte sich auf der Hildesheimer Seite.

Kurz vor Ostern 1519 kam es zur offenen Fehde. Der Lüneburger und der Hildesheimer fielen in das Gebiet des Hochstifts Minden ein. Sofort griffen auch Wolfenbüttel und Calenberg zu den Waffen. Bei Soltau lieferten sich die beiden Parteien am 28. Juni 1519 eine regelrechte Schlacht. Heinrich der Mittlere war der Sieger, vermochte seinen Erfolg aber nicht auszunutzen.

Am selben Tag wurde Karl V. zum Kaiser gewählt — für Lüneburg ein Mißgeschick. Während die Sympathien Wolfenbüttels und Calenbergs Karl, dem habsburgischen Bewerber, galten, war Lüneburg französisch orientiert und wollte, daß König Franz I. von Frankreich die Kaiserkrone gewann.

In dem Augenblick, in dem die habsburgische Partei ihren Kandidaten durchgebracht hatte, war Lüneburgs Position geschwächt. Heinrich der Mittlere zog 1521 die Konsequenz daraus und verließ sein Fürstentum, um fortan am Hof des französischen Königs zu leben. Hildesheims Schicksal war damit vollends besiegelt. Das Hochstift mußte im Frieden von Quedlinburg (1523) bedeutende Landesteile an Wolfenbüttel und Calenberg abtreten.

In Lüneburg waren unterdessen 1521 Heinrichs des Mittleren Söhne Otto und Ernst zur Regierung gelangt. Ihre Ausgangslage war denkbar ungünstig. Im Verlauf der Hildesheimer Stiftsfehde hatte der Vater aus Geldnot fast den gesamten Besitz des Herzogshauses verpfändet. Lediglich das Amt Celle mit seinen Unterbezirken war nicht in fremde Hände geraten.

Doch so finster die finanzielle Situation auch sein mochte, für die Reformation erwies sie sich als ein Moment der Beschleunigung. Die herzoglichen Brüder zogen die reichen

Stifter und Klöster des Fürstentums bei der Abtragung des Schuldenbergs heran und bereiteten auf diese Weise deren gänzliche Aufhebung vor.

Neben dem rechnerischen Gesichtspunkt waren für Otto und Ernst die Eindrücke maßgebend, die sie in Wittenberg, der Geburtsstätte der Reformation, empfangen hatten. Am Hofe Kurfürst Friedrichs des Weisen, ihres Onkels, waren sie auf die spätere Regierungstätigkeit vorbereitet worden. Im Vordergrund der Unterweisungen, die ihnen in Wittenberg zuteil wurden, standen lateinische und juristische Studien. Aber es darf als sicher gelten, daß sie es nicht versäumten, auch in die stark besuchten Vorlesungen des Theologieprofessors Martin Luther zu gehen.

In beiden war die neue evangelische Lehre lebendig, als sie 1521 gemeinsam die Regierung antraten. Offen bekannten sie sich zu Luther. Aber noch wollten sie von praktischen Folgerungen nichts wissen. Einstweilen war die Reformation eine Angelegenheit des gläubigen Herzens.

Der Landtag von Scharnebeck (1527)

Die erste öffentliche Kontroverse zwischen einem Anhänger Luthers und der alten Kirche, die das Fürstentum Lüneburg erlebte, geschah in der Residenzstadt Celle. Dort richtete der herzogliche Leibarzt Wolf Cyclop 1524 eine Streitschrift gegen die Franziskaner. Die Bettelmönche setzten sogleich eine Erwiderung auf. Noch weitere literarische Schmähungen wurden gewechselt.

Schon ein Jahr zuvor hatten sich Otto und Ernst an die begüterten Stifter und Klöster des Fürstentums gewandt und sie zu hohen Zahlungen aufgefordert, damit der herzogliche Haushalt wieder flüssig wurde. Lüne und Scharnebeck entrichteten daraufhin genauso wie das Michaeliskloster in Lüneburg je 4000 Goldgulden. Das Stift Bardowick gab 500. Von Kloster Heiligenthal verlangten die Herzöge nichts, weil dessen Finanzen völlig zerrüttet waren.

1525 erhob Celle neue Forderungen. Wieder sollten Geldsummen aufgebracht werden. Außerdem wurde von den Stiftern und Klöstern verlangt, daß sie genaue Besitzverzeichnisse einsandten, ein Ansinnen, das dem Klerus die letzten Zweifel an den Absichten des Herzogshauses nehmen mußte. Bardowick widersetzte sich. Lüne, Scharnebeck und St. Michaelis schickten Inventarlisten.

Auch 1526 mußten die reichen geistlichen Stiftungen des Landes wieder Geld geben. Im selben Jahr traten die herzoglichen Brüder dem Torgauer Bündnis bei, das Anfang 1526 zwischen dem Kurfürstentum Sachsen und der Landgrafschaft Hessen zustande gekommen war: ein Pakt evangelischer Reichsfürsten.

Die katholische Opposition im Fürstentum Lüneburg nahm alles das zum Anlaß, sich mit Heinrich dem Mittleren in Verbindung zu setzen. Sie bat ihn, aus der französischen Emigration heimzukehren. Mit seiner Unterstützung hoffte sie die ersten reformatorischen Ansätze im Lüneburger Land wegwischen zu können.

Anfang April 1527 kam Heinrich zurück. Für den 18. April waren die Stände des Fürstentums zu einem Landtag nach Scharnebeck eingeladen worden. Würde auch der Vater dort erscheinen und aufs neue die Regierung übernehmen, war die Frage, die sich die Söhne stellten. Aber Heinrich gab seine Sache schon verloren, ehe er überhaupt versucht hatte, sie noch zu retten. Er kam gar nicht nach Scharnebeck. So hatte Ernst die Möglichkeit, seine Herrschaft endgültig zu sichern. Der ältere Bruder war bereits zu Beginn des Jahres mit Harburg abgefunden worden. Einige Jahre später (1539) gelang es Ernst, auch den jüngeren Bruder, Franz, abzufinden, indem er ihm Gifhorn gab.

Unmittelbar nach dem Sieg von Scharnebeck ging Ernst der Bekenner zu praktischen Maßnahmen im Sinne der Reformation über. Den letzten Ausschlag dazu gab eine Reise nach Torgau, auf der er im Juni 1527 mit Luther persönlich zusammentraf.

Am 3. Juli bereits stellten die evangelischen Prediger, die Ernst seit 1524 in Celle angestellt hatte, eine Schrift mit folgendem langen Titel fertig: „Artikel darinne etlike mysbruke by den Parren (Pfarren) des Förstendomes Lüneborg entdecket, unde dar gegen gude ordenynge angegeven werden, mit bewysinge und vorklarynge der schrifft“. Als sogenanntes Artikel-Buch ging das Werk in die Lüneburger Reformationsgeschichte ein. In 21 Artikeln legte es Richtlinien fest, die künftig von den Geistlichen beachtet werden sollten. Zum Beispiel sollten sie den Pfarrdienst in eigener Person wahrnehmen und sich nicht ständig vertreten lassen. Die üblichen Fabeln und die unnütze „Wascherei“, die sie in ihren Predigten anzubringen pflegten, sollten sie weglassen. Das Artikel-Buch sprach sich auch dafür aus, daß ein Kleriker, dem es nicht gegeben war, das Keuschheitsgelübde zu halten, heiraten sollte.

Die Stände, die im August wiederum zusammengerufen wurden, konnten sich noch nicht dazu verstehen, die 21 Artikel anzunehmen. Immerhin erklärten sie, künftig dafür einzutreten zu wollen, daß ihre Prediger sich an den Text der Bibel hielten. Wie es mit dem kirchlichen Zeremoniell werden sollte, wollten die Stände der Entscheidung der Patronatsherren überlassen.

Die Visitation von 1529

Mit der Herausgabe des „Kurzen Begriffs, was sie (die Geistlichen) lehren sollten“ setzte Ernst der Bekenner 1529 seine Bemühungen um die Einführung der Reformation im Fürstentum Lüneburg fort. Auch diese Schrift, die von den Celler Hoftheologen noch vor Ostern abgeschlossen wurde, rief unter den Ständen Kritik hervor. Die Mehrheit war aber inzwischen für die lutherische Lehre gewonnen.

Im Bereich des Amts Winsen (Luhe) waren möglicherweise bereits im Sommer 1529 alle Pfarreien mit evangelischen Geistlichen besetzt. In Amelinghausen zum Beispiel hielt der lutherische Pfarrer Johann Corbicula am 29. Juli seine erste Predigt. Die Nikolaikirche in Bardowick scheint in Christoph Pielke zeitig einen Lutheraner als Seelsorger besessen zu haben. Für die übrigen Ämter, die Teile des heutigen Kreisgebietes umfaßten, sind die

Angaben dürftiger. Das früheste — bekannte — Datum der Bleckeder Reformationsgeschichte beispielsweise ist erst das Jahr 1543; damals predigte Pastor Carsten Eickenrodt in St. Jacobi lutherisch.

In den Kirchen, für die der Herzog selbst Patronatsherr war, wurde die neue Lehre Mitte 1529 überall eingeführt. Aber auch der Lüneburger Adel scheint seine Patronatskirchen bereits um diese Zeit dem Luthertum geöffnet zu haben. Das bedeutete nicht, daß die Arbeit getan war. Noch zahlreiche verwaltungstechnische und wirtschaftliche Fragen mußten beantwortet werden.

1531 schickte Ernst der Bekenner eine Kommission durch seine Patronatskirchen. Sie sollte Besitzlisten aufstellen und die überflüssig gewordenen Kultgegenstände einziehen. Diese Säuberungsaktion, die viel künstlerisch Wertvolles beiseite fegte, erstreckte sich zu einem späteren Zeitpunkt zum Beispiel auch auf die Bardowicker Marianikirche. Der Herzog ließ sie abbrechen, um die „unleidliche Abgötterey", die dort mit den Reliquien des heiligen Marianus getrieben wurde, ein für allemal abzustellen.

Als die festen Bastionen des Katholizismus erwiesen sich — außer der Stadt Lüneburg — die Stifter und Klöster des Fürstentums. Um auch sie gefügig zu machen, unternahm Ernst im Juni und Juli 1529 eine ausgedehnte Visitation. Am 27. Juni kam er nach Bardowick, am 12. Juli nach Scharnebeck, am folgenden Tage nach Lüne. Schon wieder war eine neue Instruktionsschrift erschienen: „Wie und was wir Ernst v(on) G(ottes) G(naden) Herzog zu Braunschweig und Lüneburg unsers Fürstentums Pfarrherren und Predigern zu predigen befahlen".

Mit den Klöstern, die der Franziskaner-Bettelorden in Celle und Winsen (Luhe) unterhielt, hatte der Herzog 1528 bereits kurzen Prozeß gemacht, indem er sie einfach aufhob. Mit Chorherrn, Zisterziensern oder Benediktinerinnen konnte er nicht derart radikal verfahren.

Schon 1524 forderte Ernst das Bardowicker Kollegiatstift auf, eine Delegation nach Schloß Winsen zu entsenden. Die Kanoniker sagten ab: Man möge sie mit Neuerungen verschonen. In Erzbischof Christoph von Bremen, der zugleich Administrator der Diözese Verden war, besaßen sie einen einflußreichen Fürsprecher. 1528 unternahm Ernst den zweiten Anlauf. Wieder erging an das Stift eine Einladung nach Winsen, und diesmal kamen zwei Abgesandte. Doch nahezu gleichzeitig mit ihrer Ankunft brach in dem Städtchen an der Luhe ein Feuer aus. Damit entfiel das Gespräch in Sachen Reformation.

Der dritte Anlauf von 1529 brachte endlich ein Ergebnis. Mit großem Gefolge traf Ernst der Bekenner am 27. Juni, einem Sonntag, in Bardowick ein. Zu seiner Begleitung gehörten Dr. Johann Förster, der Kanzler, Wilkinius von Klenk, der Marschall, Oberhauptmann Johann von Haselhorst aus Winsen und der Theologe Matthias Ginderich, ein ehemaliger Augustinermönch.

Die Kanoniker sangen soeben die *tertia hora*, als Förster und Klenk den Chorraum des Doms betraten. Der Marschall, so schildert Christian Schlöpke in seiner Bardowicker Chronik die Szene, schlug mit der Hand auf das Buch des Kantors. Daraufhin brach der Gesang ab. Die Chorherren zogen sich zurück.

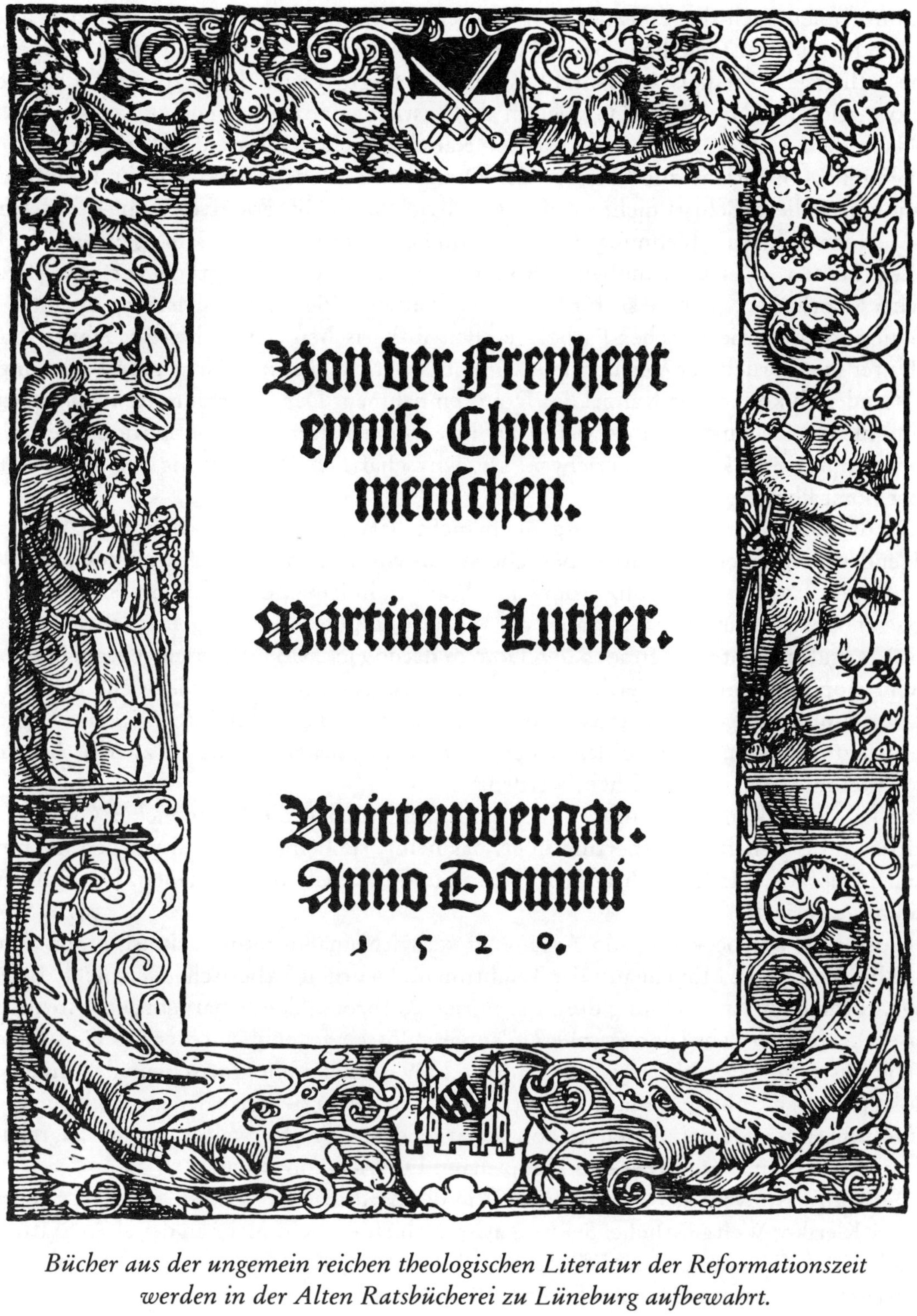
Von der Freyheyt
eynisz Christen
menschen.

Martinus Luther.

Vuittembergae.
Anno Domini
1520.

Bücher aus der ungemein reichen theologischen Literatur der Reformationszeit werden in der Alten Ratsbücherei zu Lüneburg aufbewahrt.

Nun kamen auch der Herzog, sein Winsener Oberhauptmann und Ginderich in die Kirche herein. Der Geistliche bestieg die Kanzel und hielt der sonntäglichen Gemeinde eine lutherische Predigt. Im Anschluß daran forderte Ernst die Bardowicker auf, der Reformation beizutreten und Ginderich als Geistlichen anzunehmen.

Nach dem Gottesdienst versuchte der Kanzler auch das Stift dazu zu bringen, der Ernennung Ginderichs zum Pfarrer der Domkirche zuzustimmen. Leicht konnte den Kanonikern dieser Schritt nicht werden. Ginderich mußte ihr erklärter Gegner sein. Denn aus seiner radikalen Ablehnung der alten Kirche machte er kein Hehl. „Hurerei ist bei diesen Leuten so in Gewohnheit gekommen", schrieb er gelegentlich von den Bardowicker Chorherren, „daß sie sie für Keuschheit halten." Diese Formulierung gibt eine Vorstellung von dem rhetorischen Pathos, das dem lutherischen Geistlichen zu Gebote stand.

Unter dem Druck der Verhältnisse stimmte das Stift den beabsichtigten Neuerungen zu. Ginderich konnte die Kanzel des Doms einnehmen. Der Chorraum freilich blieb den Kanonikern. Sie durften dort weiterhin ihre *horae* halten, auf die katholische Messe jedoch mußten sie künftig verzichten. Die wirtschaftliche Verwaltung des Stifts wurde Haselhorst übertragen.

Da die neue Lehre in Lüneburg noch nicht hatte Fuß fassen können, war an den folgenden Sonntagen ein starker Besucherstrom von dort nach Bardowick festzustellen. Der Rat hoffte diese Bewegung stoppen zu können, indem er die Stadttore schließen ließ. Aber die Bevölkerung kletterte über die Mauern hinüber oder benutzte Boote ilmenauabwärts und erreichte so dennoch den Dom in Bardowick, wo lutherisch gepredigt wurde.

Christoph von Bremen-Verden machte alle Anstrengungen, dem Siegeszug der Reformation Einhalt zu gebieten. 1534 verfolgte er sogar den Plan, das Bardowicker Stift nach Verden zu verlegen, um es so dem Zugriff Ernsts des Bekenners zu entziehen. Aber das Projekt konnte nicht verwirklicht werden.

So kam, was kommen mußte. Nach und nach wurden die Bardowicker Chorherren mürbe und traten zum Luthertum über, das heißt, sie heirateten und wurden irgendwo Gemeindepfarrer. 1543 machten der Herzog und das Stift ihren Frieden. Die Reformation hatte gesiegt.

Kloster Scharnebeck war von Anfang an verhältnismäßig reformationsfreudig. Schon 1528 brachen einige Mönche mit der Tradition und wurden lutherische Geistliche. Begünstigt wurde diese Entwicklung durch Heinrich Ratbrock, den Scharnebecker Abt, einen der evangelischen Lehre von vornherein aufgeschlossen gegenüberstehenden Geistlichen.

Die Visitation des Herzogs am 12. Juli 1529 verlief ohne Zwischenfälle. Einer der Klosterinsassen, Johannes Marquardt, trat aus dem Zisterzienserorden aus und wurde der erste lutherische Gemeindepfarrer von Scharnebeck. Zum Verwalter des umfangreichen Klosterbesitzes machte Ernst den Hauptmann Dietrich von Elten.

Der ganze Konvent lief auseinander. Wie die Bardowicker wurden auch die Scharnebecker Kleriker Weltgeistliche. Selbst Ratbrock hielt es nicht mehr an der alten Stätte. Er siedelte nach Lüneburg über, heiratete dort eine Bürgerstochter und predigte als erster lutherischer Superintendent der Stadt in St. Johannis.

Eine deutsche Bibel aus dem Jahre 1650, verlegt und gedruckt von den Lüneburger Sternen.

Wesentlich zeitraubender war die Einführung der Reformation in Lüne. Unter der Priorissa Mechthild Wilde, der Nachfolgerin Sophie von Bodendikes, leistete das Kloster heftigen Widerstand. Schon anläßlich eines Besuchs im Jahre 1528 bemühte sich Ernst der Bekenner, den Lüner Nonnen die evangelische Lehre nahezubringen. In der Klosterkirche erklangen deutsche Gesänge und eine lutherische Predigt von Martin Undermark, dem ersten Protestanten in Lüne. Aber die Wirkung auf den Konvent war bloß, daß er sich künftig um so entschiedener zum Katholizismus bekannte.

Zwar gelang es — am 13. Juli 1529 — auch in Lüne, einen evangelischen Geistlichen einzusetzen, den ehemaligen Dominikanermönch Hieronymus Enckhusen. Genauso kam die wirtschaftliche Verwaltung in neue Hände. Der Propst, Johannes Lorber, wurde abgesetzt. Statt seiner unterstand die gesamte Klosterwirtschaft von jetzt an dem Oberhauptmann Haselhorst aus Winsen. Alle diese Veränderungen jedoch vermochten die Opposition der Nonnen nicht zu brechen.

Um den evangelischen Gottesdienst unmöglich zu machen, legte der Konvent in der Klosterkirche Feuer, woraufhin die lutherische Gemeinde, die sich ebenso wie in Bardowick vorwiegend aus Lüneburgern zusammensetzte, auf den Friedhof auswich. In einem anderen Fall suchten die Nonnen den lutherischen Prediger niederzusingen. Schließlich hielten sie es für das beste, Enckhusen überhaupt nicht mehr anzuhören. Die Priorissa ließ die Empore, von der aus die Klosterfrauen dem Gottesdienst zu folgen pflegten, durch eine Mauer von der übrigen Kirche trennen. Zäh behaupteten die Benediktinerinnen den überkommenen Glauben. Unter ihrem Beichtvater, Renert mit Namen, feierten sie weiterhin die katholische Messe. Oft zogen sie sich dazu in den Kreuzgang des Klosters zurück.

Nachdem Renert im August 1529 gestorben war, nahm Dietmar Spitzbart den Platz des Beichtvaters ein. Wiederum fehlte es nicht an Verboten von seiten der lutherischen Obrigkeit, die Messe zu lesen und die sieben Sakramente der alten Kirche zu spenden. Spitzbart jedoch setzte sich darüber genauso hinweg wie sein Amtsvorgänger. Erst als der Herzog im September 1531 aus den Nonnenklöstern des Fürstentums die Beichtväter vertrieb, erlosch der katholische Kultus in Lüne, ohne daß damit die Reformation gesiegt hatte.

Die Benediktinerinnen verharrten in ihrem Widerstand. Selbst Gewaltmaßnahmen des Herzogs zwangen sie nicht in die Knie. 1532 wurden sieben Leuchter von Lüne nach Celle weggeschafft. Ein Jahr später machte man die Lüner Glocken unbrauchbar, indem man die Klöppel und Stricke entfernte. Die Klosterfrauen traf die Drohung, falls sie weiter Opposition üben sollten, werde man den von ihnen bewohnten Klosterkomplex zumauern, so daß sie keinen Besuch empfangen könnten.

Erst als Mechthild Wilde 1535 verstarb, versiegten die Kräfte der Tradition. 1537 erschien Ernst wiederum in Lüne und konnte jetzt endlich die Reformation dauerhaft etablieren. Das sichtbarste Zeichen dessen war, daß in die geschlossene Empore ein Loch gebrochen wurde, damit die Nonnen die evangelischen Predigten hören konnten und der Prediger in der Lage war festzustellen, ob der Konvent vollzählig teilnahm. Dieser äußerlichen Annahme der neuen Lehre folgte die innerliche und eigentliche erst 1573. Erst damals bekannte sich der Konvent zu Martin Luthers Lehre.

Urbanus Rhegius

Zügig kam die Sache der Reformation während des Jahres 1529 im Fürstentum Lüneburg voran. Nur in der Stadt Lüneburg waren die Fortschritte gering. Eigentlich sollte die Visitationsreise Herzog Ernsts des Bekenners Ende Juli auch Lüneburg miteinschließen. Der schon ins Auge gefaßte Termin mußte indes gestrichen werden, weil in der Stadt eine Seuche wütete („Englischer Schweiß").

In Lüneburg gewann die neue Lehre sozusagen von unten zunehmend an Boden. 1525 noch wies der Rat einen evangelischen Mitbürger kurzerhand aus der Stadt aus. Inzwischen war eine derartige Reaktion nicht mehr tunlich.

Als Johannes Coller, der Propst von St. Johannis, 1528 den Dominikanermönch Augustin von Ghetelen in seiner Kirche den alten Glauben verteidigen ließ, kam es zu einer rhetorischen Fehde. Martin Undermark, der erste lutherische Prediger von Lüne, suchte Ghetelen zu widerlegen.

Die Geistlichkeit und der Rat von Lüneburg mochten sich noch so sehr sperren gegen die Neuerungen, die auf sie eindrangen, 1530 siegte die Reformation in ganzer Breite. Die Gemeinde von St. Nikolai stimmte plötzlich den deutschen Choral „Ach Gott, vom Himmel sieh darein!" an. Eine ganze Reihe von Vorkommnissen solcher Art geschah gleich zu Beginn des Jahres. Wer deutsch sang, war für die Reformation; die alte Kirche sang lateinisch.

Schneider- und andere Gesellen hüllten sich zu Fastnacht in weiße Gewänder und trugen Kreuze, Glocken und Pferdeknochen — eine Anspielung auf die Reliquienverehrung der katholischen Kirche — in komisch-feierlicher Prozession durch die Straßen. Der Rat wollte die Übermütigen durch Ausweisung strafen. Aber in der Bürgerschaft überwog die Meinung, die Spottszene habe die Pfaffen ganz richtig charakterisiert. Da gaben die Ratsherren klein bei.

An Palmarum verbot der Rat, Palmreiser zu weihen. Dies sei unchristlich, lautete die Begründung. Bei einer Aussprache auf dem Rathaus, die dem Verbot voranging, wurde ein Verteidiger der alten Lehre beinahe aus dem Fenster geworfen. Inzwischen gab es einen neuen, lutherisch gesinnten Rat. Die Kräfte der Beharrung hatten sich angesichts der proreformatorischen Einstellung des überwiegenden Teils der Bürgerschaft nicht halten können.

Im August verfügte der Rat die Schließung der St.-Michaelis-Kirche: Endlich müßten die katholischen Zeremonien eingestellt werden. Im selben Monat wurde der Kessel mit dem geweihten Wasser in St. Johannis weggeräumt. Aber es dauerte noch eine Weile, ehe deutsche Messen möglich wurden. Stephan Kempe, ein Freund des Hamburger Reformators Johann Bugenhagen, erklomm noch 1530 die Kanzel der St.-Johannis-Kirche und predigte lutherisch. In St. Nikolai und St. Lamberti wirkten zu diesem Zeitpunkt bereits Lutheraner.

Hartnäckig verteidigten die Franziskaner-Bettelmönche die katholische Position. Ihr Guardian griff die „Martiner“, also die Anhänger Martin Luthers, heftig an. Die Gemeinde wollte das nicht hinnehmen und machte ihrem Unwillen Luft, indem sie deutsche Choräle anstimmte. Von Messe zu Messe nahmen die Spannungen zu. Schließlich gab es offene Prügeleien in der Kirche, wobei sich Lüner Handwerksgesellen besonders hervortaten. Das Ende war, daß die Franziskaner am 28. August 1530 die Stadt verließen.

Das nach Lüneburg verlegte Kloster Heiligenthal kapitulierte widerstandslos vor der neuen Zeit. 1530 übertrugen die letzten vier Insassen dem Rat ihre Güter und — Schulden. Der finanzielle Ruin der ehemals so wohlhabenden Prämonstratenser war vollkommen. Schon 1525 beim Tode ihres Propstes Matthäus Eickholt hatten sie keinen Sinn mehr darin gesehen, überhaupt noch einen Propst zu wählen. Es war nichts mehr da, was das Verwalten lohnte.

Nach der freiwilligen Auflösung von 1530 kam es 1562 zu einer Einigung zwischen Rat und Herzog. Dem ersten fielen alle Klostergüter innerhalb des Lüneburger Stadtgebietes zu, dem zweiten die auswärtigen Besitzungen. Aus diesen entstand das landtagsfähige Gut Heiligenthal. Sein erster Inhaber wurde durch Schenkung der herzogliche Kanzler Dr. Joachim Möller.

Überall im Fürstentum Lüneburg war die Reformation zum Durchbruch gelangt, und doch war erst ein Teil der Arbeit getan. Wie ein Wildgewächs hatte Luthers Lehre Wurzeln geschlagen, ungehegt und ungepflegt wucherte sie. Nachdem der eigentliche Kampf ausgefochten war, bedurfte es der Ordner und Systematiker.

Auf dem Augsburger Reichstag von 1530, auf dem die evangelischen Reichsstände die „Augsburgische Konfession“, das Glaubensbekenntnis des Luthertums, unterzeichneten, lernte Herzog Ernst einen theologisch und organisatorisch gleichermaßen hochbefähigten Geistlichen kennen: Urbanus Rhegius, der, vom Bodensee gebürtig, seit 1520 in Augsburg als Pfarrer tätig war und sich früh zur Reformation bekannt hatte. Diesen Mann nahm der Welfe mit nach Celle, ernannte ihn zum Generalsuperintendenten und hieß ihn das erneuerte geistliche Leben in geordnete Bahnen bringen.

Schon 1531 reiste Urbanus Rhegius nach Lüneburg. Im April predigte er in St. Michaelis, in der hauptsächlichen Bastion des Widerstandes. Geschickt bereitete er einen Kompromiß vor. Danach wurde das Kloster nun evangelisch, fiel aber nicht der Säkularisation anheim, sondern durfte einen großen Teil seines Besitzstandes behalten.

Im Juni gab Rhegius eine speziell auf die Stadt und ihr Umland zugeschnittene Schul- und Kirchenordnung heraus. Heinrich Ratbrock, der ehemalige Scharnebecker Abt, wurde von ihm als Superintendent in Lüneburg eingesetzt.

Bei seinem zweiten Aufenthalt in Lüneburg (1532) gelang es ihm vollends, den Widerstand der Benediktiner zu brechen, zumal Abt Boldewin II., der Exponent des alten Glaubens in der Stadt, gerade jetzt Anno 1532 verstarb.

Urbanus Rhegius — Verfasser der Schul- und Kirchenordnung von 1531.

Neben seiner ausgedehnten Reise- und Visitationstätigkeit entfaltete Urbanus Rhegius eine beachtliche literarische Produktion. 1535 bereicherte er die breite religiöse Literatur der Zeit, in die beispielsweise auch der Anfang 1530 erschienene „Ratschlag zu Notdurft der Klöster" hineingehört, durch eine Schrift mit dem Titel *Formulae, quaedam caute et citra scandulum loquendi*, die 1536 ins Deutsche übersetzt wurde: „Wie man fürsichtiglich lehren soll". In den Jahren 1535 und 1540 verfaßte er Katechismen, der zweite war speziell für die Söhne Ernsts des Bekenners bestimmt.

Der Nachfolger des 1541 gestorbenen Rhegius, Martin Ondermark, setzte die vielschichtige Lehr- und Verwaltungsarbeit fort. 1543 visitierte er die Kirchen des Fürstentums und erließ Richtlinien für die Behandlung von Ehesachen und Fragen des Pfarreinkommens. Auch die Publikation einer Kirchenordnung für das ganze Fürstentum fällt noch in Ondermarks Amtszeit (1564). Die Kirchenordnung erschien 1598 in zweiter Auflage.

Visitation und Publikation waren auch noch im 17. Jahrhundert Kennzeichen der lutherischen Kirche. Die von Generalsuperintendent Johann Arndt 1615 durchgeführte Generalvisitation schlug sich in der erneuerten Lüneburger Kirchenordnung von 1619 nieder, die 1643 abermals herausgeben wurde und bis heute gilt. Fast gleichzeitig (1618) erschien eine Polizeiordnung, die Bestimmungen über die nach wie vor hoch im Kurs stehende Zauberei, über Trunksucht und andere Laster enthält.

In Sachsen-Lauenburg (mit Artlenburg und Neuhaus) galt die Lauenburger oder Niedersächsische Kirchenordnung von 1585.

Eine Folge der Reformation in Lüneburg war zu guter Letzt ein bedeutendes Anwachsen der Ratsbücherei. Das reformatorische Schrifttum drängte in die Hansestadt und auch in die Bücherei des Rates hinein. Zusätzlich erhielt der Rat die reichen Bibliotheken der Franziskaner und der Prämonstratenser. Der Bücherbestand vergrößerte sich derart, daß der Umzug aus dem Rathaus in das verlassene Franziskanerkloster ins Auge gefaßt wurde. Die Ratsbücherei fand die charaktervollen Räume, die sie bis in die Gegenwart nutzt.

Noch während der Reformationszeit stürzte der Turm der Franziskanerkirche ein (1539), wenige Jahrzehnte später (1574/76) wurde die ganze Marienkirche abgetragen, aber bald schon entstand eine neue (1581): die erste zu lutherischen Zeiten in Lüneburg gebaute Kirche.

Rechts: Die Diözese (Superintendenturbezirk) Bardowick. Ausschnitt aus der Diözesankarte in Christian Schlöpkes „Chronicon".

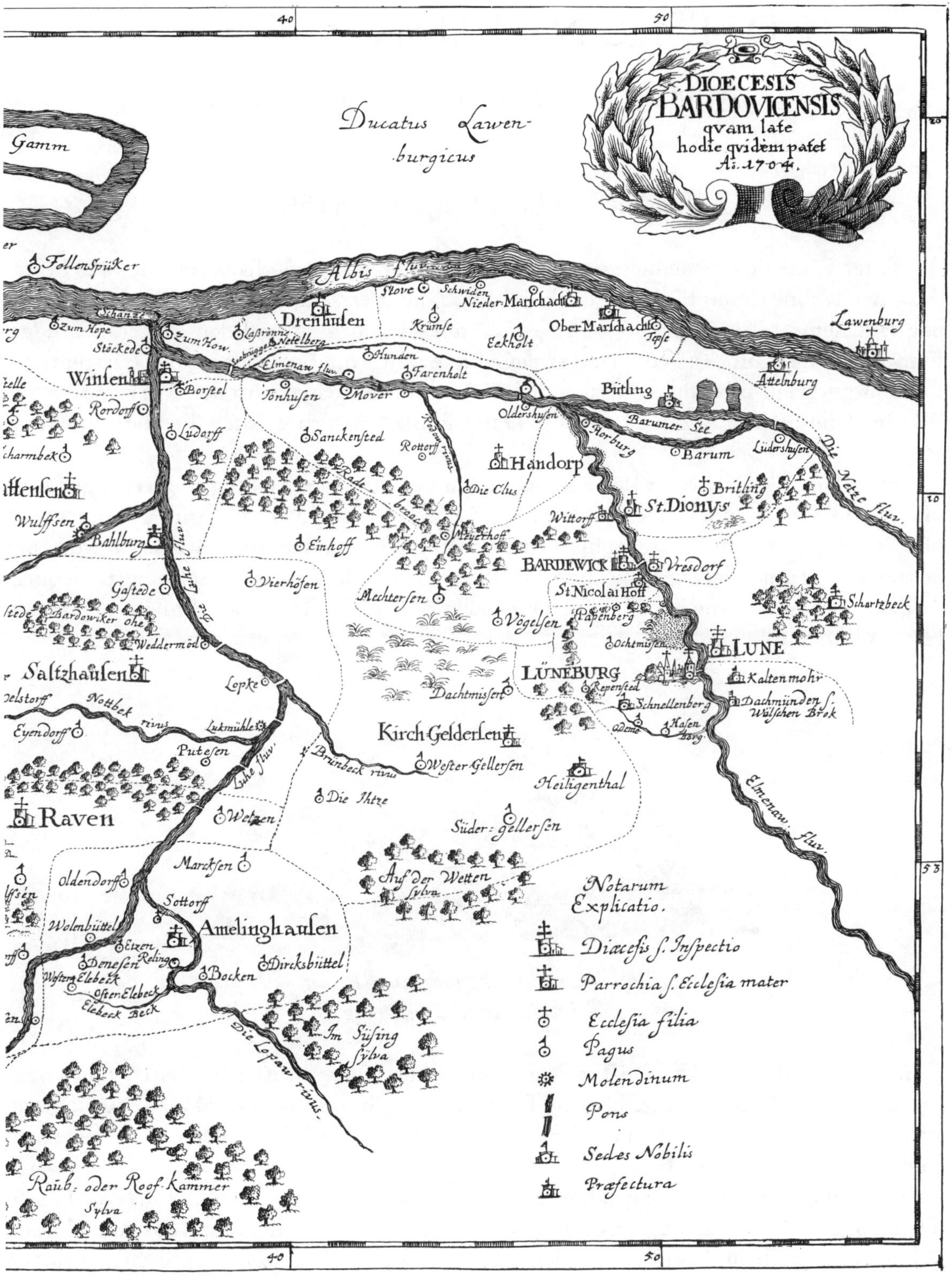
DIOECESIS BARDOVICENSIS qvam late hodie qvidem patet Ai. 1704.
Ducatus Lawenburgicus
Gamm
Albis fluv.
Follenspüker
Drenhusen
Nieder Marschacht
Ober Marschacht
Lawenburg
Attelnburg
Bütling
Zum Hope
Zum How.
Stöckede
Winsen
Borstel
Rordorff
Lüdorff
Elmenaw fluv.
Hunden
Farenholt
Tönhusen
Mover
Krumse
Eckholt
Oldershusen
Barumer See
Barum
Lüdershusen
Die Nette fluv.
Sanckensted
Rottorff
Handorp
Die Clus
Brithing
St. Dionys
Wittorff
Meyerhoff
Einhoff
Wulffsen
Bahlburg
BARDEWICK
Vresdorf
Vierhöfen
Gastede
Bardowiker ohe
Weddermöd
Die Luhe fluv.
Mechtersen
St Nicolai Hoff
Vögelsen
Papenberg
Ochtmissen
LUNE
Schartzbeck
Saltzhausen
Lopke
LÜNEBURG
Kaltenmohr
Dachtmissen
Repensted
Schnellenberg
Dachmünden s. Wülschen Brok
Nottbek rivus
Eyendorff
Lukmühle
Putesen
Kirch Geldersen
Hasenburg
Luhe fluv.
Brunbeck rivus
Wester Gellersen
Heiligenthal
Elmenaw fluv.
Die Ihtze
Raven
Wetzen
Süder gellersen
Marxsen
Oldendorff
Auf der Wetten sylva
Sottorff
Amelinghausen
Wolenbüttel
Etzen
Denesen
Reling
Bocken
Dircksbüttel
Wester Elebeck
Osten Elebeck
Elebeck Beck
Im Süsing sylva
Die Lopaw rivus
Raub oder Roof Kammer Sylva
Notarum Explicatio.
Diœcesis s. Inspectio
Parrochia s. Ecclesia mater
Ecclesia filia
Pagus
Molendinum
Pons
Sedes Nobilis
Præfectura
40
50

DIE LÜNEBURGISCHE AMTSVERFASSUNG

Das neue Haus Lüneburg (1569)

Unter Ernst dem Bekenner, der bedeutendsten Gestalt innerhalb des seit 1428 bestehenden mittleren Hauses Lüneburg, blieb die Herrschaft in einer Hand. Der Herzog fand seinen älteren Bruder, Otto, 1527 mit Harburg ab und den jüngeren Bruder, Franz, 1539 mit Gifhorn, wobei die zwei Gebiete weiterhin Bestandteile des Fürstentums Lüneburg waren; bloß die landesherrlichen Einkünfte flossen nun den Verwandten zu. Während die Gifhorner Linie bereits 1549 mit Franz ausstarb, erlosch die Harburger erst 1642.

Unter den Söhnen Ernsts des Bekenners kam es zu einer Teilung in zwei regierende Häuser. Heinrich und Wilhelm der Jüngere einigten sich 1569, die Ämter Dannenberg und Scharnebeck vom Fürstentum abzutrennen. Heinrich, der ältere Bruder, wurde zum Stifter der Dannenberger Linie innerhalb des Gesamthauses Braunschweig-Lüneburg. Wilhelm dagegen behielt Lüneburg und Celle und steht damit am Anfang des neuen Hauses Lüneburg.

Das Celler Schloß (Merianstich) war die Residenz der Herzöge des Fürstentums Lüneburg.

Entscheidend für die weitere Territorialentwicklung der welfischen Fürstentümer wurde das Jahr 1634, in dem mit Herzog Friedrich Ulrich das mittlere Haus Braunschweig ausstarb. Wolfenbüttel fiel an die Dannenberger Linie. Calenberg, der andere Teil, kam an das neue Lüneburger Haus.

Die Dannenberger Herzöge nahmen die Vergrößerung ihres Gebietes zum Anlaß, sich (ab 1636) als neues Haus Braunschweig zu bezeichnen, eine Linie, die 1884 mit Herzog Wilhelm ausstarb und nun durch den zum Regenten gewählten preußischen Prinzen

Albrecht fortgeführt wurde. Dannenberg selbst und Scharnebeck waren bereits 1671 an das Fürstentum Lüneburg zurückgelangt.

Seitdem Calenberg den Herzögen von Lüneburg-Celle gehörte, bestand die Chance, daß sich im Nordwesten Deutschlands wieder ein großflächiges Territorium herausbildete. Aber während des 17. Jahrhunderts kam es noch nicht dazu. Als Herzog August, der 1634 die Calenberger Lande gewonnen hatte, 1636 starb, folgte in Celle sein Bruder Friedrich; Calenberg fiel an Georg, einen weiteren Bruder, der sich im 30jährigen Krieg als Heerführer hervortat. Eine der ersten Maßnahmen Georgs von Calenberg, wie er genannt wurde, war die Verlegung der Residenz von Calenberg beziehungsweise Hildesheim nach Hannover.

Über Georg von Calenberg — nach Ernst II., Christian, August und Friedrich der letzte Sohn Wilhelms des Jüngeren — setzte sich der Stammbaum des neuen Hauses Lüneburg fort. Sein ältester Sproß, Christian Ludwig, erhielt Lüneburg-Celle; Calenberg-Hannover kam an den zweiten Sohn, Georg Wilhelm. Das war im Jahre 1648, als Herzog Friedrich, der beiden Onkel, als letzter der fünf Söhne Wilhelms des Jüngeren starb.

Nach Christian Ludwigs Tod (1665) übernahm Georg Wilhelm Lüneburg-Celle. Calenberg-Hannover gab er an den nächstfolgenden Bruder, Johann Friedrich, weiter, nach dessen Ableben (1679) das Gebiet schließlich an den jüngsten Bruder, Ernst August, gelangte.

Die Vereinigung beider Territorien wurde vorbereitet, als 1682 die erbberechtigte Tochter Georg Wilhelms von Celle, Sophie Dorothea, und der Sohn Ernst Augusts von Hannover, Georg Ludwig, heirateten.

Haupt- und Amtleute

Das 16. Jahrhundert brachte nicht nur religiös und kirchlich, sondern auch verwaltungstechnisch folgenreiche Neuerungen. Erst jetzt entstand aus einem Konglomerat von Ländereien und Rechtstiteln, was das Fürstentum Lüneburg bisher gewesen war, ein Territorium, das heißt, ein geographisch geschlossenes Verwaltungsgebiet. Sowohl in der Residenzstadt Celle wie in den einzelnen Landesteilen wurde neu disponiert, straffer organisiert, so weit wie möglich zentralisiert.

Seit 1515 übte Dr. Ludwig Förster das Amt des Kanzlers aus. Er war der erste bürgerliche Akademiker in dieser Funktion; bisher hatten Geistliche die Kanzlergeschäfte wahrgenommen. Mitte der 30er Jahre bildete Ernst der Bekenner die Celler Kanzlei, ursprünglich nichts weiter als die fürstliche Schreibstube, zu der wichtigsten Zentralbehörde seines Gebietes aus. In ihr saßen seine höchsten Beamten. Neben Verwaltungsaufgaben hatte die Zentrale, die als „Ratsstube" und im 17. Jahrhundert als „Hofkanzlei" bezeichnet wurde, gerichtliche Funktionen. Sie war das oberste Gericht des Fürstentums und hieß darum auch Justizkanzlei.

Der Rittersitz Schnellenberg vor den Toren Lüneburgs: Gut und ungeschlossenes Patrimonialgericht.

Außer der Justizkanzlei gab es in Celle ab 1535 noch ein besonderes Hofgericht. Beide Gerichte hatten dieselben Kompetenzen. In der Praxis allerdings war die Justizkanzlei das Tribunal für Strafsachen, während das Hofgericht vorwiegend Zivilsachen entschied.

Als Zentralkasse des Fürstentums entstand das Rentamt (1536), als oberste Kirchenbehörde das Konsistorium (1562). Zusammen mit der Kanzlei und dem Hofgericht bildeten diese beiden Ämter die vier großen Celler Zentralbehörden. Als höchste militärische Dienststelle wurde 1618 der Kriegsrat errichtet. Die Forstverwaltung organisierte man nach dem 30jährigen Krieg besser. Das 1711 geschaffene Oberappellationsgericht in Celle war die Berufungsinstanz für die Justizkanzlei, das Hofgericht und das Konsistorium.

Die fortgesetzte Geldnot der Herzöge war der Hauptgrund, weshalb zugleich die ständischen Einrichtungen an System und Gewicht gewannen. Um seine beratenden Funktionen schneller und wirksamer ausüben zu können, übertrug der Landtag — auch als „Landschaft" bezeichnet — im 17. Jahrhundert einem Kollegium von 25 Personen seine Rechte, vor allem das der Steuerbewilligung. Dazu zählten als Vertreter der Geistlichkeit zwei Deputierte des Stifts Ramelsloh (Landkreis Harburg) und einer aus dem Stift Bardowick; beide Stiftungen bestanden unter lutherischem Vorzeichen fort. Lüneburg war durch drei Abgesandte vertreten, die Städte Celle und Uelzen besaßen je zwei Vertreter. Die übrigen 15 Mitglieder gehörten der Ritterschaft an, darunter der Abt von

St. Michaelis, der als Landschaftsdirektor dem ganzen Kollegium vorstand. Insgesamt betrug die Zahl der Rittersitze des Fürstentums im 18. Jahrhundert 220; auf das Lüneburger Quartier, einen der vier Landtagswahlbezirke, entfielen 48.

Den vielfältigen Straffungen bei Hofe und im Landtag entsprach die Neuorganisation der Lokalbehörden. Im Verlaufe des 16. Jahrhunderts vollzog sich der Ausbau der lüneburgischen Amtsverfassung. Das gesamte Fürstentum wurde in Ämter aufgegliedert. Die alte Bezeichnung Vogtei sowie der noch weiter zurückreichende Name Go hielten sich nur noch für die Unterbezirke der Ämter.

Während des 17. Jahrhunderts wurde die Amtsverfassung — nach dem Chaos des 30jährigen Krieges — weiter systematisiert. Die „Amtsordnung" von 1674 stellte erstmals die Grundsätze der neuen Behördenorganisation zusammen. Im 18. Jahrhundert erreichte die Amtsverfassung des Fürstentums ihre Vollendung.

Die Ämter hatten grundsätzlich drei verschiedene Aufgaben wahrzunehmen. Erstens waren sie die untersten Verwaltungsbehörden und trieben die Steuern ein. Zweitens bildeten sie die erste Instanz der Gerichtsbarkeit. Drittens hatten sie den herzoglichen Privatbesitz in ihrer Regie, in dieser Funktion der alten Vogtei am meisten verwandt.

Wie schon im 15. Jahrhundert, in dem das Winsener Schatzregister von 1450/51 gegolten hatte, wurde im 16. und 17. Jahrhundert die Bede beziehungsweise der Schatz oder der Schoß erhoben. Inzwischen allerdings umgriff der „Landschatz", wie man jetzt sagte, ein ganzes Bündel von Steuern. Neben den Landschatz, der im wesentlichen eine Grundsteuer war, trat Anfang des 17. Jahrhunderts die Akzise, eine Verbrauchssteuer; im 18. Jahrhundert wurde die „alte" Akzise durch eine zusätzliche „neue" ergänzt. Während Landschatz und Akzise den Herzögen vornehmlich dazu dienten, ihre Schulden zu tilgen, benutzten sie die im 30jährigen Krieg eingeführte Kontribution — in den Städten „Lizent" genannt — zur Unterhaltung ihres Heeres.

Von der Gerichtshoheit der Ämter waren mehrere Bevölkerungsgruppen ausgenommen: die Bürger der Städte, der Adel, dessen Gutsuntertanen und die Beamtenschaft, wozu auch die Geistlichkeit zählte. Während in den Städten die Magistrate die Jurisdiktion ausübten, waren für die Adeligen und die Beamten gleich in erster Instanz die Justizkanzlei und das Hofgericht zuständig; die dem Adel untertänigen Bauern mußten ihr Recht vor den Patrimonialgerichten ihrer Gutsherren suchen.

Bei den lüneburgischen Patrimonialgerichten sind vier verschiedene Formen zu unterscheiden. Wo geschlossene adelige Gerichte bestanden, hatte das Herzogshaus weder die Gerichts- noch die Verwaltungshoheit. Demgegenüber waren die ungeschlossenen adeligen Gerichte aus den Ämtern ausgeklammerte Jurisdiktionsbezirke. In beiden Fällen umfaßte das Richteramt des Adels die niedere und die hohe Gerichtsbarkeit. Die dritte Gruppe bildeten Patrimonialgerichte, die bloß Niedergerichte waren. Schließlich gab es Adelige, die sich auf keinerlei Verleihungen wie die genannten drei Gruppen berufen konnten, sondern lediglich aufgrund der Tatsache, daß sie selbst nicht den Ämtern, sondern den Celler Gerichten unterstanden, die Richter ihrer Bauern waren, soweit es sich um die niedere Jurisdiktion handelte.

Während für die Gruppe der geschlossenen adeligen Gerichte im Bereich des heutigen Landkreises Lüneburg nur Lüdersburg zu nennen ist, könnte man für die anderen drei Gruppen zahlreiche Beispiele angeben. Das Gericht, das dem Michaeliskloster in Lüneburg über die Reformation hinaus blieb, hatte den Charakter eines Amts.

Die lüneburgischen Ämter kamen mit erstaunlich wenig Personal aus. Die kleineren von ihnen hatten bloß einen einzigen Beamten, der bei bürgerlicher Herkunft Amtmann und bei adeliger Hauptmann hieß. In größeren Ämtern arbeitete neben dem „ersten" noch ein „zweiter" Beamter. Hatte ein Amt Unterbezirke, so führte der erste Beamte unter Umständen den Titel Oberamtmann beziehungsweise Oberhauptmann.

In den Unterbezirken, als Go, Vogtei oder Amtsvogtei bezeichnet, waren als Hilfskräfte der Amtsverwaltung sogenannte Gogrefen, Vögte oder Amtsvögte vorhanden, die ebenfalls Beamtenstatus hatten. Im übrigen unterstanden den Amtmännern Förster und Zöllner. Dazu kam Wirtschaftspersonal für die Güter, die den herzoglichen Beamten zur Bestreitung ihres Lebensunterhalts übertragen waren.

Auf dem Boden des heutigen Landkreises lagen im 16. Jahrhundert ganz oder teilweise zehn verschiedene lüneburgische Ämter. Ende des 18. Jahrhunderts waren davon neun übriggeblieben. Dieser Zustand, den der Lüneburger Zollbeamte Urban Friedrich Christoph Manecke in seinen „Topographisch-historischen Beschreibungen der Städte, Ämter und adelichen Gerichte im Fürstenthum Lüneburg" sorgfältig dargestellt hat, wird bei der Zuordnung der einzelnen Gemeinden zu den ehemaligen Ämtern zugrundegelegt. Ortschaften, deren Höfe von zwei Ämtern abhingen, sind unter dem Amt aufgeführt, das für die Mehrzahl der Höfe zuständig war.

Das Amt Winsen und die Amtsvogteien Amelinghausen, Bardowick, Bienenbüttel und Garlstorf

Unter den insgesamt 29 Ämtern, in die das Fürstentum Lüneburg Ende des 18. Jahrhunderts aufgeteilt war, nahmen Celle und Winsen eine Sonderstellung ein. Diese beiden Bezirke umfaßten ungleich größere Räume als die übrigen 27 Ämter. Das Celler Amt, im allgemeinen Großvogtei Celle genannt, gliederte sich in zwölf Amtsvogteien, das Winsener Amt in acht Unterbezirke.

Nicht ohne Grund lagen an den Amtssitzen der zwei großen Verwaltungsbezirke die bedeutendsten Burgen des Fürstentums, das Celler und das Winsener Schloß. Um Celle und um Lüneburg-Winsen hatte sich der alte welfische Hausbesitz am besten erhalten, hier waren deswegen schon früh ausgedehnte Vogteien entstanden, hier gab es bis ins 19. Jahrhundert hinein überdurchschnittlich umfangreiche Ämter.

Vor 1784 kam die Amtsverwaltung im Winsener Schloß mit zwei, danach mit drei Beamten aus; an der Spitze stand der Oberhauptmann. In den Unterbezirken waren Amtsvögte eingesetzt.

Von diesen Unterbezirken hatten zwei ihre Zentren innerhalb der Grenzen des heutigen Landkreises Lüneburg: Amelinghausen und Bardowick. Zwei weitere Amtsvogteien ragten in das jetzige Kreisgebiet hinein: Bienenbüttel und Garlstorf.

Zur Amtsvogtei Amelinghausen gehörten: Amelinghausen, Diersbüttel (Rehlingen), Drögennindorf (Betzendorf), Ehlbeck (Rehlingen), Etzen (Amelinghausen), Marxen am Berge (Oldendorf/Luhe), Oldendorf (Luhe), Rehlingen, Rolfsen (Soderstorf), Soderstorf mit Schwindebeck und Thansen, Sottorf (Amelinghausen) und Wetzen (Oldendorf/Luhe). Dieser Bezirk entspricht der Vogtei Amelinghausen, die schon im 15. Jahrhundert vom Schloß Winsen abhängig war.

Die Amtsvogtei Bardowick umfaßte — im Unterschied zu der früheren Vogtei —: Bardowick, Handorf, Horburg (Barum), Mechtersen, Ochtmissen (Lüneburg), Radbruch, St. Dionys (Barum), Vögelsen und Wittorf.

Die geographisch weit ausgreifende Amtsvogtei Bienenbüttel brachte Verwirrung in das System der Ämter. Die Höfe, die zu ihr gehörten, verteilten sich auf 61, weit verstreut liegende Dörfer. Um den Kompetenzstreitigkeiten, die sich deswegen immer wieder ergaben, endlich den Boden zu entziehen, wurde 1740 beschlossen, die Amtsvogtei Bienenbüttel aufzuheben. Erst 1794/95 war es so weit. Bienenbüttels Besitztitel kamen an die jeweils am günstigsten gelegenen Ämter und Amtsvogteien. Unter anderem profitierten die Ämter Bleckede, Lüne und Scharnebeck.

Die Amtsvogtei Garlstorf, Nachfolgerin der gleichnamigen Vogtei und des Gos Salzhausen, ragte nur geringfügig in das Gebiet des heutigen Landkreises Lüneburg hinein und erstreckte sich bloß auf die Dörfer Kirchgellersen, Oerzen (Embsen), Raven (Soderstorf), Südergellersen und Westergellersen.

Innerhalb des Garlstorfer Bezirks gab es zwei sogenannte „kleine Goherren" sowie zwei „Veestherren". Es handelte sich um einheimische Adelige, die als unterste Exekutivorgane der Amtsverwaltung fungierten. Einer von ihnen war für das Kirchspiel Kirchgellersen zuständig, ein anderer für das Kirchspiel Raven.

Die Tatsache, daß der Amtsvogtei Garlstorf der alte Go Salzhausen zugrundelag, wirkte sich noch bis ins 17. Jahrhundert aus. Erst im Celler Frieden von 1679 traten die Schweden, die inzwischen das Hochstift Verden besaßen, die Rechte der Verdener Bischöfe — beispielsweise Zehntansprüche — an die Lüneburger Herzöge ab.

Die Ämter Bütlingen und Lüdershausen

Bütlingen (Landkreis Harburg) und Lüdershausen (Brietlingen), die schon im Rahmen der alten Vogtei Bardowick eine Sonderstellung eingenommen hatten, gehörten nicht zur Amtsvogtei Bardowick.

Nachdem Bütlingen mehrfach verpfändet worden war, konnten die Lüneburger Herzöge das Dorf mit den Nachbargemeinden Barum und Brietlingen zu Anfang des 16. Jahrhunderts einlösen und ihrem Kanzler Dr. Ludwig Förster zu Lehen geben. Im

Herzogin Dorothea kaufte Bleckede
und Lüdershausen zurück.

Besitz dieser Familie blieben die drei Dörfer bis zu deren Aussterben im Jahre 1582. Daraufhin nahm das Herzogshaus das Gebiet wieder an sich und ließ es als selbständiges Amt verwalten.

Als 1592, nach dem Tode ihres Gatten, Herzog Wilhelms des Jüngeren, Herzogin Dorothea Schloß Winsen als Witwensitz erhielt, wurde ihr auch das Amt Bütlingen zugesprochen. Außer Steuergeldern konnte sie von dort Naturalien beziehen. Besonders erpicht war sie auf die dicken Aale, die es in der Neetze gab. Gern weilte sie persönlich in Bütlingen, wo ein schloßähnliches Guts- beziehungsweise Amtshaus stand. Oft brachte sie zahlreiche Familienangehörige und andere Gäste mit und ließ Jagden und Feste veranstalten.

Bei der Einlösung von Burg und Ort Lüdershausen war Herzogin Dorothea die treibende Kraft. Der Lüneburger Rat suchte dies unter allen Umständen zu vereiteln. Er stellte sich auf den Standpunkt, er brauche das Pfand nicht herauszugeben; da er Lüdershausen, rund gerechnet, 250 Jahre in Besitz gehabt habe, sei er im Recht, die Fortdauer des herrschenden Zustandes zu verlangen. Aber Rechtsgutachten, die von den Universitäten Tübingen und Ingolstadt eingeholt wurden, fielen gegen Lüneburg aus, so daß 1600 die Übergabe Lüdershausens an Herzog Ernst II. erfolgen konnte. Da Dorothea ihre eigenen Einkünfte für den Rückerwerb verwandt hatte, kam der Ort, der ebenso wie Bütlingen eine eigene Amtsverwaltung erhielt, zu ihrem Wittum.

Nachdem die Herzogin 1617 gestorben war, ließ man das Amt Lüdershausen, das lediglich ein Dorf umfaßte, nicht fortbestehen, sondern vereinigte es mit dem Amt Bütlingen. In dieser Form blieb der Bütlinger Verwaltungsbezirk, zu dem lediglich vier Dörfer gehörten, erhalten, bis er 1794/95 im Amt Scharnebeck aufging. Von 1705 bis 1722 hatte das Amt Bütlingen Herzogin Eleonore, der Witwe Georg Wilhelms, zur Verfügung gestanden.

Wenn das Amt Bütlingen auch keine eigene Kirche besaß, sondern mit allen seinen vier Orten nach St. Dionys (Barum) eingepfarrt war, so erfüllte es doch verwaltungs- und gerichtsmäßig alle Merkmale eines eigenständigen lüneburgischen Amts. Zum Beispiel verfügte der Bütlinger Amtmann über einen Galgen, das heißt, er hatte außer der niederen auch die hohe Gerichtsbarkeit und konnte Todesurteile vollstrecken.

Die Ämter Bleckede, Garze und Dannenberg

Bleckede und Dannenberg zählten zu den Ämtern, die sich um Burgen entwickelt hatten, ohne den Umfang von Celle und Winsen zu erreichen, und sich auf welfische Vogteien zurückführen lassen. Demgegenüber war Garzes (Bleckede) Entwicklung ähnlich wie die Bütlingens verlaufen. Diese beiden Gebiete wurden von den lüneburgischen Herzögen verdienten Beamtenfamilien gegeben und nach deren Aussterben in Ämter umgewandelt. Auch was ihre Kleinheit betrifft, waren Bütlingen und Garze verwandt.

In demselben Jahr (1600), in dem Lüdershausen aus dem Pfandbesitz der Stadt Lüneburg eingelöst wurde, kehrten auch Bleckede und sein Gebiet an das Herzogshaus zurück, wobei ebenfalls Herzogin Dorothea beteiligt war. Sie streckte die zum Rückerwerb notwendige Summe von 17 500 Mark vor. Verzögert wurde die Einlösung dadurch, daß der Lüneburger Rat genauso wie im Falle Lüdershausens Schwierigkeiten machte. Auch mit Bezug auf Bleckede vermochte er auf eine 250jährige Pfandinhaberschaft zu verweisen und die Beibehaltung des Status quo zu verlangen. Auch für Bleckede wurden die Universitäten Tübingen und Ingolstadt um Rat gefragt. Und auch in dieser Frage entschieden die

Schloß Bleckede (Blick auf den Schloßhof): Sitz des Amtes mit seinen vier Unterbezirken.

Rechtsgelehrten gegen die Lüneburger Ansprüche. Am 26. Mai 1600 konnte Ernst II. Bleckede Stadt und Land wieder in Besitz nehmen.

An der Stelle, wo die alte, stark verfallene Burg aus dem 13. Jahrhundert stand, errichtete man noch im selben Jahr einen Fachwerkneubau. Den mächtigen Turm vermochte man zu reparieren, so daß wenigstens eine Erinnerung an den mittelalterlichen Baukörper erhalten blieb.

Noch zur Zeit der Lüneburger Pfandherrschaft (1560) hatte die ehemalige Bleckeder Vogtei die Bezeichnung Amt angenommen. An Unterbezirken gab es zu dieser Zeit vier.

Die Bleckeder Hausvogtei entsprach dem Bezirk des früheren Holzgerichts. Zu ihr zählten die Stadt selbst sowie Alt Garge (Bleckede), außerdem auf dem rechten Elbufer Bobzin, Neu Bleckede, Stiepelse, Sumte, Viehle und Wendischthun.

Die Marschvogtei entsprach dem Marschgericht und umfaßte die Dörfer Brackede, Garlstorf, Radegast und Wendewisch. Das ehemalige Bruchgericht hatte eine besondere Entwicklung durchgemacht und war zu dem selbständigen Amt Garze geworden.

Weiter unterstanden dem Bleckeder Amtmann die Vogteien Barskamp (Bleckede) und Dahlenburg; die Bezeichnung Amtsvogtei war nicht üblich.

Die Vogtei Barskamp setzte sich aus folgenden Orten zusammen: Barskamp, Göddingen (Bleckede), Harmstorf (Dahlem), Katemin (Landkreis Lüchow-Dannenberg), Köstorf (Dahlem), Tosterglope und Walmsburg (Bleckede). Zunächst waren der Barskamper Vogt und der dortige Förster identisch. Erst 1776 wurde die Personalunion aufgehoben. Seit 1817 wohnte der Förster in Schieringen mitten im Barskamper Wald. Neben dem Vogt gab es einen Veestherrn.

Die große Dahlenburger Vogtei erstreckte sich — von Dahlenburg abgesehen — auf 15 Orte: Boitze, Buendorf (Dahlenburg), Dahlem, Dübbekold (Landkreis Lüchow-Dannenberg), Eimstorf (Dahlenburg), Ellringen (Dahlenburg), Kovahl (Nahrendorf), Lemgrabe (Dahlenburg), Mücklingen (Nahrendorf), Nahrendorf, Neetzendorf (Boitze), Oldendorf/Göhrde (Nahrendorf), Pommoißel (Nahrendorf), Seedorf (Boitze) und Ventschau (Tosterglope). Die Verwaltungsarbeit wurde dadurch erleichtert, daß in Boitze, Lemgrabe, Oldendorf (Göhrde) und Süschendorf (Nahrendorf) Veestherren saßen.

Die während des 15. Jahrhunderts erfolgte Zusammenlegung der Dahlenburger Vogtstelle mit der Försterstelle in Bostelwiebeck (Landkreis Uelzen) wurde im 18. Jahrhundert aufgehoben. Der Vogt kehrte nach Dahlenburg zurück, und ein besonderer Förster beaufsichtigte den Wiebeck.

Der Bezirk des Bleckeder Bruchgerichts, der im Unterschied zu den anderen Teilen des Amts Bleckede bloß bis Mitte des 15. Jahrhunderts verpfändet war, befand sich länger als ein Jahrhundert im Besitz des Lüneburger Adelsgeschlechts von dem Berge. Der erste Inhaber war Segeband von dem Berge, der letzte Fritz von dem Berge, der tatkräftige Hauptmann auf Schloß Bleckede in der Anfangsphase des 30jährigen Krieges. 1582 erhielt er die Bruchdörfer und hatte sie bis zu seinem Tode (1623) inne.

Da er keine männlichen Erben hinterließ, bildete das Herzogshaus aus den vier Bruchdörfern Garze, Karze, Rosenthal und Vogelsang (alle Bleckede) das Amt Garze. Auch die Höfe, die Fritz von dem Berge in Ahndorf (Boitze), Gienau (Dahlenburg) und Pommoißel (Nahrendorf) besessen hatte, kamen unter die Amtsverwaltung in Garze. Dieser Teil des Amts hieß die Veestschaft.

Wiederum über hundert Jahre änderte sich an dem Status von Garze nichts, bis das Amt 1742 Bleckede hinzugefügt wurde. Das Guts- und Amtshaus in Garze, die ehemalige Burg, überdauerte dieses Ereignis nur wenige Jahre; dann riß man es ab.

Vor 1742 saßen zwei Beamte in Bleckede. Die Zusammenlegung der Garzer mit der Bleckeder Amtsverwaltung brachte es mit sich, daß ein dritter Beamter auf Schloß Bleckede Dienst tat, bis man sich ab 1773 mit zwei Planstellen begnügte. In den einzelnen Unterbezirken des Amts Bleckede gab es jeweils einen Vogt und weiteres Hilfspersonal.

Die allgemeine Ämterregulierung der Jahre 1794/95 wirkte sich auch auf das Amt Bleckede aus. Mit Lüne, Scharnebeck, Winsen und anderen Ämtern wurden Besitztitel ausgetauscht.

Zum Amt Dannenberg gehörte innerhalb der Grenzen des heutigen Landkreises Lüneburg lediglich Breese (Nahrendorf). In der Zeit von 1569 bis 1671 zählte damit auch das kleine Dorf am Seißelberg zum Fürstentum Dannenberg.

Die Klosterämter Lüne, Scharnebeck, Medingen und Ebstorf

Daß im 16. Jahrhundert Glaubensreformation und Verwaltungsreform zusammentrafen, hatte eine wesentliche Ursache in der Säkularisation der Stifter und Klöster. Im Fürstentum Lüneburg wurden durch die Visitation von 1529 große geistliche Besitzungen dem Staat zugeführt. Die herzogliche Kasse füllte sich. Aus den zahlreichen Stifts- und Klosterdörfern entstanden neue Ämter, die sich von den vorhandenen vor allem dadurch unterschieden, daß sie nicht verpfändet waren.

Die größte mittelalterliche Verwaltungs- und Gerichtseinheit innerhalb der Grenzen des späteren Landkreises Lüneburg war der Go Oldenbrügge, ein Bezirk, in dem vor allem die Kirche Besitz hatte, insbesondere die Klöster St. Michaelis, Lüne und Scharnebeck. Nach Einführung der Reformation wurde aus dem Gros dieser Liegenschaften das Amt Lüne gebildet. Daneben entstand das weitaus kleinere Amt Scharnebeck. Ein Teil des Besitzes von St. Michaelis blieb über die Reformation hinaus ein besonderer Verwaltungs- und Gerichtsbezirk. Wenige Dörfer des heutigen Kreisgebietes kamen an die „Klosterämter" Medingen und Ebstorf, wie man die aus dem säkularisierten Kirchenbesitz geformten neuen Einheiten nannte.

Das Gogericht des alten Gos Oldenbrügge ging an das Amt Lüne über. Es wurde entweder an der bisherigen Stätte, an der Ilmenaubrücke bei der Lüneburger Johanniskirche, oder auf dem Lüner Amtshof, das heißt, innerhalb des Lüner Klosterkomplexes, gehalten. Den Vorsitz führten abwechselnd der Amtmann von Lüne und der Verwalter des eigenständigen, durchaus amtsähnlichen Güterkomplexes des Michaelisklosters. Da allerdings die Kompetenzen der beiden nicht klar bestimmt waren, kam es dauernd zu Streitigkeiten.

Die Dörfer des Amts Lüne waren in zwei Vogteien aufgegliedert. Zur Hausvogtei zählten — außer Lüne —: Adendorf, Betzendorf, Dachtmissen (Reppenstedt), Deutsch Evern, Embsen, Erbstorf (Adendorf), Häcklingen (Lüneburg), Heiligenthal (Südergellersen), Heinsen (Embsen), Hohenbostel (Landkreis Uelzen), Kolkhagen (Barnstedt), Melbeck, Niendorf (Landkreis Uelzen), Oedeme (Lüneburg), Reppenstedt, Rettmer (Lüneburg) und Wendisch Evern.

Die Vogtei Barendorf umfaßte: Barendorf, Bavendorf (Thomasburg), Boltersen (Rullstorf), Breetze (Bleckede), Gifkendorf (Vastorf), Holzen (Reinstorf), Horndorf (Reinstorf), Radenbeck (Thomasburg), Reinstorf, Rohstorf (Vastorf), Thomasburg, Vastorf, Volkstorf (Vastorf), Wendhausen (Reinstorf) und Wulfstorf (Landkreis Uelzen).

Die beiden Beamten, die in Lüne saßen, hatten neben sich zwei Untervögte und vier Veestherren, die Mitte des 16. Jahrhunderts in Rettmer, Barendorf, Holzen und Sülbeck (Reinstorf) ansässig waren. Ein sogenannter Haus- oder reitender Vogt, der auch „Scheunenmann" hieß, trug die Dienstschreiben der Amtsverwaltung auseinander.

Ebenso wie Bütlingen gehörte Lüne in den Jahren 1705 bis 1722 zum Wittum der Herzogin Eleonore. Als die Amtseinnahmen wieder nach Celle flossen, legten die Herzöge die Lüner Kompetenzen genau fest. Am 25. Juli 1744 kam zwischen dem Amt und dem Michaeliskloster ein Vergleich zustande, der am 29. Januar 1745 bestätigt und so rechtskräftig wurde. Danach gehörte die Gerichtsbarkeit in allen Lüner Amtsdörfern östlich der Ilmenau künftig Lüne, während westlich des Flusses St. Michaelis das ehemals gemeinsame Gogericht fortsetzte.

Bei der großen Regulierung der Amtsbezirke von 1794/95 tauschte Lüne unter anderem mit den Ämtern Bleckede, Scharnebeck und Winsen Besitztitel aus.

Nicht anders wie in Lüne zog auch in Scharnebeck nach der Visitation von 1529 eine herzogliche Amtsverwaltung ein. Vorübergehend war das Amt an den Lüneburger Rat verpfändet. Bei der Erbteilung von 1569 fiel es Herzog Heinrich zu, dem Gründer der Dannenberger Linie des Hauses Braunschweig-Lüneburg.

Heinrich baute Kloster Scharnebeck zu einem Schloß aus und wohnte dort mit seiner Gemahlin Ursula, einer Tochter Herzog Franz' von Sachsen-Lauenburg. Diese dynastische Verbindung zahlte sich so aus, daß der Scharnebecker Amtsbezirk, zu dem zunächst außer Scharnebeck selbst nur Rullstorf gehört hatte, schon 1572 durch die Dörfer Bullendorf (Echem) und Echem wuchs. Beide Orte übertrug Franz seinem gleichnamigen Enkel in Scharnebeck als Patengeschenk.

Von 1598 bis 1620 diente Schloß Scharnebeck Herzogin Ursula als Witwensitz. Auch später wurde es noch auf solche Weise verwendet. Anfang des 18. Jahrhunderts zum Beispiel, als das Scharnebecker Klosteramt wieder zu Lüneburg-Celle gehörte (seit 1671), kam Herzogin Eleonore aus dem Lüneburger Schloß oft nach Scharnebeck herüber (1705—1722); zu ihrer Witwenausstattung zählten außerdem die Ämter Lüne und Bütlingen.

Das Klosteramt Medingen (hier das Kloster) ragte in den heutigen Landkreis Lüneburg hinein.

Bei der Ämterregulierung von 1794/95 kam der Bütlinger Amtsbezirk an Scharnebeck. Mit Bleckede, Lüne, Winsen und anderen Ämtern wurden Besitzkorrekturen vorgenommen. Ganz an das Scharnebecker Schloß fielen Süttorf (Neetze) und Boltersen; das erste Dorf hatte bis dahin zum kleineren, das zweite zum größeren Teil zu Lüne gehört. Von der Amtsvogtei Bienenbüttel des Amts Winsen bekam Scharnebeck Neetze.

Während die Amtsverwaltung in Scharnebeck zunächst mit einem Beamten auskam, gab es seit 1727 zwei Stellen. Außerdem war das übliche Hilfspersonal vorhanden.

Die Klosterämter Medingen und Ebstorf ragten wie ihre Vorgänger, die Goe Bevensen und Ebstorf, nur geringfügig in das Gebiet des späteren Landkreises Lüneburg hinein. Zum Amt Medingen rechneten Barnstedt, Glüsingen (Betzendorf) und Grünhagen (Landkreis Uelzen), Dörfer, in denen der Besitz des Lüneburger Michaelisklosters groß war. Bockum (Rehlingen) und Tellmer (Betzendorf) unterstanden der Amtsverwaltung in Ebstorf.

Die Marschzone zwischen Obermarschacht und Barförde (Hittbergen) gehörte einstweilen noch zu Sachsen-Lauenburg und war Bestandteil des Amts Lauenburg. Die rechtselbischen Gemeinden, die später an das Welfenhaus fielen, bildeten das sachsen-lauenburgische Amt Neuhaus.

DER DREISSIGJÄHRIGE KRIEG (1618—1648)

Rüstungen im Niedersächsischen Kreis

Noch die entlegensten Dörfer des Lüneburger Lands fand die enthemmte Soldateska des 30jährigen Krieges. Raub, Brand und Mord behaupteten drei Jahrzehnte lang ihre Schreckensherrschaft. Kein Krieg vorher und nachher verringerte die Bevölkerungszahlen so rapide wie der Hunger, die Seuchen und das Totschlagen in der ersten Hälfte des 17. Jahrhunderts. Niemals wieder erlitt die Landwirtschaft solche Rückschläge, niemals wieder starben so viele Dörfer gänzlich aus und wurden vom Wald überwuchert.

Schon die erste Phase des 30jährigen Ringens, der böhmisch-pfälzische Krieg (1618 bis 1623), wirkte bis in den nordwestdeutschen Raum hinein. Hier im Niedersächsischen Kreis, einem der zehn polizeilichen und militärischen Verwaltungsbezirke des Heiligen Römischen Reiches Deutscher Nation, war man entschlossen, für die bedrohte evangelische Sache mit den Waffen einzustehen.

Kaiser Matthias hielt sich nicht an den Majestätsbrief, den Kaiser Rudolf II. 1609 den evangelischen Ständen Böhmens ausgestellt hatte. Er versuchte das böhmische Kronland zu rekatholisieren. Diese Bemühungen beantworteten die Protestanten am 23. Mai 1618 mit dem Prager Fenstersturz. Slavata, Österreichs Statthalter, Burggraf Martinitz und der Sekretär Fabricius wurden aus dem Hradschin, dem Prager Schloß, in den Burggraben hinabgeworfen.

Der evangelische Adel Böhmens erhob Kurfürst Friedrich V. von der Pfalz, den Führer der Union, der protestantischen Partei im Reich, zum böhmischen König. Aber Friedrichs Herrschaft hatte keinen Bestand. Bereits am 8. November 1620 in der Schlacht am Weißen Berge bei Prag vermochten die kaiserlichen Truppen den „Winterkönig", wie der Pfälzer wegen seiner nur kurzen Regierungsdauer genannt wird, vernichtend zu schlagen.

Anfang 1620 unternahm Herzog Christian von Lüneburg-Celle Rüstungsanstrengungen. Am 20. Januar befahl er Fritz von dem Berge, dem Hauptmann in Bleckede, das Schloß in Verteidigungszustand zu versetzen. Im folgenden Monat rückten etwa 200 Reiter in das Elbestädtchen ein. Die Bleckeder waren froh, als sie ihre Einquartierungen im August endlich wieder loswurden.

Im April wurden 200 Männer aus den Ämtern Bleckede und Garze nach Winsen (Luhe) geschickt, um die Befestigungsanlagen des dortigen Schlosses instandzubringen. Mit Schaufeln, Karren, Pferden und Wagen machten sie sich auf den Weg.

Nach der Schlacht am Weißen Berge hielten es die Fürsten des Niedersächsischen Kreises für unumgänglich, schleunigst ein Heer zu bilden. An die Spitze stellten sie Herzog Georg von Braunschweig-Lüneburg, den jüngsten Bruder Christians und späteren Landesherrn von Calenberg. Während Christian, der das Amt des Kreisobersten innehatte, die Rüstungen unterstützte, verhielt sich Herzog August von Sachsen-Lauenburg, zu dessen Herrschaftsgebiet die Ämter Lauenburg (mit Artlenburg) und Neuhaus gehörten, betont reserviert; er wollte mit dem Krieg nichts zu tun haben.

Herzog Georg von Braunschweig-Lüneburg,
Heerführer im 30jährigen Krieg.

Gleich 1621 geschahen Übergriffe. Christians Soldaten schlugen etwa die Fenster der Brietlinger Kapelle ein, obwohl sie in besonderen Kriegsartikeln ermahnt worden waren, Land und Leute zu schonen.

1623 verstärkte der Niedersächsische Kreis seine Kriegsvorbereitungen. Tilly, der Feldherr der Liga, der katholischen Gegenpartei der protestantischen Union, drang von Süddeutschland nach Norddeutschland vor.

Im Januar wurde Fritz von dem Berge abermals befohlen, Schloß Bleckede verteidigungsbereit zu machen. Wiederum zogen herzogliche Truppen in die Stadt ein. Aber auch andere Kriegsvölker erschienen jetzt im Fürstentum Lüneburg. Im April bekamen die Dörfer Garze, Karze und Vogelsang (alle Bleckede) Einquartierung von mecklenburgischen Truppen, die zum Kreisheer zählten. Auch Brackede, Garlstorf, Radegast und Wendewisch (alle Bleckede) mußten Mecklenburger aufnehmen.

Obwohl befreundet, wüteten diese Truppen wie Feinde. Einem Bauern aus Brackede zum Beispiel wurde einfach das Pferd vom Pflug weggeholt. Sofort wandte sich der Bestohlene an den Bleckeder Schloßhauptmann — und hatte Glück. Aus Lüneburg kriegte er sein Tier zurück.

Nicht besser als die mecklenburgischen führten sich die sonstigen Kreistruppen auf, zum Beispiel die dänischen Kontingente; als Herzog von Holstein gehörte der König von Dänemark zum Niedersächsischen Kreis. Aus zahlreichen Dörfern um Lüneburg wurden im Verlaufe des Jahres 1623 Klagen über die durchziehenden und Quartier nehmenden Kriegsvölker von beiden Seiten der Elbe laut.

Die Frau des Pastors in Nahrendorf büßte zwei goldene Ringe ein. Auch in Dahlenburg, Mücklingen (Nahrendorf) und Oldendorf/Göhrde (Nahrendorf) geschahen derartige Übergriffe. Genauso waren die Kirchspiele Embsen, Lüne, Neetze und Reinstorf betroffen. Ein Bauer in Oerzen (Embsen), Gutsuntertan von Heiligenthal, beklagte den Verlust von zwei Wagenrädern und einem Pferd.

Das große Kriegstheater blieb einstweilen noch fern. Christian, Bischof von Halberstadt und Heerführer im Niedersächsischen Kreis, warf sich Tilly entgegen und wurde am 6. August 1623 bei Stadtlohn (Westfalen) besiegt, eine Schlappe, die in dem ohnehin nur bedingt kriegslustigen Niedersächsischen Kreis allen Mut tilgte. Im Dezember legte Herzog Christian das Amt des Kreisobersten nieder, sein Bruder Georg trat als Oberbefehlshaber zurück. Die Furcht vor Tillys Heer und des Kaisers Zorn gewann die Oberhand, zumal die norddeutschen Fürsten ihre Kassen sich leeren sahen. In Celle hatte man schon fast 270 000 Taler in die Rüstungen gesteckt, dazu waren über 200 000 Taler Schulden — rückständiger Sold — entstanden. Mit der neuen Kriegssteuer, der Kontribution, versuchte der Herzog die finanziellen Probleme zu meistern.

Das Kreisheer lief auseinander. Insbesondere die Mecklenburger benahmen sich beim Rückzug übel. In Brackede, Garlstorf, Radegast und anderen Orten hausten sie. Auf 1900 Taler bezifferte Celle den durch sie angerichteten Schaden und präsentierte dem Herzog von Mecklenburg eine entsprechende Rechnung.

Tilly und Wallenstein überqueren die Elbe

Die evangelische Sache war noch nicht verloren. König Christian IV. von Dänemark nahm sich ihrer an; ehrgeizige politische und hochfliegende religiöse Ziele leiteten ihn. 1625 trat er als Oberst an die Spitze des Niedersächsischen Kreises. Im Juni des Jahres setzte er sich von Itzehoe aus mit 2500 Mann in Richtung auf die Elbe in Bewegung. Damit hatte der zweite Teil des 30jährigen Krieges, der dänisch-niedersächsische Krieg (1625—1629), begonnen.

Schon im April waren fünf dänische Reiter vor dem Bleckeder Schloß erschienen und hatten vom dortigen Hauptmann Quartiere in Brackede und Radegast verlangt. Weitere dänische und deutsche Truppen folgten. Weil Georg von Braunschweig-Lüneburg von der evangelischen zur katholischen Partei übergetreten war und jetzt dem Kaiser als Heerführer diente, mußte die Bevölkerung der welfischen Fürstentümer zusätzliche Schikanen ertragen.

Schlimm führten sich die Soldaten des Grafen Ernst von Mansfeld auf, eines ob seiner Härte gefürchteten Haudegens der Union. Als einer seiner Obersten in Lüne Quartier nahm, räumten die Stiftsdamen das Kloster und suchten in Lüneburg Zuflucht. Hinter den Mauern der Stadt waren sie vor den durchziehenden Soldatenhaufen sicher. Der innere Feind freilich, die Pest, ließ sich nicht abhalten. Von 1625 bis 1627 wütete die gräßliche Seuche in Lüneburg.

Auf Gut Barnstedt und in Bardowick richteten die Truppen Mansfelds ebenso viel Schaden an wie in Artlenburg und Lüdersburg. Im folgenden Jahr, 1626, führten sie sich nicht feiner auf. Nun drangen sie zum Beispiel in die Kirche und das Pfarrhaus von Kirchgellersen ein. Die Dänen wurden den Bardowickern bei Einquartierungen im Januar und im Februar sowie bei Truppendurchzügen im April und im Juli lästig.

Noch mehr zu klagen hatte die ländliche Bevölkerung, als die Dänen nach ihrer Niederlage bei Lutter am Barenberg (27. August 1626) ins Lüneburgische zurückströmten. Mitte September raubten sie in Bardowick Pferde und Ochsen, Ende des Monats legten sie dort Feuer. Außer mehreren Bürgerhäusern brannten die Häuser des Domküsters und des zweiten Predigers, zwei Häuser von Stiftsherren sowie zahlreiche Nebengebäude ab. In den folgenden Jahren wurden auch die Häuser des Bardowicker Superintendenten und der meisten übrigen Kirchenbedienten und Stiftsherren ein Fraß der Flammen. An der Orgel im Dom entstand ein Schaden von 400 Talern.

Zweimal kamen die Dänen im Herbst 1626 nach Gut Barnstedt und plünderten dort. In Brietlingen, Lüdershausen (Brietlingen) und anderen Dörfern herrschte Hungersnot.

In Bleckede lagen dänische Truppen in Quartier, bis sie Ende Oktober die Stadt preisgaben und sich über eine Schiffsbrücke auf das nördliche Elbufer zurückziehen mußten. Kaiserliche Truppen unter dem Oberbefehl Herzog Georgs waren angerückt und brachten den Ort in ihre Hand. Für die Besatzung mußte Herzog Christian, der inzwischen einen neutralen Kurs zu steuern versuchte, monatlich fast 900 Taler aufwenden.

Das Jahr 1627 brach an, das bewegte Jahr, in dem die beiden bedeutendsten kaiserlichen Heerführer, Tilly und Wallenstein, ins Lüneburger Land kamen. Bevor sie eintrafen, war die Lage dadurch gekennzeichnet, daß die Dänen von Lauenburg und Mecklenburg aus in die bereits von den Kaiserlichen besetzten Gebiete südlich der Elbe Streifzüge unternahmen.

Am 19. Mai schlugen sie bei Boizenburg eine Schiffsbrücke über den Strom und erschienen vor Bleckede. Auf 6000 Mann und mehrere Geschütze schwoll ihre Streitmacht

Rechts: Bleckede war während des 30jährigen Krieges immer wieder hart umkämpft. Stilisierte Ansicht von einem Gefecht Anno 1627.

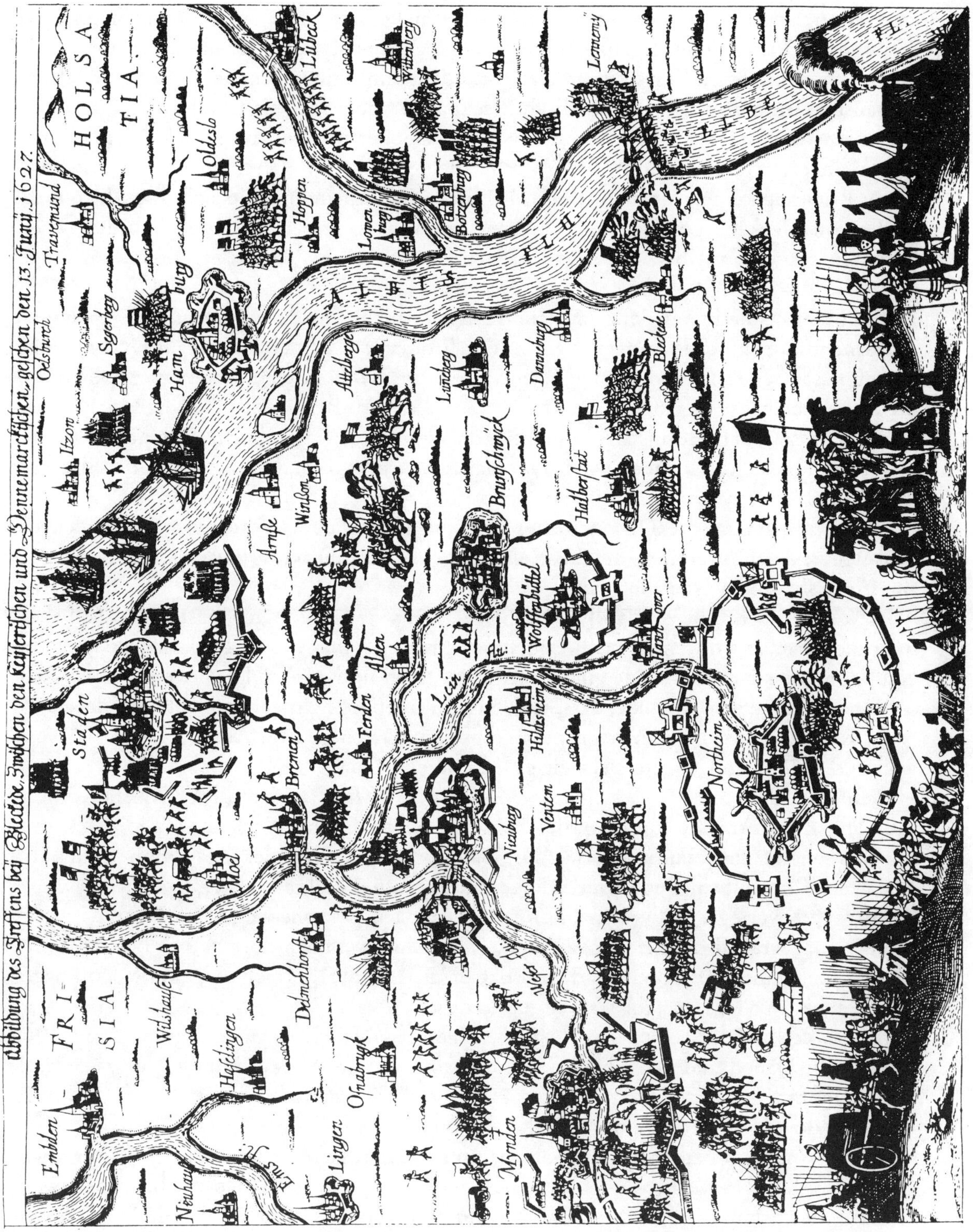

Abbildung des Treffens bey Bleckede, zwischen den Kayserischen und Dennemarckischen, geschehen den 13. Junij 1627.
HOLSA TIA
FRI SIA
ALBIS FL.
ELBE FL.
Embden
Lingen
Bremen
Staden
Ham burg
Lübeck
Braunschwijck
Wolffenbüttel
Halberstat
Northeim
Bleckede
Luneburg
Hildesheim
Ferden
Nieuburg

an. Dennoch vermochte sich die schwache kaiserliche Besatzung unter Hauptmann Albanus von Brandenstein eine ganze Woche zu behaupten. Um zu verhindern, daß sich die Dänen in Schloßnähe festsetzten, ließ Brandenstein einen Teil der Stadt einäschern. Genauso verfuhr er mit Neu Wendisch Bleckede auf dem rechten Elbufer.

Die Rettung brachten Truppen, die Herzog Georg zum Entsatz schickte. Sie erschienen so unvermittelt auf dem Schauplatz der Belagerung, daß den Dänen zu einem geordneten Rückzug keine Zeit mehr blieb. In wilder Flucht suchten sie sich über die auf der Höhe von Bleckede geschlagene Schiffsbrücke auf das andere Elbufer abzusetzen. 200 Soldaten ertranken dabei, 800 wurden getötet; fast wäre auch König Christian umgekommen.

In Zusammenhang mit dem dänischen Angriff auf Bleckede standen mehrere kleinere Unternehmungen gegen andere Orte in der Elbmarsch. Lüdershausen, als Neetzeübergang von strategischer Bedeutung, vermochten die Dänen rasch einzunehmen; bevor sich die Kaiserlichen zurückzogen, steckten sie das Dorf an. Barförde (Hittbergen), Hittbergen und Sassendorf (Hohnstorf) zündeten die dänischen Truppen an, Artlenburg eroberten sie und hielten es genauso wie Lüdershausen besetzt. Um dieselbe Zeit ging Stiepelse jenseits der Elbe in Flammen auf.

Mitte Juni legten die Dänen, unter Leitung eines Feuerwerkers, in Bardowick ein Großfeuer. Auch Adendorf, Brackede (Bleckede) und St. Dionys (Barum) brandschatzten sie. Lüdershausen wurde abermals angesteckt.

Inzwischen nahte bereits Tilly. Die Stiftsdamen von Medingen bestiegen ein Schiff, über die Ilmenau wollten sie nach Lüneburg flüchten. Aber bei Melbeck wurde ihr Fahrzeug von einer Kroatenhorde eingeholt, angehalten und geplündert. Andere kaiserliche Truppen überfielen Barnstedt, das Dorf, das in Lüneburgs Umgebung während des 30jährigen Krieges zu den am meisten heimgesuchten Orten zählte. Auch im Juli 1627 und während des folgenden Jahres erhielt es ungebetene Gäste.

Mehrmals drangen Tillys Soldaten Mitte 1627 in die Dahlenburger Kirche ein und plünderten sie. Am 11. Juni kam der Feldherr selbst in dem Flecken an und nahm dort vorübergehend sein Hauptquartier. Die Bevölkerung war großenteils hinter Lüneburgs Mauern geflohen. Stinkende Tierkadaver umsäumten die Fluchtwege.

Mitte Juli verlegte Tilly sein Hauptquartier nach Scharnebeck. Das Heer — 20 000 Mann — lagerte auf der Brietlinger Heide. Beim Marsch nach dort hatten beispielsweise die Dörfer Heinsen (Embsen) und Kolkhagen (Barnstedt) ihr Vieh eingebüßt; Kolkhagen wurde auch im nächsten Jahr wieder geplündert.

Erst Ende Juli 1627 setzte sich die große Heereslawine wieder in Bewegung. Am 27. Juli mußten die Dänen Lüdershausen aufgeben. Damit war der Weg durch die Neetze-Sümpfe frei. Tilly brachte Artlenburg in seine Hand und überquerte die Elbe auf zwei Schiffsbrücken, die er bei Bleckede und Brackede schlagen ließ.

Schnell waren Boizenburg, Lauenburg und Neuhaus eingenommen. Die Tilly-Eiche beim Forsthaus Haveckenburg nordöstlich von Tripkau erinnerte noch lange an den Feldzug des Sommers 1627. In einem Wald bei Neuhaus erhielt sich die Bezeichnung

Tilly — Feldherr der Liga.

„Dänenlager". Bei Rosien entdeckte man später einen Vorrat an steinernen Kanonenkugeln. In Artlenburg hatte Tilly ein Lazarett eingerichtet, das die Lüneburger mit Lebensmitteln versorgen mußten.

Kurz nach Tilly erschien Wallenstein im Lüneburgischen. Auch sein Heer hinterließ, wo es zog, ausgeplünderte Dörfer, Tote, Feuersäulen. Embsen, Kolkhagen und Melbeck zum Beispiel wurden heimgesucht. Bereits im August zog Wallenstein in den Darzing ein, um zusammen mit Tilly nach Holstein, Schleswig und Jütland hinaufzumarschieren.

Während des Jahres 1628 litt das Lüneburger Land fortgesetzt unter den Durchzügen kaiserlicher Truppen. Der Amtsvogt in Amelinghausen mußte einen spanischen Offizier und dessen Soldaten versorgen. In Barum wurde die Mühle zerstört. Embsen erlebte abermals Plünderungen, Melbeck erging es nicht besser.

Wallenstein — Feldherr des Kaisers.

Nachdem Tilly und Wallenstein am 12. Mai 1629 den Lübecker Frieden mit Dänemark abgeschlossen hatten, fluteten die Heere der Liga und des Kaisers zurück. Wieder wählten sie den Weg durchs Lüneburgische.

Bleckede wurde angezündet. Ein Kontingent Wallensteinscher Truppen blieb in der Stadt als Besatzung zurück. Besonders schwer hatte Bardowick zu leiden. Lüneburg dagegen blieb nach wie vor ungeschoren. Der Rat gestattete höchstens die Durchfahrt von Bagage, wenn es sich als unmöglich erwies, übervolle Wagen und schwere Geschütze um die Stadt herumzuleiten.

Aus der Amelinghäuser Kirche raubten die durchziehenden Soldaten einen silbernen Kelch; vorher schon waren die Orgelpfeifen entwendet worden. Auch die Dahlenburger

Kirche wurde erneut geplündert. Das Amt Lüne war verpflichtet, nach Bleckede und Melbeck Lebensmittellieferungen zu senden.

Unter Hinweis auf die von ihm beobachtete Neutralität suchte Herzog Christian bei den Lübecker Friedensverhandlungen Entschädigungen einzuhandeln. Aber er ging leer aus, so daß seine Finanzlage immer katastrophaler wurde. Das Fürstentum ließ sich nicht weiter auspressen. Überall war die Armut eingezogen. Der Bauer Dietrich Kruse in Wendisch Evern zum Beispiel hatte um diese Zeit bereits einen Schaden von über 350 Talern erlitten; und ähnlich wie ihm war es in hundert anderen Dörfern Hunderten anderer Bauern ergangen.

Die Schweden sind da

Noch immer ließ sich keine Ende absehen. Nachdem Dänemark von der Bühne des blutigen Kriegstheaters verdrängt worden war, erschien ein neuer Akteur: König Gustav II. Adolf von Schweden. Am 4. Juli 1630 landete er mit einer Streitmacht von 13 000 Mann auf der Insel Usedom im Oderdelta. Der 30jährige Krieg war in seine dritte Phase eingetreten, in den schwedischen Krieg (1630—1635).

Georg von Braunschweig-Lüneburg nahm den abermaligen Umschwung der Dinge zum Anlaß, erneut die Partei zu wechseln. Er quittierte den kaiserlichen Dienst und ging ins schwedische Heer. Darüber hinaus bearbeitete er seinen Bruder, mit Gustav Adolf ein Bündnis zu schließen. Nur widerwillig ließ sich Christian dazu herbei. Maßgeblich für seinen Schritt war der Sieg, den der König am 17. September 1631 bei Breitenfeld in der Nähe von Leipzig erfocht.

Mit Schwedens Eingreifen änderte sich die nordwestdeutsche Szenerie. Mecklenburg begann im Darzing Truppen für das schwedische Heer anzuwerben. Herzog Franz Karl von Sachsen-Lauenburg, der Bruder des regierenden Herzogs, trat wie Georg als Oberst unter Schwedens Fahnen und begann ebenfalls mit Truppenwerbungen.

Von den Schweden selbst war einstweilen noch nichts zu sehen. Vorerst dauerte im Fürstentum Lüneburg die Besetzung durch kaiserliche Truppen an. In der Amelinghäuser Kirche wurde 1630 wiederum Schaden angerichtet. Durchziehende Soldaten zerschlugen die Fenster und den Taufstein. Selbst die Kirchenbücher hießen sie mitgehen, offenbar hofften sie auf günstige Verkaufsgelegenheiten.

Im Oktober 1631 legten die Kaiserlichen in Bardowick Feuer. In Echem wurde der Pastor derartig mißhandelt, daß er verstarb. Bei Einquartierungen in Lüneburgs unmittelbarer Umgebung litten insbesondere die Dörfer Melbeck und Reppenstedt; auch in Einemhof (Kirchgellersen) entstand Schaden. Die Barumer Mühle wurde zum zweitenmal beschädigt. Die Mühle in Oldendorf (Luhe) mußte als Quartier dienen.

Im September 1631 erschienen erstmals die Schweden auf dem lüneburgischen Schauplatz. Am 19. des Monats gingen sie bei Lauenburg über die Elbe, nachdem sie vorher schon die Kaiserlichen aus Neuhaus vertrieben hatten. Lüdershausen wurde besetzt und nach Kräften befestigt. Auch Artlenburg fiel in schwedische Hand, Bleckede nur vorübergehend.

Erst im Frühling 1632 räumten die Kaiserlichen den Elbehafen für dauernd. Bevor sie verschwanden, verwüsteten sie das Schloß. Die nachrückenden Schweden fanden weder Fenster und Türen noch Tische und Bänke vor. So mußten der Fähnrich und die 30 Soldaten, die Bleckede zu besetzen hatten, in der Stadt einquartiert werden.

Im Januar bereits war der schwedische Feldmarschall Tott ins Fürstentum gekommen. Mit sechs Kutschen und hundert Pferden hielt er in Lüneburg Einzug, das sich bisher mit Erfolg gegen die Truppendurchmärsche gesperrt hatte. Seine Soldaten (6000 Mann) wurden in der Umgebung der Stadt untergebracht. Insbesondere Bardowick hatte wiederum schwer zu leiden. Das Amt Lüne berechnete den Schaden, den Totts Armee verursachte, auf rund 5000 Taler.

Zu den Einquartierungen kamen die lästigen Kriegsfuhren. Dabei büßte ein Bauer aus Horndorf (Reinstorf), der nach Stade kutschieren mußte, zwei Pferde ein, ein anderer aus Rettmer (Lüneburg) eins. Ein Landwirt aus Kolkhagen (Barnstedt) mußte drei Offiziere nach Stelle bei Winsen (Luhe) bringen.

Das ganze Jahr über dauerten die Truppendurchzüge an. Marsch und Geest blieb nichts erspart. Es war geradezu eine Ausnahme, wenn die vielen Greuel einen Richter fanden — so, wie es im Mai in Bardowick geschah. Zwei Soldaten wurden dort enthauptet, weil sie ein Mädchen vergewaltigt hatten.

Auch die Truppen unter dem Kommando Franz Karls von Sachsen-Lauenburg kamen ins Fürstentum Lüneburg. Beim Anmarsch hausten sie in Bleckede und Umgebung. Mitte 1632 lagen sie acht Wochen lang in Bardowick, Ochtmissen (Lüneburg), Reppenstedt und anderen Dörfern in Quartier. Niemand getraute sich zu dieser Zeit, von Norden her nach Lüneburg zu reisen.

Gustav Adolfs Tod in der Schlacht bei Lützen am 16. November 1632 brachte die große Wende des schwedischen Krieges und für das Lüneburger Land speziell eine vorübergehende Beruhigung. Die Jahre 1633 und 1634 verliefen vergleichsweise friedlich. Gleichwohl hatten Barendorf, Holzen (Reinstorf), Melbeck, Reinstorf und Wendhausen (Reinstorf) Grund zur Klage. In Darchau (Landkreis Lüchow-Dannenberg) legten die Schweden die Fähre still; alle greifbaren Schiffe zogen sie in Dömitz zusammen.

Bei Nördlingen brachte der kaiserliche Feldherr Gallas den Schweden und den deutschen Protestanten eine schwere Niederlage bei (6. September 1634). Die Folge war, daß die Allianz der evangelischen Mächte auseinanderbrach. Kursachsen schloß mit dem Kaiser den Prager Frieden (30. Mai 1635). Mehrere Mitglieder der Union traten bei, darunter auch Herzog August von Lüneburg-Celle, der 1633 seinen Bruder Christian in der Regierung abgelöst hatte. Zugleich verließ Herzog Georg das schwedische Heer. Er verstand es stets, im entscheidenden Augenblick die am wenigsten bedrohte Partei zu wählen.

Allenthalben regte sich die Hoffnung auf endgültigen Frieden. Seit 1632 hatte Celle zusätzliche Buß-, Bet- und Fasttage eingeführt, an denen in jeder Kirche des ausgeplünderten Landes die Menschen zusammenströmten und um ein gnädiges, friedestiftendes Eingreifen des Himmels flehten. Dazu mußte nach jedem sonntäglichen Gottesdienst die Betglocke geschlagen werden, und Pastor und Gemeinde knieten nieder. Auch wo noch Schulen in Betrieb waren, beugten Lehrer und Schüler die Knie. Dennoch — der Krieg ging weiter.

386 Andern Theils VI Capitel/

durch das Wasser das Bollwerck weggerissen ; in Vor-Pommern das Städtlein Bard halb / und die Daßower-Brücke in Mecklenburg gantz darauff gegangen. Den 26 Februarii, als es mit gleicher Hefftigkeit aus dem Süde-Westen gestürmet / ist sonderlich zu Hamburg und Glückstadt grosse Noth gewesen. Wie es nun sonst heisset: Aquæ multæ, populi multi: Viele Wasser bedeuten viele Völcker; so ist solches zu dieser Zeit auch hier in Nieder-Sachsen wahr geworden / indem bald darauff das Land mit so vielen mächtigen Krieges-Heeren als mit einer Fluth überschwemmet/und mehrentheils jämmerlich verwüstet. Unser Bardewick hat das Seinige auch davon erfahren / darum wir nicht umhin können/ die vornehmsten Durchzüge / und die verursacheten Brand- und andere Schaden zu bemercken.

Aus Christian Schlöpkes „Chronicon“: „Viele Wasser bedeuten viele Völcker…“

Viele Wasser — viele Völker

Mit starkem Sturm und hoher Flut an Nord- und Ostsee begann das Jahr 1625, was Christian Schlöpke, den Chronisten von Bardowick, zu folgender Betrachtung inspirierte: „Wie es nun sonst heißet: *Aquae multae, populi multi*: Viele Wasser bedeuten viele Völcker; so ist solches zu dieser Zeit auch hier in Nieder-Sachsen wahr geworden, indem bald darauff das Land mit so vielen mächtigen Krieges-Heeren als mit einer Fluth überschwemmet und mehrentheils jämmerlich verwüstet.“ Die vielen Wasser von Anfang 1625 brachten viele Völker für ein Vierteljahrhundert.

Als Schweden seine deutschen Bundesgenossen verlor, fand es an Frankreich einen neuen Halt. Schon 1631 schloß Kardinal Richelieu mit Gustav Adolf ein Bündnis ab, aufgrund dessen Schweden während der folgenden Jahre Hilfsgelder aus Paris bezog. Seit Herbst 1635 war Frankreich direkt auf dem mitteleuropäischen Kampffeld vertreten.

Das erste Jahr des schwedisch-französischen Kriegs (1635—1648) brachte dem Fürstentum Lüneburg den Durchmarsch des schwedischen Feldmarschalls Banér. Vom 11. bis zum 13. Oktober hatte er in Bardowick sein Hauptquartier. Von dort marschierte er nach Artlenburg und überquerte die Elbe. Da er von kursächsischen Truppen verfolgt wurde, ließ er alle Schiffe zerstören, derer er habhaft werden konnte.

Was das Plündern anbelangt, so standen die kursächsischen Truppen den schwedischen in nichts nach. Das konnten die Dahlenburger ebenso bestätigen wie die Leute in Amelinghausen und Umgebung. Früher im Jahr bereits hatten die Bewohner von Holzen (Reinstorf), Neetze, Süttorf (Neetze), Thomasburg und Radenbeck (Thomasburg) den Herzog gebeten, er möge ihnen die Steuern erlassen. Aber die Bitte war abgelehnt worden.

Als im Frühling 1636 einer der Offiziere Herzog Georgs, der inzwischen wieder auf kaiserlicher Seite operierte, sein Hauptquartier von Garlstorf (Landkreis Harburg) nach Heiligenthal (Südergellersen) verlegen wollte, mußte er seinen Plan umstoßen, weil es hier weder Menschen noch Vorräte gab. Um dieselbe Zeit war Lüneburg in der Lage, dem schwedischen Feldherrn Lesle 20 000 Pfund Brot sowie 225 Taler Bargeld nach Soltau zu liefern.

Im August des Jahres rückten Banér und Lesle, der eine von Süden und der andere von Norden, gegen Lüneburg vor. Aufgeregt berichtete am Morgen des 12. Augusts der Lüneburger Sülfmeister Töbing seinen Mitbürgern, er habe beobachtet, wie Reiter und Munitionswagen bei Schnellenberg (Lüneburg) den Hasenburger Bach durchquert hätten. Dies waren die Truppen Banérs, die bald von der Hasenburg her vor dem Sülztor der Stadt anlangten. Lesle marschierte über Wienebüttel vor das Bardowicker Tor. Die gesamte schwedische Streitmacht belief sich auf 11 000 Infanteristen, 10 000 Kavalleristen, 63 Geschütze und 4800 Troßwagen: eine so erdrückende Ansammlung, daß Lüneburg am 14. August die Tore öffnete und sich den Schweden ergab. Eine Plünderung vermochte der Rat durch Geld abzuwenden.

Der Weg Banérs war — außer über Amelinghausen, Embsen, Kolkhagen (Barnstedt) und Melbeck — über Gut Barnstedt verlaufen. Viermal überfielen schwedische Truppen im August die einsame Siedlung. Sie zerstörten die Mühle und leiteten die Fischteiche ab. Noch andere Schikanen erdachten sie. Otto von Estorff, der Barnstedter Gutsherr, schreibt in einem Bericht, in dem er sich mit den in der Zeit von 1635 bis 1637 angerichteten Schäden befaßt: „Alles Korn, so aufm Felde und alles Gras in den Wischen haben sie (die Schweden) ebenmäßig verfuttert, zertreten und zerpeddet, also daß man nicht gewußt, woher man künftig das nötigste Brotkorn oder auch das Futter vor das wenige überbliebene Viehe nehmen sollen... Alle Kessel, Grapen, Vatte (Schüsseln), Teller, allen kupfern, messing, zinnern und eisern Hausgerät haben sie weggeraubt. Alles hölzern Hausgerät und *instrumenta rustica* (landwirtschaftliches Gerät) haben sie teils verbrannt, teils mitgenommen, daß auch kein Käsenapf übergeblieben; nur ein hölzern Löffel ist allein in der Küche gefunden worden." Und trotzdem entdeckten auch noch die Truppen, die 1639 und 1644 in Barnstedt lagen, etwas zum Mitnehmen; vor allem Vieh wuchs Jahr für Jahr nach.

Die von Banér und Lesle, die schon im Oktober 1636 wieder abzogen, in Lüneburg zurückgelassene Besatzung mußte 1637 weichen. Drei Heeressäulen marschierten auf Lüneburg zu: Kursachsen, Brandenburger — ebenfalls inzwischen auf die kaiserliche Seite übergeschwenkt — und die Truppen Georgs von Braunschweig-Lüneburg. Insbesondere die Sachsen erwiesen sich als Landplage. Das Amt Bleckede, vor allem Dahlenburg, hatte unter ihnen zu leiden.

Der General der Brandenburger richtete in Bardowick sein Hauptquartier ein, Herzog Georg in Lüne. Wer würde das Rennen machen? Am 3. September begaben sich der Lüneburger Buchdrucker Hans Stern und andere Bürger nach Lüne hinaus und baten

Signet des Buchdruckers Hans Stern aus dem Jahre 1614.

Georg, die Stadt zu besetzen. Daraufhin zogen die Schweden über Artlenburg ab. Auch die Brandenburger und die Kursachsen entfernten sich. Neuhaus war bereits 1636 wieder in die Hand kaiserlicher Truppen gekommen.

Bevor das Jahr 1638 neue Kriegsvölker heranführte, zog das Amt Lüne Bilanz. 1635 hatte es im Bereich des Amts immerhin noch 96 Pferde gegeben, 1637 war die Zahl auf 12 gesunken. Die entsprechenden Ziffern für Rinder waren 1136 (418), für Schweine 601 (82) und für Schafe 3203 (684). Die Bauern in Brockwinkel (Reppenstedt), Häcklingen (Lüneburg), Oedeme (Lüneburg), Wendisch Evern und Willerding (Wendisch Evern) besaßen so gut wie gar kein Vieh mehr. In Bavendorf (Thomasburg) standen noch drei Rinder. Die Einwohner von Dachtmissen (Reppenstedt), Deutsch Evern, Melbeck, Radenbeck (Thomasburg), Reppenstedt und Wennekath (Thomasburg) waren etwas besser dran. Der Müller in Wiecheln (Thomasburg) hatte allein acht Ochsen, zwei Kühe, zehn Schweine und 20 Schafe eingebüßt.

Die Bewohner von Bavendorf, Radenbeck und Wendhausen (Reinstorf) befanden sich Mitte 1637 überhaupt nicht in ihren Dörfern; sie hatten sich in Wald und Moor mit ihrem Vieh und ihrer wichtigsten Habe verborgen, um nicht nochmals ausgeplündert zu werden. Viele Dorfgemeinschaften hielten es während des gräßlichen 30jährigen Räuberns und Mordens so.

Im April 1638 passierte ein kaiserliches Heer unter Großherzog Matthias von Toskana auf dem Weg von Mecklenburg nach Bremen Lüneburgs Umgebung. Im Juni marschierte es zurück. In Bardowick überquerte es die Ilmenau. Dahlenburg wurde geplündert. Im Herbst schoben sich die Truppen Banérs aus Mecklenburg an die Elbe heran. Von Lauenburg aus wurden Plünderungszüge in die Landstriche südlich des Flusses unternommen, so Anfang Oktober einer nach Neetze.

Im Januar 1639 überschritt die gesamte schwedische Streitmacht bei Lauenburg die Elbe und marschierte südwärts durch das Lüneburgische. Aus folgenden Orten liegen Schadensmeldungen vor: Barendorf, Bavendorf (Thomasburg), Boltersen (Rullstorf), Deutsch Evern, Gifkendorf (Vastorf), Holzen (Reinstorf), Horndorf (Reinstorf), Radenbeck (Thomasburg), Reinstorf, Rohstorf (Vastorf), Sülbeck (Reinstorf), Thomasburg, Volkstorf (Vastorf), Wendhausen (Reinstorf), Wendisch Evern, Wennekath (Thomasburg) und Wiecheln (Thomasburg). In Thomasburg wurde die Mühle zerstört, in Wiecheln teilweise. Auch Dahlenburg hatte 1639 wieder zu leiden.

Ende Juni gab Banér der in Bleckede stationierten schwedischen Besatzung den Befehl, alle mit Konsumgütern elbaufwärts fahrenden Schiffe zur Umkehr zu zwingen: „Sonsten wollt ihr auch auff den Elbstrohm gute acht haben, damit dem feinde nichts zugeführt werde, Jnsonderheit aber auff die in Dömitz liegende feindliche Garnison ebenfalls ein wachendes auge haben. . .“ Herzog Friedrich von Lüneburg-Celle, der Nachfolger Augusts, wandte sich vergebens an den im Bleckeder Schloß einquartierten Major. Die Sperre wurde befehlsgemäß verwirklicht.

Die Bauern entlang der Elbe sahen in diesen Jahren besorgt nach den Deichen, die vollständig vernachlässigt waren. Im Februar 1638 zum Beispiel machte der Amtsschreiber in Neuhaus den Lauenburger Herzog auf den schlechten Zustand der Elbdeiche aufmerksam. Noch im Februar 1643 mußte der Schulze von Stapel dieselben Klagen vortragen.

Außerdem fehlte es allenthalben an Schiffen. Typisch für die Situation am Elbdeich ist folgende Geschichte: 1642 fuhren Soldaten mit einem Kahn von Hitzacker elbabwärts. Während sie in Darchau (Landkreis Lüchow-Dannenberg) an Land waren, wurde ihnen ihr Fahrzeug von dortigen Bauern entwendet, wobei diese sich darauf berufen konnten, daß ihnen kürzlich ein Kahn gestohlen worden war und sie bereits 1634 ihre Fährschiffe eingebüßt hatten. Die Bauern freuten sich zu früh, die Soldaten fanden den Kahn in seinem Versteck, setzten wieder die Segel und fuhren nach Bleckede weiter.

Nicht minder typisch für die Zeit ist eine Geschichte aus Neuhaus und Viehle: Dem Schulzen von Viehle wurden in der Nacht von 25. zum 26. Februar 1641 aus dem Stall zwei Pferde gestohlen. Sofort beschwerte sich der Geschädigte beim Bleckeder Kommandanten. Nachprüfungen bei der in Neuhaus liegenden Besatzung erbrachten als Ergebnis, daß sich in der fraglichen Nacht angeblich kein Soldat außerhalb des Schlosses befunden hatte. Erst nachdem der Fall dem schwedischen Gouverneur in Wismar vorgetragen worden war, fand man den Schuldigen. Der Soldat Zühle aus Neuhaus hatte die Pferde gestohlen und verkauft. Dem Schulzen in Viehle wurde Ersatz geleistet, aber eins der Pferde, die man ihm gab, lahmte, und das andere hatte andere Fehler.

Insgesamt wurde auch das Jahr 1641 wieder ein Jahr der Durchzüge. Vom 24. bis zum 27. Juni war in Bardowick die Leiche Banérs aufgebahrt. Auf dem Rückweg von seiner Regensburger Eskapade — der Feldherr hatte im Winter 1640/41 kurzerhand den in Regensburg tagenden Reichstag gefangennehmen wollen — war er in Halberstadt verstorben. Von Bardowick bewegte sich der Leichenzug weiter nach Boizenburg, überquerte dort die Elbe und strebte Stralsund zu.

Verschiedene schwedische Abteilungen machten Mitte 1641 das Lüneburger Land unsicher. In der Bleckeder Gegend schwirrten sie umher. In Dahlenburg steckten sie mehrere Häuser an. Die Bardowicker Stiftsherren befürchteten schon, eine abermalige Belagerung Lüneburgs stehe bevor, und flohen auf Schiffen ilmenauabwärts in Richtung Hamburg. Das letzte Schiff wurde von einem Trupp Reiter bei Oldershausen (Landkreis Harburg) eingeholt und um 300 Taler beraubt.

Im November ließ sich erstmals Banérs Nachfolger, Feldmarschall Torstensson, im Lüneburgischen sehen. Bei Lauenburg überschritt er die Elbe und nahm in Bleckede Quartier. Dann zog er weiter auf Medingen zu. Außer Bleckede hatten Göddingen und Alt Wendischthun (beide Bleckede) unter Einquartierungen zu leiden. Einige Wochen vorher war in Vogelsang (Bleckede) ein schwedischer Trompeter von Bauern erschossen worden.

Die Truppendurchmärsche dauerten auch während des Jahres 1642 an. Im Februar und im März lagen vier schwedische Regimenter im Amt Bleckede in Quartier. Wieder wurde gebrandschatzt und gestohlen. Betroffen waren Ahndorf (Boitze), Alt Garge (Bleckede), Alt Wendischthun (Bleckede), Bargmoor (Dahlenburg), Boitze, Dahlem, Eichdorf (Nahrendorf), Ellringen (Dahlenburg), Leestahl (Dahlenburg), Lemgrabe (Dahlenburg), Moislingen (Nahrendorf), Nahrendorf, Neestahl (Nahrendorf), Neetzendorf (Boitze), Nindorf (Bleckede), Oldendorf/Göhrde (Nahrendorf), Pommoißel (Nahrendorf), Quickborn (Dahlenburg), Seedorf (Boitze), Sommerbeck (Dahlenburg), Süschendorf (Nahrendorf), Ventschau (Tosterglope), Viehle (rechtselbisch) und Vindorf (Boitze). In Moislingen wurde die Mühle zerstört. Mehrere der anderen Orte sanken völlig in Schutt und Asche. Im April und im Mai zogen andere schwedische Truppen durch. Diesmal kamen die Klagen aus Barskamp (Bleckede), Bruchdorf (Bleckede), Göddingen (Bleckede), Harms-

„Die Plünderung auf einem Bauernhof" — so nannte Jacque Callot diesen Kupferstich (Ausschnitt).

torf (Dahlem), Köstorf (Dahlem), Reeßeln (Bleckede), Tosterglope und Walmsburg (Bleckede).

Die Jahre 1643 und 1644 brachten wiederum große Truppenbewegungen, die denen der Jahre 1627 und 1629 vergleichbar waren. Zweimal wälzten sich zwei Heere durch das Lüneburgische, erst in nördlicher Richtung, dann zurück in Richtung Süd.

Anfang 1643 beschwerte sich Herzog Friedrich beim schwedischen Gouverneur in Wismar, daß die rechtselbischen Orte des Amts Bleckede ständig Einquartierungen hätten. Wie immer hatte die Beschwerde keinerlei Wirkung. Mitte des Jahres weilte Johann Oxenstierna, der Sohn des schwedischen Reichskanzlers, kurz in Bleckede; das vollkommen ausgepowerte Amt hatte Mühe, die Bewirtungskosten aufzubringen.

Das große Kriegstheater rückte im August näher. Schweden und Dänemark hatten sich zerstritten. Torstensson marschierte von Sachsen nach Holstein, um die Dänen zu schlagen und nach Jütland zurückzudrängen. Und hinter ihm marschierte Gallas, der kaiserliche Feldherr.

Beide Heere berührten das Lüneburgische. Die Orte Barskamp, Bleckede, Bruchdorf, Göddingen, Harmstorf, Katemin, Köstorf, Reeßeln, Tosterglope und Walmsburg hatten unmittelbar nacheinander schwedische und kaiserliche Einquartierung.

Sobald Torstensson die dänische Gefahr zurückgewiesen hatte, wendete er, was wiederum Gallas veranlaßte, seinerseits zum Rückmarsch blasen zu lassen. In umgekehrter Reihenfolge bewegten sich die beiden Heere Mitte 1644 wiederum durchs Lüneburgische.

Bereits am 10. Juli schrieb der Boizenburger Kommandant nach Bleckede, daß Gallas mit einigen Regimentern das Bleckeder Amt passieren werde. Das Amt Lüne erhielt den

Auftrag, sich an der Verproviantierung der erwarteten Truppen zu beteiligen. Die Bauern von Boltersen (Rullstorf), Breitenstein (Reinstorf), Holzen (Reinstorf), Reinstorf und Rohstorf (Vastorf) mußten Lebensmittel nach Lauenburg fahren.

Am 19. August überschritt Gallas bei Lauenburg die Elbe und zog über Garze, Bleckede und Dahlenburg weiter. In Bleckede blieben zehn Soldaten tot am Straßenrand liegen. Die Zahl der verendeten Pferde war so groß, daß der Abdecker nicht in der Lage war, die Kadaver zu beseitigen. Der Bleckeder mußte seinen Lüneburger Zunftbruder um Hilfe bitten. Kurz darauf folgte das schwedische Heer. Anfang September hatte Torstensson in Bleckede sein Hauptquartier.

Die von beiden Heeren am meisten geschädigten Orte waren Ahndorf (Boitze), Bargmoor (Dahlenburg), Boitze, Buendorf (Dahlenburg), Dahlem, Dumstorf (Dahlenburg), Ellringen (Dahlenburg), Hungerstorf (Dahlem), Kovahl (Nahrendorf), Leestahl (Dahlenburg), Lemgrabe (Dahlenburg), Moislingen (Nahrendorf), Mücklingen (Nahrendorf), Nahrendorf, Neestahl (Nahrendorf), Neetzendorf (Boitze), Nüdlitz (Nahrendorf), Oldendorf/Göhrde (Nahrendorf), Pommoißel (Nahrendorf), Quickborn (Dahlenburg), Seedorf (Boitze), Sommerbeck (Dahlenburg), Süschendorf (Nahrendorf), Ventschau (Tosterglope) und Vindorf (Boitze). In Hungerstorf wurde die Mühle zerstört. Ebenfalls betroffen waren Bavendorf (Thomasburg), Radenbeck (Thomasburg), Thomasburg, Wennekath (Thomasburg) und Wiecheln (Thomasburg).

Auch jenseits der Elbe dauerten die Drangsale der Bevölkerung an. Im Juli bat der Amtmann von Neuhaus den Herzog in Lauenburg, sich für die Beendigung der Einquartierung in Sückau und Vockfey zu verwenden. Im März 1643 hatte er bereits einen Beschwerdebrief losgelassen, weil er sich mit dem Neuhäuser Kommandanten nicht verstehen konnte.

Die Vorwerke Baars und Drachenstein bei Neuhaus wurden während des 30jährigen Krieges zerstört; dasselbe gilt für das Vorwerk Gutitz bei Zeetze. Beim Vorwerk Gülze, dicht bei Neuhaus, erschossen die Schweden Mitte Juli sechs Schweine und nahmen sie mit. Demgegenüber war man im Neuhäuser Schloß selbst gewitzter: Sowie sich Truppen näherten, schlug man Alarm und trieb die Schweine aufs Schloß. Fast alle Boten, die der Amtmann losschickte oder empfing, mußten unterwegs Kontrollen durch die schwedische Besatzungsmacht über sich ergehen lassen.

Im Januar 1645 traf, von Halberstadt kommend, der schwedische Feldherr Hans Christoph von Königsmarck im Lüneburgischen ein. Ende Januar, Anfang Februar lag er in Bleckede und Alt Wendischthun in Quartier. Auf dem Weitermarsch übernachtete er in Lüne und zog durch Bardowick. Da sein Ziel das Stader Gebiet war, mußten die Bauern aus Erbstorf (Adendorf), Holzen (Reinstorf), Neetze, Wennekath (Thomasburg) und weiteren Dörfern Proviant nach Harburg, Buxtehude und anderen Orten an der Unterelbe fahren.

Der Bleckeder Kommandant erhielt im April den Befehl, die Schiffe der dortigen Elbfähre nach Dömitz zu bringen. Früher im Jahr bereits hatten 1000 Mann schwedischer Truppen, die auf Kähnen transportiert wurden, kurz im Bleckeder Hafen festgemacht.

Nachdem im Verlaufe des Jahres noch eine Reihe kleinerer Kontingente durch das Lüneburger Land marschiert war, kamen Ende des Jahres die schwedischen Generale von Bülow und von Wrangel. Im November lagen ihre Truppen in Bleckede und den benachbarten Dörfern, zum Beispiel in Barskamp, in Quartier. Auch die Betzendorfer wurden damals behelligt.

Die Jahreswende 1645/46 brachte den rechtselbischen Dörfern Krusendorf (Sumte), Stiepelse, Sumte und Viehle dänische Einquartierung. Im Mai kamen erneut Schweden in dieses Gebiet. Bei Boizenburg überschritten sie die Elbe und baten den Bleckeder Amtmann, er möge dafür sorgen, daß die Einwohner seines Gebietes in ihre Dörfer zurückkehrten, um die Truppen verpflegen und ihre Bagage transportieren zu können.

Frieden

Zwei Jahre bevor das 30jährige Ringen durch die Friedensverhandlungen von Münster und Osnabrück beendet wurde, begann plötzlich der Gungelsbrunnen bei Lüne wieder zu sprudeln — ein gutes Omen. Denn das heilkräftige Wasser, das die Quelle spendete, bedeutete für ungezählte Kranke Linderung ihrer Leiden, bedeutete möglicherweise Gesundheit, bedeutete vielleicht sogar allgemeinen Frieden.

Bereits 1480 hatte man den Gungelsbrunnen entdeckt. In diesem Jahr baute Propst Nikolaus Graurock von Lüne an dem Weg von seinem Kloster nach Gut Vrestorf bei Bardowick eine Kapelle, die den Heiligen Gangolf und Jodokus geweiht wurde. Kaum stand das Gotteshaus, da fand man in unmittelbarer Nähe eine heilkräftige Quelle, für die sich rasch der Name Gangolf- oder Gungelsbrunnen einbürgerte. Viele Kranke kamen seitdem zu der einsamen Kapelle. 50 Jahre später allerdings (1531) hielt es Ernst der Bekenner aus Glaubensgründen für notwendig, das Gotteshaus niederzureißen, um dem Aberglauben, der sich an den Gungelsbrunnen geknüpft hatte, ein Ende zu machen.

In den Jahren 1611/12 trat die Quelle erneut in den Gesichtskreis der Menschen der umliegenden Dörfer. Der Gungelsbrunnen, der lange Zeit versiegt gewesen war, sprudelte so kräftig wie eh und je; ja es waren sogar um ihn herum noch neue Quellen aufgebrochen.

Die Kunde verbreitete sich schnell. „In- und Ausländische", Bewohner des Fürstentums Lüneburg und der angrenzenden Territorien, strömten herbei. Im Sommer 1612 schlug man bei den Quellen ein Zeltlager auf, um die Kurgäste unterbringen zu können. Schon bald darauf aber versiegten die heilenden Wasser aus dem Erdinnern wieder.

Erst 1646 erneuerte sich das Wunder. „Das Wasser heilet Blinde", schrieb damals der Bardowicker Arzt Dr. Johann Ehlers, „ist auch den roten Augen dienlich, reinigt die Haut, ist gut gegen die Hitze der Leber und der Nieren, heilt die Wassersucht, stillet das Ohrensausen, ist gut zum Purgieren, heilet alte offene Schäden." Jetzt standen fünf Brunnen zur Auswahl. Aus dem einen schöpfte man Badewasser, zwei dienten allgemeinen Trinkkuren, der vierte war speziell gegen Augenleiden gut, der fünfte förderte das „Purgieren" oder „Laxieren", das heißt, wirkte der Verstopfung entgegen.

Schon im Sommer 1646 kamen zahlreiche Badegäste, besonders Hamburger und Lübecker; sogar der Lübecker Fürstbischof suchte die Gangolfquellen auf. Der Amtmann in Lüne wußte bald nicht mehr, wo er die Fremden, meist Offiziere, unterbringen sollte.

Alles dies schmeckte nach Frieden. Und wirklich, in Münster und Osnabrück verhandelte der Kaiser auch schon mit den Franzosen und den Schweden. Es dauerte nicht mehr lange, bis im Oktober 1648 die Friedensverträge unterzeichnet wurden.

In allen Kirchen des Fürstentums Lüneburg beging man am 11. August 1650 Dankgottesdienste. Endlich war, kaum zu glauben, das schier unaufhörliche Kriegstheater zu Ende gegangen. „So hatte nun die Gemeinde Frieden durch ganz Judäa und Galiläa und Samarien", lautete der Predigttext (Apostelgeschichte 9,31), „und baute sich und wandelte in der Furcht des Herrn und ward erfüllt mit Trost des heiligen Geistes."

Noch über die Friedensschlüsse von Münster und Osnabrück hinaus hatte die Bevölkerung des Lüneburger Lands zu leiden gehabt. Im Februar 1649 erschien die Müllersfrau aus Wiecheln (Thomasburg) in der Lüner Amtsstube und führte Beschwerde: Ihr Mann sei wenige Tage zuvor von einem schwedischen Quartiermeister grundlos geschlagen worden. Auch der Müller von Wennekath (Thomasburg) hatte sich um diese Zeit eine Tracht Prügel von seiten der Schweden zugezogen.

Die Einwohner von Bavendorf (Thomasburg), Holzen (Reinstorf) und Wennekath (Thomasburg) verließen aus Furcht vor den schwedischen Besatzungstruppen ihre Dörfer. Auch die lüneburgischen Truppen, die Anfang 1650 im Amt Lüne in Quartier lagen, benahmen sich grob. Mitte des Jahres zog aus Bleckede das letzte schwedische Kontingent über die Elbe ab. Das Amt Bütlingen hatte bis 1656 Einquartierungen und Truppendurchzüge zu ertragen. Im Amt Neuhaus zogen sich die Bedrückungen der ländlichen Bevölkerung noch länger hin.

Der Krieg hinterließ ein finanzielles und wirtschaftliches Chaos. Der Herzog von Lüneburg-Celle wurde in Osnabrück verpflichtet, sich mit 60 000 Talern an den fünf Millionen zu beteiligen, die der Kaiser den Schweden zugestanden hatte.

Wie es auf dem platten Land aussah, ergibt sich aus einigen Nachrichten, die aus dem Amt Neuhaus stammen: Das lauenburgische Herzogshaus war nicht in der Lage, dem fürstlichen Gärtner in Carrenzien bei Neuhaus seinen Lohn zu geben. Nachdem der Gärtner acht Jahre lang kein Geld bekommen hatte, erhielt er 1647 eine halbe Hufe Land zu Lehen. Der gemeinsame Pastor für die Kirchspiele Kaarßen und Tripkau klagte in Lauenburg, daß er von den herzoglichen Vorwerken den Zehnten nicht mehr erhalte. Auch der Geistliche wurde schließlich 1654 mit Land entschädigt.

Die meisten Dörfer — zum Beispiel Stiepelse und Zeetze — machten lange Jahre noch einen trostlosen Eindruck. Erst langsam wuchs der Lebens- und Arbeitswille wieder. Die Bevölkerung nahm zu, die Landwirtschaft erholte sich.

Bis heute sind die Spuren des 30jährigen Krieges in fast allen Archiven feststellbar; die meisten Urkunden, sonstigen Schriftsätze und Bücher verbrannten damals. Auch auf diese Weise stößt der Historiker immer wieder auf die furchtbare Zäsur in der ersten Hälfte des 17. Jahrhunderts.

DIE ALLGEMEINE SCHULPFLICHT

Volksbildung — Hexenwahn

Die deutsche Volksschule und ihre gesetzliche Grundlage, die allgemeine Schulpflicht, entwickelten sich erst verhältnismäßig spät. Lange Jahrhunderte der abendländischen Geschichte hindurch wurde nur den Söhnen des Adels eine Schulbildung zuteil.

Die ersten, die im Lüneburger Raum Schulen einrichteten, waren die Benediktiner. Wahrscheinlich verbanden sie mit ihrem 955 auf dem Kalkberg in Lüneburg gegründeten Kloster von Anfang an eine Schule. Für das 11. bis 14. Jahrhundert liegen mehrere Nachrichten vor, denen zufolge die Söhne sächsischer und slawischer Adeliger im Michaeliskloster unterwiesen wurden. Daneben gab es eine zweite Schule, die auf den Eintritt in den geistlichen Stand vorbereitete. Als dritte Lehranstalt kam dazu die außerhalb und unterhalb des Klosterbereichs gelegene „untere Schule", sie war für Lüneburger Bürgersöhne bestimmt.

Die Adelsschule von St. Michaelis überlebte die Reformation. Sie blieb die wichtigste Erziehungseinrichtung für die jungen Adeligen des Fürstentums Lüneburg. Seit 1656 führte sie den Namen Ritterschule, seit 1729 hieß sie Ritterakademie (*Academia equestris*). Erst 1850 wurde die Ritterakademie aufgelöst. Die untere Schule, auch Partikularschule genannt, hielt sich bis 1819.

Typisch für die Schulverhältnisse des Mittelalters ist der Streit, zu dem es Ende des 14. Jahrhunderts zwischen den Lüneburger Benediktinern und den von Heiligenthal (Südergellersen) in die Stadt übergesiedelten Prämonstratensern kam. Otto Kultzing, der Heiligenthaler Propst, faßte den Plan, eine Schule zu gründen. Sofort erhob das Michaeliskloster Einspruch; es besaß für das Lüneburgische das Schulmonopol. Wenn dennoch ein Prämonstratenser-Gymnasium eröffnet werden konnte, so deswegen, weil der Lüneburger Rat Propst Kultzing den Rücken stärkte. Neben dem Adelsgymnasium der Benediktiner sollte eine höhere Schule für die Söhne des gehobenen Bürgertums entstehen.

Die Auseinandersetzung zwischen den beiden Klöstern wurde dramatisch, als Kultzing 1394 nicht nach Celle reiste, wo der Streit entschieden werden sollte. Die Benediktiner und das auf ihrer Seite stehende Herzogshaus griffen zu Repressalien. Die Klosterbauern in und um Alt Heiligenthal wurden beraubt, die Lebensmittelzufuhr von dort in die Stadt wurde unterbunden. Ein *dampnandum discordiae gymnasium et seditionis seminarium* (verdammenswürdiges Gymnasium der Zwietracht und Seminar des Aufruhrs) nannte Celle die Prämonstratenser-Schule. Bald darauf traf Kloster Heiligenthal die Exkommunikation.

Trotzdem vermochte Kultzing seine Schule zu behaupten. Der Lüneburger Rat war stärker als der Herzog. Der Kirchenbann wurde aufgehoben. Das Michaeliskloster mußte

Das neue Johanneum entstand 1870/72 auf dem abgetragenen Roten Wall. Lithographie nach R. Geisler.

sein Schulmonopol fahren lassen. 1406 hatten die Prämonstratenser gewonnen. Ihr Gymnasium konnte sich ungehindert entfalten. Bis in die 20er Jahre des 16. Jahrhunderts, das heißt, bis kurz vor Auflösung von Kloster Heiligenthal, bestand es fort.

Dynamischer verlief die Entwicklung des dritten Lüneburger Gymnasiums. Nachdem der Rat das Monopol der Benediktiner durchbrochen hatte, gründete er — noch 1406 — eine eigene städtische Schule, das Johanneum, das bis in die Gegenwart existiert. In seinen Anfängen bestanden enge Bindungen an den Klerus und die Gemeinde von St. Johannis.

Neben den höheren Schulen, meist als Latein- oder Gelehrtenschulen bezeichnet, gab es schon im 14. und 15. Jahrhundert in den Städten des Fürstentums die Deutsch- und die Winkelschulen. In den Deutschschulen unterrichteten Geistliche im Lesen und Schreiben der deutschen Sprache, auf Latein wurde verzichtet. Damit sollten sich die Kaufmanns- und Handwerkersöhne nicht belasten.

Während die Deutschschulen von der Ordens- oder der Weltgeistlichkeit betrieben wurden, somit über ausgebildete Lehrkräfte verfügten und eine größere Anzahl von Schülern hatten, handelte es sich bei den Winkelschulen um kleinere Gebilde. Im allgemeinen versammelte ein Handwerker, der auf Nebenerwerb angewiesen war, die Jungen seines Stadtviertels in der eigenen Stube und unterwies sie notdürftig in Elementardingen. In Lüneburg wuchs die Zahl der Winkelschulen schließlich auf nahezu 50. Die Beliebtheit dieser Zwerginstitute erklärt sich daraus, daß in ihnen weniger Schulgeld zu entrichten war als in den größeren und sorgfältiger geleiteten Schulen der Kirche.

Noch während des Mittelalters wuchs das Schulwesen über die traditionellen Lehranstalten für den Adel hinaus und begann das städtische Bürgertum zu erfassen, wenn auch sehr unterschiedlich. Daß man die Kinder zur Schule schickte, wurde in der Stadt nicht zur Regel und blieb auf dem platten Land eine Ausnahme. Erst die Reformation versuchte Abhilfe zu schaffen. Der lehrhafte Charakter, der das Luthertum kennzeichnet, schloß die Forderung nach einer besseren und allgemeineren Schulerziehung der Jugend, auch der bisher so gut wie gänzlich vernachlässigten weiblichen, mit ein.

In seinem Sendschreiben „An die Bürgermeister und Ratsherrn aller Städte Deutschlands" von 1524 rief der Reformator dazu auf, mehr Schulen zu gründen, wobei er an zusätzliche Latein- und Deutschschulen dachte. Darüber hinaus freilich verlangte er, daß die gesamte Jugend den Katechismus lernte. Da die Eltern in den meisten Fällen nicht lesen konnten, war Luthers Forderung an die Pfarrer gerichtet beziehungsweise an die Küster, die mehr Zeit hatten. Auf dem Dorfe versahen die Geistlichen werktags ihre Landwirtschaft, nur an Sonn- und Feiertagen waren sie für Schulaufgaben verfügbar. Die Küster und Organisten demgegenüber ließen sich leichter für Unterrichtszwecke gewinnen. Ihnen konnte man nahelegen, ihren bisherigen Nebenerwerb aufzugeben und stattdessen Schule zu halten.

In welche Finsternis diese Gedanken hineingeschleudert wurden, zeigen beispielsweise die Hexenprozesse in Winsen (Luhe) kurz vor dem 30jährigen Krieg. Ein rundes Jahrhundert nach der Reformation ließ Herzogin Dorothea 30 Frauen lebendigen Leibes verbrennen. Mehrere der Hexen stammten aus Dörfern, die heute zum Landkreis Lüneburg gehören.

Ende 1610 lief bei dem herzoglichen Vogt in Amelinghausen gegen die beiden ortsansässigen Schwestern Anneke und Barbara Stehr eine Anzeige wegen Zauberei ein. Im Stall des Bauern Lührs hatte eine Sau mit dem Rücken auf dem Boden gelegen und wie toll mit den Beinen um sich geschlagen. Die ersten Verhöre leitete der Vogt. Auch die Aussagen einiger Zeugen aus Amelinghausen, Oldendorf (Luhe) und von anderswo nahm er zu Protokoll.

Im Februar 1611 brachte man die Schwestern auf das Winsener Schloß, wo sie dem Amtmann Rede und Antwort stehen mußten. Da Anneke kein Geständnis ablegte, ließ man auf die „gütliche" die „peinliche" Befragung folgen; und jetzt unter den Qualen der Folter gab sie alles zu, was man ihr vorwarf. Auch ihre Schwester Barbara rückte erst mit der vermeintlichen Wahrheit heraus, als sie die Beinschrauben der Folterbank zu spüren bekam. Sie bejahte, Vieh vergiftet und Getreidefelder verdorben zu haben, auch, daß sie am Hexensabbat auf dem Blocksberg teilgenommen und mit dem Teufel „gebuhlet" hatte. Zugleich belastete sie eine Frau in Embsen — bei dem dortigen Pastor war sie in Stellung gewesen — und eine weitere in Dehnsen (Amelinghausen); von diesen habe sie die Zauberei erlernt. Mit beiden Schwestern wurde kurzer Prozeß gemacht, man schaffte sie vor die Wälle der Stadt Winsen und verbrannte sie als Hexen.

Im Juni 1612 mußte sich der Winsener Vogt mit Hexen aus der Elbmarsch befassen, darunter Margareta Harmens aus Horburg (Barum). Auch sie spannte man auf die Folter und verurteilte sie zum Feuertod, nachdem sie sich als schuldig bekannt hatte.

Der Hexenwahn spielte noch im 17. Jahrhundert eine große Rolle. Auf die „gütliche“ folgte die „peinliche“ Befragung.

Zu solchen Exzessen war die Zeit fähig. Fest eingewurzelter Aberglaube bestimmte den Alltag. In Echem zum Beispiel verbarg man die neugeborenen Kälber im äußersten Winkel des Stalls, damit sie kein „leeger“ (böser) Blick traf. Gänse wurden in dem Augenblick zum Brüten gesetzt, in dem der Sonntagsgottesdienst sein Ende erreichte; denn dann sprangen die Küken genauso rasch aus den Eiern, wie die Kirchgänger aus der Kirche herausdrängten. Ein Hund galt als immun gegen Gift, wenn er die beim Ausschütteln aus dem Tischtuch regnenden Brotkrümel fraß. Und ein Mädchen, nach dessen Besuch bei einer Wöchnerin sich für diese Komplikationen ergaben, war als Dirne entlarvt. Paten mußten gesund sein, damit ihre Patenkinder nicht erkrankten. Und während des Brotbackens durfte kein Messer geschliffen werden, da sonst das Brot „schleifig“ (klebrig) wurde.

In einem undurchdringlichen Wust von Hexenwahn und Aberglauben waren die Menschen befangen, auf die Luthers Forderung nach Volksbildung abzielte.

Küster, Schneider, Literaten

Was für die Stabilisierung der kirchlichen Erneuerung die Kirchenordnungen sind, sind für den Ausbau des Schulwesens die Schulordnungen. Zwischen den Vorstellungen der kirchlichen Bürokratie und den wirklichen Zuständen freilich herrschte vorerst wenig Übereinstimmung.

Bereits die Lüneburger Kirchenordnung von 1564 forderte, daß alle Küster Schule halten sollten. Als aber im Jahr darauf eine Visitation gemacht wurde, fanden die Visitatoren in den Kirchdörfern des Fürstentums noch fast gar keine Schulen vor; in den Städten dagegen hatte die Kirche seit langem Unterrichtsstätten eingerichtet.

Die Polizeiordnung von 1618 und die erneuerte Kirchenordnung von 1619 wiederholten die Forderung, in den Kirchorten Schulen zu gründen. Man erließ sogar schon Richtlinien darüber, wie die Küster entschädigt werden sollten.

Die guten Ansätze, die sich aus diesen Initiativen ergaben, wurden durch den 30jährigen Krieg weithin zunichte gemacht. Als endlich der Friede wiederhergestellt war, hatten zahlreiche Kirchspiele ihre Schulen eingebüßt. 1650 brachte Celle die Bestimmungen von 1618/19 wieder in Erinnerung. Kurz darauf — 1653 — kam eine neue Schulordnung für das Lüneburger Land heraus: Die Eltern sollten ihre Kinder regelmäßig zur Schule schicken, und zwar so lange, bis sie ordentlich lesen und den Katechismus auswendig hersagen konnten. An die Lehrer erging die Mahnung, nicht zu streng zu sein.

Die Dannenberger Schulordnung von 1687, die 1692 für das gesamte Fürstentum verbindlich wurde, bedeutete eine weitere Konkretisierung. Jetzt galt die Schulpflicht vom sechsten Lebensjahr an; sie währte, bis der Superintendent die Kinder für reif genug hielt, an Beichte und Abendmahl teilzunehmen. 1693 wurde im Lüneburgischen die Konfirmation eingeführt, sie war der feierliche Abschluß der Schulzeit. Die Dannenberger Schulordnung befaßte sich weiter mit der Neugründung von Schulen und der Besoldung der Lehrer. Nicht nur in den Kirchorten, sondern auch in den übrigen Dörfern sollten Schulen entstehen. Die Küster und die sonstigen Lehrkräfte sollten feste Einkünfte haben.

Anfangs hatte man gehofft, die Küsterschulen würden jeweils das gesamte Kirchspiel erfassen. Aber diese Rechnung ging nicht auf. Die Wege waren zu schlecht, zumal kleine Kinder konnten unmöglich täglich zur Schule kommen. Außerdem wurden die Kinder als Arbeitskräfte benötigt; ihre Eltern standen der neuen Macht, Schule, zumeist feindlich gegenüber, eine Haltung, die sich um so eher durchsetzte, wenn die Schule nicht am Ort, sondern im Kirchdorf war.

Aufs Ganze gesehen war die Entwicklung so, daß sich außer den Küsterschulen der Kirchorte in den anderen Dörfern der Kirchspiele Nebenschulen bildeten. Sie waren den Winkelschulen der Städte ähnlich. Die Initiative zu ihrer Gründung ging entweder von Ortsansässigen aus, die sich von der Einrichtung einer Schule einen günstigen Nebenverdienst versprachen, oder sie kam von der Kirche, die eingesehen hatte, daß die Küsterschulen nicht ausreichten.

Schon 1694 sah sich das Konsistorium in Celle gezwungen, für die Nichtbefolgung der Schulbestimmungen Strafen von 100 Talern anzudrohen. Auch mit den Neuauflagen und Neufassungen der Dannenberger Schulordnung, die im Laufe des 18. Jahrhunderts herauskamen, versuchte es die Schulverhältnisse zu verbessern. Für die 1702 welfisch gewordenen Ämter Lauenburg (mit Artlenburg) und Neuhaus galt die auf der Lauenburgischen Kirchenordnung von 1585 basierende Lauenburgische Schulordnung.

So zahlreich und detailliert die Schulordnungen auch sein mochten, ihre Verwirklichung scheiterte daran, daß keine ausreichenden finanziellen Mittel vorhanden waren. Schon die mangelhaften Raumverhältnisse stellten den Erfolg des Unterrichts vielfach in Frage. Wo Küster herangezogen werden konnten, wurden die Schulstunden in deren Wohnungen abgehalten. In den Dörfern ohne Kirche war der Unterricht entweder in der Stube des Lehrers, oder die Unterweisung der Jugend geschah reihum in den Häusern, in denen die Schulkinder wohnten. Häufig brachte man den Schulmeister in der Hirtenkate mit unter. Der Mangel an Sitz- und Schreibgelegenheiten war groß. Erst im 18. Jahrhundert wurden die Schulbauten auf dem Lande zahlreicher.

Die Besoldung der Lehrkräfte bestand einerseits in Naturalien, andererseits in Geld. Die Schulordnungen empfahlen, den Lehrern Garten- und Ackerland zu geben. Dazu sollten sie Brennholz erhalten und das Recht haben, ihr Vieh auf die Gemeindeweiden zu treiben. Für die Küster erübrigten sich derartige Empfehlungen, weil ihre Stellen durch die Kirche bereits mit kleinen Landwirtschaften ausgestattet waren.

An Geld gab es lediglich das Schulgeld, das die Eltern der unterrichteten Kinder bezahlen mußten. Die Dannenberger Schulordnung schrieb zum Beispiel einen Jahressatz von zwölf Groschen vor. Für den Schreib- und den Rechenunterricht, die nicht überall obligatorisch waren, wurden besondere Gebühren erhoben. Unter Umständen war im Winter ein zusätzliches Holz- und Heizungsgeld fällig. Ein Teil des Schulgeldes wurde im allgemeinen in Form von Lebensmitteln gegeben. Nach der Dannenberger Schulordnung standen den Lehrern jährlich acht Pfund Brot zu. In vielen Dörfern hatte der Schulmeister einen Reihetisch, das heißt, er wurde abwechselnd auf den einzelnen Höfen verpflegt.

In der Praxis mußten die Lehrer fast überall Abstriche machen. Die Gemeinden befolgten die Pflichten, die sie übernommen hatten, wenig genau. Als weiterer Mißstand erwiesen sich der mangelhafte Schulbesuch und das dadurch verursachte Ausbleiben des Schulgeldes. Noch Ende des 18. Jahrhunderts gab es im Fürstentum Lüneburg Lehrer, die weniger als zehn Taler Bargeld im Jahr hatten. 1832 kamen 700 Schulmeister nicht auf ein Einkommen von 30 Talern.

Um die Eltern dazu zu bringen, ihre Kinder regelmäßig in die Schule zu schicken, wurde die Mißachtung der allgmeinen Schulpflicht immer wieder unter Strafe gestellt. Andererseits durften die Behörden nicht allzu rigoros vorgehen. Während der Erntezeit mußten sie sich den Erfordernissen der Landwirtschaft beugen. Eine Verordnung von 1734 zum Beispiel besagte, daß die Dorfschulen im Sommer und im Frühherbst geschlossen bleiben konnten. Die Entscheidung darüber, wann Ferien waren, stand dem Ortsgeistlichen und dem Superintendenten zu.

Der Staat versuchte den Küstern und Schulmeistern entgegenzukommen, indem er ihnen alle Steuern erließ. Dieser 1695 ausgesprochene Grundsatz wurde 1779 in der Weise konkretisiert, daß man einem Lehrer die Haltung von drei Stück Hornvieh, vier Schweinen, 20 Schafen und 15 Bienenstöcken abgabenfrei erlaubte.

Eine entscheidende Verbesserung der finanziellen Lage des Lehrerstandes konnte durch alles dies nicht erzielt werden. Erst als 1842 das Gemeinheitsteilungsgesetz, das den dörflichen Gemeinbesitz aufteilte, die Ausstattung der Lehrerstellen mit Land bestimmte, zogen bessere Zeiten herauf.

Inzwischen hatte sich auch ausbildungsmäßig das Niveau gehoben. In den Anfängen des Volksschulwesens war zwischen drei Gruppen von Schulmeistern zu unterscheiden gewesen:

Als die wirtschaftlich am besten dastehenden Lehrpersonen mußten die Küster gelten, obwohl auch in ihren Reihen, trotz des Kirchen- und des Schuldienstes, berufsfremder Nebenerwerb üblich blieb. Noch Mitte des 18. Jahrhunderts betrieben die Küster in Amelinghausen, Bardowick, Kirchgellersen und St. Dionys (Barum) Gastwirtschaften.

Die Stellen an den Winkelschulen waren grundsätzlich so dürftig dotiert, daß der Lehrerberuf nur als Nebenbeschäftigung ausgeübt werden konnte. Schneider, Schuster, Barbiere, Kuhhirten, abgedankte Soldaten und andere armselige oder gar gescheiterte Existenzen unterwiesen die Jugend.

Auch die Figur des sogenannten Literaten, das heißt eines Akademikers, speziell eines Theologen, der zwar sein Studium abgeschlossen, aber noch keine freie Pfarrstelle gefunden hatte, begegnete in den ländlichen Schulen.

Nur allmählich gewann der Lehrerberuf feste ständische Formen. Es bürgerte sich ein, daß ein junger Mann, der sich zum Jugenderzieher geeignet glaubte, zu einem erfahrenen Schulmeister ging und als dessen Adjunkt oder Gehilfe eine regelrechte Lehrzeit durchmachte.

Das erste Lehrerseminar für die welfischen Herrschaftsgebiete wurde 1751 in Hannover gegründet. Der Besuch des Hauptseminars dauerte drei Jahre. Die Absolventen gingen an größere Schulen. Seit 1800 hielt man außerdem einen kürzeren Nebenkursus ab. Diesen besucht zu haben, galt künftig als Mindestforderung für alle Junglehrer. Demgegenüber waren die in den Jahren 1797 bis 1869 während der Sommerferien veranstalteten Kurse für ältere Lehrer bestimmt, die keine Seminarausbildung hatten.

Einer der Wegbereiter eines gutgeschulten Lehrertums war der Bardowicker Superintendent Ernst Friedrich Frank. Er gab 1802 ein Handbuch heraus, in dem er angehenden Landschullehrern pädagogische Grundsätze zu verdeutlichen suchte.

Die Ritterakademie — später Lehrerseminar — im Michaeliskloster.
Kupferstich aus dem Jahre 1754.

Solange die Küster, Schneider und Literaten das Feld beherrschten, durfte man keine hohen Ansprüche an den Unterricht stellen. Sie beschränkten sich im wesentlichen darauf, ihren Zöglingen den Katechismus einzupauken und die einzelnen Teile durch Bibelsprüche und geistliche Lieder recht und schlecht zu erklären. Darüber hinaus wurde das Lesen und meist auch das Schreiben geübt. Unterricht in den vier Grundrechenarten galt noch Ende des 18. Jahrhunderts als etwas Außergewöhnliches, während das Fach Religion, worunter man biblische Geschichte verstand, gerade damals in das Unterrichtsprogramm hineinwuchs.

Entsprechend sahen die Schulbücher aus. Zunächst dominierten der Katechismus, die Bibel und das Gesangbuch. Im 18. Jahrhundert erschienen Bücher, in denen die biblische Geschichte volkstümlich nacherzählt wurde.

Der Ursprung und die Entwicklung des deutschen Volksschulwesens brachten es mit sich, daß die Schulaufsicht Sache der Geistlichkeit war. Der örtliche Pastor, der Superintendent und das Konsistorium regelten sämtliche Schulangelegenheiten. Seit den 30er Jahren des 18. Jahrhunderts mußten alle neuen Lehrer durch den Superintendenten dem Konsistorium vorgeschlagen und durch dieses bestätigt werden. Vordem hatte eine vor dem Pastor oder dem Superintendenten abgelegte Eignungsprüfung ausgereicht. In der Residenzstadt Celle war man bereits 1689 so weit, daß man auf nebenamtlich arbeitende Handwerker grundsätzlich verzichten konnte.

Außer bei der Einstellung von Lehrern machte die Kirche ihren Einfluß durch regelmäßige Visitationen geltend. Der Ortsgeistliche war verpflichtet, sich jede Woche in den Schulen seines Kirchspiels sehen zu lassen. Der Superintendent mußte im Verlaufe eines Jahres in allen Schulen seines Kirchenkreises erscheinen. Um die Visitatoren zur Gründlichkeit anzuhalten, wurden regelmäßige Berichte vorgeschrieben. 1735 sah sich das Konsistorium veranlaßt, eigens darauf hinzuweisen, daß es auch zu wissen begehrte, ob die Lehrer während des Unterrichts Tabak rauchten und Bier- und Branntweinfässer vor sich stehen hatten. Seit 1776 waren halbjährlich Berichte über die einzelnen Schulen zu erstatten. Seit 1794 konnten die Superintendenten ihre Angaben in ein vorgedrucktes Formular eintragen.

Bevor im Verlauf des 19. Jahrhunderts der Staat seinen Einfluß auf das Schulwesen immer stärker ausbaute, bestanden in den Kirchorten die Küsterschulen und in den übrigen Dörfern die Neben- oder Winkelschulen, in denen die Schneider und Literaten ihr Möglichstes taten.

Die Küsterschulen

Die Stiftsschule in Bardowick entwickelte sich aus der ausschließlich für den geistlichen Nachwuchs bestimmten Schule, die der *scholae magister* des Kollegiatstifts geleitet hatte.

Ostern 1545 wurde Rektor Hinricus Rotarius, der ein Jahr zuvor das Bardowicker Rektorenamt übernommen hatte, in Casparus Bornemann ein „Schul-Geselle" an die Seite gesetzt.

Während des 30jährigen Krieges war kein geregelter Unterricht möglich. Ende des 17. Jahrhunderts, am 21. April 1691, begann als zwölfter lutherischer Rektor der Stiftsschule Christian Schlöpke zu wirken. Der aus Ratzeburg stammende Lehrer vertiefte sich in die Geschichte der Ilmenau-Siedlung und wurde durch sein „Chronicon oder Beschreibung der Stadt und des Stiffts Bardewick" von 1704 ihr wichtigster Geschichtsschreiber.

Die Bedeutung und Größe des Doms brachten es mit sich, daß in Bardowick Küster und Lehrer nicht identisch waren, so, wie es zunächst für die übrigen Kirchdörfer galt.

Schon vor 1529 gab es im Kirchdorf Raven das Küster- und Schulhaus auf dem „Wem" (Hof 12). Der erste namentlich bekannte Lehrer, Dietrich Volkmann (er unterrichtete von 1646 bis 1676 in Raven, ohne gleichzeitig Küster zu sein), hatte auch die Kinder aus Soderstorf mit Schwindebeck und Thansen, aus Rolfsen (Soderstorf) und Wetzen (Oldendorf/Luhe) vor sich sitzen. Bis 1829 stand das alte Küster- und Schulhaus; das neue brannte 1916 ab.

Die Schule von Artlenburg entstand, als 1566 der erste lutherische Prediger in die Elbgemeinde kam. Seit Jürgen Groten, der 1698 seinen Dienst antrat, sind die Artlenburger Küster und Lehrer namentlich bekannt. Bereits im 17. Jahrhundert entwickelte sich neben der Küster- eine sogenannte Präzeptorenschule. Ein Teil der Einwohnerschaft hatte beim Celler Konsistorium um die Erlaubnis nachgesucht, einen eigenen Lehrer anstellen zu dürfen. Der Bitte wurde entsprochen. Neben dem Küster nahm ein Präzeptor den Unterricht auf. Da er über kein Schulhaus verfügte, unterrichtete er anfänglich reihum in den Häusern seiner Schüler. Später kaufte man ein ausgedientes Backhaus und richtete es als Schule ein. Es konnte nicht ausbleiben, daß es zwischen dem Präzeptor und dem Küster zu Spannungen kam. Schließlich hielt man es für das Günstigste, die zwei Schulen in eine zu verwandeln. Seit 1727 unterrichtete der Präzeptor die kleinen und der Küster die großen Kinder. Im 19. Jahrhundert wirkte in Artlenburg der schriftstellernde Lehrer Schrader. 1815 geboren, hatte er in der hannoverschen Stadtverwaltung gearbeitet, das Lehrerseminar besucht und sechseinhalb Jahre als Hauslehrer bei vornehmen Familien zugebracht. Er verfaßte eine Geographie des Königreichs Hannover, Schriften über das erste Buch Mose und die Unsterblichkeit, er reimte Gedenkverse für die Artlenburger Konfirmanden und berichtete für eine hannoversche Zeitung aus der Elbmarsch. Der Historische Verein für Niedersachsen zeichnete ihn durch die Goldene Medaille aus.

1862 brannte das Artlenburger Schulhaus ab.

In Dahlenburg wurde 1610 auf Betreiben des Magistrats eine Schule eingerichtet. Der erste Lehrer, Reinhard Veltmann, erhielt freie Wohnung im Ratskeller und ein festes Gehalt; er brauchte keine Küsterdienste zu versehen, unterrichtete aber in der Küsterei.

Die Bevölkerung war mit der Schulgründung nicht einverstanden. Sie ließ nur Lateinschulen für die höheren Stände gelten, Deutschschulen erschienen ihr unnütz. Wie überall sollten auch in Dahlenburg die Kinder weiterhin uneingeschränkt im Haushalt und in der Landwirtschaft helfen können. Die Dahlenburger gingen in ihrer Abneigung gegen die neue Schule so weit, daß sie dem Lehrer drohten, sie würden seine Möbel zerschlagen, wenn er nicht wieder verschwände.

Im 30jährigen Krieg verfiel das Küster- und Schulhaus; der Unterricht ruhte. 1658 war die Krise überwunden. In einer damals zusammengestellten Gottesdienstordnung speziell für Dahlenburg heißt es, Küster, Schulmeister und Schulkinder sollten immer sonntags in der Kirche singen.

Anläßlich einer Visitation durch den Lüner Superintendenten sowie den dortigen Amtmann wurde am 5. Oktober 1690 eine neue Schulordnung erlassen. Unter anderem sollte für die rund 40 Schulkinder von jetzt an auch im Sommer Unterricht sein. Die Bevölkerung war über diese Bestimmung so empört, daß sie dem Lehrer die Fensterscheiben einwarf. Es dauerte nicht lange, und der Dahlenburger Magistrat mußte sich nach einem neuen Schulmeister umsehen. Der erste, den man in Aussicht nahm, bestand die vom Lüner Superintendenten vorgenommene Prüfung nicht; seine Kenntnisse waren allzu gering.

Der zweite, Franz Runge, hielt es nur kurze Zeit in Dahlenburg aus. „Trotz der Schulordnung vom 5. 10. 1690“, klagte er, „senden viele ihre Kinder nicht, zahlen auch nicht. Vor einem halben Jahr hat ein gottloser Mensch einen Ziegelstein durchs Fenster in meine Stube geworfen. Die Dörfer senden ihre Kinder ganz nach ihrem Belieben. Ich erhalte weder Holz noch Holzgeld.“ Zur Dahlenburger Schule gehörten Buendorf mit Quickborn (Dahlenburg), Lemgrabe (Dahlenburg) und Seedorf (Boitze) sowie die Mühlen in Hungerstorf (Dahlem) und Neetzendorf (Boitze). Bis 1809 waren diese Dörfer und Mühlen verpflichtet, sich an den Reparaturkosten für das Küsterhaus in Dahlenburg zu beteiligen.

Auch noch im 19. Jahrhundert hatten die Dahlenburger Lehrer einen schweren Stand. Von Ende März bis Anfang November, beschwerte sich 1805 der Lehrer und Organist Nebel, sei seine Schule leer. Die vorgeschriebene achtjährige Schulzeit schmelze teilweise auf zweieinhalb Jahre zusammen. „Nicht leicht kann es eine Gemeinde geben, in welcher die Finsternis noch so sehr herrscht, wie in Dahlenburg."

So sah Wilhelm Busch die Schule: Der Rektor in der „Jobsiade".

1828 wurde die zweite Lehrerstelle eingerichtet. Der neue Schulmeister mußte in einem ärmlichen Wirtshaus logieren, in dem vor allem Handwerksburschen abstiegen, bis der Magistrat 1833 ein Bürgerhaus kaufte und darin Schulstuben und Lehrerwohnungen einrichtete.

In Amelinghausen unterrichteten anfangs die Geistlichen, bis sie 1614 von den Küstern abgelöst wurden. Das Schulhaus war auch hier die Küsterei. Wie Pastor Wehrenberg in seiner Amelinghäuser Chronik für das 17. Jahrhundert berichtet, stand in der Schulstube nur ein einziger langer Tisch, der zudem „nicht mehr ganz fest" war. Zunächst wurde die Schule aus allen Dörfern des Kirchspiels besucht.

Das Schulgeld betrug um die Mitte des 18. Jahrhunderts außer sechs Groschen für Unterricht und einem Sechsling für Heizung sechs Eier pro Jahr; alle diese Leistungen waren jeweils zu Ostern fällig. Mitte des 17. Jahrhunderts traf einen Amelinghäuser eine Geldstrafe, weil er seine Kinder nicht zur Schule geschickt und das Schulgeld nicht entrichtet hatte.

Ebenfalls noch vor 1618 erhielt Scharnebeck eine Küsterschule. Sie vermochte sich während des 30jährigen Krieges zu behaupten. 1645 war sie noch in Betrieb. Im Unterschied zu dem Amelinghäuser bezog der Scharnebecker Küster vierteljährlich Schulgeld.

Bis 1623 war der Küster und Lehrer Wittkopf in Handorf tätig. Als die Personalunion zwischen Küster und Lehrer aufgehoben war — wohl im 18. Jahrhundert —, entstand an der „Twiet“ (neben Hof 34) das erste Schulhaus; das zweite wurde 1838 an anderer Stelle errichtet (1946 durch Feuer zerstört).

Für das Kirchspiel Radegast existierte spätestens 1634 eine Küsterschule. Der erste namentlich bekannte Lehrer, der in Radegast — seit 1781 — unterrichtete, hieß Elten.

Die früheste Erwähnung der Schule in St. Dionys (Barum) liegt für das Jahr 1662 vor. 1784 richtete Pastor Kahle, der Ortsgeistliche, ein Gesuch an das Celler Konsistorium, in St. Dionys ein neues Schulhaus zu bauen. Das alte drohe einzustürzen, außerdem sei es viel zu klein. Da es nur eine Stube habe, müßten die 60 Schulkinder in demselben Raum unterrichtet werden, in dem sich auch die kranke Frau des Lehrers und dessen kleine Kinder aufhielten. Obwohl das Konsistorium keine Mittel bewilligte, entstand eine neue Schule. Das Dorf errichtete das dringend benötigte Gebäude aus eigener Kraft, auch der Gemeindehirte wurde in ihm untergebracht. 1915 brannte es ab.

In Hittbergen wirkte seit 1666 Lehrer von Borgern. Eine zweite Lehrerstelle wurde 1923 eingerichtet.

Die Küsterschule in Embsen, zu der seit eh und je Heinsen (Embsen) gehörte, wird 1668 erstmals erwähnt. 1696 wurde bestimmt, daß außer dem Schulgeld von jährlich einem Taler noch ein Brot gegeben werden mußte. Bis zum Volksschulunterhaltungsgesetz von 1906 blieb diese Naturalleistung bestehen. Von Kindern, die auch das Schreiben erlernen wollten, wurde ehemals ein höheres Schulgeld verlangt.

Das Schulleben in Echem begann in den 70er Jahren des 17. Jahrhunderts mit Lehrer Franz Eckermann (1673—1679). Das um 1700 gebaute Schulhaus wurde schon bald als zu klein empfunden.

Die Kirchengemeinde Barskamp (Bleckede) baute 1684 eine neue Küsterei; zu dieser Zeit war der Küster bereits als Lehrer tätig. 1771 trennte man die Küster- und die Lehrerstelle. In den Jahren 1835 bis 1838 wurde ein neues Schul- und Küsterhaus gebaut.

Auch in Bleckede waren Küster, Organist und Lehrer zunächst eine Person, obwohl schon in den Jahren 1699 bis 1748, der Amtszeit von Lehrer Bunck, 100 bis 150 Kinder in die Schule kamen. Eine erste Erleichterung schuf man 1748, indem man die Küsterstelle verselbständigte. 1780 wurde für die Mädchen, um die sich außer dem Lehrer auch schon die Chirurgenwitwe Blumenbach und eine Küstersfrau gekümmert hatten, ein zweiter Lehrer geholt.

Das 1788 gebaute Schul- und Küsterhaus bot nur Platz für den ersten Lehrer und die Jungenklasse. Der zweite mit der Mädchenklasse mußte zunächst in einer gemieteten

Die alte Bleckeder Schule an der Friedrich-Kücken-Straße.
Später zog hier die „Bleckeder Zeitung“ ein.

Wohnung untergebracht werden. 1818 kaufte die Kirche für ihn ein Haus. 1833 betrug die Schülerzahl der Jungenklasse 166 und die der Mädchenklasse 138.

Schon 1845/46 mußte das Gebäude von 1788 einem Neubau Platz machen, der zwei Schulzimmer und zwei Lehrerwohnungen enthielt. Erst jetzt konnten alle Bleckeder Schulkinder während des Unterrichts sitzen. Da man 1845 allerdings zugleich eine dritte Klasse bildete, war die ganze Schule doch wieder nicht unter einem Dach. Der dritte Lehrer zog mit seiner Klasse schließlich in die 1857 fertig gewordene neue Küsterei ein.

1868 ging man dazu über, die Schulkinder nach Altersgruppen zu trennen und auf die drei vorhandenen Lehrer aufzuteilen; bisher hatten gewissermaßen drei einklassige Volksschulen nebeneinander bestanden. Die vierte, 1878 in Wendisch Bleckede eingerichtete Klasse war freilich wieder eine Klasse im alten Sinn. 1900 wurde in Wendisch Bleckede ein neues Schulgebäude gebaut.

Das Todesjahr des ersten nachweisbaren Lehrers in Lüdersburg — Edler mit Namen — ist 1706. Zu dieser Zeit währte der Schulunterricht nur von Michaelis bis Ostern. Zusammen mit dem Schulgeld mußten die Vollbauern von Lüdersburg einen halben Schweinskopf liefern. Aber 1771 hatte der Lehrer und Küster Grund zur Klage: „Die von den Vollhöfnern zu liefernden halben Schweinsköpfe sollen herkömmlich 7 bis 8 Pfund wiegen und hinter den Ohren 3 bis 4 Zoll halten. Sie müssen von denselben Schweinen geliefert werden, von denen der Pastor die Schinken erhält. Die Bauern schneiden aber das Fleisch hinter den Ohren weg, so daß nichts als Ohren und Knochen übrig bleiben."

1803 wurde die Küsterei in Lüdersburg renoviert, 1862 nochmals. 1888 baute man ein besonderes Schulhaus.

Auch der Küster und Lehrer in Tripkau, wo man 1743 eine neue Küsterei errichtet hatte, war mit seinen Bauern nicht zufrieden. Die Gebühren würden unpünktlich bezahlt, die Naturallieferungen blieben aus, sein Gartenzaun werde nicht unterhalten, beklagte sich Küster Meincke 1754. Die Gemeinde versprach Besserung. Von jetzt an sollte jeder Hauswirt, unabhängig davon, ob er schulpflichtige Kinder hatte oder nicht, jährlich einen Taler Schulgeld zahlen und dazu ein Brot und ein Fuder Holz liefern.

Die ersten Nachrichten über die Schule in Garlstorf (Bleckede) stammen aus dem 18. Jahrhundert. 1783 wurde der erste namentlich bekannte Lehrer, Mendelstein, durch seinen Sohn abgelöst. Der um 1800 in Garlstorf unterrichtende Lehrer beschwerte sich bei der Kirche darüber, daß ihm die Bauern sein Land nicht mitpflügten. Er erhielt zur Antwort, er möge die Bauern nicht so schlecht behandeln. 1844 baute die Gemeinde ein neues Schulhaus.

Küster Wachsmut in Neuhaus führte 1820 darüber Klage, daß er 194 Kinder in einem Raum unterrichten mußte. Seit 1828 half er sich so, daß er die großen Kinder morgens und die kleinen nachmittags vornahm. Im Sommer freilich hatte sich der Schulbesuch noch nicht durchgesetzt. 1837 war in der Zeit zwischen dem 1. Mai und dem 1. Oktober nur jeweils einmal in der Woche Unterricht. Das Schulgeld belief sich in Neuhaus auf insgesamt etwa 140 Taler im Jahr, von seinen 50 Schreibschülern bezog der Lehrer zusätzlich je 14 Groschen.

Als 1839 die zweite Lehrerstelle genehmigt wurde, mußte der erste Lehrer sich mit 20 Talern weniger begnügen. In den Jahren 1843/44 baute Neuhaus eine neue Schule, 1845/46 auch eine neue Küsterei.

In der Schule in Kaarßen unterrichtete 1825 Lehrer Plaß.

Die Kirchspielschule in Neetze brannte 1827 ab. 1832 wurde ein Neubau errichtet. Gleichzeitig damit erhielt der Küster einen Gehilfen. 1872 baute man abermals ein neues Schulhaus. 1874 wurde der zweite Lehrer angestellt.

Die Winkelschulen

Bereits 1608 entstand in Krusendorf (Sumte) — Kirchspiel Blücher — eine Schule. 1776 brannte das Schulhaus ab. Der bald darauf errichtete Neubau wurde 1870 erweitert.

Die Dörfer des Kirchspiels St. Dionys (Barum) besitzen alte Schulen. In Barum, Brietlingen, Horburg (Barum) und Lüdershausen (Brietlingen) fand man anläßlich der Visitation von 1659 Spuren von Schulunterricht.

Von den 14 schulpflichtigen Barumer Kindern gingen damals zwölf regelmäßig zum Unterricht, außerdem kamen Schüler aus St. Dionys und Horburg. 1858 wurde die Schule in Barum mit der Horburger zusammengelegt; zwischen den beiden Gemeinden entstand ein gemeinsames Schulhaus, das man 1932 durch einen Neubau ersetzte.

In Brietlingen urteilten die Visitatoren von 1659, daß die Schule „zergangen" sei. Aber man machte gleich einen neuen Anlauf. Das Schulgeld wurde auf einen Groschen pro Woche festgesetzt, dazu waren pro Jahr ein Brot und ein Pfund Butter abzuliefern. Das 1789 errichtete Schulhaus wurde 1837 vergrößert. 1864 entstand ein Neubau. Bei der Gemeinheitsteilung erhielt die Schule 18 Morgen Land.

In Horburg ließ der Schulbesuch 1659 zu wünschen übrig. Die meisten Eltern schickten ihre Kinder nicht mehr zum Unterricht, sondern ließen sie „mit den jungen Gänsen auf der Weide herumlaufen". Ein vernichtendes Urteil wurde bei einer anderen Visitation — 1723 — über den Schneider und Lehrer Hans Hagelberg abgegeben: „Unsere Kinder sind nicht wohlversehen mit ihm. Er lernt ihnen gar wenig, traktiert sie mit Schlägen, stößt sie von sich, daß sie es den anderen Kindern weisen sollen, was sie manchmal selbst nicht wissen, schlägt mit der Elle auf den Kopf, mit der Faust braun und blau, schickt sie mit blutigen Köpfen nach Hause, bindet sie an die Bänke, daß die Mutter sie selbst loslösen muß. Auch weist er sie nicht an zum Schreiben und Rechnen, was ihnen doch manchmal recht nützlich und nötig ist. Dagegen gibt er ihnen die schlimmsten Wörter." Seit 1858 hatten Horburg und Barum eine gemeinsame Schule.

In Lüdershausen lautete das Urteil bei der Visitation von 1659 wiederum: „zergangen". 1742 wurde im Schulhaus am Rande des Dorfes eine Lehrerwohnung ausgebaut. 1819 entstand in der Dorfmitte eine neue Schule, an der man 1886 Veränderungen vornahm. 1856 mußte sich das Celler Konsistorium mit der Schule in Lüdershausen befassen, weil die Gemeinde sich weigerte, dem Lehrer einen neuen Schweinetrog zu beschaffen.

1667 gab es für Soderstorf mit Schwindebeck und Thansen — Kirchspiel Raven — einen Lehrer. Er unterrichtete jeweils ein Vierteljahr in Soderstorf, Schwindebeck, Thansen und Evendorf (Landkreis Harburg). Erst ab 1750 stand in Soderstorf ein Schulgebäude zur Verfügung.

1687 gingen die Rolfsener Kinder noch in Raven zur Schule. 1692 starb der erste Rolfsener Lehrer, Benecke. 1783 errichtete man eine dorfeigene Schulkate. 1877 entstand ein Neubau.

Auch die Wetzener Kinder gingen 1687 noch in Raven zum Unterricht. Für Abhilfe sorgte der Vollhöfner Cord Lemcke, indem er 1709 den Lehrer Jürgen Behrbaum anstellte. Zunächst war die Hirtenkate das Schulhaus. 1822 baute man die erste, 1869 die zweite Schule.

Sassendorf (Hohnstorf) — Kirchspiel Hittbergen — verfügte 1670 über einen Lehrer.

Die Schule in Barförde wird 1692 zuerst erwähnt. Obwohl das Schulgebäude nur zwei Zimmer und eine Speisekammer hatte, war in ihm 1824 auch noch der „Pfänder" (Gerichtsvollzieher) untergebracht. 1836 erwog man, ob man die Barförder Schule mit der in Wendewisch (Bleckede) zusammenlegen sollte. Beide Dörfer behielten ihre Schulen.

Das erste Datum der Schulgeschichte von Melbeck — Kirchspiel Embsen — ist das Jahr 1682; damals ließ sich der bisherige Melbecker Lehrer nach Bienenbüttel versetzen. Schon Ende des 17. Jahrhunderts wurde die Lehrerstelle mit Wiesen- und Ackerland ausgestattet; außerdem wies man dem Schulmeister im Moor einen Platz zum Torfstechen an. Die Erlaubnis, ein Schwein in die Mast zu treiben, vermochte die Gemeinde allerdings nicht zu erteilen; dafür war der Abt des Lüneburger Michaelisklosters als Holzherr von Melbeck zuständig. Bei der Gemeinheitsteilung erhielt die Schule mehr als 18 Morgen Weideland.

Auch auf Fensterbierscheiben begegnet das Thema Schule (1765).

Von Lehrer Köhler hieß es 1833: „Er war ein kluger Schulmeister, aber er hatte zuviel zu nähen.“ Selbst während der Unterrichtsstunden übte er den Schneiderberuf aus. 1894 erwarb die Gemeinde ein Altenteilerhaus als Schulgebäude.

Das Protokoll einer Visitation von 1696 nennt in Kolkhagen (Barnstedt) einen Lehrer. Das erste Schulhaus wurde 1732 gebaut, das zweite 1859. Die Einkünfte des Lehrers waren kärglich. „Ich habe den Schullehrer in Kolkhagen“, so schreibt der Lüner Superintendent 1820, „im Jahre 1809 als Bettler vorgefunden, und der nachfolgende ist im eigentlichen Sinne verhungert und der jetzige Lehrer... kämpft schwer mit Nahrungssorgen." Bei der Gemeinheitsteilung im Jahre 1854 erhielt die Schule Ländereien.

Die Visitatoren von 1696 trafen auch in Rettmer (Lüneburg) einen Lehrer an; er unterrichtete zugleich die Kinder aus Häcklingen (Lüneburg). Als den beiden Gemeinden 1732 nahegelegt wurde, eine Schule zu bauen, weigerten sich die Bauern aus Geldgründen. Sie sannen ihren Schulmeistern an, weiter zur Miete zu wohnen und den Unterricht reihum zu erteilen. Einem Lehrer wurde von seinem Hauswirt nicht einmal erlaubt, sich eine Kuh und Hühner zu halten; sogar einen Platz für den Koffer gab man ihm nur ungern. 1785 zog er daraus die Konsequenz und siedelte an die Schule in Südergellersen über.

Erst 1792 entstand in Häcklingen ein Schulhaus, es wurde 1846 und 1890 erweitert. Durch die Gemeinheitsteilung in den Jahren 1841/42 gewann die Schule über 14 Morgen; vorher hatte sie nur wenig mehr als einen Morgen Weideland besessen.

1728 wollten sich die Bauern in Heinsen (Embsen) von der Kirchspielschule in Embsen lösen. Aber der Embser Pastor, Cappe, vereitelte den Plan. Er behauptete, der Lehrer, den die Einwohner von Heinsen in Aussicht genommen hatten, sei aus Preußen weggelaufen, weil er nicht Soldat werden wollte. Die Schulgemeinschaft Embsen-Heinsen blieb bestehen.

Alt Wendischthun (Bleckede), das die Kinder zunächst in die Kirchspielschule in Bleckede schickte, besorgte sich noch vor 1686 einen eigenen Lehrer. 1835 ersetzte das Dorf das bisherige durch ein neues Schulhaus.

Auch aus Karze (Bleckede) gingen die Kinder anfänglich in die Bleckeder Küsterschule. Schon 1684 aber beschwerte sich der Bleckeder Pastor, daß aus Karze, Garze und Vogelsang (alle Bleckede) kaum noch Kinder in die Kirchspielschule kamen. Spätestens 1697 gab es in Karze eine eigene Schule. Über das Haus, in dem der Unterricht erteilt wurde, klagte Lehrer Evers 1782: „Eine Schultür brauchen wir nicht mehr, die Kinder können durch die ausgefallenen Wände ein- und ausgehen." In den Jahren 1785 und 1842 baute Karze neue Schulen. Seit 1902 gab es eine zweite Lehrerstelle.

Eine typische Winkelschule war die von Mamsell Bars in Bleckede unterhaltene Kleinkinderschule. In einer Dachstube unterwies das Fräulein, Tochter eines Zollbeamten, Mitte des 19. Jahrhunderts 50 Jahre lang vorwiegend kleine Kinder im Lesen, Schreiben und Rechnen. Die Mädchen konnten zudem stricken lernen. Waren sie konfirmiert, brachte Mamsell Bars ihnen auch das Weißnähen bei. Der Besuch ihres Dachzimmers, in dem sechs Reihen Kinderstühle und unter einem Tisch zwei Weinflaschen mit frischem Trinkwasser standen, kostete pro Tag zwei Pfennig.

Die Wittorfer Schulkate — Kirchspiel Bardowick — dürfte Ende des 17. Jahrhunderts errichtet worden sein (möglicherweise 1691). Der erste namentlich bekannte Lehrer ist Christoph Husmann (1750). 1827 wurde ein Neubau errichtet.

Die Radbrucher Schule entstand, als 1778 das herzogliche Gestüt aufgelöst wurde. In einem der nicht mehr benötigten Stallgebäude hatte nun ein Lehrer seine Schulstube.

In Mechtersen wurden 1780, 1825 und 1879 Schulen gebaut.

1693 gab es in Brackede (Bleckede) — Kirchspiel Garlstorf (Bleckede) — eine Schule. Kurz darauf wurde sie auf Anordnung des Marschvogts abgebrochen, weil sie die Sicht auf

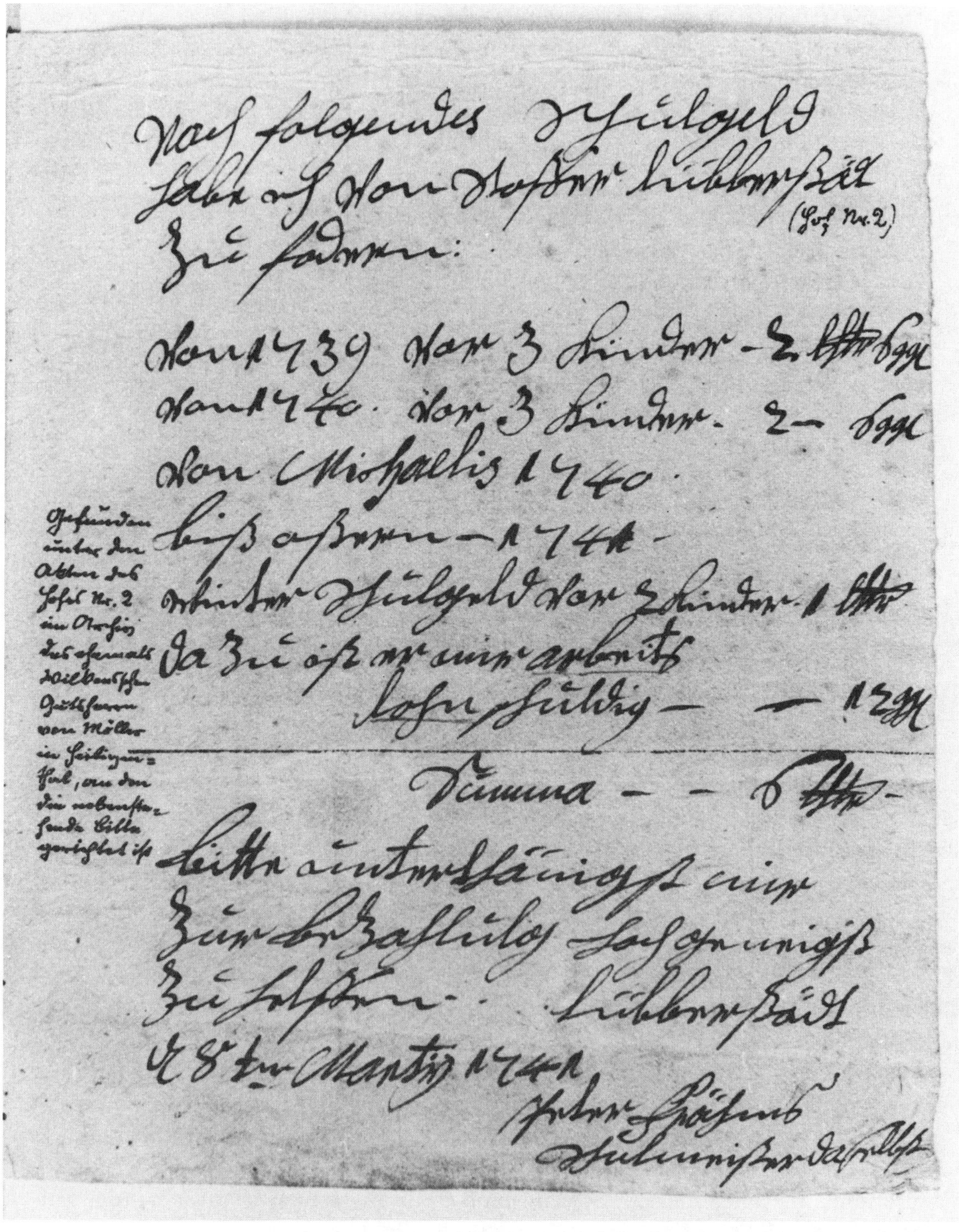
Nachfolgendes Schulgeld
habe ich von
(Hof Nr. 2)
zu fodern:

Von 1739 vor 3 Kinder - 2 Rthr 6 ggr
Von 1740 vor 3 Kinder - 2 - 6 ggr
Von Michaelis 1740
biß Ostern - 1741 -
Winter Schulgeld vor 2 Kinder - 1 Rthr
dazu ist er mir arbeits
lohn schuldig - - 12 ggr

Summa - - 6 Rthr -

d 8ten Martij 1741

In Heiligenthal (Südergellersen) gefunden:
Schulgeldrechnung von Anno 1741.

den Deich versperrte, und an anderer Stelle wiederaufgebaut. 1742 begegnet in Brackede der auch aus Garlstorf bekannte Lehrername Mendelstein. 1826 und 1888 errichtete die Gemeinde Schulneubauten.

An der Schule in Wendewisch (Bleckede), deren Zusammenlegung mit der Schule in Barförde 1836 erörtert wurde, unterrichtete 1850 ein folgendermaßen charakterisierter Lehrer: „Vielleicht der unfähigste Schulmeister im ganzen Königreich, nicht sittlich schlecht, aber nur halb klug und völlig unfähig zu unterrichten."

Unbedingte Autoritätsperson: Der Lehrer (anonymer Holzstich).

Bevor 1697 in Konau (Darchau-Kühren) — Kirchspiel Stapel — ein Schulhaus gebaut wurde, hatte der dortige Lehrer in einer Kapelle unterrichtet. Die Konauer Lehrer, zu denen auch die Kinder aus Popelau (Darchau-Kühren) und Darchau (Darchau-Kühren) kamen, erhielten außer dem — kargen — Schulgeld jährlich 50 Brote; zu Weihnachten mußte jeder Hauswirt zusätzlich ein Brot, einen Stuten (Weißbrot), ein Stück Gänsefleisch beziehungsweise eine Mettwurst sowie eine Schüssel Bohnen oder Erbsen geben. 1831 klagte der Konauer Lehrer: „Meine Stube ist viel zu klein und ungesund, 5mal im Jahr muß ich sie räumen, damit der Pastor aus Stapel darin Gottesdienst halten kann." Schon 1832 entstand eine neue Schule.

Während Popelau weiterhin die Schule in Konau benutzte, errichtete Darchau 1774 ein eigenes Schulgebäude.

Kinder, die auch das Schreiben erlernen wollten, mußten 1824 in der Schule in Haar einen halben Taler pro Schuljahr bezahlen. Dieser Satz galt allerdings nur für solche Schüler, die auf Papier schrieben; wenn bloß die Schiefertafel benutzt wurde, war ein geringerer Betrag fällig.

Die Einwohner von Göddingen (Bleckede) — Kirchspiel Barskamp (Bleckede) — wollten 1703 eine eigene Schule haben und schrieben deswegen nach Celle: „Wir können unsere 6-7jährigen Kinder nicht nach Barskamp zur Schule schicken. Deshalb haben wir den Sohn des Organisten Vortkamp in Scharnebeck als Lehrer angenommen. Aber der Kantor in Barskamp ist darüber unzufrieden, hat ihn beschimpft und geohrfeigt und zwei Soldaten durch Branntwein willig gemacht, ihn nach dem Austritt aus der Kirche auf dem Kirchhof zu überfallen und durchzuprügeln. Er konnte sich nicht wehren; er war vorher Bäckerlehrling und hat sich dabei überarbeitet." Der Pastor in Barskamp stellte sich hinter seinen Küster. Daraufhin entschied Celle, die Göddinger Kinder von sieben Jahren an aufwärts müßten nach Barskamp in die Schule gehen. Erst 1782 erreichte Göddingen die Loslösung von der Kirchspielschule. Das eigene Schulgebäude wurde 1827 erneuert.

Der Lehrer in Tosterglope (Dahlenburg) war 1755 noch bei einem Bauern untergebracht, aber bald darauf wurde für ihn ein Schulhaus errichtet. 1831 entstand ein Neubau.

1770 gab es in Walmsburg (Bleckede) bereits einen Lehrer.

Bevor die Gemeinde Alt Garge (Bleckede) 1777 ein kleines Schulhaus mit Lehmfußboden erstellte, wohnte der Lehrer in einer Kate. 1867 wurde eine neue Schule gebaut. In Neu Garge (Bobzin) auf dem rechten Elbufer entstand 1840 ein neues Schulhaus, es brannte 1861 ab.

Lehrer Maack in Viehle, der auch die Kinder aus Gülstorf (Viehle) unterrichtete, führte 1789 Klage: „Das Schulhaus ist dem Hirtenhause angebaut. Die Fundamente sind verfault, die Ständer stehen auf der Erde, die Wände sind schräg."

Die Schule in Stiepelse brannte 1810 ab.

Bei der 1715 beantragten Gründung einer Schule in Rosenthal (Bleckede) — Kirchspiel Lüdersburg — spielte der Gedanke mit, daß ein künftiger Rosenthaler Lehrer, wenn das Wetter schlecht und der Weg zur Lüdersburger Kirche ungangbar war, den Bauern eine Predigt vorlesen konnte. Die neue Schule litt unter Raummangel. 1769 wohnten in der Schulstube die sechsköpfige Lehrerfamilie und der Gemeindehirte. Sie begnügten sich mit einem großen und einem kleinen Bett. Für Wärme sorgte ein Kachelofen. Bei Frost mußten auch die Kartoffeln in der Schulstube aufbewahrt werden. Erst 1815 wurde dem Hirten eine eigene Stube angebaut. Ein neues Schulhaus entstand 1850.

Der 1738 in Jürgenstorf (Lüdersburg) wirkende Lehrer verdiente sein Geld in der Hauptsache als Imker. Seinen Unterricht erteilte er reihum in den Bauernhäusern. Aber bald baute die Gemeinde ein Schulhaus. 1803 erneuerte sie das Gebäude.

Auch der Lehrer in Pommoißel (Nahrendorf) — Kirchspiel Nahrendorf — mußte in Bauernstuben unterrichten, bevor er 1740 ein Schulhaus erhielt. Das Schulzimmer freilich war so klein, daß nur ein Tisch darin Platz hatte; infolgedessen konnten bloß wenige Kinder im Schreiben unterwiesen werden. 1820 bekam Pommoißel eine neue Schule, sie wurde 1861 erweitert. Auch die Kinder aus Breese, Lüben, Nieperfitz und Tangsehl (alle Nahrendorf) profitierten davon.

1747 gab es in Kovahl eine Schule. Als das erste Schulhaus mit Lehmfußboden zu klein geworden war, baute man 1815 ein größeres. Auch aus Moislingen und Neestahl (beide Nahrendorf) sowie aus Ventschau (Tosterglope) wurde die Kovahler Schule besucht.

Die Gemeinde Laake (Tripkau) — Kirchspiel Tripkau — brach 1744 ihre alte Schule ab und errichtete eine neue. Schon 1768 jedoch kritisierte Lehrer Kemmerer: „Dach und Wände des Schulhauses sind undicht. Der Ofen ist aus Thon-Klößen, raucht und ist immer stankigt. Die Kinder müssen sich immer vor ein Fenster zusammendrängen, können an dunklen Tagen nichts sehen." Auch was sein sich jährlich auf zehn Taler belaufendes Heu- und das übrige Schulgeld betraf, hatte der Lehrer Grund zum Klagen. Seinen Nachfolgern erging es in Laake nicht viel besser.

Einen Lehrer besaß Ellringen (Dahlenburg) — Kirchspiel Dahlenburg — bereits 1748, ein Schulgebäude jedoch erst 1778. Da auch die Kinder aus Bargmoor, Leestahl, Riecklingen und Sommerbeck (alle Dahlenburg) sowie aus Wiecheln (Thomasburg) die Ellringer Schule besuchten, reichte der Platz schon bald nicht mehr aus. Aber erst 1869 wurde ein Neubau errichtet. Kurze Zeit vorher, 1857, hatte man einen Lehrer wegen fortgesetzter Trunkenheit entlassen müssen.

1754 gab der Lehrer in Boitze eine eindringliche Schilderung davon, was es bedeutete, kein Schulhaus zu haben und reihum unterrichten zu müssen: „Wenn die Kinder in der allerbesten Aufmerksamkeit sind, so kömmt öftermaßen der Bauer bald spät, bald früh mit sein Gesinde vom Felde und will Tisch und Bänke geräumt haben... Um Fastnacht, so bringt man schon das Webegestell und die Garn-Winde in die Stube, durch weßen Geräusch weder Schulmeister noch Lehrling einander höhren und verstehen können..." Wenig später erhielt Boitze ein Schulgebäude. 1798 war es reparaturbedürftig, 1806 wurde es durch einen Neubau ersetzt. Die Boitzer Schule besuchten auch die Kinder aus Ahndorf, Neetzendorf und Vindorf (alle Boitze).

Der Schulmeister in Harmstorf (Dahlem), der zugleich die Jugend Dahlems und Köstorfs (Dahlem) unterwies, bat 1769 darum, man möge den Dorfhirten aus seiner Kate ausquartieren. Schon 1787 wurde eine neue Schule gebaut. 1864 kaufte die Gemeinde ein Haus als Schulgebäude an.

Bis 1835 unterrichtete der Lehrer in Gienau (Dahlenburg), der auch Becklingen, Dumstorf, Eimstorf und Siecke (alle Dahlenburg) zu betreuen hatte, in seinem eigenen Haus; im selben Jahr erbaute die Gemeinde ein Schulhaus.

In Hohnstorf — Kirchspiel Artlenburg — wird seit 1749 Schule gehalten. Da eine Klasse mit 114 Schülern schlecht zu regieren war, nahm der Lehrer 1873 eine Teilung vor; die eine Hälfte wurde morgens und die andere nachmittags unterrichtet.

1752 baute die Gemeinde Bitter (Kaarßen) — Kirchspiel Hitzacker — ein Schulhaus mit zwei Stuben. In die eine zog der Lehrer mit seiner Klasse ein, in die andere der Dorfhirte. 1834 machte ein Schulneubau diesem Zustand ein Ende.

Der Lehrer in Stixe (Kaarßen) — Kirchspiel Kaarßen — mußte 1768 mit dem Gemeindehirten in demselben Zimmer hausen. Einer seiner Nachfolger mietete sich 1832 eine eigene Wohnung.

Auch der Lehrer in Pinnau (Tripkau) wohnte 1830 mit dem Dorfhirten zusammen.

Der erste namentlich bekannte Lehrer in Oerzen (Embsen) — Kirchspiel Betzendorf — starb 1776. 1840 wurde eine Schule errichtet, 1934 erfolgte ein Umbau. Durch die Einpfarrung nach Embsen (1864) kam die Oerzener Schule unter die Aufsicht des dortigen Pastors.

1850 bat der Gutsherr von Barnstedt um die Erlaubnis, daß die zum Gut gehörenden Kinder nicht mehr nach Embsen zur Schule gehen mußten, wohin das Rittergut im Unterschied zum Dorf eingepfarrt war, sondern die Barnstedter Schule besuchen durften. Das Celler Konsistorium stimmte dem Antrag 1851 zu.

Breetze (Bleckede) — Kirchspiel Neetze — hatte 1779 einen eigenen Lehrer. Das 1802 erbaute Schulhaus brannte 1828 ab und wurde neuerrichtet.

1792 löste sich auch die Gemeinde Boltersen (Rullstorf) von der Küsterschule in Neetze.

Weil die Bauern in Häcklingen und Rettmer ihren Lehrer zu schlecht behandelt hatten, lief er ihnen 1785 davon und unterrichtete von jetzt an in Südergellersen — Kirchspiel Kirchgellersen —.

Die Gemeinde Sumte — Kirchspiel Neuhaus — vergrößerte 1839 ihr Schulhaus.

Der kalte Lehmfußboden in seiner Schulstube veranlaßte den 1847 in Preten wirkenden Lehrer, stets in Holzschuhen zu unterrichten.

Schulmeister Hieronymus
(Wilhelm Busch).

DIE ERWERBUNG DER ÄMTER LAUENBURG (mit Artlenburg) UND NEUHAUS (1702)

Kurfürsten von Hannover — Könige von England

Seitdem Albrecht und Johann, die Söhne Ottos des Kinds, 1267 das Herzogtum Braunschweig-Lüneburg geteilt hatten, waren der Norden und der Süden der welfischen Lande getrennt. Lediglich nach Beendigung des Lüneburger Erbfolgekrieges vermochte das ältere Haus Braunschweig den gesamten Welfenbesitz für vier Jahrzehnte (1388—1428) wieder zu vereinigen. Als im 17. Jahrhundert das mittlere Haus Braunschweig ausstarb, besaß Herzog August wenige Jahre (1634—1636) außer Lüneburg-Celle auch Calenberg-Hannover; Braunschweig-Wolfenbüttel freilich blieb in den Händen des neuen Hauses Braunschweig.

Die Wende vom 17. zum 18. Jahrhundert wurde für das neue Haus Lüneburg eine Zeit großer Ereignisse. Herzog Ernst August, an den nach dem Tode seines Bruders Johann Friedrich (1679) Calenberg-Hannover gefallen war, gewann 1692 die neunte Kurwürde des Heiligen Römischen Reiches Deutscher Nation.

Bald darauf kam dem Kurfürstentum Hannover eine günstige Erbmöglichkeit zugute. Als 1705 Herzog Georg Wilhelm von Lüneburg-Celle starb, wurde die Vereinigung von 1634 erneut und diesmal dauerhaft realisiert. Kurfürst Georg Ludwig, der 1698 seinem Vater, Ernst August, gefolgt war, gewann nun als Gemahl der Celler Erbtochter, seiner Kusine Sophie Dorothea, den welfischen Norden: das alte Fürstentum Lüneburg. Das Gebiet des heutigen Landkreises Lüneburg war seit 1705, einem der wichtigsten Daten der nordwestdeutschen Territorialgeschichte, Bestandteil des Kurfürstentums Hannover.

Hannovers Glanz sollte noch strahlender werden. 1714 bestieg Kurfürst Georg Ludwig als Georg I. den englischen Thron. England und Hannover waren künftig in Personalunion verbunden. Der überraschende Erbfall von 1714 beruhte auf der welfischen Verwandtschaft mit dem britischen Herrscherhaus Stuart. Kurfürst Friedrich V. von der Pfalz, der „Winterkönig" am Beginn des 30jährigen Krieges, hatte Elisabeth Stuart, die Tochter König Jakobs I. von England, geehelicht. Der beiden Tochter, Sophie von der Pfalz, war die Gemahlin Ernst Augusts von Hannover geworden. Georg Ludwig, ein Urenkel

Kurfürst von Hannover, zugleich König von England: Georg I.

Kurfürst von Hannover, zugleich König von England: Georg II.

Jacobs, wurde 1714 beim Tode Königin Annas als der nächste evangelische Verwandte des Hauses Stuart König von England.

1719 gelang es Georg I., dem Kurfürstentum Hannover die Herzogtümer Bremen und Verden hinzufügen, sie sich seit dem 30jährigen Krieg in schwedischer Hand befunden hatten.

Der Lauenburger Erbfolgestreit (1689—1702)

In die ereignisreiche Zeit um 1700, in der die Herzöge von Calenberg-Hannover außer dem Kurfürstentitel und dem englischen Königstitel die Lande Lüneburg-Celle, Bremen und Verden gewannen, gehört noch eine weitere Erwerbung. Das Haus Sachsen-Lauenburg starb aus und wurde von Herzog Georg Wilhelm (1702) und kurz darauf von Kurfürst Georg Ludwig beerbt (1705). Zumal für den Lüneburger Raum war dieser Territorialgewinn von Bedeutung. Die Artlenburger Marsch sowie der Darzing und das Land Wehningen — Bleckede gegenüber auf dem jenseitigen Elbufer gelegen — wurden welfisch: Gebiete, die später Bestandteile des Landkreises Lüneburg waren.

Schloß Lauenburg unterstanden bis zum Ende des Lauenburger Erbfolgestreits (1702) die Artlenburger Marsch und das Amt Neuhaus.

Ebenso wie die Artlenburger Marsch waren der Darzing und das Land Wehningen geschichtsträchtiger Boden. Diese beiden Gebiete machten den Südteil des ehemaligen wendischen Gaus Polabien aus. Erst zur Zeit Heinrichs des Löwen wurden die slawischen Polaben unterworfen. Ihre Christianisierung ging von dem 1154 gegründeten Bistum Ratzeburg aus. Dazu gehörte auch, daß jetzt der Zehnte erhoben wurde. Freilich hatten die Slawen ihrer rückständigeren Wirtschaftsform wegen einen niedrigeren Satz zu bezahlen als die sächsischen Neusiedler. Der Ort, wo die Abgesandten des Ratzeburger Bischofs alljährlich die Zehntleistungen in Empfang nahmen, war Stapel an der Elbe.

Zugleich mit der Bleckeder und der Artlenburger Marsch kam der Darzing 1258 an die Askanier. Während aber Bleckede schon Anfang des 14. Jahrhunderts von den Welfen zurückgekauft wurde, verblieben die beiden anderen Gebiete bis in die Neuzeit im Verband des seit 1260 neben Sachsen-Wittenberg existierenden Herzogtums Sachsen-Lauenburg.

Als Herzog Johann von Sachsen-Lauenburg, der Gründer des lauenburgischen Zweiges innerhalb des askanischen Gesamthauses, 1285 starb, wurde für seine Söhne der Herzog von Sachsen-Wittenberg als Vormund eingesetzt. Dieser bestellte Hermann Ribe zum Statthalter und gab ihm das Land Wehningen (Tripkau), das bis dahin die Grafen von Dannenberg besessen hatten. Ribe baute sich in seinem neuen Gebiet eine Burg, um von ihr aus die durch den Darzing führenden Straßen sowie die Elbe unsicher zu machen. Seine Überfälle auf Schiffe und Wagen erreichten ein solches Ausmaß, daß sich 1289 Hamburg, Lüneburg, Lübeck und Wismar genötigt sahen, kriegerisch gegen den Raubritter vorzugehen. Im Frieden von Dutzow (Mecklenburg) mußte sich Ribe 1291 verpflichten, Burg Wehningen und neun andere Burgen, die ihm gehörten, schleifen zu lassen. Der Ritter zog sich auf Burg Hitzacker zurück. Aber auch dieser Platz sollte ihm nicht lange bleiben. Herzog Otto von Lüneburg und Markgraf Otto von Brandenburg belagerten Hitzacker und zwangen Ribe, sich zu ergeben.

Der Darzing befand sich inzwischen in der Hand von Johanns Erben. Das Land Wehningen war abermals an die Grafen von Dannenberg gekommen, Lehnsleute des Hauses Sachsen-Lauenburg.

Um den Besitz des Darzings entbrannte 1315 beim Tode der Herzogin Margarethe, der Gemahlin Herzog Albrechts von Sachsen-Lauenburg, die das Gebiet als Wittum besessen hatte, zwischen ihrem Sohn Erich I. und dessen Vettern, den Herzögen von Bergedorf und Sachsen-Wittenberg, ein heftiger Steit. Hundert Jahre lang war der Darzing umkämpftes Land. Der Ansprüche der Bergedorfer vermochten sich die Lauenburger schon 1334 durch eine Abfindungssumme zu entledigen. Die Fehde mit den Wittenbergern ging weiter. Erich II. gewann in Herzog Magnus von Braunschweig-Wolfenbüttel einen Verbündeten, Sachsen-Wittenberg in den Mecklenburgern. Erich V. vermochte endlich 1414 einen kaiserlichen Lehnsbrief zu erlangen, durch den ihm der Besitz des Darzings bestätigt wurde. Erst seit dieser Zeit unternahm Sachsen-Wittenberg keine Versuche mehr, das Land an der Elbe an sich zu bringen.

Vorübergehend überließen die Lauenburger den Darzing während des 14. Jahrhunderts den Rittern von Scharffenberg, und zwar im Tausch gegen eine Burg bei Ratzeburg.

Unter den Scharffenbergs kehrten die Zustände wieder, die im 13. Jahrhundert unter Hermann Ribe geherrscht hatten. Um den Raubrittern das Handwerk zu legen, verbündeten sich schließlich Sachsen-Wittenberg, Lüneburg-Celle und Mecklenburg. 1345 gelang es den Verbündeten, die beiden Hauptburgen des Darzings zu zerstören: das „Nye Hus" bei Preten sowie Burg Dorningk bei Zeetze. Damit hatten die Scharffenbergs ihre Rolle ausgespielt. Lauenburg versuchte den Darzing wieder zu behaupten.

Das „Nye Hus" lag an wichtiger Stelle dort, wo die Straße Lübeck—Lauenburg—Boizenburg durch die sogenannte „Herzogsfurt" an der Mündung der Krainke in die Sude in den Darzing führte, um dann bei Darchau (Darchau-Kühren) die Elbe zu überqueren und ins Lüneburgische weiterzulaufen. Bis auf die Zeit Heinrichs des Löwen wird das „Nye Hus" zurückgeführt. Nach der Zerstörung von 1345 entstand ganz in der Nähe eine neue Burg: Neuhaus, der spätere Hauptort des ganzen Gebiets. Das „Nye Hus" bei Preten lebte im Rittergut Preten fort.

Die erste urkundliche Erwähnung von Neuhaus, ebenfalls als „dat Nye Hus" bezeichnet, liegt für 1372 vor. Den für den Bau notwendigen Kalk lieferte der Lüneburger Kalkberg; da Lauenburg 1357 zugesichert hatte, den Lüneburger Handel zu schützen, befanden sich die beiden Herzogtümer in gutem Einvernehmen.

1488 und 1492 wurde Neuhaus an Angehörige des Adelsgeschlechts von Bülow verpfändet. 1493 gaben die Lüneburger Herzöge den Ort als Burglehen an Hinrich Kröger. Ab 1543 diente er als Witwensitz.

Die bedenkliche Tradition Hermann Ribes und der Scharffenbergs setzte im letzten Drittel des 15. Jahrhunderts das Hofgesinde von Neuhaus fort. Der Amtmann und seine Untergebenen hatten so gut wie freie Hand — nur selten ließ sich der Herzog sehen — und fanden nichts dabei, die Schiffe von Elbfischern oder von Lüneburger Ratsherren, den Pfandinhabern von Bleckede, zu berauben.

Sogar zur Residenz rückte Neuhaus auf. 1563 wurde das Amt Herzog Franz II. als Apanage zugesprochen. Er geriet darüber jedoch mit seinem älteren Bruder, dem regierenden Herzog Magnus, in Streit. Eine Zeitlang besaß Magnus den Darzing, dann gehörte das Gebiet wieder Franz II. Nachdem dieser selbst Regent geworden und ihm 1616 Schloß Lauenburg abgebrannt war, erhob er Neuhaus zur Residenz. Nach seinem Tode (1619) war der Ort erneut Witwensitz. Später diente das Elbamt wieder als Apanage für nichtregierende Mitglieder des Hauses Sachsen-Lauenburg.

Mit Herzog Julius Franz starben am 19. September 1689 die lauenburgischen Askanier aus. Sofort meldeten drei Häuser ihre Erbansprüche an: Kursachsen, Mecklenburg und Lüneburg-Celle. Schon am 27. September nahm ein Bevollmächtigter des sächsischen Kurfürsten von Schloß und Amt Neuhaus Besitz. Kurz darauf waren Truppen Georg Wilhelms von Celle zur Stelle.

Nachdem der Celler Herzog auch Ratzeburg besetzt hatte, griffen sogar die Dänen in den Lauenburger Erbfolgestreit ein. Im August 1693 erschienen sie vor der Bischofsstadt und beschossen sie.

1702 endlich gelang es Georg Wilhelm, seine Ansprüche in einem Vergleich durchzusetzen. Zusammen mit Lüneburg-Celle kamen kurz darauf 1705 auch die Ämter Neuhaus und Lauenburg (mit Artlenburg) an das Kurfürstentum Hannover, ein Akt, der 1716 vom Kaiser bestätigt wurde.

Das Amt Lauenburg (mit Artlenburg)

Das askanische Amt Lauenburg war ebenso wie die welfischen Ämter in Unterbezirke aufgegliedert. Die ehemals lauenburgischen Dörfer, die heute zum Landkreis Lüneburg gehören, verteilten sich auf die Obermarschvogtei und die Untermarschvogtei. Daneben gab es noch die Burgvogtei, die Amtsvogtei Lauenburg und die Vogtei Franzhof.

In der Obermarschvogtei lagen Barförde (Hittbergen), Hittbergen, Hohnstorf und Sassendorf (Hohnstorf). Hohnstorf war nach Artlenburg eingepfarrt, die drei übrigen Dörfer bildeten das Kirchspiel Hittbergen.

Zur Untermarschvogtei zählten Artlenburg, Avendorf (Landkreis Harburg) und Tespe (Landkreis Harburg). Während Avendorf zur Parochie Artlenburg gehörte, hing Tespe von der Kirche in Niedermarschacht (Landkreis Harburg) ab.

Schloß Lüdersburg — der von hier aus verwaltete Gutsbezirk entsprach dem Bezirk eines geschlossenen Patrimonialgerichts.

Artlenburg, früh als Burg- und Fährort von Bedeutung und das Zentrum einer welfischen Vogtei, blieb auch in der Folgezeit als Zoll-, Post- und Fährstelle wichtig. Hier überquerte die alte Salzstraße von Lüneburg nach Lübeck die Elbe. Hier wechselten die Postkutschen die Pferde. Hier war für jeden Wagen ein hoher Zoll zu erlegen, wobei es keine Rolle spielte, ob das Fuhrwerk beladen oder unbeladen war.

Echem und Bullendorf (Echem), ehemals auch zum Amt Lauenburg gehörig, waren bereits 1572 an das lüneburgische Amt Scharnebeck verschenkt worden.

Zusammen mit dem Amt Lauenburg kam der Gutsbezirk Lüdersburg (mit Jürgenstorf) 1702 an das Haus Lüneburg-Celle. Die Geschichte von Lüdersburg läßt sich bis 1225 zurückverfolgen. Damals besaß die Familie von Sprenger das Gut. Später waren die von Zabel Herren von Lüdersburg. 1328 ging der Besitz durch Kauf an die von Wittorf über, die ihn ihrerseits wieder an den Obristen Adolf Ludwig Freiherrn von Spörcken veräußerten (1775), dessen Familie bis in die Gegenwart die Lüdersburger Gutsherren stellt.

Lüdersburg war von der Gerichtsbarkeit der Vogtei Artlenburg und des späteren Amts Lauenburg eximiert. Der Lüdersburger Gerichtsbezirk deckte sich mit dem Kirchspiel Lüdersburg und dem Gutsbezirk. Es gehörten dazu die drei Dörfer Lüdersburg, Bockelkathen und Jürgenstorf sowie die drei einstelligen Höfe Ahrenschulter, Grevenhorn und Walmsworth (heute gehören Dörfer und Höfe zu Lüdersburg). Die Forsten des Guts enthielten Eichen- und Erlenwald. Am Lüner Holz waren die Herren von Lüdersburg beteiligt.

Während der Wald in den Ober- und Untermarschvogteien des Amts Lauenburg keine nennenswerte wirtschaftliche Rolle spielte, war die Fischerei auf der Elbe ein wichtiger Erwerbszweig.

Das Amt Neuhaus

Das Amt Neuhaus gliederte sich in die Hausvogtei Neuhaus sowie in die Vogteien Haar und Pinnau (Tripkau). Zur Hausvogtei gehörten — außer Neuhaus selbst — Dellien, Rosien und Sückau. Die gesamte Hausvogtei war nach Neuhaus eingepfarrt.

Die Vogtei Haar setzte sich aus folgenden Dörfern zusammen: Haar, Darchau (Darchau-Kühren), Gülstorf (Viehle), Konau (Darchau-Kühren), Privelack (Kaarßen), Stapel, Vockfey und Zeetze. Bis auf Gülstorf, das zum Kirchspiel Barskamp zählte, war die Vogtei nach der Kirche von Stapel orientiert.

Die Vogtei Pinnau (Tripkau) umfaßte folgende Ortschaften: Pinnau, Bohnenburg (Tripkau), Kaarßen, Klein Rassau (Kaarßen), Laake (Tripkau), Laave (Kaarßen), Stixe (Kaarßen), Tripkau, Vergünne (Tripkau) und Wilkenstorf (Tripkau). Die Dörfer bildeten die Kirchspiele Kaarßen und Tripkau.

Kaum hatte Georg Wilhelm von Lüneburg-Celle seine Ansprüche auf Sachsen-Lauenburg angemeldet, da beauftragte er schon den Dannenberger Notar Heinrich Elias Stockmann, ein Verzeichnis aller in Schloß Neuhaus befindlichen Gegenstände anzuferti-

Schloß Neuhaus — Sitz eines lauenburgischen und (ab 1702) eines hannoverschen Amtes.

gen. Auch die Befestigungsanlagen und die Vorwerke des Schlosses sollte Stockmann genau beschreiben.

Die alte Wasserburg an der Krainke, die im 14. Jahrhundert an die Stelle der benachbarten Pretener Burg getreten war, hatte zu Beginn des 17. Jahrhunderts abgerissen werden müssen, weil sie baufällig geworden war. Lediglich die Grundmauern konnten die Lauenburger Herzöge für den Renaissancebau verwenden, den sie nun errichteten. Zugleich wurden die Wälle verstärkt und durch Palisaden abgesichert. Den notwendigen Sand schafften die zu Hand- und Spanndiensten verpflichteten Neuhäuser Einwohner teilweise von den Elbdünen heran.

Julius Franz, der letzte Sproß des Hauses Sachsen-Lauenburg, unternahm in Neuhaus alchimistische Versuche, bei denen ihm der Neuhäuser Apotheker assistierte. Im Schloß war ein Laboratorium eingerichtet, in dem Feuerbecken, Formen zum Schmelzen von Silber sowie Gläser und Krüge mit Chemikalien standen.

Seit 1725 war Neuhaus hannoversche Garnison. Da der Ort das von Wittingen auf das rechte Elbufer verlegte Regiment nicht ganz aufzunehmen vermochte, kam ein Teil der Soldaten nach Stapel; bis 1771 hatte auch Stapel eine Garnison.

Preten und Wehningen (Tripkau) waren als Gutsbezirke nicht von der Neuhäuser Amtsverwaltung abhängig. Das Rittergut Preten ging gerade 1705 aus dem Besitz der

Familie von Perkenthien an die von Bülow über. Bis ins 20. Jahrhundert folgten noch zahlreiche Besitzwechsel.

Das Rittergut Wehningen, aus dem das Dorf Junker-Wehningen entstand, befand sich seit 1428 in den Händen der von Bülow. 1764 folgte die Familie von Dannenberg. Aber bereits 1797 kauften die von Bülow Wehningen zurück. Erst 1842 wurden sie durch das Adelsgeschlecht von Bernstorff abgelöst.

Die Landesherren besaßen im Amt Neuhaus vier Forstreviere: Neuhaus, Bohldamm (Rosien), Grünenjäger (Stapel) und Haveckenburg (Tripkau). In hannoverscher Zeit unterstanden die Reviere dem Lauenburgisch-Dannenbergischen Oberforstamt, speziell dem Oberförster in Göhrde (Landkreis Lüchow-Dannenberg). Außer diesen landesherrlichen Forsten gab es entlang der Elbe Buschwald, der den Marschbauern gehörte.

Die Fischerei wurde außer auf der Elbe auch auf Sude und Krainke sowie auf den zahlreichen kleinen Seen des Darzings betrieben.

Ein Teil der rechtselbischen Gemeinden des späteren Landkreises Lüneburg hatte nicht oder nur vorübergehend zum Herzogtum Sachsen-Lauenburg gezählt. Mehrere Dörfer auf dem nördlichen Ufer gehörten zum Amt Bleckede. Schließlich ragte das lüneburgische Amt Hitzacker nach dort hinüber; insoweit handelte es sich um die Ortschaften Bitter (Kaarßen), Gosewerder (Tripkau), Groß Kühren (Darchau-Kühren), Groß Rassau (Kaarßen), Herrenhof-Brandstade (Kaarßen), Kolepant (Vockfey), Pommau (Vockfey) und Strachau (Tripkau).

DIE HERZOGLICHE ERB- UND LANDSTADT

Fürstenhof contra Ratsstuhl

Eine standesgemäße Unterkunft in der Stadt Lüneburg besaßen die welfischen Landesherren nicht mehr, seitdem die Burg auf dem Kalkberg zerstört war. Zwar gab es unweit des Rathauses das „hertogen husz" (Herzogshaus), aber dieses besaß noch nicht einmal eine Küche. Das hatte der übermächtige Rat zu verhindern gewußt. War einer der Celler Herzöge anwesend, so ließ der Sodmeister acht leckere Gerichte ins Herzogshaus bringen. Doch dies geschah aus sülfmeisterlichem Wohlwollen, worauf die Lüneburger Seite schnell auch verzichten konnte.

Die Stadt hatte kein Schloß. Ihr Zentrum war das Rathaus. Hier wurde repräsentiert. Hier hütete man beispielsweise den berühmten Lüneburger Silberschatz, der sich seit der Mitte des 15. Jahrhunderts zusehends vermehrt hatte. Sooft die Stadt die Tafel deckte für illustre Gäste, wurde das Prunkgeschirr aus Gotik und Renaissance aufgetragen.

Als Gäste kamen bisweilen auch die angestammten Herzöge. Vergessen war die Gegnerschaft aus den Tagen des Lüneburger Erbfolgekrieges und der Sate. Die reichsstadtähnliche Handelsmetropole und das lüneburgische Fürstenhaus gingen wieder aufeinander zu. 1562, als die Stadt den Herzögen Heinrich und Wilhelm huldigte, kam es geradezu zu einer Aussöhnung zwischen den Kontrahenten von einst.

Die Ereignisse in der ersten Hälfte des 17. Jahrhunderts, die zur Folge hatten, daß Lüneburg wiederum in den Status einer herzoglichen Erb- und Landstadt zurückfand (1371 weiland war diese Entwicklung jäh unterbrochen worden), kamen keinesfalls überraschend.

Als am 10. Februar 1619 der Rat und der Bürgerausschuß nach Kloster Lüne hinauszitiert wurden, da waren die Punkte, die auf der Tagesordnung standen, von geringerer Bedeutung als die Tatsache, daß der Rat seine Schwierigkeiten mit dem Bürgerausschuß nicht mehr zu lösen vermochte und deswegen mit der Anrufung des Celler Landesherrn einverstanden gewesen war. Der Kanzler des Herzogs erkannte den Wandel der Dinge sehr genau; ironisch fragte er die Lüneburger, seit wann sie ihre Dinge nicht mehr allein zu regeln vermöchten.

Zwischen Rat und Bürgervertretung bestanden alte Spannungen. Beide Institutionen hatten schließlich ganz verschiedene Wurzeln. Der Rat war alles andere als eine gewählte Vertretung der Bürgerschaft. Er stellte das städtische Regiment dar. In ihm saßen die Sülfmeisterfamilien, die Exponenten der wirtschaftlichen Macht und des politischen Willens. Demgegenüber war die Bürgervertretung beziehungsweise der Bürgerausschuß etwas, was zumindest in die Richtung Parlament wies. Seinen Ursprung verdankte das mehr oder minder klare Gebilde dem Prälatenkrieg. Damals hatte der Lüner Propst in seinem Kampf gegen den Rat der städtischen Opposition Stimme verliehen, indem er ihr eine Gruppe von Sprechern zugestand. Alle Spannungen im sozialen Gefüge der Stadt äußerten sich seitdem auch in Spannungen zwischen dem Rat, der seine Stellung verteidigte, und der Bürgervertretung, die an die Macht wollte.

Anno 1619 ging es letzten Endes um Verdächtigungen. Da die wirtschaftliche Lage der Stadt sich zusehends verschlechterte, argwöhnte die innerstädtische Opposition, ihre sülfmeisterliche Regierung lasse sich Unregelmäßigkeiten zuschulden kommen. Und der Landesherr, aufgefordert, den Streit zu schlichten, ließ sich wahrhaftig nicht zweimal bitten. Dies war eine Möglichkeit, in Lüneburg wieder Fuß zu fassen. Er beraumte den Lüner Termin an und verkündete einen Monat später im März zu Celle seine Entscheidung. Der Rat sollte sich nunmehr aus den drei Ständen der mittelalterlichen Sozialpyramide ergänzen. Diese Stände waren die Sülfmeister, hergebrachterweise gleichzeitig die Lüneburger Ratmannen, zweitens die wohlhabenden Brauereibesitzer und drittens die nicht minder reichen Kagelbrüder, hansische Kaufleute, die einerseits mit Salz, Heringen und vielerlei mehr Handel trieben und andererseits auch als Spediteure über Fuhrwerke verfügten.

Aus den Gruppen der Brauer und Kagelbrüder sollten nach dem Celler Abschied von 1619 fünf Männer in den Rat aufgenommen werden. Schon im April schritten die Ratmannen zur Tat und bestimmten die neuen Leute. Das hatte mit Revolution überhaupt nichts zu tun. Die drei Stände bewegten sich längst auf der gleichen gesellschaftlichen Ebene. Dennoch saßen nun neben den Sülfpatriziern Bürgerliche in der städtischen Regierung.

Für die Opposition mußte dieses Ergebnis unbefriedigend sein. Die Unruhe blieb. Der Herzog sah sich genötigt, ein weiteres Machtwort zu sprechen. Im Juli 1619 kam es zu einer zweiten Celler Entscheidung. Danach sollte die Bürgervertretung sich folgendermaßen zusammensetzen: drei Sülfmeister, vier Brauereibesitzer und vier Kagelbrüder. Zu diesen elf Personen stießen sechs Ratsherren und der regierende Bürgermeister, so daß der ganze Bürgerausschuß 18 Köpfe zählte. Nur in Ausnahmefällen bestand die Möglichkeit, weitere vier Personen aus den Ämtern der Handwerker zuzuziehen. Im Grundsatz saßen die Handwerker, von den unteren Bevölkerungsschichten ganz zu schweigen, weder im Rat noch in der Bürgervertretung. Entscheidendes hatte sich nicht geändert, wenn man davon absieht, daß Celle wieder ein bestimmender Faktor in der Lüneburger Tagespolitik geworden war.

Zu einem revolutionären Akt, wenn man so will, kam es erst gegen Ende des 30jährigen Krieges. Ein Handwerker wurde Bürgermeister, der Buchdrucker Hans Stern. 1580 hatte sein Vater, auch ein Hans Stern, in Lüneburg eine Buchbinderei eröffnet. 1623 wurde daraus eine Druckerei. Celle erteilte die Genehmigung dazu; die Herzen der Lüneburger Buchdruckerfamilie Stern schlugen seither für die Welfen. Nur so sind die ungewöhnlichen Ereignisse von 1637 zu verstehen.

Lüneburg war im Verlaufe des Kriegsgeschehens in die Hände der Schweden gefallen. Zum Ärger des Herzogshauses hatte der Rat dem Feind allzu rasch die Tore geöffnet.

Das Lüneburger Schloß am Markt — in den Jahren 1695/98 von dem Italiener Rossi erbaut.

Das wurmte alle welfischen Parteigänger in der Stadt, darunter die Gebrüder Hans und Heinrich Stern. Als schließlich Herzog Georg, der braunschweig-lüneburgische Feldherr, anrückte, konnte er auf tätige Mithilfe innerhalb der Bürgerschaft rechnen. Leicht gewann er die Stadt zurück und suspendierte den übervorsichtigen Rat. Zu den neuen Bürgermeistern zählte Hans Stern. Auch auf die übrigen Ratsplätze kamen teilweise Bürger, die nicht den drei Ständen der Sülfmeister, Brauereibesitzer und Kagelbrüder angehörten.

Dies war schon ein Umschwung, durchgesetzt von einem Feldherrn, der seinen Helfern Dank abstatten wollte. Das hieß noch lange nicht, daß die Wandlung der Dinge Bestand haben mußte. Der neue Rat zeigte sich unfähig, mit den überwiegend kriegsbedingten Schwierigkeiten fertig zu werden, und trat nach wenigen Wochen schon zurück. Für Hans Stern war dies das Ende seiner politischen Laufbahn.

In der Handelsstadt galt bald die sogenannte „Verfassung" von 1639. Da Celle sie diktierte, kann man dieses Datum als die entscheidende Epoche auf dem Weg zurück in den Status der Erb- und Landstadt begreifen. Ab jetzt gab es nicht mehr die drei privilegierten Stände oder *ordines*. Eine neue *ordo*, die der Handwerker, wurde zum Rat zugelassen. Allerdings hatten die alteingesessenen Patrizierfamilien nach wie vor Anspruch auf die Hälfte der Ratsplätze. Die übrigen drei Stände teilten sich die andere Hälfte. Außerdem waren die beiden ersten Bürgermeister wie in den Jahrhunderten zuvor Sülfpatrizier, und selbst der dritte und der vierte Bürgermeister sollten Graduierte sein, also beispielsweise Juristen, die etwa als Syndici in städtischen Diensten standen.

Sozusagen der Schlußstein in dem herzoglichen Restaurationswerk war der Bau eines Schlosses. In den Jahren 1695/98 errichtete der italienische Baumeister Rossi am Rathausmarkt das neue Lüneburger Schloß. 1371 war der Landesherren feste Bleibe oben auf dem Kalkberg zerstört worden; jetzt — mehr als 300 Jahre später — kehrten sie unübersehbar in die Stadt zurück, die neben der Residenz Celle ihre wichtigste Erb- und Landstadt war.

Das Schloß stand wenige Jahre, da zog eine bemerkenswerte Frau ein: Eleonore Desnier d' Olbreuse. Als Geliebte Herzog Georg Wilhelms war die schöne Hugenottin weiland 1665 nach Celle gekommen, 1674 zur Reichsgräfin von Wilhelmsburg avanciert und zwei Jahre darauf ihrem Gebieter zur linken Hand angetraut worden. Der beiden Tochter, Sophie Dorothea, heiratete den hannoverschen Erbprinzen Georg Ludwig, den späteren englischen König Georg I. Dieser beiden Tochter wiederum, ebenfalls eine Sophie Dorothea, wurde die Mutter Friedrichs des Großen.

In den Stammbäumen des englischen — und damit auch des hannoverschen — wie des preußischen Königshauses steht die Reichsgräfin Eleonore an exponierter Stelle. War sie ohnehin schon eher als berüchtigt denn als berühmt einzuschätzen, so verstärkte sich dieser Aspekt noch zusätzlich, als ihre Tochter wegen der Affäre mit dem Grafen Philipp von Königsmarck auf Schloß Ahlden an der Aller verbannt wurde.

Die Tochter vertrauerte längst ihr Leben zu Ahlden, als die Mutter Schloß Lüneburg als standesgemäßen Witwensitz bezog, sicher versorgt durch Einkünfte aus den Amtsbezirken Lüne, Bütlingen und Scharnebeck. In der Stadt Lüneburg unterstand ihr die kleine herzogliche Garnison, die es seit Ende des 30jährigen Krieges gab. Damals war auch der Kalkberg wieder befestigt worden. Allerdings krönte ihn keine Burg, sondern seit 1662 eine vergleichsweise schlichte, turmlose Garnisonkirche.

Französische Besatzung (1757)

Soldaten prägten das Bild der Zeit. Außer der welfischen Garnison hatte Lüneburg seine acht Bürgerkompanien, durch Farben unterschieden. Man kannte die rote, die braune, die blaue, die grüne, die gelbe, die orangefarbene, die weiße und die silberfarbene Kompanie. Die Mannschaftsstärke pendelte etwa zwischen 75 und 400; insgesamt waren rund 1 700 Mann verfügbar, wobei die Verfügungsgewalt nun nicht mehr beim Rat lag, sondern bei den Kurfürsten zu Hannover, die nach dem Tode Georg Wilhelms von Celle (1705) das Fürstentum Lüneburg geerbt hatten. Lüneburg entschied in Kriegszeiten nicht mehr gleich einer freien Reichsstadt von Fall zu Fall, wie es sich verhielt. Als brave Erb- und Landstadt folgte es genau der politischen Linie des kurfürstlichen Hauses. Das zeigte sich beispielsweise im Siebenjährigen Krieg.

Die Weichen waren 1756 in London gestellt worden. England-Hannover und Preußen sagten sich gegenseitig den Schutz ihrer deutschen Länder zu. Damit stand fest, daß Georg II. in der großen Auseinandersetzung des Jahrhunderts der preußischen Seite zugehörte. Weltpolitisch hieß die Frontstellung England — Frankreich; die deutsche oder mitteleuropäische Konfrontation baute sich zwischen Preußen und Österreich auf, und Hannover war ein englisch-preußisches Anhängsel.

Bei Hastenbeck in der Nähe von Hameln lieferten sich am 26. Juli 1757 die um Hessen und Braunschweiger verstärkte hannoversche Armee unter Herzog Wilhelm August von Cumberland und die französische Nordarmee unter d' Estree eine Schlacht. Beide Seiten errangen Teilsiege, beide mochten nicht darauf aufbauen und bliesen lieber zum Rückzug. Für die mit Preußen verbündeten Mächte war es angesichts der französischen Übermacht der Rückzug in die Kapitulation. In der Konvention von Zeven, die am 8. September zustande kam, lieferte der Herzog von Cumberland das Kurfürstentum Hannover den Franzosen aus. Das Heer der Verbündeten löste sich auf.

Schon im August und Anfang September hatten die Lüneburger französische Husaren zu Gesicht bekommen; diese ritten aber nur durch. Die eigentliche Besatzungszeit stand noch bevor. Sie begann, als mit dem November Truppen des Louis Francois Armand de Vignerot du Plessis Herzogs von Richelieu, des Marschalls von Frankreich, eines Großneffen des bekannten Staatsmannes und Kardinals, in Lüneburg Quartier begehrten.

Ende des Monats traf Richelieu selbst in der Stadt ein. Wie bis dahin sein Kommandant wohnte nun auch er im herzoglichen Schloß am Markt. Da die Kriegsgeschehnisse ihn nervös und schlaflos gemacht hatten, befahl er wie keiner vor ihm und keiner nach ihm, daß die Lüneburger alle Kirchturmuhren zum Verstummen bringen sollten. Zwischen neun Uhr abends und neun Uhr morgens durfte keine Glocke schlagen. Während dieser Zeit hoffte der Marschall Schlaf zu finden.

Als die Franzosen abgerückt waren, folgten württembergische Verbündete von ihnen. Der Stab logierte in der Stadt, die Truppen wurden auf die Nachbardörfer verteilt. Kurz darauf hatte Lüneburg wieder Franzosen in Quartier. Jetzt kam es zu Übergriffen und Schikanen; zwei Bürgermeister wurden zu Geiseln genommen. London hatte die Konvention von Zeven gekündigt. Herzog Ferdinand von Braunschweig übernahm das Kommando über die hannoverschen Truppen und ließ den Krieg im Kurfürstentum wiederaufleben. Im Januar und Februar 1758 hatte er sein Hauptquartier in Lüneburg.

Sichtbarer Ausdruck des Krieges war die Umwandlung des Zucht-, Werk- und Waisenhauses in den Räumen des früheren Franziskanerklosters in ein Kriegshospital mit immerhin 80 Betten.

Nicht nur die Stadt Lüneburg bekam den Krieg zu spüren — insgesamt 103 Tage französischer Besetzung zählte man dort —, auch Bleckede und Dahlenburg, das Amt Bütlingen und die Artlenburger Marsch mußten allerlei Ungelegenheiten hinnehmen.

Bereits Mitte August erreichten die ersten französischen Besatzungstruppen das Amt Bleckede. Außer in die Stadt Bleckede kamen Einquartierungen in die Marschvogtei, zum Beispiel nach Brackede (Bleckede), oder in die Dörfer Garze und Karze (beide Bleckede).

Das Lüneburger Rathaus in barockem Gewande. Blick aus der Straße An den Brodbänken hinauf zum Markt.

Die Bleckeder Amtsverwaltung mußte die von den Franzosen in Bleckede, Dahlenburg, Lüneburg und Medingen angelegten Magazine versorgen. Die Lieferungen bestanden vor allem in Heu, Stroh, Hafer und Brot. Den Transport hatten die Marschbauern zu übernehmen; aber nur wenige von ihnen sahen das von den Franzosen in Aussicht gestellte Fuhrgeld. Noch empfindlicher als der Einsatz an Zeit war für die ländliche Bevölkerung der Verlust von Pferden. Die Besatzungstruppen zeigten sich wenig zimperlich, wenn es darum ging, die eigenen Pferdebestände aufzufüllen. Dazu brach gerade jetzt eine Viehseuche aus.

In Dahlenburg errichteten die Franzosen aus den Steinen der alten Kirchhofsmauer von St. Johannis ein Wachhaus, wahrscheinlich in unmittelbarer Nähe ihres Magazins, das übrigens so beachtliche Vorräte enthielt, daß die hannoverschen Truppen aus ihm nach Abzug der Franzosen noch 50 Fuder Heu, 25 Fuder Stroh und eine größere Menge Hafer übernehmen konnten.

Um die Bevölkerung des besetzten Gebietes vor Übergriffen seiner Soldaten zu schützen, ließ Richelieu Schutzbriefe (*Sauvegardes*) ausfertigen. Insbesondere Städte, Ämter und Güter kauften sich solche *Sauvegardes*. Aber die Hoffnung, nun keinen Plünderungen und anderen Übergriffen ausgesetzt zu sein, erfüllte sich nicht immer.

Das Bleckeder Schloß erwarb für den Amtsbezirk Bleckede und den früheren Amtsbezirk Garze je einen Schutzbrief und ließ an den Eingängen der Amtsdörfer Tafeln mit der Aufschrift *Sauvegarde* anbringen. Auch die Gutsbesitzer der Marsch suchten sich durch den Erwerb von Schutzbriefen zu sichern. Insgesamt vereinnahmten die Franzosen auf diese Weise im Raum Bleckede-Garze 900 Taler. Der Gegenwert hielt sich in Grenzen. Dem Bleckeder Bürger Grelke zum Beispiel nützte es gar nichts, als er sich auf einer Reise nach Eschede als Nutznießer des *Sauvegarde* der Elbstadt auswies; er büßte seinen Wagen und seine drei Pferde ein.

Auch die vier Dörfer des Amts Bütlingen — Barum, Brietlingen, Lüdershausen (Brietlingen) und Bütlingen selbst — bekamen den Krieg hart zu spüren. Vierspännig mußten die Bauern nach Lüneburg, Uelzen und entfernteren Orten fahren. Für ein Gespann sollten sie pro Tag eineinhalb Taler Entschädigung erhalten. Für die Handdiensttage, die mit Brotbacken in Uelzen abzuleisten waren, wurden pro Mann acht Groschen versprochen.

Der Abzug der Franzosen aus dem Bezirk Bleckede-Garze geschah noch Ende 1757. Im nächsten Jahr bezogen preußische Truppen die verlassenen französischen Quartiere. Im Februar mußten die Bleckeder Marschvogtei — so Brackede und Radegast — und der Garzer Amtsbezirk — Garze und Karze — ein ganzes preußisches Regiment unterbringen. Von Glück sagen konnten Rosenthal und Vogelsang (beide Bleckede); wegen des Frühjahrshochwassers waren die Wege dorthin noch unpassierbar. Die Kosten, die das Bleckeder Schloß aufbringen mußte, beliefen sich auf über 20 000 Taler.

In der Artlenburger Marsch wurden während des Siebenjährigen Krieges Aushebungen vorgenommen. Das Hittberger Kirchenbuch enthält für das Jahr 1761 — inzwischen hatte Ferdinand von Braunschweig die Franzosen bei Minden geschlagen (1. August 1759) — eine entsprechende Eintragung. Kriegsteilnehmer aus Echem und von anderswo sind namentlich bekannt. Auf Gut Lüdersburg herrschte infolge des Soldatenbedarfs großer Mangel an Dienstboten.

Die Amtsverwaltung auf Schloß Bleckede ermittelte, daß die Zahl der verfügbaren dienstfähigen Bauernsöhne und Knechte von 1756 bis 1760 durch die Einberufungen von 667 auf 337 sank. Im selben Zeitraum verringerte sich der Pferdebestand von 1856 auf 1354, die Rindviehstückzahl von 2686 auf 2366, die Zahl der bestellten Morgen Ackerlands von 7351 auf 5925.

Das Salinengestänge (1782)

Es war schon symptomatisch, daß die Lüneburger Anno 1629 letztmals ihre ausgelassene Kopefahrt veranstalteten. Der 30jährige Krieg markiert das Ende der wirtschaftlichen Blüte wie der politischen Unabhängigkeit, ohne daß man sagen dürfte, diese Entwicklung sei ausschließlich eine Folge des Krieges gewesen.

Die Lüneburger spürten während des Spätmittelalters in zunehmendem Maße die Konkurrenz anderer Salinen beziehungsweise Salzgewinner. Das Baiensalz, die Konkurrenz Nummer eins, wurde gewonnen, indem man in der Baie de Bourgneuf und anderswo an der französischen Atlantikküste Meerwasser zum Verdunsten brachte. Da dieses Salz problemlos in Seehäfen gelangen konnte, stand ihm der nordeuropäische Markt offen. Dazu kam der Druck konkurrierender Salinen. Die Lüneburg am nächsten gelegene befand sich in Oldesloe. Die Herzöge von Mecklenburg richteten im 16. Jahrhundert ein eigenes Salzbergwerk ein. Die Grafen von Oldenburg förderten seit dem 17. Jahrhundert in der Herrschaft Jever Salz.

Einerseits schrumpfte der Markt, andererseits stellte sich die Holzbeschaffung als immer schwierigeres Problem dar. Beides zusammen beeinflußte das Verhältnis von Kosten und Ertrag negativ. Rationalisierung durch Personalabbau konnte auch schon im 18. Jahrhundert ein betriebswirtschaftliches Erfordernis sein.

Der Lüneburger Senator Manecke hatte in dieser Situation eine interessante Idee, und der tatkräftige Stadtbaumeister Sonnin war sofort bereit, sie in die Tat umzusetzen. 1782 wurde auf der Saline das sogenannte „Gestänge“ installiert. Die Zahl der Sodeskumpane konnte daraufhin verringert werden. Wasserkraft löste menschliche Kraft ab.

Bisher war es so gewesen, daß starke Arme die sich in dem Brunnenloch auf der Saline sammelnde Sole in Eimern wie aus einem Ziehbrunnen in die Rinnen befördert hatten, durch die das Salzwasser in die Vorratsbehälter der einzelnen Siedehütten lief. Seit 1569 verwandte man eine Druckpumpe, seit 1672 eine Saugpumpe, beide handbetrieben. Das sogenannte „Zucken“, das Heraufpumpen der Sole, besorgten für den „Zuckenlohn“ die „Zuckenschläger“. Es war die schwerste Arbeit auf dem Salinengelände.

Die Erfindung von Manecke machte sie überflüssig. Das Gestänge, eine große Holzkonstruktion, wurde durch Wasserkraft Tag und Nacht in Bewegung gehalten. Es war so genial ersonnen, daß es fast ein Jahrhundert — bis 1876 — in Betrieb blieb.

Etwa gleichzeitig mit der Errichtung des Gestänges ersetzte man die alten Bleipfannen durch Eisenpfannen und ging von Holz- auf Torffeuer über. Statt der herkömmlichen 54 Siedehütten hatte man künftig nur noch sechs. Was die Verwaltung betraf, so büßte das Salzwerk die traditionsreichen, inzwischen aber überlebten Amtsträger ein. Hinfort kannte man keine Sülfmeister mehr. Sogar der Sodmeister stürzte endgültig von seinem Thron. Vorbei war es mit der Lüneburger Sülz-Republik. Stattdessen traten jetzt ein Obersalinendirektor, ein Salineninspektor, ein Siedemeister und andere ihren Dienst an.

Die mit der Saline groß gewordenen Gewerbe der Schiffer und Spediteure merkten von der wirtschaftlichen Flaute einstweilen wenig. Es gab genug andere Güter, die sie transportieren konnten, solange die Eisenbahn noch nicht da war.

Die Schiffer gliederten sich nach wie vor in vier Gruppierungen. Die sogenannten Eichenschiffer oder -führer fuhren insbesondere nach Lübeck und nach Mecklenburg. Die Böter dagegen waren zuständig für den Güterverkehr mit Hamburg. Die Ewer-, Korn- oder Haberführer hatten sich, wie der Name sagt, auf Getreide spezialisiert. Die Enterlöper schließlich standen als Aushilfe für die erstgenannten Gruppen zur Verfügung.

Das berühmte Lüneburger Salinengestänge im Modell. Realisiert wurde das Wunderwerk 1782 durch Stadtbaumeister Ernst George Sonnin.

Die Vorteile aus dem Stapelrecht sowie die Zolleinnahmen in der Zollbude an der Zollstraße inmitten der Stadt waren längst im Schwinden begriffen. Denn wer die Elbe aufwärts fuhr, brauchte sein Schiff nicht mehr in die Ilmenau hinein und nach Lüneburg hin zu lenken, um dort seine Waren zu stapeln und zu verzollen und am Ende über Landstraßen weiterzubefördern. Schon 1574 hatte der deutsche Kaiser in Wien die Elbe zum *flumen publicum* (öffentlichen Fluß) erklärt. Jetzt konnte man beispielsweise von Hamburg bis Magdeburg per Schiff Waren befördern; der lästige Umweg über Lüneburg, dieser für die Lüneburger so einträgliche Anachronismus, war nicht mehr verbindlich.

Die Spediteure, an denen im 18. Jahrhundert der Name Kagelbrüder hängengeblieben war, hatten sich in einer Speditionskompanie zusammengefunden (1769). So konnten sie die verschiedenen Routen besser aufteilen. Noch rollten Lüneburger Pferdefuhrwerke bis Sachsen und Schlesien, Nürnberg und Regensburg, ja bis Prag, Brünn, Nikolsburg und Wien.

Haupterwerbszweig, auf die ganze Bevölkerung gesehen, war das Handwerk. Mitte des 18. Jahrhunderts zählte man in Lüneburg 63 verschiedene Handwerke. Die Schuster beispielsweise kamen auf 64 Werkstätten.

Die ackerbürgerliche Vergangenheit so mancher Handwerkerfamilie behauptete sich zäh in der sogenannten „Weidebeziehung“. Darunter wurde eine Begehung der gesamten Weidefläche der Lüneburger Bürger verstanden. Hier fand ein Stück Mittelalter in die Neuzeit hinein. Nur alle 29 Jahre, so wollte es der Brauch, war Weidebeziehung. Dann besichtigte man die Grenzhäuser in den umliegenden Dörfern, kenntlich an den vom Rat zur Verfügung gestellten Kesselhaken und an bestimmten Wappenfenstern. Noch 1791 ging die Lüneburger Weidebeziehung, die drei Tage beanspruchte, in gewohnter Weise vonstatten. Zum allerletzten Mal machten sich Rat und Weideberechtigte 29 Jahre später 1820 auf den langen Weg rund um die Stadt.

Lüneburger Musenküsse

Was kümmern sich die Musen viel um politische und wirtschaftliche Kalamitäten! Georg Böhm, der große Organist und Komponist des Spätbarock aus dem thüringischen Hohenkirchen, dachte weder an Politik noch an Wirtschaft, wenn ihn auf der Orgelbank in St. Johannis die Muse küßte. 1698 trat er die Lüneburger Organistenstelle an. In den Jahren 1712/15 erneuerte ihm der heimische Orgelbauer Mathias Dropa das Instrument von Grund auf. Nun erst erhielt der Orgelprospekt die großartige Gestalt, die noch heute zu bewundern ist.

Über seine zahlreichen Orgel- und Klavierkompositionen wie über seine geistliche Vokalmusik hat Georg Böhm stark auf den jungen Johann Sebastian Bach eingewirkt, und dies ganz direkt. Am 3. April 1700 traf der 15jährige Bach in Lüneburg ein; bis dahin hatte er bei seinem Bruder Johann Christoph in Ohrdruf (Thüringen) gelebt und die dortige Lateinschule besucht. Aufgrund eines Stipendiums konnte er nun an die Lüneburger Michaelisschule überwechseln. Drei Jahre lang bis 1703 besuchte er sie und sang in dem von Professor Hecht gegründeten *chorus symphoniacus* mit. Sein direkter Lehrer an der Michaelisschule war der Kantor August Braun. Aber Böhms Orgel stand nicht allzu weit entfernt. Schon allein aus landsmannschaftlichen Gründen fand der Eisenacher Schüler den Hohenkirchener Meister mühelos.

Im März 1703 — es war der Monat, in dem Bach 18 wurde — erreichte ihn in der Lüneburger Michaelisschule das erste Engagement, und der hoffnungsvolle Chorsänger verließ die norddeutsche Backsteinstadt, um als Hofmusiker in das Orchester zu Weimar einzutreten.

Mehr als ein Jahrhundert später atmete der Dichter und Publizist Heinrich Heine Lüneburger Luft. Während der mehr als sechs Jahre, die seine Eltern von Frühling 1822 bis Sommer 1828 in dem von Witzendorffschen Patrizierhaus am Markt wohnten, stellte er sich insgesamt siebenmal, teilweise für mehrere Monate, in Lüneburg ein.

Es waren entscheidende Jahre in Heines Biographie. Anfangs war er noch Student. Zwischen seiner Berliner Zeit und dem Abschluß des juristischen Studiums in Göttingen unternahm er 1824 seine denkwürdige Fußreise durch den Harz. Gerade 1822 erschienen

15jährig trat Johann Sebastian Bach 1703 in die Lüneburger Michaelisschule ein. Erinnerungstafel an der St.-Michaelis-Kirche.

seine „Gedichte“, im Jahr darauf sein „Lyrisches Intermezzo“. Die beiden Bände der „Reisebilder“, außer der „Harzreise“ auch „Die Nordsee“ enthaltend, kamen in den Jahren 1826/27 heraus. 1827 lag auch das „Buch der Lieder“ vor, die Erweiterung des „Intermezzo“. Alle die Werke, die Heines frühen Ruhm begründeten, fallen in die Jahre, in denen Lüneburg immer wieder seine Zuflucht war, „das alte mürrische Lüneburg, die Residenz der Langenweile“, wie er sich gelegentlich ausdrückte.

Aber das war insbesondere eine brillante Formulierung. Gar so langweilig war es in Lüneburg nicht. Im „Adligen Club“, in dem sich seit 1785 die akademischen Kreise der Stadt und die Offiziere trafen, fand der junge Poet anregende Gespräche und Freundschaften. Eine andere Adresse für ihn war das Lüner Amtshaus. Dort beschäftigte der Oberamtmann Jochmus den Theologen und Dichter Karl Johann Philipp Spitta als Hauslehrer. Nur wenige Jahre nach seiner Lüner Zeit erschien Spittas „Psalter und Harfe“, woraus etliche Lieder in die evangelischen Gesangbücher fanden. Im Gartenstübchen des Lüner Amtsgebäudes tauschten die beiden Poeten ihre hochfliegenden Pläne aus.

Heinrich Heine jedenfalls wurde zu Lüneburg von seiner Muse aufs innigste und zarteste geküßt. „Mein Herz, mein Herz ist traurig“ oder „Ich weiß nicht, was soll es bedeuten?“ — das sind Verse aus der Lüneburger Zeit. In Lüneburg schrieb er Teile der „Reisebilder“ nieder. Hier entstanden aber auch die folgenden Verse:

„Am alten grauen Thurme
Ein Schilderhäuschen steht.
Ein rotgeröckter Bursche
Dort auf und nieder geht.
Er spielt mit seiner Flinte,
Die funkelt im Sonnenrot.
Er präsentiert und schultert.
Ich wollte, er schösse mich tot.“

Manchmal knallte es wirklich in Lüneburg. Wenn Häftlinge der Strafanstalt am Kalkberg, die in schwerer Fronarbeit den Zechstein abbauen halfen, ihren Wächtern entkommen waren, dann wurde mit den oben auf dem Berg postierten Zwölf-Pfünder-Geschützen geschossen, um in der ganzen Umgegend die Landgendarmen zu mobilisieren. Signal- und Warnschüsse wie diese konnten gleichzeitig die sehnsüchtig rückwärts gewandten Bürger der Erb- und Landstadt Lüneburg aufschrecken und sehnsüchtig vorwärts blickende Poeten beflügeln.

Der junge Heinrich Heine war oft in Lüneburg.
Zeichnung von Friedrich Kugler.

DIE NAPOLEONISCHE ZEIT (1793—1813)

Die Konvention von Artlenburg (5. Juli 1803)

Am 14. Juli 1789 wurde in Paris die Bastille erstürmt und zerstört. Dieser Gewaltakt eröffnete die Französische Revolution, die im Verlaufe der folgenden zweieinhalb Jahrzehnte ganz Europa in eine Kette von Kriegen stürzte. Ihrem eigentlichen Auftrag, der Menschheit den verfassungsmäßigen (konstitutionellen) Staat zu bringen, vermochte die Revolution vorerst noch nicht gerecht zu werden. Aus dem Pariser Chaos stieg ein Alleinherrscher empor, wie ihn der Kontinent bis dahin noch nicht gesehen hatte: Napoleon Bonaparte.

Das Kurfürstentum Hannover, seit 1714 mit England in Personalunion verbunden, stand vom Jahre 1793 an aktiv in den großen kriegerischen Verwicklungen der Zeit. Nachdem der Pariser Nationalkonvent am 22. September 1792 König Ludwig XVI. entthront und die Monarchie durch die Republik ersetzt hatte, eröffneten Österreich und Preußen noch im selben Jahr den Ersten Koalitionskrieg gegen die Revolution. Schon ein Jahr später traten verschiedene europäische Mächte der österreichisch-preußischen Koalition bei, darunter auch England und mit ihm Hannover.

Die hannoversche Armee kämpfte in den Niederlanden gegen das revolutionäre Frankreich. In ihren Reihen waren auch Soldaten aus dem Lüneburger Raum. Einige von ihnen sind namentlich bekannt. Die Marschgemeinden Artlenburg, Garlstorf (Bleckede), Hittbergen, Lüdersburg und Wendewisch (Bleckede) hatten je einen Gefallenen zu beklagen.

Die erste Koalition hielt nicht lange. Im Frieden von Basel (1795) schied Preußen aus. 1797 schloß auch Wien mit Paris Frieden. Aber England, der eigentliche Rivale Frankreichs, wenn man den Wettlauf um überseeische Kolonien berücksichtigt, vermochte bereits 1799 die zweite Koalition zu bilden. Diesmal fehlte Preußen.

Als 1802 der Friede von Amiens den Zweiten Koalitionskrieg auf dem Papier beendete, konnte von einer wirklichen Befriedung keine Rede sein. Frankreich traf bei Boulogne Vorbereitungen zu einer Landung in England. Dazu ließ es durch die Niederlande eine Armee in das festländische „England" einmarschieren. Hannover war unvorbereitet und unterlag. Am 3. Juni 1803 gestand es im Vertrag von Sulingen (zwischen Diepholz und Nienburg) Napoleon zu, sein linkselbisches Gebiet von Truppen zu räumen und die schweren Geschütze auszuliefern.

Bei Hohnstorf/Lauenburg setzte das hannoversche Heer in die 1702 lüneburgisch gewordenen rechtselbischen Lande über. Um den Elbübergang bewältigen zu können, waren alle verfügbaren Schiffe zusammengezogen worden. Zum Beispiel hatten die Bleckeder ihre Fährschiffe herausrücken müssen; Privatschiffe waren in Bleckede, Wendisch

Die Nordostecke des Lüneburger Marktes. Der Turm von St. Nikolai ist noch im Bau (Foto von 1868).

Bleckede (Bleckede), Stiepelse, Garge (Bleckede und Bobzin), Viehle und Walmsburg (Bleckede) beschlagnahmt worden.

Noch im Juni besetzten französische Truppen das linkselbische Hannover. Am 9. des Monats erschienen die ersten Franzosen in Lüneburg; nach und nach wuchs die Besatzung auf 4000 Mann an. Die Bürger suchten das Beste aus der Lage zu machen. Der Wirt des Schüttings entfernte rechtzeitig das seit 30 Jahren an seinem Hause prangende Bildnis Georgs III. und brachte ein Schild mit folgender Aufschrift an: *Le Schütting, Auberge et table d'hote* (Herberge und Wirtstafel).

Auch nach Artlenburg wurde eine Besatzung gelegt. In der Kirche zu Hittbergen richteten die Franzosen Anfang Juli eine Wachstation ein. Der Kasten für die Kollekte wurde aufgebrochen, der mit silberner Schelle versehene Klingelbeutel gestohlen. Pastor Block legte Protest ein.

Durch die Konvention von Artlenburg, am 5. Juli 1803 auf einem in der Elbe zwischen Artlenburg und Schnakenbek verankerten Boot abgeschlossen, wurden die Bestimmungen des Vertrages von Sulingen noch verschärft. Jetzt mußte die hannoversche Armee auch leichtere Waffen und Pferde ausliefern und sich auflösen.

Teile des Heeres kamen dem Diktat von Artlenburg nicht nach und setzten sich nach England ab. Aus diesen Hannoveranern entstand die „Königlich deutsche Legion" (*The*

King's German Legion), die in den folgenden Jahren auf verschiedenen Kriegsschauplätzen eingesetzt wurde und nach der Niederzwingung Napoleons den Grundstock der neuen hannoverschen Armee darstellte. König Georg III. pflegte die Angehörigen der Legion plattdeutsch „miene Kinner" zu nennen.

Auf dem vor Artlenburg verankerten Boot fanden sich für die französische Seite drei Generäle ein; Hannover war durch Generalfeldmarschall Graf Wallmoden vertreten.

Als die Franzosen den Verhandlungsort verließen — so erzählt eine Anekdote —, vergaßen sie ganz, eine Parlamentärflagge zu hissen. Infolgedessen eröffnete die auf dem rechten Elbufer liegende hannoversche Artillerie das Feuer auf die Generäle. Eine dreipfündige Kugel traf ihr Boot. Doch ehe Schlimmeres passierte, wurde das Artilleriefeuer durch einen Generalstabsoffizier eingestellt.

Das französische Präfektursystem (1810)

Die erste französische Besetzung des Kurfürstentums Hannover, die Mitte 1803 begonnen hatte, dauerte bis Herbst 1805. Damals mußten die Besatzungstruppen abgezogen werden, um im Dritten Koalitionskrieg verfügbar zu sein, der Napoleon in der Drei-Kaiser-Schlacht bei Austerlitz (2. Dezember 1805) einen Sieg über Zar Alexander I. und Kaiser Franz II. brachte.

Im Vertrag von Schönbrunn einigte sich der Sieger von Austerlitz mit Preußen, das auch in den Dritten Koalitionskrieg nicht eingegriffen hatte, über verschiedene Abtretungen. Berlin gab die fränkischen Markgrafschaften Ansbach und Bayreuth, Wesel und Neuenburg (Schweiz) preis und durfte dafür das Kurfürstentum Hannover besetzen.

Erst im April 1806 erschienen preußische Truppen links der Elbe. Aber ihre Anwesenheit sollte nicht lange währen. Nachdem Preußen in der Doppelschlacht von Jena und Auerstedt (14. Oktober 1806) Napoleon unterlegen war, kamen wieder französische Truppen ins Land.

Den Südteil des Kurfürstentums schlug Napoleon bereits 1807 dem soeben unter seinem Bruder Jérôme errichteten Königreich Westfalen zu. Der Raum des ehemaligen Fürstentums Lüneburg blieb als besetztes Gebiet direkt der französischen Militärverwaltung unterstellt, bis 1810 das westfälische Königreich nach Norden erweitert wurde. Nun kam das ganz Fürstentum Lüneburg zu Westfalen. Am 11. März 1810 erfolgte die Unterzeichnung des Übergabeprotokolls.

Kurz darauf beauftragte Napoleon den westfälischen Staatsrat von Malchus, Vorschläge zu unterbreiten, wie Westfalen am zweckmäßigsten organisiert werden könnte. Die Überlegungen von Malchus' führten zu der Empfehlung, das französische Präfektursystem auf das deutsche Territorium zu übertragen. Am 19. Juli 1810 wurde die Neugliederung bekanntgegeben, am 1. September des Jahres trat sie in Kraft. Zwischendurch ließ sich Jérôme höchstselbst in Lüneburg sehen; achtspännig kam er im August angereist und nahm auf dem Schloß ein reichliches Mahl ein.

Das Präfektursystem kannte vier Arten von Verwaltungs- beziehungsweise Gerichtsbezirken. Der größte war das Departement, dem ein Präfekt vorstand. Neben ihm fungierte ein Generalsekretär. Der General-Departementsrat war ein Kollegium von 16 bis 20 Mitgliedern, das den Departementshaushalt aufzustellen hatte. Der nur drei bis vier Mitglieder zählende Präfekturrat nahm in streitigen Verwaltungsangelegenheiten die Rechtsprechung wahr.

Das Departement gliederte sich in Distrikte beziehungsweise Arrondissements. In ihnen arbeiteten ein Unterpräfekt, ein Distriktssekretär und ein — ebenfalls mit Haushaltsangelegenheiten befaßter — Distriktsrat.

Die Kantone sollten jeweils etwa 5000 Einwohner haben. Die Kommunen oder Munizipalitäten, die kleinsten Einheiten, deckten sich längst nicht in jedem Falle mit den bisherigen Gemeinden; denn Zwerggemeinden waren aufgelöst und mit Nachbargemeinden vereinigt worden. An der Spitze eine Kommune stand der *Maire* (Bürgermeister), der neben sich einen oder mehrere *Maire-Adjoints* (Beigeordnete) hatte. Wo es an geeigneten Persönlichkeiten für diese Ämter fehlte, behalf man sich so, daß man eine Art von Oberbürgermeister für einen ganzen Kanton bestellte.

Vollbesoldete Beamte waren lediglich die Präfekten und Unterpräfekten mit ihren Sekretären. Die Präfekturräte wir auch die Maires und ihre Adjunkten bezogen lediglich eine Entschädigung. Die Departements- und Distriktsräte taten ihren Dienst ebenso wie die Munizipalräte, die den Haushalt der Kommunen betreuten, ehrenamtlich.

Eines der wesentlichen Merkmale der napoleonischen Administration war die Trennung zwischen Rechtsprechung und Verwaltung. Die Präfekten, Unterpräfekten und Maires waren in den Departements, Distrikten und Kommunen die obersten Verwaltungsinstanzen. Demgegenüber bildete der Kanton einen Gerichtsbezirk. Kanton hieß ein Gebiet, über das ein sogenanntes Friedensgericht, die unterste Gerichtsinstanz, gesetzt war. Die Kompetenzen der Friedensgerichte erstreckten sich auf sämtliche Kommunen des betreffenden Kantons; alle Amts- und adeligen Gerichte hatten ihre Funktionen eingebüßt.

Über den Friedensgerichten standen die Tribunale (für die Distrikte) und die Kriminalgerichtshöfe (für die Departements). Schließlich besaß das Königreich ein oberstes Appellationsgericht. Ein Teil der Strafgerichtsbarkeit stand besonderen Geschworenengerichten zu.

Im Bereich der Zivilgerichtsbarkeit erlangte der *Code Napoleon* Gesetzeskraft. Zugleich wurden alle im Königreich Westfalen erlassenen Gesetze und Verordnungen in den hannoverschen Landesteilen gültig.

Praktisch sah die von Malchus ausgearbeitete Neugliederung folgendermaßen aus: Der nördliche Teil des ehemaligen Fürstentums Lüneburg gehörte jetzt zum Departement der Ilmenau oder der Niederelbe. Departementssitz war Lüneburg. Das Departement gliederte sich in die drei Distrikte Lüneburg, Harburg und Salzwedel. Der Lüneburger Präfekt, von Schrader, war zugleich Unterpräfekt des Distrikts Lüneburg. Der Celler

Oeffentliche Anzeigen.

für

das Königl. Westphälische Departement

der

Nieder-Elbe.

Anno 1810. Mittewochs am 12. September. Nr. 2.

Die erste in Lüneburg gedruckte Zeitung: „Oeffentliche Anzeigen für das Königl. Westphälische Departement der Nieder-Elbe“ (1810).

Raum des Fürstentums kam an das Departement der Aller, andere Teile des Lüneburger Landes an das Nord- und das Okerdepartement.

Kaum war diese Neugliederung in Kraft getreten, geschahen abermals Änderungen. Am 13. Dezember 1810 beschloß Paris, die Küstengebiete von Holland bis Holstein direkt dem französischen Kaiserreich einzuverleiben. Schon am 18. Dezember wurde der Beschluß verwirklicht. Der Distrikt Harburg und ein Teil des Distrikts Lüneburg (mit Lüneburg selbst) kamen direkt zu Frankreich und bildeten den neuen Distrikt Lüneburg im Departement der Elbmündungen. Auch die Gemeinden der Artlenburger Marsch gehörten dazu. Das alte Amt Neuhaus dagegen wurde dem Distrikt Lübeck zugeschlagen (ebenfalls im Departement der Elbmündungen). Vordem hatte Napoleon die ehemals sachsen-lauenburgischen Landesteile zu seiner besonderen Verwendung gehalten.

Was von dem alten Distrikt Lüneburg nicht in dem neuen aufging, bildete den westfälischen Distrikt Uelzen, der Bestandteil des Allerdepartements war. Der Unterpräfekt hieß von Düring.

Auf dem Gebiet des heutigen Landkreises Lüneburg umfaßte der Distrikt Uelzen im wesentlichen den Kanton Bleckede, seinerseits wieder in zehn Kommunen unterteilt: Alt Wendischthun mit Alt Garge und Breetze (alle Bleckede); Barskamp (Bleckede) mit Göddingen (Bleckede), Köstorf (Dahlem) und Sandbergen (Bleckede); Bleckede; Ellringen (Dahlenburg) mit Hungerstorf (Dahlem), Leestahl (Dahlenburg), Sommerbeck (Dahlenburg) und Wiecheln (Thomasburg); Garlstorf mit Wendewisch (beide Bleckede); Garze mit Karze und Rosenthal (alle Bleckede); Neetze mit Süttorf (Neetze), Thomasburg und Wennekath (Thomasburg); Radegast mit Brackede und Heisterbusch (alle Bleckede); Radenbeck (Thomasburg) mit Horndorf (Reinstorf) und Rohstorf (Vastorf); Reinstorf mit Holzen und Wendhausen (beide Reinstorf). Die Verwaltung des Bleckeder Kantons lag in den Händen des Canton-Maires von Hodenberg, des Maire-Adjoints Koch und des Maire-Secretaires Biener.

Zum Distrikt Lüneburg (Departement der Elbmündungen) zählte der Kanton Kirchgellersen, dessen 26 Dörfern der Canton-Maire von Möller aus Heiligenthal (Südergellersen) vorstand; als sein Adjoint fungierte Albrecht von Estorff aus Barnstedt.

Der Maire von Möller mußte zum Beispiel 1813 den vier Predigern seines Kantons schreiben, daß sie in ihren Predigten auf Napoleons Geburtstag am 15. August rühmend Bezug nehmen sollten. Wenn ein Kanton die ihm von den Franzosen auferlegten Lieferungen nicht pünktlich ausführte, konnte das für den Canton-Maire böse Folgen haben. So erschienen im März 1813 einmal Soldaten zu Zwangseintreibungen auf dem Heiligenthaler Gutshof, weil der Kanton Kirchgellersen noch nicht genug Hafer geliefert hatte.

Zum Kanton Bardowick gehörten die Kommunen Artlenburg mit Hittbergen, Brietlingen und Scharnebeck mit Echem und Jürgenstorf (Lüdersburg).

Das alte Amt Neuhaus bildete innerhalb des Distrikts Lübeck den Kanton Neuhaus.

Johanna Stegen (2. April 1813)

Unter den 600 000 Mann, mit denen Napoleon am 24. Juni 1812 die russische Grenze überschritt, befanden sich rund 200 000 deutsche Soldaten. Auch der Raum Lüneburg hatte sein Teil dazu beigetragen. Immer wieder wurden hier Aushebungen vorgenommen. Zum Beispiel erhielt Hans Vogt aus Rehrhof (Rehlingen) seinen Gestellungsbefehl. Aber der junge Mann hatte gar keine Neigung, unter Napoleon zu dienen. Auf dem Weg zu seiner Truppe ergriff er die Flucht und vermochte sich für mehrere Monate bei seiner in Rolfsen (Soderstorf) verheirateten Schwester in der Räucherkammer versteckt zu halten. Später begab er sich in die Südheide, um dort als Holzknecht unterzutauchen.

Von anderen Konskribierten ist bekannt, daß sie sich in die französische Armee einreihten. So mußten sich beispielsweise 14 junge Männer aus der Artlenburger Marsch am 26. Februar 1812 in Vrestorf (Bardowick) melden. Sie stammten aus Echem, Hittbergen, Jürgenstorf (Lüdersburg) und anderen Dörfern. Von Vrestorf schickte man sie nach Hamburg, wo sie in das 127. Linien-Infanterie-Regiment eingegliedert wurden, das später bei Smolensk kämpfte und an der Plünderung Moskaus teilnahm.

Der Bardowicker Johann Peter Ahlers gab seinen Eltern in einem Brief vom 10. Oktober 1812 aus Moskau einen Stimmungsbericht über Napoleons russischen Feldzug: „Seit dem Monat Juni marschieren wir täglich und liegen immer unter freiem Himmel, hatten oft nicht einmal Ruhe, auch nur ein paar Stunden zu schlafen, und lebten immer der Hoffnung, die Russen bald anzutreffen; aber sie wollten nirgends erst stehen."

Kurz nachdem dieser Brief geschrieben worden war, mußte Napoleon einsehen, daß sein russisches Abenteuer nicht den erhofften Erfolg bringen würde. Am 18. Oktober verließ er Moskau; Marschall Davout führte die riesige Armee nach Westen zurück.

Der französische Rückmarsch und die Tatsache, daß Rußland Napoleon widerstanden hatte, ermunterten Deutschland, den Kampf gegen die französische Fremdherrschaft wiederaufzunehmen. Schon am 3. Februar 1813 rief der preußische König Friedrich Wilhelm III. dazu auf, Freikorps zu bilden. In Breslau meldeten sich viele zu den Lützower Jägern. Am 9. Februar erließ der König einen weiteren Appell. Ende des Monats ging er mit Rußland ein Bündnis ein. Anfang März trat Schweden der Koalition bei. Am 17. März folgte der bekannte Aufruf „An mein Volk".

Auch im Hannoverland begannen Vorbereitungen zum Kampf gegen Bonaparte. Schon ab 25. Februar kam es in der Bevölkerung der Stadt Lüneburg zu Unruhen. Diese Kampfstimmung war durch Nachrichten ausgelöst worden, denen zufolge sich die Verbündeten Nordwestdeutschland näherten.

Am 15. März traf die vorwiegend aus Kosaken und entlassenen preußischen Soldaten zusammengesetzte russisch-deutsche Legion unter General Freiherr von Tettenborn aus Mecklenburg in Lauenburg ein; dort richtete Tettenborn einen Appell an die Bevölkerung, sich zu bewaffnen, und marschierte weiter nach Westen. Am 18. März erreichte er Hamburg. Am selben Tage zog die französische Besatzung Lüneburgs ab.

Die Kosaken, die am 21. März in die Ilmenaustadt einritten, machten nur kurz Station. Schon am 30. März langte der französische General Morand aus Mecklenburg in Lüneburg an; zusammen mit ihm kamen sächsische Kontingente: insgesamt etwa 3000 bis 3500 Mann, dazu ein paar Reiter und 10 bis 15 Geschütze.

Auch die Verfolger strebten nach Nordwestdeutschland: General Freiherr von Dörnberg mit einem russisch-preußischen Korps, das 850 Mann und 2000 Reiter umfaßte. Am 1. April ließ Dörnberg Neetze mit einer Kompanie Füsiliere und einer Kanone besetzen. Da er von vornherein damit rechnete, daß es bei Lüneburg zu einem Gefecht kommen würde, traf er Maßnahmen, um sich im Falle einer Niederlage nach Bleckede an die Elbe zurückziehen zu können.

Als Dörnberg im Lüneburger Raum erschien, waren bereits hannoversche Truppenwerbungen angelaufen. Schon am 24. März hatte Oberstleutnant Albrecht von Estorff, der Barnstedter Maire-Adjoint, einen Aufruf zur Bildung eines Husaren-Regiments erlassen. An allen Straßenecken warb er durch das Flugblatt:

„Hier wirbt (König) Georg (III.) Soldaten
Für seine deutschen Staaten.
Ein jeder deutsche Mann
Der schließe sich mit an,
Mit Gott, für König und Vaterland zu streiten."

Estorff, der in den zurückliegenden Jahren die Barnstedter Bauernsöhne im Reiten unterwiesen hatte, erhielt großen Zulauf. Als einer der ersten meldete sich der 23jährige Jurastudent Friedrich von Spörcken aus Lüdersburg. Estorffscher Husar zu werden, war nicht zuletzt auch deswegen verlockend, weil die Uniform mit Silberborten besetzt war. Ein Dahlenburger Kornett schrieb rückblickend über sie: „Ja, niks as Sülver und Sülver!" Bereits Ende April zählte das Regiment fast 400 Husaren. Allerdings fehlte es einstweilen noch an Waffen und Pferden. Estorff behalf sich so, daß er seine Freiwilligen auf Stöcken das Reiten lehrte.

Ebenfalls im März rief Hauptmann von Langrehr, der vorher schon heimlich Lüneburger Bauernsöhne militärisch ausgebildet hatte, zum Eintritt in sein Landsturm-Bataillon auf. Zunächst war der Mangel an Gewehren empfindlich.

Der hannoversche Kriegsrat Graf Kielmansegg reiste Mitte März heimlich auf einem Schmugglerschiff nach England. Nachdem er von König Georg III. die Zustimmung erhalten hatte, hannoversche Truppen aufzustellen, kehrte er im April zurück und begann Freiwillige anzuwerben. Dabei unterstützten ihn sein Freund von Düring und sein Bruder. Einer der bekanntesten Kielmanseggschen Jäger war Johann Peter Eckermann aus Winsen (Luhe), der später als Verfasser der „Gespräche mit Goethe" Bedeutung erlangte. Auch der in russischen Diensten stehende Graf Wallmoden, ein Verwandter des Unterhändlers von Artlenburg, machte sich an die Aufstellung hannoverscher Truppen; am 23. April erließ er einen Aufruf.

Dörnberg kam in eine Gegend, in der es bereits gärte. Gerade eben erst hatte Morand bei der Bevölkerung wieder Ärger verursacht. Die Melbecker zum Beispiel mußten am 28. März größere Mengen von Lebensmitteln liefern. In den folgenden Tagen versorgte Kirchgellersen durchziehende französische Truppen. Selbst der Maire von Möller beteiligte sich im Hause des Kirchgellerser Pastors Schultze an der Verproviantierung des Militärs. „Ich will mich nicht rühmen, aber ich weiß, daß ich allein mehrere Eimer voll Wasser in kleinen Portionen ausgeteilt habe."

Am 2. April erreichte Dörnberg Lüneburg. Bei Bilm (Lüneburg) kam es morgens zur ersten Feindberührung. Die kämpfenden Fronten schoben sich bis in die Stadt hinein. Dörnberg trieb die Franzosen von Osten nach Westen aus Lüneburg hinaus. Die letzten Kämpfe fanden nachmittags vor dem Neuentore statt. Schließlich flohen die Franzosen.

Das Johanna-Stegen-Denkmal in Lüneburg: Am 2. April 1813 versorgte die 20jährige ihre Landsleute mit Patronen.

Morand hatte inzwischen tödliche Verletzungen erlitten und wurde in Boizenburg beigesetzt. Dörnberg erbeutete rund zehn Kanonen, 30 Fässer Pulver und drei Fahnen. Die Zahl der Toten und Gefangenen auf französischer Seite war hoch. Die Verbündeten hatten etwa 300 Tote zu beklagen.

Die Heldin des Tages war die 20jährige Johanna Stegen, die Tochter eines Lüneburger Sülzvogts. Der von Bilm herdringende Kanonendonner hatte sie schon morgens auf den Kalkberg gelockt. Später brachte sie ihren kämpfenden Landsleuten in der Schürze Patronen. Während der Kämpfe vorm Neuentor — die Franzosen vor Reppenstedt neu formiert, Dörnbergs Truppen aus der Stadt herausdrängend — entdeckte sie einen Wagen und einige Fässer voll französischer Patronen. Die trug sie in die vorderste Linie. Kugeln durchbohrten die Schürze und den Saum ihres Kleides. Ehe ein Sachse (auf französischer Seite) sie töten konnte, war dieser durch die Lanze eines Kosaken getötet worden. Auf dem Marktplatz wurde Johanna Stegen nach der Vertreibung der Franzosen öffentlich gefeiert.

Noch am Abend des 2. April zogen Kosaken durch Kirchgellersen. In den folgenden Tagen kamen Kosaken als Einquartierung. Auch die Nachbarschaft — insbesondere Einemhof (Kirchgellersen) — mußte Soldaten unterbringen.

Von Magdeburg aus schickte Marschall Davout General Montbrun in Richtung Lüneburg ab. Schon am 3. April räumte Dörnberg die Stadt und ging über Bleckede nach Boizenburg und Lauenburg, um sich dort mit den Truppen Wallmodens zu vereinigen. Zusammen mit Dörnberg zogen die Estorffschen Husaren und das Bataillon Langrehr, die tagszuvor mitgekämpft hatten. Am 5. April traf Montbrun in Lüneburg ein, hielt sich aber nur bis zum 9. April dort auf.

Davout selbst erreichte im Mai den Lüneburger Raum; sein Ziel war Hamburg, das er tatsächlich am 30. Mai Tettenborn entreißen konnte. Um ihn zu irritieren, schickte Wallmoden Davout einige Jägerkompanien unter Dörnberg und Lützow in das Dahlenburger Gebiet entgegen. Ein französischer Vortrupp, der die Steinker Höhe zwischen Oldendorf (Göhrde) und Lüben (beide Nahrendorf) in der Gemarkung Lüben besetzt hatte, wurde am 12. Mai von den Jägern angegriffen und vertrieben. Die Franzosen verloren in dem Gefecht 30 Soldaten und 20 Pferde, die Verbündeten nur zwei Mann. Nachdem Dörnberg und Lützow auf das rechte Elbufer zurückgegangen waren, legten die Franzosen auf der Steinker Höhe Verschanzungen an.

Die Schlacht an der Göhrde (16. September 1813)

Wallmoden hielt sich während des Sommers 1813 weiterhin auf dem rechten Elbufer auf — inzwischen bei Hagenow (Mecklenburg) —. Seine Hauptsorge war, Davout könnte von Hamburg wieder ostwärts marschieren, um Berlin zurückzugewinnen. Durch zahlreiche Störaktionen versuchte er, die Postenkette zu durchlöchern, die von den Franzosen zwischen Magdeburg und Hamburg auf dem linken Elbufer aufgebaut war.

Ende August kam es bei Dannenberg und Damnatz zu Gefechten zwischen Kielmanseggschen Jägern und Franzosen. Anfang September gewann Wallmoden den Eindruck, daß Davout seine Armee gegen Berlin führen wollte. Bürgermeister Buhlert in Dahlenburg hatte den Befehl erhalten, Lebensmittel für 9000 bis 10000 Mann nach Hitzacker, Salzwedel und weiter entfernt gelegenen Orten zu schaffen.

Wallmoden ließ in Hagenow nur eine Besatzung zurück und brach mit rund 12000 Mann, darunter 3000 Reiter, und an die 40 Kanonen auf. Zu seinen Truppen zählten unter anderem die Estorffschen Husaren, das Bataillon Langrehr sowie die Kielmanseggschen und die Lützowschen Jäger.

Wallmoden war einer Täuschung des Gegners erlegen. Nicht Davouts Hauptmacht hatte Hamburg verlassen, sondern nur eine kleinere Abteilung von etwa 3000 Mann und 100 Reitern; die Zahl der Kanonen betrug ungefähr zehn. Befehligt wurden die Truppen von General Pécheux.

Am 15. September hatte Pécheux auf der Steinker Höhe ein Lager aufgeschlagen. Der folgende Tag, ein Donnerstag, brachte sonniges Herbstwetter. Mittags herrschte Hitze. Wallmoden war zunächst davon ausgegangen, Pécheux werde auf der Straße Lüneburg—Dannenberg weitermarschieren. Da die Franzosen jedoch nach wie vor biwakierten, entschloß er sich zum Angriff. In zwei Gruppen teilte er seine Truppen ein. Die eine sollte über Riebrau und Forsthaus Röthen (beide Landkreis Lüchow-Dannenberg) nach Oldendorf (Göhrde) und Eichdorf (beide Nahrendorf) vorstoßen, um Pécheux in den Rücken zu fallen, die andere auf der Straße Dannenberg—Lüneburg vorgehen.

Um die Mittagszeit rückten Wallmodens Soldaten ab. Nachmittags gegen vier hatten sie Pécheux auf der Steinker Höhe umzingelt. Die zweite Gruppe war zum Teil über Dübbekold (Landkreis Lüchow-Dannenberg), Nieperfitz, Pommoißel und Lüben (alle drei Nahrendorf) im Norden der Steinker Höhe aufmarschiert.

Zu den ersten Schießereien kam es, als Gruppe eins nach Oldendorf hineinstürmte. Der eigentliche Hauptangriff, von der zweiten Gruppe geführt, begann abends halb sechs; dabei kam es teilweise zu Kämpfen Mann gegen Mann.

Pécheux sah keine andere Möglichkeit, als sich zurückzuziehen. Zunächst versuchte er in Richtung Eichdorf—Nahrendorf davonzukommen. Da er hier von der Artillerie zu stark unter Beschuß genommen wurde, wandte er sich in Richtung Breese und Kovahl (beide Nahrendorf). Aber auch dieser Weg wurde ihm verlegt, so daß seinen Truppen am Ende nur noch die ungeordnete Flucht in den Barskamper Wald blieb.

Bei Eintritt der Dunkelheit — gegen sieben Uhr — ließ Wallmoden die Verfolgung abbrechen. Dies war Pécheux' Rettung. Er konnte sich in Richtung Bleckede zurückziehen. Selbst der General mußte den Weg zu Fuß zurücklegen, denn seine beiden Pferde waren ihm während der Schlacht abgeschossen worden. Einen Tag nach der Schlacht erreichte er Lüneburg, von wo er weiter nach Hamburg marschierte.

Das Gefecht von Lüneburg hatte in Johanna Stegen seine Heldin gefunden — die Schlacht an der Göhrde fand ihre Heldin in Eleonore Prochaska. Das 28jährige Mädchen, Tochter eines Potsdamer Gardeunteroffiziers, war dem Lützowschen Freikorps beigetreten. „Ich verkaufte also mein Zeug, um mir erst eine anständige Mannskleidung zu kaufen, bis ich Montierung erhalte", hatte sie ihrem Bruder geschrieben, „dann kaufte ich mir eine Büchse für 8 Rtlr. (Reichstaler), Hirschfänger und Tschako für zusammen $3\frac{1}{2}$ Rtlr. Nun ging ich unter die schwarzen Jäger." Schwierigkeiten bereitete ihr die hohe Stimme. Aber sie hatte den Einfall, sich als Schneider August Renz auszugeben.

Am 16. September führte sie, in den Händen die Trommel eines gefallenen französischen Tambours, 50 bis 60 Lützower beim Sturm auf die Steinker Höhe an. Als sie das zweite Mal von einer Kugel getroffen wurde, fiel sie zu Boden. Leutnant Friedrich Förster, einem Freund des Dichters Theodor Körner, rief sie zu: „Herr Leutnant, ich bin ein Mädchen!" Sie wollte verhindern, daß es beim Verbinden ihrer Wunden Aufsehen gab.

Eleonore Prochaska überlebte die doppelte Verwundung nicht. Bereits am 5. Oktober verstarb sie in Dannenberg. An der Beerdigung nahmen zahlreiche Offiziere und Mannschaften teil.

Während Eleonore Prochaska im Rausch des Befreiungskampfes den Tod erlitt und so auf ihr Heldenbild kein Makel fiel, versank Johanna Stegen in bürgerlichen, ja allzu bürgerlichen Verhältnissen. Als wieder französische Truppen in Lüneburg Quartier nahmen, mußte sie sich zu Hause und bei ihrer Dienstherrschaft versteckt halten. Nach der Göhrdeschlacht gab sie einem Reicheschen Oberjäger ihr Jawort und folgte ihm nach Boizenburg. Dort freilich bekam sie heraus, daß ihr Verlobter Frau und Kinder besaß. Major von Reiche hatte Mitleid mit ihr und schickte sie zu seiner Frau nach Berlin, wo sie sich später mit einem Drucker verheiratete.

Für Eleonore Prochaska ließ König Friedrich Wilhelm III. in Potsdam ein Denkmal errichten. Außerdem rief er die Prochaska-Stiftung für Veteranen ins Leben. Der königlich-preußische Geheimsekretär Friedrich Duncker verfaßte ein Opernlibretto mit dem Titel „Eleonore Prochaska". Beethoven begann es zu vertonen, vollendete diese Oper aber nicht.

Am Abend nach der Göhrdeschlacht zogen die Verbündeten mit klingendem Spiel zum Forsthaus Göhrde (Landkreis Lüchow-Dannenberg). Andere Soldaten feierten den Sieg in Röthen, Oldendorf, Eichdorf und Breese. „Alles, was sich bisher im Hintergrund gehalten hatte, strömte herbei... Marketender und Marketenderinnen, Hautboisten (Oboenbläser), Janitscharen (Militärmusiker), Trainknechte und anderes dergleichen Volk...", heißt es in einem Augenzeugenbericht.

Die Verluste waren auf beiden Seiten hoch. Pécheux verlor etwa 400 Mann — über 1000 Franzosen gerieten in Gefangenschaft —, Wallmoden mehr als 500. Die Verbündeten erbeuteten einen Adler, acht Kanonen, 16 Munitionswagen und die französische Feldschmiede. Die Gegenseite schoß ungefähr 300 Pferde ab, was für den Bleckeder Abdecker, Jakob Andreas Kücken, den Vater des bekannten Komponisten, für viele Wochen Arbeit bedeutete.

Truppen, die sich an der Steinker Höhe besonders hervorgetan hatten, durften künftig als Auszeichnung am Helm das Wort „Göhrde" führen. Zahlreiche Soldaten erhielten später den 1815 gestifteten Guelfenorden.

In der Schlacht an der Göhrde (16. September 1813)
fand Eleonore Prochaska, 28 Lenze jung,
den Soldatentod.

Am 7. Juli 1839 wurde auf der Steinker Höhe ein Denkmal eingeweiht. Aus einem Findling hatte man einen Obelisken herausgemeißelt. Zwölf Ochsen waren nötig, den „Teufelsstein", wie der Findling hieß, auf seinen Platz hinaufzuziehen. Die 50jährige Wiederkehr der Göhrdeschlacht wurde 1863 mit einer Gedächtnisfeier begangen. 1865 verweilten König Georg V. und Kronprinz Ernst August auf einer Rundreise am Göhrdedenkmal. 1906 konnte rings um den Obelisken eine gärtnerische Anlage eingeweiht werden. Einen anschaulichen Eindruck vom 16. September 1813 vermittelt das neun Quadratmeter große, mit rund 1600 Zinnfiguren besetzte Schaubild im Dahlenburger Heimatmuseum.

Wallmoden zog sich mit dem Gros seiner Truppen noch im September wieder nach Mecklenburg zurück. Tettenborn ließ er auf dem linken Ufer in Lüneburg. Zwischen dem 23. September und dem 24. Oktober brachte der General dort zehn Ausgaben seiner „Zeitung aus dem Feldlager" heraus, in der die Bevölkerung über den Fortgang des Befreiungskrieges informiert wurde.

Die Bewachung der Elblinie konnte jetzt schon der Landsturm übernehmen. Ein Reichescher Jäger schrieb: „Wahrhaft erhebend war es, den Landsturm, alt und jung, mit Flinten, Sensen, Heugabeln und Piken bewaffnet, zu Fuß und zu Pferd, in großen und kleinen Zügen heranziehen zu sehen. Die Anführer waren gewöhnlich die Gutspächter, Amtleute oder Dorfschulzen; auch hatte ich mehrere Beamte und Bürgermeister unter ihnen gesehen. Ich hatte wenigstens 60 verschiedene Abteilungen gesehen, die alle der Elbe zuritten. Eine Dorfschaft, an deren Spitze ein Prediger ritt, zog unter Absingung von ‚Ein feste Burg' dahin."

Die Hohnstorfer Schanze
(24. September und 9. Oktober 1813)

Die Franzosen betrachteten es im Lüneburger Raum als wichtigste strategische Aufgabe, das linke Elbufer fest in ihre Hand zu bekommen. Schon im Mai 1813 untersagten sie den Bleckedern, über die Elbe hinüberzufahren. Nicht einmal die Bürger, die jenseits des Flusses Felder hatten, erhielten die Erlaubnis dazu. Als der Bleckeder Schiffer das Verbot übertrat und eine kranke Jüdin auf das rechte Ufer schaffte, wurde er kurzerhand erschossen, so wie die Franzosen es angedroht hatten.

Im Gebiet des heutigen Landkreises entstanden vier französische Stützpunkte. Es waren Artlenburg, Hohnstorf, Brackede (Bleckede) und Bleckede.

Die Hohnstorfer Schanze lag bei der alten Fährstelle. Mitte 1813 waren ständig 300 Franzosen in dem Ort. Sie standen entweder Posten auf der Schanze oder fuhren Patrouillen auf der Elbe. Als sich der Hohnstorfer Lehrer, Heuer, weigerte, den Franzosen bei

Rechts: Kriegsberichte in den „Lüneburgschen Anzeigen" von 1813, ab 1825 von der Landdrostei herausgegeben.

Lüneburgsche Anzeigen.

Anno 1813. Nro. 26.

Mittewochs am 31. März.

Krieges-Vorfälle in der Lüneburger Heide.

Lüneburg, den 31. März 1813.

Am verwichenen Sonnabend den 27sten März erhielt der Kaiserl. Rußische Commandant von Lüneburg, Lieutenant v. Loskan vom Isumschen Husaren-Regiment, Nachricht, daß sich in der Gegend von Bienenbüttel ein feindliches Corps Cavallerie von Jägern, Husaren und Gensdarmen haben sehen lassen, welches die Absicht habe, sich mit dem Morandschen Infanterie-Corps, von Bremen wieder zurückkommend, zu vereinigen; es wurde sogleich ein Detaschement Cosacken von hier aus nach Bienenbüttel zu recognosciren abgeschickt, welches die feindlichen Vorposten auch wirklich bey Gelmsdorf traf, sie rasch angrif, ihnen 12 Mann und mehrere Pferde tödtete und verwundete und die Uebrigen in die Flucht schlug. 8 Mann und 7 Pferde wurden gefangen genommen und nach Lüneburg geführt, von wo aus sie noch denselben Abend nach Hamburg abgeführt wurden.

Am Sonntag den 29sten, Nachmittags um 4 Uhr, erschien das feindliche Corps abermals, ohngefähr 200 Mann stark; dicht vor Lüneburg, um ihre gefangenen Kameraden wieder zu befreyen; sogleich rückten ein Detaschement Cosacken und Jäger zu Fuß ihnen entgegen, welche den Feind in Respekt erhielten, ihm einige Pferde tödteten und mehrere Mann verwundeten, zugleich wurde auf Befehl des Herrn Commandanten, unter dem thätigen Beistande der Herren von Müller, Capitain Langrehr und des Herrn Klepper, eine Landwehr formirt die muthvoll und beherzt dem Feinde entgegen rückte, so daß der Feind es nicht wagte auch nur einen Schritt weiter vorzurücken und sich in der Eile bey einbrechende Nacht über Melbek und Birnebüttel nach Uelzen zurückzog.

26 Lü-

ihren Schanzarbeiten zu helfen, wurde er für drei Stunden in einem Schweinestall eingesperrt.

In Zusammenhang mit den Befestigungsarbeiten in Brackede deckten die Franzosen dem Marschvogt Jens das Dach seines Hauses ab; denn auf dem Boden wollten sie Kanonen aufstellen, mit denen Boizenburg beschossen werden sollte. Für den Marschvogt ergab sich ein Schaden von nahezu 2000 Talern.

In Bleckede wurde das Schloß neu befestigt. Für die Erdarbeiten und den Palisadenbau zog man die Ackerbürger zu Hand- und Spanndiensten heran. Außerdem mußte der Magistrat tief ins Säckel greifen. Die Einwohner bedauerten, daß das für die Anschaffung einer Feuerspritze gesparte Geld nun für die Franzosen draufging.

Der Waffenstillstand von Poischwitz (Niederschlesien), der am 4. Juni 1813 abgeschlossen wurde, lief am 17. August ab. Seit dieser Zeit herrschte an der Elbe wieder der Krieg. Die Truppen Wallmodens auf dem rechten Ufer, die seit Ende Mai dem Oberbefehl des schwedischen Kronprinzen unterstanden, erschienen zu kleineren und größeren Störaktionen im Lüneburgischen. Ihre wichtigste Unternehmung führte sie an die Steinker Höhe zur Göhrdeschlacht.

Später kam es an der Hohnstorfer Schanze zweimal zu bedeutenderen Gefechten. Auf ihrem Rückweg von der Göhrdeschlacht griffen die Reicheschen Jäger am 24. September die französische Besatzung in Hohnstorf an. Mit Hurra überstiegen sie die Palisaden und Erdwälle und vermochten die Franzosen zu vertreiben. Wer sich nicht auf die zwei am Ufer liegenden Kähne retten konnte, wurde niedergemacht oder ertrank.

Am 9. Oktober fuhren die Franzosen auf dem Lauenburger Schloßberg drei Kanonen auf und begannen, die Hohnstorfer Schanze zu beschießen. Gleichzeitig schickten sich 300 bis 400 Mann an, auf das Hohnstorfer Ufer überzusetzen. Aber das Schnellfeuer der etwa 80 Lützower Jäger auf der Schanze vereitelte ihren Landungsversuch.

Auch nach dem Gefecht war es gefährlich, sich auf dem Hohnstorfer Deich zu zeigen. Teilweise schien es geboten, sich in Schützengräben zu bewegen. Abends mußten die Häuser am Deich verdunkelt werden.

Ende 1813, Anfang 1814 erlebte das Lüneburger Gebiet eine Reihe von Truppendurchmärschen. Besonders stark benutzt war die Heerstraße Magdeburg—Hamburg, die in Bleckede vom linken auf das rechte Elbufer hinüberführte. An der Wende vom September zum Oktober war Tettenborn mit 1500 Mann in Bleckede. Im November kam der schwedische Kronprinz mit rund 5000 Mann durch das Elbstädtchen. Während der Monate Dezember und Januar mußten die Bleckeder Vogteien Barskamp und Dahlenburg die gut 8000 Mann und die 1500 Pferde des russischen Grafen Tolstoi unterbringen. Tolstoi selbst nahm bei Bürgermeister Buhlert in Dahlenburg Quartier.

Nachdem der schwedische Kronprinz und Wallmoden die Dänen, die auf französischer Seite in den Krieg eingetreten waren, aus Holstein vertrieben hatten, zog ihre Armee im Januar — etwa 25 000 Mann und 7 000 Pferde — über die Elbe zurück. Auch Bleckede und die Bleckeder Marsch litten dabei drei Tage lang unter Einquartierungen.

Nach ihren Siegen über die Franzosen in den Niederlanden zogen die schwedischen Truppen Mitte 1814 von Lüneburg über Bleckede nach Boizenburg und Lübeck durch.

Unter den Ämtern im Bereich des heutigen Landkreises hatte Bleckede am meisten zu leiden. In seinen Vogteien gab es kein Dorf, das von Einquartierung verschont blieb. Wenn die großen Heere durchzogen, mußte man manchmal 100 Mann, daß heißt eine Kompanie, in einem Bauernhaus unterbringen. In der guten Stube schliefen die Offiziere, in der zweiten Stube die Unteroffiziere und die Familie des Bauern. Die Mannschaften legten sich auf der Diele nieder. Die Bleckeder Elbfähre soll mehr als 100 000 Soldaten übergesetzt haben.

Zu den Einquartierungen kamen die enormen Lebensmittellieferungen, die Freund und Feind verlangten. Für die Bleckeder wirkte sich dabei sehr ungünstig aus, daß sie ihre rechtselbischen Ländereien nicht nutzen konnten.

Die Durchzüge machten das Amtsgebiet so arm, daß man sich 1813 im Bleckeder Schloß sorgte: „Nunmehr ist der letzte Rest verzehrt, für das Vieh kein Futter vorhanden ..." Im Dezember richtete die — inzwischen offenbar wieder arbeitende — Amtsverwaltung an den russischen Graf Bennigsen die dringende Bitte, nicht durch Bleckede zu ziehen. Der Amtsbezirk sei vollständig ausgepowert. Im Januar 1814 erhielt der General ein zweites, ähnliches Schreiben.

Nächst Bleckede selbst und seinen unmittelbaren Nachbardörfern hatte Dahlenburg den schlechtesten Stand. Im Januar 1814 schrieb Bürgermeister Buhlert: „Der Flecken und der größte Teil der Hauswirte dieser Vogtei sind zu Grunde gerichtet ... Alle Geräte aus Holz, wie Türen, Leitern, Wagen, auch Stakete und Zäune haben die französischen Soldaten als Feuerungsmaterial benutzt." Der Bürgermeister schätzte, daß die Dahlenburger Vogtei während der Kriegsjahre 210 000 Soldaten verpflegt hatte.

In vielen Gemeinden des Lüneburger Lands erhielt sich die Erinnerung an die Franzosenzeit lebendig. Anekdoten und wahre Begebenheiten kursierten bis ins 20. Jahrhundert. In Wendisch Bleckede (Bleckede) schlug ein russischer Soldat seinem Quartierwirt mit einem Dreschflegel auf den Kopf. Dafür wurde der Russe von seinem Vorgesetzten mit Stockschlägen bestraft. Aber auch der Bleckeder bekam den Stock zu spüren, weil man davon ausging, daß er den Russen gereizt hatte.

Einem Knecht in Tosterglope soll aus Versehen die rechte Hand mit einem Säbel abgehauen worden sein; 46 Taler Schmerzensgeld durfte er dafür kassieren.

Auf Gut Lüdersburg entwendeten die Franzosen Silber, Kleidung, Hausrat und Lebensmittel. Mit von Spörckens Wein, Branntwein und Bier machten sie sich vergnügte Tage. Der Gutsbesitzer schätzte seinen Schaden auf 800 Taler, wobei er die 33 Kühe und die sechs Pferde, die man ihm genommen hatte, nicht mitrechnete. Burmester, der Besitzer von Gut Horn (Boitze), machte gar eine Schadensrechnung von 2000 Talern auf. Nach 1820 versuchte er, wenn auch vergebens, das Amt Bleckede zur Erstattung der Summe zu bewegen.

Als in Hittbergen eines Tages eine Schwadron französischer Kürassiere Hafer verlangte, gab Bauer Reinecke zu verstehen, daß er keinen mehr habe. Daraufhin begannen die

Reiter zu schimpfen. Schließlich wollten sie Reinecke verprügeln. Aber der Bauer lief in Richtung Bullendorf (Echem) davon. Von seinen Verfolgern schlug er einen mit einem Zaunpfahl zu Boden, den zweiten fragte er höhnisch: „Wullt ok n'poar?", und machte sich dünne.

Geradezu rührend ist die Geschichte, die von einem anderen Hittberger Bauern überliefert wird. Ihm wurde ein wertvoller Brauner weggenommen. Als der Bauer am nächsten Morgen aufgestanden war und das Haus öffnete, steckte ihm das treue Pferd von draußen den Kopf zur Dielentür herein. Auf dem Rücken trug es noch das französische Sattelzeug, den Reiter hatte es abgeworfen.

Der Maire von Möller in Heiligenthal (Südergellersen) schrieb Mitte 1813 über die Verhältnisse im Raum Kirchgellersen: „Der Bauer hat kein Geld, und Anleihen für die Mairie kann ich auch nicht bekommen, so viele Mühe ich mir auch deshalb gegeben habe. Kapitalisten wohnen hier gar nicht und außer den 4 Herren Predigern ist hier alles Bauer und Ackersmann." Mit seinem Schreiben verfolgte der Maire den Zweck, weitere Lieferungen und Leistungen von seinen Dörfern abzuhalten.

Der ehemalige Bütlinger Amtsbezirk, der seit Ende des 18. Jahrhunderts zum Amt Scharnebeck gehörte, ging mit einer Schuldenlast von 10 000 Talern aus der Franzosenzeit heraus.

Rund 2500 Hannoveraner kehrten von Napoleons Rußlandfeldzug nicht wieder in ihre Heimat zurück. Die meisten von ihnen fielen; einige traten in die russische Armee ein oder wurden auf russischen Gütern ansässig. Auch für den Lüneburger Raum läßt sich eine Liste von Gefallenen und Nichtzurückgekehrten aufstellen: Artlenburg (5), Bardowick (12), Barum (2), Bilm (Lüneburg; 1), Brietlingen (1), Brackede (Bleckede; 3), Dachtmissen (Reppenstedt; 1), Dehnsen (Amelinghausen; 2), Deutsch Evern (1), Diersbüttel (Rehlingen; 1), Echem (1), Erbstorf (Adendorf; 1), Garlstorf (Bleckede; 3), Heinsen (Embsen; 3), Hittbergen (1), Hohnstorf (2), Horburg (Barum; 2), Horndorf (Reinstorf; 1), Lüdershausen (Brietlingen; 1), Lüne (Lüneburg; 1), Mechtersen (2), Melbeck (1), Oldendorf/Luhe (4), Radegast (Bleckede; 1), Radenbeck (Thomasburg; 1), Rehlingen (1), Reinstorf (1), Rettmer (Lüneburg; 2), St. Dionys (Barum; 1), Scharnebeck (2), Thomasburg (1) und Wienebüttel (Lüneburg; 1).

Dazu kommen die Gefallenen in den deutschen Freikorps und in der hannoverschen Armee. Die Armee hatte in den Jahren 1813 und 1815 rund 750 Mann Verluste. Es fielen zum Beispiel Soldaten aus Brackede (Bleckede; 1), Echem (1), Hohnstorf (2), Lüdersburg (1) und Radegast (Bleckede; 1).

Der Wiener Kongreß (1814—1815) beendete die zweieinhalb Jahrzehnte Krieg gegen Napoleon. Das Kurfürstentum Hannover wurde in Wien zum Königreich erhoben, so daß die Welfen nun über zwei Königstitel verfügten. Zugleich wuchs das Territorium um Ostfriesland, Hildesheim und kleinere Stifter. Sachsen-Lauenburg freilich wurde von Hannover abgetrennt und an Dänemark gegeben, nachdem es zunächst an Preußen hatte fallen sollen. Ausgenommen von der Regelung waren lediglich das Amt Neuhaus und die Artlenburger Marsch, die von 1816 an das königliche-hannoversche Amt Artlenburg bildete.

DIE PREUSSISCHEN KREISE

Das Zeitalter des Konstitutionalismus

Seit der Französischen Revolution (1789) hieß das Lieblingswort des Bürgertums in fast allen europäischen Staaten „Konstitution". Die Forderung, die Monarchie gänzlich zu beseitigen, wurde noch nicht erhoben; aber man wollte jetzt die Rechte der Monarchen durch Verfassungen beschränkt sehen. Kaum war Napoleon besiegt, da meldeten ebenso wie die Franzosen oder die Polen auch die Deutschen ihre Ansprüche auf konstitutionelle Staaten an.

Als erster deutscher Staat erhielt das Herzogtum Nassau eine Verfassung (1814). Ihm folgten das Großherzogtum Sachsen-Weimar-Eisenach (1816), das Königreich Bayern und das Großherzogtum Baden (1818) sowie schließlich auch das Königreich Württemberg und das Königreich Hannover (1819).

Seit damals besaß Hannover zwei Kammern, von denen die erste durch den König berufen worden und die zweite aus Wahlen hervorgegangen war, wenn auch noch aus keinen allgemeinen, gleichen, geheimen und direkten Wahlen. Die Kammern nahmen beratend an der Gesetzgebung teil.

Die Pariser Julirevolution (1830) gab den Verfassungsträumen der Deutschen neue Impulse. Noch im Revolutionsjahr erhielt das Königreich Hannover sein „Landesgrundgesetz", eine Verfassung, die der zweiten, gewählten Kammer umfangreichere Rechte einräumte als die von 1819. Aber der durch den Pariser Juli verursachte liberale Kurs vermochte sich nicht lange zu behaupten. Als 1837 König Ernst August seinem Bruder Wilhelm IV. folgte, wurde das Landesgrundgesetz aufgehoben. Der neue König hielt die Verfassung von 1819 für ausreichend.

Der liberale Geist hatte auch im Königreich Hannover schon so nachhaltig Wurzeln geschlagen, daß die Maßnahmen des Königs nicht widerspruchslos hingenommen wurden. Sieben Professoren der Göttinger Landesuniversität — darunter Jacob und Wilhelm Grimm, die bekannten Brüder Grimm, und der Historiker Friedrich Christoph Dahlmann — legten Protest ein und verloren ihre Lehrstühle.

Das Jahr 1848, das Europa eine ganze Kette von Revolutionen brachte, führte in Hannover zu liberalen Reformen. Alexander Graf Bennigsen, Ernst Augusts Ministerpräsident, und Johann Stüve, sein Innenminister, vermochten die Restauration von 1837 rückgängig zu machen. Aber auch das Revolutionsjahr 1848 — in Frankfurt am Main trat damals die erste Deutsche Nationalversammlung zusammen — konnte die liberalen und konstitutionellen Ideen der Zeit noch nicht dauerhaft realisieren. Wenige Jahre später setzte König Georg V. (1851—1866) die Reformen des Ministeriums Bennigsen-Stüve außer Kraft.

Die liberalen Tendenzen kamen auch dem jüdischen Bevölkerungsteil des Königreichs zugute. 1847 wurde durch Gesetz bestimmt, daß ein Jude das Recht haben sollte, Haus und Grund zu erwerben; sein Ackerland durfte freilich nicht größer sein als 1,25 Morgen.

Der Regierungswechsel von 1837 wirkte sich nicht nur auf das Verfassungsleben aus. Seine hauptsächliche Bedeutung liegt darin, daß er das Ende der englisch-hannoverschen Personalunion bezeichnet. Beim Tode Wilhelms IV. kam auf der britischen Insel die weibliche, auf dem Festland dagegen die männliche Erbfolge zum Zuge. Das bedeutete, den englischen Thron bestieg Wilhelms Tochter Victoria, während in Hannover sein Bruder Ernst August die Krone empfing. Hannover war künftig wieder eine deutsche Macht. Ernst August und Georg V. beobachteten nicht aus dem fernen London, sondern aus dem nahen Hannover die Entwicklung des preußisch-österreichischen Dualismus.

Dem 1834 auf preußische Initiative gegründeten Zollverein, mit dem eine Reihe deutscher Staaten die innerdeutschen Zölle abschaffen und die Zölle gegen das Ausland gleichmäßig festsetzen wollte, trat Hannover nicht bei. Es blieb einstweilen lieber in dem Mitteldeutschen Handelsverein von 1828. Erst 1854 hielt es Georg V. für angezeigt, sein Land dem Zollverein anzuschließen.

Diese Entscheidung bedeutete nicht, daß es nun mit jeglichem Schmuggel vorbei war. Weder Mecklenburg-Schwerin noch Hamburg gehörten schon zum Zollverein. So hatten die Zollämter entlang der Elbe — Bleckede, Hitzacker und Schnackenburg — nach wie vor Mühe, den Schmuggel mit dem rechten Ufer beziehungsweise mit Hamburger Schiffen zu unterbinden. Zeitweise wurden dem Zollamt Bleckede Truppen zur Unterstützung gesandt; in Brackede und Radegast (beide Bleckede) bezogen sie Quartier. Als nach Mecklenburg-Schwerin (1867) endlich auch Hamburg (1888) dem Zollverein beigetreten war, konnte das seit 1248 bestehende Zollamt Bleckede aufgehoben werden.

Zu dieser Zeit hatte Preußen bereits Hannover geschluckt. Die Geschichte war anders verlaufen, als man beispielsweise 1843 hatte voraussehen können. Damals wurden im Raum Deutsch Evern—Melbeck Manöver abgehalten. Zwischen dem 24. September und dem 8. Oktober waren rund 28 000 Mann Infanterie, Kavallerie, Artillerie und Spezialtruppen versammelt. Es handelte sich um hannoversche, braunschweigische, dänische, mecklenburgische und oldenburgische Kontingente. Sogar Lübeck, Hamburg und Bremen hatten Soldaten geschickt.

Die Zahl der Fürstlichkeiten, die als Befehlshaber oder Gäste an dem Manöver teilnahmen, lag über 20. Die gekrönten Häupter logierten in dem seit Mai bereits renovierten Lüneburger Schloß. Für die Truppen war auf dem rechten Ilmenauufer südlich von Lüneburg zwischen Petersberg und Blocksberg ein Lager aufgeschlagen worden.

Rechts: Im Revolutionsjahr 1848 erschien der „Vorwärts", redigiert von dem liberalen Professor Gravenhorst.

Diese Zeitung erscheint regelmäßig vom 1. Juli dieses Jahres und wird wöchentlich zweimal in einem halben Bogen, in der Form dieses Probeblattes ausgegeben

Alle Post-Aemter und Buchhandlungen nehmen Bestellungen an

Vorwärts.

Lüneburger Volkszeitung.

Preis in der Expedition: Herold und Wahlstabsche Buchhandlung, halbjährlich 1 Rthlr., bei den hannöverschen Post-Aemtern 1 Rthlr. 5 Sgr.

Insertions-Gebühren für den Raum einer Zeile 6 Pfg.

Probenummer 1. Freitag, den 9. Juni. 1848.

Prospect.

Hiermit überreichen die Unterzeichneten dem Publicum die erste Nummer der „**Lüneburger Volkszeitung**".

Zur Rechtfertigung eines solchen literarischen Unternehmens bedarf es unsers Erachtens nur weniger Worte, da das Bedürfniß, einen Sprechsaal für Jedermann zu haben, gerade in unserem Theile Deutschlands, wohl am lebhaftesten gefühlt ist, und da es wohl unbedenklich eine erfreuliche Erscheinung genannt zu werden verdient, wenn Männer gleicher Gesinnung sich die Hand reichen, um soweit an ihnen liegt, zur Erweckung und Belebung des politischen Sinnes und des Interesses an allen öffentlichen Angelegenheiten, zur Mittheilung, zum Verständniß und zur Würdigung der wichtigen Erscheinungen des Tages durch das Allen zugängliche Mittel der Presse beizutragen. Die Erscheinungen des Tages sind zum Theil so blendend, die Ereignisse so mannigfaltig wechselnd und bunt, die Ursachen derselben oft so versteckt, die Thatsachen so mächtig und colossal, daß Keiner für sich allein sich anmaßen könnte, mit Klarheit die Dinge zu erfassen, ihr Gewicht und ihre Folgen zu ermessen, und mit seinem, wenn auch noch so verständigen Urtheile zur richtigen Einsicht in dieselbe zu gelangen. Dazu bedarf es einer vereinten Thätigkeit. Es bedarf dazu einer großen gemeinsamen Debatte, an der Jeder, der sich dazu berufen fühlt, theilnehmen muß, einer öffentlichen, den Kreis einer vertraulichen Besprechung überschreitenden Beurtheilung, über die Jeder zu Gericht sitzen kann, einer Berührung und Durchkreuzung der Ideen und Ansichten der Einzelnen: damit aus dieser Mannigfaltigkeit, aus diesen Gegensätzen sich das Eine und Rechte erzeuge: **die Wahrheit.** Mit unserem Streben, Diener der Wahrheit zu sein, verbindet sich noch eine andere Bemühung, welche mit uns von allen denkenden Menschen getheilt wird, die, **den Fortschritt zu befördern.** Wir brauchen wohl nicht zu sagen, daß wir einen vernünftigen, unserer Zeit, unserer Bildung und Aufklärung angemessenen Fortschritt meinen, daß wir ebensoweit davon entfernt sind, jegliches revolutionaires Geschrei wühlender Demagogen für die Stimme des Fortschritts zu halten, als etwa aus Schwäche oder Angst, wider besseres Wissen und Hoffen, blos um des guten Alten und Hergebrachten willen den Schneckengang einer langsamen und bedächtigen Entwickelung zu preisen, über die Generationen dahinsterben könnten, ohne zu dem in der Brust eines Jeden getragenen Ideale und ersehnten Ziele zu gelangen. Seine Zeit in der Weise zu begreifen, daß sie uns als berufen gilt, das praktisch einzurichten und zu organisiren, was vor und seit dem Beginne dieses Jahrhunderts, zumal aber in den letzten 20 Jahren die geheime Sehnsucht, den mächtigen Drang des verschlossenen Herzens aller Edeln und Vaterlandsfreunde erfüllt hat; jetzt in einer Zeit, wo die Träume das Nebelhafte abwerfen und Leben und Gestalt annehmen, wo Unausgesprochenes und kaum Gedachtes in die That übergetreten ist, jetzt rüstig mitbauen zu helfen an dem majestätischen Baue deutscher Größe und Freiheit, jetzt den Mörtel herbeizuschaffen zur Verbindung der einzelnen oft noch widerspenstigen Theile — dies ist die Aufgabe der heutigen Geschlechter; an Jeden von uns geht die große Mahnung, es ist Pflicht ihr Folge zu leisten — wir wollen hierdurch unser Theil dazu beitragen. Es ist Sitte, daß eine Zeitung an der Spitze ein Glaubensbekenntniß ihrer Herausgeber trägt; wir werden uns hierin kurz fassen, da der mächtige Wechsel der Ereignisse, der plötzliche Eintritt des Unmöglichen oder Unwahrscheinlichen in dies wirkliche Leben zu großen Einfluß auf Ansichten und selbst Ueberzeugungen mit sich bringt; wie oft haben wir nicht schon, durch die Folgen eines Ereignisses, dessen Eintritt wir priesen, besser belehrt, gewünscht, es wäre nie gekommen, wie schnell sehen wir nicht ganze Völker von einer Staatsform in die andere, von der einen politischen Ueberzeugung zu einer andern übergehen, und alles vielleicht in Einem Tage. Daher würden wir es für vermessen halten, wenn wir über die vielen einzelnen Fragen, welche die politisch gebildete Welt bewegen, hier unsere unwandelbare Ueberzeugung aussprächen: es wäre Thorheit und wir würden vielleicht morgen Lügen gestraft werden. Aber zu folgenden **Grundsätzen** bekennen wir uns fest und **einmüthig**:

Das größte Maaß einer geordneten Freiheit eines Jeden muß erstrebt werden.

Daher Freiheit von oben wie von unten; in staatlicher Beziehung, wie in religiöser.

Jeder einzelne Mensch wird in dem Rechtskreise seiner Persönlichkeit Niemandem unterworfen.

Der Staat in seiner Form und mit seinen Gesetzen wird gebildet durch die Uebereinkunft der Nation.

Die Gemeinden regieren sich selbst unter möglichst beschränkter Oberaufsicht des Staats.

Da aber die Freiheit, freie Staats- und Gemeindeverfassungen auch eines Schutzes und einer Garantie bedürfen gegen Rückschritt und Einengung von Seiten der innern Gewalten und gegen die äußern Feinde, dieser Schutz aber nur in dem engsten Bunde Aller deutschen Provinzen zu finden ist, so ist unsere **Ueberzeugung**:

Am 4. Oktober holte die Equipage Ernst Augusts in Artlenburg einen weiteren Manövergast ab: König Friedrich Wilhelm IV. von Preußen. Zusammen mit dem Monarchen waren Wilhelm, der Prinz von Preußen und spätere Kaiser, sowie weitere Prinzen des Hohenzollernhauses eingetroffen. Am Abend des Ankunftstages spielten über 1000 Militärmusiker auf dem Lüneburger Marktplatz den Großen Zapfenstreich.

Überhaupt war für die Manövertruppen kein Mangel an Ablenkung. In ihrem Lager gastierte ein Zirkus, gab eine Schauspieltruppe Vorstellungen, war ein Kasperletheater aufgebaut. Unter den zahlreichen Verkaufsständen befand sich auch ein Fotoatelier.

Die Belustigungen von 1843 stehen für den heutigen Betrachter in seltsamem Widerspruch zu den Ereignissen, die 20 Jahre später die deutsche Landkarte veränderten.

Der Deutsch-dänische Krieg (1848—1850) führte noch nicht zur Entladung des preußisch-österreichischen Dualismus. Der Deutsche Bund, in dem seit dem Wiener Kongreß die deutschen Staaten zusammengefaßt waren, entschloß sich, den Schleswig-Holsteinern zu helfen. Nachdem die Kampfhandlungen beendet waren, erlebte der Lüneburger Raum 1851 den Durchzug einer österreichischen Armee; sie ging bei Artlenburg über die Elbe, um in Holstein Kontrollfunktionen auszuüben.

Das Jahr 1864 brachte den entscheidenden Waffengang mit Dänemark. Die beiden deutschen Großmächte besetzten Holstein und Schleswig. Lauenburg, das seit dem Wiener Kongreß dänisch war, wurde durch den Vertrag von Gastein (1865) mit Preußen vereinigt. Diese Annektion war ein böses Omen. Mochten auch die Hannoveraner im selben Jahr in der Nähe von Scharnebeck eine Waterloo-Feier veranstalten und in Anwesenheit von Waterloo-Veteranen den Geist der großen Koalition gegen Napoleon beschwören, die preußisch-hannoversche Waffengemeinschaft der Befreiungskriege war dahin.

In den Deutschen Krieg von 1866 griff Hannover auf österreichischer Seite ein. Georg V. hatte Preußens Forderung vom 17. Juni, Hannover möge neutral bleiben, zurückgewiesen und Berlin den Krieg erklärt. Die hannoversche Armee setzte sich in Richtung Süd in Bewegung, um den Anschluß an die bayerische Armee zu gewinnen. In Thüringen griff der preußische Generalmajor von Fließ die Hannoveraner am 27. Juni bei Langensalza an. Da die Preußen zahlenmäßig weitaus unterlegen waren, wurden sie geschlagen. Aber der Sieg Hannovers trug keine Früchte. Die Versorgung der Armee war so schlecht, zum Teil bedingt durch ihr völlig veraltetes Transportwesen, daß sie bereits am 29. Juni die Waffen streckte.

Preußens Sieg über Österreich machte Hannovers Niederlage vollkommen. König Georg V. mußte abdanken. Aus dem Königreich Hannover wurde eine preußische Provinz.

Die Neuordnung der Ämter (1852)

Die gewaltigen Veränderungen innerhalb der hannoverschen Verwaltung, die während der Napoleonischen Zeit geschehen waren, wurden ab 1813 rückgängig gemacht. Die

In diesem Hause an der Neuen Sülze wurde die Landdrostei Lüneburg im Jahre 1844 untergebracht (bis 1850).

Kommunen lösten sich wieder in die früheren Gemeinden auf. Die alten Ämter begannen erneut sichtbar zu werden. Es fehlte allerdings nicht an Stimmen, die nach Verwaltungsreformen verlangten. Zunächst jedoch blieb es bei der Theorie.

Im Lüneburger Raum kam es Anfang des 19. Jahrhunderts zu kleinen Korrekturen ohne besondere Bedeutung. So wurden die rechtselbischen Gemeinden Krusendorf (Sumte) und Sumte vom Amt Bleckede abgetrennt und dem Amt Neuhaus hinzugefügt; die Dörfer Neu Garge (Bobzin), Stiepelse, Viehle und Neu Wendischthun (heute Wendischthun) dagegen blieben weiterhin bei Bleckede. 1825 tauschten die Hausvogtei und die Vogtei Barskamp des Amts Bleckede wenige Gemeinden aus: Alt Garge (Bleckede), Köhlingen (Tosterglope), Neu Garge (Bobzin), Stiepelse und Viehle waren künftig dem Barskamper Vogt unterstellt.

Von größerer Bedeutung war die durch ein Reglement von 1823 eingeführte Landdrosteiordnung. Danach bildete das Königreich sechs Landdrosteien (Aurich, Hannover, Hildesheim, Lüneburg, Osnabrück, Stade).

Die Landdrosteien, an ihrer Spitze ein Landdrost im Rang eines Generalmajors, waren Mittelinstanzen zwischen den Ämtern, Patrimonialgerichten und amtsfreien Städten auf der einen und den hannoverschen Zentralbehörden auf der anderen Seite. Infolge der auf dem Wiener Kongreß erzielten Gebietsgewinne konnte Hannover nicht mehr mit jedem Amt direkten Dienstverkehr unterhalten.

Der erste Lüneburger Landdrost war Burchard Otto Hans von der Decken. Er hatte im Schloß am Marktplatz seinen Sitz. Später zog die Landdrostei auf die Neue Sülze um (1844), wurde in die Große Bäckerstraße verlegt (1850) und konnte schließlich das Gebäude am Ochsenmarkt beziehen, in dem später die Regierung arbeitete (1852).

Die Landdrostei umfaßte das ehemalige Fürstentum Lüneburg sowie den 1814 bei Hannover verbliebenen Rest des Herzogtums Sachsen-Lauenburg. Ihre Kompetenzen erstreckten sich auf alle Verwaltungsbereiche; auch das Militärwesen kontrollierte sie.

Eine durchgreifende Veränderung brachte das Jahr 1852. Am 1. Oktober trat eine Neuordnung der alten hannoverschen Amtsverfassung in Kraft. Wie schon unter Napoleon waren künftig Verwaltung und Justiz getrennt. Die Patrimonialgerichte des Adels, die 1821 bereits die Kriminalgerichtsbarkeit eingebüßt hatten, erloschen ganz. Die Amtleute und ihre Gehilfen waren nunmehr reine Verwaltungsbeamte. Die Jurisdiktion nahmen besondere Amtsgerichte wahr.

Die Neuordnung der Kompetenzen ging mit einer Umformung der alten Amtsbezirke Hand in Hand. Hannover verfolgte die Absicht, Ämter zu bilden, die von einem Beamten und einem Amtsgehilfen verwaltet werden konnten. Im Bereich der Landdrostei Lüneburg — diese Mittelinstanzen blieben wirksam — hatte es vor 1852 36 Ämter gegeben, jetzt gab es 40.

Im Lüneburger Raum verschwand das kleine Amt Scharnebeck. Das übergroße Amt Winsen wurde aufgeteilt; dabei entstand aus den ehemaligen Amtsvogteien Amelinghausen und Garlstorf das Amt Salzhausen.

Nach der Neuordnung von 1852 gab es auf dem Boden des heutigen Landkreises Lüneburg vier Amtssitze. Weitere drei Ämter ragten in das Kreisgebiet hinein.

Die meisten Einwohner hatte das Amt Bleckede. Hier lebten rund 11 500 Menschen. Sie verteilten sich auf 76 Orte im Bereich der heutigen Gemeinden Bleckede, Boitze, Dahlem, Dahlenburg, Lüdersburg, Nahrendorf, Neetze und Tosterglope; dazu kamen Dübbekold und Katemin (beide Landkreis Lüchow-Dannenberg) sowie die rechtselbischen Gemeinden Bobzin, Stiepelse, Viehle und Wendischthun.

Die Dörfer Neetze und Süttorf (Neetze) waren Bleckede von dem aufgehobenen Scharnebecker Amtsbezirk beigelegt worden. Breetze (Bleckede) hatte es vom Amt Lüne erhalten, Breese (Nahrendorf) vom Amt Dannenberg. Das geschlossene Adelsgericht Lüdersburg (mit Jürgenstorf) war schon 1850 aufgehoben worden; 1852 wurde Jürgenstorf von Lüdersburg als selbständiges Dorf abgetrennt.

Fast genauso groß wie das Amt Bleckede war das Amt Lüne. Hier wohnten über 9000 Menschen. Die 53 Orte, die 1852 bestanden, verteilten sich auf die heutigen Gemeinden Adendorf, Bardowick, Barendorf, Barnstedt, Betzendorf, Deutsch Evern, Embsen, Mechtersen, Melbeck, Reinstorf, Reppenstedt, Rullstorf, Scharnebeck, Südergellersen, Thomasburg, Vastorf, Vögelsen und Wendisch Evern, auf die Stadt Lüneburg sowie auf den Landkreis Uelzen (Bohndorf, Grünhagen, Hohenbostel, Niendorf und Wulfstorf).

Auch der Lüner Amtsbezirk wuchs 1852 durch die Auflösung des Amts Scharnebeck; der Amtsort selbst sowie Boltersen (Rullstorf) und Rullstorf kamen an Lüne. Vom Amt Winsen erhielt der Lüner Bezirk Bardowick, Drögennindorf (Betzendorf), Mechtersen, Ochtmissen (Lüneburg), Oerzen (Embsen) und Vögelsen. Schließlich wuchs Lüne um Dörfer des Amts Medingen: Barnstedt, Glüsingen (Betzendorf) und Grünhagen (Landkreis Uelzen). Das Klosteramt St. Michaelis Lüneburg, ein geschlossenes Patrimonialgericht, gehörte bereits seit 1849 zum Lüner Amtsbezirk. Demgegenüber war das Gericht Schnellenberg (Lüneburg) lediglich ein ungeschlossenes Gericht gewesen, das heißt, Schnellenberg besaß zwar eigene Jurisdiktion, unterstand jedoch verwaltungsmäßig dem Amt Lüne.

Im Amt Neuhaus wohnten über 8 000 Menschen. Die 32 Orte, die man 1852 zählte, gehörten später zu folgenden 14 Gemeinden: Darchau-Kühren, Dellien, Haar, Kaarßen, Neuhaus, Preten, Rosien, Stapel, Sückau, Sumte, Tripkau, Viehle, Vockfey und Zeetze.

Krusendorf (Sumte) und Sumte waren bereits 1820 vom Amt Bleckede abgetrennt worden. Preten hatte bis 1839 ein geschlossenes Patrimonialgericht gebildet, Junker-Wehningen (Tripkau) bis 1846.

Der vierte Amtssitz auf dem heutigen Kreisboden lag in Artlenburg. 1852 zählte das Amt Artlenburg etwas über 5 500 Einwohner. Die ehemals 17 Orte gingen in den Gemeinden Artlenburg, Barum, Brietlingen, Echem, Hittbergen, Hohnstorf, Marschacht (Landkreis Harburg) und Tespe (Landkreis Harburg) auf. Die 17 Orte waren aus den drei Ämtern Lauenburg, Scharnebeck und Winsen sowie aus dem geschlossenen Adelsgericht Obermarschacht zusammengezogen worden.

Das 1852 neugebildete Amt Salzhausen war von mehr als 7 000 Menschen bewohnt. Nur ein Teil davon freilich lebte in Dörfern diesseits der jetzigen Kreisgrenze; es handelt sich um die Gemeindebereiche Amelinghausen, Kirchgellersen, Oldendorf (Luhe), Rehlingen, Soderstorf, Südergellersen und Westergellersen.

Auch das Amt Hitzacker griff über das Jahr 1852 hinaus in das spätere Kreisgebiet hinein. Es gehörten dazu die rechtselbischen Gemeinden Darchau-Kühren, Kaarßen, Tripkau und Vockfey.

Zum Amt Ebstorf zählten wie vordem Bockum (Rehlingen) und Tellmer (Betzendorf).

Einige Gemeinden des späteren Landkreises Lüneburg gehörten 1852 mit verschiedenen Ortsteilen verschiedenen Ämtern an.

Die Neuerungen von 1852 wurden bereits durch die „Verordnung über die Bezirke der unteren Verwaltungsbehörden“ vom 27. März 1859 einer Revision unterzogen. Das Amt Artlenburg wurde aufgelöst. Seine Dörfer fielen dem Amt Lüne zu, dessen Sitz jetzt nach Lüneburg in den Gebäudekomplex des ehemaligen Michaelisklosters verlegt wurde (1862). Lüne-Lüneburg wuchs weiter durch die Dörfer der Kirchspiele Amelinghausen und Kirchgellersen; denn das Amt Salzhausen wurde ebenfalls aufgelöst. Schließlich fiel das Amt Ebstorf der Verwaltungsvereinfachung von 1859 zum Opfer, womit Bockum und Tellmer an Lüne kamen. Das Amt Lüneburg, wie das alte Amt Lüne nun hieß, wuchs derart, daß es in die drei Amtsvogteibezirke Lüneburg, Artlenburg und Amelinghausen unterteilt werden mußte (bis 1868).

1854 wurde die Steuerverwaltung neu geregelt. 1862 kam eine verbesserte Elbdeichordnung heraus. Kurz darauf erfolgte die Annektion Hannovers durch Preußen — und eine neue Phase der hannoverschen Verwaltungsgeschichte begann.

Die Entstehung der Amtsgerichte (1852)

Der 1. Oktober 1852 änderte nicht nur die hannoversche Verwaltung, das Datum bezeichnet zugleich eine einschneidende Neuorganisation der Justiz. Die beherrschenden Tatsachen waren, daß die beiden Zweige der staatlichen Administration getrennt und die geschlossenen und ungeschlossenen Patrimonialgerichte aufgehoben wurden.

Die Grundlage für die Justizreform von 1852 bildeten die Gesetze vom 5. September 1848 sowie vom 8. November 1850. Bis dahin hatten die Ämter mit den Stadtgerichten in den amtsfreien Städten und den gutsherrlichen Patrimonialgerichten konkurriert. Diesen Untergerichten waren als Mittelgerichte die Justizkanzleien übergeordnet gewesen. Der Lüneburger Raum gehörte zum Bezirk der Justizkanzlei Celle; das dieser Behörde ehemals gleichgeordnete Celler Hofgericht hatte die Napoleonische Zeit nicht überlebt. Die dritte Stufe der Gerichtsbarkeit bildete im Bereich des Fürstentums Lüneburg das Celler Oberappellationsgericht.

1852 wurde die sogenannte *Lex Carolina*, das in Hannover gültige Gesetzbuch für alle Strafverfahren von 1532, durch eine neue Strafprozeßordnung ersetzt. Von jetzt an waren die Verhandlungen mündlich und öffentlich zu führen. Auch eine neue Zivilprozeßordnung trat in Kraft.

Vor den Amtsgerichten, den seit 1852 neben den Ämtern bestehenden Untergerichten, liefen insbesondere Zivilprozesse und Prozesse der freiwilligen Gerichtsbarkeit. Ging es um Polizeistrafsachen, das heißt, geringfügige Strafsachen, so trat das Schöffengericht (ein Richter und zwei Schöffen) zusammen. Die Kriminalsachen, die schwerwiegenden Strafsachen, konnten nicht in den Amtsgerichten verhandelt werden. Insoweit führten die Untergerichte lediglich die Voruntersuchungen für die überörtlichen Schwurgerichte, die ebenfalls neu ins Leben gerufen wurden. Schon die alten Ämter hatten bei Kriminalsachen lediglich als Inquisitoriate (Voruntersuchungsbehören) fungiert, und zwar Ebstorf, Hitzacker, Neuhaus und Winsen selbständig, Bleckede dagegen für Artlenburg, Lüne und Scharnebeck sowie das Patrimonialgericht Lüdersburg mit; das Amt Bleckede nahm eine Sonderstellung ein, es urteilte auch Kapitalverbrecher ab.

Die Neuordnung von 1852 führte im Lüneburger Raum zur Eröffnung folgender Amtsgerichte: Das Amtsgericht Lüneburg (mit drei Richtern) löste das Stadtgericht Lüneburg sowie die Jurisdiktionsbefugnisse des alten Amtes Lüne ab. Das Amtsgericht Bleckede (zwei Richter) trat an die Stelle des Fleckengerichts Bleckede und des Amts Bleckede, soweit dieses Gerichtsbehörde gewesen war; das Elbzollgericht Bleckede bestand fort. In Dahlenburg hielt das Bleckeder Amtsgericht monatlich einen Gerichtstag. Für das Amt Artlenburg wurde das Amtsgericht Artlenburg (ein Richter) wirksam, für das Amt Salzhausen das Amtsgericht Salzhausen (ein Richter) und für das Amt Ebstorf das Amtsgericht Ebstorf (ein Richter). Die Gerichtskompetenzen des 1852 aufgehobenen Amts Scharnebeck gingen auf die Amtsgerichte Lüneburg, Bleckede und Artlenburg über.

Zusammen mit weiteren sechs Amtsgerichten bildeten diese fünf Amtsgerichte den Bezirk des Großen Obergerichts Lüneburg. Anstelle der Justizkanzleien gab es im Königreich von jetzt an Obergerichte. Zwölf von ihnen — die Großen Obergerichte — verfügten über einen großen Senat mit fünf Berufsrichtern und einen oder mehr kleine Senate mit drei Berufsrichtern. Demgegenüber hatten die Kleinen Obergerichte — von ihnen existierten vier — nur einen kleinen Senat.

Das Amtsgericht Neuhaus (ein Richter), das für das Amt Neuhaus geschaffen wurde, unterstand ebenso wie das Amtsgericht Hitzacker (ein Richter) dem Kleinen Obergericht Dannenberg.

Die Zahl der aufgehobenen Patrimonialgerichte des Königreichs Hannover betrug 27 (14 geschlossene und 13 ungeschlossene). Das Amtsgericht Lüneburg setzte das geschlossene Klosteramt St. Michaelis und das ungeschlossene Patrimonialgericht Schnellenberg (Lüneburg) fort. Noch weitere geschlossene Adelsgerichte gingen in den neuen Amtsgerichten auf: Lüdersburg in Bleckede, Obermarschacht (Landkreis Harburg) in Artlenburg sowie Preten und Wehningen (Tripkau) in Neuhaus.

Der Schwurgerichtshof für den Bezirk der Obergerichte Lüneburg, Dannenberg und Celle wurde in Celle eingerichtet. Insgesamt gab es im Königreich Hannover sieben Schwurgerichte. Das Celler Oberappellationsgericht bestand weiter.

Das Amtsgericht Lüneburg zog in die Räume des ehemaligen Lüneburger Stadtgerichts im Rathaus ein. 1860 siedelte es in die Dienstwohnung des zweiten Predigers von St. Lamberti über; diese Kirche hatte 1858 für jede Benutzung gesperrt werden müssen und wurde abgerissen. 1862 konnte ein Gebäude Auf dem Michaeliskloster bezogen werden. 1925 endlich fand das Gericht im Lüneburger Schloß Raum. Das Lüneburger Obergericht erhielt in der ehemaligen Ritterakademie Auf dem Michaeliskloster seine Räumlichkeiten.

Die Bleckeder brachten ihr Amtsgericht in dem dem Schloß gegenüberliegenden — bis 1930 bestehenden — Gerichtsgefängnis unter. 1934 konnte das Gericht in das Schloß übersiedeln.

Der Revision, die 1859 auf dem Verwaltungssektor vorgenommen wurde, entsprachen auch bei der Justiz Zusammenlegungen. Mit den Ämtern Artlenburg, Ebstorf, Hitzacker und Salzhausen verschwanden auch die dortigen Amtsgerichte. Erben waren die Amtsgerichte Lüneburg und Neuhaus. Zugleich wurde das Kleine Obergericht Dannenberg mit dem Großen Obergericht Lüneburg zusammengelegt, so daß nun also auch das Amtsgericht Neuhaus Lüneburg untergeordnet war.

Ein Anachronismus der Maßnahmen von 1859 ist darin zu sehen, daß man jetzt die Polizeistrafsachen von den Amtsgerichten weg an die Ämter delegierte und damit die Trennung von Verwaltung und Justiz zum Teil wieder aufhob.

Die preußische Annektion von 1866 ließ die hannoversche Gerichtsorganisation zunächst so gut wie unverändert. Aus dem Celler Oberappellationsgericht wurde mit Wir-

St. Lamberti — der Lambertiplatz erinnert daran — im Sülzviertel der Stadt. 1860 mußte das Gotteshaus abgebrochen werden.

kung von 1867 ein Appellationsgericht, weil sich das höchste Gericht für die Provinz Hannover nun in Berlin befand.

Weiterreichende Neuerungen brachte das Reichsjustizgesetz von 1879. Damals wurden aus den Obergerichten Landgerichte. Das Celler Appellationsgericht hieß von jetzt an Oberlandesgericht. Die unterste Instanz bildeten nach wie vor die Amtsgerichte. An der Spitze der Gerichtspyramide stand das Reichsgericht in Leipzig. Jedes Landgericht hatte periodisch Schwurgerichtstermine.

Das Lüneburger Landgericht, das über einen Präsidenten, zwei Direktoren und sieben Richter verfügte, übernahm zunächst die Räume des Obergerichts in der Ritterakademie. 1909 zog es in die Straße Am Klostergang ganz in der Nähe um. Seit 1925 war es wie das Lüneburger Amtsgericht im Schloß untergebracht. Dem Landgericht unterstanden die Amtsgerichte in Lüneburg, Bleckede, Neuhaus und neun weiteren Orten. Die Einwohnerzahl dieses Bezirks erreichte nahezu 250 000.

Landkreis Lüneburg (1885)

Ebenso wie die Justiz blieb auch die Verwaltung nach der preußischen Annektion von 1866 zunächst in den gewohnten Geleisen. Die Landdrosteiordnung und die Amtsverfassung behielten Gültigkeit. Der bisherige Amtmann hieß jetzt lediglich Amtshauptmann.

Die Kreise, die durch eine Verordnung vom 12. September 1867 in Hannover gebildet wurden, dürfen nicht mit den späteren Landkreisen verwechselt werden. Wenn damals aus dem Amt Lüneburg, der amtsfreien Stadt Lüneburg und dem Amt Bleckede ein Kreis entstand, so hatte dieses Gebilde lediglich auf den Sektoren Militär- und Steuerverwaltung Bedeutung. Die beiden Bereiche erschienen dem preußischen Staat so wichtig, daß er zwischen Amt und Landdrostei noch eine besondere Verwaltungsebene für notwendig hielt. Im Falle Lüneburg trat der Lüneburger Amtshauptmann als Kreishauptmann an die Spitze des Militär- und Steuerkreises. Von 1867 bis 1885 hatte Adolf Friedrich Freiherr von Hammerstein die zwei Ämter inne.

Im Gebiet der Landdrostei Lüneburg, das 22 Ämter und neun amtsfreie Städte umfaßte, richtete Preußen sieben Kreise ein. Neuhaus kam an Dannenberg.

Auf den innerhalb der Kreise gebildeten Kreistagen versammelten sich die Stände des Kreisgebietes. Sie gliederten sich in drei Gruppen: größere Grundbesitzer, Abgeordnete von Städten, Abgeordnete von Landgemeinden. Im Lüneburger Kreistag waren alle drei Gruppen vertreten.

Erst am 6. Mai 1884 erließ Preußen für die Provinz Hannover eine Kreisordnung im Sinne der preußischen Kreisverfassung. Jetzt sollten die hannoverschen Ämter durch preußische Kreise ersetzt werden. Die untere Ebene der Landesverwaltung sollte westlich und östlich der Elbe nicht länger unterschiedlich sein. Am 1. April 1885 trat die Kreisordnung in Kraft.

Anstatt der sieben Militär- und Steuerkreise von 1867 gab es jetzt 13 Landkreise; dazu bildeten die Städte Lüneburg, Celle und Harburg Stadtkreise. Der Landkreis Lüneburg deckte sich genau mit dem Lüneburger Amtsbezirk. Die Ämter Bleckede und Neuhaus wuchsen zum Landkreis Bleckede zusammen.

Der Landkreis Lüneburg gliederte sich 1885 in 79 Landgemeinden und sechs selbständige Gutsbezirke; kreisangehörige Städte gab es nicht. Die Gutsbezirke waren: Bennerstedt (Scharnebeck), Marienthal (Artlenburg), Schnellenberg (Lüneburg) und Vrestorf (Bardowick) sowie die Forstbezirke Gellerser Anfang (Kirchspiel Kirchgellersen) und Raubkammer (Kirchspiel Amelinghausen).

An königlich-preußischen, ehemals königlich-hannoverschen Domänen lagen im Lüneburger Kreisgebiet drei. Es waren der selbständige Gutsbezirk Marienthal (Artlenburg) sowie Lüne mit Bilm (Lüneburg) und Scharnebeck mit Lentenau. Lüne und Scharnebeck bildeten jeweils den Restbesitz der infolge der Reformation säkularisierten Klöster Lüne und Scharnebeck.

Der 1885 geschaffene Landkreis Lüneburg hatte eine Bodenfläche von 66 871 Hektar. Darauf lebten 10 963 Menschen.

Lüneburgsche Anzeigen.

Zeitung

für das Fürstenthum Lüneburg.

№ 13. Donnerstag den 16. Februar 1865.

Seit 1865 erschienen die „Lüneburgschen Anzeigen“ im Verlag von Stern.

An der Spitze des neuen Landkreises stand ein Landrat. Er war preußischer Beamter, kein gewählter Präsident wie die Landräte nach 1945. Als erster Landrat von Lüneburg trat 1885 der Hildesheimer Julius Rasch seinen Dienst an. 1895 folgte auf ihn Konrad Engelhardt.

Der Landrat versah als unterstes Organ der Staatsregierung die Geschäfte der allgemeinen Landesverwaltung, die örtlichen Polizeiangelegenheiten einbegriffen. Als Vorsitzender von Kreistag und Kreisausschuß leitete er zugleich die Kommunalverwaltung.

Der Kreistag war — wie schon der Kreistag der 1867 entstandenen Kreise — keine Vertretung der Gesamtbevölkerung. Der Lüneburger Kreistag der Jahre 1885 bis 1919 hatte 20 Mitglieder, die je zur Hälfte von den Wahlverbänden der größeren ländlichen Grundbesitzer und der Landgemeinden gewählt wurden. Als größerer Grundbesitzer galt 1885, wer mindestens 180 Taler Grundsteuer pro Jahr zahlte.

Der Kreisausschuß hatte sechs vom Kreistag gewählte Mitglieder. Seine Zuständigkeit erstreckte sich auf alle Selbstverwaltungs- und Auftragsangelegenheiten; dazu bildete er die erste Instanz der Verwaltungsgerichtsbarkeit.

Außer um die verwaltungsmäßigen Routinesachen kümmerten sich die preußischen Landräte im Bereich des ehemaligen Fürstentums Lüneburg vorwiegend um den Ausbau des Verkehrsnetzes. Es entstanden neue Straßen und Kleinbahnlinien. Personell waren die Kreisverwaltungen von 1885 von den früheren Amtsverwaltungen kaum zu unterscheiden. Die Landräte kamen unter Umständen mit zwei Schreibkräften aus.

Die Einführung der Kreisordnung ging mit einer Neuorganisation der Mittelinstanz Hand in Hand. Aus den hannoverschen Landdrosteien wurden 1885 preußische Regierungsbezirke. Obwohl die Landdrosteien in Hannover kleiner waren als die Regierungsbezirke in Preußen, sah man davon ab, etwa die Landdrosteien Lüneburg und Stade zusammenzulegen, wie man es zeitweise vorgehabt hatte.

Der erste Präsident des Regierungsbezirks Lüneburg — einer der sechs hannoverschen Regierungsbezirke — wurde Hermann von Borries. Unter ihm arbeiteten, jeweils von einem Oberregierungsrat geleitet, die drei Abteilungen: Inneres; Kirchen- und Schulsachen; direkte Steuern, Domänen und Forsten.

Stadtkreis Lüneburg (1885)

Die blühende Hansestadt, die mit dem Selbstbewußtsein einer freien Reichsstadt auftrat, war verwaltungsgeschichtlich immer nur eine amtsfreie Stadt gewesen. Der preußische Staat hielt anläßlich der Einführung der Kreisverfassung für die denn doch bedeutende hannoversche Garnison Lüneburg, in der sich im übrigen Industrie und Kultur regten, die Bezeichnung Stadtkreis bereit; so hießen die nicht in einen Landkreis eingegliederten Städte.

Schon bevor die preußische Verwaltung wirksam wurde, besaß Lüneburg einen Oberbürgermeister. Diesen Titel verlieh die „Verfassungs-Urkunde der Stadt Lüneburg“ von 1846 der Spitze des Magistrats. Dem Oberbürgermeister folgten der Justizbürgermeister, der Stadtsyndikus, sieben Senatoren, zwei davon Stadtrichter, sowie an elfter Stelle ein Stadtgerichtsassessor. Der gesamte Magistrat umfaßte einerseits den verwaltenden Magistrat und andererseits das Stadtgericht.

Neben dem Magistrat gab es die Bürgervorsteher, zwölf an der Zahl, drei aus jedem der vier Stadtviertel. 1846 gehörten dem Bürgervorsteherkollegium, dem Parlament, zwei Gelehrte, wie man Lehrkräfte höherer Lehranstalten zu benennen beliebte, drei Kaufleute und sieben Handwerker an: je ein Bäcker, Branntweinbrenner, Buchbinder, Hutmacher, Knopfmacher, Schiffer und Schuhmacher.

Zwei Jahre später entsandte Lüneburg den Stadtsyndikus Dr. Meyer zum Frankfurter Vorparlament. Ende 1848 saß der Lüneburger Regierungsrat Lodemann mit in der Paulskirche.

Unter Oberbürgermeister Ulrich Fromme (1860—1880) vollzog sich der Übergang von der hannoverschen zur preußischen Verwaltung. Kein Ruhmesblatt der Lüneburger Finanzpolitik war und ist der Verkauf des berühmten Ratssilbers Anno 1873 an das Berliner Gewerbemuseum, auch wenn den Stadtsäckel auf solche Weise zusätzliche 220 000 Taler füllten: Die wichtigsten Ausstellungsstücke gingen dem bald entstehenden Museum für das Fürstentum Lüneburg auf Dauer verloren! Auf der anderen Seite ist zu berücksichtigen, daß sich der gesamte Etat der Stadt Lüneburg noch bei dem Abgang von Frommes Nachfolger, dem Oberbürgermeister und langjährigen Mitglied des preußischen Abgeordnetenhauses Otto Lauenstein, auf 600 000 Mark belief (1894). Um die Jahrhundertwende bewegte sich der städtische Haushalt in Einnahmen und Ausgaben nach wie vor unter einer Million Mark. Als der Erste Weltkrieg begann, erreichte er allerdings schon 2,25 Millionen Mark.

Die Einwohnerzahl hatte 1880 kurz unter 20 000 gelegen (19 034). Oberbürgermeister Georg König (1901—1919) konnte Magistrat und Bürgervorsteherkollegium Anfang Januar 1906 mitteilen, daß die 25 000-Einwohner-Marke überschritten war.

Dazu kamen die Militärpersonen; Lüneburg entwickelte sich im Laufe des 19. Jahrhunderts zu einer bedeutenden Garnison. Die Anfänge weisen schon vor die Napoleonische Zeit zurück. Sowohl im Schloß als auch im sogenannten Reithaus, einem Patrizierhaus an der Großen Bäckerstraße mit einem rückwärtigen Anbau (Auf dem Wüstenort), lagen Infanterie und Kavallerie.

In der nationalen Aufbruchstimmung vor den Befreiungskriegen stellte dann der Barnstedter Gutsbesitzer Albrecht von Estorff sein Husaren-Regiment auf. Als Napoleon besiegt war, bildeten die Estorffschen Husaren den Kader für das 4. Husaren-Regiment „Kronprinz" zu Lüneburg. Für diese Husaren wurde 1828 — eines der wichtigsten Daten in der Garnisonsgeschichte — die Lüner Kavallerie-Kaserne gebaut, gleichzeitig mit einem Militärhospital vorm Lüner Tor, später als Finanzamt genutzt.

Rote Husaren beherrschten das Lüner Kasernenareal, bis 1834 die blauen Dragoner kamen: das 4. Dragoner-Regiment „Kronprinz". Als Königin-Husaren rückten sie 1866 in den Deutschen Krieg aus.

Auch die Preußen dirigierten zunächst Husaren nach Lüneburg. Nach dem Kriege von 1870/71 lag insbesondere das 2. Hannoversche Dragoner-Regiment Nr. 16 in Lüne. Daneben gab es andere Kavallerie-Einheiten und zu jeder Zeit Infanterie. Obwohl die Lüner Kaserne in den Jahren 1877, 1883 und 1899 erweitert wurde, blieb auch das Schloß Kaserne, speziell Offizierskasino.

Seit der Mitte des 19. Jahrhunderts mehrten sich in der Stadt die Zeichen der Industrialisierung. Den ersten Lüneburger Fabrikschornstein zog in den 40er Jahren die Rohrzuckerfabrik an der Burmeisterstraße nahe dem Rathaus empor. 1871 waren insgesamt 20 Fabrikschornsteine vorhanden. Seit 1842/43 bestand das Lüneburger Eisenwerk, seit 1860 die Zementfabrik, beide an der Bardowicker Straße gelegen. Eine Faßfabrik, eine Knochenmehl- und Leimfabrik, eine Weberei, eine Wachsbleiche und andere Unternehmen gesellten sich dazu.

1847 hatte das Zeitalter der Eisenbahn für Lüneburg begonnen. Am 6. März passierte erstmals die Lokomotive „Ernst August" auf der Strecke Lehrte — Harburg den Lüneburger Bahnhof. Am 1. Mai wurde die Bahnlinie für den Personen- und Güterverkehr freigegeben. Im Jahr darauf vollendete man das Hauptgebäude des Bahnhofs. 1863 mußte es bereits vergrößert werden. Das Post- und Telegraphenamt am Marienplatz wurde 1891 errichtet.

Mit vier Patienten begann im Jahre 1900 Chefarzt Dr. Richard Hölscher im neuen Lüneburger Krankenhaus vor dem Sülztor. Im Jahr darauf wurde mit dem Bau der Heil- und Pflegeanstalt Wienebüttel begonnen.

Einen ganz neuen Weg beschritt die alte Stadt, als sie 1907 ihr Badehaus in Betrieb nahm. Lüneburg empfahl sich nun als Sol- und Moorbad; auch hier stand die Saline Pate. Das Ackergelände zwischen Sülztor und Bockelsberg hatte sich in einen großzügig angelegten Kurpark verwandelt. Den medizinischen Part übernahmen Badehaus und Gradierwerk, den gesellschaftlichen das Kurhaus mit dem Musikpavillon.

Vom alten Lüneburg war inzwischen so manches eingeebnet worden. Die Prämonstratenserkirche St. Andreae wurde bereits 1801 auf Abbruch verkauft. St. Marien hinter dem

Mit dem Post- und Telegraphenamt am Marienplatz (Baujahr 1891) zog ein Stück Neuzeit in Lüneburg ein.

Rathaus erging es 1818/19 nicht anders. 1858 mußte St. Lamberti baupolizeilich gesperrt werden; wenig später war der Lambertiplatz freigeräumt.

Andererseits wurde 1857 die erste katholische Kirche der Stadt, St. Marien an der Wallstraße, fertiggestellt. 1892 errichtete Stadtbaumeister Kampf die Synagoge an der Reichenbachstraße.

Und längst konnten die Lüneburger ins Theater gehen. Carl Kaulitz erbaute 1822 das Stadttheater an der Apothekenstraße. Insbesondere in der zweiten Jahrhunderthälfte ragten gefeierte Schauspieler aus dem Ensemble hervor, worüber man inzwischen in den „Lüneburgschen Anzeigen" der geadelten Bibeldruckerfamilie von Stern alle Einzelheiten nachlesen konnte. Die Landdrostei gab ab 16. Februar 1825 in Kleinquartformat amtliche Mitteilungen unter dem genannten Titel heraus. Nach 40 Jahren — am 16. Februar 1865 — wurde daraus die von Sternsche Zeitung für Lüneburg Stadt und Land, während der beiden ersten Jahre viermal wöchentlich erscheinend. In die Lüneburger Pressegeschichte gehören weiter der liberale „Vorwärts" des Revolutionsjahres 1848 und ein 1850 gegründetes Sonntagsblatt, ebenfalls aus dem fortschrittlichen Geiste des deutschen Nationalliberalismus geboren.

1891 wurde das Museum für das Fürstentum Lüneburg am Wandrahm eröffnet. Altertums- und Museumsverein leisteten wichtige Vorarbeit.

Die liberalen Redakteure waren Lehrer des Johanneums. Professor Gravenhorst redigierte das 48er Blatt, Realschulrektor Volger die Sonntagspostille. Die städtische Lehranstalt gliederte sich in ein althumanistisches Gymnasium sowie in eine Vereinigte Realschule erster Ordnung. Unmittelbar vorm Deutschen Krieg standen 328 Gymnasiasten 238 Realschülern gegenüber. Das Schulgebäude im Schatten von St. Johannis, 1829 errichtet, reichte längst nicht mehr aus. Aber schon war der Neubau auf dem abgetragenen Roten Wall im Werden. 1870 richtete man ihn, 1872 konnte man ihn einweihen.

Lehrkräfte des weit über Lüneburg — Stadt und Landkreis — in das ganze ehemalige Fürstentum ausstrahlenden Gymnasiums waren auch an der mit großem Elan begonnenen Museumsarbeit beteiligt. Im selben Jahr, in dem die Ritterakademie geschlossen wurde, trat der Altertumsverein ins Leben (1850). Initiator war der letzte Leiter der Anstalt, Landschaftsdirektor Wilhelm Iwan August Benedict Freiherr von Hodenberg. Im Jahr darauf ließ er die Gründung des Naturwissenschaftlichen Vereins folgen. Beiden Vereinen wuchsen die vielfältigen Sammlungen der Akademie zu.

Die erste Begeisterung war bald erkühlt. Erst 1878 gelang es, die Museumsarbeit auf Dauer zu begründen. Der Museumsverein für das Fürstentum Lüneburg löste den Altertumsverein ab und wirkte zusammen mit dem Naturwissenschaftlichen Verein auf den

Bau eines Museums hin. 1891 wurde das Museum für das Fürstentum Lüneburg am Wandrahm eröffnet. Die vorhandenen Sammlungen hatte man bis dahin in dem verwaisten Kalandsgebäude bei St. Johannis aufbewahrt.

Fast gleichzeitig setzten sich in Lüneburg eine Reihe von Errungenschaften der neuen Zeit durch: Die Hauptstraßen erhielten behauene Steine statt des Kopfsteinpflasters, an den Seiten entstanden Bürgersteige. Zwei Brunnengesellschaften, deren eine die Ratswasserkunst und deren andere die Abtswasserkunst betrieb, versorgten die Häuser der Stadt mit Leitungswasser. Schon boten die städtischen Gaswerke ihre Dienste an. Seit 1897 gab es sogar das — Kübelsystem. In Kübeln wurden nunmehr die Fäkalien aus dem Stadtinnern Haus bei Haus und Tag für Tag abgefahren; diese bis in die Jahre nach dem Zweiten Weltkrieg für Lüneburg typische und jedenfalls sehr arbeitsintensive Kanalisation löste die womöglich noch weniger hygienischen Gruben auf den engen Hinterhöfen ab.

Der Flecken Bleckede wird Kreissitz (1885)

Das Bleckeder Schloß blieb Verwaltungsmittelpunkt. 1885 schuf der preußische Staat aus den Ämtern Bleckede und Neuhaus den Landkreis Bleckede. Über den Kreissitz brauchte es keine Diskussion zu geben.

Bleckedes Geschichte war bewegt verlaufen. Zum Kummer seiner Bewohner allerdings büßte der Ort im 19. Jahrhundert die Stadtrechte ein, über die er seit 1310 verfügte. Ab 1826 führte er die Bezeichnung Flecken. Erst 1930 wurden die Stadtrechte wiederhergestellt.

Schon Mitte des 18. Jahrhunderts hatten die Bleckeder Viermänner, die vier Bürgervorsteher, die nach der Verfassung von 1310 neben dem Bürgermeister und den zwei Ratsherren amtierten, den Antrag gestellt, die Stadt möge endlich ein Gebäude für ein Rathaus ankaufen. 1801 war es soweit. Bleckede erwarb von dem Holzhändler Grelke ein Haus und richtete darin sein erstes Rathaus ein. Schon 1806 wurde ein zweites, noch günstiger gelegenes Haus — Breite Straße 17 — gekauft; wieder war Grelke der Verkäufer. Der Wunsch der Bürger, ein Rathaus mit Weinkeller zu besitzen, so, wie es die Dahlenburger hatten, erfüllte sich nicht. 1821 wurde das Bleckeder Rathaus renoviert.

Wie überraschend das Dekret von 1826 kam, das Bleckede zum Flecken machte, ergibt sich daraus, daß die Elbgemeinde 1823 gerade eine neue Stadtverfassung an die Stelle der Verfassung von 1310 gesetzt hatte. Von jetzt an mußte ein juristisch gebildeter Beamter an der Spitze des Magistrats stehen, um die städtische Gerichtsbarkeit wahrzunehmen. Erst als 1852 das neueingerichtete Amtsgericht Bleckede das Fleckengericht ablöste, war kein Jurist mehr vonnöten.

Der erste namentlich bekannte Bleckeder Bürgermeister hieß Claus Vogelsang; 1644 trat er sein Amt an. Ein ganzer Katalog von Aufgaben wartete auf ihn. Er mußte darauf sehen, daß die Straßen und Schornsteine regelmäßig gereinigt wurden. Auch die Feuerlöschgeräte mußten von ihm immer wieder überprüft werden. Dazu hatten er und der Rat die

Die Breite Straße — das Zentrum der Kreisstadt Bleckede.
Die Ansichtskarte wurde 1903 verschickt.

niedere Polizeigewalt: Die Wirtshäuser durften die Polizeistunde nicht überschreiten. Am Sonntag war den Gästen das Kartenspiel untersagt. Die Bäcker durften kein zu leichtes Brot verkaufen.

Eine 1738 vom Bleckeder Rat erlassene Polizeiordnung bestimmte ganz konkret, daß Sonnabend nachmittag die Straße gefegt werden mußte und alle Wirtshäuser abends um neun zu schließen hatten. Für die sonntägliche Kirchzeit wurde ein Verkaufsverbot ausgesprochen. Die Furcht vor Bränden inspirierte die Vorschrift: „Niemand darf Tobak rauchen ohne Kapsel auf der Pfeife."

Kurz vorher (1736) hatte der Bleckeder Amtmann geklagt: „Die Bürger schieben nicht nur ihren Stalldünger auf die Straße, sondern holen auch noch von außen (von ihren Feldern) Plaggen fuderweise herein, die sie mit dem Mist zusammenschlagen. Diese großen Haufen verbreiten nicht nur einen ekelhaften Geruch, sondern hindern auch die Passage." Aber die Polizeiordnung von 1738 half dem Übelstand offenbar nicht gänzlich ab. Der Bleckeder Organist Bunk beschwerte sich 1739, der Misthaufen seines Nachbarn habe allzu dicht an seinem Haus gelegen. Das Fundament sei verfault und die Jauche in die Stube geflossen.

Die französische Verwaltung schärfte dem Bleckeder Bürgermeister 1806 ein: „Er hat dafür zu sorgen, daß die Maße und Gewichte zweimal jährlich revidiert, die Misthaufen aus der Stadt entfernt werden, die Feuerspritze zweimal probiert und kein Kalb unter 30 Pfund geschlachtet wird. . ."

Die Gerichtsbarkeit der Stadt und des Fleckens Bleckede gab dem Bürgermeister das Recht, Geldstrafen bis zu fünf Talern und Haftstrafen bis zu fünf Tagen zu verhängen.

Das Amt Bleckede durfte auch Kapitalverbrecher aburteilen. Ein Mann, der in die Nahrendorfer Kirche einen Einbruch verübt und außerdem im Bleckeder Amtsbezirk drei Pferde gestohlen hatte, wurde 1597 hingerichtet. Dafür, daß es sein uneheliches Kind ertränkte, ersäufte man ein Mädchen. Einen Mörder räderte man genau an der Stelle, wo er seine Tat begangen hatte. Dem Bleckeder Fleckengericht konnte die Aburteilung von Kriminalsachen delegiert werden: 1834 enthauptete der Bleckeder Scharfrichter — und Abdecker — Jakob Andreas Kücken die beiden Giftmörder von Bleckede. Ein Mann namens Schütt hatte seiner Frau giftige Pfannkuchen vorgesetzt, die von seiner Geliebten, Fehlhaber mit Namen, gebacken worden waren. Noch um 1900 sangen auf allen Jahrmärkten der Provinz Hannover die Bänkelsänger die gräßliche Moritat von den vergifteten Pfannkuchen.

Die Bevölkerung der Kreisstadt Bleckede setzte sich überwiegend aus Ackerbürgern zusammen. Die 54 ältesten Hausstellen des Ortes waren mit Land auf dem rechten Elbufer ausgestattet. Aber auch die später Zugezogenen betrieben Ackerbau, Viehzucht und Fischerei. 1736 wurden in Bleckede rund 3000 Schweine gezählt. Der Rindviehbestand belief sich 1808 auf mehr als 300 und 1827 auf nahezu 450 Tiere. Auch die Handwerker verzichteten nicht auf eine kleine Landwirtschaft. In den sogenannten Vororten — zum Beispiel Vorbleckede, Wendisch Bleckede oder Kleinburg — gab es ausschließlich Landwirte.

Die Beamten bildeten nur eine kleine Gruppe. Der Amtmann begnügte sich mit einem Amtsschreiber. Neben dem Pastor gab es einen Küster, der zugleich Lehrer war, und einen Organisten, der aber auch auf Nebenverdienst angewiesen war. Seit 1720 lebte ein Arzt im Ort. 1735 wurde eine Apotheke eröffnet. Verhältnismäßig spät erst siedelten sich Rechtsanwälte und Notare in Bleckede an. Die kleine jüdische Gemeinde in dem Elbort unterhielt in der zweiten Hälfte des 19. Jahrhunderts eine eigene Schule. 1851 und 1872 war der Jude Isaak Mangold Bleckedes Schützenkönig.

Höhepunkt des Bleckeder Jahres waren die beiden Krammärkte. Der Frühjahrsmarkt wurde am Donnerstag vor dem Sonntag Reminiszere, dem zweiten Sonntag der Passionszeit, abgehalten. Herbstmarkt war am Mittwoch vor dem Tage Simon und Judas (28. Oktober). Zu den beiden Krammärkten kamen noch vier Viehmärkte.

Die mittelalterliche Stadtbefestigung, die aus einem tiefen Graben bestand, verhinderte die Ausdehnung Bleckedes. Als der alte Stadtkern keine Neusiedler mehr aufnehmen konnte, begann die Ansiedlung vor den Toren. Schon 1612 waren vor dem Großen Tor (Richtung Lüneburg) fünf und vor dem Kleinen Tor (Richtung Garze) sechs Anwesen. 1662 hatten sich die Zahlen auf 17 und 20 erhöht.

Drei Brücken führten über den Bleckeder Stadtgraben hinüber, jede auf der Ortsseite durch ein Tor gesichert. Zwei wurden schon genannt, durch das dritte konnte man das Schloß und die Burglehen erreichen.

Im 17. und 18. Jahrhundert wurden die Stadttore aufgehoben. Das Tor zur Burg war bereits 1660 nicht mehr vorhanden, die Funktionen des Großen und des Kleinen Tores hatten 1820 Schlagbäume übernommen.

Als erster preußischer Landrat zog zum 1. April 1885 der Lüchower August von Harling auf dem Bleckeder Schloß ein. Sein Amtsbereich umfaßte südlich und nördlich der Elbe 99 Landgemeinden — der Flecken Bleckede miteingeschlossen — und 21 Gutsbezirke.

Links der Elbe lagen: Bargmoor (Dahlenburg), der Forstbezirk Breetzer Berge (Bleckede), Heisterbusch (Bleckede), Horn (Boitze), Horndorf (Tosterglope), Lüdersburg, der Forstbezirk Sandbergen (Bleckede) und Schieringen (Bleckede). Zu den rechtselbischen Gutsbezirken gehörten unter anderem Banratz (Vockfey), Groß Kühren (Darchau-Kühren), Gülze (Neuhaus), Preten, der Domänenmarschhof Stixe (Kaarßen) und Wehningen (Tripkau).

Die Bodenfläche des Landkreises Bleckede war mit 57 638 Hektar um rund 9000 Hektar kleiner als die des Landkreises Lüneburg. Stehende und fließende Gewässer nahmen mit einer Fläche von 1569 Hektar einen verhältnismäßig großen Raum innerhalb des Kreisgebietes ein. Einwohnermäßig war der Kreis Bleckede mit 21 455 Menschen wesentlich volkreicher als das Lüneburger Kreisgebiet.

Der Bleckeder Kreistag setzte sich wie der Lüneburger aus 20 Mitgliedern zusammen, die vom Wahlverband der größeren ländlichen Grundbesitzer und vom Wahlverband der Landgemeinden gewählt worden waren. Der Kreisausschuß hatte — ebenfalls wie in Lüneburg — sechs Mitglieder.

Schon im Januar 1886 folgte auf Landrat Harling Friedrich von Rohr aus Landsberg an der Warthe. Im Februar 1887 trat der dritte Landrat seinen Dienst an: der Berliner Günther von Hertzberg. Ab Oktober 1890 amtierte der Magdeburger Gustav Schneider im Bleckeder Schloß. Im Oktober 1899 kam Hugo Müller-Otfried aus Stade und im Januar 1913 Karl Freiherr von Brandenstein aus Pregau.

Staatliche Lehrerbildung und staatliche Schulaufsicht

Das Haupthindernis auf dem Weg, das hannoversche Schulwesen zu bessern, waren die Winkelschulen. Noch zu Anfang des 19. Jahrhunderts zählte man in der Stadt Lüneburg 24 dieser obskuren Bildungsinstitute.

Die erste öffentliche Schule, die an die Seite der privaten kirchlichen Unterrichtsanstalten und Winkelschulen trat, war die 1816 eröffnete Heiligengeistschule oder „Bürger- und Freischule“. Die Bürgerschulklasse wurde von dem wohlhabenden Lüneburger Bürgertum besucht. In die beiden Freischulklassen, deren Besuch kostenlos war, schickten die ärmeren Schichten ihre Kinder. Hatte die Schülerzahl der Freischule im Gründungsjahr bei 250 gelegen, so waren 1830 bereits sieben Klassen nötig. Die Bürgerschule, die 1818 eine zweite Klasse einrichten mußte, entwickelte sich zur Lüneburger Mittelschule. Dieser Zweig der Heiligengeistschule zog 1856 in die Straße An der Münze und 1891 in die Straße Am Graalwall um.

Gute Schulen setzten gut ausgebildete Lehrkräfte voraus. Solange Handwerker als Nebenerwerb Winkelschulen betrieben, ließen sich keine überragenden Unterrichtsergebnisse erwarten.

1851 erhielt Lüneburg ein Lehrerseminar. Es sollte als Bezirksseminar für den Lüneburger Raum die Funktionen der Nebenkurse des seit 1751 bestehenden Seminars in Hannover übernehmen. Der erste Kursus in Lüneburg dauerte von November 1851 bis September 1852. Erst 1876 wurde der einjährige Kursus durch einen dreijährigen abgelöst. Seit dieser Zeit war die Ausbildung in Lüneburg der des hannoverschen Hauptseminars gleichrangig.

Wer das Lüneburger Seminar besuchen wollte, mußte vorher eine zweijährige Präparandenzeit hinter sich gebracht haben. Bis 1872 bereiteten sich die Präparanden privat auf den Seminarbesuch vor, danach bestanden in allen preußischen Provinzen Präparandenanstalten, in Lüneburg seit 1874.

Das Jahr 1925 brachte einen grundlegenden Wandel in der Ausbildung der Volksschullehrer. Die Präparandenanstalten und die Lehrerseminare verschwanden. Von nun an mußte jeder, der Lehrer werden wollte, eine neunklassige höhere Schule durchlaufen haben. Anschließend bezog er für zwei Jahre eine Pädagogische Akademie. Auch Lüneburg erhielt solch eine Anstalt, später Pädagogische Hochschule genannt.

Die Ausbildung von Lehrerinnen geschah Ende des 19., Anfang des 20. Jahrhunderts teilweise in höheren Mädchenschulen, einer Gattung von Lehranstalten, deren Entwicklung nur sehr zögernd verlaufen war. Die während der Reformationszeit gegründeten „Jungfrauenschulen“ gingen rasch wieder ein. Die Auffassung der Bevölkerung war, für eine Frau sei es überflüssig, Schulbildung zu erwerben. Erst im 19. Jahrhundert verlor dieses Vorurteil an Kraft. Auch für Mädchen entstanden höhere Lehranstalten. Die Elementarschulen zu besuchen, waren sie seit eh und je verpflichtet gewesen.

In Lüneburg gründete der Kandidat der Theologie Oltrogge 1831 eine dreiklassige höhere Mädchenschule, die Vorläuferin der Wilhelm-Raabe-Schule. 21 Schülerinnen meldeten sich dafür an. Als hauptsächliche Lehrfächer galten Religion (vier Stunden wöchentlich) und Handarbeit (zehn Stunden). Schon 1869 war die Schülerzahl auf 200 angewachsen; sechs Klassen hatte man inzwischen bilden müssen. 1875 wurde die Stadt Lüneburg Schulträger. 1897 betrug die Zahl der Klassen bereits zehn. 1908 konnte ein neues Schulgebäude an der Feldstraße bezogen werden, zugleich erhielt die Anstalt den Namen Lyzeum.

Seit 1901 bestand an der Wilhelm-Raabe-Schule eine besondere Seminarklasse, in der Lehrerinnen für mittlere und höhere Schulen ausgebildet wurden. Seit 1912 führte diese Klasse die Bezeichnung Oberlyzeum. Mit dem Jahr 1923 erlosch der Seminarbetrieb. 1909 gliederte man der Wilhelm-Raabe-Schule ein Seminar für Volksschullehrerinnen an. Es bestand bis 1924. Ein Jahr darauf erfolgte die Verstaatlichung der Wilhelm-Raabe-Schule.

Mit der besseren Ausbildung der Lehrkräfte ging die Ausweitung der Lehrpläne Hand in Hand. 1857 legte das Konsistorium in Hannover, in dem das Celler Konsistorium 1705 aufgegangen war, folgende Fächer für die Volksschulen fest: Religion, Katechismus, Biblische Geschichte, Rechnen, Lesen, Schreiben, Aufsatz, Gesang, Weltkundlicher Unterricht. Darüber hinaus konnten die Lehrer Raumlehre, Zeichnen und Handarbeit auf den Stundenplan setzen. Die drei letztgenannten Fächer sowie Turnen wurden erst nach der preußischen Annektion 1872 zu Pflichtfächern.

1857 kamen auch Bestimmungen über die Ferienzeit heraus. Sie sollte höchstens 13 Wochen betragen. In den Städten, wo die Erntearbeit entfiel, konnte sie auf acht Wochen verkürzt werden. Die höchstzulässige Stundenzahl pro Woche, die man den Schülern zumuten wollte, wurde auf 30 bis 32 festgesetzt. Auf dem Lande sollte es während der Erntezeit möglich sein, auf 18 bis 12 Stunden hinunterzugehen.

Eine entscheidende Frage für das gesamte Schulwesen war und blieb auch die Besoldung der Lehrer; denn nur ausreichend dotierte Schulstellen besaßen Anziehungskraft. Das Hannoversche Landschulgesetz von 1845 setzte ein Mindesteinkommen von 80 Talern fest; stattdessen konnten die Schulgemeinden 30 Taler in Verbindung mit einem Reihetisch wählen. Als Höchsteinkommen galt ein Betrag von 250 Talern. 1856 wurden die Mindest- wie die Höchstsätze auf 150 beziehungsweise 400 Taler angehoben. Eine Neuregelung von 1864 staffelte die Besoldung nach der Zahl der unterrichteten Kinder.

Die preußischen Bestimmungen von 1867 gestanden den Volksschullehrern ein Mindesteinkommen von 50 bis 150 Talern zu; außerdem sollten sie freie Wohnung mit Heizung, Naturalien für fünf Personen und Futter für zwei Stück Rindvieh beziehen. Eine weitere Erleichterung für die Lehrer war die Steuerfreiheit, die nur von 1848 bis 1856 vorübergehend aufgehoben war. Durch ihre Befreiung vom Militärdienst sollten sie ihre Ausbildung möglichst früh abschließen können.

Das richtige Funktionieren des Schulwesens hing schließlich wesentlich von geeigneten Schulaufsichtsinstanzen ab. Das Hannoversche Landschulgesetz von 1845 ließ den bisherigen Zustand unangetastet, wonach der Pastor, der Superintendent und das Konsistorium die Schulaufsicht ausübten. Auch 1857 trat noch keine Änderung ein; gerade vorher (1851) hatte das Konsistorium eine eigene Abteilung für das Volksschulwesen eingerichtet.

Seit dem preußischen Schulaufsichtsgesetz von 1872 ernannte der Staat die Schulinspektoren. 1885 verlor das Konsistorium die Schulangelegenheiten ganz. Von jetzt an waren die bei den Regierungen eingerichteten Abteilungen Kirchen- und Schulsachen dafür zuständig. 1889 traf man die Regelung, daß die äußeren Schulsachen von den Landräten und die inneren von den Kreisschulinspektoren wahrgenommen werden sollten. Als Kreisschulinspektoren arbeiteten nach wie vor die Superintendenten, während die Ortsgeistlichen als Ortsschulinspektoren nach dem Rechten sahen. Lediglich der Bezirksschulinspektor war Regierungsbeamter.

Die Wilhelm-Raabe-Schule an der Feldstraße in Lüneburg. Der Neubau für das Lyzeum wurde 1908 bezogen.

1909 wurde auch für die Stadt Lüneburg und ihre nächste Umgebung ein hauptamtlicher Kreisschulinspektor eingesetzt. 1919 verschwand die nebenamtliche geistliche Schulinspektion ganz. Ausschließlich Staatsbeamte — seit 1924 Schulräte genannt — inspizierten nun die Schulen in Stadt und Land. Seit damals erst war die staatliche Volksschule fest etabliert.

Der Demokratisierung des öffentlichen Lebens im großen entsprach die Demokratisierung der Schule im kleinen. Neben den Lehrerkollegien gab es seit dem Ersten Weltkrieg die beratenden Gremien der Elternbeiräte. Auf der anderen Seite schlossen sich die Lehrer gegenüber den Schulbehörden und den Gemeinden zu Orts- und Bezirkslehrerräten zusammen.

Der Ausbau des Sportunterrichts, die Einführung von Wandertagen sowie die Einrichtung von Landschulheimen waren Maßnahmen, durch die man in der Weimarer Zeit den Unterricht aufzulockern suchte. Eine umfassende Regelung des gesamten Schulkomplexes brachte das Schulgesetz von 1928, das im Lüneburger Raum die bis dahin geltende Dannenberger Schulordnung von 1687 ablöste.

Zum Ausbau des Volksschulwesens gehörte im weiteren Sinne auch die Einrichtung von Berufsschulen. 1829 wurde in Lüneburg für die theoretische Weiterbildung von

Lehrlingen und Gesellen eine Sonntagsschule ins Leben gerufen. Der Magistrat und der Gewerbeverein waren die Initiatoren. Um die Jahrhundertwende trat an die Stelle der Sonntagsschule, die inzwischen auch in der Woche abends Unterricht erteilte, eine Tagesschule für die Berufsausbildung. Alle in Lüneburg beschäftigten gewerblichen und kaufmännischen Lehrlinge hatten in diese Schule zu gehen. Seit 1920 mußten sogar die weiblichen Lehrlinge kommen. 1923 führte Preußen besondere hauswirtschaftliche Klassen ein.

Während der Landkreis Lüneburg auf die gewerbliche Berufsschule Lüneburg-Stadt, an die man kaufmännische Klassen angegliedert hatte, angewiesen war, verfügte der Landkreis Bleckede über drei gewerbliche Berufsschulen mit angegliederten kaufmännischen Klassen.

Auch die in der Landwirtschaft tätige schulentlassene Jugend war zum Besuch einer Berufsschule verpflichtet. Sowohl im Landkreis Lüneburg als auch im Landkreis Bleckede entstanden Ausbildungsstätten für die 14- bis 18jährigen.

Die Superintendenturen Bardowick, Lüne und Bleckede

Ebenso wie der Staat Verwaltung und Justiz im Verlauf des 19. Jahrhunderts umorganisierte, änderte auch die Kirche ihre Gliederung in diesem so verwaltungsfreudigen Jahrhundert.

Bis zur Reformation hatten alle Kirchspiele auf dem Boden des heutigen Landkreises Lüneburg zum Bistum Verden gehört, speziell zu den Archidiakonaten Oldenbrügge beziehungsweise Modestorp, Salzhausen und Bevensen. Zu Oldenbrügge zählten außer Lüneburg: Betzendorf, Embsen, Lüne, Neetze, Reinstorf und Thomasburg; mit großer Wahrscheinlichkeit waren ferner Barskamp, Bleckede, Garlstorf und Radegast dazuzurechnen. Dem Archidiakonat Salzhausen unterstanden die Geistlichen in Amelinghausen, Artlenburg, Bardowick, Handorf, Hittbergen, Kirchgellersen, Lüdersburg, Raven, St. Dionys und Scharnebeck. Nach Bevensen orientiert waren Dahlenburg und Nahrendorf. Das vierte Archidiakonat des Bardengaus, Holdenstedt (bei Bodenteich), reichte nicht in das heutige Kreisgebiet hinein. Unter den aufgezählten Orten fehlen Adendorf, das damals noch zu Lüne, und Echem, das damals noch zu Hittbergen gehörte.

Die Reformation löste den Verband des Verdener Bistums mit seinen Archidiakonaten auf. Im Fürstentum Lüneburg-Celle wurden ein Konsistorium und ein Generalsuperintendent eingesetzt. Die Zwischeninstanzen zwischen diesen Celler Zentralstellen und den einzelnen Parochien waren die Superintendenturen.

Für den Lüneburger Raum hatte die große Visitation, die Herzog Ernst den Bekenner 1529 in das Kollegiatstift Bardowick sowie in das Kloster Lüne führte, das Ergebnis, daß an diesen beiden traditionsreichen Stätten Superintendenten niedergesetzt wurden; in der Stadt Lüneburg berief Urbanus Rhegius 1531 den dritten Superintendenten.

Die Superintendentur Bardowick umfaßte — die beiden Bardowicker Pfarreien eingeschlossen — 16 Kirchspiele, darunter auf dem Boden des heutigen Landkreises Lüneburg: Amelinghausen, Bardowick-Dom, Bardowick-St. Nikolai, Handorf, Kirchgellersen, Raven (Soderstorf) und St. Dionys (Barum).

Die Mehrzahl der Pfarreien des Kreisgebietes waren der Inspektion des Lüner Superintendenten untergeordnet: Barskamp (Bleckede), Betzendorf, Bleckede, Dahlenburg, Echem, Embsen, Garlstorf (Bleckede), Lüne, Nahrendorf, Neetze, Radegast (Bleckede), Reinstorf, Scharnebeck und Thomasburg.

Die Kirchspiele Artlenburg, Hittbergen und Lüdersburg lagen seit 1258 nicht mehr im Herzogtum Lüneburg, sondern gehörten nach Sachsen-Lauenburg und machten dort die Reformation mit.

Das Gefüge des Superintendenturbezirks Bardowick erhielt den ersten Stoß, als 1736 in Pattensen bei Winsen (Luhe) eine Superintendentur eingerichtet wurde. Von den 16 Bardowicker Pfarreien kamen damals neun an Pattensen, darunter Amelinghausen, Raven und St. Dionys. Der Bardowicker Bezirk löste sich vollends auf, als 1802 auch in Winsen eine Superintendentur entstand. Weitere vier Kirchspiele, darunter Winsen selbst und Handorf, wurden damals von Bardowick abgetrennt. Die drei restlichen Kirchen teilte man an Pattensen (Kirchgellersen) und Lüne (Dom und St. Nikolai, Bardowick) auf.

Die Vereinigung Sachsen-Lauenburgs mit Lüneburg-Celle (1702) beließ die Kirchengliederung noch in dem bisherigen Zustand. Erst nachdem auf dem Wiener Kongreß der größere Teil Sachsen-Lauenburgs an Dänemark gekommen war, wurden die Kirchspiele Artlenburg, Hittbergen und Lüdersburg Lüne beigelegt.

Diese Ausweitung des Lüner Bezirks gab allerdings sofort den Plan ein, nun eine besondere Superintendentur Bleckede zu schaffen. Schon 1816 wurde das Projekt verwirklicht. Den Bleckeder Bezirk bildeten: Barskamp, Bleckede, Dahlenburg, Garlstorf, Nahrendorf, Neetze und Radegast; dazu kam noch das ehemals lauenburgische Lüdersburg. Von den fünf rechtselbischen Kirchen wurden die in Neuhaus und Stapel zu Bleckede geschlagen. Die drei übrigen rechtselbischen Kirchspiele — Junker-Wehningen (Tripkau), Kaarßen und Tripkau — fügte man dem Dannenberger Superintendenturbezirk hinzu.

Den Verlust von 1816 konnte Lüne 1861 zum Teil wettmachen. Damals wurden die Kirchspiele Amelinghausen, Kirchgellersen und St. Dionys Pattensen abgenommen und Lüne angegliedert.

Der Lüner Superintendenturbezirk wurde anläßlich der Eingemeindung Lünes in Lüneburg während des Zweiten Weltkrieges mit dem städtischen Superintendenturbezirk vereinigt.

An Kapellen sind — außerhalb der Stadt Lüneburg — zu nennen: Alt Garge (Kirchspiel Barskamp), Barendorf (Reinstorf), Barnstedt (Embsen), Brietlingen (St. Dionys), Laurentiuskirche und Grabeskapelle Dahlenburg (Dahlenburg), Heiligenthal (Kirchgellersen), Schnellenberg (St. Michaelis Lüneburg), Vastorf (Reinstorf) und Wendhausen

St. Jacobi zu Bleckede. 1816 wurde hier ein Superintendent für insgesamt zehn Kirchspiele eingesetzt.

(Reinstorf); im ehemaligen Amt Neuhaus: Haar (Stapel), Konau (Stapel), Krusendorf (Neuhaus), Stiepelse (Bleckede) und Sückau (Neuhaus).

Die Vereinigung des Fürstentums Lüneburg-Celle mit dem Kurfürstentum Hannover (1705) führte zur Aufhebung des Konsistoriums in Celle. Sein Bezirk wurde jetzt in die beiden Generalsuperintendenturbezirke Celle und Harburg aufgeteilt. Die Superintendenten in Lüne und Lüneburg unterstanden dem Celler Generalsuperintendenten, der Superintendent in Bardowick dem Harburger.

1903 vereinigte man die Generalsuperintendentur Celle mit der Generalsuperintendentur Hannover, Harburg kam zu Stade. 1936 wurden die Generalsuperintendenten durch Landessuperintendenten ersetzt. Im Bereich der ehemaligen Generalsuperintendentur Celle amtierten künftig zwei Landessuperintendenten (Sprengel Celle und Lüneburg). Zu dieser Zeit stand an der Spitze der evangelischen Kirche Hannovers bereits ein Landesbischof (seit 1918).

An evangelischen Sekten hatte im Hannoverland insbesondere die 1878 gegründete Hannoversch-lutherische Freikirche Bedeutung, die seit 1947 Bestandteil der „Selbständigen evangelisch-lutherischen Kirche in Hessen und Niedersachsen" ist. In Scharnebeck bestand schon 1878 eine freikirchliche Gemeinde; später bildete sich auch in Lüneburg eine.

Die Zahl der Katholiken wuchs im Regierungsbezirk Lüneburg von 1871 bis 1905 von 3 533 auf 12 500 Gemeindeglieder. In diesen Jahren wurde die Pfarrei Lüneburg gegründet. Durch die Heimatvertriebenen des Zweiten Weltkriegs stieg die Zahl der Katholiken auf 90 000 an.

Von den 17 Synagogenbezirken der alten Landdrostei Lüneburg lagen zwei ganz und zwei weitere teilweise auf dem Boden des heutigen Landkreises Lüneburg. Es handelte sich um Lüneburg und Bleckede (mit dem zugehörigen Ort Dahlenburg). Bardowick war ein zugehöriger Ort der Synagogengemeinde Winsen, Neuhaus und Tripkau gehörten zu Hitzacker.

DAS INDUSTRIE-ZEITALTER

Auf Normal- und Schmalspur

Sichtbarste Zeichen des heraufziehenden Industriezeitalters waren im Lüneburger Land die Dampflokomotiven der Eisenbahn. Seit dem 1. Mai 1847 fuhren sie fahrplanmäßig von und nach Lüneburg.

Auf den so sensationell raschen Schienen bis nach Hamburg zu reisen, war noch für ein weiteres Vierteljahrhundert nicht möglich. Erst am 15. Oktober 1872 hatte man das Verkehrshindernis Elbe überwunden; die erste Lokomotive konnte vom Hamburger Hannoverschen Bahnhof nach Harburg fahren. Offiziell eröffnet wurde die Strecke gegen Ende des Jahres (1. Dezember 1872).

Zu diesem Zeitpunkt bestand längst auch schon die Möglichkeit, mit der Eisenbahn von Lüneburg über Hohnstorf—Lauenburg nach Lübeck zu fahren. Der Streckenabschnitt Lübeck—Büchen war bereits seit dem 16. Oktober 1851 in Betrieb. Zwei Jahre später (1. Juli 1853) konnte das Stück Büchen — Lauenburg eröffnet werden. Auf hannoverscher Seite (noch war Lauenburg dänisch) hatte man es nicht ganz so eilig. Erst am 15. März 1864 wurde die Linie Lüneburg — Hohnstorf in Dienst genommen. Am selben Tag beförderte auch die Trajektanstalt Hohnstorf die ersten fahrplanmäßigen Eisenbahnwaggons über die Elbe.

Die Trajektanstalt Hohnstorf—Lauenburg galt nicht nur als ein technisches Wunderwerk, ihre Inbetriebnahme wurde auch als politische Großtat gefeiert. Bevor man 1862 mit dem Bau beginnen konnte, hatten sich drei Eisenbahnverwaltungen zu gemeinsamem Tun zusammenfinden müssen: die Hannoverschen Staatsbahnen, die Lübecker Staatsbahnen und die Hamburg-Berliner Eisenbahngesellschaft; in Büchen nämlich konnten die Reisenden der Strecke Lüneburg—Lübeck nach Hamburg und Berlin umsteigen.

Ein hannoversch-dänischer Grenzübergang blieb die Trajektanstalt nur kurze Zeit. Im Wiener Frieden vom 30. Oktober 1864 wurde das Herzogtum Lauenburg der Verwaltung der beiden Großmächte Preußen und Österreich unterstellt. Durch den Vertrag von Gastein (14. August 1865) kam es an Preußen.

Das Übersetzen der Eisenbahnwaggons besorgte der Raddampfer „Lauenburg“. Auf seinem Deck war ein Gleis montiert, vier Wagen mit einem Gesamtgewicht von 600 Zentnern konnten darauf stehen. Für die Passagiere hatte der Dampfer zwei Kajüten, die eine für die Reisenden der ersten und zweiten Klasse, die andere für die Passagiere dritter und vierter Klasse. Für den Fall, daß die „Lauenburg“ ausfiel, trat der Raddampfer „Ponny“, ein Fährboot zur Seite, in Aktion.

Seit dem Jahre 1847 fuhr die Eisenbahn durch Lüneburg.
Hier Westbahnhof (links) und Ostbahnhof (rechts).

An den Ufern hüben und drüben waren jeweils ein Gleis und eine Übergangsbrücke auf eine schiefe Ebene gelegt worden. Bevor die Waggons auf die Fähre hinunterrollten, mußten alle Reisenden ausgestiegen sein. Auf Hohnstorfer Seite gelangten sie von dem repräsentativen Bahnhof — der gelbe Backsteinbau war nach dem Bahnhof Hannover der größte im gesamten Königreich — auf einem gepflasterten Weg zum Dampfer. Wenn im Winter die Elbe zugefroren war, machten die Reisenden einen Fußmarsch übers Eis. Ihr Gepäck schleppten ihnen die Hohnstorfer. Stückgut wurde auf Schlitten über den Strom transportiert.

Im deutschen Schicksalsjahr 1866 bewies das Personal der Hohnstorfer Trajektanstalt gut hannöversche Gesinnung. Im Juni befahlen die Preußen dem Lauenburger Bahnhofsvorsteher, er möge dafür Sorge tragen, daß die Eisenbahnfähre sofort für Truppentransporte verfügbar sei. Kapitän Schmidt und Maschinist Eicke von der „Lauenburg“ antworteten, gerade seien einige Teile der Schiffsmaschinen in Lüneburg zur Reparatur, der Dampfer könne nicht fahren. Auch die „Ponny“ war nicht betriebsfertig. Vorsichtshalber begab sich Schmidt nach Lüneburg. Eicke dagegen tauchte in Lauenburg unter. Mit Kopftuch und Brille als Großmutter verkleidet, saß er bibellesend in der Gastwirtschaft Basedow hinterm Ofen. Die Preußen schafften es auch ohne die beiden. Schon am 17. Juni vermochten sie mit einem Personendampfer eine Lokomotive und mehrere Wagen über die Elbe hinüberzubringen. Am 18. Juni war die Trajektanstalt wieder vollfunktionsfähig.

1871 wurde die zweite Dampffähre in Betrieb genommen. Außer der „Lauenburg" pendelte nun noch die „Hohnstorf" über die Elbe. Der Verkehr nahm von Jahr zu Jahr zu. Auch der Krieg 1870/71 trug dazu bei, nicht zuletzt durch Verwundetentransporte. Im Hohnstorfer Bahnhof wurde eine Verbandsstation eingerichtet. Die Bahnhofswirtin, Ida Schaper, nahm sich in aufopfernder Weise der vom französischen Kriegsschauplatz zurückkehrenden Verwundeten an. Bis zu Kaiser Wilhelm I. drang ihr Ruhm. Als die Majestät im Jahre 1871 reisend die Trajektanstalt beehrte, bedankte sie sich ausdrücklich bei der tüchtigen Hohnstorfer Frau — und bedauerte aufrichtig, nicht bei ihr das Frühstück eingenommen zu haben.

In den 70er Jahren war die Trajektanstalt sehr schnell nicht mehr in der Lage, des Verkehrs Herr zu werden. 1875 wurde mit dem Bau einer Elbbrücke begonnen. Am 1. November 1878 konnte sie eingeweiht werden. Die „Hohnstorf" fand am Rhein eine neue Aufgabe. Die „Lauenburg" diente im Hamburger Hafen als Ponton. Die „Ponny" konnte als Schleppdampfer eingesetzt werden.

Ende des Zweiten Weltkrieges wurde die Hohnstorfer Eisenbahnbrücke zerstört. Aber bereits am 20. Mai 1951 konnte eine neue Brücke in Dienst gestellt werden (Länge: 537 Meter).

Die 70er Jahre waren überall im neugegründeten Deutschen Reich auch im Hinblick auf die Eisenbahn außerordentlich baufreudig. Im Lüneburger Raum wurde außer der Hohnstorfer Eisenbahnbrücke die Linie Buchholz — Lüneburg — Dannenberg — Dömitz fertiggestellt. Am 31. Dezember 1874 konnte sie eröffnet werden.

Im Bleckeder Raum regte sich der Ehrgeiz, Anschluß an das Zeitalter der Eisenbahn zu gewinnen, bald nachdem die Elbestadt Kreissitz geworden war. Landrat Schneider forcierte den Bau einer Kleinbahn für den Landkreis Bleckede. Die Strecke begann in der Kreisstadt und verlief über Karze und Brackede nach Wendewisch. Von dort ging ein kleinerer Strang nach Echem, wo man Anschluß an die Linie Lüneburg — Hohnstorf hatte. Der größere Strang führte in weitem Bogen durch das Bleckeder Kreisgebiet bis nach Dahlenburg, wo man in die Züge nach Lüneburg und Hitzacker umsteigen konnte. Am 17. Dezember 1895 war die feierliche Eröffnung der Schmalspurbahn des Kreises Bleckede. Allerdings hatte man Pech. Gleich am ersten Tag entgleisten zwei Züge.

Die Strecke nach Echem bestand nur bis 1904. Am 25. August des Jahres wurde eine direkte Bahnverbindung nach Lüneburg eröffnet, auch diese in Schmalspur. Erst am 15. Februar 1919 stellte man den Verkehr auf Normalspur.

Zunächst war die Bleckeder Kleinbahn an die Stettiner Firma, die sie gebaut hatte, verpachtet gewesen. 1910 ging sie in die unmittelbare Regie des Landkreises Bleckede über. Nach dem Ersten Weltkrieg wurde die „Bleckeder Kleinbahn GmbH" gegründet. Außer dem Landkreis Bleckede waren daran der Landkreis Lüneburg, die Provinz Hannover und der preußische Staat beteiligt. 1944 schließlich wurde die Strecke von den Osthannoverschen Eisenbahnen mit dem Sitz Celle übernommen.

Die Schmalspurstrecke Bleckede — Dahlenburg wurde 1921 verkauft und im Jahr darauf abgerissen; die Linie war unrentabel geworden.

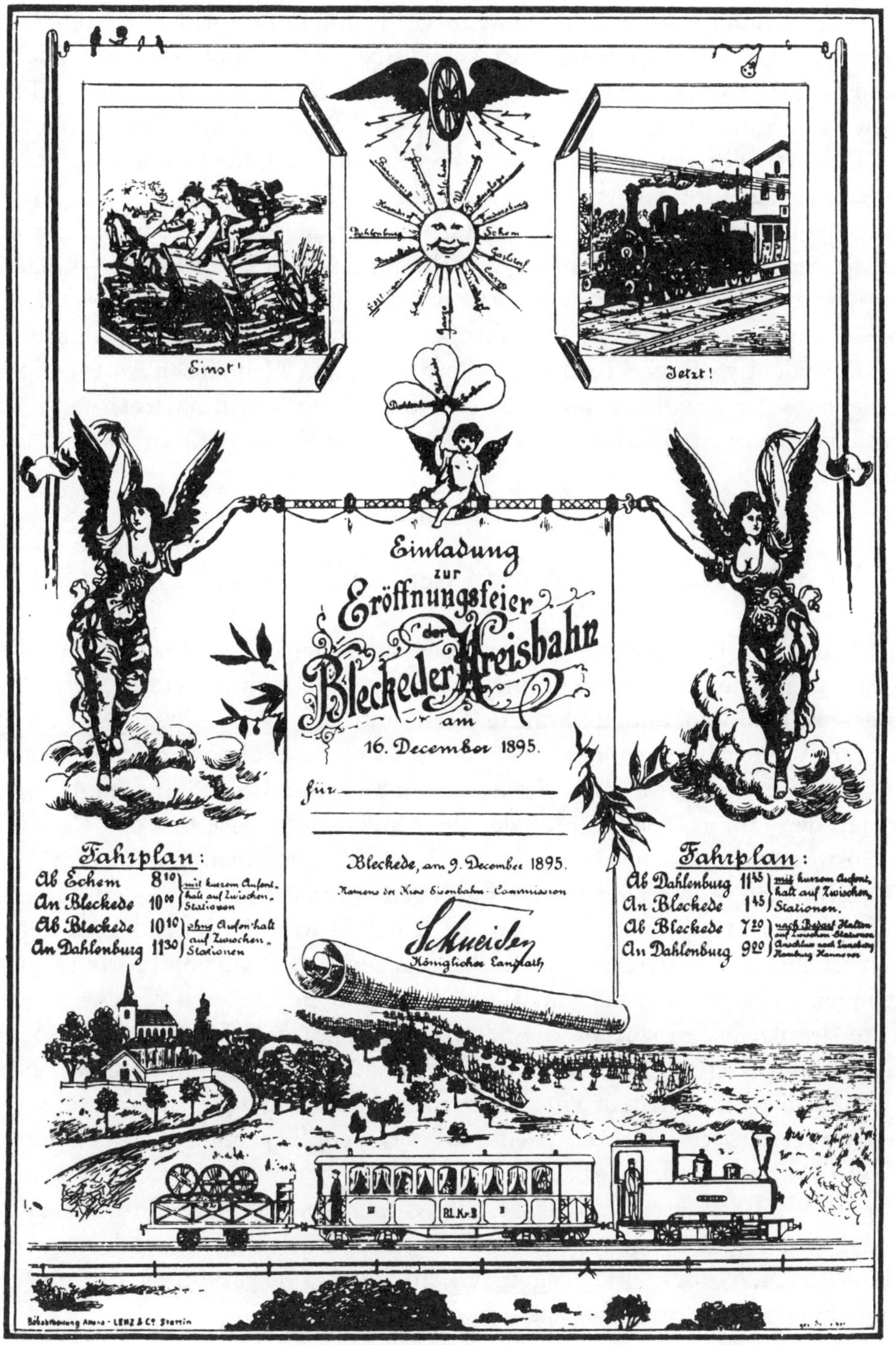

Auf Schmalspur durch den Landkreis Bleckede.
Eröffnung der Kreisbahn 1895.

Eine weitere Bahnlinie erhielt der Lüneburger Raum kurz vor dem Ersten Weltkrieg: Am 14. Juni 1913 wurde die Kleinbahnstrecke Lüneburg — Soltau eröffnet. Die Soltauer Kleinbahn GmbH wurde getragen vom preußischem Staat, von der Provinz Hannover sowie von den Landkreisen Lüneburg, Winsen und Soltau. Auch diese Linie wurde im Zweiten Weltkrieg von den Osthannoverschen Eisenbahnen übernommen.

Auch jenseits der Elbe im Amt Neuhaus fuhr die Eisenbahn. Schon ein Jahr vor der Eröffnung der großen Durchgangslinie Harburg — Lüneburg — Celle begann der Verkehr auf der Strecke Berlin — Hamburg. Während das Stück Hamburg — Bergedorf bereits seit dem 16. Mai 1842 in Betrieb war, wurden die Abschnitte Berlin — Boizenburg und Boizenburg — Bergedorf am 15. Oktober beziehungsweise am 15. Dezember 1846 eröffnet. Die wichtige Linie Hamburg — Berlin ging am Neuhäuser Amtsgebiet vorbei. 1912 aber baute der Landkreis Bleckede eine Stichbahn von Brahlstorf nach Neuhaus. Nun war auch der zweitwichtigste Ort des Kreisgebietes an das Eisenbahnnetz angebunden worden.

Von den Ilmenauewern zu den Lauenburger Dampfern

Bis gegen Ende des 19. Jahrhunderts war das auf Ilmenau und Neetze meistbenutzte Schiff der sogenannte Ilmenauewer, eine Fortbildung der primitiveren „Eichen". Wegen seines flachen, kiellosen Bodens konnte das Schiff die Nebenflüsse der Ilmenau weit hinauffahren. Weiterbildungen des Ilmenauewers waren der Ilmenauschuner und schließlich der Ilmenaukahn. Diese Typen zeichneten sich durch größere Tragfähigkeit aus. Nachdem in den Jahren 1886 bis 1888 der Ilmenaukanal die Alte Ilmenau als Schiffahrtsweg abgelöst hatte, konnte man zu größeren Schiffen übergehen.

Die Alte Ilmenau floß in zahllosen Windungen durch die Marsch — ein Handikap für die Schiffahrt vor allem deswegen, weil die Segel — und die Ewer waren Segelschiffe — immerfort auf- und niedergezogen werden mußten. Oberhalb von Horburg wurden die Krümmungen so stark, daß man im allgemeinen mit Segeln nichts mehr auszurichten vermochte. Infolgedessen wurden die Schiffe durch auf dem Ufer gehende Pferde nach Lüneburg hinaufgezogen. Die Bauern, die auf diese Weise einen einträglichen Nebenverdienst hatten, hießen plattdeutsch „Ünnerogensbuern", denn „unter den Augen" der Schiffseigner verrichteten sie ihre Arbeit. Zwei bis sechs Tage mußte man rechnen, bis die Pferde von Lüneburg wieder zurück waren.

Bekannt in Schifferkreisen war zur Zeit der Ünnerogensbuern der Horburger Schifferkrug. Er lag direkt an der Alten Ilmenau. Hier gab es ein deftiges Abendessen, bestehend aus Mehlklößen, Kartoffeln und ausgebratenem Speck. Hier konnte man ein preiswertes Nachtlager auf frischem Stroh haben.

Lüneburgs Einfluß reichte über Ilmenau und Neetze hinaus bis auf die Elbe. Hier gab es schon im 15. Jahrhundert Bemühungen, die Fahrrinne einerseits tief zu halten und andererseits zu kennzeichnen. System bekamen diese Maßnahmen erst im 19. Jahrhun-

100 Jahre lang von 1861 bis 1961 gehörten die Lauenburger Dampfschiffe zur Schiffahrt auf der Oberelbe.

dert, als die Zeit des Dampfschiffes heraufgekommen war. Die ersten Buhnen wurden um 1830 angelegt. 1866 gründete Preußen die Elbstrombauverwaltung Magdeburg. Auf den 27,3 Kilometern, die dem im Bleckeder Raum eingesetzten Wasserbauwart anvertraut waren, wurden von 1870 bis 1890 426 Buhnen gebaut. Die in Bleckede stationierten Bagger „Hektor" und „Eidechse" sorgten für eine tiefe Fahrrinne.

Die Anfänge der Dampfschiffahrt auf der Oberelbe fielen in das Jahr 1817. Eine Berliner Gesellschaft nahm auf der Route Hamburg — Berlin den Personen- und Güterverkehr auf. Nur vier Jahre vermochte man sich zu behaupten. Auch die Fahrten der 1840 gegründeten Winsener Dampfschiffahrts-Gesellschaft blieben nur Episode. Ihre Schiffe, „Primus" und „Delphin", fuhren von Hamburg bis Hoopte, von dort ging es dann mit dem Pferdeomnibus nach Lüneburg weiter. Die „Dampfschiffahrts-Gesellschaft zu Lüneburg" kam erst gar nicht richtig in Gang.

Dagegen wurden die Lauenburger Dampfschiffe für ein Jahrhundert ein fester Bestandteil der Schiffahrt auf der Oberelbe. Am 30. Juli 1861 setzten die Gebrüder Burmester aus Lauenburg ihren ersten Raddampfer, „Lauenburg", in Fahrt. 1899 übernahm die Hamburger Hadag (Hafen-Dampfschiffahrt AG) die inzwischen auf sechs Schiffe angewachsene Lauenburger Flotte. Schon 1906 aber gab die Hadag ihre Oberelbelinie wieder auf. Die Gebrüder Burmester und Basedow kauften die Dampfer und betrieben nun die „Lauenburger Dampfschiffe Burmester und Basedow". 1917 gaben die Gebrüder Burmester ihre Beteiligung auf. Von nun an hieß die Reederei „Lauenburger Dampfschiffe Theodor und

Hugo Basedow". Das größte Schiff, das sie besaß, war die „Hugo Basedow"; es war für 1400 Personen vermessen und wurde 1925 in Dienst gestellt.

Die Anlegestelle im Landkreis Lüneburg war Artlenburg; in Avendorf und Barförde bestand die Möglichkeit, ausgebootet zu werden. Im Landkreis Bleckede hatte Bleckede eine feste Anlegebrücke; in Brackede, Radegast und Alt Garge (alle Bleckede) wurde ausgebootet. Auf der gegenüberliegenden Seite waren Ausbootemöglichkeiten in Stiepelse, Viehle, Darchau, Bitter, Wilkenstorf-Raffatz, Bohnenburg und Junker-Wehningen.

Am 16. April 1959 fiel der „Hugo Basedow" noch die ehrenvolle Aufgabe zu, als erstes Schiff den fünf Kilometer langen Schleusenkanal und die Schleuse der Elbstaustufe Geesthacht einzuweihen. Kurz darauf, im September 1961, machte der Dampfer seine letzte Fahrt zwischen Hamburg und Lauenburg. Die Lauenburger Dampfschiffe stellten nach genau 100 Jahren ihre Fahrten ein.

Kurz nach den Lauenburgern hatten auch die Bleckeder erkannt, daß die Elbeschiffahrt eine lohnende Sache sein konnte. 1875 fuhr der erste Bleckeder Jeetzelkahn die Strecke von Bleckede bis Hamburg.

Handwerk, Industrie und Handel

Im Zeitalter der Industrialisierung erwies es sich als nötig, daß die Handwerkerschaft geschlossen auftreten konnte, um ihre Interessen anzumelden und zu verfechten. Die Notwendigkeit führte um die Wende vom 19. zum 20. Jahrhundert zur Gründung von Handwerkskammern. Für die damaligen Landkreise Bleckede und Lüneburg sowie den Stadtkreis Lüneburg war die Handwerkskammer Harburg zuständig.

Noch gehörte Harburg zur preußischen Provinz Hannover und war der industrielle und handwerkliche Schwerpunkt des Regierungsbezirks Lüneburg. So ersah der Lüneburger Regierungspräsident, von Oertzen, Harburg zum Sitz der Kammer aus. Unter seinem Vorsitz vollzogen am 11. April 1900 im Harburger Rathaussaal 30 Delegierte die Gründung, wobei sie ein Statut des preußischen Ministers für Handel und Gewerbe zugrunde legten. Als erster Präsident trat Willi Lampe an die Spitze der Kammer.

Die Aufgaben bestanden darin, die Ausbildung der Lehrlinge zu beaufsichtigen, die Meisterprüfungen abzunehmen und überhaupt für die Belange des Handwerks wirkungsvoll einzutreten. Die Zahl der abgelegten Meisterprüfungen belief sich 1903 auf 67.

Das Zwischenglied zwischen der Kammer und den Innungen, wie die ehemaligen Zünfte und Gilden inzwischen hießen, wurden die sogenannten Handwerksämter. Mit hauptamtlichen Geschäftsführern besetzt, nahmen sie die Handwerksinteressen auf Kreisebene wahr. Sowohl für den Landkreis Bleckede als auch für den Landkreis Lüneburg wurden Handwerksämter eingerichtet (1922). 1934 lösten die Kreishandwerkerschaften die Handwerksämter ab. Inzwischen war der Großkreis Lüneburg da; die Kreishandwerkerschaft Lüneburg betreute den Bleckeder Raum mit. Auch die Stadt Lüneburg war in den Tätigkeitsbereich der Lüneburger Kreishandwerkerschaft einbezogen.

Sitz der Handwerkskammer wurde Lüneburg 1937, als Harburg zu Hamburg kam.

Nachdem Harburg in Hamburg eingemeindet worden war (1937), wurde die Handwerkskammer nach Lüneburg verlegt. Künftig hieß sie Handwerkskammer Lüneburg-Stade, denn ihr waren die Regierungsbezirke Lüneburg und Stade zugeordnet.

Die Planwirtschaft des NS-Staates führte dazu, daß der Vorstand der Kammer die Funktionen der Vollversammlung mitübernahm. 1942 ging das Regime noch einen Schritt weiter. Die Kammer hörte auf, als selbständige Einheit zu bestehen. Sie wurde mit der Industrie- und Handelskammer zur Gauwirtschaftskammer zusammengelegt.

Noch im Mai 1945 erfolgte die Neugründung der Handwerkskammer Lüneburg. Jetzt umfaßte ihr Bereich 17 600 Quadratkilometer mit 1 688 000 Einwohnern. Die Zahl der Handwerksbetriebe belief sich auf 26 000. (Alle Zahlen gelten für 1950.) 1900 hatte es in demselben Raum (mit dem Amt Neuhaus) 19 100 Handwerksbetriebe gegeben.

Während des Zweiten Weltkrieges wurde in Lüneburg eine Lehrschmiede eröffnet, die in viermonatigen Kursen gelernte Schmiede in Hufbeschlag ausbildete. Seit 1952 laufen in der Lehrschmiede Vorbereitungskurse für den Besuch der Meisterschule des Schmiedehandwerks, ebenfalls in Lüneburg.

Überragende Bedeutung hatte ehemals das Müllerhandwerk. Manecke verzeichnet um 1800 für das Fürstentum Lüneburg 276 Mühlen. Rund 200 Mühlen waren Wassermühlen, die übrigen Windmühlen. Die meisten Mühlen befanden sich in der Hand des Landesherrn (rund 100) und des Adels (ebenfalls rund 100). Demgegenüber fiel der Anteil der Städte und der Kirche nicht ins Gewicht. Nur in 13 Fällen waren die Müllermeister auch Eigentümer ihrer Mühle; es handelte sich ausschließlich um Windmüller.

Bei den Wassermühlen sind vier Typen zu unterscheiden. Im Lüneburger Raum überwogen die Mühlen mit unterschlächtigen Wasserrädern. Mittel- und oberschlächtige Mühlräder waren seltener. Eine Schiffsmühle — zwischen zwei verankerten Schiffen läuft ein Wasserrad — hat es nur in Bleckede gegeben.

Die ältere Form der Windmühle ist die Bockwindmühle: Die ganze Mühle läßt sich um einen senkrechten Ständer, den Hausbaum, drehen, so daß sie der Windrichtung entsprechend eingestellt werden kann. Demgegenüber ist bei der Holländermühle lediglich das Dach mit den Flügeln beweglich, der gesamte Unterbau steht fest.

Ein Handwerk, das alle Bedeutung eingebüßt hat, ist das des Fischers. Der Berufsfischer ist durch den Hobbyfischer abgelöst worden, seitdem das Wasser der Elbe und selbst das ihrer Nebenflüsse durch Öl und Abwässer so verschmutzte, daß die ehemals reichen Fischbestände verschwanden. Abgesehen von dem Fischfang kleineren Umfangs in den Bächen, Flüssen und Seen des heutigen Kreisgebietes, der schon im Mittelalter durch ein ausgeklügeltes System von Fischereigerechtigkeiten genau geregelt wurde, bildete sich entlang der Elbe ein Berufsfischertum zunftmäßiger Geschlossenheit heraus. 1597 gab Herzog Franz von Sachsen-Lauenburg den Hohnstorfern und den Lauenburgern in einer Fischerrolle — vergleichbar den Gildebriefen anderer Handwerke — die Elbe zwischen Barförde (Hittbergen) und Obermarschacht (Landkreis Harburg) zum Fischen frei. Mehrfach wurde dieses Recht von späteren Herzögen, schließlich auch von den hannoverschen Kurfürsten und Königen, bestätigt.

Das Fischeramt Lauenburg-Hohnstorf wurde in preußischer Zeit durch die Fischereigenossenschaft Hohnstorf abgelöst (1892). Anfangs durften die Hohnstorfer nur bis zur Mitte des Flusses fischen. Schon 1894 aber kaufte die Genossenschaft den Lauenburgern deren auf die andere Seite des Stroms bezogene Fischereigerechtigkeit ab.

Während sich die Handwerke meistenteils bis ins Mittelalter zurückverfolgen lassen, ist die im Landkreis Lüneburg ansässige Industrie jüngeren, ja jüngsten Datums. Mehrere Fabriken sind erst im Zweiten Weltkrieg und später entstanden.

Eher als die Handwerkskammern traten die Handelskammern ins Leben. Ihre hauptsächliche Aufgabe sind die Ansiedlung und der Ausbau von gewerblichen Unternehmen. 1866 konstituierte sich im Traubensaal des Lüneburger Rathauses die Handelskammer Lüneburg. Wichtige Schritte auf dem Wege dahin hatte der 1828 gegründete Gewerbeverein für das Königreich Hannover angeregt. Unter den Provinzialvereinen, die auf seine Initiative hin entstanden, war auch einer für den Bereich der Landdrostei Lüneburg (1834), der seinerseits wieder in einem auf Lüneburg Stadt und Land im engeren Sinne bezogenen Lokalverein einen Ableger erhielt (1836). Nicht minder verdienstvoll waren die Vorarbeiten des Lüneburger Handelsvereins von 1850.

Erst als mit der Eingemeindung Harburgs in Hamburg die Industrie- und Handelskammer Harburg verschwand, weitete sich der Bereich der Lüneburger Kammer — nun

In einem der charaktervollsten Giebelhäuser am Lüneburger Sand arbeitet die Industrie- und Handelskammer.

Industrie- und Handelskammer geheißen — auf das Gebiet des gesamten Regierungsbezirks Lüneburg aus.

Ebenso wie die Lüneburger Handwerkskammer wurde auch die Industrie- und Handelskammer — untergebracht in einem der charaktervollsten Giebelhäuser der Stadt, St. Johannis gegenüber am Sande gelegen — der Gauwirtschaftskammer einverleibt (1942). Aber diese Maßnahme war nur von kurzer Dauer. Im Mai 1945 bereits entstand die Kammer neu.

Im ersten Jahr dieses Jahrhunderts gab es im damaligen Landkreis Lüneburg 414 Personen, die in gewerblichen Betrieben beschäftig waren. Im Landkreis Bleckede belief sich die Zahl auf 324. Demgegenüber hatte die Stadt Lüneburg 1901 immerhin schon 2515 Industriearbeiter und Harburg sogar bereits 8825.

Intensive Landwirtschaft

Dasselbe Jahrhundert, das die wissenschaftlich untermauerte, rationell betriebene Landwirtschaft brachte, beseitigte die feudalen Zöpfe, die bis dahin einem Aufschwung der Agrarökonomie im Wege gewesen waren. Gemeinheitsteilung, Bauernbefreiung und Verkoppelung lauten drei der wichtigsten Schlagworte der Geschichte der deutschen Landwirtschaft im 19. Jahrhundert.

Überkommenerweise war es so, daß nur die Ländereien in unmittelbarer Nähe des Dorfes Individualbesitz waren. Darum herum erstreckte sich eine Zone, meist aus Heide, Ödland und Sumpf bestehend, die allen Bauern des Dorfes gemeinsam gehörte. Allmende hieß dieser Gemeinbesitz.

In der „Gemeinheitsteilungs-Ordnung für das Fürstentum Lüneburg“ von 1802 wurden Richtlinien erlassen, wie der Gemeinbesitz unter die einzelnen Bauern aufgeteilt werden sollte. Schon Ende des 18. Jahrhunderts war das Problem eifrig diskutiert worden. 1790 bereits hatte Hannover eine Landeskreditanstalt eingerichtet. Das Institut sollte Bauern in die Lage versetzten, mit günstigen Krediten das aus der Allmende in ihren Besitz übergeführte Land zu kultivieren.

Das Schlagwort Bauernbefreiung faßt eine ganze Reihe von Maßnahmen zusammen. Es ist darunter nicht nur die persönliche Befreiung aus der Erbuntertänigkeit beziehungsweise Leibeigenschaft zu verstehen, sondern auch die wirtschaftliche aus der Grund- oder Gutsherrschaft, wobei die Gutsherrschaft im allgemeinen die Gerichtsherrschaft miteinschloß. Während sich für die Aufhebung der Grundherrschaft die Bezeichnung Ablösung einbürgerte, nannte man die Aufhebung der Gutsherrschaft vorzugsweise Regulierung. In beiden Fällen wurden die Naturallieferungen und Geldleistungen sowie die sogenannten Hand- und Spanndienste abgeschafft, wofür die Bauern freilich zu bezahlen hatten. Künftig wirtschafteten sie auf eigenem Acker, genauso wie der Städter dem Staat und der Kirche steuerpflichtig.

Entscheidenden Anteil an der Verabschiedung des Ablösungsgesetzes von 1831 hatte Johann Karl Bertram Stüve. Er war im Hannoverschen Landtag des Jahres 1831 der eifrigste Verfechter für die Befreiung des bäuerlichen Besitzes von den vielfältigen grund- und gutsherrlichen Lasten.

Bei der Verkoppelung schließlich (Verkoppelungsgesetz von 1842), auch Arrondierung oder Flurbereinigung genannt, wurden aus den verstreut liegenden Ländereien der einzelnen Höfe komplexere Wirtschaftsflächen gebildet. Bis 1894 gelang es dem Land- und Forstwirtschaftlichen Provinzialverein für das Fürstentum Lüneburg, im Landkreis Bleckede 134 und im Landkreis Lüneburg 48 Höfe zu arrondieren.

Der 1830 gegründete Provinzialverein hat auf den verschiedensten Sektoren der Landwirtschaft im Sinne der Königlichen Landwirtschaftsgesellschaft von 1764 die Zukunft vorbereitet. Seine hauptsächliche Leistung bestand darin, daß er den Bildungsstand der Bauern anhob. Überall im Hannoverland entstanden örtliche Vereine, die Kenntnisse vermittelten und Ratschläge erteilten.

Bereits 1851 wurden in Dahlenburg und Neuhaus Landwirtschaftliche Vereine gegründet. 1854 folgte der Land- und forstwirtschaftliche Lokalverein Lüneburg, 1859 der Landwirtschaftliche Verein Bleckede und 1876 der Viehzuchtverein der Artlenburger Elbmarsch und Umgebung. Als sechster Verein trat 1909 dazu der Landwirtschaftliche Verein Amelinghausen und Umgebung. Inzwischen war die Königliche Landwirtschaftsgesellschaft durch die Landwirtschaftskammer für die Provinz Hannover (1899) abgelöst worden.

Die vielfältigen Bildungsbemühungen aller dieser Vereine, die durch den Aufbau eines Systems von Lehreinrichtungen unterstützt wurden, hatten die Wirkung, daß die landwirtschaftliche Nutzfläche immer mehr erbrachte und sich außerdem vergrößerte.

Insbesondere die Bardowicker wußten sich die Fortschritte in den Agrarwissenschaften zunutze zu machen und ihre Stellung als Gemüselieferant Hamburgs zu festigen. 1928 wurden die ersten drei Treibhäuser gebaut. Man zog darin Gurken. Schon Ende März konnten nun reife Gurken auf den Markt gebracht werden. 1929 kam das erste Tomatenhaus dazu. Hier war die Ernte jetzt auf Anfang Juni vorverlegt worden. Die traditionellen Bardowicker Gemüsespeicher in Hamburg, das Zippelhaus bei der Katharinenkirche und der Speicher in der Deichstraße, waren längst aufgegeben worden. In den Kasematten unter dem Marktplatz auf dem Meßberg lagerte jetzt das Qualitätsgemüse aus dem Domflecken, bis es verkauft wurde.

Weithin hing aller landwirtschaftlicher Fortschritt an Fragen des Deichschutzes und überhaupt der Wasserwirtschaft. Auch auf diesem Sektor mußte Zusätzliches geschehen. So wurde 1889 der Artlenburger Deichverband gegründet. Er beaufsichtigte den Elbabschnitt von Alt Wendischthun (Bleckede) bis Haue (Laßrönne) im damaligen Landkreis Winsen. Im Landkreis Bleckede betrug die Elbdeichlänge 16,7 Kilometer, dazu kamen 22,2 Kilometer im Landkreis Lüneburg und 14,7 Kilometer im Landkreis Winsen. Die zwei Hauptdeichschauen im Jahr wurden in den Monaten Mai und Oktober gegangen.

Die bereits 1882 ins Leben gerufene Wassergenossenschaft der Ilmenau-Niederung, unterteilt in einen Neetze-Verband und einen Ilau-Verband (Landkreis Winsen), setzte sich das Ziel, für eine bessere Entwässerung der Marsch zu sorgen. Dank ihrer Bemühungen konnte in den Jahren 1886 bis 1888 der Ilmenaukanal gebaut werden, wodurch der Wasserspiegel sank. Der bereits 1819 fertiggestellte Neetzekanal mündete nun in den Ilmenaukanal.

Mit der Verbesserung der Böden ging die Verbesserung der Viehbestände konform. Die Landkreise Lüneburg und Bleckede entwickelten sich zu Hochzuchtgebieten für Rindvieh und Pferde.

Der Initiative von Werner Baron von Spörcken, Lüdersburg, war es zu verdanken, daß 1876 der Viehzuchtverein der Artlenburger Elbmarsch und Umgebung gegründet wurde. 154 Landwirte fanden sich in dem Verein zusammen. Zuerst zielten die züchterischen Bemühungen darauf, den Körperbau der Kühe zu verändern; man wollte eine mittelschwere, tiefe Kuh haben. Später ging man dazu über, auf Leistung zu züchten. Da die Herden der Marschbauern im Durchschnitt kleiner waren als zehn Kühe, empfahl sich die Haltung von Bullen auf genossenschaftlicher Basis.

Bald nachdem der Artlenburger Viehzuchtverein die Arbeit aufgenommen hatte, entstand 1896 auf der Ebene des gesamten Regierungsbezirks Lüneburg die „Lüneburger Herdbuchgesellschaft". Das Muster für das Herdbuch, in das die Zuchttiere eingetragen wurden, hatte der Artlenburger Verein geliefert. Dort war bereits 1889 ein Herdbuch begonnen worden. Das Lüneburger Herdbuch von 1896 baute darauf auf. Innerhalb des Gesamtherdbuchs wurde das Artlenburger als besondere Abteilung weitergeführt.

Auf Anregung Werner Baron von Spörckens begann man, in Echem und Hohnstorf Rindviehauktionen abzuhalten. Die Überschüsse in der Rindviehzucht sollten auf diesen Auktionen abgesetzt werden. Eine strenge Vorwahl gewährleistete, daß nur erstklassiges Vieh angeboten wurde. Statt Echem und Hohnstorf setzte sich Winsen (Luhe) auch für die Landkreise Lüneburg und Bleckede als Auktionsort durch. 1913 stellte Bleckede 2,8 und Lüneburg 0,8 Prozent der in Winsen versteigerten Tiere (Gesamtzahl: 455). Bis 1926 vermochte Lüneburg seinen Anteil auf 8,2 Prozent zu erhöhen, Bleckede kam auf 7,6 Prozent (Gesamtzahl: 814).

Die Leistungszucht bewirkte, daß 1905 im Bereich des Lüneburger Herdbuchs nach dänischem Vorbild die Leistungskontrolle eingeführt wurde. Winsen (Luhe) begann damit, aber es dauerte nicht lange, da machte das Winsener Beispiel Schule. Bis zum Ersten Weltkrieg stieg die Zahl der Kontrollvereine auf zwölf an, 1921 waren es 21 und 1927 bereits 80. Seit 1921 arbeiteten die Kontrollvereine (damals vier im Landkreis Bleckede und zwei im Landkreis Lüneburg) als Unterorganisationen der Herdbuchgesellschaft. Die Leistungskontrolle war nun etwas Selbstverständliches.

Älter noch als die Rinderzucht ist auch im Lüneburger Raum die Pferdezucht. Schon Anfang des 19. Jahrhunderts entstanden in den Landkreisen Lüneburg und Bleckede Deckstationen, in denen Hengste aus dem Celler Landgestüt (1735 gegründet) dominierten. In Celle hatten die hannoverschen Kurfürsten anfangs holsteinische Hengste stehen, zuvor waren „Andalusier" (spanische, von Arabern abstammende Hengste) für die Zucht verwandt worden.

Hengstvorführung in der Deckstation Handorf nach dem Zweiten Weltkrieg. Die Station entstand bereits 1816.

Die drei ältesten Deckstationen, Brietlingen (1815) sowie Handorf und Hohnstorf (1816), wurden zugleich die bekanntesten. 1818 kam die Station Stiepelse dazu, 1848 Brackede (Bleckede) und Bitter (Kaarßen), 1875 schließlich Haar.

Eine Intensivierung der züchterischen Bemühungen bedeutete, auch was die Pferde betrifft, die Gründung des Artlenburger Viehzuchtvereins, aus dem der Pferdezuchtverein der Artlenburger Elbmarsch und Umgebung hervorging. Schon 1877 begann man ein Stutbuch anzulegen. Es wurde das Vorbild für das hannoversche Stutbuch.

Unter den Auktionen des Kreisgebietes hatte die Hohnstorfer Fohlenauktion den größten Zulauf. 1877 war die erste. 1913 wurden 132 Fohlen aufgetrieben, 1919 bereits 200 und 1924 sogar 303. Nach dem Zweiten Weltkrieg (1947) beschlossen die Pferdezüchter der Artlenburger Elbmarsch, die Auktion einzustellen.

Von der „Winterschule“ zur Lehr- und Versuchsanstalt Echem

Die siebte landwirtschaftliche „Winterschule“, die in der Provinz Hannover eingerichtet wurde, war die Lüneburger. Bauer Köhler aus Häcklingen plädierte vorm Land- und forstwirtschaftlichen Lokalverein Lüneburg 1890 nachdrücklich dafür, auch im Raum Lüneburg endlich für strebsame Hoferben eine Fortbildungsstätte zu schaffen, und zwar eine, die man nicht wie die Ackerbauschulen zwei Jahre lang ununterbrochen besuchen mußte, in die man vielmehr im Winter ging, so daß dem Hof in den anderen Jahreszeiten keine Arbeitskraft fehlte.

Im Juli 1891 bereits gründete ein aus zwölf Mitgliedern bestehendes Kuratorium mit Unterstützung der Landkreise Lüneburg, Bleckede und Winsen die „Landwirtschaftliche Kreiswinterschule“ in Lüneburg. Am 2. November wurde der Lehrbetrieb aufgenommen. In dem von der Stadt zur Verfügung gestellten Kalandgebäude begann für 36 Schüler ein Kursus in all den landwirtschaftlichen Disziplinen, die im Zeitalter des künstlichen Düngers wichtig waren.

1899 ging die Winterschule aus der Trägerschaft des Land- und forstwirtschaftlichen Lokalvereins in die der drei genannten Landkreise über. 1906 schied Winsen aus, 1924 Bleckede, denn inzwischen waren auch dort Winterschulen eingerichtet worden. 1926 wurde die Schule der Landwirtschaftskammer unterstellt. Künftig hieß sie Landwirtschaftsschule Lüneburg. Inzwischen war die Anstalt aus dem Kaland in die Städtische Berufsschule und in den Klosterkomplex am Marienplatz umgezogen. Erst 1935 erhielt sie in der Hansenschen Villa am Altenbrückerdamm ihre Bleibe.

In den Jahren vor dem Ersten Weltkrieg betrug die Schülerzahl durchschnittlich 100. Nach dem Krieg (1919) wurde die Schule auch dem weiblichen Geschlecht geöffnet. Von Ostern bis Pfingsten lief der erste „Kursus für Landwirtstöchter“. In der Zeit von 1891 bis 1951 besuchten insgesamt etwa 300 junge Landwirte die Schule. Die Zahl der Schülerinnen während dieses Zeitraumes liegt bei 800.

Der Landkreis Bleckede erhielt 1921 eine eigene Landwirtschaftsschule. Sie wurde nach Neuhaus gelegt. Nach dem Zweiten Weltkrieg setzte Bleckede die Arbeit fort (1949). Zunächst mußte der Unterricht im Konfirmandensaal von St. Jacobi erteilt werden. 1957 konnte man in einen Neubau an der Lüneburger Straße umziehen.

Neben Landwirtschaftsschulen, deren Besuch freiwillig ist, entstanden seit den 20er Jahren dieses Jahrhunderts die landwirtschaftlichen Berufsschulen, den gewerblichen und kaufmännischen Berufsschulen vergleichbar. Gesetze von 1923 und 1938 legten auch für die in der Landwirtschaft tätige Jugend die Berufsschulpflicht fest.

In mehreren Orten des Kreisgebietes (nach dem Zweiten Weltkrieg zählte man 27 mit insgesamt 1300 Schülern und Schülerinnen) entstanden landwirtschaftliche Berufsschulen. In Neetze wurde 1952 ein Neubau errichtet. Die nur für Landwirtschaftsschülerinnen bestimmte Bleckeder Schule — sie war in der Volksschule untergebracht — ging 1957 in der Neetzer Schule auf.

1956 begann der Landkreis, in Oedeme eine zentrale landwirtschaftliche Berufsschule zu bauen. 1957 war der erste Bauabschnitt beendet, 1961 der zweite. Der großzügige Komplex, verkehrsgünstig am Lüneburger Stadtrand gelegen, erlaubte es, das weite Feld der landwirtschaftlichen und hauswirtschaftlichen Berufsausbildung auch räumlich sauber aufzugliedern.

Die bekannteste landwirtschaftliche Lehreinrichtung innerhalb des Kreisgebietes ist die Lehr- und Versuchsanstalt Echem, hervorgegangen aus der Lehrwirtschaft Echem. Die

Lüneburger Herdbuchgesellschaft pachtete im November 1924 den 50 Hektar großen Hof des Echemer Landwirts Gustav Kruse. Ihr Ziel war, dort Düngungs- und Fütterungsversuche zu machen und zugleich für junge und ältere Landwirte Kurse in Rindviehhaltung und Rinderzucht zu veranstalten. Bereits im Februar 1925 begann der erste Lehrgang, 14 Landwirte nahmen daran teil.

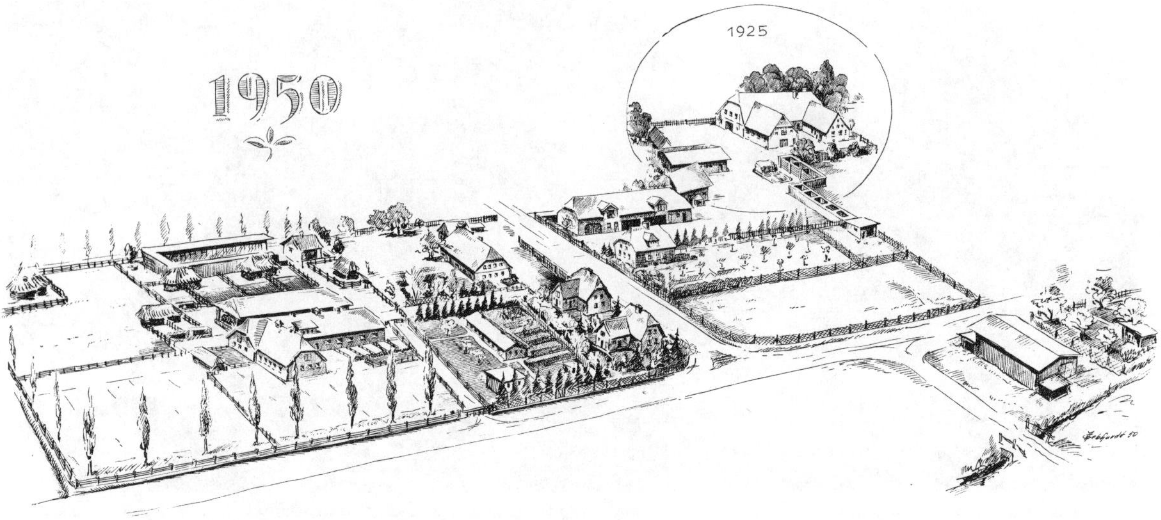

Die Lehr- und Versuchsanstalt Echem arbeitet seit 1925.

Die Altenteilerwohnung des Kruseschen Hofes war zu einem Unterrichtsraum ausgebaut worden. Der erste Neubau konnte nur ein moderner Kuhstall sein. 1930 ging der bis dahin lediglich gepachtete Hof in den Besitz der Anstalt über. Außerdem wurden Weiden der Domäne Scharnebeck angekauft. So verfügte man bald über mehr als 100 Hektar.

Nach dem Zweiten Weltkrieg wurde der Ausbau zielstrebig fortgesetzt. 1954 entstand ein besonderer Versuchsstall für Milchkühe. Im Jahr darauf errichtete man ein neues Internatsgebäude. 1956 vergrößerte man den Milchbearbeitungsraum und das Labor. 1962 wurde eine Schweinemastprüfungsanstalt, 1964 eine Bullenmastprüfungsanstalt eingerichtet.

Die Zahl der Lehrgangsteilnehmer lag in den Jahren vor dem Krieg bei 150 pro Jahr. Während des Krieges kletterte sie auf 300, in den Nachkriegsjahren erhöhte sie sich auf rund 500.

Die Sparkassen

Die Landdrostei, seit 1823 in Lüneburg etabliert, empfahl der Stadt gleich 1828, eine Sparkasse einzurichten. Allein zehn Jahre dauerte es, bis die Bürgerschaftsdeputierten

Ihr erstes repräsentatives Gebäude erhielt die Kreissparkasse Lüneburg im Jahre 1911 (Auf dem Meere 1).

einen geeigneten Kassierer gefunden hatten. 1834 nahm der Fetthändler Carl Ludwig Aderholtz seine mit jährlich 100 Talern dotierte Nebentätigkeit auf.

Das Reglement der Sparkasse der Stadt Lüneburg (heute: Stadtsparkasse Lüneburg) brachte zum Ausdruck, daß nunmehr „unbemittelte Personen der hiesigen Stadt, vorzüglich aus der Classe der Handwerker, Tagelöhner und Dienstboten“ die Möglichkeit hatten, „von ihrem Erwerbe und Lohn“ etwas zu sparen. Tatsächlich war einer der ersten Sparbuchbesitzer (Nummer 35) der auf dem Kalkberggelände frönende Karren-Gefangene Martin Friedrich Bathke; am 14. Mai 1834 zahlte er 22 Taler ein.

Die Stadtsparkasse, anfangs im Rathaus untergebracht, konnte 1926 das Haus An der Münze 15, die alte „Rathsschänke“, erwerben und im Jahr darauf dort den Betrieb aufnehmen; zwei Nachbarhäuser kamen dazu.

Bevor im Jahre 1863 die „Sparkasse des Amtsbezirks Bleckede“ ins Leben gerufen wurde — mit ihr beginnt die Geschichte der Kreissparkasse Lüneburg —, gab es im Spar-und Kreditwesen nur bescheidenste Ansätze. Bezeichnend ist der Versuch, den 1829 Pastor Borchers in Kirchgellersen unternahm. Nicht nur als Theologe und Pastor wollte er auf die ihm anbefohlenen Seelen zu deren Bestem einwirken, sondern auch als Direktor und Geschäftsführer einer „Haus- und Familien-Sparkasse“. Im Pfarrhaus richtete er die

Kasse ein — wenn auch nur für ein Jahr. Sowohl das Amt Winsen als auch das Konsistorium hatten Bedenken gegen den Eifer des Pastors. Die Kirchenbehörde argwöhnte, die Tätigkeit als Sparkassenverwalter könne sich nachteilig auf die seelsorgerischen Amtsgeschäfte des Gottesmannes auswirken.

Die Gründung der Sparkasse des Amtsbezirks Bleckede war der Initiative einiger aufgeschlossener Bürger Bleckedes und des umliegenden Amtsgebietes zu verdanken, an ihrer Spitze der Bleckeder Bürgermeister Heinrich Meyer, der dann auch als Rechnungsführer die Leitung der Kasse übernahm. Von Anfang an wurde der Geschäftsverkehr auf das Amt Neuhaus mitausgedehnt.

In der Friedrich-Kücken-Straße 18 fand die Amts-Sparkasse ihre erste Bleibe; Bürgermeister Meyer freilich hielt es für das Sicherste, den Depositenkasten in seiner Wohnung aufzubewahren. Vorübergehend war die Kasse im Hause Schloßstraße 2 untergebracht. 1899 wurde der Neubau in der Lauenburger Straße 2 bezogen. 1929 endlich siedelte die Sparkasse in den Eckbau Friedrich-Kücken-Straße/Bahnhofstraße über.

Als Bleckede Kreissitz wurde, änderte die Kasse ihren Namen in „Sparkasse des Kreises Bleckede" um. Hauptzweigstellen richtete die Bleckeder Zentrale in Dahlenburg und Neuhaus ein. Dazu kam ein Netz von Nebenzweigstellen.

In Lüneburg war man nicht so schnell wie in Bleckede. Erst am 29. Dezember 1869 wurde die „Spar- und Leih-Casse für das Amt Lüneburg" eröffnet. Der aktivste Anreger und Förderer des Projekts war der Gutsbesitzer von Meding, Schnellenberg (Lüneburg), gewesen.

Die Geschäftszeiten der an der Neuen Sülze etablierten Kasse lagen am Mittwoch- und am Sonnabendmorgen sowie sonntags nach der Kirchzeit. Die Dienstgeschäfte versahen ein Rechnungsführer und ein Gegenbuchführer, beide nebenberuflich tätig.

Auch die Lüneburger Kasse änderte nach der Einführung der preußischen Kreisverfassung ihren Namen. Sie hieß nun „Sparkasse des Landkreises Lüneburg". Künftig gab es zwei hauptamtliche Rechnungsführer und einen hauptamtlichen Gegenbuchführer. Bevor 1911 der Neubau Auf dem Meere Nummer 1 bezogen werden konnte, war die Kasse noch im Landratsamt und Auf dem Meere Nummer 2 untergebracht gewesen.

Schon seit 1928 hieß die Lüneburger Kasse „Kreissparkasse Lüneburg". Die Bleckeder Kasse nahm 1932 bei der Zusammenlegung der beiden Landkreise Lüneburg und Bleckede die Bezeichnung „Sparkasse des Kreises Lüneburg zu Bleckede" an, bis dann 1934 beide Kassen zusammengeführt wurden. Künftig war Bleckede eine der Hauptzweigstellen der Lüneburger Zentrale.

Außer durch das System der Haupt- und Nebenzweigstellen der Kreissparkasse wird das Kreisgebiet durch die Volksbank Lüneburg sowie durch Spar- und Darlehnskassen betreut.

DIE EPOCHE DER WELTKRIEGE (1914—1945)

Die staatliche Fürsorge

Mehr als vier Jahrzehnte Frieden waren vergessen, als Österreich-Ungarn am 28. Juli 1914 Serbien den Krieg erklärte. Südosteuropa, Mitteleuropa, Osteuropa, Westeuropa, ja schließlich sogar die Vereinigten Staaten von Amerika wurden in den Konflikt hineingerissen.

Das Handikap für das Deutsche Reich war seine geographische Lage. Es mußte sich gleichzeitig auf seine Ost- und seine Westfront konzentrieren. Im Osten schraubte die Schlacht bei Tannenberg, die erstmals die Namen von Hindenburg und Ludendorff in aller Munde brachte, die Erwartungen hoch. Im Westen drückte die Marne-Schlacht, die zu der Amtsenthebung des Generalstabschefs von Moltke führte, die Hoffnungen nieder.

Die Entscheidung im Westen war gefallen, als die USA am 6. April 1917 in den Krieg eintraten. An der Ostfront brachte ein halbes Jahr später der Ausbruch der bolschewistischen Oktoberrevolution zwar eine Entlastung, aber die Situation im Westen konnte dadurch nicht mehr entscheidend beeinflußt werden. Am 9. November 1918 wurde in Berlin die Republik ausgerufen. Die Hohenzollern mußten genauso abtreten wie vor ihnen — 1866 — die Welfen.

Seit dem 30jährigen Krieg hatte keine Generation durch Kriegseinwirkung solch hohe Verluste erlitten wie die Generation des Ersten Weltkriegs. Bis heute weisen überall in der Marsch und auf der Geest die Kriegerdenkmale aus, wie groß der Blutzoll der Jahre 1914/18 gewesen ist.

Unmittelbar nach Kriegsende gründeten 1919 Frontsoldaten den „Volksbund Deutsche Kriegsgräberfürsorge" (VDK). Die Organisation ging daran, vor allem in Frankreich und Polen Friedhöfe für die gefallenen deutschen Soldaten anzulegen.

Bevor sich im damaligen Landkreis Lüneburg VDK-Gruppen bildeten, waren schon im Landkreis Bleckede mehrere Gründungen erfolgt: Bleckede, Neetze, Dahlenburg. Alle Ortsgruppen unterstanden dem VDK-Gau Niedersachsen-Nord. Nach 1933 wurde die Gliederung des Volksbundes dreistufig. Zwischen den Ortsgruppen, von denen es im inzwischen geschaffenen Großkreis Lüneburg 25 gab, und dem Gau bestand jetzt als Zwischeninstanz die Kreisgruppe Lüneburg-Bleckede.

Die Fürsorge für die Kriegsgräber war nicht die einzige neue Aufgabe. Eine Fülle zusätzlicher Probleme kam auf das Nachkriegsdeutschland zu. Die Kreisverwaltung erfuhr eine ungeahnte Erweiterung ihres Pflichtenkreises. Die soziale Fürsorge konnte nicht mehr von einzelnen getragen werden, die Behörden mußten wirksam werden.

Bis zum Ersten Weltkrieg hatte sich die Sozialarbeit auf Aufgaben wie die Unterhaltung von Naturalverpflegungsstationen beschränkt. 1885 gingen die Stationen in Bleckede und Dahlenburg sowie in Neuhaus und Tripkau in die Regie des soeben aus der Taufe gehobenen Kreises Bleckede über. (Die Station Tripkau existierte nur bis 1887, die drei anderen wurden 1900 aufgehoben.)

Gleich nach dem Ersten Weltkrieg wurde das Kreiswohlfahrtsamt errichtet, entstanden Gemeindeschwesternstationen und traten Kreiskommunalärzte ihren Dienst an. Zukunftweisend war die Fürsorgepflichtverordnung vom 13. Februar 1924. Sie übertrug die staatliche Fürsorgepflicht den Stadt- und den Landkreisen, die nun als Bezirksfürsorgeverbände der vielfältigen sozialen Not der Nachkriegszeit abzuhelfen suchten. 1925 wurden in den Kreisverwaltungen die Jugendämter eingerichtet, die sich der öffentlichen Jugendfürsorge annahmen. Im selben Jahr stellte der Kreis Lüneburg eine Kreisfürsorgerin an, im folgenden Jahr eröffnete er in Wilschenbruch am Lüneburger Stadtrand ein Kreiskinderheim.

Die Erweiterung der Aufgaben der Kreisverwaltung erstreckte sich auch auf den Schulsektor. Die Kreise wurden Träger der Berufsschulen. Seit 1919 erschienen verschiedene Berufsschulgesetze, bis schließlich das Reichsschulpflicht-Gesetz von 1938 für alle nicht mehr volksschulpflichtigen Jugendlichen unter 18 Jahren den Besuch einer Berufsschule vorschrieb, wobei man die Wahl zwischen der gewerblichen, der kaufmännischen, der landwirtschaftlichen und der hauswirtschaftlichen Berufsschule hatte.

Selbst das Feuerlöschwesen wurde Kreisangelegenheit. Fortan gab es einen Kreisbrandmeister. Der Kreis schoß Gelder zu, wenn Motorspritzen angeschafft werden sollten.

An der Verfassung der preußischen Kreise hatte sich inzwischen Entscheidendes geändert. Am 19. Januar 1919 wurde die Deutsche Nationalversammlung in Weimar gewählt. Sieben Monate später konnte Reichspräsident Friedrich Ebert die Weimarer Verfassung unterzeichnen, die das Deutsche Reich in eine demokratische Republik verwandelte.

Nicht mehr nur die Wahlverbände der größeren Grundbesitzer, Landgemeinden und kreisangehörigen Städte, sondern alle Kreisbewohner wählten von nun an nach dem Verhältniswahlrecht den Kreistag. Eine Verhältnis- statt der Mehrheitswahl war künftig auch die dem Kreistag obliegende Wahl des Kreisausschusses. Nur soweit es sich um den Landrat handelte, war von der Demokratisierung des öffentlichen Lebens nichts zu spüren. Er blieb nach wie vor Staatsbeamter.

Großkreis Lüneburg (1932)

1925 schlug der Lüneburger Regierungspräsident vor, die Landkreise Lüchow und Dannenberg sowie das Amt Neuhaus zu einem Großkreis zusammenzufassen; noch 1932 war dieser Plan lebendig. 1926 erwog man in Berlin, ob man nicht kleine Landkreise wie Bleckede größeren hinzufügen sollte. Die „Verordnung zur Vereinfachung und Verbilli-

Wilhelm Albrecht — Landrat des Großkreises Lüneburg (1932).

Ludwig Eicke — als Landrat von den Aliierten eingesetzt (1945).

gung der Verwaltung" vom 3. September 1932 gab den Reformbemühungen der Zeit schließlich Gestalt. In der preußischen Provinz Hannover kam es zu mehreren Zusammenlegungen von Kreisen. Künftig gehörte Bleckede mit Neuhaus zum Großkreis Lüneburg. Bereits am 1. Oktober des Jahres trat die einschneidende Veränderung in Kraft. Kreissitz des neuen Gebildes wurde Lüneburg.

Im alten Landkreis Lüneburg war der aus Hannover gebürtige Wilhelm Albrecht 1917 Nachfolger von Konrad Engelhardt geworden. Am 1. Oktober 1932 wurde er Landrat des Großkreises Lüneburg. In Bleckede hatten vorher abermals Hugo Müller-Otfried (ab 1918) und sodann der Sonderburger Otto von der Schulenburg (ab Oktober 1925) als Landräte fungiert.

Das Gefüge der Kreise Lüneburg und Bleckede hatte sich in der Zeit von 1885 bis 1932 gewandelt. Als 1928 die Gutsbezirke und die Zwerggemeinden mit den angrenzenden Landgemeinden vereinigt wurden, blieben im Landkreis Lüneburg 71 Landgemeinden übrig; im Landkreis Bleckede waren es 67, dazu kam noch der Flecken Bleckede. Flächenmäßig war der Landkreis Lüneburg durch die Abtrennung des Forstes Scharnhop vom Kreis Uelzen und dessen Einbeziehung in die Gemarkung Rohstorf (Vastorf) um über 2000 Hektar auf 69030 Hektar gestiegen. Während sich die Bevölkerung des Kreises Lüneburg auf 24087 Einwohner erhöht hatte, war die des Kreises Bleckede auf 19 654 Einwohner gesunken. Die Verantwortung dafür trugen die schlechten wirtschaftlichen Verhältnisse. Die Landflucht nahm besorgniserregende Ausmaße an.

Das nationalsozialistische Regime (1933)

Die Kreisreform, die für Lüneburg und Bleckede so folgenreich war, gehört noch in die Zeit der Weimarer Republik. Aber nicht die demokratischen Kräfte von 1932, sondern die diktatorischen von 1933 wurden ihre Nutznießer.

Die Belastungen, die dem Weimarer Staat durch den Frieden von Versailles (1919) auferlegt worden waren, erwiesen sich als tödlich. Er scheiterte an den extremen Kräften auf der Rechten. Am 30. Januar 1933 wurde Adolf Hitler Reichskanzler, die sogenannte „Machtergreifung“ war ihm gelungen. Das Ermächtigungsgesetz vom 24. März 1933 gab ihm die gesetzgebende und die ausführende Gewalt. Damit war für das Deutsche Reich das Ende der parlamentarischen Republik gekommen. Im kommunalen Bereich wirkte sich das „Gesetz für die Anpassung der Landesverwaltung an die Grundsätze des nationalsozialistischen Staates“ vom 15. Dezember des Jahres aus.

Neben der nationalsozialistischen Verwaltungsgliederung, die von den Blocks, Zellen und Ortsgruppen über die Kreise schließlich bis zu den Gauen vorstieß, blieb die alte Verwaltung erhalten. Mit dem Kreisleiter konkurrierte der Landrat. Neben dem Gauleiter gab es weiterhin den Regierungspräsidenten.

Freilich wandelte sich die Kreisverwaltung durch die Ereignisse von 1933. Durch Gesetz vom 17. Juli 1933 wurden die Zuständigkeiten des Kreistags auf den Kreisausschuß übertragen, der seinerseits wieder die Zuständigkeiten auf den Landrat übertrug. Der Kreistag trat überhaupt nicht mehr in Erscheinung. Der Kreisausschuß lebte als Kreisverwaltungsgericht fort.

Im Grunde blieb von dem alten System nur der Landrat übrig. Noch immer war er Staatsbeamter. Aber die Zeiten, da er den Staat auf der untersten Verwaltungsebene repräsentierte, hatten aufgehört. Jetzt war der Landrat Befehlsempfänger und -übermittler des Regimes.

Lüneburg erhoben die Nationalsozialisten — Hitler ließ sich hier überhaupt nur einmal, am 20. Juli 1932, blicken — zur Hauptstadt ihres Gaues Ost-Hannover, der sich mit den Regierungsbezirken Lüneburg und Stade deckte. Im Hotel „Deutsches Haus“, Am Sande, residierte Gauleiter Telschow.

Wie vielerorts konnte es auch in Lüneburg nicht ausbleiben, daß der Gauleiter Neigung verspürte, das Nebeneinander von Partei- und Staatsverwaltung zu beseitigen. Während des Zweiten Weltkrieges wurde der Plan geboren, die Gauverwaltung mit den beiden Regierungen in Lüneburg und Stade zu einer Reichsstatthalterei zusammenzufassen. Ihr Sitz sollte Lüneburg sein. Gauleiter Telschow träumte schon von einem riesigen Gauquartier auf dem Kreideberg. Das Volkshaus sollte eine Länge von 240 Metern und eine Breite von 250 Metern haben. Zusammen mit anderen Bauwerken wollte der Gauleiter es an das rechteckige Gauforum stellen. Die Verbindung zur Stadt gedachte er durch eine bis zu 70 Meter breite Aufmarschstraße herzustellen, die sich auf den Sülzwiesen in einen Paradeplatz und ein Stadion öffnen sollte. Dem beherrschenden Akzent im Nordwesten der Stadt wollte Telschow schließlich einen südlichen entgegensetzen: sein schloßartiges

Wohnhaus am Bockelsberg. Die 300 Meter lange und 50 Meter breite Auffahrt sollte in einem halben Rondell mit einem Radius von 120 Metern enden. Weiter sahen die Pläne vor, die Ilmenau in jenem Bereich zu einem See aufzustauen.

Auf der anderen Seite bemühte sich Telschow, an die alte Amtsaufteilung von 1859 wiederanzuknüpfen. Es liefen Bestrebungen, die bestehenden Gemeinden zu Verbänden von 8 000 bis 12 000 Einwohnern zusammenzufassen. In diesen Ämtern hoffte man das nationalsozialistische System nachdrücklicher durchsetzen zu können.

Verwirklicht wurden Baupläne für Kasernen. Neben die alte Lüner Kaserne traten nun Neubauten im Südosten (Scharnhorst-Kaserne) und im Osten der Stadt (Schlieffen-Kaserne).

Der Bombenkrieg (1940—1945)

Anders als der Erste Weltkrieg betraf der Zweite die deutsche Zivilbevölkerung unmittelbar. Während es 1918 gelungen war, noch vor der Besetzung des Reichsgebiets einen Waffenstillstand abzuschließen, wurde Deutschland 1945 zum Kriegsschauplatz, bis endlich die bedingungslose Kapitulation die Waffen zum Schweigen brachte. Aber schon lange bevor die Alliierten über die Straßen des Reichs vordrangen, hatte die Zivilbevölkerung Unsägliches zu leiden. Der Bombenhagel riß sie in wachsendem Maße in das Kriegsgeschehen hinein.

Bereits am 27. August 1939 ließ das nationalsozialistische Regime Lebensmittelkarten an die Bevölkerung ausgeben. Die Beruhigung, die der Abschluß des deutsch-sowjetischen Nichtangriffspakts vom 23. August gebracht hatte, war damit wieder hinfällig geworden. In Deutschland wuchs das Gefühl, daß es Krieg geben werde.

Am 1. September kam der Krieg. Hitler griff Polen an. Am selben Tag wurde die Verdunkelungspflicht eingeführt. Für fast sechs Jahre lag vollkommene Dunkelheit über Deutschland, wenn der Abend kam — es sei denn, die brennenden Städte sorgten für Licht. Denn trotz aller Verdunkelung fanden die alliierten Bomberverbände ihre Ziele.

Die Verdunkelung war nur eine der Maßnahmen zum Schutz der Zivilbevölkerung. Zugleich mußten Luftschutzkeller eingerichtet werden. Auf dem Lande stieß das auf Schwierigkeiten, weil die Bauernhäuser im allgemeinen nicht unterkellert waren. Die Landbevölkerung half sich so, daß sie mehr oder minder primitive Erdbunker anlegte.

Seit dem 1. Dezember 1939 hatten die Erwachsenen Kleiderkarten mit 100 Punkten. 1940 wurden Fahrräder und bald darauf auch Autoreifen bezugscheinpflichtig. 1943 ordnete der Oberpräsident der Provinz Hannover an, in den Privathaushalten müsse der Stromverbrauch um 30 Prozent gesenkt werden.

Der Luftkrieg über Deutschland begann noch 1939. Zunächst freilich waren nur die unmittelbaren Küstenstreifen an der Nordsee betroffen. Schon 1940 aber fielen auch im Lüneburger Kreisgebiet die ersten Bomben. Es war das Jahr, in dem Hitler den Krieg auf Dänemark und Norwegen (9. April) und kurz darauf auch auf Frankreich (10. Mai)

Mobilmachung 1939: Die Artillerie-Abteilung 22 der Lüneburger Garnison hat auf dem Markt Aufstellung genommen.

ausdehnte. Bei den Bombenabwürfen im Landkreis Lüneburg handelte es sich um Notabwürfe auf dem Weg von oder nach Hamburg, Bremen und Berlin. Die ersten Bomben fielen am 11. Mai in dem Forst Einemhof (Kirchgellersen). Weitere Notabwürfe wurden aus Barförde (Hittbergen), Ehlbeck (Rehlingen), Wendisch Evern und Westergellersen gemeldet.

Das Jahr 1941 gab dem Kriegsgeschehen weltweite Ausmaße. Am 6. April trug Hitler den Krieg nach Südosteuropa. Am 22. Juni ließ er in die UdSSR einmarschieren. Am 11. Dezember traten die USA auf die Seite der Alliierten. Der Bombenkrieg erfuhr zunächst noch keine Verschärfung, es blieb bei Notabwürfen, so in den Gemarkungen von Dachtmissen (Reppenstedt) und Südergellersen. In anderer Hinsicht aber bekam die Heimat nachdrücklich zu spüren, was die Stunde geschlagen hatte. Für die Ostfront mußten warme Kleidungsstücke beschafft werden. Im Landkreis Lüneburg kamen zusammen: 1345 Paar Socken und Strümpfe, 247 Kniewärmer, 312 Leibbinden, 146 Brust- und Lungenschützer, 586 Paar Handschuhe, 1004 Paar Pulswärmer, 894 Schals, 209 Ohrenschützer, 355 Kopfschützer, dazu Stiefel, Pullover, Mäntel und Mützen.

1942 wurden die Luftangriffe auf Hamburg häufiger und heftiger. Erstmals entstand im Landkreis Lüneburg Schaden. Bei Drögennindorf (Betzendorf) entfachten Bomben einen

Waldbrand, in Melbeck und Ochtmissen (Lüneburg) wurden Gebäude getroffen. Den Absturz eines alliierten Flugzeugs — im Mai des Jahres — wertete man als echtes Ereignis. In der Gemarkung Südergellersen ging eine zweimotorige Maschine zu Boden; ihre Insassen fand man tot.

Ende Juli, Anfang August 1943 konnten die Einwohner des Kreises den Bombenkrieg in seiner ganzen Schrecklichkeit erfahren, auch wenn sie nicht unmittelbar betroffen waren. Bei vier Großangriffen vom 25. zum 26., vom 27. zum 28. und vom 29. zum 30. Juli sowie in der Nacht vom 2. zum 3. August sank Hamburg in Schutt und Trümmer; der zweite Angriff war der schwerste. Für die Ausgebombten, viele von ihnen mit entsetzlichen Verbrennungen, richtete man in Lüneburger Kasernen, Fabriken und Gaststätten Notquartiere ein. Die Bevölkerung Lüneburgs begann, ihre Habe im Kreisgebiet in Sicherheit zu bringen, denn auf Flugblättern war zu lesen: „Winsen, Lüneburg, Uelzen und Celle nehmen wir in einer Welle."

Der letzte der vier Großangriffe zog vier Orte des Kreises in Mitleidenschaft. In Brackede (Bleckede), Mechtersen und Radegast (Bleckede) wurden Wohnhäuser, Stallungen und Scheunen getroffen. Rehlingen erlebte eine regelrechte Bombardierung. „Es war der bisher heißeste Tag mit 30° C im Schatten. Nachts kam ein Gewitter. . . Kurz vor Beendigung des Gewitters um 1.30 Uhr kamen feindliche Flugzeuge und überschütteten Rehlingen mit Spreng- und Brandbomben. Wohin man sah. . . selbst in die Lopau fielen Bomben." Etwa eine Stunde lang kreisten Flugzeuge über Rehlingen und seiner Feldmark, mehrere Gebäude brannten ab, von anderen wurden Dächer, Fenster und Türen beschädigt. „Es war eine grausige Nacht, die wohl keiner wiedererleben möchte. Wäre der Gewitterregen nicht gefallen, so wäre es weit schlimmer geworden. . ."

Auch das Jahr 1943 brachte wieder einen Flugzeugabsturz, diesmal bei Lüdershausen (Brietlingen), zahlreiche Notabwürfe in den verschiedensten Gemarkungen und überhaupt ein Anwachsen der Angst.

Im Jahr 1944 erfuhr der Luftkrieg durch die fortgesetzten Tieffliegerangriffe eine weitere Verschärfung. Flugzeuge beschossen einen Güterzug bei Dahlenburg und einen anderen auf Bahnhof Vastorf, einen Personenzug auf der Strecke Lüneburg — Hamburg, die Darchauer Fähre, zwei Dampfer bei Walmsburg (Bleckede) sowie Fahrzeuge und Menschen auf Straßen und Feldern. Die Reichsbahn ließ ihre Züge — insbesondere die Fernzüge — mit Flaks fahren.

Die Notabwürfe wurden immer zahlreicher. Inzwischen überflogen Bomberverbände, die bis zu 700 Flugzeuge zählten, das Kreisgebiet. Meistens war Berlin das Ziel. Die Bevölkerung verbrachte nun nicht mehr nur einen Teil der Nacht, sondern auch einen beträchtlichen Teil des Tages in Kellern und Bunkern.

Die Situation von 1944 veranschaulicht ein Vorfall in St. Dionys (Barum). Eines nachmittags Anfang Oktober fielen 18 Bomben in das Dorf. Soeben war ein Paar standesamtlich getraut worden. Der Brautvater und eine Verwandte, die wartend auf einem Kutschwagen saßen, wurden getötet. Das Brautpaar ging auf einer Veranda in Deckung und blieb unverletzt. Die übrige Hochzeitsgesellschaft flüchtete in einen Erdbunker.

Auf dem Lüneburger Fliegerhorst waren im Zweiten Weltkrieg deutsche Kampfflugzeuge stationiert.

Gezielte Angriffe flogen die alliierten Kampfverbände gegen Lüneburg. Am 18. April 1944 bombardierten sie den Flugplatz. Am 22. Februar 1945 griffen sie das Bahnhofsviertel an; diesmal waren 267 Tote zu beklagen. Unter anderem wurde das Wandrahm-Museum zerstört. Bei dem dritten Angriff auf Lüneburg am 7. April erhielt ein Güterzug, der mit 500 KZ-Häftlingen auf dem Weg von Altengamme nach Bergen-Belsen war, mehrere Volltreffer. 256 Inhaftierte starben durch Bomben und die Salven der SS-Begleitmannschaften. Nach dem Kriege stellte man im Wald bei Wilschenbruch — dort hatte der Transport auf einem Nebengleis gewartet — ein Mahnmal auf.

Inzwischen hatte der Reichsminister für Volksaufklärung und Propaganda, Joseph Goebbels, den totalen Krieg proklamiert (10. Juli 1944). Seit diesem Tage war das Kulturleben so gut wie erstorben, selbst Buchhandlungen schlossen. Am 18. Oktober rief Hitler zur Bildung des Volkssturms auf. Sämtliche Männer zwischen 16 und 60 Jahren, die noch in der Heimat waren und einen Karabiner halten konnten, sollten mobilisiert werden. Das Ende des Krieges, die deutsche Niederlage, kündigte sich an.

Längst waren die großen Entscheidungen gefallen. Am 31. Januar 1943 hatte die sechste Armee unter Generalfeldmarschall Friedrich Paulus in Stalingrad kapituliert. Am 6. Juni 1944 waren die westlichen Alliierten in Nordfrankreich gelandet. Im Osten und Westen wendete sich das Kriegsgeschick zuungunsten des Reiches.

Das Attentat vom 20. Juli 1944 sollte Deutschland in letzter Minute von der NS-Herrschaft befreien und die vollständige Ausblutung der Fronten und der im Bombenhagel liegenden Städte verhindern; aber Oberst Graf Schenk von Stauffenberg und der innerdeutsche Widerstand scheiterten. Dem Reich blieb das letzte und schlimmste Kapitel des Zweiten Weltkrieges nicht erspart.

Lang ist die Liste der Gemeinden, in denen während der ersten Monate des Jahres 1945 bei Notabwürfen Bombenschaden entstand. Schlimmer waren die Tieffliegerangriffe. Selbst der Heiligenthaler Mühlentrecker, der auf schmalem, sandigem Heideweg ins benachbarte Südergellersen hinüberfuhr, gab ein Ziel für die feindlichen Jäger ab. Einer der polnischen Fremdarbeiter auf dem Gefährt wurde getötet, der andere kam mit Verwundungen davon. In Amelinghausen richtete ein Flugzeug seine Bordkanonen auf einen Wagen mit Kirchenbesuchern.

Die Zahl der abgeschossenen Flugzeuge hielt sich auch weiterhin in Grenzen. Die meisten Abstürze gab es am 7. April bei dem Angriff auf Lüneburg. Bei Nutzfelde (Scharnebeck) und Volkstorf (Vastorf) gingen zwei alliierte Flugzeuge zu Boden, bei Wendhausen (Reinstorf) ein deutscher Jäger. Ein weiteres alliiertes Flugzeug stürzte bei Deutsch Evern ab.

Der Einmarsch der Engländer (1945)

Der Landkreis Lüneburg gehörte zu dem Teil Deutschlands, der bis zuletzt in deutscher Hand blieb. Erst in der zweiten Aprilhälfte 1945 erreichten und besetzten britische Truppen das Kreisgebiet.

Anfang April baute die deutsche Wehrmacht auf dem Nordufer der Elbe eine Verteidigungslinie auf. Ihr vorgelagert war eine Art Vorverteidigungslinie, die von Marxen am Berge (Oldendorf/Luhe) über Sottorf (Amelinghausen) nach Bardenhagen (Landkreis Uelzen) und von dort nordwärts nach Grünhagen (Landkreis Uelzen), Barendorf, Nutzfelde (Scharnebeck), Echem und Hohnstorf verlief. An den Zufahrtsstraßen nach Lüneburg wurden Panzersperren angelegt, die Brücken des Kreisgebiets bereitete man zur Sprengung vor.

Von Süden kommend, berührten am 16. April die ersten englischen Panzer das Kreisgebiet. Grünhagen und Hohenbostel (beide inzwischen Landkreis Uelzen) wurden besetzt. Erst am 18. des Monats schoben sich die Engländer auf der Reichsstraße vier weiter bis Melbeck vor. Andere Verbände waren tags zuvor bereits von Wriedel (Landkreis Uelzen) aus nach Rehlingen und Diersbüttel (Rehlingen) vorgestoßen. Am 18. April erschienen die Engländer auch in Gifkendorf (Vastorf) und Vastorf, am 19. von Altenmedingen (Landkreis Uelzen) aus in Gienau (Dahlenburg) und Dahlenburg, am 21. von Groß Thondorf (Landkreis Uelzen) aus in Boitze. Die Stoßrichtung aller dieser Panzerspitzen war die Elbe. Sie stellte die letzte Barriere dar, die Montgomery zu überwinden hatte, bevor er die bedingungslose Kapitulation entgegennehmen konnte.

Die Stadt Lüneburg fiel am 18. April in englische Hand. Aus Richtung Amelinghausen näherten sich englische Panzerverbände. Nachmittags gegen halb vier rollten sie auf den Sand. Die Lüneburger hatten überhaupt nicht mit ihnen gerechnet; sie waren dabei, Sonderzuteilungen einzukaufen. Sofort besetzten die Briten die öffentlichen Gebäude der Stadt. Die Bevölkerung plünderte die auf dem Güterbahnhof stehenden Waggons mit Mehl und Speiseöl; auch die Depots der Kasernen und das Tabaklager von Reemtsma am Hafen wurden kurzerhand geräumt.

Vor der Besetzung Lüneburgs waren noch die wichtigsten Brücken gesprengt worden, insbesondere die Eisenbahnbrücke der Linie Lüneburg—Hamburg über die Ilmenau. Die Detonationen zogen mehrere benachbarte Gebäude in Mitleidenschaft. Unersetzlich waren die Schäden, die in den mittelalterlichen Glasfenstern des Kreuzgangs von Kloster Lüne entstanden.

Schon am 20. April erreichten die Panzerspitzen an drei Stellen die Elbe. Von Brietlingen und St. Dionys (Barum) aus stießen sie über Horburg (Barum), Barum und Bütlingen (Landkreis Harburg) bis nach Tespe (Landkreis Harburg) vor. Auf der Straße Jürgenstorf (Lüdersburg) — Hittbergen — Sassendorf (Hohnstorf) gelangten sie nach Hohnstorf, das hartnäckig von deutschen Truppen verteidigt wurde. Gleich nach der Eroberung bauten die Engländer zwei Pontonbrücken zum Lauenburger Ufer hinüber; die alte Elbbrücke war gesprengt worden. Schließlich nahmen britische Verbände Garze und Karze (beide Bleckede) ein.

Artlenburg, das ebenso wie Hohnstorf erst nach hartnäckiger Verteidigung fiel — 50 Prozent aller Gebäude wurden zerstört —, kam am 21. April in englische Hand. Auch in Wendewisch, Brackede, Radegast, Göddingen und Barskamp (alle Bleckede) bezogen die Engländer an diesem Tage Stellung. Der Besetzung Barskamps gingen heftige Abwehrkämpfe vorauf.

Der wichtigste deutsche Brückenkopf im Raum Lüneburg war nunmehr Bleckede. Auch diesen Punkt einzunehmen, kostete die Engländer mehrere Tage. Bereits am 19. April rückten Kampftruppen von Garze und Breetze (Bleckede) gegen Bleckede vor, wurden aber von den deutschen Verteidigern zurückgeworfen. Auch einem Vorstoß von Thomasburg her — ebenfalls am 19. April — war kein Erfolg beschieden. Selbst der 20. April brachte noch keine Entscheidung. Die Stadt wurde auf dem ganzen Südufer eingeschlossen. Englische Spähtrupps erkundeten die Lage.

Am 21. April, einem Sonnabend, begann im Morgengrauen der Hauptangriff. Nachdem die Artillerie die Stadt beschossen hatte, gingen Panzer- und Infanterieverbände vor. Sie stießen auf verbissenen Widerstand. Besonders in der Lüneburger Straße mußte um jedes Haus gekämpft werden. Rund 40 Häuser wurden in Brand geschossen. 50 deutsche und 17 englische Soldaten, dazu 10 Zivilpersonen büßten ihr Leben ein. In der Nacht zum 22. April räumten die deutschen Verteidiger die letzten Punkte, über die sie noch geboten. Erst am 22. April hielten die Engländer Bleckede fest in Besitz. Am selben Tag fielen auch Barförde (Hittbergen), Alt Garge und Walmsburg (beide Bleckede) in ihre Hand.

Insgesamt wurden beim Einmarsch der Engländer in rund 25 Orten des Kreises Gebäudeschäden angerichtet. Am stärksten betroffen waren die Elbdörfer. Bei rund 30 Orten entwickelten sich Gefechte. Die Zahl der Toten betrug 96: 56 deutsche Soldaten, 21 Zivilpersonen und 19 Engländer.

Geradezu welthistorische Bedeutung erlangte das Kreisgebiet durch die Teilkapitulation vom 4. Mai. Am Abend des 19. April verlegte Montgomery sein Hauptquartier nach Oedeme (Lüneburg). In der Scheune des Bauern Knacke, die durch requirierte Teppiche und Möbel ausstaffiert wurde, fanden die Lagebesprechungen des englischen Stabs statt. Ein Acker auf dem Oedemer Berg diente als Landeplatz für die Kurierflugzeuge. Am 30. April siedelte das Hauptquartier nach Häcklingen (Lüneburg) in die Villa von Dr. Alexander Möllering, dem Direktor der Lüneburger Kronenbrauerei, über.

Nach Vorbesprechungen, die zwischen Deutschen und Engländern schon in Oedeme und Häcklingen geführt worden waren, folgte am 4. Mai um 18.30 Uhr auf dem 79 Meter hohen Timmerlohberg zwischen Deutsch und Wendisch Evern die Unterzeichnung der bedingungslosen Kapitulation aller in Nordwestdeutschland, in den Niederlanden und Dänemark stehenden deutschen Truppen.

In einem Armeezelt trafen Montgomery und Admiral von Friedensburg zusammen. Eine Zeitlang erinnerte ein Stein mit einer bronzenen Gedenktafel an den wichtigen Akt. Aber immer wieder wurde die Tafel — offenbar von Souvenirjägern — entwendet, so daß sich Montgomery 1958 entschloß, die Tafel nach England zu holen.

Bis zur deutschen Gesamtkapitulation vom 7. Mai in Reims und am darauffolgenden Tag in Berlin war es nur noch kurze Zeit.

Flüchtlinge — Evakuierte

Um die Jahreswende 1944/45 trafen die ersten Flüchtlinge aus Ostdeutschland im Landkreis Lüneburg ein. Zunächst war die Verwaltung noch Herr der Lage.

Seit Februar 1945 floß eine unendliche Kette von Trecks über die Straßen des Kreisgebietes: ostdeutsche Bauern, die mit Pferd und Wagen auf die Reise gen Westen gegangen waren. Da der Landkreis Harburg bald keine Trecks mehr passieren ließ und auch andere Nachbarkreise keine Flüchtlinge mehr aufnehmen wollten, war im Lüneburger Raum schnell jedes Dorf überbelegt. Die Bevölkerungszahl Bleckedes schwoll von etwas über 2500 auf nahezu 4500 an.

Als sich die englischen Panzerspitzen ins Kreisgebiet vorschoben, mußte auch ein großer Teil der einheimischen Bevölkerung Haus und Hof verlassen. Die Kampfhandlungen an der Elbe veranlaßten die Besatzungsmacht, die Evakuierung von 34 Gemeinden des damaligen Kreisgebietes anzuordnen: Alt Garge (Bleckede), Artlenburg, Avendorf (Landkreis Harburg), Barförde (Hittbergen), Barskamp (Bleckede), Barum, Bleckede, Brackede (Bleckede), Breetze (Bleckede), Brietlingen, Bütlingen (Landkreis Harburg),

An die deutsche Teilkapitulation vom 4. Mai 1945 auf dem Timmerlohberg erinnerte bis 1958 dieser Stein mit Bronzetafel.

Echem, Garlstorf (Bleckede), Garze (Bleckede), Göddingen (Bleckede), Hittbergen, Hohnstorf, Horburg (Barum), Jürgenstorf (Lüdersburg), Karze (Bleckede), Katemin (Landkreis Lüchow-Dannenberg), Köstorf (Dahlem), Kovahl (Nahrendorf), Lüdersburg, Lüdershausen (Brietlingen), Obermarschacht (Landkreis Harburg), Radegast (Bleckede), Rosenthal (Bleckede), Sassendorf (Hohnstorf), Tespe (Landkreis Harburg), Tosterglope, Ventschau (Tosterglope), Walmsburg (Bleckede) und Wendewisch (Bleckede). Außer diesen Marschdörfern mußten noch fünf weitere Ortschaften räumen: Kolkhagen (Barnstedt), Oedeme (Lüneburg), Scharnebeck, Thomasburg und Wulfstorf (Landkreis Uelzen). Da die aufgezählten 39 Gemeinden voller Flüchtlinge waren, belief sich die Zahl der Evakuierten bei Kriegsende auf rund 25 000.

Zahlreiche Härten waren mit den Räumungen verbunden. Als am 20. April die Evakuierung Echems beschlossen wurde, setzte man zunächst eine einstündige Räumungsfrist, die man später allerdings auf zwei Stunden ausdehnte. Die Bevölkerung ging in die Umgebung. Planen boten ihr Schutz vor dem Regen. Zwei Todesopfer waren zu beklagen. Ein Kind wurde von einem Panzer überfahren. Eine Einwohnerin wurde erschossen, als sie ein Mädchen vor den Soldaten in Sicherheit bringen wollte. Kurz nach der Rückkehr ordneten die Engländer eine zweite Räumung an. Bis zum 4. Mai hielten sich die Echemer in benachbarten Dörfern auf.

„Wir mußten uns unter freiem Himmel einrichten", heißt es in einem Bericht, der die Räumung Tosterglopes beschreibt, „Hütten aus Tannenzweigen bauen und über einer offenen Feuerstelle kochen. Nachts wälzte sich endloser Nachschub an unserem Lager vorbei." Im Dorf lagen farbige Truppen in Quartier.

Zusätzliche Drangsale hatte die Bevölkerung von den zahlreichen Ausländern zu erleiden, die als Kriegsgefangene und Fremdarbeiter während der Kriegsjahre in die Dörfer des Kreises gelangt waren. In St. Dionys kam es zu tätlichen Auseinandersetzungen, als dort Fremdarbeiter aus Horburg und Barum erschienen, um sich zu bereichern. Die Einwohner griffen zu Schaufeln, Forken und Sensen. Die alliierte Militärpolizei mußte eingreifen, wobei ein Einwohner, der nicht rechtzeitig die Hände hochgehoben hatte, getötet wurde. Den Gastwirt Fehlhaber erschossen die Fremdarbeiter. Auch in Echem, Walmsburg und vielen anderen Orten geschahen Übergriffe. Besonders zu leiden hatte die Umgebung Alt Garges, weil in dem Dorf noch von den Deutschen ein großes Ausländerlager eingerichtet worden war.

Um die Ausländer irgendwo zu sammeln, wies ihnen die Militärregierung eine Reihe von Dörfern zu. Neun der 39 Gemeinden, die evakuiert worden waren, durften nach der Kapitulation vom 5. Mai nicht wieder bezogen werden. Es waren Artlenburg, Avendorf, Barum, Brietlingen, Bütlingen, Horburg, Lüdershausen, Tespe und Obermarschacht. Dazu traf noch die Einwohner von Bardowick und St. Dionys der Räumungsbefehl, so daß den Belgiern, Italienern, Polen und anderen Nationalitäten im Kreisgebiet für einige Zeit insgesamt elf Dörfer zur Verfügung standen.

Am schlimmsten hatte Bardowick zu leiden. Am 19. Mai, dem Sonnabend vor Pfingsten, läutete der Ausrufer Martin Menke mit seiner Klingel die sogenannten polnischen Pfingsten ein. Am Pfingstsonntag um 16 Uhr mußten alle Bewohner aus dem Domflecken verschwunden sein.

Während die Bardowicker in 50 Dörfern des Kreises unterkrochen, wurden ihre Wohnungen von mehr als 5000 Polen bezogen. „Ich glaube ja auch", erklärte damals ein Bardowicker, „daß es seit den uralten Glanzzeiten nie wieder so flott hergegangen ist zu Bardowick wie in diesem Polenjahr." Pro Tag wurden 20 Hochzeiten geschlossen, der Rekord lag bei 27. Drei Geistliche waren damit vollauf ausgelastet. Hatten die arbeitsamen Bardowicker zuvor an drei Gaststätten genug gehabt, so gab es jetzt 50 Schnapsbrennereien im Ort.

Am 29. März 1946 endlich schlug mittags um 12 Uhr die Stunde der Rückkehr. Im Dom wurde Bürgermeister Kuchel wieder in seine Amtsgeschäfte eingeführt, aber nur wenige Bardowicker nahmen an der Feierstunde teil, die meisten waren damit beschäftigt, ihre Häuser und Gärten wieder instand zu bringen. Bis Anfang Mai gelang es, 50 Prozent der Ackerfläche zu bestellen.

202 deutsche Kriegsgräber und 117 Gräber mit KZ-Häftlingen und Ausländern wurden kurz nach dem Krieg im Landkreis Lüneburg gezählt. Rund 1500 Häuser und etwa 500 landwirtschaftliche Gebäude waren zerstört oder wiesen Beschädigungen auf.

Das von den englischen Besatzungstruppen in Lüneburg gebaute Kino wurde später Stadttheater.

Die Parallele zum 30jährigen Krieg bietet sich an, insbesondere für Bardowick und Bleckede. Wieder sahen die Bardowicker Domtürme auf Kummer und Armut herab, und wieder zog im Bleckeder Schloß eine Besatzung ein und benahm sich nicht gerade nobel: Zahlreiche Testamente und Grundbuchakten flogen in den Wassergraben oder wurden anderweitig vernichtet. Aber schneller als nach dem 30jährigen Krieg begann nach dem Zweiten Weltkrieg der Wiederaufbau. In wenigen Jahren gelang ein Neubeginn von atemberaubenden Ausmaßen.

DER NEUBEGINN

Von der Alliierten Militärregierung zum freigewählten Kreistag

Nach dem Ersten Weltkrieg hatte der Staat sein Gesicht geändert — nach dem Zweiten Weltkrieg konnte er es nicht ändern, denn er hatte es total verloren. Dem Staat mußte sozusagen erst ein neues Gesicht wachsen. Während es 1918, zumal im kommunalpolitischen Bereich, letzten Endes doch kontinuierlich weitergegangen war, setzte der Zusammenbruch von 1945 einen absoluten Null- und Endpunkt. Es gab keine deutsche Staatlichkeit mehr. Die Alliierte Militärregierung füllte notdürftig das auf deutschem Boden entstandene Vakuum.

Der Lüneburger Raum, Bestandteil der britischen Besatzungszone, bekam eine Bezirks-Militärregierung. An ihrer Spitze stand Oberst Craig. Für die Kreise wurden zusätzliche Kreis-Militärregierungen eingesetzt; für den Stadt- und den Landkreis Lüneburg eine gemeinsame unter Oberstleutnant Harper. Am 7. August 1945 kam die erste Nummer der „Lüneburger Post. Nachrichtenblatt der Alliierten Militärregierung" heraus.

Die britische Besatzungsmacht war von vornherein bestrebt, möglichst schnell über eine neue deutsche Zivilverwaltung zu verfügen. Schon Ende 1946 konnten die Kreis-Militärregierungen offiziell aufgehoben werden. Eine übergeordnete Dienststelle, die für die Kreise Lüneburg Stadt und Land, Soltau und Harburg zuständig war, erschien den Engländern ausreichend.

Noch 1945 hatte es den ersten Neubeginn deutscher Verwaltungstätigkeit gegeben. Die Militärregierung setzte den Regierungsbeamten Ludwig Eicke aus Lüneburg kommissarisch zum Landrat ein, wobei „Landrat" noch den alten preußischen ersten Kreisbeamten meinte. Bis Mitte 1946 hinein behauptete sich die überkommene Amtsbezeichnung mit dem überkommenen Sinngehalt. An ihre Stelle trat der neue Titel „Oberkreisdirektor" für den ersten Beamten der Kreisverwaltung.

Dem Landrat-Oberkreisdirektor stellte die Militärregierung gleich 1945 ein „Beratendes Komitee für den Landkreis Lüneburg" an die Seite; auch seine Mitglieder — acht an der Zahl — wurden kommissarisch eingesetzt. Es waren Gutsbesitzer Burmester aus Horn (Boitze), der Bleckeder Superintendent, Jacobi, Bauer Krumstroh aus Scharnebeck, der Bardowicker Fabrikant Schulenburg, Kaufmann Findorff aus Tespe (Landkreis Harburg), Bauer Meyer aus Barendorf, Bauer Bachmann aus Walmsburg (Bleckede), ein Flüchtling, und der Forstarbeiter Meyer aus Westergellersen.

Am 12. September 1945 hielt das Kreiskomitee im Traubensaal des Lüneburger Rathauses seine erste Sitzung ab. Als Vertreter der Militärregierung nahmen Oberst Craig und dessen Adjutant, Oberstleutnant Innes, sowie Oberstleutnant Harper teil. Von deutscher Seite waren zugezogen Regierungspräsident Dr. Fehrmann, Vizepräsident Dr. Nehrkorn sowie einige weitere Beamte.

Absoluter Null- und Endpunkt 1945: Überfüllter Zug auf dem Lüneburger Bahnhof.

Das Kreiskomitee hatte im wesentlichen drei Aufgaben zu erledigen. Erstens war ihm das so unendlich diffizile Geschäft der Entnazifizierung anvertraut. Es sorgte dafür, daß aus der Kreisverwaltung elf Beamte und 14 Angestellte entlassen wurden. Es sah sich auch die Bürgermeister im Kreisgebiet an und gab genau 34 von ihnen den Laufpaß, das alte Amt Neuhaus nicht mitgerechnet.

Zweitens war dem Kreiskomitee aufgetragen, in die Kreisverwaltung einige neue Dienststellen einzubauen, die dringend erforderlich waren. Um den Flüchtlingen und Bombengeschädigten ein Dach über dem Kopf bieten zu können, mußte der vorhandene Wohnraum erfaßt und möglichst gerecht verteilt werden. Die Baulenkungsstelle mit dem Wohnungsbeschaffungsamt nahm sich dieser Aufgabe an.

Außerdem war es für die neue Verwaltung wichtig, enge Tuchfühlung mit den Wohlfahrtsverbänden zu halten. Das Hilfswerk der freien Wohlfahrtsverbände im Kreise Lüneburg konnte in der Kreisverwaltung seine Geschäftsstelle eröffnen.

Dazu kam die Flüchtlingsbetreuungsstelle. Ein Kreisvertrauensmann koordinierte die Arbeit, die in den einzelnen Gemeinden jeweils von dem Ortsvertrauensmann geleistet wurde. Im April 1946 konnte die Betreuungsstelle für Flüchtlinge bekanntgeben, daß sie 500 Herde und 500 Öfen verteilt hatte, weiter 300 Bettgestelle, 2000 Matratzen und 500 Bettdecken. Rund 8000 Flüchtlinge hatten Kleidungsstücke erhalten.

Drittens oblag es dem Kreiskomitee, in den Kommunen Gemeindekomitees einzusetzen. Wie das Kreiskomitee der Vorläufer des Kreistages war, waren die Gemeindekomitees die Vorläufer der Gemeinderäte.

Zwischen dem ersten Zusammentritt des Kreiskomitees und der konstituierenden Sitzung eines vorläufigen Kreistages lagen nicht einmal fünf Monate. Am 22. Januar 1946 tagte, wiederum im Traubensaal des Lüneburger Rathauses, der aus 38 Mitgliedern bestehende vorläufige Kreistag zum erstenmal. Das Kreiskomitee war in dem neuen, ebenfalls noch kommissarisch eingesetzten Gremium aufgegangen.

Oberstleutnant Harper sprach die einleitenden Begrüßungsworte. Oberst Craig äußerte sich. Sodann referierte Landrat-Oberkreisdirektor Eicke über die Aufgaben, die vor dem Kreistag lagen. Gutsbesitzer Burmester erläuterte den beherrschenden Aspekt des Problems, die Ernährungssituation. Der Bedarf an Brotgetreide für die Kreisbevölkerung liege bei 12 500 Tonnen, so sagte er. Veranschlagt habe man den Ernteertrag auf 10 000 Tonnen. Da die Ernte aber schlecht ausgefallen sei, werde man höchstens 7000 Tonnen zur Verfügung haben. Auch das Kartoffel-Soll war nicht erfüllt worden. Statt der erwarteten 60 000 Tonnen waren nur 42 000 Tonnen abgeliefert worden. Noch ungünstiger sah es mit dem Gerste- und dem Hafer-Soll aus.

Fragen der Entnazifizierung und der Flüchtlingsbetreuung standen auf den ersten Sitzungen obenan. Es dauerte aber nicht lange, da ging es schon um die Wahl des Vorstandes der Kreissparkasse und um die Vorbereitung der ersten demokratischen Kreistagswahlen.

Am 13. Oktober 1946 waren die 33 835 Wahlberechtigten des Landkreises Lüneburg aufgerufen, ihr Kreisparlament zu wählen. 23 223, das waren 68,6 Prozent, machten von ihrem Wahlrecht Gebrauch. Sieger der Wahl war die Niedersächsische Landespartei

Wilhelm Martens aus Tosterglope, 1946 zum Landrat gewählt.

Friedrich Buhlert aus Kovahl, 1948 zum Landrat gewählt.

(NLP); sie konnte mit 27 Abgeordneten in den ersten Kreistag einziehen. An zweiter Stelle rangierte die SPD mit elf Sitzen. Die KPD brachte einen Abgeordneten durch. Die CDU, schon damals kandidierend, kam noch nicht in den Kreistag hinein.

Am 24. Oktober trat der Kreistag zu seiner konstituierenden Sitzung zusammen. Immer noch war das Lüneburger Rathaus der Ort, wo man tagte. Als erstes war ein Landrat zu wählen — nunmehr ein Landrat im neuen Sinne, ein politischer Repräsentant, der nicht wie Ludwig Eicke und dessen Nachfolger, Tischlermeister Anton Rörup aus Amelinghausen, der am 26. Juni 1946 an seine Stelle getreten war, die Kreisverwaltung zu leiten hatte.

Gewählt wurde der NLP-Kommunalpolitiker Wilhelm Martens, ein Bauer aus Tosterglope. Im Landkreis Celle geboren, hatte er bereits 1930 in Tosterglope einen Hof gekauft und kannte seit dieser Zeit den Landkreis Lüneburg. Seine politische Heimat war ebenso wie die Eickes die Deutsch-hannoversche Partei.

1947 wurde Martens abermals gewählt; 1948 trat er ab. Sein Nachfolger wurde Friedrich Buhlert (am 17. Februar 1948 gewählt), wiederum ein NLP-Politiker, wiederum ein Landwirt. Buhlert, der aus dem Kreis Gifhorn stammte, bewirtschaftete seit 1919 in Kovahl (Nahrendorf) einen Hof.

1949, 1950 und 1951 wurde Buhlert erneut gewählt. 1952 kam nochmals für ein Jahr Wilhelm Martens (Wahl am 8. Dezember). Am 23. Oktober 1953 begann die Ära Hermann Hahn, auch er ein Landwirt; in Melbeck bewirtschaftete er den väterlichen Hof.

Mit der NLP war es inzwischen bergab gegangen. Die Deutsche Partei hatte ihr Erbe übernommen, bis auch im Landkreis Lüneburg die CDU sich zur repräsentativen Rechtspartei mauserte.

Verfassungsgeschichtlich hatte der Kreistag die Aufgaben übernommen, die von dem alten preußischen Landrat besorgt worden waren. Der neue Landrat war ein Kreistagsabgeordneter mit Repräsentationspflichten, ein parlamentarischer *primus inter pares*. Demgegenüber war der Oberkreisdirektor als unpolitischer Beamter der Behördenchef der Kreisverwaltung. In größeren Kommunen entsprach dieser Aufgliederung das Gespann Bürgermeister und Stadt- beziehungsweise Gemeindedirektor.

In der landkreisfreien Stadt Lüneburg gab es nun einen Oberbürgermeister und einen Oberstadtdirektor, wobei der Oberbürgermeister Vorsitzender des Rates der Stadt und höchster politischer Repräsentant der Stadt war, entsprechend dem Landrat im Kreistag und Landkreis.

Zonenrand-Probleme

Niemand hatte in der Stunde Null des Jahres 1945 wissen können, daß die Zeit außer der Deutschen Mark von 1948 und der Bundesrepublik Deutschland von 1949 noch das deutsche Wirtschaftswunder der 50er Jahre und eine alles in allem denn doch auch in den 60er Jahren erstaunlich gleichmäßige Aufwärtsentwicklung bereithielt. Im Lüneburger Raum freilich war die glitzernde Kulisse des wirtschaftlichen Aufschwungs in allen Bereichen durch stumpfe Grautöne beeinträchtigt, wenn man von der pulsierenden Stadt in seiner Mitte einmal absieht. Die Nähe der innerdeutschen Grenze erwies sich als schädlich, ja lähmend.

Die Demarkationslinie zwischen der britischen und der sowjetischen Besatzungszone, die bald undurchlässiger als eine Staatsgrenze war, durchschnitt das Kreisgebiet. Das ehemalige Amt Neuhaus und die historisch zum Amt Bleckede sowie zum Amt Hitzacker gehörigen Gemeinden auf dem rechten Elbufer — 31 an der Zahl — lagen künftig im sowjetischen Einzugsbereich.

Dabei hatte die Londoner Konferenz von 1944 die Zonengrenze entlang der alten hannoverschen Landesgrenze laufen lassen. Neuhaus wurde den Engländern zugeteilt. Und tatsächlich besetzten auch britische Truppen den Darzing, zogen sich dann allerdings im Sommer 1945 unversehens zurück und überließen den Raum ihren östlichen Verbündeten. Die Gründe für diese Preisgabe sind nach wie vor unbekannt.

Auf jeden Fall brauchte der Landkreis Lüneburg keine Veranlassung zu sehen, seinen rechtselbischen Teil abzuschreiben. In der Hauptsatzung vom 9. März 1959 heißt es in Paragraph drei: „Das Kreisgebiet umfaßt 139 Gemeinden einschließlich der 31 zur Zeit zur sowjetischen Besatzungszone gehörenden Gemeinden."

Wie in anderen Teilen Mitteldeutschlands wurde auch im Amt Neuhaus der kommunale Bereich neugegliedert. Die ehemals 31 Gemeinden verschmolzen zu 17. Der rechts-

Die innerdeutsche Demarkationslinie trennte Neuhaus von Bleckede.
Schautafel im Garten der Kreisverwaltung.

elbische Teil der Stadt Bleckede — 28 Höfe auf 1096 Hektar — wurde zu der selbständigen Gemeinde Neu Bleckede erhoben.

Keine Änderungen ergaben sich für Dellien, Neuhaus (mit Carrenzien und Gülze), Preten, Rosien (mit Bohldamm), Stapel (mit Grünenjäger), Stiepelse, Sückau, Viehle (mit Gülstorf), Wendischthun und Zeetze (mit Falkenhof und Gutitz).

Dagegen hörte Neu Garge auf, als selbständige Gemeinde zu bestehen; es war nun ein Teil von Bobzin. Darchau (mit der Domäne Groß Kühren) und Konau (mit Popelau) gingen in der Neubildung Darchau-Kühren auf. Von Haar wurde Klein Banratz abgetrennt; es kam zu Vockfey. Kaarßen wuchs um sechs, ehedem selbständige Gemeinden: Bitter, Herrenhof-Brandstade (mit Bitterwerder), Laave, Privelack, Rassau (mit Banke, Groß und Klein Rassau sowie Prilipp) und Stixe. Krusendorf wurde in Sumte eingemeindet. Tripkau (mit Haveckenburg) nahm ebenfalls sechs der früher eigenständigen Kommunen auf: Bohnenburg, Junker-Wehningen, Laake (mit Gosewerder), Pinnau, Stachau-Vergünne und Wilkenstorf (mit Raffatz). Vockfey (mit Groß Banratz, Kolepant, Pommau I und II sowie Neu Schutschur) wurde um Klein Banratz vergrößert. Der gesamte rechtselbische Teil des Landkreises Lüneburg kam an den mecklenburgischen Landkreis Hagenow.

LÜNEBURGER POST

NACHRICHTENBLATT DER ALLIIERTEN MILITÄRREGIERUNG

Preis 20 Pfg. Dienstag, 7. August 1945 — Nr. 1

DEUTSCHE ZUKUNFT ENTSCHIEDEN

Potsdamer Beschlüsse

London, 6. August.

Völlige Entwaffnung. Abbau und Kontrolle des Kriegspotentials. Zunächst keine Zentralregierung — aber allmähliche Entwicklung demokratischer Selbstverwaltung. Oder-Neiße-Grenze für Polen. Rumpf-Ostpreußen mit Königsberg an USSR. Reparationsleistungen aus verschiedenen Zonen für die jeweilige Besatzungsmacht. Friedensvertrag erst, wenn deutsche Zentralregierung anerkannt. Autorität für Wiener Regierung Österreichs.

Heute, nach dem Abschluß der Konferenz in Potsdam, ist Präsident Truman, der gestern mit dem britischen König in Plymouth zusammengetroffen ist, auf dem Schlachtschiff „Augusta" unterwegs nach Washington. Ministerpräsident Attlee und Generalissimus Stalin befinden sich wieder in den Hauptstädten ihrer Länder. Am 17. Juli trafen Präsident Truman, Winston Churchill und Stalin in Potsdam zusammen, begleitet von den Außenministern ihrer Staaten.

Zwischen dem 17. und 25. Juli fanden neun Sitzungen statt, die Konferenz wurde dann wegen der Feststellung des Ergebnisses der britischen Wahlen auf zwei Tage unterbrochen. Am 28. Juli kehrte Attlee als Premierminister zur Konferenz zurück, begleitet von dem neuen Aussenminister Ernest Bevin.

Die Sitzungen der Konferenz, die auf Schloß Cäcilienhof bei Potsdam stattfanden, wurden am 2. August abgeschlossen. Aus der Schlußerklärung bringen wir folgende Auszüge:

Wichtige Entscheidungen und Vereinbarungen wurden getroffen.

Belsen-Prozeß in Lüneburg

Ausmerzungen

Nazi-Lokalgrößen verschwinden

Lüneburg, 6. August.

Die von den Alliierten vorgesehenen Maßnahmen zur völligen Ausmerzung jedes nationalsozialistischen Einflusses und Personals in öffentlichen Aemtern und Behörden im besetzten Reichsgebiet gelangen auch in Stadt und Landkreis Lüneburg zur Durchführung.

Der Regierungspräsident, der Vizepräsident, sowie der Oberbürgermeister und der Bürgermeister wurden Mitte Juli dieses Jahres ihrer Aemter enthoben und durch neue Männer ersetzt.

An die Stelle des entlassenen Regierungspräsidenten von Heintze trat nach einer am 24. Juli erfolgten feierlichen Vereidigung und Amtseinführung der neue Präsident Herr **Walther Fehrmann**, Herr **Dr. Nehrkorn** wurde Nachfolger von Dr. Niehus als Vizepräsident.

Am 17. Juli wurde Herr **Hermann Lange** mit der Führung der Geschäfte des Bürgermeisters beauftragt. An Stelle des

„Lüneburger Post" — 1945 gab die Alliierte Militärregierung dieses Nachrichtenblatt heraus.

Auch die Kirche hielt an dem alten Zustand fest, und das nicht einmal nur *de jure*. Der Superintendent von Bleckede wie der Lüneburger Landessuperintendent hatten nach 1945 noch die Möglichkeit, die Pfarreien Neuhaus und Stapel, die zum Bleckeder Superintendenturbezirk gehörten, zu besuchen.

Es war nicht allein die Zerschneidung des alten Kreisgebietes, die sich negativ auswirkte; es war die allgemeine Neuorientierung, die plötzlich gemeistert werden mußte. Niemals war die Elbe etwas anderes gewesen als etwas Verbindendes. Nun mitten im 20. Jahrhundert sollte sie eine absolute Grenzlinie sein. Der Landkreis Lüneburg war neuerdings in eine Randlage gedrängt, die nie zuvor für ihn bestanden hatte.

Diese Situation war um so fühlbarer, als es nach dem Zweiten Weltkrieg nicht mehr möglich war, als reiner Agrarkreis zu existieren. Die Massen von Neubürgern, die der Krieg angeschwemmt hatte, konnten unmöglich alle in der Landwirtschaft untergebracht werden. Industrieansiedlung war eine notwendige und vielbenutzte Vokabel der Nachkriegszeit. Aber Industrieunternehmen ausgerechnet den Zonenrand schmackhaft zu machen, erwies sich als eine schwierige, kaum lösbare Aufgabe.

Bei Kriegsausbruch betrug die Bevölkerungszahl des Landkreises Lüneburg 36 574. 1945 war sie auf 60 073 hinaufgeklettert. Rund 24 000 Flüchtlinge und Ausgebombte hatten im Kreisgebiet eine neue Bleibe gefunden. Ein Kreisgebiet mit diesem Bevölkerungszuwachs, dem kein entsprechender Zuwachs an industriellen Arbeitsplätzen gegenüberstand, hatte nicht die Chance, den allgemeinen Aufwärtstrend der Wirtschaftswunderzeit mitzumachen.

Nr. 1
Dienstag, 15. Januar 1946

LÜNEBURGER
LANDESZEITUNG

Preis 20 Pfg.

VERÖFFENTLICHT UNTER ZULASSUNG NUMMER 3 DER MILITAR-REGIERUNG

Die Festung für den einfachen Mann

Eisenhower: Deutschlands Kriegswille noch nicht gebrochen

Toronto 13 Januar

„Der Mann auf der Straße muß endlich erkennen daß durch Nationalismus die Probleme der Welt nicht mehr gelost werden konnen." Dies erklarte General Eisenhower nach einem triumphalen Empfang in der kanadischen Stadt Toronto Im ersten Teil seiner Ausfuhrungen hatte General Eisenhower festgestellt daß seiner Ansicht nach Deutschlands Wille zum Krieg trotz der Zerstorungen im ganzen Lande noch nicht ge-

Wie nie zuvor am Scheidewege

London, 13. Januar

„ICH hofte, diese Konferenz wird von dem gleichen Eifer dem gleichen Willen für praktische Lösungen und der gleichen Bereitschaft zur Zusammenarbeit beseelt sein, wie sie in der vorbereitenden Kommission herrschten", sagte der englische Ministerpräsident Attlee, als er die Vollversammlung der einundfünfzig Nationen in der Londoner Central-Hall eröffnete. „Wir sind uns klar darüber, daß die Menschheit vielleicht wie nie zuvor am Scheidewege steht."

„Um die Organisation der Vereinten Nationen für die Wirklichkeit lebensfahig zu machen, mussen wir nicht nur für die Unterstutzung durch die Regierungen sorgen, sondern für die der Massen uber die ganze Welt Sie müssen begreifen daß wir hier eine Festung für den

An unsere Leser

MIT der ersten Ausgabe einer deutschen Zeitung ist ein erster Schritt zur Pressefreiheit getan Das Vertrauen der britischen Militärbehörden hat uns im besetzten Deutschland ein wichtiges Instrument übergeben im Verfolg des verkündeten Zieles, Deutschland zu einer demokratischen Lebensordnung zu führen

Erwartungen und Hoffnungen von seiten der Leserschaft wie der Herausgeber verbinden sich mit dieser

„Lüneburger Landeszeitung" — 1946 konnte eine unabhängige Tageszeitung in Lüneburg erscheinen.

Die Bevölkerungsstruktur wurde durch den Fortzug von jungen Arbeitskräften nach Lüneburg oder nach Hamburg verschlechtert. Zahlreiche Pendler belasteten die Kreisfinanzen zusätzlich. Nicht einmal die Stadt Bleckede blieb von dieser Entwicklung ausgenommen. Von 1950 bis 1956 sank die Bevölkerungszahl von 4500 auf 3865 ab. Der Prozentsatz der Auspendler blieb hoch (370 unter 1500 arbeitsfähigen Einwohnern).

Drittens wurde den Bewohnern des Landkreises Lüneburg ihre Zonenrandlage durch die zahlreichen Zwischenfälle an der innerdeutschen Grenze immer wieder ins Bewußtsein gerückt. Der Bleckeder Schiffer Hermann Siebenbrodt, der am Abend des 2. Oktober 1946 über die Elbe fuhr und dabei von Grenzposten erschossen wurde, war nur einer von denen, die sich nicht mit der neuen Wirklichkeit abfinden wollten.

Sooft die große Politik in der Nachkriegszeit Krisensituationen verursachte, war an der Elbe die Lage gespannt. Aber auch zu anderer Zeit wurde hier ein Nervenkrieg im kleinen ausgefochten. Ständiger Streitpunkt war die Frage, wo die Grenze verlief, auf dem nördlichen Ufer oder der Mitte des Flusses. Hüben wurde der eine, drüben der andere Standpunkt vertreten, wobei die Bundesrepublik das Recht auf ihrer Seite hat — nicht immer aber auch die starke Hand der Besatzungsmacht (von einer eigenen starken Hand gar nicht zu reden), diesem Recht zur Anerkennung zu verhelfen.

Im Oktober 1966 kam es zu einer bedrohlichen Situation. Das Vermessungsschiff „Kugelbake" unternahm Arbeitsfahrten bis ans nördliche Ufer. Dort waren Lkw mit Soldaten der Volksarmee aufgefahren. Auf dem südlichen Ufer standen britische Panzerspähwagen. Westdeutsche Zollboote und mitteldeutsche Streifenboote machten die Szenerie vollends kriegerisch. Im Endeffekt wurde die „Kugelbake“ nicht behindert. Früher im Jahr war es zu mehreren Zwischenfällen gekommen. Die westdeutschen Zollboote „Blankenese“, „Hitzacker“ und „Hohnstorf“ wurden durch Schüsse daran gehindert, sich dem nördlichen Ufer zu nähern.

Die große Chance für die Zukunft des mit dreifacher Zonenrand-Problematik belasteten Lüneburger Kreisgebietes, das zeigte sich immer deutlicher, lag auf dem Felde des Fremdenverkehrs. Die liebliche Parklandschaft im Süden mit viel Wald, zahlreichen Hügeln und Hügelketten und durchaus auch noch mit Heideflächen lud ebenso ein wie der Norden mit seinen weiten Marschen und seinen waldbestandenen Höhenzügen, die hart bis an die Elbe heranreichen. Mehrere Orte erschlossen sich mit ihrem Angebot an Ruhe und Weite im Fremdenverkehr eine neue Einnahmequelle.

Die Mittelpunktschulen

In der vielgliederigen Aufbauarbeit, die nach dem Zweiten Weltkrieg zu leisten war, nahm der Ausbau des Schulwesens einen hervorragenden Platz ein. Wenn auch die Wirtschaftskraft des Lüneburger Raumes nicht der industriereicherer Räume angeglichen werden konnte, ein Bildungsnotstand wurde vermieden. Nie tat der Staat mehr für das Schulwesen. Die Jugend im Zonenrandbereich erhielt die gleichen Bildungschancen wie die Jugend in den industriellen Ballungsräumen.

Die Ausgangssituation war auch hier fatal. Es gab Orte, in deren einklassige Zwergschulen nach dem Kriege so viele Flüchtlingskinder hineindrängten, daß sich die Schülerzahl mehr als verdoppelte. In St. Dionys (Barum) beispielsweise standen 15 einheimischen Schülern 18 Kinder von Flüchtlingen gegenüber. In Lüdershausen (Brietlingen) überflügelten die Flüchtlinge (37) die Einheimischen (29) noch stärker.

1946 gab es in den 108 linkselbischen Gemeinden des damaligen Landkreises Lüneburg außer einer Mittelschule (in Bleckede) 70 Volksschulen, die meisten von ihnen Zwergschulen der herkömmlichen Art. In den 50er Jahren änderte sich das Bild in atemberaubender Weise. In den zentral gelegenen Orten wurden Mittelpunktschulen eingerichtet. Ihre Vorteile waren, daß die Schuljugend jetzt in Jahrgangsklassen untergebracht werden und einen wirklich in Fächer unterteilten Unterricht empfangen konnte.

Anfang 1968 war auf dem langen Weg der Schulreform der 60er Jahre, der sich in den 70er Jahren fortsetzte, ein bemerkenswerter Punkt erreicht. Die Schüler aus 96 der 108 Gemeinden waren zu diesem Zeitpunkt mehr oder minder weit in das System von 13 Mittelpunktschulen einbezogen — mehr oder minder weit deswegen, weil noch nicht alle kleinen Schulen gänzlich aufgelöst worden waren; teilweise betreuten sie noch bestimmte Jahrgänge.

Die Schüler aus den übrigen zwölf Gemeinden waren zum überwiegenden Teil in Mittelpunktschulen jenseits der Kreisgrenzen eingeschult. Nach Bienenbüttel (Landkreis Uelzen) fuhren die Kinder aus Grünhagen, Hohenbostel, Niendorf und Wulfstorf (inzwi-

Die Mittelpunktschulen — auf dem Foto die Adendorfer — lösten die vielen einklassigen Zwergschulen ab.

schen alle vier Landkreis Uelzen). Katemin (Landkreis Lüchow-Dannenberg) und Ventschau (Tosterglope) waren nach Neudarchau (Lüchow-Dannenberg) orientiert. Zernien (ebenfalls Lüchow-Dannenberg) nahm die Schuljugend aus Dübbekold (inzwischen Lüchow-Dannenberg) auf. In den Landkreis Harburg schickten Obermarschacht (inzwischen Landkreis Harburg) und Marxen am Berge (Oldendorf/Luhe) die Kinder, die eine Gemeinde nach Niedermarschacht, die andere nach Wetzen (inzwischen Landkreis Lüneburg). Reppenstedt hing schulisch mit der Stadt Lüneburg zusammen.

Eine Sonderstellung nahmen Adendorf und Lüdershausen (Brietlingen) ein. Der erste Ort hatte als der größte des früheren Kreisgebietes eine vollausgebaute Schule, der zweite ließ einen Teil seiner Schüler in Brietlingen unterrichten.

Die 13 Mittelpunktschulen des Kreisgebietes verfügten fast ausnahmslos über Neubauten, die in den 50er und 60er Jahren errichtet wurden. Der Einzugsbereich der Schulen war unterschiedlich.

Die Mittelpunktschule Alt Garge/Barskamp (Bleckede) war für Göddingen, Tosterglope und Walmsburg (alle Bleckede) mit da. In Alt Garge gab es Klassen für die Jahrgänge eins bis sechs, in Barskamp für die Jahrgänge eins bis vier und sieben bis neun.

Nach Amelinghausen waren zehn Dörfer eingeschult: Betzendorf (ausgenommen Klasse 1—4), Diersbüttel (Rehlingen), Drögennindorf (Betzendorf), Ehlbeck/Rehlingen (1—4), Etzen (Betzendorf), Glüsingen (Betzendorf), Oldendorf/Luhe (1—6), Rehlingen (1—6), Sottorf (Amelinghausen) und Tellmer/Amelinghausen (1—4).

Der Einzugsbereich der Mittelpunktschule Bardowick bezog Mechtersen (ausgenommen 1—4), Ochtmissen/Lüneburg (1—6) und Vögelsen (1—4) mit ein.

Die Mittelpunktschule Barendorf war das Zentrum für elf weitere Gemeinden: Bavendorf (Thomasburg), Gifkendorf (Vastorf), Holzen (Reinstorf), Horndorf (Reinstorf), Radenbeck (Thomasburg), Reinstorf, Rohstorf (Vastorf), Vastorf, Volkstorf (Vastorf), Wendhausen (Reinstorf) und Wendisch Evern (ausgenommen 1—4 und 7—8). Hier in Barendorf war der Verschmelzungsprozeß mit am weitesten vorangeschritten. Nur eine der elf Gemeinden besaß noch eine eigene Schule.

Aus Breetze und Garze (beide Bleckede) gingen die Kinder mit in die Mittelpunktschule Bleckede.

Nach Dahlenburg waren sogar 17 Gemeinden schulisch ausgerichtet: Ahndorf (Boitze), Boitze (ausgenommen 1—8), Buendorf (Dahlenburg), Dahlem, Eimstorf/Dahlenburg (das die Jahrgänge 1—4 nach Ellringen/Dahlenburg schickte), Ellringen (1—4), Gienau/Dahlenburg (1—4), Harmstorf/Dahlem (1—4), Köstorf/Dahlem (1—4 nach Harmstorf), Kovahl/Nahrendorf (1—4 nach Nahrendorf), Lemgrabe (Dahlenburg), Mücklingen/Nahrendorf (1—4 nach Nahrendorf), Nahrendorf (1—4), Neetzendorf/Boitze (1—8 nach Boitze), Oldendorf (Göhrde)/Nahrendorf (1—4 nach Nahrendorf), Pommoißel/Nahrendorf (1—4 nach Nahrendorf) und Seedorf (Boitze).

Embsen war für weitere fünf Gemeinden der zentrale Schulort: Häcklingen/Lüneburg (ausgenommen 1—7), Heinsen (Embsen), Oedeme/Lüneburg (1—4), Oerzen/Embsen (1—4) und Rettmer/Lüneburg (1—4 nach Häcklingen).

In die Hohnstorfer Mittelpunktschule fuhren die Kinder aus Barförde (Hittbergen), Echem (ausgenommen 1—6), Hittbergen (1—8) und Sassendorf (Hohnstorf).

Die Mittelpunktschule Kirchgellersen wirkte auf weitere vier Dörfer anziehend: Dachtmissen (Reppenstedt), Heiligenthal/Südergellersen (ausgenommen 1—4), Südergellersen (1—4) und Westergellersen (1—6).

Der von Melbeck mitbetreute Raum umfaßte Barnstedt (ausgenommen 1—4), Deutsch Evern (1—4 und 7—8) und Kolkhagen (Barnstedt).

Neetzes Einzugsbereich erstreckte sich auf Boltersen/Rullstorf (ausgenommen 1—4), Jürgenstorf (Lüdersburg), Karze (Bleckede), Rosenthal (Bleckede), Süttorf (Neetze), Thomasburg (1—4).

Die Mittelpunktschule Scharnebeck hatte zentrale Funktion für Brackede/Bleckede (ausgenommen 1—4, 5—8 nach Radegast/Bleckede), Erbstorf/Adendorf (1—8), Garlstorf/Bleckede (5—8, 1—4 nach Wendewisch/Bleckede), Lüdersburg (1—6), Radegast (5—8, 1—4 nach Brackede), Rullstorf und Wendewisch (1—4, 5—8 nach Garlstorf).

Über die 13. Mittelpunktschule des Kreisgebietes schließlich verfügte Tespe (Landkreis Harburg): Artlenburg (ausgenommen 1—8), Avendorf/Landkreis Harburg (1—4), Barum

(1—4 nach Horburg/Barum), Brietlingen (1—8), Bütlingen/Landkreis Harburg (1—4), Horburg (1—4) und St. Dionys (Barum).

Wie stürmisch die Entwicklung teilweise verlief, zeigt das Beispiel Reinstorf. Die erst 1960 gebaute zweiklassige Volksschule stand fünf Jahre später zum Verkauf. Reinstorf war schulisch zu Barendorf gezogen worden.

An weiterführenden Schulen gab es im Landkreis — ebenfalls Anfang 1968 — außer drei Realschulen zwei Gymnasien. Neben die alte Bleckeder Mittelschule traten nach dem Zweiten Weltkrieg die Elbmarsch-Mittelschule Scharnebeck, die zuerst in Schloß Lüdersburg untergebracht war, und die Realschule Dahlenburg. Das Niedersächsische Landerziehungsheim Marienau (Dahlem), ein staatlich anerkanntes privates Gymnasium, führte in seinen neun Klassen bis zum Abitur. Dazu kam die Herder-Schule in Ochtmissen, ein staatliches Gymnasium.

In Bleckede bestand eine Sonderschule, die alles abdecken mußte, was nicht nach Lüneburg orientiert war.

1969 wurde in Oedeme (Lüneburg) die vierte Realschule eröffnet. Die Schulen in Adendorf, Amelinghausen, Bardowick, Barendorf, Bleckede, Dahlenburg, Embsen und Neetze waren die ersten Hauptschulen des Kreisgebietes.

DIE VERWALTUNGS- UND GEBIETSREFORM

Das Weber-Gutachten (1969)

Der Ruf nach Reform, der in den 70er Jahren beinahe jeden Lebensbereich erfaßte, war schon in den 60er Jahren zu vernehmen, und sogar zu Anfang des Dezenniums und sogar mit Bezug auf die staatliche und die kommunale Verwaltung. Der Karlsruher Juristentag des Jahres 1964 beispielsweise gab den allenthalben wahrzunehmenden Forderungen nach Reform auf dem Verwaltungssektor nachdrückliche Impulse. In fast allen Ländern der Bundesrepublik begann die allgemeine Reformbewegung konkrete Ziele zu verfolgen.

Der niedersächsische Innenminister Richard Lehners erhielt im März 1965 den Auftrag, „unter dem Gesichtspunkt optimaler Leistungsfähigkeit Vorschläge für eine Verbesserung der Verwaltungsstruktur des Landes Niedersachsen ... zu erarbeiten". Noch im November des Jahres trat die sogenannte Weber-Kommission zu ihrer konstituierenden Sitzung zusammen.

Professor Dr. Werner Weber, Staats- und Verwaltungsrechtler aus Göttingen, war der Vorsitzende der Kommission, die sich gutachtlich zum Thema Verwaltungs- und Gebietsreform in Niedersachsen äußern sollte. Der Kommission gehörten weiter an ein Ministerialdirigent aus der Staatskanzlei, ein Staatssekretär und ein Ministerialdirigent aus dem Innenministerium, ein Regierungspräsident, sodann fünf Landtagsabgeordnete und vier Repräsentanten der kommunalen Selbstverwaltung, nämlich ein Oberkreisdirektor, ein Oberstadtdirektor, ein Stadtdirektor und ein Beigeordneter aus dem Vorstand des Niedersächsischen Gemeindetages. Zu insgesamt 44 Sitzungen trat die 14köpfige Kommission zusammen. Nach dreijähriger Arbeit legte Lehners im März 1969 ihren umfänglichen Bericht vor. Als Weber-Gutachten ist dieser in die niedersächsische Verwaltungsgeschichte, aber genauso in die allgemeine politische Landesgeschichte eingegangen. Denn Professor Webers Sicht der Dinge fand, was im Grunde niemanden überraschen konnte, längst nicht nur Befürworter.

Die Mehrzahl der niedersächsischen Gemeinden — so das Urteil der Kommission — war Ansprüchen auf dem Gebiet der „daseinsvorsorgenden Verwaltung", der Bauleitplanung und anderer Aufgaben nicht mehr gewachsen. „In ländlichen Gebieten werden Aufgaben, derer Erfüllung heute dringend geboten erscheint, weithin nicht oder nur unvollkommen wahrgenommen." Die Kommission wies darauf hin, daß es in Niedersach-

Rechts: 1969 legte der niedersächsische Innenminister das Weber-Gutachten vor. Hier der Abschnitt: „5. Kreis Lüneburg".

5. Kreis Lüneburg

595 a) Der vorgeschlagene Kreis Lüneburg setzt sich aus dem gegenwärtigen Kreis Lüneburg und dem Kerngebiet des Kreises Harburg zusammen. Ihm gehört entsprechend dem an anderer Stelle dieses Gutachtens begründeten Vorschlag der Kommission (vgl. Tz. 716) die Stadt Lüneburg als selbständige Stadt an.

596 b) Der Kommissionsvorschlag trägt der Notwendigkeit Rechnung, im Umland Hamburgs große Kreise zu bilden, die den einheitlichen Planungs- und Entwicklungsproblemen dieses Raums gewachsen sind. Der Einfluß der Stadt Hamburg reicht heute im Südosten über die Stadt Winsen hinaus. Die Stadt beeinflußt noch stark das kommunale Geschehen in den Bereichen Niedermarschacht / Obermarschacht / Tespe, Bardowick / Handorf und Salzhausen. Auch die Stadt Lüneburg ist durch zahlreiche Beziehungen mit Hamburg verbunden. Zieht man die künftige Entwicklung in Betracht, so läßt sich eine Zunahme dieser Beziehungen nach Hamburg hin erwarten.

597 c) Wird auch der Bereich Buchholz des Landkreises Harburg einem Kreis Lüneburg zugeordnet, so erscheint es notwendig, den auf Buchholz ausgerichteten Bereich Tostedt mit in diesen Kreis einzubeziehen. Demgegenüber sollten die Gemeinden Wehlen, Undeloh, Döhle und Evendorf (Kreis Harburg) einem künftigen Kreis Soltau – Fallingbostel zugeordnet werden, da diese Gemeinden zum Kerngebiet des Naturparks Lüneburger Heide gehören, für den die einheitliche kreiskommunale Zuständigkeit eines Heide-Kreises begründet werden sollte.

Aus dem gegenwärtigen Landkreis Uelzen sind die Gemeinden des Bereichs Bienenbüttel bereits heute stark auf die Stadt Lüneburg ausgerichtet; sie sollten künftig einem Kreis Lüneburg angehören. Nicht so eindeutig ist die Ausrichtung der Gemeinden des Bereichs Altenmedingen nach Lüneburg, so daß die Kommission von einem Vorschlag, auch diese Gemeinden einem künftigen Kreis Lüneburg zuzuordnen, absieht.

Kleinere Grenzkorrekturen werden im Zuge der Gemeindereform im Grenzverlauf zwischen den künftigen Landkreisen Lüneburg, Soltau und Uelzen möglicherweise erforderlich werden (Gemeinden Lopau, Wolfsode, Holthusen I, Wettenbostel, Aljarn, Bohndorf, Bostelwiebeck und die wegen ihrer schulischen Beziehungen zum Kreis Lüneburg tendierende Gemeinde Neu Darchau des Kreises Lüchow-Dannenberg). Die Kommission hat solche Grenzkorrekturen jedoch nicht in ihren Vorschlag aufgenommen, um nicht der Gemeindereform vorzugreifen.

598 d) Der vorgeschlagene Kreis Lüneburg umfaßt eine Fläche von 2156 qkm; er hat rund 244 000 Einwohner. Als Kreissitz wird die Stadt Lüneburg vorgeschlagen.

sen noch 254 Gemeinden mit weniger als 100 Einwohnern gab, 507 mit 100 bis 200 und gar 1319 mit 200 bis 500 Einwohnern. Insgesamt wohnten zum damaligen Zeitpunkt zwei Drittel der niedersächsischen Bevölkerung in den 4202 Gemeinden mit bis zu 20000 Einwohnern.

Was die kreisfreie Stadt Lüneburg anging, deren 60267 Einwohner zu dem verbleibenden Drittel rechneten, so plädierte das Weber-Gutachten für eine Eingliederung in den die Stadt umgebenden Landkreis. „Stadt und Raum bilden hier eine sich jeweils ergänzende Einheit mit einer im wesentlichen gleichen Interessenlage." Gleichwohl hielt es Professor Weber für angezeigt, die Stadt Lüneburg durch umfangreiche Eingemeindungen auf rund 73000 Einwohner zu bringen. Das Gutachten wollte nicht nur die Gemeinden Häcklingen, Ochtmissen, Oedeme und Rettmer sowie den Ortsteil Hagen von Wendisch Evern und Teile von Erbstorf und Reppenstedt zu Lüneburg schlagen — was dann 1974 tatsächlich geschah —, sondern ganz Erbstorf und ganz Reppenstedt und dazu noch Adendorf.

Den Landkreis Lüneburg gedachte die Kommission um das Kerngebiet des Landkreises Harburg — die Städte Winsen (Luhe) und Buchholz eingeschlossen — zu vergrößern. „Der Kommissionsvorschlag trägt der Notwendigkeit Rechnung, im Umland Hamburgs große Kreise zu bilden, die den einheitlichen Planungs- und Entwicklungsproblemen dieses Raumes gewachsen sind." Zusätzlich sollte der Bereich Bienenbüttel (Landkreis Uelzen) in dem neuen Landkreis Lüneburg aufgehen.

Das von Bienenbüttel bis an die Hamburger Landesgrenze reichende Gebilde, das die Weber-Kommission skizzierte, war 2156 Quadratkilometer groß (fast so groß wie Luxemburg) und hatte immerhin 244000 Einwohner (zwei Drittel der luxemburgischen Bevölkerung); die „selbständige Stadt" Lüneburg ist in diesen Zahlen berücksichtigt.

Von den vorhandenen 48 niedersächsischen Landkreisen, deren Bevölkerungszahlen zwischen 27900 (Wittlage im Regierungsbezirk Osnabrück) und 220500 (Landkreis Hannover) schwankten, sollten am Ende 28 bestehen bleiben. Für den Lüneburger Raum war außer der Aufhebung des Landkreises Harburg die Neuordnung östlich der Kreisgrenze relevant. Hier sollte der Landkreis Lüchow-Dannenberg mit seinen 150 Kilometern Zonengrenze bei nur 52000 Einwohnern in einem neuen Großkreis Uelzen — Lüchow-Dannenberg aufgehen.

Die Gemeindereform (1974)

Verhältnismäßig wenig problematisch war innerhalb des großen Paketes der Verwaltungs- und Gebietsreform die erste Hälfte des Inhalts, die Verwaltungsreform. Wie es künftig mit den Kompetenzen der staatlichen und der kommunalen Verwaltung auf ihren verschiedenen Ebenen — Gemeinde- beziehungsweise Stadtverwaltung, Kreisverwaltung, Bezirksregierung und Landesregierung in Hannover — aussehen sollte, alles das beschäftigte den Bürger nur am Rande; insoweit war er bereit, der Einsicht der Reformer zu trauen. Sobald sich diese indessen daran machten, Gemeinde-, Stadt-, Kreis- und Bezirksgrenzen neu zu vermessen, fühlte er sich unmittelbar angesprochen und je nach Standort zu starkem Applaus oder heftiger Kritik herausgefordert. Die Gebietsreform war von Anbeginn an überall in Niedersachsen emotional beladen, und es war ein Glück, daß während des gesamten Zeitraumes, den die Realisierung der Reform beanspruchte, eigentlich immer nur bekannt war, wie der nächste Schritt aussehen sollte. Als 1974 im engeren Lüneburger Einzugsbereich die Gemeindereform verwirklicht wurde, wußte niemand, wie die Kreisreform aussehen würde; und als endlich 1977 die Kreisreform folgte, da war die Bezirksreform noch lange nicht vollzogen.

Die Gemeindereform erhitzte in Zustimmung oder Ablehnung die Gemüter, weil sie für die Kreisreform denn doch gewisse Vorgaben brachte. Gleichgültig, wie die Kreisreform einmal ausfallen würde, fest stand schon jetzt am 1. März 1974, an dem das sogenannte Lüneburg-Gesetz in Kraft trat, daß ein künftiger Landkreis Lüneburg nicht mehr so aussehen konnte wie der bisherige. Für die Nachbarkreise Harburg, Lüchow-Dannenberg und Uelzen galt dies genauso.

Die bisher zum Landkreis Lüneburg gehörenden Gemeinden Obermarschacht, Tespe, Avendorf und Bütlingen kamen an die neue Samtgemeinde Elbmarsch, die der Harburger Kreisverwaltung in Winsen (Luhe) unterstand. Umgekehrt gelangten die Harburger Gemeinden Radbruch, Handorf und Wittorf als Mitgliedsgemeinden in die neue Lüneburger Samtgemeinde Bardowick. Weiter südlich büßte Winsen Raven, Rolfsen, Soderstorf und Wetzen ein; diese vier Gemeinden fanden sich in der Lüneburger Samtgemeinde Amelinghausen wieder, wobei die ersten drei die Mitgliedsgemeinde Soderstorf bildeten, während Wetzen in der Mitgliedsgemeinde Oldendorf (Luhe) aufging.

An den Raum Lüchow-Dannenberg trat Lüneburg die Gemeinden Dübbekold und Katemin — ohne den Ortsteil Reeßeln — ab, an den Raum Uelzen die Gemeinden Grünhagen, Hohenbostel mit den Ortsteilen Dieksbeck und Zur Lust, Niendorf und Wulfstorf.

Die insgesamt zehn Gemeinden abgerechnet, die nun von Winsen, Lüchow und Uelzen aus verwaltet wurden, auf der anderen Seite die Stadt Lüneburg und die sieben ehemaligen Harburger Gemeinden hinzugerechnet, waren jetzt 105 Gemeinden neu zu verteilen. Das bisherige Lüneburger Kreisgebiet hatte 108 linkselbische Gemeinden umfaßt beziehungsweise nach der 1969 erfolgten Eingemeindung Sottorfs in Amelinghausen 107.

Die Stadt Lüneburg wuchs entgegen den Intentionen des Weber-Gutachtens um die Gemeinden Häcklingen, Ochtmissen, Oedeme und Rettmer, dazu um das Wohngebiet Ebensberg (von Erbstorf) sowie um die Ortsteile Hagen (von Wendisch Evern), Olm (von Erbstorf) und Wienebüttel (von Reppenstedt).

Außerdem entstanden nun eine deutlich vergrößerte Stadt Bleckede, die Einheitsgemeinde Adendorf und sieben Samtgemeinden, so daß dem Landkreis Lüneburg, über dessen künftige Grenzen erst die Kreisreform die endgültige Entscheidung bringen sollte, einstweilen zehn Großgemeinden angehörten.

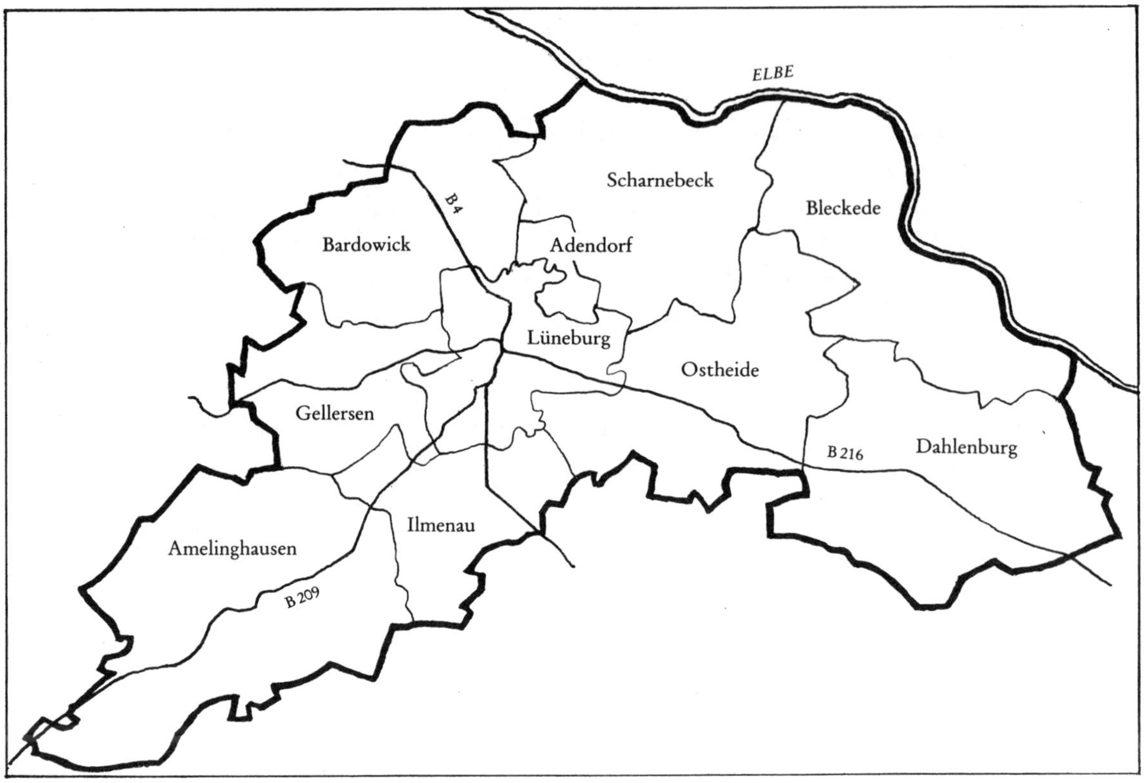

Die Städte Lüneburg und Bleckede, die Einheitsgemeinde Adendorf und sieben Samtgemeinden bilden den Landkreis Lüneburg.

In der Stadt Bleckede gingen die folgenden zwölf bis zum 28. Februar 1974 selbständigen Gemeinden auf: Alt Garge, Barskamp, Brackede, Breetze, Garlstorf, Garze, Göddingen, Karze, Radegast, Rosenthal, Walmsburg und Wendewisch.

Die Einheitsgemeinde Adendorf vereinigt Adendorf und Erbstorf (abzüglich der zu Lüneburg gekommenen Teile).

Die neuen Samtgemeinden setzen sich aus vier bis acht Mitgliedsgemeinden zusammen, wobei die Mitgliedsgemeinden zahlreiche bisher selbständige Gemeinden aufsogen.

Gellersen — ein neuer Name — umfaßt die Gemeinden Kirchgellersen, Reppenstedt (Sitz der Samtgemeinde), Südergellersen und Westergellersen. Ilmenau — jetzt auch Ortsname — bilden Barnstedt, Deutsch Evern, Embsen und Melbeck (Sitz der Samtgemeinde).

Fünf Gemeinden wuchsen zur Samtgemeinde Dahlenburg zusammen: Boitze, Dahlem, Dahlenburg (Sitz der Samtgemeinde), Nahrendorf und Tosterglope. Die Samtgemeinde Ostheide — neuer Name — umfaßt die sechs Gemeinden Barendorf (Sitz der Samtgemeinde), Neetze, Thomasburg, Reinstorf, Vastorf und Wendisch Evern.

Die Samtgemeinde Bardowick setzt sich aus sieben Mitgliedsgemeinden zusammen: Bardowick (Sitz der Samtgemeinde), Barum, Handorf, Mechtersen, Radbruch, Vögelsen und Wittorf; die Samtgemeinde Scharnebeck aus acht Mitgliedsgemeinden: Artlenburg, Brietlingen, Echem, Hittbergen, Hohnstorf, Lüdersburg, Rullstorf und Scharnebeck (Sitz der Samtgemeinde).

Am 1. März 1974 hatte der Landkreis Lüneburg 42 Gemeinden beziehungsweise zehn Großgemeinden (die Einzelheiten über die Zusammensetzung der neuen 42 Gemeinden enthält das Abc der Gemeinden).

Die Gemeindereform war gerade in Kraft getreten, da hielten am 7. März 1974 der Rat der Stadt Lüneburg und am 8. März 1974 der Lüneburger Kreistag denkwürdige Sitzungen ab.

Im Lüneburger Rat waren aufgrund der Eingemeindungen vier neue Gesichter zu sehen: aus Häcklingen Susanne Pulsfort (CDU), aus Ochtmissen Edgar Schaub (SPD), aus Oedeme Gustav Westermann (CDU) und aus Rettmer Otto Fuhrhop (CDU). An den Lüneburger Mehrheitsverhältnissen änderte sich dadurch nichts. Anstatt über 24 verfügte die SPD jetzt über 25 Mandate, während die CDU statt 17 nunmehr 20 hatte; die FDP besaß vorher wie nachher zwei Mandate.

Eine Folge der Gemeindereform war, daß es in der zwar selbständigen, aber nicht mehr kreisfreien Stadt Lüneburg keinen Oberbürgermeister und keinen Oberstadtdirektor mehr gab. Unversehens fanden sich Alfred Trebchen und Hans-Heinrich Stelljes als Bürgermeister und Stadtdirektor wieder. Aber sie nahmen es gelassen. „Das ‚Ober' in meinem Titel", sagte Stelljes auf der Ratssitzung vom 7. März, „gebe ich ohne Schmerzen ab."

Am Abend des Tages richtete die Stadt im Huldigungssaal des Rathauses, wo auch der Rat zu tagen pflegte, einen Empfang für die ehemaligen Mandatsträger der vier aufgelösten Gemeinden aus.

Die Kreistagssitzung am folgenden Tage war in das Amelinghäuser Gasthaus Schenck einberufen worden. Auch hier gab es neue Gesichter. Der Lüneburger Kreistag hatte sich mehr als verdoppelt und stellte sich jetzt als „Superparlament" dar, wie anderntags in der „Landeszeitung für die Lüneburger Heide" zu lesen war. Außer den Abgeordneten des alten Kreistages saßen in Amelinghausen die zwei CDU-Abgeordneten Heuer (aus Soderstorf) und Ravens (aus Wittorf) sowie die Mandatsträger des Lüneburger Rates: insgesamt 78 Abgeordnete. Die beiden verhinderten mitgezählt, hatte der Interimskreistag von 1974 insgesamt 80 Köpfe. Stand die Zahl 80 schon als gerade Zahl förderlicher Arbeit im Wege, so war sie geradezu tückisch, weil sie sich aus 40 plus 40 addierte: 40 CDU-Abgeordnete sahen sich 38 SPD- und 2 FDP-Abgeordneten gegenüber. Eine klassische Pattsituation in dem Lüneburger Superparlament!

Schon allein deswegen stimmte man geschlossen für Hermann Hahn (Melbeck) von der CDU als Landrat des Interimskreistages und für Ernst Kissolewski (Hohnstorf) von der SPD als seinen Stellvertreter, und dies um so eher, als der Termin für die nächste Kreistagswahl bereits in Sicht war. Am 9. Juni sollte der Wähler das mehr oder minder zufällige

Superparlament durch einen neuen Kreistag ablösen, der die politische Landschaft genauer widerspiegelte.

Am 9. Juni liefen fünf Wahlen nebeneinander her: Landtags-, Kreistags-, Stadtrats- beziehungsweise Gemeinderats-, Ortsrats- und Samtgemeinderatswahl. Damit der Wähler nicht vollends irritiert wurde, gab es für die fünf Wahlgänge weiße, rosafarbene, gelbe, grüne und orangefarbene Stimmzettel. Ein Wähler im Lüneburger Stadtzentrum wählte zum Landtag, zum Kreistag und zum Stadtrat. Ein Wähler in Ochtmissen beispielsweise wählte viertens zum Ochtmisser Ortsrat. Draußen im Kreisgebiet fielen in der Regel ebenfalls vier Wahlgänge an: zum Landtag, zum Kreistag, zum Samtgemeinderat und zum Gemeinderat.

In der Stadt bekamen SPD (19 Sitze) und FDP (3) eine knappe Mehrheit von einer Stimme gegenüber der CDU (21). Ähnlich war die Situation im niedersächsischen Landtag, wo Ministerpräsident Alfred Kubel seine SPD-Mehrheit einbüßte und nun mit 78 Stimmen von SPD und FDP gegen 77 CDU-Stimmen zu regieren begann.

Im Kreistag gewann die CDU mit 22 Sitzen eine solide Mehrheit gegenüber SPD (17) und FDP (2).

Am 1. Juli trat der Rat der Stadt Lüneburg im Huldigungssaal zu seiner konstituierenden Sitzung zusammen. Mit 22 Stimmen wählte er Trebchen zum Bürgermeister und den FDP-Kommunalpolitiker Wolfgang Hartwig zu dessen Stellvertreter.

Der Kreistag versammelte sich am 3. Juli im Saal des Handorfer Gasthauses Benecke. Nachdem er durch sechs Wahlperioden dem Kreistag angehört und bereits seit 1953 das Amt des Landrats innegehabt hatte, stand Hermann Hahn nicht mehr zur Verfügung. Die CDU wählte mit 21 Stimmen (einer ihrer Abgeordneten fehlte) den Landwirt Dr. Wilhelm Martens vom Augustenhof in Tosterglope, Sohn des Landrats Wilhelm Martens aus den späten 40er und frühen 50er Jahren, zum neuen Landrat.

Lüneburgs Nein zum Referentenentwurf (1975)

Kein Zweifel, das Herzstück der ganzen Verwaltungs- und Gebietsreform war die Kreisreform. Kein anderer Aspekt innerhalb der vielfältigen Reformbemühungen brachte den so oft geforderten mündigen Bürger wieder und wieder dazu, seinen Mund aufzumachen und sich zu Wort zu melden, sei es auf Parteiveranstaltungen oder auf Anhörungsterminen der Planer aus Hannover, sei es in Telefonaten mit Abgeordneten oder in Leserbriefen an Zeitungen. Von denen, denen man zutrauen durfte, etwas zu wissen, wagte bald niemand mehr, etwas Präzises zu sagen. Und alle die, die wirklich im dunkeln tappten, konnten nur hoffen, daß ihre eigenen Vorstellungen noch die Chance hatten, in die Tat umgesetzt zu werden.

Rechts: In großer Aufmachung berichtete die „Landeszeitung“ am 11. Januar 1975, was der Referentenentwurf vom 13. Januar 1975 enthielt.

C 4415 A

LANDESZEITUNG

für die Lüneburger Heide

unabhängig
überparteilich

Niedersächsisches Tageblatt

Sonnabend/Sonntag, 11./12. Januar 1975 – 30. Jahrgang – Nr. 9 – Preis 60 Pf

Ruf: (04131) 44001
Telex: 02-182128

WETTER
Wolkig
7 – 8 Grad
Unbeständig

Kernkraftwerk in Alt Garge soll schon 1980 gebaut werden (S. 6)

1976: Regierungsbezirk Lüneburg zwischen Nordsee und Heide

Großkreis LÜNEBURG 270000 Einwohner

Mit Harburg zusammengelegt

Von Helmut Pleß

Unsere Karte zeigt die neuen Grenzen des Landkreises Lüneburg, wie sie im Referentenentwurf vorgesehen sind.

Dieses Wunder sollten mit ihrem Referentenentwurf die Referenten des niedersächsischen Innenministers wahrmachen. Alle Diskussionen Ende 1974, Anfang 1975 endeten mit dem zuversichtlichen Hinweis auf die Einsicht der Referenten in Hannover und die Weisheit ihres Referentenentwurfs.

Noch ehe es ihn gab oder geben durfte, gab es den Referentenentwurf, jedenfalls im Lüneburger Raum mit Bezug auf eben diesen Raum. Dieses Wunder war der „Landeszeitung" zu verdanken. In großer Aufmachung berichtete das Blatt in seiner Ausgabe vom 11. Januar 1975, was der Referentenentwurf vom 13. Januar für Lüneburg und sein Umland enthielt. Wie die Weber-Kommission sprachen sich die Referenten für eine Vereinigung der Landkreise Lüneburg — einschließlich der Stadt Lüneburg — und Harburg aus. Aus den zehn Lüneburger Großgemeinden und noch einmal zehn Großgemeinden des Landkreises Harburg (lediglich Neu Wulmstorf und Hollenstedt überließ man dem Landkreis Stade) sollte ein 2147 Quadratkilometer großes Verwaltungsgebilde mit 270 000 Einwohnern entstehen. Wäre der Referentenentwurf je verwirklicht worden, so hätte es sich bei diesem Landkreis Lüneburg um den bevölkerungsmäßig viertgrößten und flächenmäßig zweitgrößten im Lande Niedersachsen gehandelt.

Wohltuend sachlich in der von Unsachlichkeit bestimmten Diskussion der Januartage 1975 nehmen sich die ersten Stellungnahmen zum Referentenentwurf aus dem Lüneburger Kreishaus aus. Landrat Dr. Martens setzte sich gegenüber der „Landeszeitung" für eine „bürgernahe und überschaubare Verwaltungseinheit" ein und äußerte die geradezu unzeitgemäße Auffassung: „Persönlich hätte ich eine kleinere Lösung für zweckmäßiger gehalten." Oberkreisdirektor Klaus Harries erklärte: „Kritisch ist zu bemerken, daß der vorgesehene neue Kreis Lüneburg eine erhebliche Größe und Einwohnerzahl haben wird." Er stellte die Frage, ob in diesem Gebilde noch die „ehrenamtliche kommunalpolitische Mitwirkung" gewährleistet sein könne.

Nach Wochen erregter Diskussionen, wozu insbesondere die geharnischten Proteste gegen den Referentenentwurf aus dem Nachbarkreis Harburg die Stichwörter lieferten, sprach der Lüneburger Kreistag sein manchen Zeitgenossen ärgerndes, manchen anderen Zeitgenossen indessen auch beruhigendes Nein zum Referentenentwurf. Am 25. März 1975 billigte der Kreisausschuß die „Endgültige Stellungnahme". Am 1. April — es war kein Aprilscherz — wurde die Stellungnahme vom Kreistag mehrheitlich verabschiedet.

Statt die beiden Großkreise Lüneburg (mit Harburg) und Uelzen (mit Lüchow-Dannenberg) zu schaffen, so der Lüneburger Alternativvorschlag, sollten drei Kreise bleiben: der bisherige Kreis Harburg mit seinen 165 000 Einwohnern sowie die jeweils um Teile des alten Kreises Lüchow-Dannenberg zu vergrößernden Kreise Lüneburg und Uelzen.

Folgendermaßen sollte der Landkreis Lüneburg mit damals 65 000 Einwohnern in der Stadt Lüneburg und 62 000 Einwohnern im übrigen Kreisgebiet auf 150 000 Einwohner gebracht werden: Aus der Samtgemeinde Elbmarsch des Landkreises Harburg wollte man die Gemeinde Tespe (einschließlich Avendorf und Bütlingen) mit ihren 2 000 Einwohnern herausschneiden und wieder in den Landkreis Lüneburg einfügen. Dazu kommen sollten aus dem Kreis Lüchow-Dannenberg die beiden Samtgemeinden Hitzacker (7 183 Einwohner) und Dannenberg (13 668) und schließlich noch das gemeindefreie Waldgebiet Göhrde.

Die Mehrheit des Lüneburger Kreistages sah Schwierigkeiten voraus für den Fall, daß man Lüneburg und Harburg zusammenwarf. Das Bundesraumordnungsprogramm hatte den Landkreis Harburg der Gebietseinheit Nr. 3 — Hamburg — zugewiesen, die Landkreise Lüneburg, Lüchow-Dannenberg und Uelzen dagegen der Gebietseinheit Nr. 4 — Lüneburger Heide —.

Auch das Niedersächsische Landesentwicklungsprogramm widersprach den Absichten Professor Webers und der Referenten, indem es den Landkreis Harburg der Entwicklungsregion Unterelbe zuordnete, die anderen drei Landkreise jedoch der Entwicklungsregion Lüneburg.

Zwischen den „Zonenrandkreisen" Lüneburg, Lüchow-Dannenberg und Uelzen, lautete der Alternativvorschlag aus Lüneburg im Kern, und dem „Hamburger Vorfeld", dem Landkreis Harburg, gebe es strukturelle Unterschiede. Daher möge das Innenministerium nicht vier Kreise von ihrer Substanz her ändern. Es könne sich mit einem Eingriff in einen einzigen Kreis begnügen, in den ohnehin in keiner Weise leitbildgerechten Kreis Lüchow-Dannenberg.

Auf der Kreistagssitzung am 1. April im Melbecker Gasthaus Scherer begründete CDU-Fraktionschef Hans Lindemann den Lüneburger Alternativvorschlag mit dem Argument, auf solche Weise sei eine „Reform mit Augenmaß" zu erzielen. Die Lösung, die der Referentenentwurf in Einklang mit dem Weber-Gutachten anbiete, könne dazu führen, daß Lüneburg den Kreissitz verliere und überhaupt finanziell gegenüber den Harburger Gemeinden ins Hintertreffen gerate.

SPD und FDP kritisierten die Lüneburger Alternative. SPD-Fraktionschef Helmut Muhsmann warf der CDU-Fraktion und der Kreisverwaltung vor, sie hätten sich einen „schnuckeligen Landkreis" zurechtgeschneidert.

Dem hielt Landrat Dr. Martens entgegen: „Unsere Alternative kann man nicht abqualifizieren mit der Bezeichnung ‚schnuckeliger Landkreis'." Wer dem Referentenentwurf folge, müsse sich darüber im klaren sein, daß in Wirklichkeit ein neuer Landkreis Harburg, nur mit dem Namen Lüneburg, geschaffen werde. Die Schwerpunkte würden vorrangig im direkten Hamburger Umland gesetzt werden. Es sei ungewiß, ob Lüneburg Kreissitz bleiben könne.

Mit 20 CDU-Stimmen (ein CDU-Abgeordneter enthielt sich der Stimme) wurde der Alternativvorschlag favorisiert. 17 SPD-Abgeordnete und ein FDP-Abgeordneter stimmten dagegen.

In den folgenden Wochen verstärkten sich die Anzeichen dafür, daß Winsen in der Tat Chancen hatte, Sitz des projektierten Großkreises zu werden. Immerhin hatte Winsen in den beiden Regierungsparteien Abgeordnete. Der SPD-Landtagsabgeordnete Dr. Jens-Rainer Ahrens aus Maschen erklärte Anfang Juni: „Ein Meinungsbild im Hinblick auf Winsen setzt sich durch." Der FDP-Landtagsabgeordnete Hasso Ernst Neven aus Egestorf überraschte mit der Erklärung, seine Fraktion habe sich bereits im März „eindeutig für Winsen“ ausgesprochen. Auch Minister der hannoverschen SPD/FDP-Koalition ließen in Interviews durchblicken, daß man sich möglicherweise darauf einigen werde, den Landkreis Harburg zwar aufzuheben, die neue Kreisverwaltung aber nach Winsen zu legen.

Am 5. Juni sprach der Lüneburger Kreistag auf einer Sitzung in Ventschau (Tosterglope) ein klares Wort zur Frage des Kreissitzes. Anfangs setzte sich Oberkreisdirektor Harries „fast leidenschaftlich“, wie die „Landeszeitung“ schrieb, dafür ein, daß Lüneburg Kreissitz bleiben müsse. Und die drei im Kreistag vertretenen Parteien waren sich ausnahmsweise einig; sie sahen es genauso.

„Mit dem Namen Harburg verbindet sich der Stadtstaat Hamburg, nicht aber die Heide“, sagte Lindemann (CDU). „Ein Markenzeichen wie Lüneburg kann man doch nicht einfach aufgeben.“

Wolfgang Hartwig (FDP) fand die Formulierung des Tages: „Wenn Winsen Kreissitz wird, handelt es sich um eine Trost-Pflaster-Politik. Die wollen wir nicht. Man sollte in Hannover nicht ‚winseln’, sondern klar ‚Lüneburg’ sagen.“

Am 11. Juni faßte der Oberkreisdirektor in einem Brief an den niedersächsischen Innenminister die Lüneburger Position zusammen: Auch wenn der niedersächsische Landtag dem Lüneburger Alternativvorschlag nicht folge, sondern dem Referentenentwurf den Vorzug gebe, könne nur die selbständige Stadt Lüneburg Kreissitz sein. Der Name Lüneburg sei werbewirksam, und der neue Kreis werde nämlich insbesondere zwei Funktionen zu erfüllen haben: die Förderung des Fremdenverkehrs im Gesamtkreis und die Förderung der Gewerbeansiedlung an Schwerpunktorten.

Die Kreisreform (1977)

Niemand vermag zu sagen, was Argumente für und gegen den Großkreis und für und gegen den Kreissitz Lüneburg ausgerichtet hätten, wenn es auf sie allein angekommen wäre. Die Koalition aus SPD und FDP tat sich schwer, die Kreisreform voranzutreiben, zumal nicht nur in Lüneburg und in Winsen Emotionen die politische Szene beherrschten. Überall in Niedersachsen schieden sich die Geister an Weber-Gutachten und Referentenentwurf. Die Schwierigkeiten und Ungereimtheiten der Kreisreform wurden zu einer immer größeren Belastung der gesamten Landespolitik, und alles spricht für die Vermutung, daß die ungelösten Reformprobleme die sensationellen Abstimmungsniederlagen der Regierungskoalition vom 14. und 15. Januar 1976 verursachten.

Im Landtag zu Hannover war nicht über die Kreisreform abzustimmen, sondern allein darüber, ob Helmut Kasimier Ministerpräsident Alfred Kubel ablösen sollte — eine gänzlich unproblematische Fragestellung, wie es schien. Der Landesvater wollte rechtzeitig vor der nächsten Landtagswahl einem Jüngeren Platz machen, damit dieser sich als Ministerpräsident profilieren und umso sicherer die Wahl gewinnen konnte.

Kein politischer Beobachter ahnte Sensationelles, als der Landtag am 14. Januar zur Abstimmung schritt. Finanzminister Kasimier würde die 78 Stimmen der SPD/FDP-Koa-

Die Sensation war perfekt: Dr. Ernst Albrecht (Mitte des Bildes) erhielt im Landtag 78 Stimmen (15. Januar 1976).

lition bekommen, und die 77 CDU-Abgeordneten würden gegen den neuen Ministerpräsidenten Kasimier stimmen.

Drei ungültige Stimmen sorgten für ein ebenso unvorhergesehenes wie dauerhaftes Ende der sozialdemokratischen Regierungsära in Hannover. Für Kasimier wurden nur 75 Stimmen abgegeben. 77 Abgeordnete favorisierten Dr. Ernst Albrecht, den so gut wie unbekannten Gegenkandidaten der CDU-Opposition. Kubels Kronprinz war gescheitert — das war die Sensation des Tages.

Damit war Dr. Albrecht nicht gewählt. Mit 77 Stimmen hatte er nicht die absolute Mehrheit, die war erst mit 78 Stimmen zu gewinnen — die wurde erst am nächsten Tag, dem 15. Januar 1976, mit 78 Stimmen gewonnen, obwohl jetzt die einfache Mehrheit schon ausgereicht hätte. Die zusätzliche Stimme, die Dr. Ernst Albrechts Triumph umso größer machte, machte Helmut Kasimiers Niederlage umso schmerzlicher. Nur noch 74 Stimmen konnte er beim zweiten Wahlgang auf sich vereinigen. Wieder gab es drei ungültige Stimmen.

Die politische Wende in Hannover — statt der SPD/FDP-Koalition etablierte sich, wenn auch zögernd, die neue CDU/FDP-Koalition — veränderte das Konzept der Kreisreform für mehrere Landesteile entscheidend, so auch für den Lüneburger Raum.

Noch vor Jahresende konnten die neuen Partner nach langwierigen Verhandlungen ihre Koalitionsvereinbarungen unterzeichnen. Die Kreisreform nahm in dem Papier entsprechend der immer wieder neu genährten Vermutung, daß sie den Sturz der SPD herbeigeführt hatte, eine wichtige Position ein; und einer der Grundsätze, für die sich nun die beiden Winsener CDU-Landtagsabgeordneten, Otto Gellersen (aus Salzhausen) und Dr. Erich Pohl (aus Buchholz), stark machten, legte fest, daß der Landkreis Harburg fortbestehen sollte. Selbst die Abtrennung von Tespe mit Avendorf und Bütlingen war nicht mehr akut. Auf der anderen Seite hielt man einstweilen noch an der Zusammenlegung der Landkreise Uelzen und Lüchow-Dannenberg fest, ebenso an der Eingliederung Bienenbüttels in den Landkreis Lüneburg, der im übrigen in der „großen selbständigen Stadt" Lüneburg seinen Sitz behalten sollte.

Das Reformkonzept war immer noch nicht gänzlich klar. Die neuen Koalitionspartner rangen weiter um vertretbare Kompromisse. Während des ganzen Jahres 1976 dauerte die Ungewißheit an.

In der Silvester-Ausgabe der „Landeszeitung" schrieb Landrat Dr. Martens: „Wenn nun schon eine Kreisreform nicht zu umgehen ist, weil man sich der Hoffnung hingibt, daß die Vergrößerung der Verwaltungseinheiten gleichzeitig auch zu einer größeren Bürgernähe führen soll, dann müßte man wünschen, daß diese Vorhaben schnell verwirklicht werden, damit endlich wieder ungestört zum Wohle der Bürger des Kreises gearbeitet werden kann." Einerseits blieb der Landrat bei seiner distanzierten Haltung, was den Inhalt der Reform betraf, andererseits konnte er eine begreifliche Ungeduld nun nicht länger unterdrücken.

Oberkreisdirektor Harries schrieb — ebenfalls in der Silvester-Nummer —: „Ein Appell an die politisch Verantwortlichen in Hannover sollte dahin gehen, endlich zu erkennen, daß die Größe eines Kreises, einer Gemeinde oder einer kommunalen Einrichtung keinen Wert an sich darstellt. Im Gegenteil, gerade die überschaubare kommunale Einheit liegt im Interesse des mündigen Bürgers. Mit ihr kann er sich und seine Anliegen besser identifizieren." Das war derselbe Tenor, der schon die erste Stellungnahme zum Referentenentwurf getragen hatte. Im Lüneburger Kreishaus geriet man zu keinem Zeitpunkt in die sonst allerorten grassierende Reformeuphorie. Überschaubarkeit der Verwaltungseinheiten und daraus resultierend Bürgernähe hießen von Anfang an die Wertmaßstäbe.

Zum 1. August 1977 trat die Kreisreform in Kraft. Die „große selbständige Stadt" Lüneburg, die fast alle Aufgaben des sogenannten übertragenen Wirkungskreises wahrzunehmen hatte, besaß jetzt doch wieder einen Oberbürgermeister und einen Oberstadtdirektor. Außer Lüneburg gehörten dem Landkreis die Stadt Bleckede, die Einheitsgemeinde Adendorf sowie die sieben Samtgemeinden Amelinghausen, Bardowick, Dahlenburg, Gellersen, Ilmenau, Ostheide und Scharnebeck an — also genau die zehn Großgemeinden, die schon nach der Gemeindereform von 1974 den Landkreis gebildet hatten. Der Landkreis Harburg war erhalten geblieben, ja sogar der bevölkerungsarme Landkreis Lüchow-Dannenberg. Nicht 28 Landkreise, wie es die Weber-Kommission gewollt hatte, gingen aus der Kreisreform hervor, sondern 38.

Silvester 1977 sprachen Landrat Dr. Martens und Oberkreisdirektor Harries — wiederum in der „Landeszeitung“ — das Schlußwort zu dem dramatischen Reformtheater, das die politische Szene jahrelang beherrscht hatte: „Ein für den Landkreis Lüneburg wichtiges Jahr geht zu Ende. Die leidige Gebietsreform, die über 10 Jahre lang auch in diesen Zeilen zum Jahreswechsel kritisch und oft mit Sorgen angesprochen wurde, ist beendet. Der Kreis Lüneburg bleibt bestehen.“ Und in der ihnen eigenen nüchternen Einschätzung der Situation fügten sie hinzu, dies sei angenehm für die, sie schon um ihren Arbeitsplatz gebangt hätten (Verlegung der Kreisverwaltung nach Winsen). Im übrigen sei es gelungen, eine „bürgernahe Verwaltung in einem überschaubaren Kreis“ zu erhalten.

Überschaubar und bürgernah

Der Landkreis Lüneburg war überschaubar geblieben und seine Verwaltung bürgernah. So bescheiden sich das Ergebnis der Kreisreform angesichts der hochgespannten Erwartungen und der spektakulären Begleitumstände auch ausnehmen mag, es war doch ein befriedigendes, ein gutes Ergebnis.

Daß Überschaubarkeit und Bürgernähe nicht nur wohlfeile Vokabeln darstellen, sondern Realitäten, konnte man so recht erkennen, als der Landkreis Lüneburg daranging, für seine Verwaltung den schon seit langem dringend benötigten zusätzlichen Raum zu schaffen. Es entstand nicht wie andernorts ein weiteres vorwiegend praktisches Bürohaus an der städtischen Peripherie. Man erweiterte an alter Stätte. Der zur Verfügung stehende Bauplatz war klein, aber ausreichend, war insbesondere durch mannigfaltige geschichtliche Erinnerungen geradezu prädestiniert, den Erweiterungsbau der Kreisverwaltung zu tragen. Im Ersten Weltkrieg hatte man dort die baufälligen Gebäude abgebrochen, die zuletzt dem Lehrerseminar und der Lüneburger Justiz Unterkunft gewährt hatten. Jetzt wuchs ein im Innern gewiß funktionsgerecht konzipierter, äußerlich feingliedriger Backsteinbau empor, der sich harmonisch zwischen dem von der Verwaltung längst genutzten repräsentativen Altbau, der St.-Michaelis-Kirche und den angrenzenden Altstadtstraßen einfügte.

Am 7. Oktober 1981 wurde der Erweiterungsbau feierlich seiner Bestimmung übergeben. Diesen Neubau zu errichten, sei „kein Akt des Übermutes“ gewesen, sagt Landrat Dr. Martens. Mit vergleichsweise bescheidenen 10,5 Millionen Mark war man ausgekommen. Oberkreisdirektor Harries wünschte sich „offene Türen für alle Zukunft“, was er auf die Politiker ebenso bezog wie auf alle Bürger des Lüneburger Kreisgebietes.

Dr. Gerhard Körner, Direktor des Museums für das Fürstentum Lüneburg, führte die in der Michaeliskirche versammelte Festgesellschaft durch die Historie des Altstadtbezirks, in dem man sich befand. Benediktinerkloster, Michaelisschule und Ritterakademie gediehen genau dort, wo gegenwärtig in Alt- und Neubau die Kreisverwaltung arbeitet. Der „leere Platz“, so der Historiker, sei „jetzt wieder, man muß schon sagen, im alten Sinne“ bebaut worden.

An traditionsreicher Stätte — Auf dem Michaeliskloster — erstand der Erweiterungsbau der Lüneburger Kreisverwaltung; links der Altbau.

Mit der Kreisreform von 1977 war das Reformpaket noch nicht vom Tisch. Es fehlte die Bezirksreform, und auch dieser Teil des reformerischen Konzepts tangierte Lüneburg unmittelbar.

Zum 1. Februar 1978 trat die Neuordnung der staatlichen Mittelinstanz in Kraft. Aus den ehemaligen Regierungsbezirken Lüneburg und Stade war der neue Regierungsbezirk Lüneburg mit insgesamt elf Landkreisen geworden: Lüneburg, Harburg, Lüchow-Dannenberg, Uelzen, Soltau-Fallingbostel und Celle im alten Lüneburger Bereich sowie Stade, Cuxhaven, Rotenburg (Wümme), Osterholz und Verden im früheren Stader Bezirk.

Die Grenze des alten Regierungsbezirks Lüneburg, die nun unversehens nicht mehr galt, war nicht nur mit der Grenze der Landdrostei Lüneburg von 1823 identisch gewesen, sondern genauso mit der des Fürstentums Lüneburg, wie es im 13. Jahrhundert durch Teilung des braunschweigisch-lüneburgischen Gesamtbesitzes der Welfen entstanden war. Nicht in den Raum Braunschweig oder den Raum Hannover, die historisch so nah verbundenen Räume, wuchs der Lüneburger Bezirk. Die Reform dehnte ihn im Gegenteil in die historisch so ganz anders gewachsene Region zwischen Unterelbe und Weser aus.

In jedem Falle brauchte auch die Lüneburger Bezirksregierung nun einen Neubau. Vor dem Bardowicker Tor Auf der Hude entstand ein Verwaltungskomplex für 86,6 Millionen Mark. Die vordem auf insgesamt 18 verschiedene Gebäude — darunter das strenge „rote Haus" am Ochsenmarkt, wo schon die Landdrostei untergebracht gewesen war — verteilten Bediensteten der Mittelinstanz konnten jetzt an einer Stätte wirken.

Am 20. Oktober 1982 wurde der Regierungsneubau offiziell in Dienst gestellt. Dr. Egbert Möcklinghoff, der niedersächsische Innenminister, sprach angesichts der Tatsache, daß Lüneburg trotz der inzwischen überall zu spürenden Enge der öffentlichen Haushalte doch noch zu einem neuen Regierungsgebäude gekommen war, von einem „halben verwaltungsmäßigen Wunder". Bevor der Minister ans Rednerpult trat, hatte Ministerialdirigent Herbert Bollmann aus dem niedersächsischen Wirtschaftsministerium Rilke-Verse zitiert: „Wer jetzt kein Haus hat, baut sich keines mehr..." Dies war die neue Stimmungslage. Und dennoch konnte auch jetzt am Ende der Reformjahre nach jenem Wunder in den Januartagen des Jahres 1976, daß Überschaubarkeit und Bürgernähe zumindest auf Kreisebene doch wieder eine Chance erhielten, noch das Bauwunder Auf der Hude geschehen.

FERIENLAND LÜNEBURGER HEIDE

Die Heidemetropole

Nach Lüneburg der Geschichte wegen — das kann schon ein Erlebnis sein: hansischer Glanz auf norddeutscher Backsteingotik. Aber Lüneburg hat wahrhaftig auch eine Gegenwart und ist mit seinen 63 000 Einwohnern die pulsierende Heidemetropole.

Als äußerst gegenwärtig empfindet Lüneburg, wer auf dem Oberverwaltungsgericht Niedersachsen/Schleswig-Holstein zu tun hat, wer im Landgericht einen Termin wahrnimmt, wer die Verwaltungs- und Wirtschaftsakademie besucht.

Womöglich noch intensivere bundesdeutsche Gegenwart atmet Lüneburg als Garnison- und Hochschulstadt. In der ältesten Kaserne, der Lüner, liegt seit 1959 der Bundesgrenzschutz. Scharnhorst-, Schlieffen- und Theodor-Körner-Kaserne nahmen Panzertruppen auf, Panzerartillerie und Panzergrenadiere eingeschlossen.

Die Hochschule Lüneburg, unter anderem in dem Gebäude der früheren Pädagogischen Hochschule am Wilschenbrucher Weg untergebracht, gliedert sich in zwei Fachbereiche, einen erziehungswissenschaftlichen und einen wirtschafts- und sozialwissenschaftlichen. In dem ersten studieren angehende Grund- und Hauptschullehrer, Diplom-Pädagogen und Diplom-Sozialpädagogen, in dem zweiten Diplom-Sozialökonomen und Diplom-Kaufleute.

Die Fachhochschule Lüneburg verfügt über die Fachbereiche Wirtschaft und Wirtschafts-Informatik. Mitte 1984 legte der niedersächsische Minister für Wissenschaft und Kunst, Dr. Johann-Tönjes Cassens, in Volgershall am westlichen Stadtrand den Grundstein für einen Neubau. Dort steht ein Areal von 31 000 Quadratmetern bereit. Die Baukosten werden auf zwölf Millionen geschätzt.

Die Neubautätigkeit für Hoch- und Fachhochschule erstreckt sich auch auf Studenten-Wohnanlagen, so am Schildsteinkamp und in der Salzbrücker Straße. Immerhin liegt die Zahl der in Lüneburg Studierenden deutlich über 2 000.

Europäische Gegenwart spiegelt die Stadt in ihren zahlreichen Partnerschaften wider. Als die Lüneburger 1956, basierend auf jener Königsurkunde von Anno 956, das 1000jährige Stadtjubiläum feierten, übernahmen sie die Patenschaft für die Thorner. 1960 gingen die Heidemetropole und das nordenglische Scunthorpe eine Partnerschaft ein, zehn Jahre später folgten Partnerschaften mit Clamart bei Paris und dem japanischen Naruto. Enge Bande wurden weiter ins fränkische Kulmbach, in die italienische Alpenstadt Ivrea, in das kanadische Lunenburg und andere Städte verwandten Namens geknüpft.

Bunte, duftige, schnatternde Gegenwart ist schließlich der Markt vorm Rathaus, wo zweimal die Woche das bäuerliche Umland seine Produkte anbietet, auf daß die

Die Bäckerstraße — kurz die „Bäcker" — wurde zur Fußgängerzone.
Sie ist Lüneburgs heimliche Hauptstraße.

Lüneburger Frisches auf den Tisch kriegen und die Touristen Motive auf ihre Filme. Das atmosphärisch wie tatsächlich so dichte Markttreiben stellt eine der unverzichtbaren Attraktionen für alle Touristen in der Heidemetropole dar.

Das gilt genauso von dem Glockenspiel hoch über dem Marktgeschehen im barocken Rathausturm. Anläßlich des Stadtjubiläums von 1956 wurden 42 Glocken aus Meißner Porzellan angeschafft. Mehrmals am Tage erfreuen sie Lüneburger und Touristen-Ohren. Wenn sie erklingen, verflüchtigt sich indes die Gegenwart. Das Glockenspiel erzählt Lüneburger Geschichte. Die Melodien, die es spielt, schrieb der aus Lüneburg gebürtige Komponist Johann Abraham Peter Schulz (1747—1800). Am bekanntesten wurde seine Weise für den Abend, um diese Zeit auch vom Rathausturm zu hören: „Der Mond ist aufgegangen".

Aus der Gegenwart heraus hebt gewiß auch das Lüneburger Stadttheater, aber kaum deswegen, weil seit dem Theaterbau von Anno 1822 fast immer ein festes Ensemble vorhanden war, so daß die Spielzeit 1984/85 als die 153. gezählt werden kann. Das Theater entrückt aufgrund seiner Stücke, seiner Kulissen, wenn man so will. In dem unmittelbar nach dem Zweiten Weltkrieg von der britischen Besatzungsmacht errichteten Kino An den Reeperbahnen werden Musik- und Sprechtheater gleichermaßen gepflegt: Operette und Musical, sogar Oper und Ballett, Schauspiel, Kinder- und Jugendtheater, Studiostücke (im Treffpunkt Neues Theater). In der Spielzeit 1983/84 betrug die Platzausnutzung fast 90 Prozent.

Mit dem Lüneburger Stadttheater teilt das Lüneburger Stadtfest, daß es Kulisse hat — und sogar echte, historische Kulisse. 1984 wurde es bereits zum zwölften Male gefeiert, vorbereitet von der Werbe- & Parkgemeinschaft. Auf dem Markt eröffnete der Oberbürgermeister die sechstägige Lustbarkeit mit einem korrekten: „Leute, es ist angezapft. Das Fest kann beginnen." Zum Programm gehören das Altstadtfest im historischen Kern um St. Michaelis, aber genauso der Fischmarkt beiderseits der Ilmenau in den Straßenzügen Am Fischmarkt und Am Stintmarkt.

Noch stärker ist die Vergangenheit beteiligt, wenn — auch anläßlich eines Altstadtfestes — die „Alte Handwerkerstraße" aufgebaut wird. Zum dritten Mal war sie 1984 zu sehen. In der Unteren Ohlingerstraße, in der Neuen Straße, Auf der Altstadt und Auf dem Meere konnte man an rund 60 Ständen mit Berufstätigen aus der Renaissancezeit entlangbummeln.

Veranstalter dieses Festes ist eines der Lüneburger Gewissen. Als erster meldete sich 1964 der Bürgerverein Lüneburg als Gewissen der Stadt an. In seiner entsprechend den Stadtfarben rot-blau-weißen Mappe, die er 1984 zum zehnten Mal vorlegte, tadelt und lobt er städtebauliche Maßnahmen.

Seit 1974 schlägt Lüneburg ein zweites Gewissen. Der Arbeitskreis Lüneburger Altstadt (ALA) sucht Bausünden und -sünder möglichst früh zu erkennen. 1979 wurde ihm der Deutsche Preis für Denkmalschutz zuerkannt, weil er „in kontinuierlicher Arbeit zu einem Umdenken in der Stadt" beigetragen hatte und mit seiner Hilfe sogar „schon weitgehend aufgegebene Stadtteile" gerettet werden konnten. Der „ALA-Abriß-

Kein Lüneburger Stadtfest ohne den beliebten Fischmarkt.
Gefeiert wird am alten Hafen.

Kalender“ brandmarkt, was Lüneburg durch Abriß verlor. Mit seiner „Handwerkerstraße“ fand der ALA inzwischen im gesamten Bundesgebiet Aufmerksamkeit, ähnlich wie zuvor mit den braunen Telefonzellen, die er der Bundespost abrang, weil sie sich so viel besser als gelbe mit dem Backstein vertragen.

Das doppelte Gewissen tat schon Wirkung. In der Lüneburger Altstadt wird verantwortungsbewußt, im übrigen in zunehmendem Maße, investiert. In die gediegenen, ganz individuellen Strukturen der Vergangenheit hinabzutauchen, scheint dem von der Gleichmacherei der Gegenwart bedrohten modernen Ich existentielles Vergnügen zu bereiten.

Andere Einrichtungen der Stadt sind von vornherein auf die Geschichte fixiert. Dazu zählt vornehmlich das Museum für das Fürstentum Lüneburg, das längst die Spuren des Bombenkrieges abgeschüttelt hat und um einen großzügigen Neubau gewachsen ist. Ein weiteres Museum von überregionaler Bedeutung entsteht auf dem ehemaligen Gelände der Lüneburger Kronenbrauerei an der Ritterstraße: das Ostpreußische Jagd- und Landesmuseum, in seinen Ansätzen schon seit den 50er Jahren greifbar und im Hause Salzstraße 26 zu einer bemerkenswerten Sammlung ostpreußischer Kulturgüter gediehen.

Die in Lüneburg beheimatete Ost-Akademie beschäftigt sich mit dem gesamten osteuropäischen Raum, speziell mit der deutsch-baltischen Kultur, der auch die Nordost-Bibliothek an der Conventstraße verpflichtet ist. Spezielle Lüneburger Vergangenheit dokumentiert das Brauereimuseum im Kronenbrauhaus.

Das spektakulärste museale Thema, das je in Lüneburg aufzugreifen war, formulierte sich, als am 12. September 1980 die Saline nach mehr als 1 000 Jahren ihren Betrieb einstellte. War nicht die ganze Saline ein Museum, ein Industriedenkmal? Der Verein Salinenmuseum und der Förderkreis Industriedenkmal Saline schalteten die Weichen in Richtung Deutsches Salzmuseum.

Für die beiden Initiativen und das Kulturamt der Stadt ging Dr. Christian Lamschus mit sieben Mitarbeitern ans Werk. Von Mitte Mai bis Mitte Oktober 1984 wurden 4 481 Besucher in dem werdenden Salzmuseum gezählt. In diesen Zeitraum fiel die zwar bedauerliche, aus Sicherheitsgründen aber unerläßliche und auf jeden Fall publikumswirksame Sprengung des 71 Meter hohen Salinenschornsteins (30. Juni). Im Juli ließen die Museumsleute auf dem Salinengelände ein „Salzsaufest“ für Lüneburgs Jugend folgen; zuvor hatten sie dazu aufgerufen, die legendäre Salzsau zu malen.

Auch wenn die Salzquelle nicht mehr sprudelt, zumindest ein Aspekt der großen, vom Salz bestimmten Vergangenheit blieb gegenwärtig. An die Stelle des hübschen Badehauses im Kurpark trat ein neues Kurzentrum mit Soleausschank, wie gewohnt und bewährt, und zusätzlich einem Solewellenbad.

Und jedem, der im Kurzentrum etwas für seine Gesundheit tut, steht das grüne Lüneburg offen, sich darin zu bewegen. Schon der Baurat Eduard Schlöbcke und der Oberförster Hermann Busse nahmen sich weiland des Kalkbergs an, um zu erhalten, was noch zu erhalten war. Der zweite und sein Verschönerungsverein traten darüber hinaus dafür ein, daß am Bockelsberg eine Art Naturpark entstand und das ganze Gelände ilmenauaufwärts bis zur Roten Schleuse, einem Gartenlokal, durch Wanderwege erschlossen wurde.

Aber das ist erst die unmittelbare Umgebung der in Geschäftigkeiten und Einkaufswonnen brodelnden Heidemetropole. Wer den Kalkberg besteigt oder die 238 Stufen des Kirchturms von St. Nikolai erklimmt, sieht hinüber über das Meer der Spitzgiebel und die Wohntürme an der Peripherie in das von Hermann Löns besungene „wunderschöne Land“ der Lüneburger Heide und wird schon hinausgezogen aus der engen Backsteinarchitektur der Stadt.

„Bleckeder Frühling“

Zum Beispiel nach Bleckede, weil beispielsweise nach Bleckede die Arbeitsgemeinschaft Verkehrsfreunde Lüneburg auf den Schienen der Osthannoverschen Eisenbahnen ihre musealen Züge dampfen läßt. Nicht, daß es Bleckede sein müßte; in Lüneburg Stadt und Land, genauer: im Landkreis Lüneburg gab es 1984 rund 3 200 Gästebetten. Aber wenn es Bleckede sein darf, ist es sicher eine lohnende Wahl.

Im Schloßhof gastieren namhafte Solisten und Orchester:
„Musikalischer Frühling Schloß Bleckede".

Bleckede, an der um die Mitte dieses Jahrhunderts überraschend zum Grenzstrom gewordenen Elbe geradezu in Vergessenheit geraten, erlebt einen neuen Frühling, wobei ein Abschnitt dieses sich auf das ganze Jahr erstreckenden Frühlings im korrekten Wortsinn „Musikalischer Frühling Schloß Bleckede" heißt. Die alte welfische Burg, immer noch wehrhaft aus dem Deichvorland aufragend, erhielt eine neue Funktion, nachdem das Amtsgericht als letztes Überbleibsel eigener Amts- und Kreisherrlichkeit ausgezogen war.

Jedes Jahr im Frühling wird der Schloßhof zur Freilichtbühne, zum Freilichtpodium zumeist. In- und ausländische Solisten, Orchester und Bühnen gastieren in Bleckede. Das Jahr 1976 brachte den ersten „Musikalischen Frühling". Damals zählten die Organisatoren — der Landkreis Lüneburg zusammen mit der Stadt Bleckede und dem Kultur- und Heimatkreis für Bleckede und Umgebung — knapp 900 Besucher. Im Jahre 1984 waren es 2500. Für den zehnten „Frühling" im Jahre 1985 wurde mit Blick auf das „Jahr der Musik" dieses Leitthema formuliert: „Musik muß klingen — Perlen europäischer Musik".

Dauerhaft vermochten die Organisatoren die Veranstaltungsreihe, für die der niedersächsische Minister für Wissenschaft und Kunst die Schirmherrschaft zu übernehmen pflegt, nicht zuletzt auch darum zu etablieren, weil das Wetterrisiko entscheidend gemildert werden konnte. Wenn es im Schloßhof regnet, können im Obergeschoß des Schlosses zwei Säle Zuhörer und Zuschauer aufnehmen.

Zum „Frühling" 1984 kamen das Göttinger Symphonie-Orchester, das Kammermusik-Ensemble Baden-Baden und das Polnische Kammerorchester Warschau, das Staatstheater Braunschweig und andere Gäste. Den „Jungen Frühling" unter dem Titel „Swinging Bleckede" blies der Saxophonist Herb Geller mit seiner Gruppe herbei.

Kompositionen Friedrich Wilhelm Kückens, des aus Bleckede stammenden Komponisten, dürfen nicht fehlen. Als Sohn eines wohlhabenden Landwirts im damaligen Vorort Kleinburg — die Ämter des Scharfrichters und des Abdeckers waren in der Familie erblich — wurde er am 16. November 1810 geboren und machte seinen Weg in Schwerin, Berlin, Wien, Paris und Stuttgart, bevor er sich in Schwerin als Komponist niederließ (dort am 1. September 1882 verstorben). Im „Frühling" 1983 erklangen anläßlich eines Liederabends zum Beispiel die beiden von Kücken vertonten Heine-Gedichte „Du bist wie eine Blume" und „Wasserfahrt".

Das Bleckeder Schloß steht auch dem Lehren und Lernen offen, indem es teilweise an die Heimvolkshochschule Barendorf vermietet wurde. Es bietet schließlich den bildenden Künsten eine Heimstatt. Mit Unterstützung des Landes Niedersachsen konnte der Landkreis Lüneburg die alte Remise am Schloßhof in eine Künstlerstätte umbauen. Drei Ateliers, ausgestattet mit Kupfertiefdruckpresse, Stockpresse, Walzdruckpresse und anderen Geräten, warten auf Stipendiaten der Fachbereiche Malerei, Bildhauerei, Druckgrafik und Keramik.

1979 konnte die Künstlerstätte eröffnet werden. Anfang 1984 hatten bereits über 20 Stipendiaten in den Ateliers gewirkt und gewohnt, im wesentlichen junge Künstler. Bleckede bedeutete für sie ein paar Monate kreatives Tun ohne wirtschaftliche Zwänge. Am Ende ihres Bleckeder Aufenthalts stellen die Stipendiaten jeweils im Museum für das Fürstentum Lüneburg aus. Ein Werk, das in Bleckede entstand, übergibt jeder dem Landkreis für dessen Kunstsammlung.

Der Frühling im Schloßbereich wirkte in das angrenzende Städtchen hinein. Der Stadtkern wurde saniert. Ursprünglich wollte man lediglich die Ortsdurchfahrt (Landesstraße 219) erneuern, dann entschloß man sich, den gesamten Bereich der Breiten Straße mit dem Kirchplatz, der Friedrich-Kücken-Straße und der Schloßstraße neu zu ordnen. Es entstanden neue Bürgersteige, Radwege und Parkflächen, ohne daß Kopfsteinpflaster und Bäume weichen mußten. Das alte Bleckede durfte bleiben, ja deutlicher hervortreten. Professor Ignaz Gerlach aus Hildesheim, Farbdesigner seines Zeichens, sucht die historische Wirklichkeit und die Empfehlungen angewandter Farbpsychologie in Einklang zu bringen. Formschöne Lampen schließlich gießen ihr Licht über trauliche kleinstädtische Szenerie. Am Ende konnte der Brunnen vor der Alten Apotheke eingeweiht werden.

Dies war gleichzeitig der Abschluß der Sanierungsmaßnahmen und der Auftakt des ersten Stadtfestes der Bleckeder. Das doppelte Ereignis fiel auf den 5. Mai 1984. Die Bleckeder Werbegemeinschaft „Handel und Handwerk" hatte alles organisiert, damit nun, begleitet von viel Musik, das bunte Leben in den erneuerten Stadtkern Einzug halten konnte.

Das erste Stadtfest wiederum war gleichzeitig der Beginn des 775jährigen Stadtjubiläums, das 1984 anstand, wenn man der Gründungsurkunde von 1209 folgte. Ende August, Anfang September feierten die Bleckeder eine ganze Woche lang: Festgottesdienst, Festakt im Schloß mit historischem Festvortrag und Musik von Friedrich Wilhelm Kücken, Volksliederabend und Zeltdiscothek, der fröhliche Festtag am Hafen zuletzt.

Dokumentiert wird die Bleckeder Geschichte im Heimathaus an der Lauenburger Straße (1983 eröffnet). Vom Einbaum aus dem Elbschlamm bis hin zum Mobiliar eines Klassenzimmers — auch schon wieder von Anno dazumal — lebt hier Vergangenheit. Außer Kückens gedenken die Bleckeder der Schriftstellerin Auguste von der Decken (1828 in Bleckede geboren), des Afrikareisenden Carl Peters (1856 jenseits der Elbe in Neuhaus geboren), des Vor- und Frühgeschichtlers Gustav Schwantes (1881 in Bleckede geboren) und anderer mit der Lokalgeschichte verwobener Persönlichkeiten.

Die Verbindung zur Gegenwart unmittelbar an der innerdeutschen Grenze, die nicht nur das zum alten Kreis Bleckede gehörige Amt Neuhaus abtrennte, sondern auch den Bleckeder Ortsteil Neu Bleckede und 28 Einzelhöfe, stellt das im Heimathaus untergebrachte Deutschlandpolitische Informationszentrum dar, am 22. Januar 1985 durch den niedersächsischen Minister für Bundesangelegenheiten, Wilfried Hasselmann, eröffnet. Daneben gibt es Grenzinformationspunkte an der unbenutzten Bleckeder Fährstelle sowie auf dem anmutig über der Elbe gelegenen Viehler Berg im Ortsteil Alt Garge.

Die bewaldeten Höhenzüge einerseits und das weite Deichvorland andererseits machen den Reiz der Landschaft in und um Bleckede aus, wobei in Bleckede die zwölf eingemeindeten Dörfer von Wendewisch bis Walmsburg liegen. Eine Fülle von Wanderwegen lockt, durch den Barskamper Wald ebenso wie entlang der Alten Elbe in die ländliche Gastwirtschaft Heisterbusch. Die Liste der Hotels, Gasthöfe und Privatpensionen, die ihre Dienste anbieten, ist lang. Zeltplätze gibt es in Wendewisch, Alt Garge — dort ist auch ein großes Schwimmbad vorhanden — in Radegast und Walmsburg.

Von dem Bleckeder Friedrich Wilhelm Kücken stammt die bekannte Melodie, die man auch singen mag, wenn die kurzen oder längeren Ferien im zeitlich unbeschränkten Bleckeder Frühling zu Ende gehen: „Ach, wie ist's möglich dann, daß ich dich lassen kann?"

Maiblumen-, Wurzel- und Heideköniginnen

Niedersachsens Schützenköniginnen, sowohl die glücklichen Ehehälften von Schützenkönigen als auch treffsichere Schützinnen, sind Legion. Heideköniginnen hingegen dürfen schon als selten eingestuft werden; und was gar Wurzel- und Maiblumenköniginnen betrifft, so gehören sie Gattungen an, die es offenbar nur im Landkreis Lüneburg gibt.

Eine Maiblumenkönigin wählen die Handorfer Maiblumenanbauer. Im Herbst, wenn die Arbeit weniger drückt, wird auf Beneckes Saal der Ball der Maiblumenzüchter aus

Repräsentantin und Visitenkarte des Fremdenverkehrs ist die Amelinghäuser Heidekönigin.

Handorf und der angrenzenden Samtgemeinde Elbmarsch (Landkreis Harburg) gefeiert. Maiblumen bilden die Dekoration, noch blühender womöglich sind die Kandidatinnen für die Wahl der Maiblumenkönigin.

Die Wurzelkönigin gehört nach Bardowick; wichtig ist hier der Gemüseanbau und bedeutungsvoll in diesem Rahmen gewiß der Anbau von Karotten und Wurzeln.

Im September 1984 begingen die Bardowicker das Erntedankfest zum 35. Male mit einem Festumzug durch den Flecken. Eine Wurzelkönigin gibt es seit 1966. Im Frühjahr auf dem „Wörtelball" (Wurzelball) des Gemüsebauvereins wird sie gewählt, wobei die Wahl in der Regel auf ein Mädchen aus dem Hause fällt, in dem die Landjugend im Jahr zuvor die Erntekrone fürs Erntedankfest binden durfte.

Dem Erntedankfest geht eine Feldbegehung voraus. Bei der Gelegenheit wird das Korn für die Erntekrone mit der Hand gemäht. Am folgenden Sonntag trifft man sich des Morgens im Dom. Dort hängt die Erntekrone, darunter liegen die Früchte des Feldes. Nachmittags trägt einer der Festwagen die Krone, ein anderer die Wurzelkönigin mit ihrer silbernen Krone und dem Silberkettchen, an dem Wurzelnachbildungen mit den Namen der früheren Wurzelköniginnen baumeln.

Da die Gattung der Heideköniginnen stärker verbreitet ist, muß der Bekanntheitsgrad der einzelnen Königinnen unterschiedlich bewertet werden. Die Amelinghäuser Heidekönigin lockt am Tage ihrer Wahl Tausende von Menschen an; später steht sie für überörtliche Repräsentationsaufgaben bereit. Die Embser Heidekönigin agiert geradezu familiär im dörflichen Rahmen.

„Unser Embser Heideblütenfest ist nicht das größte Fest dieser Art", sagte im August 1984 ein Gastwirt, „es ist aber stilecht und hat schon eine große Tradition." Seit 1948 feiern die Embser ihr Heideblütenfest, und seit 1951 küren sie eine Heidekönigin. In vielen Dörfern des Lüneburger Landes begann man weiland nach dem Zweiten Weltkrieg Feste solcher Art zu feiern; aber meistens blieb man nicht dabei, weil sich entweder keine Tradition herausbildete oder aber die Möglichkeit, auf solche Weise den Fremdenverkehr zu fördern, nicht klar erkannt wurde.

Embsen behielt sein Heideblütenfest und feierte 1984 seine 32. Königin (zweimal gab es keine, weil das Gasthaus Stumpf abgebrannt war).

Auch die Wittorfer blieben bei ihrem Heideblütenfest, ja ihnen gelang es im Laufe der Jahre sogar, den Festzug immer prächtiger auszugestalten und zunehmend mehr Besucher ins Dorf zu ziehen. Auf den Festwagen, die von einer Jury prämiiert werden, leuchten die Blumen des Herbstes; die Wagenbaugemeinschaften modellieren aus ihnen symbolhafte oder auch nur prächtige Gebilde.

Amelinghausen allein hat sein Heideblütenfest — es wurde 1984 zum 35. Male begangen — zu einer Großveranstaltung entwickelt; der Fremdenverkehr, der überall in der Samtgemeinde eine gewichtige Rolle spielt, besitzt in der Amelinghäuser Heidekönigin seine liebenswürdige Repräsentantin, seine erfolgreich werbende Visitenkarte.

Das Fest, im August zur Zeit der Heideblüte gefeiert, beginnt am Lopausee. „Der See brennt" heißt das Motto. Auf einer schwimmenden Bühne, von den Tausenden am Ufer gut zu sehen, läuft ein buntes Programm ab. Zuletzt spritzt die Feuerwehr Wasserkaskaden, und über dem See wird ein Feuerwerk abgebrannt.

Der Haupttag des Heideblütenfestes, ein Sonntag, beginnt mit einem plattdeutschen Gottesdienst auf dem Kronsberg, genau dort, wo nachmittags die Heidekönigin gewählt und mit Heidekrone und Purpurmantel inthronisiert wird. Auf dem Königinnenwagen fährt sie anschließend im Festzug durch Amelinghausen, und Tausende von Besuchern säumen ihren Weg.

Hebewerk Scharnebeck

Exakt 33 Tage hielt das Jahrhundertbauwerk, dann bekam es ein Leck und lief aus. Am 15. Juni 1976 gab Bundesverkehrsminister Kurt Gscheidle in Anwesenheit des niedersächsischen Ministerpräsidenten, Dr. Ernst Albrecht, und des ersten Hamburger Bürgermeisters, Hans-Ulrich Klose, den für 1,3 Milliarden DM gebauten Elbe-Seiten-Kanal zur Benutzung frei. Und schon am 18. Juli des Jahres brach der Kanal bei Erbstorf

53 Meter ragt das Scharnebecker Hebewerk mit seinen Riesentrögen empor. Am 15. Juni 1976 wurde es eingeweiht.

(Adendorf), und fünf Millionen Kubikmeter Wasser überfluteten das Land, so daß die Lüneburger Kreisverwaltung Katastrophenalarm auslösen mußte.

Das vermeintliche Jahrhundertbauwerk verbindet Elbe und Mittellandkanal. Genau 115,2 Kilometer ist der Elbe-Seiten-Kanal lang. Die Sohlbreite beträgt zwischen 26 und 29 Metern, die Wassertiefe 4 bis 4,5 Meter. Allein 11 Flüsse und Kanäle, 14 größere Vorfluter und 12 Gräben überquert der Kanal; insgesamt 73 Eisenbahnlinien und Straßen muß er kreuzen.

Die hauptsächliche Ingenieursleistung stellte die Überwindung eines Höhenunterschiedes von 61 Metern dar. Das Schiffshebewerk bei Scharnebeck, der eigentliche Superlativ des gesamten Kanals, besitzt eine Hubhöhe von 38 Metern. Weitere 23 Meter gleicht die Uelzener Schachtschleuse aus.

Und schon am 18. Juli 1976 brach der Damm des Jahrhundertbauwerks.
Der Landkreis Lüneburg gab Katastrophenalarm.

Das Doppel-Senkrecht-Hebewerk mit Gegengewichten, wie der Scharnebecker Fahrstuhl korrekt bezeichnet werden muß, arbeitet mit Trögen von 100 Metern Länge, zwölf Metern Breite und 3,5 Metern Wassertiefe. Die Vorhäfen sind 525 Meter lang.

Jahr für Jahr kommen Hunderttausende von Besuchern, um sich das 53 Meter hoch aufragende Bauwerk aus Stahlbeton anzusehen. Sie kommen nicht etwa mit Schiffen von der Elbe oder vom Mittellandkanal her. Sie reisen überwiegend in Omnibussen an und fahren darin nach der Besichtigung auch wieder fort.

Am Tag der Kanaleinweihung kam die Prominenz. Für die Prominentesten der Prominenten hatte man das Motorschiff „Hans Albers“ gechartert. Einen weiteren Glanzpunkt unter den Schiffen, die in festlichem Korso von Scharnebeck nach Uelzen fuhren, stellte der tatsächlich aus dem Kaiserreich stammende Raddampfer „Kaiser Wilhelm“ dar.

Acht Jahre lang war an dem Kanal gebaut worden; am 6. Mai 1968 hatte Bundesverkehrsminister Georg Leber bei Artlenburg mit einer Dampframme das Signal zum Baubeginn gegeben. Nun an jenem Junitage 1976 wünschte der Präsident der Wasser- und Schiffahrtsdirektion Nord: „Allzeit gut Fahrt!“

Das war gerade vier Wochen lang möglich. Am 18. Juli, einem Sonntag, riß morgens ein 20 Meter breites Loch auf, das sich binnen kurzer Zeit auf 200 Meter verbreiterte. Etwa 200 Häuser wurden überflutet. Menschen mußten evakuiert werden. Verkehrswege waren überschwemmt und unpassierbar. Bahngleise wurden unterspült und brachen auseinander. Um 11.20 Uhr gab der Kreis Katastrophenalarm. Alle Hilfsorganisationen bis hin zur Bundeswehr mußten eingesetzt werden.

Rund 80 Millionen DM zusätzlich verschlangen die Reparaturarbeiten, die vorsorgliche Sicherung anderer kritischer Punkte im Kanalverlauf und die Wiedergutmachungen, worauf die durch die sommerliche Sonntagsflut Geschädigten Anspruch hatten.

War der Kanalbruch eine Katastrophe, so war die Benutzung des Kanals durch die Schiffahrt eine Enttäuschung. Zehn bis zwölf Millionen Tonnen an Gütern, so hatten die Planer errechnet, würden pro Jahr den Elbe-Seiten-Kanal passieren. Nicht einmal die Hälfte dieser Umsatzzahl wurde erreicht (1983: 4 956 000 Tonnen). Auch der Umsatz im Kanalhafen Lüneburg blieb entsprechend niedrig (1983; 240 000 Tonnen).

Gleichwohl besitzt Scharnebeck seinen Superlativ. Die örtliche Gastronomie gedieh. Das Straßennetz wurde ausgebaut, damit der Touristenstrom in Pkw und Omnibus zügig fließen kann.

Überhaupt ist der Fremdenverkehr der Gewinner der bisherigen Tonnageflaute. Wenn der Elbe-Seiten-Kanal sicher auch nicht gleich einem verträumten Heidegewässer ähnelt, er erschloß doch Paddlern und selbst Windsurfern neue Wasserflächen, genauso wie er Wanderern und Radfahrern auf seinen beiden Dämmen links und rechts schier unermeßliche Wege in frischer Luft eröffnete.

„. . . in dem wunderschönen Land“

Der Scharnebecker Wasserfahrstuhl über 38 Meter, die Amelinghäuser Heidekönigin und der „Bleckeder Frühling“ — drei Zielpunkte nahe Lüneburg in Hermann Löns' „wunderschönem Land“. Im Grunde genommen lädt jedes der alten sechs Lüneburger Tore, durch die im Mittelalter die Kaufmannswagen rollten, heute zur Ausfahrt ins wunderschöne Lüneburger Land ein, wie umgekehrt die Heidemetropole aus jeder der sechs Richtungen die Touristen anlockt. Im Fremdenverkehr liegt für den gesamten Landkreis — für die beiden Städte und die acht Großgemeinden — ein beträchtlicher Teil der Zukunft. Auch wenn es in Lüneburg, in Embsen-Melbeck, in Dahlenburg, Bardowick und anderswo leistungsfähige Industriebetriebe gibt, sie waren nie in der Lage, die wirtschaftliche Struktur des Kreises entscheidend zu ändern; und Industrieansiedlung ist selbst in Nähe des Elbe-Seiten-Kanals alles in allem ein Traum geblieben.

Heidepastor Wilhelm Bode, einer der Initiatoren des Naturschutzparks um Wilsede, war ein gebürtiger Lüneburger.

Die Zeugnisse der Geschichte und die denn doch überwiegend gesunde Landschaft eines industriearmen Raumes sind die beiden hauptsächlichen Pluspunkte des Fremdenverkehrs von Lüneburg Stadt und Land, wofür die Reformer der 70er Jahre der wechselseitigen Abhängigkeiten wegen den gemeinsamen Landkreis schufen, nachdem die Wappenmacher schon viel früher Gemeinsamkeiten festgestellt und zum Ausdruck gebracht hatten. Das städtische Wappen, das sich aus dem mittelalterlichen Stadtsiegel ent-

Der Elbdeich — Schutzwall gegen Hochwasser und gleichzeitig schier unendlicher Pfad für Spaziergänge und Wanderungen.

wickelte, enthält im offenen Tor seiner dreitürmigen silbernen Burg in Rot auf goldenem Schild den blauen welfischen Löwen, mit roten Herzen bestreut. Das Landkreis-Wappen, in Blau und Gold gespalten, zeigt vorn ebenfalls den blauen welfischen Löwen (steigend) und hinten rote Herzen (drei übereinander). Dies ist die historische Klammer.

Daß die Landschaft ihren Charakter behält oder sogar verbessert, will der Landschaftsplan für das gesamte Kreisgebiet sicherstellen. Er erstreckt sich auf das Waldgebiet des Vitico im Bleckeder Deichvorland ebenso wie auf die zu entkusselnden Heideflächen in der Samtgemeinde Amelinghausen, auf die Wanderwege der Kröten zu ihren Laichgewässern wie auf die Reit-, Rad- und Wanderwege der Erholungssuchenden, auf die grünen Areale des vergrößert aus der Gemeindereform hervorgegangenen Lüneburg wie auf die Flußtäler von Neetze und Ilmenau, Lopau und Luhe.

Jedes der traditionellen sechs Tore der alten Hansestadt gibt den Weg frei in Gemeinden, die allesamt, wenn auch verschieden intensiv auf Fremdenverkehr eingestellt sind.

Durch das Bardowicker Tor — wie die anderen Tore ist auch dieses nicht mehr vorhanden, durch Straßennamen aber leicht zu lokalisieren — geht der Weg (die Bundesstraße vier) nach Bardowick. Der Domflecken selbst ist dabei, sein Gildehaus zu einem Heimatmuseum auszubauen. In St. Dionys (Barum) gibt es einen Golfplatz mit 18 Löchern. Eine

Naturdenkmal von Seltenheitswert: die kalkverkitteten Sande bei Holzen, Zeugen der letzten Zwischeneiszeit.

Runde — über zehn Kilometer — beansprucht etwa vier Stunden. Der Ort St. Dionys feierte 1984 sein erstes Dorffest.

Das Neubrückertor (auch Lüner Tor) entläßt in Richtung Adendorf und Scharnebeck. Adendorf lockt im Sommer weit über die Gemeindegrenzen hinaus mit seinem großzügigen Freibad; im Winter gilt gleiches für die überdachte Kunsteisbahn.

Die Samtgemeinde Scharnebeck empfiehlt sich in Kurzform auf ihrem neuen Wappen. Durch Wellenschnitt (Elbe-Seiten-Kanal) geteilt, präsentiert es oben in Grün ein silbernes Schiffshebewerk und unten in Gold einen achtblättrigen Eichenzweig (acht ehemalige Bauerndörfer bilden heute die Samtgemeinde).

Seit Mitte der 70er Jahre wird der Elbdeich erneuert. In der Samtgemeinde Scharnebeck mit Artlenburg und Hohnstorf sowie in der Stadt Bleckede waren Ende 1984 rund 18 Kilometer neuer Deich fertiggestellt, erfreulicherweise auch in Sachen Fremdenverkehr eine Bereicherung; denn die Deiche sind begehbar, und etliche Natur- und Umweltschutzanliegen ließen sich in Zusammenhang mit dem Deichbau gleich neu ordnen.

Das Altenbrückertor steht offen in Richtung Ostheide, Bleckede und Dahlenburg. Die Samtgemeinde Ostheide verfügt ebenfalls bereits über ein Wappen. Ein schrägrechter Wellenbalken in Gold (der Elbe-Seiten-Kanal tangiert das Samtgemeindegebiet) trennt den unteren grünen, sechsblättrigen Eichenzweig, der von zwei schwarzen, schräg gekreuzten Windfedern mit einwärts gewendeten Pferdeköpfen überdeckt wird, von der oberen schwarzen Elchschaufel. In sechs niedersächsischen Dörfern sind viele Ostpreußen und andere ostdeutsche Flüchtlinge ansässig geworden.

Die Heimvolkshochschule in Barendorf sowie die Jugendbildungs- und Freizeitstätte Neetze (der zweite Bauabschnitt wurde 1984 abgeschlossen) wollen beide die ländliche Stille ihrem Bildungsauftrag nutzbar machen.

Ein Naturdenkmal von Seltenheitswert stellen die sogenannten kalkverkitteten Sande bei Holzen (Reinstorf) dar. Aus kalkhaltigem Grundwasser wurde wohl in der letzten Zwischeneiszeit (um 100 000 vor Christus) Kalk ausgefällt. Dieser verkittete kieshaltige Sande zu natürlichem Kalksandstein (Naturbeton).

Während Bleckede als Tor in den Naturpark Elbufer-Drawehn gelten darf — dieser erstreckt sich tief in den Landkreis Lüchow-Dannenberg hinein —, ist die Samtgemeinde Dahlenburg das Tor zur Göhrde. „Tor zur Göhrde" nennt sich denn auch der Dahlenburger Verkehrsverein. Neben ihm arbeitet der Werbe-Interessen-Ring, der 1984 das erste Dahlenburger Fleckenfest aufzog; drei Tage lang wurde rund um die Kirche St. Johannis gefeiert.

Die alte Schloßkirche St. Laurentius, inzwischen am Ortsrand gelegen, ist seit 1928 Heimatmuseum. Die ersten Anstöße gab der Lehrer Louis Baumgarten. Nach dem Zweiten Weltkrieg führte der Torpedo-Ingenieur Adolf Detjen die Museumsarbeit fort. Im Jahre 1983 zählte der Museumsverein Dahlenburg in der Laurentiuskirche 1 275 Besucher.

Sowohl Alt Garge (Bleckede) als auch Dahlenburg besitzen vorbildliche Freibäder.

Durchs Rotetor geht's heute — wieder auf der Bundestraße vier — in die Samtgemeinde Ilmenau. Paddler und Kanuten schätzen die obere Ilmenau auf der Höhe von Deutsch Evern und Melbeck. Durch zwei Jahrzehnte hindurch — 1984 konnte er sein 20jähriges Jubiläum mit zahlreichen befreundeten Gruppen feiern — hat der Volkstanzkreis Deutsch Evern zu Hause und auf Reisen für die Lüneburger Heide geworben.

Das Sülztor öffnet sich in Richtung der Heidegemeinde Amelinghausen. Auch hier wartet ein modernes Freibad — die fünfte überörtlich angenommene Anlage im Kreis ist das Freibad Hagen innerhalb der Stadt Lüneburg —. Seit 1974 besitzt Amelinghausen ein Museum, eine Außenstelle des Museums für das Fürstentum Lüneburg.

Das sechste und letzte Tor ist das Neuetor, jenes, durch das schon die beiden Wilhelm Bode, Vater und Sohn, schritten, wenn es den Lüneburger Seminarlehrer in die Einsamkeit der Heide um Egestorf und Wilsede zog (Landkreise Harburg und Soltau-Fallingbostel) und er nichts dagegen einzuwenden hatte, daß sein gleichnamiger Sohn ihn begleitete. Wilhelm Bode der Jüngere sollte dermaleinst Pastor von Egestorf werden: der Heidepastor und Vorkämpfer des Naturschutzparks Lüneburger Heide rund um den Wilseder Berg.

Die Straße, die schon die Bodes wanderten, führt heute durch die Samtgemeinde Gellersen. Auch sie dokumentiert in ihrem Wappen ein neugewachsenes Selbstverständnis. Auf gespaltenem Schild ist vorne in Blau ein goldener Eichenzweig mit sechs Eicheln und

Auf der Westergellerser Heide liegt der berühmte Turnierplatz von Luhmühlen.
Hier Karl Schultz, Sieger der Military 1971.

sechs Blättern zu sehen, hinten in Silber das schwarze Kreuz des Deutschen Ritterordens. In sechs Heidedörfer kamen nach dem Zweiten Weltkrieg viele Ostflüchtlinge.

Reppenstedt, das Verwaltungszentrum der Samtgemeinde Gellersen, verfügt inzwischen über einen zentralen Platz, 1984 während eines fröhlichen Festes mit dem Namen „Landwehrplatz" bedacht, weil tatsächlich ganz in der Nähe eine der alten Lüneburger Landwehren endet.

Den Weg weiter in Richtung Zentralheide begleiten — vielleicht im Autoradio — die mittlerweile zu Boten der Lüneburger Heide aufgestiegenen „Original Heidelerchen" aus Reppenstedt.

Ein Abstecher von der Landstraße in Richtung Salzhausen (Landkreis Harburg) führt nach Heiligenthal (Südergellersen). Das von Möllersche Gutshaus ist abgebrochen, aber die kleine Gutskapelle blieb stehen und wurde mit Geschmack restauriert. Hinten im Gutspark liegen ganz versteckt die Gräber des dem Welfenhause so eng verbundenen Adelsgeschlechts. Der 1951 angelegte Friedhof des Dorfes birgt unter schattigen Kiefern das Grab Ernst von Salomons, des Bestsellerautors und letzten Preußen (1972 verstorben).

Nicht weit davon traf sich 1982 die Elite der Vielseitigkeitsreiter zu den Luhmühlener Weltmeisterschaften. Der Turnierplatz liegt noch auf Westergellerser Boden. Den Namen, der in aller Welt genannt wurde, gab das Reiterdorf Luhmühlen hart jenseits der Lüneburger Kreisgrenze auf Harburger Boden.

Von hier bis nach Egestorf und weiter nach Wilsede in die unzerstörte Heide ist es kein langer Weg. Die zerstörte Heide freilich liegt noch näher: die durch das sogenannte Soltau-Lüneburg-Abkommen von 1959 den britischen Truppen für Übungen zur Verfügung gestellten Heideflächen. Bis in den Landkreis Lüneburg ragen sie hinein. Insbesondere der Raum Soderstorf ist von Panzerlärm und Panzerstaub eingedeckt, von den Flurschäden ganz zu schweigen. Die weiße Industrie kann sich hier nicht entfalten.

Die stille, staubfreie, nicht von Panzerketten zerpflügte lila Heide des Wilseder Naturschutzparks sucht der Heidetourist — sozusagen die weiße Heide der weißen Fremdenverkehrsindustrie, womit sich ein Kreis schließt. Ist es heute die weiße Heide, die Lüneburg Stadt und Land vielfältig belebt, so war es gestern jedenfalls das weiße Salz.

„Auf der Lüneburger Heide, in dem wunderschönen Land", sang Hermann Löns.
Das Herz der Heide ist der Wilseder Naturschutzpark.

ABC
DER GEMEINDEN

Auch im Winter lockt Adendorf — mit seiner Kunsteisbahn!
Im Sommer wartet das großzügige Freibad.

ABC
DER GEMEINDEN

Adendorf

Einheitsgemeinde mit 7712 Einwohnern (1983), durch die Gemeindereform von 1974 aus der Gemeinde Adendorf mit den Ortsteilen Elba und Grüner Jäger sowie der Gemeinde Erbstorf mit dem Ortsteil Grüner Jäger entstanden. Der Erbstorfer Ortsteil Olm und das Erbstorfer Wohngebiet Ebensberg wurden in Lüneburg eingemeindet.

Adendorf

Das Wappen von Adendorf (1968) zeigt oben auf goldenem Grund einen schreitenden, rotbewehrten blauen Löwen, unten auf blauem Grund eine goldene Urne. Adendorf wird so als braunschweigisch-lüneburgischer Ort mit prähistorischen Funden charakterisiert.

Unter Umständen handelt es sich bei dem in Urkunden Kaiser Heinrichs II. von 1004 und 1016 vorkommenden „Addunestorp" um das Lüneburger Adendorf. In Addunestorp hatte Kloster Kemnade (bei Bodenwerder) Besitz. Tatsächlich überließ Kemnade 1332 Besitzungen, die es in Adendorf hatte, Kloster Medingen. Weiter waren im Mittelalter in Adendorf begütert die Klöster Lüne, St. Michaelis, Scharnebeck und Rastede (bei Oldenburg) sowie das Lüneburger Hospital St. Benedikt. Der Dorfzehnte, der im 13. Jahrhundert den von Meding gehörte, gelangte über Kloster Lüne schließlich an den Landesherrn.

Die Gründung der Johannes dem Täufer geweihten Adendorfer Kapelle erfolgte Mitte des 13. Jahrhunderts. Bis nach dem Zweiten Weltkrieg rechnete das Dorf kirchlich zu Lüne. Erst 1962 wurde die evangelisch-lutherische Emmaus-Kirche gebaut; seit 1967 gibt es infolge des starken Bevölkerungszustroms zwei Pfarrbezirke. 1963 entstand die katholische Christ-König-Kirche.

Das ehemalige landtagsfähige Gut Adendorf war aus Kirchenbesitz entstanden. Im 17. Jahrhundert erwarb Christoph von Bardeleben, Abt von St. Michaelis, Höfe von Scharnebeck und dem St. Benedikt. 1655 erbte Christian von Bardeleben, Christophs Neffe, das Gut. In den folgenden eineinhalb Jahrhunderten wechselte es oft den Besitzer.

Adendorf (nach Manecke zehn pflichtige Hausstellen und ein Schulhaus) zählte zur Hausvogtei des Amts Lüne. Bei der großen Regulierung der Amtsbezirke von 1794/95 trat das Amt Scharnebeck das Holzgericht über den Adendorfer Gemeindeforst an das Amt Lüne ab. Seit 1885 gehört Adendorf zum Landkreis Lüneburg. Der Name Grüner Jäger erinnert an ein Forsthaus; auf dem Gelände der stillgelegten Ziegelei Elba lag im 19. Jahrhundert die Gastwirtschaft Heidkrug.

1374 — kurz nach dem Lüneburger Erbfolgekrieg — wütete in Adendorf ein Brand. Eine weitere katastrophale Feuersbrunst ereignete sich am 16. Mai 1895. Als ältestes Gebäude gilt — neben der Kapelle — ein Wohnhaus in der Dorfstraße.

Die Einwohnerzahl kletterte im 20. Jahrhundert steil in die Höhe: 345 (1900), 1418 (1939), 2506 (1946), 4697 (1964), 5023 (1968), 5246 (1983). Fast noch dynamischer war die Bautätigkeit: 1948 gab es 293 Häuser, 1955 bereits 540. 1897 entstand ein Gesangverein. 1906

Zeugnis der Geschichte inmitten der modernen Einheitsgemeinde Adendorf: die Johannes dem Täufer geweihte Kapelle.

wurde eine Freiwillige Feuerwehr gegründet, 1923 der Turn- und Sportverein Adendorf, ein Jahr darauf ein Schützenverein.

Landwirtschaft: 14 Vollerwerbsbetriebe, 14 Nebenerwerbsbetriebe (1971); 8 Vollerwerbsbetriebe, 8 Nebenerwerbsbetriebe (1983, Großgemeinde Adendorf).

Erbstorf

Erbstorfs Geschichte beginnt in welfischer Zeit. Otto das Kind war in dem Dorf begütert, schenkte seinen Besitz aber 1251 Kloster Scharnebeck. Später verfügten das Amt Scharnebeck und ab 1795 das Amt Lüne darüber. Im 17. Jahrhundert gehörte einer der vier Scharnebecker Höfe in Erbstorf Oberst von Meyherr.

Den „Dorfshufeschlagszehnten" in Erbstorf besaß das Bistum Verden. 1648 fiel er an die Krone Schweden, 1679 an Braunschweig-Lüneburg. Spätere Besitzer waren die Stechinelli und die Bernstorff in Gartow (Landkreis Lüchow-Dannenberg). Erbstorf hatte (nach Manecke) zehn pflichtige Hausstellen und ein Schulhaus. Als die ältesten Gebäude gelten das efeuumrankte Landhaus Meyn, das Gausesche Bauernhaus und das Heinesche Haus, ein ehemaliges Gasthaus.

Erbstorf war Bestandteil der Hausvogtei des Amts Lüne (ebenso des Kirchspiels Lüne) und kam 1885 an den Landkreis Lüneburg. Olm, ehemals ein Garten mit einem Immenzaun, gehörte ursprünglich zur Stadt Lüneburg und wurde 1810 dem Amt Lüne hinzugefügt.

Zusammen mit dem ehemals welfischen Besitz kam 1795 auch das Holzgericht über das sogenannte „Heinholz" bei Erbstorf vom

Scharnebecker an den Lüner Amtsbezirk. Die Erbstorfer Torfmoore haben keine wirtschaftliche Bedeutung mehr.

Die Einwohnerzahl schnellte im 20. Jahrhundert in die Höhe: 365 (1900), 468 (1939), 765 (1946), 1342 (1964), 1518 (1968), 1793 (1972). 1902 entstand eine Freiwillige Feuerwehr.

Landwirtschaft: 6 Vollerwerbsbetriebe, 3 Nebenerwerbsbetriebe (1971).

Ahndorf	siehe Boitze
Ahrenschulter	siehe Lüdersburg
Alt Garge	siehe Bleckede
Alt Wendischthun	siehe Bleckede

Amelinghausen

Gemeinde mit 2 498 Einwohnern (1983) — Sitz der gleichnamigen Samtgemeinde —, durch die Gemeindereform von 1974 aus der Gemeinde Amelinghausen, in die 1969 schon die Gemeinde Sottorf eingemeindet worden war, und der Gemeinde Etzen mit dem Ortsteil Dehnsen entstanden.

Amelinghausen

Das Wappen von Amelinghausen (1953) zeigt über rotem Schildfuß mit drei goldenen Eicheln auf goldenem Grund den blauen braunschweigisch-lüneburgischen Löwen mit rotem Schwert in der rechten, rotbewehrten Pranke. Hinweise auf die von Eichen umstandenen Niedersachsenhöfe und die Familie der Billunger.

Amelung, dem Bischof von Verden und Bruder Hermann Billungs, verdankt Amelinghausen seinen Namen. Auf seinen ererbten Gütern südwestlich von Lüneburg gründete der Kirchenfürst Kloster und Kirche und weihte den Platz dem heiligen Hippolyt. Bis zu dem großen Brand, der Amelinghausen 1396 zur Zeit der Auseinandersetzungen um die Sate heimsuchte, sollen die Mönche geblieben sein. Der Hippolytkirche gehörten unter anderem der Dorfzehnte in Ehlbeck (Rehlingen) und die Mühle in Oldendorf (Luhe).

Am Tage Peter und Paul (29. Juni) 1529 hielt Johannes Korfken, auch Johann Corbicula genannt, in Amelinghausen die erste lutherische Predigt. Berthold Grüning, sein Vorgänger, hatte die neue Lehre nicht annehmen wollen und sich entfernt. Als 1535 Korfkens Vaterstadt Salzwedel den Amelinghäusern den Seelenhirten weglocken wollte, banden die Heidjer ihren Pastor durch wirtschaftliche Vergünstigungen. Sie erklärten sich bereit, seinen Sohn studieren zu lassen und für den „Braut-Schatz“, die Aussteuer, seiner Tochter zu sorgen. Daraufhin blieb Corbicula bis zu seinem Tode (1579).

Die klösterlichen Traditionen lebten in Amelinghausen bis über die Reformationszeit hinaus weiter. Es existierten fünf als Gilden bezeichnete wohltätige Bruderschaften. Die Gilde half zum Beispiel, wenn einem ihrer Mitglieder das Haus abgebrannt war. Dann sprang sie dessen Familie mit Brot und Geld bei, bis der Neubau stand.

1539 ließ Herzog Ernst der Bekenner die fünf Bruderschaften zu einer einzigen zusammenschließen. Außer in Amelinghausen hatte die Gilde Besitzungen in Diersbüttel (Rehlingen), Ehlbeck (Rehlingen), Etzen (Amelinghausen), Marxen am Berge (Oldendorf/Luhe) und Oldendorf (Luhe). Eine ihrer Aufgaben bestand darin, die Amelinghäuser Schule zu unterhalten. Die Gilde, die streng nach Satzung die Wahl ihrer beiden Gildeherren vollzog und zweimal im Jahr zu einem Festessen zusammenkam, lebte fort, bis sie 1801 durch ein königliches Dekret aufgelöst wurde. Sie hatte sich überlebt. Ihre Besitzungen fielen an die Amelinghäuser Kirche.

Die alte Kirche machte in den Jahren 1749/50 einem Neubau Platz. Nachdem dieser dem

Markanter Blickfang für die Einheimischen und ihre Gäste: die Zehntscheune inmitten von Amelinghausen.

Großbrand am 17. Juni 1818 zum Opfer gefallen war, entstand das heutige Gebäude.

Die Besitzverhältnisse des ehemaligen landtagsfähigen Gutes Amelinghausen lassen sich bis ins 15. Jahrhundert zurückverfolgen. Verschiedene bekannte Adelsgeschlechter des Lüneburger Raumes lösten einander ab. Dem Gut gehörten unter anderem Zehnte in Amelinghausen, Evendorf (Landkreis Harburg) sowie in Holthusen I und Wettenbostel (Landkreis Uelzen). Das Holzgericht über die Amelinghäuser Waldungen befand sich im Besitz von Gut Horndorf (Tosterglope).

Amelinghausen (nach Manecke 20 pflichtige Hausstellen, Pfarr-, Pfarrwitwen- und Küsterhaus, Gutshaus und Haus des Amtsvogts) war Sitz der Amtsvogtei Amelinghausen des Amts Winsen (Luhe). Auch das Vogtshaus ging bei dem Großfeuer von 1818 in Flammen auf. 1852 kam das Dorf an das Amt Salzhausen und 1859 an das Amt Lüne, in dem es wiederum als Unterbezirk die Amtsvogtei Amelinghausen gab. Seit 1885 gehört der Ort zum Landkreis Lüneburg.

Die Bevölkerungsentwicklung während des 20. Jahrhunderts hatte stark aufstrebende Tendenz: 482 Einwohner (1900), 620 (1939), 1202 (1946), 965 (1964), 924 (1968), 2059 (1972, mit Sottorf). Bereits 1874 wurde eine Freiwillige Feuerwehr gegründet. 1885 entstand ein Gesangverein. Der Männerturnverein „Frisch auf" geht auf das Jahr 1909 zurück.

Neben seinen beiden Märkten hat Amelinghausen seit 1950 immer im August das Heideblütenfest. Inspiriert wurde es seinerzeit von Bürgermeister Hermann Bartels; der hauptsächliche Gedanke dabei war, den Fremdenverkehr zu fördern.

1969 beschlossen die Gemeinderäte von Amelinghausen und Sottorf die Verschmelzung der beiden Orte zu einer Gemeinde.

Landwirtschaft: 13 Vollerwerbsbetriebe, 18 Nebenerwerbsbetriebe (1971); 17 Vollerwerbsbetriebe, 21 Nebenerwerbsbetriebe (1983, neue Gemeinde Amelinghausen).

Sottorf

Verwaltungsmäßig, kirchlich und schulisch hing Sottorf bereits im Mittelalter eng mit der Nachbargemeinde Amelinghausen zusammen. Später haben sich auch wirtschaftlich und vereinsmäßig enge Bindungen ergeben. Beide Orte sind zusammengewachsen.

Zunächst Bestandteil der Amtsvogtei Amelinghausen des Amts Winsen, kam Sottorf 1852 an das damals neugebildete Amt Salzhausen, schon 1859 allerdings an das Amt Lüne und 1885 schließlich an den Landkreis Lüneburg. Manecke gibt neun Hausstellen an. Als älteste Gebäude gelten die Häuser Brüggemann, Dierßen und Schöndube.

Ähnlich wie in Scharnebeck vermochte die Hannoversch-lutherische Freikirche auch in Sottorf stark Fuß zu fassen. 1873 wurde die Pella-Kirche gebaut.

Die Bevölkerungszahl hat sich im 20. Jahrhundert nahezu versiebenfacht: 161 (1900), 356 (1939), 656 (1946), 939 (1964), 1112 (1968). 1910 entstand eine Freiwillige Feuerwehr.

Auf gemeinsamen Beschluß der Gemeinderäte von Sottorf und Amelinghausen hin ging Sottorf 1969 in Amelinghausen auf.

Etzen

Die Heidedörfer Etzen (nach Manecke drei Hausstellen) und Dehnsen (fünf Hausstellen) unterstanden der Amtsvogtei des Amts Winsen. Bei der Verwaltungsreform von 1852 kamen sie an das Amt Salzhausen, von dort 1859 an das Amt Lüne und 1885 an den Landkreis Lüneburg. Als die ältesten Gebäude gelten in Etzen die Häuser Brammer und Hedder, in Dehnsen das Wolpersche Haus. Kirchdorf ist Amelinghausen.

Die Bevölkerungsentwicklung im 20. Jahrhundert: 166 Einwohner (1900), 211 (1939), 453 (1946), 310 (1964), 302 (1968), 288 (1972).

Landwirtschaft: 13 Vollerwerbsbetriebe, 4 Nebenerwerbsbetriebe (1971).

Artlenburg

Gemeinde mit 1 207 Einwohnern (1983), Mitgliedsgemeinde der Samtgemeinde Scharnebeck. Artlenburg bildete bereits vor der Gemeindereform von 1974 mit dem Ortsteil Marienthal eine Gemeinde.

Für den vorgeschichtlichen und frühmittelalterlichen Verkehr war die noch wild und ungebändigt in einer Vielzahl von Armen dahinströmende Elbe ein so gut wie unüberwindliches Hindernis. Eine Furt, wie sie auf der Höhe des heutigen Artlenburgs die beiden Ufer des Stroms verband, stellte ein Geschenk der Natur dar und verhieß Entwicklung.

Angeblich soll schon der römische Feldherr Drusus während seiner Feldzüge in Germanien (12 bis 9 vor Christus) in den Raum des späteren Artlenburgs vorgestoßen sein. Und Ptolemäus, der im zweiten nachchristlichen Jahrhundert wirkende Kartograph, soll den Ort als Elbübergang verzeichnet haben. Auf jeden Fall spielte der verkehrsmäßig so exponierte Platz zur Zeit der Billunger eine wichtige Rolle. An der Furt war eine Burg, die Ertheneburg, emporgewachsen. Sie gestattete die Kontrolle über den Verkehr (Zoll). Zugleich war sie ein Stützpunkt im Kampf gegen die Wenden. Ins helle Licht der Historie rückte Artlenburg 1106, als dort Herzog Magnus, der letzte Billunger, verstarb. Es spricht sehr viel dafür, daß die Ertheneburg auf dem Südufer stand. Auf dem Nordufer lag ein Burgwall, die Striepenburg; dieses Gelände wurde 1966 vom Kreis Herzogtum Lauenburg angekauft.

Artlenburgs große Zeit — am Fuße der Burg hatte sich eine Siedlung gebildet — war das zwölfte Jahrhundert. Heinrich der Löwe empfing 1160 auf der Ertheneburg den Dänenkönig Waldemar. Der Platz an der Elbe war einer der wichtigsten Punkte in dem nordelbischen Reich, das Heinrich konzipiert hatte. Der Sturz des Löwen allerdings (1180) führte auch zum Niedergang Artlenburgs. Als 1181 Kaiser Friedrich I. heranrückte, zerstörte der aufsässige Herzog die Ertheneburg, damit sie nicht seinem Widersacher in die Hand fiel.

Der lachende Dritte war der Askanier Bernhard. An ihn kam die strategisch und wirtschaftlich wichtige Bastion. Aber Bernhard hielt es für gut, die zerstörte Ertheneburg nicht wiederaufzubauen. Er ließ deren Steine elbaufwärts bringen, um aus ihnen die Lauenburg zu errichten. Als er auch die Fähre, die inzwischen bei Artlenburg verkehrte, nach Lauenburg verlegen wollte, stieß er freilich auf den Widerstand der Lübecker Kaufleute, die keine Verlegung ihres Fahrwegs in den Süden duldeten.

Noch zahlreiche Zerstörungen mußte Artlenburg erleiden. Teilweise waren sie kriegerisch bedingt; denn das politische Schicksal des Ortes hieß Wechsel und Unruhe. In folgenden Jahren geschahen große Brände — manchmal war die Zerstörung vollkommen —: 1206, 1373, 1437, 1477 und 1540.

1258 kam Artlenburg von Braunschweig-Lüneburg an Sachsen-Lauenburg. 1361 gelangte es an Lüneburg zurück. Aber spätestens seit dem Lüneburger Erbfolgekrieg (1371—1373) war es wieder bei Lauenburg. 1438 fügte Lüneburg den Ort seinem Pfandbesitz hinzu; schon 1459 waren die Lauenburger in der Lage, das Pfand einzulösen.

Artlenburgs Kirche — dem heiligen Nikolaus, dem Schutzpatron der Fischer, Schiffer und Fernkaufleute, geweiht — war ursprünglich eine Tochterkirche von Gülzow auf dem jenseitigen Elbufer (Einpfarrung des rechtselbischen Schnakenbek nach Artlenburg). Der erste namentlich bekannte Artlenburger Geistliche, Theodorikus Sorbach, amtierte bis 1566.

1732 mußte der Turm der Nikolauskirche erneuert werden, 1779 auch das Kirchenschiff. Nachdem die Kirche mit demTurm 1821 abgebrannt war, wurde sie in den Jahren 1825 bis 1827 wiederaufgebaut. Den neuen Turm, der freilich auf einem mittelalterlichen Fundament aus unbehauenen Feldsteinen steht, stellte man 1832 fertig.

Der Ortsteil Marienthal war ehemals eine Besitzung von Kloster Scharnebeck. Die Flurbezeichnungen „Klosterberg“ und „Mönchshagen“ erinnern noch daran. 1320 sollen die Lauenburger Herzöge Scharnebeck mit den Marienthaler Ländereien ausgestattet haben. Eine Hufe davon wurde später der Artlenburger Kirche übereignet. Nachdem 1520 das Herzogshaus die Bewirtschaftung an sich gezogen hatte, erhielt das Kirchspiel — bis ins 18. Jahrhundert hinein — vom Amt Lauenburg jährlich 20 Reichstaler aus den Artlenburger Zolleinnahmen, dazu zwei Schweine, zwei Schafe, eine Tonne voll Salz sowie ein um das andere Jahr ein Pastorengewand. Seit der Reformation bildeten die Scharnebecker Besitzungen eine Domäne, die an Artlenburger Bauern verpachtet wurde.

Das nach Manecke 71 pflichtige Hausstellen zählende Dorf gehörte verwaltungsmäßig zur Untermarschvogtei des Amts Lauenburg. Das blieb auch 1702 so, als Lauenburg an Lüneburg fiel. Erst 1816 wurde ein eigenständiges Amt Artlenburg ins Leben gerufen, das allerdings 1859 im Amt Lüne und 1885 im Landkreis Lüneburg aufging.

Die verkehrspolitische Bedeutung schwächte sich in der Neuzeit ab. Immerhin blieb die Zollstelle noch bis 1866 bestehen. So lange mußte für Pferde, die vor einem Wagen gingen, ein Wegegeld entrichtet werden.

Auf der Höhe von Artlenburg beginnt der Elbe-Seiten-Kanal; rechts im Bild die Artlenburger Windmühle.

Die herrschaftliche Fähre — die seit 1650 namentlich bekannten Fährleute bezahlten Pacht — bestand statt aus einfachen Kähnen schließlich aus einem Prahm. 1909 wurde sie motorisiert. Zu ihren Benutzern zählte früh auch die Post, denn die Linie Lüneburg-Boizenburg verlief über Artlenburg.

Starke Veränderungen im Ortsbild waren die Folge des großen Brandes vom 23. April 1821. Bis dahin hatte den Ort eine geschlossene Bauweise gekennzeichnet, nun wurde sie weitläufig; zugleich begradigte man die alte Heerstraße, weshalb dem Ort seitdem etwas Starres und Geplantes anhaftet.

Für einen erfreulichen Akzent in der Silhouette sorgte die Windmühle, die in den Jahren 1831 bis 1833 entstand und seitdem als Wahrzeichen Artlenburgs gilt. Vordem war das Dorf dem Mühlenzwang der Lauenburger Windmühle unterworfen. Danach wurde für Artlenburg und Hohnstorf der Zwang der neuen Mühle wirksam. Der erste Müller, Carl Brügmann, war ein Sohn des Müllers in Hittbergen. 1889 brannte die Mühle ab, wurde aber schon im folgenden Jahr wiedererrichtet. Kurze Zeit später war ein Borstelmann Besitzer der Windmühle, dann kamen wieder die Brügmann.

Die Bevölkerungsentwicklung im 20. Jahrhundert verlief sehr ruhig: 827 Einwohner (1900), 1029 (1939), 1068 (1946), 1087 (1964), 1041 (1968), 1098 (1972). Ein Schützenverein existiert seit 1848. 1852 gründete man einen Gesangverein. Eine Freiwillige Feuerwehr gibt es seit 1872. Der Sport- und Turnverein Artlenburg entstand 1875.

Landwirtschaft: 28 Vollerwerbsbetriebe, 21 Nebenerwerbsbetriebe (1971); 21 Vollerwerbsbetriebe, 15 Nebenerwerbsbetriebe (1983). Der Pferdezuchtverein der Artlenburger Elbmarsch und Umgebung vereinigte die Pferdezüchter des Landkreises Lüneburg. Die vielfältigen Aufgaben des Wasserschutzes sowie der Ent- und Bewässerung koordiniert der Artlenburger Deichverband von 1889.

Aspelhorn siehe Soderstorf
Auf dem Kreuz siehe Lüdersburg
Bahnhäuser siehe Scharnebeck

Bardowick

Gemeinde mit 4 289 Einwohnern (1983), Sitz der gleichnamigen Samtgemeinde. Schon vor der Gemeindereform von 1974 bildete Bardowick mit den Ortsteilen Nikolaihof und Vrestorf eine Gemeinde. Ein weiterer Bardowicker Wohnplatz: Bruch. Bardowick verband sich bereits 1969 mit Mechtersen und Vögelsen zur ersten Samtgemeinde des Landkreises Lüneburg.

Das Bardowicker Wappen (um 1600) zeigt in Rot eine dreitürmige silberne Burg; den Torbogen überdeckt ein roter Schild mit drei silbernen Wurzeln. Das Wappen beschreibt den Weg von der mittelalterlichen Stadt zu dem auf Gemüseanbau spezialisierten Flecken.

Der wuchtige Dom Peter und Paul, der sich über Gehöften von Gemüsebauern und verstreuten Läden und Werkstätten erhebt, ist bis auf den Tag die aussagestärkste Quelle der großen Vergangenheit, die der heutige Flecken Bardowick besitzt. Der nur wenige Kilometer unterhalb von Lüneburg an der Ilmenau gelegene Ort war im Mittelalter wirtschaftlich, kirchlich und politisch von überregionaler Bedeutung. Das in Lüneburg gewonnene Salz brachten Bardowicker Kaufleute in alle vier Himmelsrichtungen auseinander. Zur Zeit Karls des Großen erhielt das alte Zentrum des Bardengaus ein Kollegiatstift. Während der Auseinandersetzungen zwischen Heinrich dem Löwen und Kaiser Friedrich Barbarossa war es mitentscheidend, wer Bardowick besaß. Bis zu seiner Zerstörung im Jahre 1189 zählte der Ort zu den wichtigsten Städten Norddeutschlands.

Die heutige St.-Nikolai-Kirche, idyllisch am Ortsrand von Bardowick gelegen, löste Anno 1435 ihre Vorgängerin ab.

Nur zwei der ehemals neun Kirchen sind noch vorhanden. Außer dem Dom steht St. Nikolai, wenn es sich auch nicht mehr um den Baukörper aus dem hohen Mittelalter handelt, sondern um einen 1435 errichteten Neubau. Von St. Viti (1546 Reparaturen) ist ein Holzturm übriggeblieben, außerdem ebenso wie von St. Johannis (1578 oder später Abbruch) und St. Wilhadi (1555 Beschädigungen) der Kirchhof. St. Valerii und Mariani ließ Herzog Ernst der Bekenner 1540 abreißen; die „unleidliche Abgötterey", die dort mit den Reliquien des heiligen Marianus getrieben wurde, veranlaßte den überzeugten Protestanten dazu. „Unser lieben Frauen" mußte 1779 auf Abbruch verkauft werden. St. Fabiani und Sebastiani (1555 Beschädigungen) und St. Stephani sind ebenfalls verschwunden.

St. Nikolai befand sich vor der Zerstörung Bardowicks innerhalb der Stadt. Später lag das in den Besitz Lüneburgs übergegangene Leprosenheim bei Bardowick (*domus leprosorum prope Bardovic*) außerhalb des Orts. Inzwischen ist der Nikolaihof infolge der starken Ausdehnung des Fleckens nach dem Zweiten Weltkrieg rings von bebauter Fläche umgeben. Ehemals selbständige Pfarrkirche — Christoph Pielke hieß der erste lutherische Prediger (vor 1562) —, wurde St. Nikolai schließlich mit der zweiten Pastorenstelle des Doms in Personalunion verbunden. Im Mittelalter hatte die Kirche Besitzungen in Ochtmissen und Bilm (beide Lüneburg).

Kern des heutigen Ortsteils Vrestorf ist das einst landtagsfähige Gut desselben Namens, das sich im Mittelalter in der Hand des Adelsgeschlechts von Vrestorf befand. Der Vrestorfer Zehnte soll dem Stift Bardowick und später Kloster Heiligenthal (Südergellersen) gehört haben. Im Laufe der Jahrhunderte hat das Gut zahlreiche Besitzwechsel erlebt.

Außer als Händler, Fuhrleute und Schiffer waren die Bardowicker schon früh als Erzeuger von Qualitätsgemüse bekannt. In Hamburg besaßen sie für die Lagerung ihrer Produkte einen eigenen Speicher, das Zippelhaus. In einem Vertrag vereinbarten 1604 Hamburg und Bardowick, daß der Flecken künftig in jedem Jahr einen bestimmten Geldbetrag für die Instandhaltung des Zippelhauses aufzubringen hatte.

Die Bardowicker Schiffer sind nach wie vor vereinsmäßig zusammengeschlossen. Der Name allerdings, Verein der Ilmenauschiffer, gibt ein schiefes Bild. Die Bardowicker Schiffe verkehren auf allen deutschen Wasserstraßen. Die Route von Bardowick beziehungsweise Lüneburg nach Hamburg hat ihre Bedeutung verloren. 1961 beging der Verein sein 100jähriges Bestehen. Jedes Jahr wird das Schifferfest gefeiert, wobei die Äldermänner traditionsgemäß Krone und Schürze als Insignien anlegen müssen.

Eine Tradition aus bäuerlichem Geist ist das „Bauernreeken", die Bauernrechnung. Am ersten Sonnabend im Februar wird eine Ratssitzung — der Bardowicker Bürgermeister führt nach wie vor die Amtsbezeichnung Ratmann — nach überlieferter Ordnung abgehalten. Zunächst genehmigt man sich ein ordentliches Frühstück, dann tritt man in die Tagesordnung ein. Auch das Mittagessen wird gemeinsam eingenommen. Nach einem Verdauungsspaziergang geht man zum geselligen Teil über. Ratsmitgliedern, die morgens zu spät kommen, wird die sogenannte Vogelkette umgelegt, woraufhin sie eine Runde ausgeben müssen.

Bei Bauarbeiten im Jahre 1934 stieß man auf die Reste einer Wassermühle, die ehemals auf der Höhe des Nikolaihofes an der Ilmenau lag. Die Bardowicker Windmühle wurde 1813 errichtet; bis dahin hatten die Stadt Lüneburg und das Michaeliskloster den Bau einer Mühle verhindern können. In der zweiten Hälfte des 19. Jahrhunderts wurde eine Dampfmaschine eingebaut, 1910 ein Lokomobile und im Ersten Weltkrieg ein Sauggasmotor.

Die Bardowicker Schützen können voll Stolz darauf hinweisen, daß sie die Tradition der Schützengilde von 1612, der ehemaligen Bürgerwehr des Fleckens, fortsetzen. 1865 entstand ein Gesangverein. Ein Jahr später wurde eine Freiwillige Feuerwehr gegründet. Die Gründungsjahre des Ruder-Clubs „Welle" und des Turn- und Sportvereins „Deutsche Eiche" sind 1894 und 1899. Der Volkstanzkreis trägt die alten, erst im 20. Jahrhundert verdrängten Bardowicker Trachten, wenn er die „Bunten" und „Runden" aus der Elbmarsch vorführt.

Bardowick mit seinen 140 Hausstellen (nach Manecke 108 Bürgerstellen, 28 zum Stift gehörige Häuser und vier weitere Häuser) war Sitz einer Amtsvogtei des Amts Winsen (Luhe). 1852 kam der Flecken ans Amt Lüne, 1885 an den Landkreis Lüneburg.

Die alte Bardowicker Zugbrücke über die Ilmenau mußte 1964 wegen Baufälligkeit abgebrochen werden. Sie kam nach Hagen ins Westfälische Freilichtmuseum technischer Kulturdenkmale. Die neue Stahlbrücke, deren Klappe allein 45 Tonnen wiegt, ist breiter und praktischer.

Die Bevölkerungsentwicklung im 20. Jahrhundert war lebhaft: 2047 Einwohner (1900), 2547 (1939), 3257 (1946), 3615 (1964), 3964 (1968), 4078 (1972).

Landwirtschaft: 113 Vollerwerbsbetriebe, 38 Nebenerwerbsbetriebe (1971); 70 Vollerwerbsbetriebe, 26 Nebenerwerbsbetriebe (1983).

Barendorf

Gemeinde mit 1 102 Einwohnern (1983), Sitz der Samtgemeinde Ostheide. Barendorf bildete schon vor der Gemeindereform von 1974 eine Gemeinde.

Das Barendorfer Wappen (1950) zeigt über blauem, mit sechs goldenden Rosen belegtem Schildfuß einen grünen Erdwall mit zwei grünen Bäumen auf goldenem Grund. Die sechs Rosen erinnern an die sechs alten Höfe des Dorfes, Wall und Bäume an die Neue Landwehr der Stadt Lüneburg (1479 bis 1484 angelegt) in der Barendorfer Feldmark.

Die älteste Erwähnung von Barendorf („Bardentorpe") findet sich in einer Urkunde von 1158: Heinrich der Löwe schenkte das Dorf dem Bistum Ratzeburg. 1291 tauschte das Hochstift seinen Besitz mit dem Herzogshaus gegen drei Chor Salz auf der Lüneburger Saline. Noch im selben Jahr wurde das Dorf an Kloster Lüne verkauft.

In Barendorfs Nähe lagen ehemals die beiden Dörfer Holthusen und Köstorf. Holthusen, in Richtung Neu Wendhausen (Reinstorf), wird noch 1416 erwähnt. 1581 hatten bereits Barendorfer Bauern die Ländereien des wüsten Dorfes unter den Pflug genommen. Sie mußten dafür dem Michaeliskloster, dem Holthusen gehörte, Pacht bezahlen. Köstorf, in Richtung Volkstorf (Vastorf), wurde, nachdem es wüst geworden war, von Bauern aus Barendorf und Volkstorf bebaut.

Kirchlich rechnete Barendorf stets zum Kirchspiel Reinstorf. Die 1965 fertiggestellte St.-Matthäus-Kirche wurde nicht als Pfarrkirche konzipiert, obwohl in ihr Gottesdienste stattfinden sollten. Der moderne Bau beherbergt auch eine Friedhofskapelle. Das älteste Gebäude des Ortes ist das 1784 errichtete Bauernhaus, das später als Gutsinspektorenhaus diente.

Barendorf (nach Manecke sechs Hausstellen) war innerhalb des Amts Lüne Sitz eines Vogtes. 1885 ging die Vogtei Barendorf im Landkreis Lüneburg auf. Das Barendorfer Holz war das größte Gemeindeholz im Amt Lüne. Das Herzogshaus besaß bei Barendorf vier Forsten.

Die Einwohnerzahl ist im 20. Jahrhundert steil angestiegen: 182 (1900), 192 (1939), 349 (1946), 500 (1964), 845 (1968), 839 (1972). 1925 entstand eine Freiwillige Feuerwehr.

1953 wurde auf Gut Barendorf eine „Ländliche Bildungsstätte" eingerichtet, inzwischen Heimvolkshochschule Barendorf.

Seit 1953 bietet Schloß Barendorf dem Lehren und Lernen Raum: Die Heimvolkshochschule konnte hier einziehen.

Landwirtschaft: 3 Vollerwerbsbetriebe, 4 Nebenerwerbsbetriebe (1971); 1 Vollerwerbsbetrieb, 3 Nebenerwerbsbetriebe (1983).

Barförde siehe Hittbergen
Bargmoor siehe Dahlenburg

Barnstedt

Gemeinde mit 682 Einwohnern (1983), Mitgliedsgemeinde der Samtgemeinde Ilmenau. Durch die Gemeindereform von 1974 entstand Barnstedt aus den Gemeinden Barnstedt und Kolkhagen mit Neu Kolkhagen.

Barnstedt

Die Geschichte Barnstedts, des schon im frühen zehnten Jahrhundert nachzuweisenden Ministerialensitzes im Go Bevensen, ist in späteren Jahrhunderten über weite Strecken mit der Geschichte des Ritterguts Barnstedt beziehungsweise des Adelsgeschlechts von Estorff identisch.

Die erste urkundliche Erwähnung dafür, daß die Estorff auf Gut Barnstedt sitzen, liegt für das Jahr 1162 vor. Im Bauerndorf Barnstedt waren außer den Estorff noch die von Oedeme begütert, bis sie im Verlaufe des 14. Jahrhunderts ihre Höfe veräußerten, unter anderem an Kloster Ebstorf.

Erst 1683 wurde das — im 30jährigen Krieg niedergebrannte — Gutshaus wiedererrichtet. Die Gutskapelle von 1576 überdauerte die Kriegswirren. Während das Gut und die Windmühle (1872 Neubau, 1919 Abbruch), de-

Das Gutshaus der von Estorff in Barnstedt überdauerte drei Jahrhunderte. Es wurde nach dem 30jährigen Krieg neuerrichtet.

ren Bewohner in der Kapelle ihren Gottesdienst feierten, nach Embsen eingepfarrt waren — die von Estorff hatten das dortige Patronat inne —, mußten die Bauern in Betzendorf zur Kirche gehen.

In der Napoleonischen Zeit war Barnstedt einer der niedersächsischen Orte, in denen sich der Widerstand gegen die französische Herrschaft formierte. Auf der „Reitbahn" in der Nähe des Dorfes — der Name blieb bis ins 20. Jahrhundert erhalten — bildete Albrecht von Estorff Bauernsöhne zu Husaren aus; 1813 konnten die Estorffschen Husaren in den Befreiungskrieg eingreifen.

Der Zehnte in dem nach Manecke aus elf pflichtigen Hausstellen, Schulhaus, Gut, Mühle und Kapelle bestehenden Dorf gehörte zur Hälfte den Barnstedter von Estorff und zur Hälfte Kloster Lüne, das seinen Anteil 1794 an das Amt Medingen abtrat; Barnstedt rechnete zur Hausvogtei des Amts Medingen, bevor es bei der Ämterregulierung von 1852 zum Amt Lüne und 1885 zum Landkreis Lüneburg kam. Die ausgedehnten Waldungen bei dem Dorf bildeten ehemals eins der Holzgerichte des Gos Bevensen.

Die Bevölkerungsentwicklung im 20. Jahrhundert weist aufwärts: 280 Einwohner (1900), 309 (1939), 677 (1946), 490 (1964), 480 (1968), 410 (1972). Seit 1881 gibt es eine Freiwillige Feuerwehr, seit 1921 den Sportverein Barnstedt.

Landwirtschaft: 7 Vollerwerbsbetriebe, 3 Nebenerwerbsbetriebe (1971); 9 Vollerwerbsbetriebe, 2 Nebenerwerbsbetriebe (1983, neue Gemeinde Barnstedt).

Kolkhagen

Obwohl Kolkhagen der Hausvogtei des Amts Lüne unterstand, war das Amt Ebstorf zehntberechtigt; erst 1759 wurden die Dorf-, Korn-, Flachs- und Fleischzehnten an Lüne übertragen. Unter den ehemals sieben pflichtigen Hausstellen (Manecke nennt außerdem ein Schulhaus) ist die Fuhrhopsche, baulich gesehen, die älteste.

Im 30jährigen Krieg gerieten die Besitzverhältnisse in Kolkhagen derart in Unordnung, daß die Bauern im Juni 1641 gemeinsam die Feldmark begingen, um die Grenzzeichen wieder zurechtzurücken. Nach getaner Arbeit versammelte man sich zu einem Festessen; auch eine Tonne Bier hatte man dazu beschafft.

Bei der Auflösung des Lüner Amtsbezirks 1885 kam Kolkhagen an den Landkreis Lüneburg. Kirchlich gehörte es stets zu Embsen.

Die Einwohnerzahl ist im 20. Jahrhundert stark angewachsen: 136 (1900), 364 (1939), 474 (1946), 427 (1964), 350 (1968), 378 (1972). 1902 entstand eine Freiwillige Feuerwehr.

Landwirtschaft: 6 Vollerwerbsbetriebe, 4 Nebenerwerbsbetriebe (1971).

Barskamp siehe Bleckede

Barum

Gemeinde mit 1 164 Einwohnern (1983), Mitgliedsgemeinde der Samtgemeinde Bardowick. Barum entstand durch die Gemeindereform von 1974 aus den Gemeinden Barum, Horburg mit dem Ortsteil Over und St. Dionys.

Barum

Das erste bekannte Datum für die Geschichte Barums ist das Jahr 1335. Damals verkauften die von dem Berge einen ihrer Barumer Höfe an das Kollegiatstift Bardowick. Zwei weitere Höfe veräußerten sie 1365 an die Kirche St. Fabiani und Sebastiani in Bardowick. Als dritter geistlicher Grundbesitzer im mittelalterlichen Barum ist die Bardowicker St.-Nikolai-Kirche zu nennen.

Warum Barum im Mittelalter einen befestigten Platz besaß, ist ungeklärt. Möglicherweise gehörte der von Wall und Graben umgebene Wachtturm („Borgfrede" oder „borchfrede") zu der benachbarten Horburg. Auf jeden Fall bestand die Anlage bis 1572; damals soll sie von Soldaten in Brand gesteckt worden sein. Zu dieser Zeit befand sich Barum — ebenso wie Bütlingen (Landkreis Harburg) und Brietlingen — im Besitz des Kanzlers Dr. Ludwig Förster.

Kurz darauf (1582) bildete der Herzog aus dem Försterschen Lehen das Amt Bütlingen, das 1617 noch um Lüdershausen (Brietlingen) vergrößert wurde. 1619 hielt es die Landesherrschaft für gut, ihre Zwangsmühle von Bütlingen nach Barum an die Mündung der Neetze in den Barumer See zu legen. Dort war sie für die vier Amtsdörfer besser erreichbar. Der älteste bekannte Müller hieß Peter Flügge (bis 1658). 1792 wurde die Mühle unter dem Pächter Hinrich Christian Brempahl in eine Erbzinsmühle umgewandelt; im selben Jahr fiel der Mühlenzwang. 1826 verkauften die Nachkommen an Carl Pogge, dessen Sohn Johann Christian Franz 1846 den Erbzins ablöste. 1898 gelangte die Mühle in den Besitz der Familie Soltau. Nachdem die alte Bockwindmühle 1928 abgebrannt war, entstand an ihrer Stelle eine Motormühle.

1794 ging Barum, das kirchlich stets zu St. Dionys zählte, zusammen mit dem Amt Bütlingen im Amt Scharnebeck auf. 1852 kam es an das Amt Artlenburg, 1859 an das Amt Lüne und 1885 schließlich an den Landkreis Lüneburg. Ende des 18. Jahrhunderts gab es in Barum (nach Manecke) elf pflichtige Hausstellen, dazu zwei herrschaftliche Erbzinshäuser, nämlich Mühle und Fischerhaus sowie ein Schulhaus. Als die ältesten Gebäude im Dorf gelten der 1771 errichtete Hof Nummer 2

Etwa vier Stunden benötigt man für die zehn Kilometer lange Runde über den 18-Löcher-Golfplatz von St. Dionys.

(Heinrich Brandt) und der 1724 errichtete Hof Nummer 3 (Klaus Soltau).

Die Bevölkerungsentwicklung im 20. Jahrhundert: 244 Einwohner (1900), 235 (1939), 357 (1946), 303 (1964), 308 (1968), 467 (1972). Seit 1902 existiert eine Freiwillige Feuerwehr.

Landwirtschaft: 9 Vollerwerbsbetriebe, 6 Nebenerwerbsbetriebe (1971); 15 Vollerwerbsbetriebe, 9 Nebenerwerbsbetriebe (1983, neue Gemeinde Barum).

Horburg

Erst ein Erlaß des Preußischen Staatsministeriums vom 22. Mai 1931 legte die heute übliche Namensform „Horburg" fest. Davor hatte das Dorf im Laufe der Zeit eine ganze Reihe anderer Namen besessen: Horeborch, Horborch, Dreckharburg oder Dreckhaarburg (so bei Manecke) und Harburg. Auf dem sogenannten Burgberg, in dessen Nähe ehemals die Neetze in die Ilmenau floß — heute mündet etwa 1,5 Kilometer südwestlich des Dorfes der Neetze-Kanal in den Ilmenau-Kanal —, stand im Mittelalter eine welfische Burg. Noch im 16. Jahrhundert besaß Horburg eine eigene, vom Winsener Schloßhauptmann ausgeübte Gerichtsbarkeit; vermutlich ist darin der Rest einer früheren Burgvogtei zu sehen.

1318 wurde Bischof Ludwig von Minden, ein Sohn Ottos des Strengen, mit der Horburg ausgestattet. 1430 verpfändeten die welfischen Herzöge den Platz. Nachdem die Burg — und ebenso ein zu ihr gehöriger Wachtturm in Barum — 1572 zerstört worden war, wurde das Gelände bald von einem Bütlinger Bauern und später von einem Brietlinger Zimmermeister landwirtschaftlich genutzt.

Bis zur Verwaltungsreform von 1852 unterstand Horburg der Amtsvogtei Bardowick des Amtes Winsen (Luhe), fiel dann ans Amt Artlenburg, 1859 ans Amt Lüne und 1885 an den Landkreis Lüneburg.

Manecke nennt 14 pflichtige Hausstellen, außerdem ein Schulhaus.

Kloster Scharnebeck — später das Amt —, das Lüneburger Michaeliskloster, die von dem Knesebeck und die von dem Berge hatten in Horburg verschiedene Besitztitel inne. Kirchdorf ist seit alters St. Dionys.

Die Bevölkerungszahl ist im 20. Jahrhundert mehr oder weniger konstant geblieben: 207 (1900), 168 (1939), 239 (1946), 195 (1964), 195 (1968), 183 (1972). Die Freiwillige Feuerwehr besteht seit 1902.

Landwirtschaft: 12 Vollerwerbsbetriebe, 4 Nebenerwerbsbetriebe.

1860 wurde die Kirche in St. Dionys eingeweiht. Lithographie von damals.

St. Dionys

Nach alter — unüberprüfbarer — Überlieferung wurde die Kirche in St. Dionys 795 von Karl dem Großen gegründet. Darum sei sie auch dem heiligen St. Dionys, dem Schutzpatron des Kaisers, geweiht worden, heißt es.

Fest steht, daß St. Dionysii auf Land des Bardowicker Stifts erbaut wurde und bis in die Reformationszeit eine Filialkirche des Doms in Bardowick blieb. Der erste Geistliche, der St. Dionys als selbständige Pfarrei verwaltete, war der lutherische Pastor Heinrich Schele (für 1543 bezeugt). Die Kirchenbücher reichen nur bis 1853 zurück. Kurz nach diesem Datum wurde St. Dionysii abgerissen (1858) und durch einen Neubau ersetzt. Am 17. Juni 1860 konnte die Einweihung gefeiert werden.

Ebenso wie das Gotteshaus entstand auch das Dorf auf Kirchenland. Vor der Reformation wurden drei Hufner mit Grundstücken des Bardowicker Stifts ausgestattet. Dazu kamen Ende des 18., Anfang des 19. Jahrhunderts zwei Abbauerstellen. Manecke kennt Kirche, Pfarr-, Pfarrwitwen- und Küsterhaus sowie vier pflichtige Hausstellen. Außer der Kirche waren die von dem Berge in St. Dionys begütert.

Das Kirchdorf unterstand der Amtsvogtei Bardowick des Amts Winsen, bis es 1852 dem Amt Artlenburg, 1859 dem Amt Lüne und 1885 dem Landkreis Lüneburg beigelegt wurde. Als die ältesten Gebäude gelten die Häuser von Fehlhaber (etwa 1650) und Brackelmann (vermutlich 1662). Stolz sind die Einwohner von St. Dionys auf zwei guterhaltene Rauchhäuser. Sogar Ziehbrunnen sind noch vorhanden, einer davon ganz intakt.

Die Bevölkerungszahl hat sich im 20. Jahrhundert verdoppelt: 93 (1900), 128 (1939), 206 (1946), 187 (1964), 203 (1968), 246 (1972). 1951 bildete man eine Freiwillige Feuerwehr.

Landwirtschaft: 1 Vollerwerbsbetrieb, 3 Nebenerwerbsbetriebe (1971).

Bavendorf siehe Thomasburg
Becklingen siehe Dahlenburg
Bennerstedt siehe Scharnebeck
Bethen siehe Oldendorf (Luhe)

Betzendorf

Gemeinde mit 900 Einwohnern (1983), Mitgliedsgemeinde der Samtgemeinde Amelinghausen. Betzendorf entstand durch die Gemeindereform von 1974 aus den Gemeinden Betzendorf mit dem Ortsteil Holtorf, Drögennindorf, Glüsingen mit dem Ortsteil Hohenesch und Tellmer.

Betzendorf

Älter noch als die alte Buche in Kirchnähe, die als Wahrzeichen des Ortes gilt, ist die Siedlung „Besehehusen". Ganz sicher existierte sie bereits im 13., unter Umständen schon im 12. Jahrhundert.

Die von Oedeme hatten in Betzendorf für diesen Ort und Drögennindorf ein Patrimonialgericht, eines der Sondergerichte im Go Oldenbrügge. Ende des 15. Jahrhunderts war das Gericht in den Besitz des Lüneburger Michaelisklosters und des Winsener Vogts übergegangen; der herzogliche Beamte fungierte als „mederichter to Betzendorp". In der ersten Hälfte des 18. Jahrhunderts lag die Gerichtshoheit ausschließlich beim Amt in Winsen (Luhe). In den Jahren 1753/54 wurde sie ans Michaeliskloster abgetreten.

1341 schenkte Heinrich von Oedeme die den Heiligen Peter und Paul geweihte Betzendorfer Kirche Kloster Lüne; vermutlich war sie kurz zuvor entstanden. Der aus Findlingen errichtete Turm ist noch der romanischen Stilepoche zuzurechnen; das Kirchenschiff ist gotisch. Das heutige Pfarrhaus stammt aus dem Jahre 1586. Es ist neben der Kirche das älteste Gebäude des Dorfes. Kirchenbücher sind ab 1663 vorhanden.

Der Dorfzehnte war, zumindest zeitweise, beim Amt Scharnebeck, das ihn 1794 dem Amt Lüne abtrat. Das Holzgericht über das Betzendorfer Holz hatte St. Michaelis inne.

Das ehemalige Dorf Hillersbüttel gehörte der Betzendorfer Kirche. Als der Ort wüst geworden war und seine Feldmark von Bauern aus Glüsingen und Tellmer bebaut wurde, erhielt St. Peter und Paul noch immer den althergebrachten Jahreszins. Der einstellige Hof Holtorf war, ebenso wie Betzendorf, der Gerichtsbarkeit des Michaelisklosters unterworfen; das Kloster besaß auch den Zehnten.

Betzendorf mit seinen 14 pflichtigen Hausstellen — außerdem Kirche, Pfarr-, Pfarrwitwen- und Küsterhaus (nach Manecke) — war Bestandteil der Hausvogtei des Amts Lüne und kam 1885 an den Landkreis Lüneburg. Ehemals wurde in dem Dorf am Sonntag Quasimodogeniti ein Jahrmarkt abgehalten.

Betzendorf hatte während des 20. Jahrhunderts eine merkliche Bevölkerungszunahme: 293 Einwohner (1900), 303 (1939), 636 (1946), 380 (1964), 414 (1968), 420 (1972). 1902 wurde eine Freiwillige Feuerwehr gegründet. 1921 entstand der Turn- und Sportverein „Hertha" Betzendorf. Seit 1925 gibt es einen Schützenverein.

Landwirtschaft: 9 Vollerwerbsbetriebe, 8 Nebenerwerbsbetriebe; 19 Vollerwerbsbetriebe, 18 Nebenerwerbsbetriebe (1983, neue Gemeinde Betzendorf).

Drögennindorf

Obwohl an der vielbefahrenen Straße Lüneburg—Amelinghausen gelegen, ist Drögennindorf doch ein kleines Bauerndorf geblieben. Kirchlich gehört es zu Betzendorf. Politisch zählte es bis 1852 zur Amtsvogtei Amelinghausen des Amts Winsen und wurde dann dem Amt Lüne zugeschlagen, mit dem es 1885 an den Landkreis Lüneburg kam. Mitte des 15. Jahrhunderts gab es neun Höfe in Drögennindorf. Manecke nennt nur sechs Hausstellen. Die ältesten drei Bauernhäuser stehen länger als hundert Jahre.

Die Bevölkerungszunahme war durch die gute Lage zu Lüneburg bedingt: 87 Einwohner (1900), 140 (1939), 316 (1946), 236 (1964), 228 (1968), 225 (1972). 1925 wurde eine Freiwillige Feuerwehr gegründet.

Landwirtschaft: 8 Vollerwerbsbetriebe, 2 Nebenerwerbsbetriebe (1971).

Glüsingen

Im Mittelalter zum Verband der Vogtei Bienenbüttel gehörig, unterstand Glüsingen seit der Reformation dem Amt Medingen und seit der Verwaltungsreform von 1852 dem Amt Lüne; 1885 kam es an den Landkreis Lüneburg. Zehntberechtigt war das Lüneburger Michaeliskloster. Kirchort ist Betzendorf. Noch sind Gebäude aus dem 17. Jahrhundert vorhanden (nach Manecke fünf Hausstellen). Die Feldmark des wüsten Dorfes Hillersbüttel auf — heute — Betzendorfer Boden wurde teilweise von Glüsinger Bauern bewirtschaftet, wofür St. Peter und Paul in Betzendorf der Jahreszins zustand.

Die Bevölkerungszahlen für das 20. Jahrhundert: 60 (1900), 66 (1939), 142 (1946), 86 (1964), 74 (1968), 57 (1972). 1951 kam es zur Gründung einer Freiwilligen Feuerwehr.

Landwirtschaft: 4 Vollerwerbsbetriebe, 2 Nebenerwerbsbetriebe (1971).

Tellmer

Verwaltungsmäßig und kirchlich war Tellmer die längste Zeit seiner Geschichte nach Ebstorf und Hanstedt I orientiert, Gemeinden, die heute im Landkreis Uelzen liegen. Erst bei der Auflösung des Amts Ebstorf (1859) kam Tellmer ans Amt Lüne, um dann 1885 im Landkreis Lüneburg aufzugehen. Aus dem Kirchspiel Hanstedt wechselte der Ort in die Pfarrei Betzendorf über. Manecke nennt für Tellmer acht pflichtige Hausstellen und ein Schulhaus.

Wuchtiger Zeuge des Mittelalters:
St. Peter und Paul zu Betzendorf.

Als ältestes Gebäude gilt das Maacksche Haus. Seit Jahrhunderten bereits gehört die Feldmark des vermutlich schon im 14. Jahrhundert wüst gewordenen Dorfes Hillersbüttel zu Tellmer. Angeblich soll das ursprünglich drei Höfe zählende Hillersbüttel von zwei Wanderburschen angesteckt worden sein, die sich über die Hartherzigkeit der Dorfbewohner geärgert hatten. Eine andere Mutmaßung macht kriegerische Ereignisse für die Zerstörung verantwortlich. Zwei der — bereits wüsten — Hofplätze gelangten Ende des 15. Jahrhunderts in den Besitz von Kloster Medingen und gingen Anfang des 16. Jahrhunderts durch Kauf an die Betzendorfer Kirche über.

Die Bevölkerungsentwicklung im 20. Jahrhundert: 164 Einwohner (1900), 313 (1939), 411 (1946), 226 (1964), 237 (1968), 194 (1972). 1926 entstand eine Freiwillige Feuerwehr.

Landwirtschaft: 12 Vollerwerbsbetriebe, 2 Nebenerwerbsbetriebe (1971).

Bilm siehe Lüneburg
Birkenhof siehe Dahlenburg

Bleckede

Stadt mit 7 966 Einwohnern (1983), durch die Gemeindereform von 1974 aus der Stadt Bleckede (mit Alt Wendischthun, Bleckeder Moor, Heisterbusch, Kleinburg, Sandbergen, Von Estorffs Acker, Vorbleckede, Wendisch Bleckede) und folgenden Gemeinden entstanden: Alt Garge, Barskamp mit dem Ortsteil Schieringen, Brackede, Breetze, Garlstorf, Garze, Göddingen mit dem Ortsteil Nindorf, Karze mit dem Ortsteil Vogelsang, Radegast, Rosenthal, Walmsburg mit dem Ortsteil Bruchdorf und Wendewisch mit dem Ortsteil Grünendeich; dazu kam noch Reeßeln, bis dahin Ortsteil von Katemin. Die innerdeutsche Grenze schnitt auf dem rechten Elbufer den Ortsteil Neu Bleckede mit 28 Häusern ab (1 096 Hektar).

Bleckede

Der rotbewehrte blaue Löwe in Gold mit roter Mauerkrone — so das schon viele Jahrhunderte alte Bleckeder Wappen, das 1949 offiziell genehmigt wurde — weist auf die welfischen Traditionen des Elbstädtchens hin. Anläßlich der 700-Jahr-Feier, die vom 27. bis zum 29. August 1909 mit Glanz und Gloria gefeiert wurde, gaben die Bleckeder in einem großen historischen Festzug einen gut gerafften Überblick über ihre Ortsgeschichte.

Ein Festwagen stellte dar, wie Herzog Wilhelm am 28. August 1209 die Stadt an der Elbe gründete. Der nächste Wagen schildete die Verleihung der Stadtrechte durch Herzog Otto den Strengen im Jahre 1310. Und weiter ging's im Geschwindschritt durch die Epochen: Bleckedes Satebrüder unterstützen im 14. Jahrhundert die Stadt Lüneburg; der Ort ist verpfändet, und der Pfandinhaber liegt mit einem Konkurrenten in Fehde; Herzogin Dorothea vom Winsener Schloß löst 1600 das Pfand ein; kaiserliche und dänische Truppen verheeren im 30jährigen Krieg den strategisch wichtigen Platz an der Elbe; deutsche und französische Soldaten kämpfen 1813 in der Schlacht an der Göhrde. Der achte Wagen im Festzug schließlich stellte in allegorischen Figuren „Bleckedia" dar — die Stadt, in der Gewerbe, Landwirtschaft und Fischerei blühten.

Fast unnötig zu sagen, daß man im August 1909 auch sonst noch einiges auf die Beine stellte. Dragoner aus Parchim und Ludwigslust sowie die Dömitzer Musikschule spielten zu Promenadenkonzerten auf. Einheimische Chöre intonierten Liedvorträge. 5000 Menschen sahen ein historisches Festspiel. Der Bleckeder Superintendent erflehte Gottes Segen für das achte Jahrhundert der Stadtgeschichte. Die Glocken von St. Jacobi läuteten. Man trank Bier und tanzte. Eine kleine Stadt freute sich für drei Tage ihrer großen Vergangenheit.

Sichtbarlich übriggeblieben war außer Urkunden und anderen vergilbten Papieren nicht allzu viel von dem 700jährigen Gang der Geschichte. Die eindrucksvollsten Wahrzeichen der Stadt waren — und sind — das Schloß und

Friedrich Wilhelm Kücken
(1810 in Bleckede geboren).

Carl Peters
(1856 in Neuhaus geboren).

Auguste von der Decken
(1828 in Bleckede geboren).

Gustav Schwantes
(1881 in Bleckede geboren).

In dem 1983 eröffneten Heimathaus an der Lauenburger Straße wird die Bleckeder Geschichte dokumentiert.

die unmittelbar benachbarte Ruine eines Turmes der ehemaligen Burganlage. In der Stadt selbst erinnerten — und erinnern — insbesondere die Häuser Schloßstraße 3 und 11 aus dem 17. Jahrhundert an vergangene Zeiten.

Der alte Amtsort an der Elbe war 1885 Sitz eines preußischen Landkreises geworden, und es schien so, als ob die Stadt auch künftig der Verwaltungsmittelpunkt für die Bleckeder Marsch und das auf der anderen Seite der Elbe gelegene Amt Neuhaus bleiben würde. Aber es kam anders. Bei der Verwaltungsreform von 1932 schlug man Bleckede dem Landkreis Lüneburg zu. Der Elbort war nicht mehr Kreisstadt. In vielen Lebensbereichen wirkte sich die Einbuße ungünstig aus. Sein Amtsgericht blieb Bleckede bis in die 70er Jahre erhalten.

Kirchlich behauptete Bleckede seine traditionelle Bedeutung. Das erste Pastorat an St. Jacobi ist zugleich Superintendentur. Zum Bleckeder Aufsichtsbezirk zählen die Kirchspiele Barskamp, Dahlenburg, Lüdersburg, Nahrendorf und Neetze. 1966 wurde der Bleckeder Kirchenkreis um sieben Pfarreien vergrößert: Artlenburg, Echem, Hittbergen, Reinstorf, St. Dionys, Scharnebeck und Thomasburg.

Die Jacobikirche ist für das Jahr 1272 zuerst bezeugt; damals gewann das welfische Herzogshaus das Patronat über die Kirche. Der erste lutherische Prediger, 1534 greifbar, war Carsten Eickenrodt. Die Bleckeder Kirchenbücher reichen bis 1682 zurück.

„Die Kirche ist in sehr schlechtem Zustande", schreibt Mitte des 18. Jahrhunderts Pastor Bartholomäus Georg Wilhelm Hoppe, „daß weder der Pastor vor dem Altar und auf der Kanzel und im Beichtstuhl noch andere Leute in ihren Stühlen bei bösem Wetter fürm Regen nicht trucken stehen können." 1765 wurde die Kirche abgebrochen. In den beiden folgenden Jahren erstand sie neu. Am 23. November 1767 war die Einweihung. Aus der alten Kirche übernahm man die Kanzel und das Taufbecken, die um 1600 der Bleckeder Amtmann Fritz von dem Berge gestiftet hatte. Auch das spätgotische Triumphkreuz zog mit um.

Nach einem Brand im Jahre 1666 mußte das Bleckeder Pfarrhaus wiedererrichtet werden. 1740 war das Gebäude baufällig. 1742 stand das dritte Pfarrhaus. Nach dem Zweiten Weltkrieg wurde 1953 eine zweite Pfarrstelle eingerichtet.

Neben St. Jacobi bestand bis tief in die Neuzeit hinein das kirchliche Hospital St. Georg, das als Altenwohnheim diente. Es handelt sich um eine landesherrliche Stiftung, der unter anderem von den Gütern Horndorf (Tosterglope) und Neetze Abgaben zustanden.

Nach dem Zweiten Weltkrieg hat sich der im November 1955 gegründete Kultur- und Heimatkreis für Bleckede und Umgebung sehr aktiv dafür eingesetzt, daß in dem Elbstädtchen Theatergastspiele, Konzerte und Vorträge veranstaltet wurden. Unter der energievollen Leitung von Richard Brick richtete der Verein 1959 die 750-Jahr-Feier würdig aus. 1963 gelang es den gezielten Bemühungen der rund 300 Mitglieder, im Schloß eine Heimathalle zu eröffnen — ein intimes Heimatmuseum. Inzwischen konnte das Museum in das Heimathaus an der Lauenburger Straße umziehen (1983).

Hervorragenden Anteil daran, daß Bleckede Zentrum blieb, hatte auch die „Bleckeder Zeitung". 1878 gründeten Carl Grosse und sein Sohn Robert in dem benachbarten rechtselbischen Flecken das „Neuhauser Wochenblatt". 1886, ein Jahr nach der Einrichtung des Kreises Bleckede, siedelte das Blatt nach Bleckede über und hieß von nun an „Bleckeder Zeitung". 1933 ging der Betrieb an die Familie Schötteldreyer über, die ihre Zeitung seit 1949 dreimal die Woche erscheinen läßt.

Bleckedes Geschichte ist weithin die Geschichte der Bleckeder Vereine. Auf die längste Tradition können die Schützen zurückblicken. Schon im 16. Jahrhundert veranstaltete der Magistrat regelmäßig Scheibenschießen, wie Kämmereirechnungen aus jener Zeit belegen. Das Interesse der Stadt war klar: Die Bürger sollten mit der Waffe umgehen können, damit sie im Verteidigungsfall herangezogen werden konnten. Erst nach Einführung der allgemeinen Wehrpflicht erhielt das Schützenwesen seinen heutigen sportlichen Akzent.

Nachdem sich am 2. März 1884 die Schützengilde Bleckede gebildet hatte, löste sich die bestehende Schützengesellschaft auf. Fast bis zu diesem Zeitpunkt war Bleckedes Schützenkönig für das Jahr seiner Regentschaft von allen städtischen Steuern befreit und bezog zudem eine Prämie in Höhe von 25 Talern.

Die Gilde baute für ihre Schützenfeste zunächst jedes Jahr Schießstand und Trinkzelt auf. Erst 1928/29 errichtete sie einen festen Schießstand; er erhielt fünf Bahnen und wurde 175 Meter lang. 1936 kam dazu noch ein 50 Meter langer Kleinkaliberstand.

Auch die Bleckeder Sänger haben eine über 100jährige Geschichte vorzuweisen. 1844 entstand die „Liedertafel". Sänger, die ihr den Rücken gekehrt hatten, gründeten 1879 den Männergesangverein „Harmonie". 1884 verschmolzen beide Vereine zu der „Liedertafel Harmonie", aber der Bund hielt nicht lange.

Die „Harmonie" sah stets ihre vornehmste Aufgabe darin, das Erbe des aus Bleckede gebürtigen Komponisten Friedrich Wilhelm Kücken zu pflegen. Man veranstaltete Sängerfeste — darunter 1913 und 1923 Kreissängerfeste —, man feierte die Jubiläumszahlen, man traf sich zu den Übungsabenden und vielen gesellschaftlichen Ereignissen. 1953 wurde dem MGV „Harmonie" ein Frauenchor angeschlossen.

1862 erhielt Bleckede einen Männer-Turn-Verein. 1912 wurde daneben der „Bleckeder

Sportklub“ als reiner Fußballverein gegründet. Nach dem Zweiten Weltkrieg schlossen sich beide Vereine zum Verein für Leibesübungen (VfL) zusammen (1948).

Schon bevor 1874 in Bleckede eine Freiwillige Feuerwehr gegründet wurde, hatte es in der Elbstadt weder an Bränden noch an Bürgern gefehlt, die bereit waren, es mit dem Roten Hahn aufzunehmen. Schreckliche Feuersbrünste überliefert die Ortsgeschichte. Im 30jährigen Krieg brannte das Städtchen mehrfach ab. 1666 wüteten zwei Großfeuer. Auch 1669, 1670, 1674, 1676 und 1678 färbten verheerende Brände den Marschenhimmel blutrot; bei dem letzten Feuer brannten 59 Häuser ab.

Das Großfeuer am 1. Mai 1874 in der Schloßstraße war der Anlaß, daß die Bleckeder Bevölkerung eine Unterschriftensammlung in Gang brachte, um beim Lüneburger Regierungspräsidenten die Bildung einer „Freiwilligen Feuerlöschschar“ zu beantragen. Schon am 10. Mai erfolgte die Gründung. Mehr als 100 Bürger hielten sich von nun an unter ihrem ersten Hauptmann, Klinge, bereit, im Ernstfall in Aktion zu treten. Bis dahin hatte die Lüneburger Feuerordnung recht und schlecht geregelt, was die einzelnen Bürger bei Feuer zu tun hatten.

Die Freiwillige Feuerwehr bekam Schläuche, einen Schlauchwagen und sogar eine neue Spritze. Nach und nach wurde sie immer leistungsfähiger. 1930 traf eine Motorspritze ein, 1937 ein als Mannschaftswagen zu benutzender Lkw. 1956 wurde ein neues Gerätehaus fertiggestellt, 1958 errichtete man einen Trockenturm — vergessen war die Zeit, da man den Turm von St. Jacobi durch Feuerwehrschläuche geziert hatte.

Große Wirkungen auf die Pferdezucht und den Reitsport in der Bleckeder Marsch übte der 1927 ins Leben gerufene Reit- und Fahrverein Bleckede aus.

Im 20. Jahrhundert unternahm Bleckede Anstrengungen, Industriebetriebe anzusiedeln. Die traditionellen Erwerbszweige des Städtchens sind Handwerk und Landwirtschaft. Fast alle Handwerkssparten entfalteten sich in dem alten Verwaltungsmittelpunkt. Wichtig waren die Müller und die Fischer.

Ende des 16. Jahrhunderts ließ der Bleckeder Amtmann Fritz von dem Berge eine Schiffsmühle bauen; sie schwamm im Elbstrom und nutzte die natürliche Wasserkraft. Am Ufer unweit des Deiches stand zu dieser Zeit bereits eine Windmühle. Beide Mühlen gehörten den Herzögen und waren Zwangsmühlen für Bleckede und Umgebung.

1752 traf ein Blitz die Windmühle. Da der Müller Johann Christian Dieckmann sie auf eigene Kosten wiederaufbaute, war die Landesherrschaft bereit, sie ihm gegen Erbzins zu überlassen. 1824 ging die Mühle an Friedrich Wilhelm Stolzer über.

Der Fischreichtum der Oberelbe bildete für viele Bleckeder jahrhundertelang eine sichere Erwerbsgrundlage. Erst im 20. Jahrhundert änderte sich die Situation. Bleckedes Beziehung zur Elbe hieß nun nicht mehr Fischfang, sondern Binnenschiffahrt. Der im Jahr 1900 gegründete Schiffer- und Fischerverein Bleckede und Umgebung führt das „Fischer“ heute nur noch traditionellerweise in seinem Namen.

Im Gründungsjahr standen 13 Fischern elf Schiffer und zwei Fährleute gegenüber. 1945 mußte der Fährmann Heinrich Rehbein infolge der Zonengrenzziehung den Fährbetrieb einstellen. Mit der Elbfischerei war es vorbei, als 1959 Wilhelm Heimlich, Bleckedes letzter Berufsfischer, in der Elbe ertrank. Sein Erbe traten die Sportfischer an.

Die Geschichte der Bleckeder Schiffahrt beginnt 1875. Damals kaufte sich Christoph Köpke einen sogenannten Jeetzelkahn und nahm den Güterverkehr zwischen Bleckede und Hamburg auf. Es dauerte 15 Jahre, bis sich ein zweiter Bleckeder, Wilhelm Nürnberg, dazu entschloß, als Schiffer seinen Verdienst zu suchen. Lange Zeit blieben die Bleckeder der Elbe treu. Als nach dem Zweiten Weltkrieg der

Die Grabsteine auf dem Bleckeder Judenfriedhof bezeugen, daß auch in der Elbmarsch ehedem Israeliten zu Hause waren.

Eiserne Vorhang niedergegangen war, wechselten sie in die westdeutschen Wasserstraßen über.

Bis ins 20. Jahrhundert hinein klebte eine Reihe selbständiger Ortschaften an dem eigentlichen Bleckede. Manecke nennt für Bleckede 61 pflichtige und 19 freie Hausstellen, für Vorbleckede 66 (davon 35 in Kleinburg), für Alt Wendischthun 28 und Wendisch Bleckede 17; dazu kam noch das Vorwerk Sandbergen. Überall dominierte das bäuerliche oder ackerbürgerliche Element.

1900 setzte sich die Bevölkerung so zusammen: 770 Menschen wohnten in Bleckede, 497 in Vorbleckede, 469 in Kleinburg und 447 in Wendisch Bleckede; die Orte „von Estorffs Acker" und Heisterbusch zählten 150 beziehungsweise sieben Einwohner. Das waren insgesamt 2340 Menschen. Aber selbst das 20. Jahrhundert, das eine mäßige Bevölkerungsentwicklung und die Eingemeindung der aufgeführten Orte in Bleckede brachte, änderte nur sehr langsam etwas an der ländlichen Struktur.

Der am 2. Mai 1967 gegründete Fremdenverkehrsverein Bleckede und Umgebung setzte die Arbeit seines bis 1939 wirksam gewesenen Vorgängers fort. Neue Impulse gaben der Verkehrsverein Bleckede und zuletzt die Werbegemeinschaft Bleckede.

Das Schloß erhielt neue Aufgaben mit dem Einzug der Heimvolkshochschule Barendorf und der Ausrichtung des „Musikalischen Frühlings Schloß Bleckede" (seit 1976); die Remise auf dem Schloßhof wurde in eine Künstlerstätte mit drei Ateliers umgebaut (1979).

Die Bevölkerungsentwicklung: 2635 Einwohner (1939), 3985 (1946), 3944 (1964), 3863

(1968), 3 772 (1972). In der letzten Einwohnerzahl sind die Neubürger im Bleckeder Moor enthalten.

Landwirtschaft: 22 Vollerwerbsbetriebe, 62 Nebenerwerbsbetriebe (1971); 98 Vollerwerbsbetriebe, 119 Nebenerwerbsbetriebe (1983, neue Stadt Bleckede).

Alt Garge

Als sich Alt Garge 1966 ein Wappen entwerfen ließ, geriet der beauftragte Heraldiker in Verlegenheit. Die Historie des Ortes Garge — bei einer Verlegung des Elbbettes im 18. Jahrhundert trennte sich Neu Garge ab — hat wenig Bemerkenswertes zu bieten, bis in der Mitte des 20. Jahrhunderts eine stürmische Entwicklung einsetzte. Der Heraldiker zeichnete über zwei Lagen silberner Sandsäcke einen silbernen Flechtzaun und ordnete darüber in Blau einen silbernen Wellenbalken an. In den oberen Teil des Wappens brachte er ein goldenes Maschinenzahnrad mit zwei goldenen Blitzen hinein. So waren die beiden wichtigsten Momente der Ortsgeschichte berücksichtigt: der Jahrhunderte währende Kampf der Bauern und Fischer gegen die Elbe und der Bau des Großkraftwerks der Hamburgischen Electricitätswerke, wodurch sich rasch die Bevölkerung und der Wohlstand mehrten.

27 pflichtige Hausstellen, ein Schulhaus und eine Fähre gibt Manecke für Alt und Neu Garge an. Beide Dörfer zählten zur Hausvogtei des Amts Bleckede, seit 1885 zum Landkreis Bleckede und seit 1932 zum Landkreis Lüneburg. 1945 wurde Neu Garge durch die innerdeutsche Grenze abgetrennt.

Die ältesten Gebäude Alt Garges stammen aus den Jahren 1733 und 1765. Seit eh und je war der Ort nach Barskamp eingemeindet. Daran änderte sich auch nichts, als 1957 die Erlöser-Kapelle gebaut wurde.

Der Männergesangverein Waldfrieden geht auf das Jahr 1922 zurück. 1948 entstand der Fußballclub Alt Garge, 1953 eine Freiwillige Feuerwehr.

Im Jahr 1900 betrug die Einwohnerzahl 208. 1939 wohnten 302 Menschen in Alt Garge. Nach 1945 schnellte die Ziffer steil in die Höhe. Noch während des Krieges begannen die Hamburgischen Electricitätswerke in Alt Garge ein Großkraftwerk zu bauen, das dazu beitragen sollte, die immer stärker durch den Luftkrieg gefährdete Stromversorgung Hamburgs sicherzustellen. Erst im Juli 1946 konnte der Betrieb aufgenommen werden. In diesem Jahr belief sich die Einwohnerzahl auf 670. Viele Flüchtlinge waren darunter — und die Flüchtlinge blieben. Das Kraftwerk bot Arbeitsplätze. Andere Industrieunternehmen gesellten sich dazu. Alt Garges Wachstum hielt an. Bis 1964 kletterte die Einwohnerzahl auf 1 008 hinauf; 1968: 1 052, 1972: 1 086.

In der jüngsten Phase der Geschichte der Elbufergemeinde faßte die „weiße Industrie“ Fuß. Im Vertrauen auf die anmutig bewegte Landschaft und die eigene Tatkraft gründeten 14 Alt Garger 1963 einen Fremdenverkehrsverein. Außer den landschaftlichen Reizen der Umgebung erwies sich das für 1,35 Millionen Mark gebaute Waldbad als Magnet. Enthusiastisch lobten Hamburger das Bad als das „Wunder von Alt Garge“.

Am 13. März 1967 vollzog der niedersächsische Innenminister, Otto Bennemann, in Alt Garge die Grundsteinlegung für das fünfte Kinderdorf des Albert-Schweitzer-Familienwerks Uslar.

Landwirtschaft: 3 Vollerwerbsbetriebe, 6 Nebenerwerbsbetriebe (1971).

Barskamp

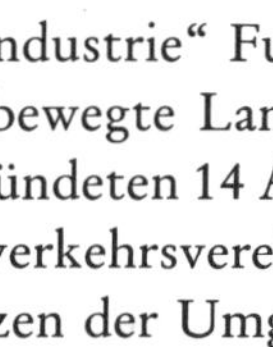

Der Rundturm der Kirche und die Gerichtslinde davor sind

Das Waldbad Alt Garge lockt schon seit vielen Jahren Erholungsuchende aus nah und fern an.

die beiden Wahrzeichen Barskamps; sie weisen auf das Kirchspiel und die Vogtei. Das gespaltene Wappen (1966) zeigt links in Gold eine halbe grüne Linde, rechts in Blau einen silbernen Turm hinter silberner Feldsteinmauer.

Wie alt der Ort wirklich ist, weiß man nicht. Ob die Kirche schon um die Mitte des zehnten Jahrhunderts zur Zeit Hermann Billungs erbaut wurde, läßt sich schwerlich noch nachprüfen. Die erste urkundliche Erwähnung der Siedlung liegt für das Jahr 1209 vor („Barscam").

Vom 12. bis ins 16. Jahrhundert soll in „Barscampe" oder „Barschamp" ein Adelsgeschlecht desselben Namens ansässig gewesen sein. Begütert waren außerdem die Grafen von Dannenberg, die 1281 die Zehnten von vier Barskamper Höfen an Kloster Medingen veräußerten, und die von Thune, die 1319 und 1414 Barskamper Grundbesitz verkauften.

Bis in die Gegenwart ist die Barskamper St.-Vitus-Tradition lebendig geblieben. Die Kirche war einst dem Märtyrer St. Vitus aus der Zeit des römischen Kaisers Diokletian geweiht worden. So hielt sich der Veitstag (15. Juni) als wichtigstes Datum: um die Juni-Mitte Vieh- und Krammarkt sowie Schützenfest, am Vorabend, dem „Vitsmarkt-Heiligabend", Kommers der Schützen.

Zum Kirchspiel Barskamp zählten bis zur deutschen Teilung auch die rechtselbischen Dörfer Neu Garge (Bobzin), Stiepelse und Viehle. Das heutige Kirchengebäude entstand bei einem Umbau in den Jahren 1768/69. Der erste namentlich bekannte Geistliche — für 1534 bezeugt — war Johann Wiganth. Die Kirchenbücher reichen bis 1662 zurück. 1963 errichtete die Gemeinde ein neues Pfarrhaus.

Östlich der Feldmarken von Barskamp und Göddingen lag ehemals das 14 Höfe große Dorf Bargdorf. Schon im 30jährigen Krieg war es nicht mehr vorhanden. Der Überlieferung nach wurde es von Schiffern, die mit den Bewohnern verfeindet waren, angezündet. Die Obdachlosen verteilten sich auf die beiden Nachbardörfer und bewirtschafteten von dort ihre Felder. Die Bargdorfer Zehntleistungen gehörten je zur Hälfte dem Lüneburger Michaeliskloster und Gut Horndorf (Tosterglope); das Gut leistete von seinem Anteil eine Abgabe an das Bleckeder Stift St. Jürgen. 1699 wurde Magnus Hans von Wittorf, dem Horndorfer Gutsherrn, sein Bargdorfer Zehntrecht bestätigt. Im 14. Jahrhundert waren die von Molzen, die von Schack und die von Dannenberg zehntberechtigt. Die von Thune verkauften damals in Bargdorf Grundbesitz.

Barskamp (nach Manecke 39 pflichtige Hausstellen, darunter eine mit Bier- und Branntweingerechtigkeit, ein Haus für den Vogt sowie Pfarr-, Pfarrwitwen- und Küsterhaus) war innerhalb des Amts Bleckede Sitz eines Vogts. 1885 kam es an den Landkreis Bleckede, 1932 an den Landkreis Lüneburg. 1924 brannte die (Manecke unbekannte) Barskamper Windmühle ab.

Überragende Bedeutung für den Barskamper Raum hat seit eh und je der Barskamper Wald, der nach dem in ihm gelegenen Forsthof Schieringen — ehemals ein mit einer Schäferei verbundenes herrschaftliches Vorwerk — auch als Schieringer Forst bezeichnet wird. Die Verlegung der Vogtei von Walmsburg nach Barskamp könnte möglicherweise forstwirtschaftliche Gründe gehabt haben. Die erste bekannte urkundliche Erwähnung des Waldes geschieht 1503. Wichtig wurde das Jahr 1820; damals teilte die Landesherrschaft den Forst folgendermaßen auf: Außer der Königlichen Kammer und dem Barskamper Pastor erhielten die Dörfer Barskamp, Göddingen (Bleckede), Alt Garge (Bleckede), Neu Garge (Bobzin), Walmsburg (Bleckede), Bruchdorf (Bleckede), Katemin (Landkreis Lüchow-Dannenberg), Tosterglope, Gut Horndorf (Tosterglope), Quickborn (Dahlenburg), Dahlem, Harmstorf (Dahlem) und Köstorf (Dahlem) Teile des Waldes. Der 16. Forstberechtigte wurde Franz Jürgen Meyer in Buendorf (Dahlenburg). Trotz der Aufteilung

Die Kirche zu Barskamp, dem Märtyrer St. Vitus geweiht,
ist das Zentrum des Dorfes geblieben.

behielt Hannover überall die forstliche Hoheit und die Gerichtsbarkeit.

Heute ist es vorwiegend der Fremdenverkehr, der dem Schieringer Forst seine Bedeutung zuweist, zumal der Wald in seinen Hünengräbern und im Opferberg attraktive Anziehungspunkte enthält. Barskamp selbst besitzt außer der Kirche eine Reihe schöner alter Höfe.

Die Bevölkerungsentwicklung im 20. Jahrhundert: 607 Einwohner (1900), 604 (1939), 1026 (1946), 815 (1964), 800 (1968), 787 (1972). 1854 wurde die Freiwillige Feuerwehr Barskamp gegründet, 1860 der Turn- und Sportverein Barskamp-Göddingen.

Landwirtschaft: 16 Vollerwerbsbetriebe, 31 Nebenerwerbsbetriebe (1971).

Brackede

Zu Brackedes Geschichte gehören mehrere bekannte Namen. In dem kleinen Elbdorf bildete Herzog August 1636 ein Gut mit Landtagssitz und verlieh es an Johannes Hermanns, der dafür Abgaben an das Amt Bleckede zu leisten hatte. Noch im 17. Jahrhundert erhielt Gut Brackede viermal neue Besitzer, darunter Rittmeister Heinrich Lüer, Amtsschreiber Jürgen von Olshausen und die von Spörcken. Im 18. Jahrhundert kam der Gutshof, auf dem 1687 ein standesgemäßes Herrenhaus errichtet worden war, an Marschvogt Johann Otto Jens.

Die Fähre, die ehemals bei Brackede die Elbe überquerte, befand sich im Besitz des Herzogshauses und wurde mit dem dazugehörigen Zoll verpachtet. Die ältesten Gebäude des Marschdorfes — nach Manecke 32 pflichtige Hausstellen, Schulhaus und Gut — sind 1710 und 1730 errichtet worden. Kirchlich gesehen, teilten sich die Pfarreien Radegast und Garlstorf das Dorf etwa zur Hälfte. Im 16. Jahrhundert besaß Brackede eine von Radegast aus bediente Kapelle.

Das Brackeder Werder, auch Goldufer genannt, war ursprünglich eine zu Mecklenburg zählende Elbinsel, die sich aber mit dem Festland verband und Bestandteil der Gemarkung Brackede wurde.

Bis zur Bildung des Landkreises Bleckede (1885) gehörte Brackede zur Marschvogtei des Amts Bleckede. 1932 kam es mit an den Landkreis Lüneburg.

Die Bevölkerungsentwicklung im 20. Jahrhundert war rückläufig: 312 Einwohner (1900), 268 (1939), 482 (1946), 271 (1964), 257 (1968), 233 (1972). Eine Freiwillige Feuerwehr wurde 1921 gegründet, ein Reitverein 1923.

Landwirtschaft: 13 Vollerwerbsbetriebe, 16 Nebenerwerbsbetriebe (1971).

Der Telegraphenberg bei Breetze mit dem an „Ernst August Rex" erinnernden Stein.

Breetze

Die lieblichen Breetzer Berge mit dem 92 Meter hohen Telegraphenberg als Hauptattraktion haben im Zeitalter des Tourismus für einen wachsenden Bekanntheitsgrad des kleinen Dorfes am Rand des Urstromtals der Elbe gesorgt. Auf dem Telegraphenberg war in Napoleonischer Zeit eine Signalstation eingerichtet. Sie bildete ein Glied in einer Kette, die vom russischen Kriegsschauplatz bis nach Paris reichte. Die Nachrichtenübermittlung geschah, indem an einem Mast bestimmte Zeichen hochgezogen wurden. Später errichtete man auf dem Telegraphenberg einen Feuerwachtturm. Der nach dem Zweiten Weltkrieg neuaufgestellte 16 Meter hohe Turm erlaubte dem Wächter einen weiten Rundblick über Marsch und Wald. Westlich waren mit dem Fernglas Hamburgs Schornsteine zu erkennen, im Osten sah man bis tief in den Landkreis Lüchow-Dannenberg hinein. Ein Stein mit den Initialen EAR (Ernst August Rex) zu Füßen des Turms erinnert an das Jahr 1847, da aus den Breetzer Bergen, bis dahin Privatbesitz des Welfenhauses, ein Staatsforst wurde.

Im Mittelalter waren die von Thune in Breetze begütert; Anfang des 15. Jahrhunderts veräußerten sie eine Hofstelle. Obwohl dicht vor Bleckede gelegen, war Breetze (nach Manecke zehn pflichtige Hausstellen und ein Schulhaus) bis 1852 Bestandteil der Vogtei Barendorf des Amts Lüne, kam dann an das Amt Bleckede, 1885 an den Landkreis Bleckede und 1932 an den Landkreis Lüneburg. Breetze gehört zum Kirchspiel Neetze.

Die Bevölkerungsentwicklung im 20. Jahrhundert: 159 Einwohner (1900), 182 (1939), 264 (1946), 195 (1964), 182 (1968), 182 (1972). Es gibt eine Freiwillige Feuerwehr.

Landwirtschaft: 6 Vollerwerbsbetriebe, 10 Nebenerwerbsbetriebe (1971).

Garlstorf

Das völlige Fehlen vor- und frühgeschichtlicher Funde weist darauf hin, daß Garlstorf eine mittelalterliche Gründung ist. Vermutlich kamen die ersten Siedler im zwölften Jahrhundert. Ihre Höfe müßten sie dann auf Wurten gebaut haben, denn der erste Elbdeich wurde im 13. Jahrhundert errichtet. Der Beginn der Eindeichung soll 1258 gewesen sein, ein erster Abschluß 1274.

Das Gründungsdatum der Garlstorfer Kirche ist unbekannt; der Überlieferung nach soll es um 1400 liegen. Der erste nachweisbare Geistliche war — in den Jahren 1614 bis 1620 — Andreas Goers. 1758 wurde ein Neubau mit Turm errichtet. Die Kirchenbücher beginnen 1724.

Von der Kirche abgesehen, sind die ältesten Gebäude im Ort bis 1689 und 1772 zurückzuverfolgen. Manecke gibt Pfarr-, Pfarrwitwen- und Küsterhaus sowie 34 pflichtige Hausstellen an. Verwaltungsmäßig rechnete Garlstorf, bevor es 1885 an den Landkreis Bleckede kam, zur Marschvogtei des Amts Bleckede. Seit 1932 gehört es zum Landkreis Lüneburg. Die Freiwillige Feuerwehr des Dorfes geht auf das Jahr 1881 zurück. 1886 entstand der Männergesangverein „Concordia".

Die Bevölkerungszahl nahm im 20. Jahrhundert ab: 305 (1900), 259 (1939), 414 (1946), 231 (1964), 238 (1968), 228 (1972).

Landwirtschaft: 15 Vollerwerbsbetriebe, 11 Nebenerwerbsbetriebe (1971).

Garze

Als befestigter Platz, als Herren- und als Amtssitz hat Garze viele Jahrhunderte lang eine Rolle gespielt. Wie alle Burgen des Lüneburger Landes wird auch der Burgort Garze spätestens zur Zeit der Wendenkämpfe im zehnten Jahrhundert bestanden haben. Mitte des 15. Jahrhunderts gaben die Herzöge das Marschdorf zusammen mit Karze und Rosenthal als Lehen an das Adelsgeschlecht von dem Berge. Bis dahin waren die drei Dörfer, die den Bezirk des Bleckeder Bruchgerichts bildeten, verpfändet gewesen.

Der erste Lehnsinhaber war Segeband von dem Berge, der letzte Fritz von dem Berge (er besaß die Bruchdörfer von 1582 bis zu seinem Tode im Jahre 1623). Da seine Familie mit ihm im Mannesstamm erlosch, fiel das Lehen an das Herzogshaus heim. Es entstand das Amt Garze. Außer dem Bereich des Bleckeder Bruchgerichts schlug man die Dörfer dazu, die Fritz von dem Berge im Dahlenburger Raum besessen hatte: Ahndorf (Boitze), Gienau (Dahlenburg) und Pommoißel, teilweise (Nahrendorf), die sogenannte Veestschaft des Amts Garze.

Nach dem Tode des Landschaftsdirektors Ernst Joachim von Grote (1741), des letzten Drosts von Garze, löste das Herzogshaus den kleinen Amtsbezirk auf und legte ihn dem großen Amt Bleckede bei (1742). Zu diesem Zeitpunkt wurde der alte Herrensitz, das spätere Amtshaus, noch bewohnt; der bauliche Zustand war jedoch bereits besorgniserregend. Schon bald darauf sah man sich genötigt, den Gebäudekomplex abzubrechen. 1885 kam Garze an den Landkreis Bleckede und 1932 an den Landkreis Lüneburg.

Nachdem das Gutsgebäude verschwunden war, erkoren die Garzer ihre Windmühle zum Wahrzeichen des Ortes. Schon Anfang des 17. Jahrhunderts erwähnt, war die der Landesherrschaft gehörende Mühle bis ins 19. Jahrhundert Zwangsmühle für die drei Bruchdörfer. 1878 mußte sie neuerrichtet werden, weil sie bei einem Gewitter vom Blitz getroffen worden war. Mit dem Neubau ging ein Besitzerwechsel einher. Statt des Müllers Stoltz mahlte nun der aus Popelau von jenseits der Elbe zugezogene Müller Schoop in Garze; schon 1880 allerdings verkaufte er an den Mecklenburger Neumann. Am Ende des Zweiten Weltkrieges ging die Mühle abermals in Flammen auf, ohne daß sich jemand bereitfand, sie wiederaufzubauen.

Die ältesten Gebäude des Dorfes (nach Manecke 15 pflichtige Hausstellen und ein herrschaftliches Vorwerk, das Amtshaus) sind die früheren Nummern 4, 8, 9, 10, 11 und 13. Kirchort ist Bleckede.

Das Junkernholz in der Nähe des Dorfes gehört zu Gut Horndorf (Tosterglope). Ende des 15. Jahrhunderts gab es bei Garze noch den Ort Klempede. Mitte des 16. Jahrhunderts bereits war er wüst.

Die Einwohnerzahl hat sich während des 20. Jahrhunderts verringert: 224 (1900), 209 (1939), 327 (1946), 200 (1964), 206 (1968), 200 (1972). 1902 wurde eine Freiwillige Feuerwehr gegründet.

Landwirtschaft: 7 Vollerwerbsbetriebe, 15 Nebenerwerbsbetriebe (1971).

Göddingen

Unter den Namensformen „Godege“ und „Gödinge“ begegnet Göddingen bereits um 1100 und um die Mitte des 13. Jahrhunderts. Im 14. Jahrhundert verkauften die von Thune Besitz, den sie in dem Dorf hatten. Nindorf erlangte als herzogliche Zollstation an den Straßen von Barskamp und Dahlenburg nach Bleckede Bedeutung.

Nachdem das östlich von Göddingen gelegene Bargdorf wüst geworden war, wurde die Feldmark außer von Barskamper auch von Göddinger Bauern bewirtschaftet. Die Zehntleistungen standen zur Hälfte dem Lüneburger Michaeliskloster und Gut Horndorf (Tosterglope) zu.

Göddingen (nach Manecke 13 Hausstellen) gehörte zur Vogtei Barskamp des Amts Bleckede, Nindorf (acht Hausstellen) war Bestandteil der Bleckeder Hausvogtei. Die Göddinger wurden in Barskamp eingepfarrt, die Nindorfer in Bleckede. 1885 kamen Göddingen und Nindorf an den Landkreis Bleckede, 1932 an den Landkreis Lüneburg.

Die Bevölkerungsentwicklung im 20. Jahrhundert: 307 Einwohner (1900), 263 (1939), 529 (1946), 354 (1964), 303 (1968), 312 (1972). 1901 entstand eine Freiwillige Feuerwehr

Landwirtschaft: 19 Vollerwerbsbetriebe, 7 Nebenerwerbsbetriebe (1971).

Karze

Zusammen mit Garze und Rosenthal bildete Karze den Bezirk des Bleckeder Bruchgerichts, der Mitte des 15. Jahrhunderts Segeband von dem Berge als Lehen gegeben wurde; vorher war das Gebiet verpfändet gewesen. Bis zum Tode Fritz von dem Berges (1623) verblieben die drei Dörfer im Besitz des bekannten Bleckeder Adelsgeschlechts, dann entstand aus ihnen das Amt Garze, das 1741 freilich im Amt Bleckede aufging. Seit 1885 gehört Karze zum Landkreis Bleckede und seit 1932 zum Landkreis Lüneburg.

Kirchlich war Karze immer nach Bleckede orientiert. Das älteste Gebäude des Dorfes (nach Manecke 13 pflichtige Hausstellen und ein Schulhaus) stammt aus dem Jahre 1658. Eine gewisse Bedeutung für das Herzogshaus hatte der Ort, weil in ihm ein Wegegeld erhoben wurde. Das ehemals selbständige Dorf Vogelsang besaß (nach Manecke) acht Hausstellen. Die vor dem Dorf gelegene Hausstelle Stuthorst entstand auf einem Grundstück, das von den Ländereien des Vorwerks Garze abgetrennt worden war. Der Staatsforst Vitico bei Karze war im Besitz der Bleckeder Hausvogtei.

Die Einwohnerzahl blieb im 20. Jahrhundert fast konstant: 249 (1900), 255 (1939), 476 (1946), 225 (1964), 232 (1968), 182 (1972). Die Freiwillige Feuerwehr geht auf das Jahr 1902 zurück. 1947 wurde der Sportverein Karze gegründet.

Landwirtschaft: 9 Vollerwerbsbetriebe, 13 Nebenerwerbsbetriebe (1971).

Radegast

Radegast stellt ein geradezu klassisches Beispiel für die planmäßige Besiedlung der Elbmarsch in der zweiten Hälfte des 13. Jahrhunderts dar. Die Häuser liegen alle unmittelbar hinter dem Deich; dahinter erstrecken sich etwa vier Kilometer landeinwärts die dazugehörigen Ländereien. Außendeichs ziehen sich bis unmittelbar an die Elbe Wiesen hin.

Die ersten urkundlichen Erwähnungen liegen für die Jahre 1326 und 1433 vor. Das älteste Gebäude im Ort trägt die Jahreszahl 1592. Das Pfarrwitwenhaus wurde 1674 errichtet. Nach Manecke gab es in Radegast außer der Kirche, dem Pfarr-, dem Pfarrwitwen- und dem Küsterhaus 32 pflichtige Hausstellen sowie das Zum Heisterbusch genannte Haus, in dem der Wärter des herzoglichen Elbwerders, eines Gehölzes in Dorfnähe, wohnte.

1534 amtierte in Radegast der lutherische Prediger Hieronymus. Die Kirchenbücher reichen bis 1694 zurück. Leider ist das Gründungsdatum der Kirche nicht bekannt; möglicherweise liegt es um 1450.

Radegast gehörte zur Marschvogtei des Amts Bleckede. 1885 kam es an den Landkreis Bleckede und 1932 an den Landkreis Lüneburg.

Die Einwohnerzahl war im 20. Jahrhundert rückläufig: 265 (1900), 220 (1939), 407 (1946), 216 (1964), 217 (1968), 192 (1972). Seit 1902 gibt es eine Freiwillige Feuerwehr.

Landwirtschaft: 13 Vollerwerbsbetriebe, 11 Nebenerwerbsbetriebe (1971).

Reeßeln

Die fünf Hausstellen in Reeßeln (nach Manecke) gehörten den von Estorff und den von Spörcken sowie Gut Molzen (Landkreis Uelzen).

Reeßeln war bis zur Gemeindereform von 1974 ein Ortsteil von Katemin, das inzwischen im Landkreis Lüchow-Dannenberg liegt.

Rosenthal

Zusammen mit Garze und Karze bildete das neun pflichtige Hausstellen und ein Schulhaus umfassende Rosenthal (nach Manecke) den Bezirk des Bleckeder Bruchgerichts, der bis Mitte des 15. Jahrhunderts verpfändet war und dann dem Adelsgeschlecht von dem Berge zu Lehen gegeben wurde. Als die Familie 1623 mit Fritz von dem Berge in männlicher Linie ausstarb, entstand aus den drei Dörfern das Amt Garze. 1742 (Auflösung des Amtsbezirks) fiel Rosenthal an das Amt Bleckede, 1885 an den Landkreis Bleckede und 1932 an den Landkreis Lüneburg. Kirchort war stets Lüdersburg.

Die Bevölkerungsentwicklung im 20. Jahrhundert: 100 Einwohner (1900), 81 (1939), 174 (1946), 90 (1964), 84 (1968), 80 (1972). Seit 1902 gibt es eine Freiwillige Feuerwehr.

Landwirtschaft: 11 Vollerwerbsbetriebe, 1 Nebenerwerbsbetrieb (1971).

Walmsburg

Der erste bekannte Inhaber des Bleckeder Burgmannensitzes Walmsburg war ein Ritter von Walmoden. Für die erste Hälfte des 14. Jahrhunderts ist der Burgmann Otto Moltsan bezeugt. 1533 ging der Walmsburger Lehensbesitz — damals acht Höfe umfassend — von Busso von Bülow an die von Estorff über.

Walmsburg mit seinen 16 pflichtigen Hausstellen und dem Schulhaus (nach Manecke) war Bestandteil der Vogtei Barskamp des Amts Bleckede, fiel 1885 an den Landkreis Bleckede und 1932 an den Landkreis Lüneburg. Als die ältesten Gebäude gelten Scheunen aus dem 17. Jahrhundert. Kirchort war immer Barskamp.

Das sieben Hausstellen zählende Bruchdorf (nach Manecke) war verwaltungsmäßig und kirchlich stets so wie Walmsburg orientiert. Das an der Elbe gelegene Werder, Fischerbusch genannt, befand sich in Besitz des Herzogshauses.

Die Bevölkerungszahl ist im 20. Jahrhundert leicht gewachsen: 299 (1900), 289 (1939), 482 (1946), 381 (1964), 366 (1968), 333 (1972). Schon 1870 wurde eine Freiwillige Feuerwehr gegründet. 1926 entstand ein Gesangverein, 1960 der Spiel- und Sportverein Walmsburg.

Landwirtschaft: 13 Vollerwerbsbetriebe, 8 Nebenerwerbsbetriebe (1971).

Wendewisch

„To der Wendewisch" (1373) und „vor der Wendewigsk" (1375) lauten die frühesten Erwähnungen des Marschdorfes Wendewisch, dessen historisches Zentrum ein Gut mit Landtagsstimme war. Von den von Sprenger hatten spätestens Ende des 16. Jahrhunderts die von Schack den Besitz übernommen. 1696 kam das Gut — einschließlich der Wendewischer Mühle — an die von Spörcken, denen über Gut, Dorf und Feldmark das Niedergericht zustand. In dem am Elbdeich gelegenen Einzelhaus Grünendeich wohnten Tagelöhner des Guts. Das Elbwerder bei Wendewisch war herzoglicher Besitz.

Als ältestes Gebäude in Wendewisch — nach Manecke 23 pflichtige Hausstellen, Schulhaus und Gut — gilt der 1684 erbaute Hof Nummer 3.

Die Wendewischer Windmühle wurde 1594 von Otto von Schack errichtet. Für die Einbuße, die nun die landesherrlichen Mühlen hatten, zahlte der Gutsherr dem Herzogshaus eine Entschädigung. Die Mühle war für alle Gutsleute von Wendewisch Zwangsmühle. Auf die Müllerfamilie Brügmann folgten die Müller Karl Gebert (1898) und Adolf Schallehn (1917).

Wendewisch rechnete zur Marschvogtei des Amts Bleckede und fiel 1885 an den Landkreis Bleckede und 1932 an den Landkreis Lüneburg. Kirchort war stets das benachbarte Garlstorf.

Die Bevölkerungszahl war im 20. Jahrhundert rückläufig: 214 (1900), 173 (1939), 342 (1946), 159 (1964), 133 (1968), 162 (1972). Seit 1902 besteht eine Freiwillige Feuerwehr.

Landwirtschaft: 15 Vollerwerbsbetriebe, 6 Nebenerwerbsbetriebe (1971).

Bleckeder Moor siehe Bleckede
Bockelkathen siehe Lüdersburg
Bockum siehe Rehlingen
Böhmsholz siehe Lüneburg

Boitze

Gemeinde mit 433 Einwohnern (1983), Mitgliedsgemeinde der Samtgemeinde Dahlenburg. Boitze entstand durch die Gemeindereform von 1974 aus den Gemeinden Boitze mit dem Ortsteil Fladen, Ahndorf mit dem Ortsteil Vindorf, Neetzendorf mit Neetzendorfer Mühle und Seedorf mit dem Ortsteil Horn.

Boitze

Das kleine Bauerndorf Boitze war bis zur Bildung des Landkreises Bleckede (1885) Bestandteil der Vogtei Dahlenburg des ehemaligen Amts Bleckede. Der heutige Ortsteil Fladen bildete früher ein selbständiges Dorf, das während des 30jährigen Krieges wüst, aber Ende des 18. Jahrhunderts wieder besiedelt wurde; in der Zwischenzeit bestellte man die verlassene Feldmark von Boitze aus. Das Dorf Gryben, ebenfalls dicht bei Boitze, erholte sich nicht wieder, nachdem es einmal zur Wüstung geworden war.

Boitze, das stets nach Dahlenburg eingepfarrt war, besaß neun pflichtige Hausstellen, Fladen drei (nach Manecke). Der Sackzehnte in Boitze gehörte Gut Dahlenburg, im Besitz der von Spörcken. Angeblich soll das Dorf einmal eine Windmühle besessen haben. Als älteste

Das Herrenhaus von Gut Horn in Seedorf (Boitze) liegt inmitten eines herrlichen Parks.

Gebäude gelten die Höfe Nummer 9 in Boitze und Nummer 1 in Fladen.

Im Verlauf des 20. Jahrhunderts ging Boitzes Einwohnerzahl zurück: 167 (1900), 117 (1939), 249 (1946), 108 (1964), 86 (1968), 138 (1972). 1902 wurde in Boitze eine Freiwillige Feuerwehr gegründet.

Landwirtschaft: 7 Vollerwerbsbetriebe, 4 Nebenerwerbsbetriebe (1971); 20 Vollerwerbsbetriebe, 6 Nebenerwerbsbetriebe (1983, neue Gemeinde Boitze).

Ahndorf

Nach der lüneburgischen Amtsaufteilung gehörten fünf der Ahndorfer Hausstellen zur Veestschaft des Amts Garze (Bleckede), zwei zur Vogtei Dahlenburg des Amts Bleckede; dies traf auch für die vier Vindorfer Hausstellen zu (nach Manecke). 1742 nach der Angliederung des Amts Garze an das Amt Bleckede war es mit der Doppelorientierung vorbei. 1885 kamen beide Dörfer zum Landkreis Bleckede, 1932 zum Landkreis Lüneburg. Kirchlich waren Ahndorf und Vindorf stets nach Dahlenburg ausgerichtet.

Die Bevölkerungszahl war im Verlauf des 20. Jahrhunderts rückläufig: 121 (1900), 114 (1939), 227 (1946), 117 (1964), 105 (1968), 88 (1972). 1902 entstand eine Freiwillige Feuerwehr, 1928 ein Schützenverein.

Landwirtschaft: 10 Vollerwerbsbetriebe, 1 Nebenerwerbsbetrieb (1971).

Neetzendorf

Um die Mitte des 14. Jahrhunderts kommt noch ein Mitglied der Familie von Neetzendorf vor: Der Priester Oelrich von Neetzendorf verschenkte die Neetzendorfer Mühle an die Dannenberger Kirche. Lange freilich blieb die von der Neetze getriebene Wassermühle nicht in geistlichem Besitz. Die von Spörcken auf Gut Süschendorf (Nahrendorf) erwarben und verpachteten sie. Ende des 16. bis Anfang des 19. Jahrhunderts stellte die Familie Frameken — später auch Främbke geschrieben — die Neetzendorfer Müller. Auf sie folgten die Ellermann und die Bausch, die alle adeligen Besitzrechte abzulösen vermochten. 1878 wurde eine Turbine eingebaut. Von 1865 bis 1883 (Blitzschlag) gab es außer der Wassermühle noch eine Windmühle.

Neetzendorf — die erste Erwähnung liegt für das Jahr 1330 vor — hatte sechs pflichtige Hausstellen (nach Manecke). Als ältestes Gebäude gilt der 1848 errichtete Hof Nummer 4.

Kirchdorf war stets Dahlenburg. Verwaltungsmäßig unterstand Neetzendorf der Vogtei Dahlenburg des Amts Bleckede, kam 1885 an den Landkreis Bleckede und 1932 an den Landkreis Lüneburg.

Die Bevölkerungszahl war im 20. Jahrhundert etwa konstant: 109 (1900), 101 (1939), 200 (1946), 107 (1964), 88 (1968), 95 (1972). 1907 entstand eine Freiwillige Feuerwehr.

Landwirtschaft: 5 Vollerwerbsbetriebe, 1 Nebenerwerbsbetrieb (1971).

Seedorf

Auf Gut Horn, später zu Seedorf gehörig, saß im Mittelalter das Bleckeder Burgmannengeschlecht der von Meding. Damals hatte der Ort Burgcharakter. Spätere Besitzer des Gutes, an dem die Würde des Erbkämmerers vom Lüneburger St.-Michaelis-Kloster hing, waren die von Reinstorf, von Wrestedt, von Hitzacker (ab 1461) und von Grote (ab 1583). Die beiden Höfe in Klein Sommerbeck (Dahlenburg) gehörten zu Gut Horn.

Das ehemals sechs Hausstellen zählende Seedorf (nach Manecke) unterstand ebenso wie Gut Horn der Vogtei Dahlenburg des Amts Bleckede. Eingepfarrt sind Dorf und Gut seit eh und je nach Dahlenburg. Zu den ältesten Gebäuden Seedorfs zählen eine Scheune und ein Schafstall auf Hof Nummer 3; sie sollen um 1750 errichtet worden sein. 1885 kam Seedorf an den Landkreis Bleckede, 1932 an den Landkreis Lüneburg.

Die Bevölkerungsentwicklung im 20. Jahrhundert: 141 Einwohner (1900), 151 (1939), 236 (1946), 189 (1964), 164 (1968), 174 (1972). 1933 wurde eine Freiwillige Feuerwehr gegründet, 1928 der Schützenverein Ahndorf-Seedorf und Umgebung.

Landwirtschaft: 8 Vollerwerbsbetriebe, 3 Nebenerwerbsbetriebe (1971).

Boltersen siehe Rullstorf
Brackede siehe Bleckede
Breese siehe Nahrendorf
Breetze siehe Bleckede
Breitenstein siehe Reinstorf

Brietlingen

Gemeinde mit 1 894 Einwohnern (1983), Mitgliedsgemeinde der Samtgemeinde Scharnebeck. Brietlingen entstand durch die Gemeindereform von 1974 aus den Gemeinden Brietlingen mit den Ortsteilen Hölzerne Klinke und Moorburg sowie Lüdershausen.

Brietlingen

In langobardischer Zeit entstanden und im frühen elften Jahrhundert urkundlich erwähnt — so will es die Überlieferung. Mehr Glauben verdient die Nachricht, derzufolge im zwölften Jahrhundert in Brietlingen der rebellische Sachsenherzog Heinrich der Löwe und Kaiser Friedrich Barbarossa zu einer Unterredung zusammentrafen.

Verheißt Badefreuden: der Reihersee bei Lüdershausen (Brietlingen).

Begütert waren im mittelalterlichen Brietlingen die Klöster St. Michaelis, Lüne und Scharnebeck sowie das Bardowicker Stift, dazu an weltlichen Besitzern die von dem Berge, die von Meding und die von Wittorf. Obwohl zum Kirchspiel St. Dionys gehörig, besaß Brietlingen eine „Filial-Kirche", genauer: eine Kapelle, in der gelegentlich Gottesdienst gehalten wurde. Die Kapelle ist bereits für das 16. Jahrhundert bezeugt. Die 1966 erbaute Friedhofskapelle knüpft an diese Tradition an.

Im Brietlinger Holz stand das — 1453 bestätigte — Jagdrecht dem Abt von St. Michaelis zu. Auf der Brietlinger Heide dagegen waren die Verhältnisse strittig. Ende des 16. Jahrhunderts rivalisierten Herzogin Dorothea und die Stadt Lüneburg. Kurzerhand ließ die resolute Witwe durch Hegestangen anzeigen, daß sie die

Jagd beanspruchte. Die Lüneburger zogen, 300 Mann hoch, in das fragliche Gebiet und beseitigten die Stangen. Hinterher half alles nichts, die Herzogin wieder versöhnlich zu stimmen. Sie kündigte Lüneburg die Pfandherrschaft über Lüdershausen (1600) und fügte den Ort ihrem Wittum hinzu. Die landesherrschaftliche Schäferei auf der Brietlinger Heide war mit den Weidegerechtigkeiten für die Feldmarken Brietlingen, Horburg (Barum), Barum, Wittorf und Bardowick ausgestattet.

Brietlingen war eins der drei Dörfer des 1582 gebildeten Amts Bütlingen (Landkreis Harburg) und teilte dessen Schicksal: 1794 Amt Scharnebeck, 1816 Amt Artlenburg, 1859 Amt Lüne, 1885 Landkreis Lüneburg. Als ältestes Gebäude des Orts (nach Manecke 30 pflichtige Hausstellen, ein Schulhaus und eine Kapelle) gilt Hof Nummer 10.

Brietlingens Einwohnerzahl stieg im 20. Jahrhundert stark an: 484 (1900), 774 (1939), 905 (1946), 1147 (1964), 1167 (1968), 1215 (1972). Seit 1881 gibt es eine Freiwillige Feuerwehr; knapp drei Jahrzehnte vorher am Gründonnerstag des Jahres 1854 hatte, ausgehend von einem Backofen, ein verheerender Brand 73 Gebäude vernichtet. Ebenfalls 1881 wurde ein Gesangverein gegründet.

Große Bedeutung für die Pferdezucht und den Reitsport im Landkreis Lüneburg hat der 1921 ins Leben gerufene Reit- und Fahrverein Brietlingen gewonnen.

1925 wurde der Turn- und Sportverein Brietlingen gegründet, 1963 ein Schützenverein.

Landwirtschaft: 25 Vollerwerbsbetriebe, 24 Nebenerwerbsbetriebe (1971); 25 Vollerwerbsbetriebe, 26 Nebenerwerbsbetriebe (1983, neue Gemeinde Brietlingen).

Lüdershausen

Der alte Burg- und Amtsort Lüdershausen ist unter Umständen langobardischen Ursprungs, nach einem Ludward benannt. In den Wendenkämpfen während des zehnten Jahrhunderts zur Zeit Hermann Billungs wird dann vermutlich die Burg entstanden sein, der Lüdershausen seine Sonderstellung gegenüber der Vogtei Bardowick und der späteren Amtsvogtei Bardowick des Amts Winsen zu verdanken hatte.

1351 wurden Burg und Dorf Lüdershausen an die Stadt Lüneburg verpfändet. Als zwei Jahrzehnte später der Lüneburger Erbfolgekrieg (1371—1373) tobte, kam der Ort vorübergehend an Sachsen-Wittenberg. Ende des 14. Jahrhunderts hatten außer Lüneburg auch Lübeck, Hamburg und Hannover Rechte in Lüdershausen; aber Lüneburg konnte die Konkurrenten wieder abschütteln.

Bis zum Jahre 1600 dauerte die Pfandherrschaft der Salzstadt. Damals vermochte Herzogin Dorothea Lüdershausen mit Hilfe zweier Rechtsgutachten der Universitäten Tübingen und Ingolstadt zurückzukaufen. Da sie dabei in ihre Privatschatulle griff, wurde die Erwerbung ihrem Wittum Schloß Winsen (Luhe) und Amt Bütlingen hinzugefügt. Nach dem Vorbild von Bütlingen erhielt auch Lüdershausen eine Amtsverwaltung.

Nach dem Tode der Herzogin (1617) wurde der ausschließlich Schloß und Dorf Lüdershausen umfassende Amtsbezirk aufgehoben und mit Bütlingen vereinigt. 1794 ging Lüdershausen im Amt Scharnebeck auf, 1852 kam es an das Amt Artlenburg, 1859 an das Amt Lüne und 1885 an den Landkreis Lüneburg.

Außer 17 pflichtigen Hausstellen gibt Manecke für Lüdershausen noch ein Schulhaus, einen Krug, eine Försterei und eine sogenannte Paßschreiberwohnung an. Diese Wohnung besaß der herzogliche Beamte, der an der Neetzebrücke in Lüdershausen das Brückengeld erhob. Die Brücke entstand Anfang des 17. Jahrhunderts; zuvor hatte eine Fähre verkehrt. Im 18. Jahrhundert wurde das Brückengeld vorübergehend in Artlenburg vereinnahmt; schließlich war der Förster in Lüdershausen für die

Die Wassermühle des alten Hungerstorf und das private Gymnasium des heutigen Marienau (Dahlem).

Erhebung zuständig. Lüdershausen gehörte stets zum Kirchspiel St. Dionys.

Die Bevölkerungszahl ist während des 20. Jahrhunderts so gut wie konstant geblieben: 211 (1900), 198 (1939), 328 (1946), 225 (1964), 216 (1968), 242 (1972). 1902 wurde eine Freiwillige Feuerwehr aufgestellt. Im 19. Jahrhundert war Lüdershausen mehrfach von großen Bränden heimgesucht worden. So brannten 1819 vier Höfe ab. Bei den Großfeuern von 1878 und 1882 blieben jeweils nur wenige Häuser übrig.

Landwirtschaft: 12 Vollerwerbsbetriebe, 7 Nebenerwerbsbetriebe (1971).

Brockwinkel siehe Lüneburg (Gut Brockwinkel) und Reppenstedt (Ortsteil Brockwinkel)
Bruch siehe Bardowick
Bruchdorf siehe Bleckede
Buendorf siehe Dahlenburg
Bullendorf siehe Echem, Hittbergen und Hohnstorf
Clues siehe Handorf
Dachtmissen siehe Reppenstedt

Dahlem

Gemeinde mit 798 Einwohnern (1983), Mitgliedsgemeinde der Samtgemeinde Dahlenburg. Dahlem wurde durch die Gemeindereform von 1974 aus den Gemeinden Dahlem mit dem Ortsteil Marienau, Harmstorf und Köstorf gebildet.

Dahlem

Der „Riesenstein“ am Ortseingang, ein verwittertes Hünengrab, ist das Wahrzeichen des alten Bauerndorfes Dahlem, das bereits in einer Urkunde von 1124 vorkommt. Das Dorf, das vor der Reformation nach Scharnebeck eingepfarrt war und seitdem zum Kirchspiel Dahlenburg gehört, zählte zur Vogtei Dahlenburg des Amts Bleckede und kam 1885 an den Landkreis Bleckede und 1932 an den Landkreis Lüneburg. Das Bauernhaus Nummer 1 gilt als das älteste Gebäude des Ortes. Nach Manecke gab es in Dahlem sieben Hausstellen.

Bedeutung hatte die Mühle in Hungerstorf (später in Marienau umbenannt). Die von der Neetze betriebene Wassermühle gehörte Gut Horndorf (Tosterglope). Nach verschiedenen Besitzwechseln gelangte sie im 19. Jahrhundert an die Müllerfamilie Petersen. Inzwischen arbeitet die Mühle nicht mehr. Aber für neues Leben sorgt in ihrer unmittelbaren Nähe das Niedersächsische Landerziehungsheim Marienau, ein staatlich anerkanntes privates Gymnasium.

Die Bevölkerungsentwicklung im 20. Jahrhundert war beachtlich: 141 Einwohner (1900), 246 (1939), 365 (1946), 368 (1964), 361 (1968), 395 (1972). 1924 wurde der Schützenverein Köstorf-Harmstorf-Dahlem gegründet, 1925 eine Freiwillige Feuerwehr.

Landwirtschaft: 8 Vollerwerbsbetriebe, 4 Nebenerwerbsbetriebe (1971); 19 Vollerwerbsbetriebe, 5 Nebenerwerbsbetriebe (1983, neue Gemeinde Dahlem).

Harmstorf

Der Urnenfriedhof in der Gemarkung von Harmstorf weist darauf hin, daß es sich um vorgeschichtliches Siedlungsgebiet handelt. Im Mittelalter war das Kollegiatstift Bardowick zehntberechtigt. Nach Manecke zählte das Dorf 13 pflichtige Hausstellen und ein Schulhaus. Als ältestes Gebäude gilt ein Hof aus dem Jahre 1837.

Harmstorf unterstand der Vogtei Barskamp des Amts Bleckede. 1885 kam es an den Landkreis Bleckede, 1932 an den Landkreis Lüneburg. Das Dorf ist nach Dahlenburg eingepfarrt.

Die Bevölkerungsentwicklung im 20. Jahrhundert: 142 Einwohner (1900), 144 (1939), 288 (1946), 209 (1964), 203 (1968), 182 (1972). 1902 entstand eine Freiwillige Feuerwehr. Die Harmstorfer Schützen gehören dem 1924 gegründeten Schützenverein Köstorf-Harmstorf-Dahlem an.

Landwirtschaft: 10 Vollerwerbsbetriebe, 4 Nebenerwerbsbetriebe (1971).

Köstorf

Der — unbewiesenen — örtlichen Überlieferung zufolge ist Köstorf erst um 1600 von Ansiedlern aus der Gegend Vastorf-Volkstorf gegründet worden, nachdem diese das dort gelegene Köstorf aufgegeben hatten.

Köstorf gehörte zur Vogtei Barskamp des Amts Bleckede, bevor es 1885 zum Landkreis Bleckede und 1932 zum Landkreis Lüneburg kam. Ehemals hatte das Dorf acht Hausstellen (nach Manecke). Als ältestes Gebäude gilt ein Schafstall. Kirchlich war der Ort stets nach Dahlenburg orientiert.

Die Bevölkerungszahl ist im 20. Jahrhundert gesunken: 89 (1900), 93 (1939), 223 (1946), 97 (1964), 82 (1968), 52 (1972). 1926 entstand der Schützenverein Köstorf-Harmstorf-Dahlem, 1952 eine Freiwillige Feuerwehr.

Landwirtschaft: 8 Vollerwerbsbetriebe, kein Nebenerwerbsbetrieb (1971).

Dahlenburg

Flecken mit 3148 Einwohnern (1983), Sitz der gleichnamigen Samtgemeinde. Dahlenburg entstand durch die Gemeindereform von 1974 aus den Gemeinden Dahlenburg mit Birkenhof, Buendorf mit dem Ortsteil Quickborn,

St. Johannis mit dem wuchtigen, weithin sichtbaren Turm markiert das Zentrum des Fleckens Dahlenburg.

Eimstorf mit den Ortsteilen Leestahl und Sommerbeck (Groß und Klein Sommerbeck), Ellringen mit den Ortsteilen Bargmoor und Riecklingen, Gienau mit den Ortsteilen Becklingen und Siecke sowie Lemgrabe mit dem Ortsteil Dumstorf.

Dahlenburg

Die Burg-Straße sowie die Straße An der Burg erinnern heute noch an die herzogliche Residenz, die im Mittelalter Dahlenburgs Zentrum bildete. Bei einer Erbteilung unter den Söhnen Heinrichs des Löwen (1203) fiel die Dahlenburg, deren Geschichte bis in die Zeit der Wendenkämpfe zurückreicht (erste urkundliche Erwähnung freilich erst 1172), an den Welfensproß Wilhelm. Während für ihn nicht bezeugt ist, daß er sich in Dahlenburg aufhielt, benutzten sein Sohn Otto das Kind, sein Enkel Johann der Gute und sein Urenkel Otto der Strenge die Burg an der Neetze zeitweise als Residenz.

Otto der Strenge stattete den kleinen Ort unweit von Lüneburg 1289 mit Stadtrechten aus. Ähnlich wie Bardowick besaß Dahlenburg auch einen aus einem Bürgermeister und zwei Ratmännern bestehenden Stadtrat, der die Niedergerichtsbarkeit über die Bürger hatte und Appellationsinstanz für das Amtsgericht war.

Das bis ins 17. Jahrhundert zurückzuverfolgende Ortssiegel zeigt ein mit drei Türmen besetztes offenes Stadttor mit dem Welfenlöwen darinnen. Das 1945 entstandene und 1946 genehmigte Gemeindewappen folgt diesem Siegel: drei unterschiedlich gestaltete silberne Türme mit roten Dächern auf schwarzem, mit acht silbernen Rosen bestreutem Feld über grünem Boden mit goldenem Löwen.

Dahlenburgs zwei Kirchen, St. Johannis und St. Laurentii, waren im 13. Jahrhundert, dem großen Jahrhundert des Ortes, beide schon vorhanden. Die Laurentiuskirche (mit Zehnten aus Buendorf und Dahlenburg ausgestattet) diente als Burg- und Schloßkirche. Demgegenüber war die Johanniskirche Stadtkirche; auch die sogenannten „Wurstbürger“, die Einwohner von Buendorf, waren hier eingepfarrt, dasselbe galt für die Müller von Ellringen. Das Dorf Ellringen und die übrigen Dörfer der Umgebung gehörten zur Pfarrei St. Laurentii.

Die Zerstörung von Burg und Stadt, die bald nach 1289 geschehen sein muß, überstand die Laurentiuskirche. Bis zur Reformation blieb sie Pfarrkirche. Dann freilich fiel sie in Vergessenheit. In Napoleonischer Zeit diente sie als Pferdestall. Sonst benutzte man sie als Abstellraum und Rumpelkammer. Erst im 20. Jahrhundert fand man wieder eine angemessene Funktion für das ehrwürdige Gebäude. Seit 1953 dient es als Heimatmuseum. Die Anfänge der Museumsarbeit gehen bis ins Jahr 1928 zurück.

1302 erlangte das Lüneburger Michaeliskloster das Patronat über die Johanniskirche. Im 15. Jahrhundert scheint das erste Kirchengebäude durch einen Neubau ersetzt worden zu sein. Als erster lutherischer Prediger ist für das Jahr 1534 Werner Holthman bezeugt. Das heutige Gebäude wurde 1903/5 errichtet. Die Kirchenbücher reichen bis 1713 zurück.

Von dem alten Dahlenburg geben noch Häuser in der Johannisstraße und der Dannenberger Straße eine Vorstellung. Nach Manecke zählte der Ort 85 pflichtige und sechs freie Hausstellen; zu der zweiten Gruppe rechnete auch das landtagsfähige Gut der von Spörcken, das den Zehnten in Boitze und ein Waldgebiet bei Neetzendorf besaß. Ihr Rathaus am Markt verkauften die Dahlenburger 1783 einschließlich des in ihm untergebrachten Ratskellers; lediglich die Ratsstube und die Registrierkammer wurden ausgenommen, damit die Dienstgeschäfte weiter besorgt werden konnten.

Die stärkste Zunft in Dahlenburg waren ehemals die Schuster. Ihre Zahl erschien den

Seit 1928 ist die alte Schloßkirche St. Laurentius zu Dahlenburg Heimatmuseum.
Blick in die umfänglichen Sammlungen.

Dahlenburgern und den Bewohnern der umliegenden Dörfer, für die das bald zum Flecken herabgesunkene Städtchen das natürliche Wirtschaftszentrum bildete, so bedeutend, daß sie den Ort „Schausterburg“ nannten.

Vier Kram- und Viehmärkte setzten ehemals die Höhepunkte für das Dahlenburger Wirtschaftsleben. Sie lagen am Donnerstag vor Fastnacht, am Lorenztag (10. August), am Donnerstag vor Michaelis und am Montag vorm Martinstag. Nur der Martinimarkt hat sich gehalten. Glücklich waren die Dahlenburger, als er 1966 endlich wieder statt auf dem Schulhof an traditioneller Stätte — auf dem Markt — aufgebaut werden konnte.

In aller Munde war Dahlenburg in der Zeit nach dem Zweiten Weltkrieg durch den Gorkau-Rosalienthaler Heiratsmarkt, den schlesische Flüchtlinge ins Lüneburger Land mitgebracht hatten. Am Himmelfahrtstag strömten im Dorn am Dahlenburger Ortsrand Heimatvertriebene und Einheimische zusammen. Im Saal und draußen unter den Bäumen war Tanz. Die roten Herzchen, die von ledigen Damen, und die blauen, die von heiratslustigen Männern für ein paar Groschen zu kaufen waren, vermittelten eine süße Chance. 2500 Besucher wurden am Himmelfahrtstag 1966 in Dahlenburg gezählt, und doch gewann die Schlesische Landsmannschaft Anfang 1967 den Eindruck, daß es sich nicht mehr lohne, den Heiratsmarkt zu veranstalten. Das Fest von 1966, das 15. in Dahlenburg, das 190., wenn man alle Heiratsmärkte daheim in Gorkau-Rosalienthal dazunimmt, beendete die alte, offenbar unverpflanzbare Tradition.

Seine Lage an der wichtigsten Straße Lüneburg-Dannenberg, über die bis 1945 ein Großteil des Verkehrs mit Mecklenburg rollte, trug Dahlenburg Posthalterei und Postexpedition ein, beide Zweige des Postwesens bis 1866 bei der Familie Buhlert in der Dannenberger Straße gut aufgehoben. Die peußische Zeit brachte eine Aufteilung. Die Expedition kam in die Johannisstraße und schließlich (1872) an den Markt.

Von den drei Dahlenburger Mühlen überdauerte die Ratsmühle die Kabela- und die Büssenmühle. Die zwei unterschlächtigen Wasserräder waren bis zu dem Brand im Jahre 1854 in Betrieb. Anstelle der Wassermühle entstand nun eine dreistöckige Galeriewindmühle holländischer Bauweise. Um das Neetzewasser auch weiterhin nutzen zu können, baute man dazu eine Turbine ein. 1906 kam ein 20-PS-Lokomobile und 1925 ein 35-PS-Elektromotor. In der ersten Hälfte des 19. Jahrhunderts bezahlte die Müllerfamilie Wedemeyer noch Erbzins an den Dahlenburger Rat. 1918 kaufte der Mecklenburger Paul Malchow die Mühle.

Als Sitz eines Vogtes war Dahlenburg einer der exponierten Orte des Amts Bleckede. 1885 fiel der Flecken an den Landkreis Bleckede, 1932 an den Landkreis Lüneburg.

Dahlenburgs Schützen gehen bis auf das Jahr 1826 zurück. 1859 wurde der Männergesangverein „Concordia“ gegründet, 1860 ein Turnverein, 1875 eine Freiwillige Feuerwehr, 1888 der Männergesangverein „Eiche“, 1918 der Dahlenburger Sportklub, 1924 der Reit- und Fahrverein Dahlenburg, 1925 der Gemischte Chor Dahlenburg.

Ab 1894 hatte Dahlenburg vorübergehend eine eigene Zeitung („Dahlenburger Zeitung“). Am 1. Juli 1897 konnte man das erste Mal von Dahlenburg nach Neu Darchau telefonieren. Am 18. November 1908 gab das Elektrizitätswerk Dahlenburg den ersten Strom ab.

Die Bevölkerungsentwicklung im 20. Jahrhundert war stark: 1093 Einwohner (1900), 1107 (1939), 2186 (1946), 1694 (1964), 1691 (1968), 1740 (1972); in den Zahlen für 1900, 1939 und 1946 sind die Einwohnerzahlen von Buendorf und Quickborn enthalten.

Landwirtschaft: 7 Vollerwerbsbetriebe, 6 Nebenerwerbsbetriebe (1971); 38 Vollerwerbsbetriebe, 27 Nebenerwerbsbetriebe (1983, neuer Flecken Dahlenburg).

Aus der ländlichen Meierei der Molkereigenossenschaft Dahlenburg entwickelte sich eine Fabrik („MOLDA"-Produkte).

Buendorf

Die ehemals selbständigen Dörfer Buendorf und Quickborn wurden im 19. Jahrhundert mit Dahlenburg vereinigt, so, wie es auch anderswo geschah. In diesem Falle jedoch erfolgte nach dem Zweiten Weltkrieg (1952) eine erneute Trennung. Buendorf erlangte die Selbständigkeit zurück, Quickborn wurde ihm als Ortsteil hinzugefügt.

Der Buendorfer Zehnte gehörte im Mittelalter der Dahlenburger Laurentiuskirche, die ihn allerdings 1274 gegen andere Besitztitel an das Herzogshaus abtrat. Der Korn- und Schmalzehnte kam von den von Brietlingen an die Johanniskirche in Lüneburg, die ihn ihrerseits wieder gegen Zins an den Müller von Neetzendorf weitergab; dasselbe gilt für einen der Buendorfer Höfe.

Buendorf (nach Manecke fünf Hausstellen) und Quickborn (sechs Hausstellen) waren Bestandteil der Vogtei Dahlenburg im Amt Bleckede und kamen 1885 an den Landkreis Bleckede und 1932 an den Landkreis Lüneburg. Kirchort ist Dahlenburg.

Bei den Volkszählungen von 1900, 1939 und 1946 waren die Einwohner von Buendorf und Quickborn noch in der Dahlenburger Zahl enthalten. 1964: 314 Einwohner, 1968: 304, 1972: 358.

Landwirtschaft: 8 Vollerwerbsbetriebe, 1 Nebenerwerbsbetrieb (1971).

Eimstorf

Für die vier Siedlungen Eimstorf, Leestahl, Groß und Klein Sommerbeck — die beiden letzten durch den Sommerbeck, einen Bach, getrennt — gibt Manecke je zwei Hausstellen an. Während Groß Sommerbeck nach Thomasburg eingepfarrt wurde, schlug man die drei anderen Orte zum Kirchspiel Dahlenburg. Bis um 1400 waren in Sommerbeck die von Thune begütert. 1583 kamen die beiden Hausstellen in Klein Sommerbeck, die zu Gut Horn (Seedorf) gehörten, an die von Grote. Zeitweise war einer der beiden Höfe im Besitz der Lüneburger Johanniskirche.

Das 15 Meter lange und vier Meter breite Megalithgrab in der Gemarkung Eimstorf weist auf vorgeschichtliche Besiedlung hin. Die Stationen in der Neuzeit waren: Vogtei Dahlenburg des Amts Bleckede, 1885 Landkreis Bleckede, 1932 Landkreis Lüneburg.

Die Bevölkerungsentwicklung im 20. Jahrhundert: 106 Einwohner (1900), 97 (1939), 208 (1946), 107 (1964), 121 (1968), 132 (1972).

Landwirtschaft: 8 Vollerwerbsbetriebe, 7 Nebenerwerbsbetriebe (1971).

Ellringen

Die erste Jahreszahl in Ellringens Geschichte — 1363 — bezieht sich bezeichnenderweise auf die von der Neetze betriebene Wassermühle, in der die Ellringer das Wahrzeichen ihres Ortes sehen. Damals um die Mitte des 14. Jahrhunderts überließ Heinrich von Schwerin dem Lüneburger Michaeliskloster eine Naturalleistung in Roggen, zu der der Ellringer Müller verpflichtet war.

Kloster Lüne besaß in Ellringen vier Höfe und die Mühle, Kloster Medingen und die Lüneburger St.-Johannis-Kirche je zwei Höfe. Die Lüner und die Medinger Höfe kamen nach der Reformation an die Klosterämter Lüne und Medingen; bei der Ämterregulierung 1794 allerdings wurden sie der Vogtei Dahlenburg des Amts Bleckede zugewiesen, der auch die übrigen Ellringer Höfe unterstanden (nach Manecke außer Mühle und Schulhaus 16 pflichtige Hausstellen). Riecklingen hatte vier Hausstellen.

Die Wassermühle war ursprünglich Besitz des Herzogshauses. Der erste namentlich bekannte Müller, Clawes Meiger, lebte um 1600. 1819 wurde ein Neubau errichtet. 1883 übernahm die Müllerfamilie Kaufholz die Mühle.

Mit Schwierigkeiten war die Einrichtung der ersten öffentlichen Fernsprechstelle in Ellringen verbunden. Im Januar 1905 bat der Müllermeister die Kaiserliche Ober-Postdirektion in Hannover, für einen Telefonanschluß zu sorgen. Die Ober-Postdirektion gab zur Antwort: Dann müsse die Gemeinde zu den Anlagekosten 400 Mark beisteuern. Aber davon hielten die Gemeindeväter gar nichts. Die Gemeindekasse sei leer, argumentierten sie, außerdem wollten sie keine Unruhe im Dorf, und schließlich müsse man bedenken, daß der elektrische Draht eines Telefons den Blitz anziehe...

Hätte sich nicht Gastwirt Steckelberg bereiterklärt, die 400 Mark zu übernehmen, so hätte der Müller wahrscheinlich lange warten können.

Als schon fast entschieden war, daß Ellringens Telefon im Gasthaus stehen sollte, ergab sich eine weitere Komplikation. Tischlermeister Benecke, der zugleich Posthilfsstellen-Inhaber war, beanspruchte die öffentliche Fernsprechstelle für sich. Erst einem Machtwort des Landrats in Bleckede war es zu danken, daß man endlich im April 1906 bei Steckelberg den geheimnisvollen braunen Holzkasten einbaute.

Mit der gesamten Vogtei Dahlenburg kam auch Ellringen 1885 an den Landkreis Bleckede und wurde dann 1932 dem Landkreis Lüneburg einverleibt. Kirchlich gehört das Dorf zu Dahlenburg.

Die Bevölkerungszahl hat sich im 20. Jahrhundert nicht verändert: 235 (1900), 217 (1939), 410 (1946), 238 (1964). Eine Freiwillige Feuerwehr wurde 1881 gegründet, der Ellringer Sport-Club 1964.

Landwirtschaft: 20 Vollerwerbsbetriebe, 8 Nebenerwerbsbetriebe (1981).

Gienau

Die aus wuchtigen Findlingen aufgeschichteten Mauern um die alten Bauernhäuser sagen den Einwohnern von Gienau, daß sie zu Hause sind. Unauffällig und persönlich wie seine Wahrzeichen war auch die Geschichte des Ortes, die bis ins zehnte Jahrhundert zurückreichen soll.

Gienau (nach Manecke Kapelle, Schulhaus und sechs pflichtige Hausstellen), Becklingen (drei Hausstellen) und Siecke (vier Hausstellen) gehörten zu dem von Garze aus verwalteten Besitz der von dem Berge und dementsprechend nach dem Tode Fritz von dem Berges (1623) zu dem neueingerichteten Amt Garze (Bleckede); zusammen mit Ahndorf (Boitze) und einem Teil von Pommoißel (Nahrendorf) bildeten sie die Veestschaft. 1742 kam Gienau zum Amt Bleckede, 1885 zum Landkreis Bleckede und 1932 zum Landkreis Lüneburg.

Von der zweiten Hälfte des 16. Jahrhunderts bis um 1800 ist in dem nach Dahlenburg eingepfarrten Gienau eine Kapelle bezeugt. Die Betglocke, das Taufbecken, Leuchter und Bibeln blieben erhalten. Im 19. Jahrhundert waren die Dahlenburger Pastoren verpflichtet, siebenmal im Jahr in der Gienauer Schule Gottesdienst zu halten.

Einige Bauernhäuser und die Schafställe in der Becklinger Feldmark sind Zeugen alter bäuerlicher Kultur.

Die Bevölkerung ist im 20. Jahrhundert geringfügig angewachsen: 157 Einwohner (1900), 144 (1939), 286 (1946), 228 (1964), 235 (1968), 202 (1972). 1902 wurde eine Freiwillige Feuerwehr gegründet.

Landwirtschaft: 8 Vollerwerbsbetriebe, 3 Nebenerwerbsbetriebe (1971).

Lemgrabe

Wahrzeichen der beiden alten Bauerndörfer Lemgrabe und Dumstorf ist — der Dahlenburger Bahnhof. Hart an den Rand von Lemgrabe setzte man 1870/71 die Station Dahlenburg; die Eisenbahnlinie Lüneburg—Dannenberg wurde ein beträchtliches Stück südlich des Fleckens vorbeigeführt.

Die ältesten Gebäude unter den ehemals sieben Hausstellen Lemgrabes (nach Manecke) stehen auf den Höfen Nummer 5 und 6; sie wurden vor rund eineinhalb Jahrhunderten errichtet. Dumstorf hatte vier Hausstellen. Zwischen Dumstorf und Siecke lag das Dorf Heringen, an das noch der Heringsberg erinnert.

Lemgrabe war Bestandteil der Vogtei Dahlenburg des Amts Bleckede; auch kirchlich gehörte es stets zu Dahlenburg. 1885 kam das Dorf an den Landkreis Bleckede, 1932 an den Landkreis Lüneburg.

Die Bevölkerungszahl ist im 20. Jahrhundert merklich angewachsen: 202 (1900), 292 (1939), 590 (1946), 343 (1964), 358 (1968), 396 (1972). 1902 entstand eine Freiwillige Feuerwehr.

Landwirtschaft: 17 Vollerwerbsbetriebe, 12 Nebenerwerbsbetriebe (1971).

Dehnsen siehe Amelinghausen

Deutsch Evern

Gemeinde mit 2759 Einwohnern (1983), Mitgliedsgemeinde der Samtgemeinde Ilmenau. Schon vor der Gemeindereform von 1974 war Deutsch Evern eine Gemeinde.

Der Zehnte in dem ehemals elf Hausstellen zählenden Dorf (nach Manecke) gehörte dem Bistum Verden. Die eine Hälfte hatten verschiedene bekannte Familien zu Lehen, darunter die Töbing in Lüneburg und die von Grote in Breese (Kreis Lüchow-Dannenberg). Die andere Hälfte des Zehnten fiel am Ende des 30jährigen Krieges an die schwedische Krone, gelangte 1679 an das Haus Braunschweig-Lüneburg und kam auf dem Umweg über die Stechinelli schließlich ebenfalls an die von Grote.

Deutsch Evern, nach St. Johannis in Lüneburg eingepfarrt, gehörte zur Hausvogtei des Amts Lüne und ab 1885 zum Landkreis Lüneburg.

Die Bevölkerungszahl ist im 20. Jahrhundert in die Höhe geschnellt. Lüneburg liegt in unmittelbarer Nähe, das Landschaftsbild am Oberlauf der Ilmenau ist außerordentlich reizvoll — beides zusammen bewirkte einen starken Zuwachs: 317 Einwohner (1900), 692 (1939), 1208 (1946), 1396 (1964), 1687 (1968), 2184 (1972). 1903 wurde eine Freiwillige Feuerwehr gegründet, 1924 ein Schützenverein, 1932 der Fußball-Club Deutsch Evern.

Landwirtschaft: 7 Vollerwerbsbetriebe, 4 Nebenerwerbsbetriebe (1971); 6 Vollerwerbsbetriebe, 2 Nebenerwerbsbetriebe (1983).

Diersbüttel siehe Rehlingen
Drögennindorf siehe Betzendorf
Dumstorf siehe Dahlenburg
Ebensberg siehe Lüneburg

Echem

Gemeinde mit 780 Einwohnern (1983), Mitgliedsgemeinde der Samtgemeinde Scharnebeck. Echem entstand durch die Gemeindereform von 1974 aus der Gemeinde Echem mit dem Ortsteil Fischhausen sowie aus einem Teil des Ortsteils Bullendorf der Gemeinde Sassendorf (siehe Hohnstorf).

Mächtige Eichen umgaben Echems Höfe, bevor 1870 ein Großfeuer das alte Ortsbild zerstörte. Im Grunde waren es nur drei Höfe, die das Inferno überdauerten: Nummer 12 von 1587, Nummer 17 von 1734 und Nummer 22 von 1759. Alles andere einschließlich Kirche und Pfarrhaus ging in Rauch auf.

Zwei der übriggebliebenen Eichen standen vor Hof Nummer 22; und weil sie so groß, alt und ehrwürdig waren, kamen die Echemer dazu, diese beiden Bäume zum Wahrzeichen ihres Ortes zu erheben. Auch als es sich im 20. Jahrhundert darum handelte, Motive für ein Gemeindewappen zu finden, entschieden sie sich für die Eiche: auf silbernem Grund drei

Wo die Natur noch heil ist: Pferde auf einer Weide an der Ilmenau nahe Deutsch Evern.

aus grünem Schildfuß wachsende grüne Eichen mit schwarzen Stämmen. 1937 wurde das Wappen genehmigt.

Weit über das Jahr der ersten urkundlichen Erwähnung (1190) zurück reichen die Spuren menschlicher Besiedlung auf Echemer Boden. Prähistorische Funde führen aus der Steinzeit bis in die Langobardenzeit hinauf.

Angeblich soll noch im 13. Jahrhundert das Adelsgeschlecht von Echem in seinem Stammdorf Echem ansässig gewesen sein. 1287 nahmen das Bardowicker Stift und Kloster Scharnebeck einen Güteraustausch vor. Besitzungen in Echem, die bis dahin Bardowick gehört hatten, gingen jetzt an die Scharnebecker über.

Während Echem (nach Manecke) 27 pflichtige Hausstellen sowie Pfarr-, Pfarrwitwen-, Küster- und Hirtenhaus zählte, war Fischhausen stets ein Einzelgehöft, an dem Fischereigerechtigkeiten auf der Neetze hingen. Gegen Erbzins wurde das „Fischerhaus an der Neetze" von der Landesherrschaft vergeben. Bis in die Gegenwart ist Fischhausen ein geradezu weltabgeschiedener Platz geblieben. Erst 1966 zum Beispiel ging die Zeit der Petroleumlampe vorbei, und das elektrische Licht kam.

Bis in die zweite Hälfte des 16. Jahrhunderts hinein war die Echemer Kirche Filial von Hittbergen. Vorübergehend unterstand sie Scharnebeck. Im Jahre 1600 endlich wurde sie selbständige Pfarrkirche für Echem und Sassendorf (Hohnstorf).

Echems Kirchenbücher reichen bis 1745 zurück. Ein weiterer wertvoller Besitz ist das sogenannte „Petrus Dezius-Buch“. Darin gibt der gleichnamige Echemer Pastor Nachricht über seine Vorgänger im Amt und Vorkommnisse in der Gemeinde. Dieses Buch wie auch die Kirchenbücher wurden bei der Brandkatastrophe von 1870 gerettet. Die Kirche mußte damals neugebaut werden. Das niedergebrannte Gotteshaus war aus dem Jahre 1763 gewesen.

Dem gegen Ende des 17. Jahrhunderts amtierenden Echemer Geistlichen stand bei Trauungen außer einer Kanne Bier und einem Semmel noch ein Schnupftuch zu. Um 1800 gehörte zur Ausstattung der Pfarrstelle ein Kahn.

1572 kam das bis dahin sachsen-lauenburgische Echem als Taufgeschenk an Braunschweig-Lüneburg. Herzog Heinrich, der Gründer der Dannenberger Linie des Welfenhauses, hatte die Lauenburgerin Ursula zur Frau, eine Tochter Herzog Franz'. Zur Taufe seines nach dem Schwiegervater geheißenen Sohnes empfing Heinrich Echem und dazu gleich Bullendorf.

Echem wurde in das Amt Scharnebeck eingefügt. 1852 kam es ans Amt Artlenburg, 1859 ans Amt Lüne und 1885 an den Landkreis Lüneburg.

1852 wurde der Männergesangverein „Concordia“ gegründet, 1914 ein gemischter Chor; beide verschmolzen nach dem Zweiten Weltkrieg zur Singgemeinschaft Echem. Die Freiwillige Feuerwehr geht auf das Jahr 1870 zurück; unmittelbarer Anlaß zur Gründung war der große Brand in jenem Jahr. Der 1951 gebildete Schützenverein von Echem und Umgebung setzte die Tradition des Kriegervereins von 1911 und des Kriegerschützenvereins von 1932 fort. 1920 entstand der Reit- und Fahrverein Echem und Umgebung.

Bekannt gemacht hat Echems Namen die Lehr- und Versuchsanstalt für Viehhaltung. 1925 als Lehrwirtschaft Echem gegründet, entwickelte sie sich zu einer der wichtigsten Einrichtungen der Landwirtschaftskammer Hannover. Nach dem Zweiten Weltkrieg wurden ein Internatsgebäude sowie Mastprüfungsanstalten für Schweine und Bullenkälber hinzugefügt.

Die Bevölkerung hat sich im 20. Jahrhundert nahezu verdoppelt: 379 Einwohner (1900), 638 (1939), 977 (1946), 698 (1964), 717 (1968), 749 (1972).

Landwirtschaft: 20 Vollerwerbsbetriebe, 10 Nebenerwerbsbetriebe (1971); 12 Vollerwerbsbetriebe, 11 Nebenerwerbsbetriebe (1983, neue Gemeinde Echem).

Ehlbeck siehe Rehlingen
Eichdorf siehe Nahrendorf
Eimstorf siehe Dahlenburg
Einemhof siehe Kirchgellersen
Elba siehe Adendorf
Ellringen siehe Dahlenburg

Embsen

Gemeinde mit 1918 Einwohnern (1983), Mitgliedsgemeinde der Samtgemeinde Ilmenau. Embsen entstand durch die Gemeindereform von 1974 aus den Gemeinden Embsen mit dem Ortsteil Wagenhorst, Heinsen und Oerzen mit Neu Oerzen.

Embsen

1280 stifteten der Ritter Manecke von Estorff der Jüngere und seine Ehefrau Adelheid, eine geborene von Bülow, in Embsen eine Kirche. Dem Ehepaar, das auf dem benachbarten Gut Barnstedt saß, war ein Sohn im Krieg gefallen. Die neue Kirche wurde der heiligen Katharina geweiht. Den von Estorff stand für alle Zeiten das Patronat zu, wenn auch nicht unbestritten. Im Jahre 1406 mußte es den Brüdern Ludolf und Mangold von Estorff ausdrücklich von Bischof Conrad von Verden bestätigt werden, weil dessen Vorgänger, Bischof Rudolf, die Estorffschen Rechte nicht hatte anerkennen wollen.

Das alte Embsen: die Dorfkirche aus dem 14. Jahrhundert, im 19. Jahrhundert umgebaut.

Während die im 13. Jahrhundert errichtete Kirche vermutlich aus Holz war, wird es sich bei dem im letzten Viertel des 14. Jahrhunderts entstandenen Neubau wahrscheinlich bereits um das heutige Kirchengebäude gehandelt haben, das freilich 1849/50 umgebaut worden ist. Der erste namentlich bekannte Pastor war Dominicus Mentzer (für 1534 bezeugt). Die Kirchenbücher reichen bis 1682 zurück.

Der Dorfzehnte war im Besitz des Lüneburger Michaelisklosters. Außer Pfarr-, Pfarrwitwen- und Küsterhaus sowie sieben pflichtigen Hausstellen (nach Manecke) gab es noch eine steuerfreie Hausstelle; sie gehörte den von Estorff, bis sie 1640 in andere Hände überging. Als das älteste Gebäude gilt, von der Kirche abgesehen, eine Rauchkate. Embsen zählte zur Hausvogtei des Amts Lüne und kam 1885 an den Landkreis Lüneburg.

Die Bevölkerungszahl ist im 20. Jahrhundert stark gestiegen: 256 (1900), 355 (1939), 782 (1946), 965 (1964), 1204 (1968), 1315 (1972). Vor dem Ersten Weltkrieg gab es sieben Vollhöfe und zwölf Abbauerstellen, vier Jahrzehnte später waren es nur noch vier beziehungsweise zwei. Schon zwischen den beiden Kriegen entwickelte sich Embsen zum Handwerkerdorf. Auch die Anfänge der Industrialisierung reichen bis in diese Zeit zurück. 1939/40 wuchs am Dorfrand mit 33 Wohneinheiten die erste Industriesiedlung aus dem Boden; sie war für die Beschäftigten des damaligen „Wifo"-Werkes bestimmt.

Kurz nach dem Ersten Weltkrieg hatten der Embser Lehrer Gustav Stein, die Brüder Dietrich und Ludwig Hartig, dazu ein paar Helfer, ein tolles Abenteuer — eine Geschichte, die die Anfänge des Weimarer Staates charakterisiert. 1920 landete bei Embsen ein deutsches Jagdflugzeug des Typs Fokker D VII; es sollte nicht an die Alliierten ausgeliefert werden. Stein und seine Freunde versteckten die Maschine auf dem Saal des Gasthauses Stumpf, verbargen sie anschließend in einer Scheune in Heinsen, in einer Kiefernschonung in den Sieben Bergen bei Embsen und zuletzt in einem Schafstall bei Oerzen.

Eine Freiwillige Feuerwehr wurde 1902 gegründet, der Männerturnverein „Deutsche Eiche" Embsen 1919.

Landwirtschaft: 5 Vollerwerbsbetriebe, 2 Nebenerwerbsbetriebe (1971); 14 Vollerwerbsbetriebe, 6 Nebenerwerbsbetriebe (1983, neue Gemeinde Embsen).

Heinsen

Megalithgräber und steinzeitliche Funde in Heinsens Gemarkung besagen, daß das Dorf auf vorgeschichtlichem Siedlungsgebiet liegt. Die erste bekannte urkundliche Erwähnung („Heynsen") geschah 1261. Den Zehnten besaß das Lüneburger Michaeliskloster; ebenso war es im Besitz der Gerichtsbarkeit über die zwei Hausstellen in Heinsen (nach Manecke). Bevor das Kloster diese Rechtstitel erwarb, waren das Bistum Verden, die Grafen von Schwerin und die von Oedeme in dem kleinen Walddorf berechtigt gewesen.

Heinsen, nach Embsen eingepfarrt, unterstand der Hausvogtei des Amts Lüne und kam 1885 an den Landkreis Lüneburg. Als das älteste Gebäude gilt Hof Nummer 2.

Die Bevölkerungsentwicklung im 20. Jahrhundert: 51 Einwohner (1900), 97 (1939), 184 (1946), 66 (1964), 71 (1968), 50 (1972).

Landwirtschaft: 2 Vollerwerbsbetriebe, kein Nebenerwerbsbetrieb (1971).

Oerzen

Der erste verläßliche Hinweis auf Oerzen findet sich in einer Urkunde des Lüneburger Michaelisklosters von 1310. Bevor das Dorf durch die Verwaltungsreform von 1852 an das Amt Lüne kam und 1885 dann an den Landkreis Lüneburg, unterstand es der Amtsvogtei Garlstorf des Amts Winsen. Die Zahl der Hausstellen

Das neue Embsen: VEBA-Chemie Nord im Jahre 1969, heute Chemische Werke Hüls AG.

betrug sieben (nach Manecke). Als ältestes Gebäude gilt der Speicher auf Hof Petersen. Auf einem Grenzstein nahe bei Oerzen — er bezeichnet die Grenze des Gos Salzhausen — kann man das Wahrzeichen des Ortes sehen.

Bei der 1832 vorgenommenen Verkoppelung entstanden zwischen Oerzen und Wetzen (Oldendorf/Luhe) Spannungen wegen der Gemarkungsgrenze. Welchem Dorf sollte das Gebiet zugesprochen werden, in dem ehemals beide Gemeinden ihr Vieh gehütet hatten? Ein Vorfall aus dem 18. Jahrhundert wies den Weg aus dem Streit. Damals hatte sich in der strittigen Grenzzone ein Ortsfremder erhängt, und weder die Einwohner aus Oerzen noch die aus Wetzen waren willens gewesen, ihn zu beerdigen. Schließlich wurde entschieden, daß die Oerzener die Bestattung übernehmen mußten, weil ihr Gemeindehirte den Toten entdeckt hatte. Das bedeutete damals und ebenso später bei dem Grenzstreit von 1832, man betrachtete das fragliche Gebiet als zu Oerzen gehörig.

Kirchdorf war zunächst Betzendorf. Ende des 18. Jahrhunderts jedoch fanden die Oerzener immer entschiedener, der Weg nach dort sei zu lang, günstiger würde es sein, wären sie nach Embsen eingepfarrt. Schon 1796 pflogen sie erste Verhandlungen. Aber es dauerte dann bis 1859, ehe beim Konsistorium ein Antrag auf Einpfarrung nach Embsen lag. Und nochmals gingen fünf Jahre ins Land: Erst 1864 entsprach die oberste Kirchenbehörde Oerzens Wunsch durch eine entsprechende Verfügung.

Die Bevölkerungsentwicklung im 20. Jahrhundert: 183 Einwohner (1900), 237 (1939), 509 (1946), 370 (1964), 349 (1968), 335 (1972). 1921 wurde eine Freiwillige Feuerwehr aufgestellt.

Landwirtschaft: 11 Vollerwerbsbetriebe, 6 Nebenerwerbsbetriebe (1971).

Erbstorf	siehe Adendorf
Etzen	siehe Amelinghausen
Fischhausen	siehe Echem
Fladen	siehe Boitze
Garge	siehe Bleckede
Garlstorf	siehe Bleckede
Garze	siehe Bleckede
Gienau	siehe Dahlenburg
Gifkendorf	siehe Vastorf
Glüsingen	siehe Betzendorf
Göddingen	siehe Bleckede
Göxe	siehe Wendisch Evern
Grevenhorn	siehe Lüdersburg
Groß Sommerbeck	siehe Dahlenburg
Grünendeich	siehe Bleckede
Grüner Jäger	siehe Adendorf
Häcklingen	siehe Lüneburg
Hagen	siehe Lüneburg

Handorf

Gemeinde mit 1002 Einwohnern (1983), Mitgliedsgemeinde der Samtgemeinde Bardowick seit der Gemeindereform von 1974. Handorf war vorher eine Gemeinde innerhalb des Landkreises Harburg. Zu Handorf zählen der einstellige Hof Clues und das sogenannte Lager Handorf (der Name geht auf das in den 30er Jahren errichtete Lager des damaligen Reichsarbeitsdienstes zurück).

Die erste urkundliche Erwähnung Handorfs liegt für das Jahr 1086 vor. Die Schreibweise des Ortes war „Hanthorp"; andere alte Schreibweisen sind „Handorppe", „Handhorpe", „Handhorp" und „Handorff".

Möglicherweise reicht die Geschichte der Handorfer Peter- und Paul-Kirche ebenfalls bis in die zweite Hälfte des elften Jahrhunderts zurück. Auf jeden Fall handelte es sich in Handorf zunächst um eine Filiale des Bardowicker Doms.

Das Patronat stand im zwölften Jahrhundert den in Handorf begüterten Grafen von Wölpe zu (davor offenbar den von Stade). 1282 ging das Patronat an Kloster Lüne über, den wichtigsten Handorfer Grundherrn. Dem Stift Bardowick standen Zehntleistungen zu, dem Michaeliskloster in Lüneburg gehörten Wiesen.

In den 30er Jahren entstand am Rand von Handorf ein Lager des Reichsarbeitsdienstes.

Die Liste der in Handorf ansässigen Priester beginnt 1355 (seit damals selbständiges Kirchspiel Handorf). Kurz darauf wuchs der Lüner Besitz durch Veräußerungen des welfischen Herzogshauses; das Gut Handorf, das nach den Grafen von Wölpe die von Handorf besessen hatten, war als erledigtes Lehen heimgefallen.

In den Jahren 1852/54 ersetzten die Handorfer ihre Kirche — „von Alter krumm und schief, voller Risse und Schäden" — durch einen Neubau. Der aus dem Jahre 1651 stammende hölzerne Glockenturm blieb stehen, ebenso wie das alte Pfarrhaus von 1662 (1932 abgebrannt).

Handorf gehörte im Mittelalter zur Vogtei Bardowick, genauer zu dem Sondergut innerhalb dieser Vogtei. Mit dem Gutshof war ein Patrimonialgericht verbunden. Die hannoversche Ämterverfassung wies Handorf der Amtsvogtei Bardowick innerhalb des Amts Winsen (Luhe) zu. Dementsprechend kam das Dorf 1885 an den Landkreis Winsen (Luhe) und 1932 an den Landkreis Harburg. Die Gemeindereform des Jahres 1974 schlug Handorf der Samtgemeinde Bardowick und damit dem Landkreis Lüneburg zu.

Manecke nennt für Handorf 29 pflichtige Hausstellen, dazu Pfarr-, Pfarrwitwen- und Küsterhaus; er erwähnt auch den einstelligen Hof Clues.

Die volkskundliche Forschung interessiert sich für die Handorfer Intarsientischler (insbesondere die Werkstätten von Harms und Rademacher verdienen Erwähnung) und die

Hier führt noch eine Straße aus Kopfsteinpflaster nach Handorf hinein, im Hintergrund die Windmühle.

Handorfer Brauttracht, die bis 1850 etwa gebräuchlich war.

Wichtig für Handorfs Entwicklung wurde die Einrichtung einer Deckstation der hannoverschen Warmblutzucht im Jahr 1816. Die Hengste Brutus und Bristo deckten im ersten Jahr 163 Stuten. Zunächst war die Deckstation in einer Scheune neben Beneckes Gasthaus untergebracht, später auf dem gegenüberliegenden Anwesen (Gasthaus Blesse). Inzwischen hat der Pferdezuchtverein Winsen (Luhe) seine Deckstation in den Winsener Ortsteil Roydorf verlegt.

Die Geschichte der Handorfer Mühle — nach wie vor das Wahrzeichen des Dorfes — beginnt 1868. Damals ersuchte der Mühlenbesitzer und Mühlenbauer Jürgen Meyer aus Schneverdingen die Lüneburger Landdrostei, in Handorf eine Mühle errichten zu dürfen. Im Jahr darauf entstand eine Windmühle. 1907 bauten die Meyer einen Sauggasmotor ein, 1921 einen Dieselmotor und gleichzeitig eine elektrische Lichtanlage.

Der Handorfer Maiblumenanbau, im 20. Jahrhundert ein starkes Bein der heimischen Landwirtschaft, wurde 1899 durch den Bauern Voß und den Häusling Deetz begründet. Das Pflanzgut hatten die beiden aus Altengamme in den Vierlanden bezogen. 1954 zählte man in Handorf 54 Betriebe mit Maiblumenanbau.

1902 wurde eine Freiwillige Feuerwehr ins Leben gerufen, 1907 der Männergesangverein „Deutsche Eiche", 1921 der MTV und 1939 der Schützenverein.

Die Bevölkerungsentwicklung im 20. Jahrhundert: 623 (1912), 637 (1939), 1185 (1950), 799 (1965), 757 (1968), 842 (1972).

Landwirtschaft: 14 Vollerwerbsbetriebe, 30 Nebenerwerbsbetriebe (1983).

Harmstorf siehe Dahlem
Heiligenthal siehe Südergellersen
Heinsen siehe Embsen
Heisterbusch siehe Bleckede

Hittbergen

Gemeinde mit 659 Einwohnern (1983), Mitgliedsgemeinde der Samtgemeinde Scharnebeck. Hittbergen entstand durch die Gemeindereform von 1974 aus den Gemeinden Hittbergen und Barförde sowie einem Teil des Sassendorfer Ortsteils Bullendorf (siehe Hohnstorf).

Hittbergen

Das Kirchdorf Hittbergen liegt auf einer Düne im Urstromtal der Elbe. Längst bevor im 13. Jahrhundert urkundliche Nachrichten zu fließen begannen, hatte der Mensch von der diluvialen Aufhöhung Besitz ergriffen. Steinzeitliche Fundstücke, ein Urnenfriedhof und eine römische Münze aus dem ersten nachchristlichen Jahrhundert zeugen davon.

1211 wurden Burchard, dem Abt des Lüneburger Michaelisklosters, von einem Adeligen (Albertus Comes Transalbinus) Dorf und Kirche geschenkt. Einen Teil des Besitzes gab Abt Haldus um die Mitte des 13. Jahrhunderts an die von Thune als Lehen aus. 1302 bestätigte der Papst das Kloster im Besitz der Kirche.

Als es zwischen dem Lüneburger Abt und dem Lauenburger Herzog wegen des Patronats über die Martinskirche in Hittbergen zum Streit kam — das Dorf gehörte seit dem Vergleich von 1258 zu Sachsen-Lauenburg —, wurde das Reichskammergericht angerufen. Das Ergebnis war, daß Abt und Herzog abwechselnd die Patronatsrechte ausüben durften, bis das Michaeliskloster 1683 seine Ansprüche abtrat.

Die Liste der noch feststellbaren Geistlichen an der Martinskirche führt Bernd Syhr an. Er begann als katholischer Priester und endete als lutherischer Pastor; seine Amtszeit währte bis 1564. Die Kirchenbücher reichen bis 1690 zurück. Die jetzige Kirche wurde in den Jahren 1872/75 errichtet.

Vier von Hittbergens Höfen lassen sich bis ins 13. Jahrhundert zurückverfolgen. Manecke gibt außer der Pfarrkirche sowie drei Häusern für die Kirchen- und Schulbediensteten 36 Hausstellen an; weiter führt er die Mühle auf, Hittbergens Wahrzeichen. Drei der heutigen Bauernhäuser stammen noch aus dem 17. Jahrhundert (von 1642, 1647 und 1655).

Kloster Scharnebeck — und in seiner Nachfolge das Amt Scharnebeck — besaß einen Hof und war zehntberechtigt. Auch in dem Dorf Gheverdesrode bei Hittbergen, das wüst wurde, war das Kloster begütert.

Hittbergen unterstand der Obermarschvogtei des Amts Lauenburg, das 1702 an die Welfen zurückfiel. 1816 wurde das Kirchdorf dem damals neugebildeten Amt Artlenburg hinzugefügt. Durch die Verwaltungsreform von 1859 kam es an das Amt Lüne. Seit 1885 gehört es zum Landkreis Lüneburg.

Schon vor dem 30jährigen Krieg gab es in Hittbergen eine Windmühle; sie vermochte sich aber nicht zu halten. 1726 errichtete der Müller Johann Schoel die zweite Mühle, eine Bockwindmühle; er kaufte die Lauenburger Windmühle und transportierte sie auf das andere Elbufer nach Hittbergen. In Lauenburg hatte er nichts werden können, die Palmschleusenmühle besaß als Zwangsmühle die beherrschende Stellung. Auch die Dörfer Artlenburg, Hohnstorf, Sassendorf (Hohnstorf), Hittbergen und Barförde waren ihr unterworfen, aber die königliche Kammer in Hannover sorgte dafür, daß Schoels Mühle 1741 zur Zwangsmühle für Hittbergen, Sassendorf und Barförde erhoben wurde. Bis 1830 blieb der Mühlenzwang bestehen.

1807 ersetzte der Müller Joachim Christian Gutknecht die Bockwindmühle durch eine Holländermühle. Nachdem diese 1886 niedergebrannt war, erbaute Fritz Gutknecht eine Gallerieholländermühle. Um 1900 kam ein Sauggasmotor, 1932 ein Dieselmotor. 1929 übernahm Karl Niederhoff aus Tripkau die Mühle.

Die Bevölkerungsentwicklung im 20. Jahrhundert: 460 Einwohner (1900), 426 (1939), 760 (1946), 502 (1964), 504 (1968), 483 (1972). 1878 wurde eine Freiwillige Feuerwehr gegründet, 1928 ein Schützenverein.

Landwirtschaft: 16 Vollerwerbsbetriebe, 24 Nebenerwerbsbetriebe (1971); 22 Vollerwerbsbetriebe, 18 Nebenerwerbsbetriebe (1983, neue Gemeinde Hittbergen).

Barförde

Ebenso wie bei Artlenburg soll auch bei Barförde ehemals eine Furt durch die Elbe geführt haben, aber sie hat nie — oder doch jedenfalls nicht historisch fixierbar — Bedeutung erlangt.

Als „Berenvorde“ tritt Barförde 1160 in die Geschichte ein. Es war das Jahr, in dem Heinrich der Löwe auf der Ertheneburg den Dänenkönig Waldemar empfing und gleichzeitig mit den Obotritenfürsten verhandelte. Da er verhindern wollte, daß die beiden streitenden Parteien sich begegneten, versammelte er die Wenden in Barförde.

Eingepfarrt war die kleine, nach Manecke 16 Reihestellen und ein Schulhaus umfassende Marschgemeinde stets nach Hittbergen. Kloster Scharnebeck und in dessen Nachfolge später das Amt Scharnebeck besaßen in Barförde einen Hof und den Zehnten.

Barförde war Bestandteil der Obermarschvogtei des Amts Lauenburg. 1816 kam es an das neugebildete Amt Artlenburg, schließlich ans Amt Lüne (1859) und zuletzt an den Landkreis Lüneburg (1885).

Die Bevölkerungsentwicklung im 20. Jahrhundert war rückläufig: 160 Einwohner (1900), 120 (1939), 265 (1946), 129 (1964), 110 (1968), 120 (1972). Seit 1902 gibt es eine Freiwillige Feuerwehr.

Landwirtschaft: 11 Vollerwerbsbetriebe, 2 Nebenerwerbsbetriebe (1971).

Strohgedecktes niedersächsisches Bauernhaus, geschützt hinterm Hohnstorfer Elbdeich.

Die Martinskirche zu Hittbergen (19. Jahrhundert) mit der riesigen Eiche daneben.

Hitzker siehe Westergellersen
Hohenesch siehe Betzendorf
Hohensand siehe Wittorf

Hohnstorf

Gemeinde mit 2025 Einwohnern (1983), Mitgliedsgemeinde der Samtgemeinde Scharnebeck. Hohnstorf entstand durch die Gemeindereform von 1974 aus den Gemeinden Hohnstorf mit dem Ortsteil Rethscheuer und Sassendorf mit einem Teil des Ortsteils Bullendorf.

Hohnstorf

Eine Wellenlinie teilt im Hohnstorfer Wappen (1956 genehmigt) die goldbereifte grüne Laubkrone auf Silber der oberen Hälfte von den zwei silbernen Fischen auf Blau der unteren Hälfte ab. Bauern und Fischer haben in dem Dorf hinter dem Elbdeich gewohnt, bis im Zeitalter des Verkehrs Industriearbeiter dazukamen. Bei Hohnstorf überspannen eine Eisenbahn- und eine Straßenbrücke die Elbe; vornehmlich die Bahnstrecke Lüneburg—Lübeck, sozusagen die neuzeitliche Salzstraße, erschloß den Ort verkehrsmäßig. Die Elbfähre wurde im 20. Jahrhundert überflüssig.

Als 1258 die Lüneburger Herzöge dem Haus Sachsen-Lauenburg die Elbmarsch überließen, war von Hohnstorf noch nicht die Rede. Offenbar entstand das Dorf erst später. Steinzeitliche Funde allerdings weisen darauf hin, daß der Mensch doch lange vor dem Deichbau hier siedelte.

Die 537 Meter lange Eisenbahnbrücke von Hohnstorf nach Lauenburg, 1945 zerstört, 1951 neuerstanden.

Hohnstorf mit seinen 45 Hausstellen und dem Schulhaus (nach Manecke) unterstand der Obermarschvogtei des Amts Lauenburg. Die lauenburgische Amtsverfassung überdauerte die Rückkehr ins Fürstentum Lüneburg (1702) um mehr als 100 Jahre. 1816 wurde Hohnstorf dem damals neugebildeten Amt Artlenburg zugewiesen. Bei der Verwaltungsreform von 1859 kam der Ort ans Amt Lüne und bei der Einführung der preußischen Kreisverfassung 1885 an den Landkreis Lüneburg.

Eingepfarrt ist Hohnstorf nach Artlenburg. Im Mittelalter hatte Kloster Scharnebeck Anspruch auf Zehntleistungen, später war das Amt Scharnebeck zehntberechtigt.

Der einstellige Hof Rethscheuer geht auf ein schon vor dem 30jährigen Krieg bezeugtes herzogliches Vorwerk zurück. Mitte des 19. Jahrhunderts war davon freilich nur eine Scheune übriggeblieben, in der der Zehnte aus vier Dörfern gesammelt wurde. In einem kleinen Haus daneben wohnte der Wärter.

Die Fischerei ist inzwischen kein Erwerbszweig mehr. Die Verschmutzung des Elbwassers infolge der Industrialisierung hat den Fischbestand auf ein Minimum zurückgedrängt. Nicht leichte Fischerboote, sondern schwerbeladene Schuten fahren unter den Elbbrücken hindurch.

Die Bevölkerungszahl hat sich im 20. Jahrhundert verdoppelt: 559 (1900), 537 (1939), 768 (1946), 1033 (1964), 1139 (1968), 1308 (1972). 1880 wurde eine Freiwillige Feuerwehr gegründet, 1925 der Männerturnverein Hohnstorf, 1952 der Verein für Ballsport Hohnstorf.

Landwirtschaft: 16 Vollerwerbsbetriebe, 10 Nebenerwerbsbetriebe (1971); 12 Vollerwerbsbetriebe, 17 Nebenerwerbsbetriebe (1983, neue Gemeinde Hohnstorf).

Sassendorf

Sassendorf und Bullendorf gehörten zu den Marschdörfern, die von den Lüneburger Herzögen 1258 an die Lauenburger abgetreten wurden. Ein weiteres wichtiges Ereignis im 13. Jahrhundert war der Beginn des Deichbaus; 1274 errichtete man erstmals bei „Zatendorpe“, wie der Ort in einer Urkunde von 1335 genannt wird, Schutz- und Entwässerungsanlagen. Angeblich soll Sassendorf schon zur Zeit Hermann Billungs gegründet worden sein.

Ebenso wie Bullendorf wurde Sassendorf der Obermarschvogtei des Amts Lauenburg eingegliedert. Kirchort war für beide Dörfer stets Hittbergen. Sassendorf setzte sich (nach Manecke) aus 21 Reihestellen und einem Schulhaus zusammen. Bullendorf war ein Vorwerk von Kloster Scharnebeck. In Sassendorf besaß das Kloster den Zehnten und einen Hof.

Nach dem Lauenburger Erbfolgestreit kam Sassendorf 1702 an die Welfen zurück. Zunächst blieb die lauenburgische Amtseinteilung erhalten. Erst 1816 legte man den Ort dem neugebildeten Amt Artlenburg bei. Seit 1859 gehörte Sassendorf zum Amt Lüne, seit 1885 zum Landkreis Lüneburg.

Bullendorf kehrte schon eher in den Verband des Fürstentums Lüneburg zurück. Das Vorwerk war Bestandteil des Patengeschenks, das Herzog Franz I. von Sachsen-Lauenburg 1572 seinem gleichnamigen Enkel in Scharnebeck machte, dem zweiten Sohn seiner Tochter Ursula und Herzog Heinrichs, des Gründers der Dannenberger Linie innerhalb des Hauses Braunschweig-Lüneburg. Der ehemalige Klosterbesitz wurde nunmehr dem Amt Scharnebeck zugeschlagen.

Ursprünglich lag Vorwerk Bullendorf auf einer Insel inmitten eines Sees. Aus den alten Bezeichnungen „Mönchswiese" und „Mönchshaus" ein Kloster Bullendorf herzuleiten, ist abwegig. Auch die angeblich von Bullendorf nach Hittbergen gebrachte Glocke weist keinesfalls auf ein Kloster; wahrscheinlich hatten die Scharnebecker Mönche auf ihrem Vorwerk ein Bethaus eingerichtet. Die Insellage blieb erhalten, bis 1752 ein Damm durch den See gezogen wurde. Noch für Manecke liegt Bullendorf auf einer Halbinsel. Seit 1852 gehörte der Ort zum Amt Artlenburg, seit 1859 zum Amt Lüne und seit 1885 zum Landkreis Lüneburg.

Robert Garbe wuchs in Hohnstorf auf.

Die Bevölkerungszahl hat sich im 20. Jahrhundert so gut wie nicht verändert: 201 (1900), 194 (1939), 263 (1946), 216 (1964), 236 (1968), 263 (1972).

Landwirtschaft: 7 Vollerwerbsbetriebe, 7 Nebenerwerbsbetriebe (1971).

Holtorf siehe Betzendorf
Holzen siehe Reinstorf
Hölzerne Klinke siehe Brietlingen
Horburg siehe Barum
Horn siehe Boitze
Horndorf siehe Reinstorf und Tosterglope
Hungerstorf siehe Dahlem
Junkernhof siehe Thomasburg
Jürgenstorf siehe Lüdersburg
Kaltenmoor siehe Lüneburg
Karze siehe Bleckede

Idylle am — längst abgebrannten — Forsthaus Einemhof;
Federzeichnung für eine Ansichtskarte (1929).

Kirchgellersen

Gemeinde mit 1 392 Einwohnern (1983), Mitgliedsgemeinde der Samtgemeinde Gellersen. Kirchgellersen war bereits vor der Gemeindereform von 1974 mit den Ortsteilen Einemhof, Mariengarten und Wappenhorn eine Gemeinde.

Schon bevor 1313 die Prämonstratenser in Kirchgellersen ein Kloster gründeten, gab es den Ort. Chronisten bezeugen ihn für das zwölfte, eine Urkunde des Klosters Scharnebeck für das 13. Jahrhundert. Sogar die der Jungfrau Maria und dem heiligen Laurentius geweihte Kirche hat bereits vor der Klostergründung als Filial von Salzhausen bestanden. 1313 wurde sie den Prämonstratensern übereignet und zugleich verselbständigt; auch Süder- und Westergellersen kamen von Salzhausen an das neue Kirchspiel.

Schon 1316 begannen die Prämonstratenser, ihr Kloster nach Heiligenthal (Südergellersen) zu verlegen. Der Dorfzehnte aus Kirchgellersen blieb ihnen erhalten. Mitte des 14. Jahrhunderts freilich kam die eine Hälfte an das Lüneburger Stift zum Heiligen Geist. Die andere Hälfte fiel nach der Aufhebung des Klosters in der Reformationszeit (1530) an die von Möller, denen das Herzogshaus die Heiligenthaler Besitzungen der Prämonstratenser als Gut übertrug. Die Gellerser Kirche war in Bohndorf (Landkreis Uelzen) zehntberechtigt, veräußerte dieses Recht aber 1318 an die von Hitzacker. Demgegenüber hatten Kloster Scharnebeck und Gut Brockwinkel (Reppenstedt) in Kirchgellersen Besitztitel inne.

Die ehemalige Kirche — 1543 wirkte an ihr der lutherische Prediger Clemens Zwolle — ist durch einen neugotischen Bau ersetzt worden. Als ältestes Gebäude des ehemals 19 pflichtige Hausstellen, dazu Pfarr-, Pfarrwitwen- und Küsterhaus zählenden Dorfes gilt das Bauernhaus Nummer 7, 1645 errichtet.

Kirchgellersen gehörte zur Amtsvogtei Garlstorf des Amts Winsen (Luhe). Bei der Verwaltungsreform von 1852 wurde der Ort der neugebildeten Amtsvogtei Salzhausen des Amts Winsen zugewiesen. Aber schon 1859 kam das Kirchdorf an das Amt Lüne und 1885 an den Landkreis Lüneburg.

Die Bevölkerungszahl hat sich im 20. Jahrhundert mehr als verdoppelt: 422 (1900), 604 (1939), 958 (1946), 895 (1964), 927 (1968), 1008 (1972). 1881 wurde eine Freiwillige Feuerwehr gegründet, 1911 der Männerturnverein „Heideblüte“, 1921 ein Schützenverein, 1927 ein Kirchenchor.

Landwirtschaft: 22 Vollerwerbsbetriebe, 20 Nebenerwerbsbetriebe (1971); 14 Vollerwerbsbetriebe, 8 Nebenerwerbsbetriebe (1983).

Kleinburg siehe Bleckede
Klein Sommerbeck siehe Dahlenburg
Köhlingen siehe Tosterglope
Kolkhagen siehe Barnstedt
Konstantinopel siehe Rehlingen
Köstorf siehe Dahlem
Kovahl siehe Nahrendorf
Kringelsburg siehe Scharnebeck
Kronsberg siehe Rullstorf
Lager Handorf siehe Handorf
Leestahl siehe Dahlenburg
Lemgrabe siehe Dahlenburg
Lentenau siehe Scharnebeck
Lüben siehe Nahrendorf

Lüdersburg

Gemeinde mit 535 Einwohnern (1983), Mitgliedsgemeinde der Samtgemeinde Scharnebeck. Lüdersburg entstand durch die Gemeindereform von 1974 aus den Gemeinden Lüdersburg mit den Ortsteilen Ahrenschulter, Bockelkathen, Grevenhorn und Walmsworth sowie Jürgenstorf mit dem Ortsteil Neu Jürgenstorf, außerdem aus dem Wohnplatz Auf dem Kreuz.

Mit barockem Inventar präsentiert sich die Kirche zu Lüdersburg; das Gebäude geht auf das 17. Jahrhundert zurück.

Lüdersburg

Drei Dörfer und drei einstellige Höfe bildeten bis 1850 den Bezirk des geschlossenen Adelsgerichts Lüdersburg: Lüdersburg selbst, dazu Bockelkathen und Jürgenstorf; die Einzelhöfe des Gutsbereichs: Ahrenschulter, Grevenhorn und Walmsworth. Gutsuntertänig war den von Spörcken auf Lüdersburg schließlich noch ein Meier in Barförde (Hittbergen). Bis auf Jürgenstorf ging das gesamte Rittergut 1929 in der politischen Gemeinde Lüdersburg auf.

Am Anfang der langen Geschichte des bekannten lüneburgischen Adelssitzes steht möglicherweise die Familie der Edlen von Hardestorpe. Noch bevor Lüdersburg 1258 ebenso wie die umliegende Marsch an das Haus Sachsen-Lauenburg kam, sind die von Sprenger als Gutsbesitzer und die Grafen von Lüchow als Inhaber des Lehnsrechts nachzuweisen (1225). 1328 verkaufte Bertram von Zabel, dessen Familie den von Sprenger nachgefolgt war, Lüdersburg an Segeband von Wittorf. Mehr als vier Jahrhunderte saßen nun die von Wittorf im Lüdersburger Schloß, dem Wahrzeichen des Orts. Erst 1775 verkauften sie an den Obristen Adolf Ludwig Freiherr von Spörcken; inzwischen war die Elbmarsch an die Welfen zurückgelangt (1702).

Die Lüdersburger Kirche, Peter und Paul geweiht, soll erst Ende des 15. Jahrhunderts entstanden sein. Möglicherweise wurde sie von

Hittbergen oder Scharnebeck aus gegründet. Der erste nachweisbare Geistliche, Schwartze mit Namen, amtierte um 1590. Unter Joachim Werner und Friedrich August von Wittorf wurde die Peter- und Pauls-Kirche 1641 und 1691 erneuert; 1654 ließ die Familie ein Grabgewölbe einrichten. 1873 wurde der hölzerne Turm neben der Kirche durch einen neuen ersetzt. Die Lüdersburger Kirchenbücher reichen bis ins 18. Jahrhundert zurück. Dasselbe gilt für das Familienarchiv der von Spörcken.

Während es in Lüdersburg die Pfarrkirche, das Gutshaus und zwölf Reihestellen gab (nach Manecke), lagen in Bockelkathen bloß zwei Häuser; das Dorf war entstanden, als sich Hans Bockelmann 1654 gegen Erbzins in der Feldmark anbaute. Bei Ahrenschulter handelt es sich um ein altes Vorwerk des Gutes, bei Grevenhorn und Walmsworth um gutsabhängige Höfe.

Nachdem — zwei Jahre vor der Verwaltungsreform von 1852 — das geschlossene Adelsgericht Lüdersburg aufgelöst worden war, kamen die verschiedenen Teile des Gutes an das Amt Bleckede. Jürgenstorf wurde bereits damals eine selbständige Gemeinde. So führte der Weg weiter zum Landkreis Bleckede (1885) und zum Landkreis Lüneburg (1932).

Die Bevölkerungszahl war im 20. Jahrhundert rückläufig: 321 (1900), 313 (1939), 524 (1946), 300 (1964), 265 (1968), 244 (1972). 1894 entstand eine Freiwillige Feuerwehr, 1905 ein Gesangverein.

Landwirtschaft: 20 Vollerwerbsbetriebe, 4 Nebenerwerbsbetriebe (1971); 20 Vollerwerbsbetriebe, 22 Nebenerwerbsbetriebe (1983, neue Gemeinde Lüdersburg).

Jürgenstorf

Die auf einer Talsanddüne im Urstromtal der Elbe entstandene Siedlung Jürgenstorf ist unter Umständen langobardischen Ursprungs. Die erste urkundliche Erwähnung liegt für das Jahr 1225 vor. Mit der gesamten Elbmarsch kam auch Jürgenstorf 1258 an das Haus Sachsen-Lauenburg, war aber nie Bestandteil des Amts Lauenburg, sondern gehörte zum geschlossenen Adelsgericht Lüdersburg. Dabei blieb es auch, als das Dorf 1702 wieder lüneburgisch wurde. Erst 1850 erfolgte die Auflösung des Patrimonialgerichts, und Jürgenstorf kam an das Amt Bleckede. Seit 1885 zählte es zum Landkreis Bleckede, seit 1932 zum Landkreis Lüneburg.

Von den 18 ehemaligen Hausstellen (Manecke gibt außerdem ein Schulhaus an) zeigen die Nummern 2, 8 und 9 noch alte Bausubstanz. Kirchdorf war stets Lüdersburg. Der Ortsteil Neu Jürgenstorf entstand erst nach der Verkoppelung von 1826.

Die Einwohnerzahl hat sich im 20. Jahrhundert kaum verändert: 239 (1900), 214 (1939), 366 (1946), 223 (1964), 211 (1968), 212 (1972). 1896 wurde eine Freiwillige Feuerwehr gegründet.

Landwirtschaft: 11 Vollerwerbsbetriebe, 17 Nebenerwerbsbetriebe (1971).

Lüdershausen siehe Brietlingen
Lüne siehe Lüneburg

Lüneburg

Große selbständige Stadt mit 61 125 Einwohnern (1983). Seit der Gemeindereform von 1974 besteht Lüneburg aus der kreisfreien Stadt Lüneburg (mit Bilm, Böhmsholz, Gut Brockwinkel, Kaltenmoor, Lüne, Neu Hagen, Rote Schleuse, Wilschenbruch) und folgenden Gemeinden des Landkreises: Häcklingen mit dem Ortsteil Neu Häcklingen, Ochtmissen, Oedeme mit dem Ortsteil Schnellenberg und Rettmer. Dazu kamen die Ortsteile Hagen (von Wendisch Evern), Olm (von Erbstorf) und Wienebüttel (von Reppenstedt) sowie der

Wohnplatz Ebensberg (von Erbstorf). Infolge der Eingemeindungen besitzt Lüneburg auch Landwirtschaft: 28 Vollerwerbsbetriebe, 15 Nebenerwerbsbetriebe (1983).

Lüne

Bis in den Zweiten Weltkrieg hinein war der traditionsreiche Kloster- und Amtsort Lüne (1939: 1038 Einwohner) Bestandteil des damaligen Landkreises Lüneburg, eben jener Verwaltungseinheit, als deren Keimzelle er zu gelten hat. Das alte Amt Lüne, das im wesentlichen den durch die Reformation säkularisierten Lüner Klosterbesitz umfaßte, hatte bereits nahezu die Ausdehnung des 1885 gebildeten Landkreises besessen. Alle übrigen Ämter waren entweder kleiner oder reichten nur mit Teilen über die spätere Kreisgrenze hinüber.

Das 1172 gegründete Kloster hielt selbst da noch an der katholischen Lehre fest, als Herzog Ernst der Bekenner seinen Winsener Oberhauptmann Johann von Haselhorst zum Propstei-Administrator einsetzte (1529). Endgültig traten die Benediktinerinnen erst 1573 zum Luthertum über. Das klösterliche Leben blieb sogar erhalten, bis Kurfürst Ernst August Lüne in ein adeliges Damenstift mit zwölf Plätzen umwandelte (1711). Statt der Priorissa, die seit der Reformationszeit den Titel Domina führte, stand jetzt eine Äbtissin dem Hause vor; ihre Stellvertreterin hieß Priorin.

Das eingegangene Dorf Rade, unweit von Lüne, läßt sich heute nicht mehr lokalisieren. Die erste urkundliche Erwähnung liegt für 1124 vor. Im 13. Jahrhundert erwarb Kloster Lüne dort in zwei Fällen Häuser; etwa gleichzeitig wurde in dem Dorf eine Kirche gebaut, die bis in die Reformationszeit hinein bestanden haben soll.

1443 stauten die Lüneburger Herzöge bei Lüne die Ilmenau, um von allen Schiffen Zoll erheben zu können. Die Stadt Lüneburg errichtete Lüne gegenüber sofort ein Bollwerk, das als Stürlüne in die Geschichte eingegangen ist. Die herzoglichen Zollpläne wurden gründlich zunichte gemacht.

Nördlich des Ortes, an der nach Artlenburg hinaufführenden Alten Salzstraße, hatte die Stadt Lüneburg genauso wie an den Straßen nach Rettmer und Melbeck einen Wachtturm, eine sogenannte Motte, erbaut. Ehemals waren die Motten von Erdwall und Wassergraben umgeben.

Die frühesten bekannten Müller der Lüner Mühle an der Ilmenau in Lüneburg sind Franz Reineke (1616) und Hinrich Reineke (1628 bis 1665). Von 1672 bis 1709 war die Wassermühle (oberschlächtig) an die Stadt Lüneburg verpachtet. Als die Konkurrenz der anderen Lüneburger und im Umkreis der Stadt gelegenen Mühlen zu drückend wurde, entschloß sich das Kloster 1850 zum Verkauf an den bisherigen Pächter, Christian Wilhelm Jacob Behr. Von den Behr erwarb die Lüneburger Kreissparkasse die Mühle. 1898 begann die Ära der Müllerfamilie Hahn. Weil das Wasserrad zerbrochen war, wurde die Lüner Mühle nach dem Ersten Weltkrieg stillgelegt.

Anfang des 18. Jahrhunderts sah es eine Zeitlang so aus, als ob sich Lüne zu einem Badeort entwickeln würde. Schon im 15. und 17. Jahrhundert hatte es Ansätze in dieser Richtung gegeben. 1480 entdeckte der Lüner Propst Nikolaus Graurock unweit der soeben am Weg nach Vrestorf (Bardowick) errichteten Kapelle — sie war den Heiligen Gangolf und Jodokus geweiht — eine heilkräftige Quelle. Als Gangolf- oder Gungelsbrunnen erlangte sie rasch eine gewisse Berühmtheit. Erst die Reformation in ihrem Kampf gegen den Aberglauben sorgte dafür, daß Lünes Heilwasser in Vergessenheit geriet.

Im Verlauf des 17. Jahrhunderts machten der Gungelsbrunnen und die anderen, in seiner Nähe entdeckten Heilquellen mindestens dreimal Sensation. Zweimal entwickelte sich durchaus ein Badeleben, und zwar kurz vor dem 30jährigen Krieg (1611/12) und dann gegen

Das Brunnenhäuschen auf der Lüneburger Saline.

Ende des fürchterlichen Völkermordens (1646). Nicht so nachhaltig war die dritte Entdeckung (1681) der nach einiger Zeit immer wieder versiegenden Quellen.

1715 kam auf der Rückreise aus der Türkei Samuel Skraggenstirna, der Leibarzt des schwedischen Königs Karls XII., durch Lüne und stieß hier auf einen Mineralbrunnen. Statt nach Bad Pyrmont weiterzufahren, wo er sich hatte erholen wollen, probierte der Schwede die Lüner Quelle aus, von der die Ortsansässigen bisher nur wußten, daß sie im Winter niemals zufror.

Skraggenstirna zog aus seiner Entdeckung sofort Konsequenzen. In einer Untersuchung, die er bei von Stern in Lüneburg drucken ließ, legte er dar, gegen welche Leiden die Lüner Heilquellen — denn es handelte sich nunmehr um mindestens vier — wirksam waren. Nicht nur bei Kopf- und Zahnweh habe man Linderung zu erwarten, führte er aus, sondern durchaus auch bei „Thummheit" und „Tollheit", ja selbst bei „verlornem Geruch und Geschmack wie auch Gesicht, so nicht mitgeboren sind, Schwindel, Lahmheit, Krummheit". Allerdings stellte der Arzt dem Patienten, der sich nach Lüne begeben wollte, die Vorbedingung: „Unter den Sinnenpassionen muß er vor allem den Eifer und Zorn meiden und immer lustige und angenehme Occupationes und Compagnien suchen, den Kummer, Sorge und Ärgernis zu Hause lassen, und soviel immer möglich, sich divertiren. . ."

In der auf Schloß Lüneburg wohnenden Herzoginwitwe Eleonore d'Olbreuse fand der unternehmungslustige Durchreisende eine Verbündete. Über der wichtigsten Quelle ließ die hohe Dame ein Häuschen errichten. Außerdem verwandte sie sich in Hannover mit Erfolg dafür, daß 15 Badekabinen sowie ein Haus für einen Brunnenmeister erbaut wurden.

Schon 1716 verstarb Skraggenstirna, und das ganze Projekt hatte die entscheidende Antriebskraft eingebüßt. Zwar waren in der Saison von den 15 Kabinen zwölf vermietet; aber schon in den nächsten Jahren hatte Brunnenmeister Paul Prieur nur noch sechs beziehungsweise drei Kabinen voll. Der „Gesundbrunnen zu Lüne", der zu den kühnsten Träumen Anlaß gegeben hatte, fiel verhältnismäßig rasch der Vergessenheit anheim.

Häcklingen

Die beherrschende Stellung in Häcklingens Geschichte nimmt das Lüneburger Michaeliskloster ein. Ihm gehörte der Zehnte, ihm stand die Gerichtsbarkeit zu. Auch Grundbesitz war ihm übertragen. Im 14. und 15. Jahrhundert gaben die von Behr und die Kindt ihre Häcklinger Besitzungen an das Kloster.

1907 konnte das Sol- und Moorbad Lüneburg das Badehaus im Kurpark eröffnen.

1562 legte das Kloster in Häcklingen Fischteiche an (heutige Flurbezeichnung „Neen Dieken“, „Neue Teiche“). 559 Mark, acht Schilling und vier Pfennig gab der Abt aus; da auf dem Küchenzettel von St. Michaelis 242 Fischtage pro Jahr vorgesehen waren — so traf es jedenfalls für 1651 zu —, schien die hohe Ausgabe gerechtfertigt. Die Hauptrodearbeiten beanspruchten die Zeit von Mai bis November. Erst im Februar 1563 war man soweit, daß man die Teiche mit Fischen besetzen konnte. Später bepflanzte man die ganze Anlage noch mit Weiden.

Eingepfarrt ist Häcklingen in Embsen. Manecke gibt sieben pflichtige Hausstellen an, dazu ein Schulhaus. Als ältestes Gebäude gelten heute ein Schafstall von 1763 und der alte Teil der früheren Schule (1793). Häcklingen zählte zur Hausvogtei des Amts Lüne und kam 1885 an den Landkreis Lüneburg.

Geschichte machte ein Anfang des 20. Jahrhunderts errichtetes Landhaus. Zunächst unterhielt ein Fräulein Endemann darin eine Höhere Töchterschule. Nach dem Ersten Weltkrieg wollte das Institut nicht mehr florieren. Die Landwirtschaft hielt ihren Einzug; unter anderem war auf dem Grundstück jetzt eine Geflügelfarm untergebracht. 1934 kaufte Dr. Alexander Möllering, der Direktor der Lüneburger Kronenbrauerei, die Villa. Ende des Zweiten Weltkrieges legten die englischen Besatzungstruppen ihr Hauptquartier in das Haus. In ihm fanden die entscheidenden Vorbesprechungen für die Unterzeichnung der bedingungslosen Kapitulation am 4. Mai 1945 auf dem Timmerlohberg (*Victory Hill*) zwischen

Deutsch und Wendisch Evern statt. In den 50er Jahren wohnte Prinzessin Margret Rose, die Schwester der englischen Königin, anläßlich eines Deutschlandaufenthalts in dem repräsentativen Häcklinger Gebäude. 1966 wurde in ihm ein Heim des Hamburger Vereins zur Förderung der Wiedereingliederung psychisch Erkrankter eröffnet.

Häcklingens Bevölkerungszahl ist im 20. Jahrhundert stark in die Höhe geschnellt: 151 (1900), 207 (1939), 388 (1946), 528 (1964), 618 (1968), 862 (1972). 1902 wurde eine Freiwillige Feuerwehr gegründet.

Landwirtschaft: 5 Vollerwerbsbetriebe, 3 Nebenerwerbsbetriebe (1971).

Ochtmissen

Ochtmissen war Bestandteil des Hausguts der Billunger, die im frühen Mittelalter auf dem Lüneburger Kalkberg saßen. Die erste urkundliche Erwähnung des Dorfes liegt für das Jahr 1004 vor.

Bewegt verlief die Geschichte der sieben Vollhöfe in Ochtmissen (Manecke erwähnt außerdem ein Schulhaus). Hof Nummer 1 entstand auf dem Boden einer schon für 1189 bezeugten Ziegelei, die sich im Besitz des Bardowicker Stifts befand. Als Eigentümer der Ochtmisser Höfe kommen im Verlauf der Jahrhunderte insbesondere die Stadt Lüneburg sowie die von dem Berge, die von Hodenberg und die Schenk von Winterstedt vor; weiter hatten das Bardowicker Stift, St. Nikolai in Bardowick und das Lüneburger Michaeliskloster Besitztitel inne, schließlich noch die Familien von Dassel, Elver, von Schwerin, von Töbing und von Tzerstedt. Der sogenannte Fikkenteich, ein Garten mit Bienenkörben, wurde 1712 an Gut Brockwinkel verkauft.

Traditionellerweise gehört Ochtmissen zu St. Nikolai in Lüneburg. Erst 1957 wurde es der am Lüneburger Ortsrand neugegründeten Martin-Luther-Gemeinde zugewiesen. Verwaltungsmäßig unterstand Ochtmissen der Amtsvogtei Bardowick des Amts Winsen (Luhe), kam bei der Verwaltungsreform von 1852 an das Amt Lüne und 1885 an den Landkreis Lüneburg.

Die Bevölkerungszahl ist im 20. Jahrhundert stark angewachsen: 167 (1900), 268 (1939), 452 (1946), 725 (1964), 784 (1968), 1005 (1972). 1870 wurde eine Freiwillige Feuerwehr gegründet, 1953 ein Schützenverein.

Landwirtschaft: 4 Vollerwerbsbetriebe, 4 Nebenerwerbsbetriebe (1971).

Oedeme

Das Wappen des Adelsgeschlechts der von Oedeme, die im Mittelalter in Oedeme ihren Hauptsitz hatten, lebt im Wappen und im Siegel (1936) der ehemaligen Gemeinde fort. Die obere Hälfte ist blau, die untere ist golden und zeigt drei rote Rosen.

Die auf dem befestigten Adelssitz Oedeme sitzenden von Oedeme waren ursprünglich welfische Ministerialen. Bis ins 14. Jahrhundert ist die Familie greifbar; 1382 sollen noch vier Brüder vorhanden gewesen sein. Eine von Oedeme war auch die Lüner Priorissa Mechthild, die 1415 verstarb.

Der wichtigste Grundbesitzer in Oedeme wurde nach dem Aussterben der von Oedeme das Lüneburger Michaeliskloster. 1314 verkaufte das Adelsgeschlecht den Benediktinern die Oedemer Mühle, 1322 einen Hof. Drei weitere der ehemaligen zehn pflichtigen Hausstellen (Manecke gibt außerdem ein Schulhaus und zwei Hirtenhäuser an) kamen auf Umwegen an das Kloster. Bevor im 15. Jahrhundert schließlich St. Michaelis die Höfe in Besitz nahm, waren unter anderem die von dem Berge und Graf Alf von Schaumburg berechtigt gewesen, vorübergehend auch Lüneburger Patrizierfamilien

Die Landwirtschaftsschule Lüneburg in der Hansenschen Villa (ab 1935).

Die Landwirtschaftliche Berufsschule in Oedeme/Lüneburg (seit 1957).

wie Dicke und Springintgut. Zuletzt hatte das Kloster das gesamte Dorf mit Ober- und Untergericht inne. Die Verwaltungsbefugnisse freilich blieben beim Amt Lüne, zu dessen Hausvogtei Oedeme zählte, bis es 1885 — ebenso wie Gut Schnellenberg — an den Landkreis Lüneburg fiel. Als älteste Gebäude gelten heute die Häuser von Hillmer und Lopau.

Bis die im gefährdeten Lüneburger Senkungsgebiet stehende Lambertikirche abgerissen werden mußte, war Oedeme vorwiegend nach dort eingepfarrt; einige Häuser allerdings gehörten schon damals zur Michaeliskirche, die später St. Lambertis Nachfolge antrat. 1960 entstand in Oedeme ein eigenes Pfarrhaus mit Konfirmandensaal.

Die 1314 von den von Oedeme an das Michaeliskloster veräußerte Oedemer Mühle, eine Wassermühle an dem vom Hasenburger Bach durchflossenen Abtsteich, wurde 1405 an die Stadt Lüneburg weiterverkauft. Der Lüneburger Rat verwandelte die bisherige Kornmühle in eine Pulvermühle. Am 23. März 1580 gab es eine gewaltige Detonation — und die Oedemer Pulvermühle flog in die Luft.

Auch das Herrenhaus von Gut Schnellenberg war im Mittelalter von Befestigungen umgeben. Noch in einer Urkunde von 1386 ist von der „veste to dem Schnellenberg“ die Rede. Inhaber des Gutes sind in ununterbrochener Folge vom Mittelalter bis in die Gegenwart die von Meding, ehemals Träger der Landmarschallwürde des Fürstentums Lüneburg. Gut Schnellenberg besaß zwei Landtagsstimmen. Der eigenen Gerichtsbarkeit setzte die Verwaltungsreform von 1852 ein Ende. Verwaltungsmäßig hatte Schnellenberg stets der Hausvogtei des Amts Lüne unterstanden (ungeschlossenes Patrimonialgericht). Die Eingemeindung in Oedeme erfolgte 1928. Kirchlich gehörte das Gut stets nach St. Michaelis. Die Gutskapelle ist Privatbesitz der von Meding.

Die Bevölkerungszahl hat sich im 20. Jahrhundert versechsfacht: 217 (1900), 458 (1939), 906 (1946), 1295 (1964), 1392 (1968), 1542 (1972). 1913 entstand eine Freiwillige Feuerwehr, 1924 ein Schützenverein.

Landwirtschaft: 9 Vollerwerbsbetriebe, 3 Nebenerwerbsbetriebe (1971).

Rettmer

Der Zehnte in dem vier Hausstellen zählenden Rettmer (nach Manecke) war ursprünglich im Besitz des Bistums Verden und gelangte auf dem Umweg über die schwedische Krone schließlich im Celleschen Frieden (1679) an das Haus Braunschweig-Lüneburg. 1694 kam er an den Drost von Stechinelli und 1752 an die Grafen von Schwichelt, die in Reppenstedt begütert waren.

Rettmer unterstand der Hausvogtei des Amts Lüne und fiel 1885 an den Landkreis Lüneburg. Kirchort war stets Embsen. Als ältestes Gebäude gilt die Gastwirtschaft Fuhrhop.

Die Bevölkerungszahl ist im 20. Jahrhundert stark angewachsen: 120 (1900), 252 (1939), 495 (1946), 292 (1964), 588 (1968), 703 (1972). 1902 wurde eine Freiwillige Feuerwehr gegründet.

Landwirtschaft: 7 Vollerwerbsbetriebe, kein Nebenerwerbsbetrieb (1971).

Marienau siehe Dahlem
Mariengarten siehe Kirchgellersen
Marienthal siehe Artlenburg
Marxen am Berge siehe Oldendorf (Luhe)

Mechtersen

Gemeinde mit 570 Einwohnern (1983), Mitgliedsgemeinde der Samtgemeinde Bardowick. Mechtersen bildete schon vor der Gemeindereform von 1974 eine Gemeinde.

Bis zum Jahre 1300 lassen sich in Mechtersen noch die Spuren der von Mechtersen feststellen; damals starben Johann und Lambert von Mechtersen, und ihre Güter fielen — wenigstens teilweise — dem Bardowicker Stift zu, das in Mechtersen zehntberechtigt war und einige Höfe besaß. Demgegenüber stand St. Nikolai in Bardowick das Gericht über das Gemeindeholz von Mechtersen und Vögelsen zu.

Bevor das Amt Winsen — Mechtersen gehörte zur Bardowicker Amtsvogtei — um die Mitte des 18. Jahrhunderts die Gerichtsbarkeit über Mechtersen und Vögelsen erlangte, hatten beide Dörfer zum ungeschlossenen Patrimonialgericht Schnellenberg (Lüneburg) gezählt. Die Abtretung der Jurisdiktion ließen sich die von Meding vom Winsener Schloß mit 400 Talern bezahlen.

Manecke kennt 13 pflichtige Hausstellen und ein Schulhaus. Kirchlich war Mechtersen stets nach Bardowick orientiert. Politisch kam es bei der Verwaltungsreform von 1852 an das Amt Lüne und bald darauf 1885 an den Landkreis Lüneburg.

Die Einwohnerzahl ist im 20. Jahrhundert stark gewachsen: 314 (1900), 347 (1939), 545 (1946), 433 (1964), 463 (1968), 522 (1972). 1900 wurde eine Freiwillige Feuerwehr gegründet, 1931 ein Schützenverein, 1950 der Turn- und Sportverein Mechtersen, im selben Jahr der Reit- und Fahrverein Vögelsen-Mechtersen.

Landwirtschaft: 17 Vollerwerbsbetriebe, 9 Nebenerwerbsbetriebe (1971); 13 Vollerwerbsbetriebe, 8 Nebenerwerbsbetriebe (1983).

Melbeck

Gemeinde mit 1 992 Einwohnern (1983), Sitz der Samtgemeinde Ilmenau. Melbeck mit Melbeck/Bahnhof war schon vor der Gemeindereform von 1974 eine Gemeinde.

Das Melbecker Wappen (1964 genehmigt) zeigt in Gold einen blauen, schräg verlaufenden Bach mit silberner Mittelwelle, darüber drei schwarze Schilfkolben, darunter ein schwarzes Mühlenrad. Der Bach symbolisiert den Melbecker Bach, ein Nebenflüßchen der Ilmenau, das Rad die Melbecker Mühle, das Wahrzeichen des Dorfes nicht nur, sondern zugleich auch der älteste feststellbare Anfangspunkt seiner Geschichte.

Nach einer Urkunde aus dem Jahre 1265 ging die Melbecker Mühle aus dem Besitz der von Oedeme an Friedrich von Melbeck über, ein Mitglied jenes Adelsgeschlechts, das noch im 14. Jahrhundert in Melbeck ein Gut und Höfe besaß; weitere Besitzungen lagen in Tosterglope. 1333 allerdings veräußerten die von Melbeck ihr Gut an das Michaeliskloster, das daneben noch den Dorfzehnten und drei Höfe sein eigen nannte. Außer der Mühle, einem Schulhaus und 13 pflichtigen Hausstellen (nach Manecke) gab es eine kontributionsfreie Stelle, die der Stadt Lüneburg gehörte und ihr pflichtig war.

Ebenso wie ihr Gut verkauften die von Melbeck auch ihre Mühle an das Michaeliskloster (1355). Im 18. Jahrhundert kommen Angehörige der Familie Brodermann als klösterliche Erbzinsmüller von Melbeck vor. Die Müllerfamilie Hammer (seit 1833) war bereits Eigentümer.

Kirchlich gehört Melbeck seit dem Ende des 13. Jahrhunderts zu Embsen. Verwaltungsmäßig unterstand es der Hausvogtei des Amts Lüne, bis es 1885 zum Landkreis Lüneburg kam. Ebenso wie an den Straßen nach Artlenburg und Rettmer (Lüneburg) hatte die Stadt Lüneburg auch an der Straße nach Melbeck einen Kontrollpunkt errichtet, eine sogenannte Motte, ehemals von Wall und Graben umgeben. Das Holzgericht über den Melbecker Forst stand dem Amt Lüne zu. Im Speukermoor bei Melbeck lohnte sich ehedem der Abbau des Torfs.

Die Bevölkerungszahl hat sich im 20. Jahrhundert vervierfacht: 378 (1900), 452 (1939), 831 (1946), 1357 (1964), 1567 (1968), 1543 (1972). 1887 entstand eine Freiwillige Feuerwehr,

1921 ein Schützenverein, 1923 der Turn- und Sportverein Melbeck.

Landwirtschaft: 7 Vollerwerbsbetriebe, 17 Nebenerwerbsbetriebe (1971); 8 Vollerwerbsbetriebe, 4 Nebenerwerbsbetriebe (1983).

Melbeck/Bahnhof siehe Melbeck
Moislingen siehe Nahrendorf
Moorburg siehe Brietlingen
Mücklingen siehe Nahrendorf

Nahrendorf

Gemeinde mit 1 415 Einwohnern (1983), Mitgliedsgemeinde der Samtgemeinde Dahlenburg. Nahrendorf entstand durch die Gemeindereform von 1974 aus den Gemeinden Nahrendorf, Kovahl mit den Ortsteilen Moislingen, Neestahl, Nüdlitz und Tangsehl, Mücklingen mit dem Ortsteil Süschendorf, Oldendorf (Göhrde) mit dem Ortsteil Eichdorf sowie Pommoißel mit den Ortsteilen Breese, Lüben und Nieperfitz; dazu kommt der Wohnplatz Röthen.

Nahrendorf

Das 1972 genehmigte Nahrendorfer Wappen zeigt über blauem Boden mit zwei goldenen Buchenblättern in Gold einen schwarzen Fachwerkturm mit silbernen Gefachen und blauem Dach — Hinweise auf den ortsnahen Buchenwald des Siek, wo das Schützenfest gefeiert wird, und auf die Nahrendorfer Kirche.

Verläßlich wird Nahrendorf zuerst in zwei Urkunden des Lüneburger Michaelisklosters aus den Jahren 1271 bis 1281 greifbar. Eine Urkunde aus dem Jahre 1302 unterstellt die Nahrendorfer Lambertikirche dem Patronat von St. Michaelis. 1543 amtierte der lutherische Pastor Frederick Dürholt.

1734 erneuerte man den Turm der mittelalterlichen Feldsteinkirche, in den Jahren 1770/74 auch das Kirchenschiff; damals entstand der wohlproportionierte Fachwerkbau von heute. Die Kirchenbücher reichen bis 1559 zurück.

Von den ehemaligen 14 pflichtigen Hausstellen (Manecke nennt weiter Pfarr-, Pfarrwitwen- und Küsterhaus) zeigen die Nummern 4, 10 und 12 die älteste Bausubstanz.

Nahrendorf war neben Dahlenburg als Kirchspielort das zweite Zentrum der Vogtei Dahlenburg des Amts Bleckede. 1885 kam es an den Landkreis Bleckede, 1932 an den Landkreis Lüneburg. Das Nahrendorfer Holz ist Staatsforst.

Die Bevölkerungszahl ist im 20. Jahrhundert nur unbedeutend angewachsen: 344 (1900), 371 (1939), 660 (1946), 413 (1964), 388 (1968), 387 (1972). Die Nahrendorf-Oldendorfer Schützengesellschaft entstand 1856, eine Freiwillige Feuerwehr 1879, der Männerturnverein „Germania“ 1894, der Gemischte Chor 1907.

Landwirtschaft: 6 Vollerwerbsbetriebe, 6 Nebenerwerbsbetriebe (1971); 29 Vollerwerbsbetriebe, 25 Nebenerwerbsbetriebe (1983, neue Gemeinde Nahrendorf).

Kovahl

1299 wird in einer Lehnsrolle der Grafen von Schwerin Tangsehl genannt. Ein halbes Jahrhundert später — 1353 — ist sogar bereits die dortige Wassermühle bezeugt.

Nach Manecke gab es in Kovahl selbst vier pflichtige Hausstellen und ein Schulhaus. Die Mühlendörfer Moislingen und Tangsehl hatten drei beziehungsweise zwei pflichtige Hausstellen. In Neestahl standen zwei Hausstellen. Der einstellige Hof Nüdlitz, auch als Gut bezeichnet, gehörte zu Gut Horndorf (Tosterglope). Als die ältesten Gebäude der ehemaligen Gemeinde Kovahl gelten die Höfe Nummer 1 in Moislingen und Nummer 2 in Neestahl, außerdem das Nüdlitzer Gutsgebäude.

Der barocke Taufengel in der Nahrendorfer Kirche.

St. Lamberti zu Nahrendorf.

Die vom Kateminer Bach getriebene Mühle Tangsehl (oberschlächtig) soll eine Windmühle als Vorgängerin gehabt haben. Auf jeden Fall war sie im Besitz der von Estorff und wurde gegen Erbzins ausgetan. In der zweiten Hälfte des 19. Jahrhunderts war Johann Bauch Eigentümer. 1900 ging die Mühle an dessen Schwiegersohn Heinrich Bausch über.

Demgegenüber war die ebenfalls vom Kateminer Bach getriebene Moislinger Mühle (mittelschlächtig) im Besitz des Herzogshauses; seit dem 17. Jahrhundert sind die Namen mehrerer Erbzinsmüller bekannt. Erst in den 80er Jahren des 19. Jahrhunderts wurden die landesherrlichen Rechte abgelöst, und die Müllerfamilie Reinecke war vollberechtigter Eigentümer.

Kovahl gehörte zur Vogtei Dahlenburg des Amts Bleckede und kam 1885 an den Landkreis Bleckede und 1932 an den Landkreis Lüneburg. Kirchort war stets Nahrendorf.

Die Bevölkerungszahl ist im Laufe des 20. Jahrhunderts zurückgegangen: 185 (1900), 176 (1939), 356 (1946), 166 (1964), 157 (1968), 155 (1972). 1902 entstand eine Freiwillige Feuerwehr.

Landwirtschaft: 8 Vollerwerbsbetriebe, 6 Nebenerwerbsbetriebe (1971).

Mücklingen

In Gold ein schwarzes Fachwerkhaus mit silbernen Gefachen, grünem Dach und nach innen blickenden Pferdeköpfen, darunter ein grünes, vierblättriges Kleeblatt — so sieht das 1948 genehmigte Wappen des nach Auffassung der Wappenmacher aus vier glücklichen Höfen entstandenen Dorfes Mücklingen aus.

Während Manecke in Mücklingen diese vier Hausstellen kennt, nennt er für Süschendorf neben zwei pflichtigen Hausstellen ein Adelsgut mit Landtagssitz. Unter Umständen gehörte dieses bis in die zweite Hälfte des 14. Jahrhunderts den von Sotzendorf. Später saß die Familie von Spörcken in Süschendorf, jener Zweig, dem auch die Mühle in Neetzendorf gehörte.

Mücklingen, das stets nach Nahrendorf eingepfarrt war, zählte zur Vogtei Dahlenburg des Amts Bleckede und kam 1885 an den Landkreis Bleckede und 1932 an den Landkreis Lüneburg.

Die Bevölkerungsentwicklung im 20. Jahrhundert sah so aus: 110 Einwohner (1900), 103 (1939), 215 (1946), 132 (1964), 140 (1968), 72 (1972).

Landwirtschaft: 5 Vollerwerbsbetriebe, kein Nebenerwerbsbetrieb (1971).

Oldendorf (Göhrde)

In der Napoleonischen Zeit wurde Oldendorf vom Sturm der großen Geschichte erfaßt. Aber das dramatische Geschehen um die Schlacht an der Göhrde herum (16. September 1813) blieb eine einsame Ausnahme in dem sonst so stillen und gemächlichen dörflichen Leben.

Die ersten urkundlichen Erwähnungen Oldendorfs liegen für die Jahre 1342 und 1360 vor. Zeitweise war in dem Ort eine herzogliche Zollstelle. Die Zahl der Oldendorfer Hausstellen belief sich auf zehn (nach Manecke), in Eichdorf gab es drei Hausstellen. Als ältestes Gebäude gilt heute eine Kate aus dem Jahre 1786.

Aus dem Verband der Vogtei Dahlenburg des Amts Bleckede kam Oldendorf 1885 an den Landkreis Bleckede und 1932 an den Landkreis Lüneburg. Kirchort war stets Nahrendorf.

Die Bevölkerungsentwicklung im 20. Jahrhundert: 303 Einwohner (1900), 241 (1939), 436 (1946), 326 (1964), 301 (1968), 261 (1972). 1856 entstand die Nahrendorf-Oldendorfer Schützengesellschaft, 1920 der Spiel- und Sportverein Oldendorf, 1950 eine Freiwillige Feuerwehr.

Landwirtschaft: 9 Vollerwerbsbetriebe, 8 Nebenerwerbsbetriebe (1971).

Pommoißel

Die vier Dörfer Breese, Lüben, Nieperfitz und Pommoißel, die bis 1974 die Gemeinde Pommoißel bildeten, hatten anfangs die Form von Rundlingen. Die frühesten Nachrichten datieren aus den Jahren 1230 und 1252. Das älteste Gebäude wurde 1801 errichtet.

Pommoißel hatte ehemals ein Schulhaus, fünf pflichtige Hausstellen, die der Vogtei Dahlenburg des Amts Bleckede unterstanden, sowie eine Hausstelle, die zur Veestschaft des Amts Garze gehörte (nach Manecke). Die vier Hausstellen in Breese waren Bestandteil der Hausvogtei des Amts Dannenberg. Außerdem lagen in Breese Ländereien des Ritterguts Schnega im Amt Bodenteich, das bis Mitte des 17. Jahrhunderts im Besitz der von Bodenteich und anschließend des Bleckeder Burgmannengeschlechts von Grote war. Die fünf Hausstellen von Lüben rechneten alle zur Veestschaft des Amts Garze. Nieperfitz war aufgeteilt zwischen der Vogtei Dahlenburg des Amts Bleckede (fünf Hausstellen) und der Veestschaft des Amts Garze (eine Hausstelle). Der Kirchort hieß für alle Ortsteile Nahrendorf.

1742 bei der Vereinigung des Amts Garze mit dem Amt Bleckede wurden Lüben sowie die Garzer Höfe in Pommoißel und Nieperfitz dem Bleckeder Schloß unterstellt. Durch die Verwaltungsreform von 1852 kam auch Breese ans Amt Bleckede. Alle vier Dörfer fielen 1885 an den Landkreis Bleckede und 1932 an den Landkreis Lüneburg.

Die Bevölkerungsentwicklung im 20. Jahrhundert: 352 Einwohner (1900), 338 (1939), 604 (1946), 368 (1964), 377 (1968), 343 (1972). 1866 entstand ein Schützenverein, 1902 eine Freiwillige Feuerwehr.

Landwirtschaft: 14 Vollerwerbsbetriebe, 10 Nebenerwerbsbetriebe (1971).

Neestahl siehe Nahrendorf

Neetze

Gemeinde mit 1937 Einwohnern (1983), Mitgliedsgemeinde der Samtgemeinde Ostheide. Neetze entstand durch die Gemeindereform von 1974 aus den Gemeinden Neetze mit den Ortsteilen Neumühlen und Neu Neetze sowie Süttorf mit dem Ortsteil Neu Süttorf.

Neetze

Johannes Stedinghus hieß der für 1281 bezeugte Geistliche, der in der Neetzer Willibrordkirche amtierte. Der Ort wird noch früher erwähnt (1205). Neben der Kirche gilt die ehemals von Estorffsche Mühle als Neetzes Wahrzeichen. Beide Gebäude sind zugleich die ältesten Bauwerke.

Das Patronat über die Willibrordkirche besaß das Lüneburger Michaeliskloster, das auch anderweitig in Neetze Rechte hatte (1330). 1534 amtierte der lutherische Pastor Heinrich Bade. Die Kirchenbücher reichen bis 1648 zurück. Eine gewisse Berühmtheit besaß ein an der Nordseite des Altars stehender Kruzifix, der den Namen „Sanktülpe" trug. Vor ihm opferten die Frauen Flachs, wollten sie möglichst leichte Geburten haben.

Bis um die Mitte des 14. Jahrhunderts sollen noch die von Neetze in ihrem Stammdorf gesessen haben. Ihre Nachfolger wurden jedenfalls die von Estorff, die in Bleckede zwei Burglehen hatten und daher über zwei Landtagssitze verfügten. Die Mühle und den Mühlenkrug erwarben die von Estorff von St. Michaelis in Lüneburg. Das Bauerndorf Neetze bestand aus Pfarr-, Pfarrwitwen- und Küsterhaus sowie 34 pflichtigen Hausstellen (nach Manecke).

Gut Neetze, gewiß der Stammsitz der von Neetze.

Die Kirche zu Neetze, dem heiligen Willibrord geweiht.

Die früheste Jahreszahl für die Neetzer Mühle ist 1314. Damals vergab das Michaeliskloster die von der Neetze getriebene Wassermühle an die Witwe des Müllers Johann Molendinarius. Die von Estorff sind seit 1421 Besitzer. Sie taten die Mühle in Pacht aus, bis die adligen Rechte abgelöst wurden. 1929 verkaufte Paul Zackariat, der nach Heiligenthal übersiedelte, an Heinrich Brünjes.

Unterhalb Neetzes liegt — ebenfalls an der Neetze — eine weitere Mühle, Neumühlen. Zunächst im Besitz des Klosters Scharnebeck — für 1443 ist ein Pächter bekannt —, ging sie 1664 an die Landesherrschaft über. Mitte des 18. Jahrhunderts wurde sie aus einer Pacht- in eine Erbzinsmühle umgewandelt. Die Müllerfamilien Holm und Schmidt im 19. Jahrhundert waren schon Eigentümer. 1898 brannte die Mühle ab, wurde aber gleich wiederaufgebaut.

Verheerend waren die Großbrände der Jahre 1743 und 1850. Im ersten Fall wurden 12 Wohnhäuser und 19 Nebengebäude vernichtet. Entstanden war das Feuer, als eine Frau mit einer Lage Stroh Fliegen an einer schadhaften Stubendecke verbrennen wollte. Bei dem anderen Feuer sanken neun Wohnhäuser und elf Nebengebäude in Schutt und Asche. In diesem Falle hatten wahrscheinlich Kinder mit Feuer gespielt.

Bei der Ämterregulierung von 1794/95 kam Neetze, das bis dahin dem Verband der Amtsvogtei Bienenbüttel des Amts Winsen angehört hatte, an das Klosteramt Scharnebeck. 1852 fiel es an das Amt Bleckede, 1885 an den Landkreis Bleckede und 1932 an den Landkreis Lüneburg.

Die Bevölkerungszahl stieg im 20. Jahrhundert um rund 50 Prozent: 849 (1900), 1060 (1939), 1507 (1946), 1432 (1964), 1464 (1968), 1512 (1972). 1878 wurde eine Freiwillige Feuerwehr ins Leben gerufen, 1900 der Männergesangverein „Glück auf“ (1952 neugegründet), 1906 der Turn- und Sportverein Neetze.

Landwirtschaft: 44 Vollerwerbsbetriebe, 42 Nebenerwerbsbetriebe (1971); 31 Vollerwerbsbetriebe, 33 Nebenerwerbsbetriebe (1983, neue Gemeinde Neetze).

Süttorf

Eine 500 Jahre lange Geschichte war zu Ende, als 1926 die Süttorfer Mühle abbrannte. In ihrer von der Neetze betriebenen Wassermühle hatten die Bewohner des kleinen Bauerndorfes ein symbolkräftiges Wahrzeichen besessen. Im 15. Jahrhundert zuerst erwähnt, gehörte sie die längste Zeit ihres Bestehens zu Gut Horndorf (Tosterglope). Zunächst verfügten die von Wittorf über sie, ab 1789 die von Spörcken. Der erste bekannte Pächter war — in der zweiten Hälfte des 17. Jahrhunderts — Daniel Hennings. Um die Mitte des 19. Jahrhunderts kam die Müllerfamilie Bühring nach Süttorf. Den mit der Mühle verbundenen Hof besaß ursprünglich das Lüneburger Michaeliskloster.

Von den insgesamt sechs pflichtigen Hausstellen, die Manecke für Süttorf angibt, unterstanden vier dem Amt Scharnebeck und zwei der Vogtei Barendorf des Amts Lüne. Erst seit der Ämterregulierung von 1794/95 gehörte das ganze Dorf zu Scharnebeck. 1852 kam Süttorf ans Amt Bleckede, 1885 an den Landkreis Bleckede und 1932 an den Landkreis Lüneburg. Der Dorfzehnte hatte sich im Besitz des Michaelisklosters befunden. Das Amt Scharnebeck erscheint als Inhaber des Kornzehnten. Als ältestes Gebäude der Gemeinde gilt Haus Nummer 16 in Neu Süttorf. Kirchort war stets Neetze.

Die Einwohnerzahl ist im 20. Jahrhundert konstant geblieben: 137 (1900), 130 (1939), 229 (1946), 148 (1964), 142 (1968), 122 (1972). 1934 wurde eine Freiwillige Feuerwehr aufgestellt.

Landwirtschaft: 8 Vollerwerbsbetriebe, 7 Nebenerwerbsbetriebe (1971).

Neetzendorf siehe Boitze
Neetzendorfer Mühle siehe Boitze
Neu Boltersen siehe Rullstorf
Neu Häcklingen siehe Lüneburg

Unter weit ausladenden Eichen geborgen:
Hof in Süttorf.

Neu Hagen	siehe Lüneburg
Neu Heiligenthal	siehe Südergellersen
Neu Jürgenstorf	siehe Lüdersburg
Neu Kolkhagen	siehe Barnstedt
Neu Lentenau	siehe Scharnebeck
Neumühlen	siehe Neetze
Neu Neetze	siehe Neetze
Neu Oldendorf	siehe Oldendorf (Luhe)
Neu Oerzen	siehe Embsen
Neu Radenbeck	siehe Thomasburg
Neu Rullstorf	siehe Rullstorf
Neu Sülbeck	siehe Reinstorf
Neu Süttorf	siehe Neetze
Neu Vögelsen	siehe Vögelsen
Neu Wendhausen	siehe Reinstorf
Neu Wittorf	siehe Wittorf
Nieperfitz	siehe Nahrendorf
Nikolaihof	siehe Bardowick
Nindorf	siehe Bleckede
Nüdlitz	siehe Nahrendorf
Nutzfelde	siehe Scharnebeck
Ochtmissen	siehe Lüneburg
Oedeme	siehe Lüneburg
Oldendorf (Göhrde)	siehe Nahrendorf

Oldendorf (Luhe)

Gemeinde mit 910 Einwohnern (1983), Mitgliedsgemeinde der Samtgemeinde Amelinghausen. Oldendorf entstand durch die Gemeindereform von 1974 aus den Gemeinden Oldendorf mit Neu Oldendorf und dem Ortsteil Wohlenbüttel, Marxen am Berge sowie Wetzen (bis dahin dem Landkreis Harburg zugehörig); dazu kommt der Wohnplatz Bethen.

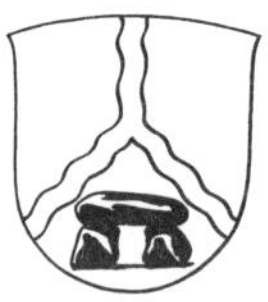

Oldendorf (Luhe)

Die von der Luhe betriebene Wassermühle ist Oldendorfs Wahrzeichen. Sie kommt denn indirekt auch in dem 1972 genehmigten Wappen des Dorfes vor. Zwei silberne Wellenbänder, von unten ausgehend, vereinigen sich (Zusammenfluß von Luhe und Lopau oberhalb der Mühle) zu einem Wellenband. Die beiden oberen Felder sind grün (die Luheauen), das untere zeigt in Gold ein schwarzes Großsteingrab. Bei den Prähistorikern erlangte das idyllisch im Luhetal gelegene Dorf eine gewisse Berühmtheit, weil dort die sogenannte Oldendorfer Totenstadt aus der Jüngeren Steinzeit ausgegraben wurde.

Die erste Erwähnung der Oldendorfer Mühle liegt für 1511 vor; damals wurde sie durch den Lüneburger Bürgermeister Leonhard Elver, den Testamentsvollstrecker von Beke Schermbeken, der bisherigen Besitzerin, an die Amelinghäuser Kirche verkauft. Der Müller in Oldendorf mußte dem Pfarrer in Amelinghausen Pacht bezahlen und war darüberhinaus verpflichtet, ihm sowie dem Küster und den Kirchengeschworenen einmal im Jahr eine Mahlzeit vorzusetzen.

Aus dem 16., 17. und 18. Jahrhundert sind die Namen mehrerer Pächter bekannt. Anfang des 19. Jahrhunderts wurde die Mühle gegen Erbzins vergeben. Bald aber vermochten die Oldendorfer Müller die Eigentumsrechte der Amelinghäuser Kirche abzulösen. Georg Wüsthoff, der in den 60er Jahren des 19. Jahrhunderts in die Mühle einheiratete, errichtete einen Neubau und erweiterte den Betrieb durch ein Sägewerk. Die Familie Müller setzte sein Werk fort.

Während Oldendorf ein Schulhaus und sieben pflichtige Hausstellen hatte (nach Manecke), gab es in dem ehemals selbständigen Wohlenbüttel drei Hausstellen. Der Wohlenbütteler Dorfzehnte wurde 1244 vom Verdener Bischof Kloster Scharnebeck geschenkt. Nach der Reformation ging er auf das Amt Scharnebeck über. Anläßlich der Ämterregulierung von 1794/95 kam er schließlich an das Amt Winsen.

Oldendorf war der Amtsvogtei Amelinghausen des Amtes Winsen untergeordnet, kam bei

Bei Marxen am Berge:
das „Paradies".

der Verwaltungsreform von 1852 an das Amt Salzhausen und bereits 1859 an das Amt Lüne. Seit 1885 gehört es zum Landkreis Lüneburg. Kirchort war stets Amelinghausen.

Die Bevölkerungszahl hat sich im 20. Jahrhundert nahezu verdoppelt: 246 (1900), 314 (1939), 674 (1946), 458 (1964), 433 (1968), 436 (1972). 1925 wurde eine Freiwillige Feuerwehr gegründet, 1953 ein Schützenverein.

Landwirtschaft: 24 Vollerwerbsbetriebe, 9 Nebenerwerbsbetriebe (1971); 21 Vollerwerbsbetriebe, 17 Nebenerwerbsbetriebe (1983, neue Gemeinde Oldendorf).

Marxen am Berge

Das kleine Bauerndorf Marxen am Berge gehörte traditionellerweise zur Amtsvogtei Amelinghausen des Amts Winsen, kam bei deren Auflösung anläßlich der Verwaltungsreform von 1852 an das neugebildete Amt Salzhausen, wurde 1859 dem Amt Lüne und 1885 dann dem Landkreis Lüneburg zugewiesen. Kirchlich blieb die hergebrachte Orientierung nach Amelinghausen bestehen.

Nach Manecke hatte Marxen drei Hausstellen. Das älteste Gebäude stammt aus dem Jahre 1862. Die Bevölkerungsentwicklung im 20. Jahrhundert: 84 Einwohner (1900), 76 (1939), 169 (1946), 98 (1964), 89 (1968), 101 (1972).

Landwirtschaft: 4 Vollerwerbsbetriebe, kein Nebenerwerbsbetrieb (1971).

Wetzen

Das nach Raven eingepfarrte Heidedorf Wetzen wird im Winsener Schatzregister von 1450/51 zur Vogtei Amelinghausen gerechnet. Dementsprechend fand es sich später in der Amtsvogtei Amelinghausen des Amtes Winsen (Luhe) wieder. Nach Manecke bestanden acht pflichtige Hausstellen und ein Schulhaus.

Der Vollhöfner Cord Lemcke, der 1709 einen Privatlehrer anstellte, war offenbar kein armer Mann. Der Lehrer unterrichtete außer den Kindern vom Lemckeschen Hof auch die von den übrigen sechs Vollhöfen und dem einen Wetzener Halbhof zu jener Zeit. Die Hirtenkate stand dem Lehrer als Wohnung und Unterrichtsraum zur Verfügung.

Wetzen kam 1885 an den Landkreis Winsen (Luhe) und 1932 an den Landkreis Harburg. Infolge der Gemeindereform von 1974 ging es in der Gemeinde Oldendorf (Luhe) innerhalb der Samtgemeinde Amelinghausen auf und gehörte damit zum Landkreis Lüneburg.

Die Bevölkerungsentwicklung im 20. Jahrhundert: 160 Einwohner (1912), 173 (1939), 325 (1950), 224 (1965), 220 (1968), 259 (1972). Die Freiwillige Feuerwehr Wetzen wurde 1934 gegründet. Außerdem besteht ein Schützenverein.

Olm siehe Lüneburg
Oerzen siehe Embsen
Osterehlbeck siehe Rehlingen
Over siehe Barum
Pommoißel siehe Nahrendorf
Priorsgehege siehe Vastorf
Quickborn siehe Dahlenburg

Radbruch

Gemeinde mit 1 347 Einwohnern (1983), Mitgliedsgemeinde der Samtgemeinde Bardowick. Radbruch war vor der Gemeindereform von 1974 eine Gemeinde des Landkreises Harburg.

Das in den 30er Jahren dieses Jahrhunderts entstandene Radbrucher Wappen zeigt oben in Silber einen grünen Ast und unten in Grün Axt und Hacke, beide silbern mit goldenen Stielen. Wald und Gerätschaften der Forstwirtschaft

Schäfer Ast, der Wunderdoktor von Radbruch, in seinem herrschaftlichen Park.

symbolisieren Radbruchs Weg durch die Jahrhunderte.

Die großen Waldungen in der feuchten Bruchlandschaft am Rande der Geest traten — aus christlicher Sicht — als Götzenhain in die Geschichte ein. Die Bardowicker gingen vor der Christianisierung und wohl auch noch später ins Radbruch, um dort den Götzen Radegast *per auspicia* („durch persönlichen Besuch") zu konsultieren. Aus Bardowick kamen genauso die christlichen Missionare. Traditionell gehört Radbruch zur Bardowicker Domgemeinde.

Im Jahre 1969 begingen die Gemeinde Radbruch und die sehr auf Zusammenhalt bedachte Familie Radbruch — inzwischen über ganz Deutschland und darüber hinaus verbreitet — das 700jährige Jubiläum des Ortes. Dabei fußten sie auf einer Eintragung des Caspar Sagittarius in seiner Chronik *Memorabilia Historiae Luneburgicae* zum Jahre 1269. Dort werden unter den Lüneburger Patriziern, die sich sowohl um die Sülzangelegenheiten der Stadt als auch um die städtische Regierung verdient gemacht hatten, unter anderen die „Radebrokii" genannt, Mitglieder der Familie Radbruch also, die in der Reformationszeit beispielsweise den letzten Abt des Zisterzienserklosters Scharnebeck, Heinrich Ratbrock, stellte.

In Radbruch lag ein Gutshof, der Stammsitz der Radbruch. Zu Beginn des 15. Jahrhunderts war er offenbar burgähnlich befestigt; jedenfalls diente er dem Junker Arnd von Schildstein als

1894 kamen täglich nahezu 1000 Patienten zu Ast; die Radbrucher Gastronomie expandierte.

Behausung und Ausgangspunkt für seine Überfälle im Bereich der Lüneburger Landwehren.

Das Winsener Schatzregister von 1450/51 kennt in Radbruch einen Meierhof („De Meyger uth dem Radbroke"). Dieser Hof wurde zur Vogtei Pattensen gerechnet.

Im 16. Jahrhundert ist von einer Vogtei Radbruch die Rede. Das sogenannte Sondergut innerhalb der Vogtei Bardowick wird auch als „Radbruchsvogtei" bezeichnet. Von dem Radbrucher Meierhof aus wurden die welfischen Besitzungen im gesamten Bereich des Sonderguts der Vogtei Bardowick (Handorf, Mechtersen, Vögelsen, Wittorf) verwaltet.

1647 war Heinrich Knevel aus Lüneburg Pächter des Meierhofes, 1680 begegnen Helmke Cordes aus Vögelsen und der Förster Melchior Schuster aus Borstel (Winsen/Luhe). Um 1650 hatte die welfische Landesherrschaft auf ihrem Vorwerk Radbruch ein Gestüt eingerichtet („Wagenpferde- und Maultier-Stüterey"). Bis 1778 wurden hier Pferde und Esel gezüchtet. Nach der Verlegung der Stüterei in den Solling teilte Hannover die Ländereien unter 13 Bauern auf und forderte von ihnen die üblichen Abgaben ein.

Im 19. Jahrhundert gelangte der Name Radbruch in aller Munde. Der Wunderdoktor Schäfer Ast wurde zufällig in dem kleinen Dorf am Walde ansässig. 1873 schlüpfte der 1848 in Gronau an der Leine geborene Heinrich Ast hier unter, heiratete noch im selben Jahr die

Radbrucher Hebamme Anne Dorothea Ahlers und besaß bald die Abbauerstelle 58. Von Radbruch aus ritt Ast in die Umgebung, um auf den Höfen Vieh zu kurieren. Mehr und mehr verlegte er sich auf die Heilung menschlicher Krankheiten. Und immer bekannter wurde sein Name. Schließlich brauchte er seine Patienten nicht mehr aufzusuchen. Sie kamen nun zu ihm nach Radbruch.

Im Jahre 1894 schwoll der Patientenstrom auf nahezu 1 000 pro Tag an. Aus dem In- und Ausland pilgerten die Menschen zu dem Wunderdoktor von Radbruch. Das Dorf änderte sein Gesicht. Am Bahnhof warteten Pferdefuhrwerke auf die Reisenden. Die Gastronomie weitete sich in ungeahnter Weise aus; „fliegende Hotels" öffneten. Ihr überlanges Warten in der Astschen Praxis bezahlten zwei Patienten mit dem Tode. Taschendiebe fanden ein lohnendes Revier. Aller Orten besangen Theaterdichter und Komponisten die Haardiagnose des Schäfers Ast zu Radbruch.

Bis heute gibt der herrschaftliche Park auf dem Astschen Anwesen mit seinem Laubengang, seiner Grotte und seinem Aussichtsturm eine Vorstellung von dem Reichtum, den der heilkundige Schäfer zu sammeln vermochte.

Mit der Amtsvogtei Bardowick des Amts Winsen (Luhe) gelangte Radbruch 1885 in den Landkreis Winsen (Luhe) und 1932 in den Landkreis Harburg. Durch die Gemeindereform von 1974 wurde es eine Mitgliedsgemeinde der Samtgemeinde Bardowick und befand sich damit im Landkreis Lüneburg.

Die Bevölkerungsentwicklung im 20. Jahrhundert: 434 (1912), 507 (1939), 1100 (1950), 985 (1965), 1001 (1968), 1072 (1972). Die Freiwillige Feuerwehr entstand 1902; Schützenverein und TSV Radbruch.

Landwirtschaft: 17 Vollerwerbsbetriebe, 14 Nebenerwerbsbetriebe (1983).

Rade siehe Lüneburg
Radegast siehe Bleckede
Radenbeck siehe Thomasburg
Raven siehe Soderstorf
Reeßeln siehe Bleckede

Rehlingen

Gemeinde mit 550 Einwohnern (1983), Mitgliedsgemeinde der Samtgemeinde Amelinghausen. Rehlingen entstand durch die Gemeindereform von 1974 aus den Gemeinden Rehlingen mit dem Ortsteil Bockum, Diersbüttel und Ehlbeck mit den Ortsteilen Konstantinopel und Rehrhof.

Rehlingen

Die Wahrzeichen der Walddörfer Rehlingen und Bockum sind ihre Wassermühlen, beide von der Lopau getrieben. Von Burg Bockum am Einfluß des Ehlbecks in die Lopau ist nichts übriggeblieben.

Die Rehlinger Mühle war stets mit einer der neun pflichtigen Hausstellen des Dorfes (Manecke gibt außerdem ein Schulhaus an) verbunden. Im Besitz der Grafen von Bothmer in Lauenbrück, wurde sie — das früheste Datum ist 1681 — gegen Pacht und später gegen Erbzins vergeben. Seit 1795 stellt die Familie Thiede die Müller. Einem ihrer Mitglieder gelang es 1841, die Rechte der von Bothmer abzulösen.

Die erste urkundliche Erwähnung Rehlingens soll bereits für 1302 vorliegen. Als die ältesten Gebäude gelten die Häuser Nummer 2, 7, 8 und 10.

Von den vier Bockumer Höfen (nach Manecke) waren drei in der Hand der von Clammer, einer gehörte den von Wittorf. 1569 belieh Herzog Wilhelm der Jüngere Moritz von Zahrenhusen mit dem ganzen Dorf. Der neue Herr von Bockum — noch stand die Burg — gebärdete sich durchaus als Raubritter alten Schlages. Die Passage durch die Raubkammer wurde durch ihn noch gefährlicher, als sie ohnedies schon war. Bereits 1571 aber kam Moritz von

Zahrenhusen bei einem Raubüberfall auf einen durchziehenden Kaufmann ums Leben. Im Jagen 271 der Raubkammer erinnert ein Totenstein an ihn.

Die Witwe des Raubritters wollte Bockum 1595 an die von Meding veräußern, doch das Herzogshaus genehmigte den Verkauf nicht. Von 1649 an saß Balthasar von Kahlebütz auf dem Gut. Nach seinem Tode (1664) wurde Bockum verpachtet und schließlich 1785 in vier Erbzinsstellen aufgeteilt.

Die schon für das 15. Jahrhundert bezeugte Bockumer Mühle gehörte der Landesherrschaft. 1784 wurde sie aus einer Pacht- in eine Erbzinsmühle umgewandelt. In den 70er Jahren des 19. Jahrhunderts vermochte Carl Hermes alle Rechte abzulösen. Auf ihn folgten Eberhard von Alten und dessen Tochter Adelheid, verheiratete Hardenberg.

Rehlingen war Bestandteil der Amtsvogtei Amelinghausen des Amts Winsen und wurde 1852 dem Amt Salzhausen und 1859 dem Amt Lüne zugeschlagen. Demgegenüber gehörte Bockum zum Amt Ebstorf, bis es bei dessen Auflösung (1859) ebenfalls ans Amt Lüne fiel. 1885 kamen beide Dörfer an den Landkreis Lüneburg. Kirchdorf war stets Amelinghausen.

Die Bevölkerungsentwicklung im 20. Jahrhundert: 209 Einwohner (1900), 252 (1939), 493 (1946), 278 (1964), 222 (1968), 249 (1972). 1877 entstand eine Freiwillige Feuerwehr.

Landwirtschaft: 6 Vollerwerbsbetriebe, 10 Nebenerwerbsbetriebe (1971); 16 Vollerwerbsbetriebe, 12 Nebenerwerbsbetriebe (1983, neue Gemeinde Rehlingen).

Diersbüttel

Ringsum dehnte sich einmal die Heide, heute schließt Wald das kleine Geestdorf Diersbüttel ein. Die Zehntleistungen der ehemals vier Hausstellen (nach Manecke) gehörten dem Hochstift Verden, das sie teilweise verlieh. Dieser Teil war im 16. Jahrhundert im Besitz der von Dassel. Der übrige Zehnte gelangte über die schwedische Krone (1648) an das Haus Braunschweig-Lüneburg (1679). 1805 wurde der gesamte Zehnte an einen Bauern in Wulfsode (Landkreis Uelzen) verkauft.

Bis zur Verwaltungsregulierung von 1852 war Diersbüttel Bestandteil der Amtsvogtei Amelinghausen des Amts Winsen, kam dann an das neugebildete Amt Salzhausen, 1859 an das Amt Lüne und 1885 an den Landkreis Lüneburg. Zur Kirche gingen die Diersbütteler stets in Amelinghausen.

An der Bevölkerungszahl änderte sich im 20. Jahrhundert nicht viel: 73 (1900), 81 (1939), 190 (1946), 85 (1964), 76 (1968), 70 (1972).

Landwirtschaft: 9 Vollerwerbsbetriebe, 1 Nebenerwerbsbetrieb (1971).

Ehlbeck

Die ursprünglichen Namen für das kleine Walddorf Ehlbeck (nach Manecke drei pflichtige Hausstellen und ein Schulhaus) und das Einzelgehöft mit Försterei Rehrhof sind Oster- und Westerehlbeck. Während in Osterehlbeck die Kirche in Amelinghausen, die Pfarrkirche für die beiden Ehlbeck, zehntberechtigt war, teilten sich in den Zehnten von Westerehlbeck die von Zarenhusen und die von Etzen, bis im ersten Drittel des 14. Jahrhunderts Kloster Lüne beide Hälften erwarb. Bei der Ämterregulierung von 1794 wurde der Rehrhof dem Amt Winsen zehntpflichtig. Unsicher ist, ob das im 16. Jahrhundert ausgestorbene Lüneburger Patriziergeschlecht Ehlbeck aus Ehlbeck stammt.

Jahrhunderte, Jahrtausende sogar — denn stein- und bronzezeitliche Funde weisen auf frühe Besiedlung hin — hatte Ehlbeck sein kleines, so gut wie unbemerktes Dasein, bis der weltabgeschiedene Ort in der Raubkammer 1866 unversehens in die Zeitungen und in aller Munde kam. Am 29. März des Jahres, dem Gründonnerstag, hatten Revierförster Müller von der Oberförsterei Rehrhof und Förster

Heidelandschaft bei Ehlbeck.

Werner aus Wulfsode (Landkreis Uelzen) tief drinnen im Revier eine Besprechung mit ihren Haumeistern. Auf dem Heimweg stellten die Förster vier Wilddiebe. Die zwei waren schon dabei, sich von den rasch Entwaffneten die Personalien geben zu lassen, da gelang es einem der Wilddiebe, dem Dienstknecht Hüners aus Hützel, blitzschnell einer Flinte habhaft zu werden und auf die Förster anzulegen. Müller sank tödlich getroffen nieder. Werner erlitt so schwere Verletzungen, daß er in der Nacht zum Karfreitag verschied. Unter großer Anteilnahme der Bevölkerung wurden die beiden Förster am ersten Ostertag auf dem Amelinghäuser Friedhof zur ewigen Ruhe gebettet. Hüners verurteilte das Schwurgericht Celle zu 20 Jahren Kettenstrafe ersten Grades. Am 1. Juli begann in der Kettenstrafanstalt Lüneburg die Strafverbüßung.

Als das älteste Gebäude der alten Siedlung gilt ein Speicher aus dem Jahre 1820. Zu dieser Zeit floß der Ehlbeck, das nach dem Dorf benannte Heideflüßchen, noch in der Amtsvogtei Amelinghausen des Amts Winsen. 1852 kamen die beiden Ehlbeck an das Amt Salzhausen, 1859 an das Amt Lüne und 1885 an den Landkreis Lüneburg.

Die Bevölkerungsentwicklung im 20. Jahrhundert: 175 Einwohner (1900), 230 (1939), 469 (1946), 281 (1964), 247 (1968), 204 (1972).

Landwirtschaft: 8 Vollerwerbsbetriebe, 3 Nebenerwerbsbetriebe (1971).

Rehrhof siehe Rehlingen

Reinstorf

Gemeinde mit 1 092 Einwohnern (1983), Mitgliedsgemeinde der Samtgemeinde Ostheide. Reinstorf entstand durch die Gemeindereform von 1974 aus den Gemeinden Reinstorf, Holzen, Horndorf mit dem Ortsteil Breitenstein und Wendhausen mit den Ortsteilen Neu Wendhausen und Sülbeck (einschließlich Neu Sülbeck).

Reinstorf

Die St.-Viti-Kirche in Reinstorf wurde bereits im elften Jahrhundert (nach 1059) durch Kloster Rastede bei Oldenburg gestiftet. Vor der Reformation kam ein Priester aus Lüne herüber, um in der Reinstorfer Kapelle die geistlichen Amtspflichten wahrzunehmen. Nach der Reformation bildete sich das selbständige Kirchspiel Reinstorf heraus. Der erste lutherische Prediger war Ludolf Berckemeyer (1542 bis 1565).

Die Kapellen in Vastorf und Wendhausen, beide Parochie Reinstorf, scheinen ursprünglich Pfarrkirchen gewesen zu sein. Wendhausen wurde um die Mitte des 16. Jahrhunderts mit Reinstorf vereinigt. Die Reinstorfer Kirchenbücher reichen bis 1564 zurück.

Bis in das 13. Jahrhundert ist das Geschlecht von Reinstorf noch greifbar; 1298 verkaufte es einen Reinstorfer Hof an den Propst des Klosters Medingen. Manecke gibt außer Pfarr-, Pfarrwitwen- und Küsterhaus 14 pflichtige Hausstellen an. Ältestes Gebäude, zugleich Wahrzeichen des Orts, ist St. Viti.

Den Heideholzhäuser Forst zwischen Reinstorf und Wendhausen besaß das Lüneburger Michaeliskloster; 1786 vermochte es sämtliche fremden Rechte abzulösen, ausgenommen die der Bauern in Reinstorf und Wendhausen. Die Reinstorfer nutzten zusätzlich die Waldungen Markstock und Griepswoold.

Reinstorf unterstand der Vogtei Barendorf des Amts Lüne und wurde 1885 dem Landkreis Lüneburg beigelegt.

Die Bevölkerungszahlen im 20. Jahrhundert: 275 (1900), 267 (1939), 554 (1946), 333 (1964), 334 (1968), 321 (1972). 1880 entstand eine Freiwillige Feuerwehr, 1900 ein Gesangverein, 1910 ein Schützenverein.

Ackerbau und Viehzucht im Landkreis Lüneburg:
Weide und Felder bei Reinstorf.

Landwirtschaft: 12 Vollerwerbsbetriebe, 3 Nebenerwerbsbetriebe (1971); 24 Vollerwerbsbetriebe, 8 Nebenerwerbsbetriebe (1983, neue Gemeinde Reinstorf.

Holzen

1904 vernichtete ein Feuer die Gemeindeakten von Holzen; auch historische Dokumente gingen in Flammen auf. So ist nicht viel über die Geschichte des kleinen Bauerndorfes bekannt.

Im Mittelalter war Kloster Lüne in Holzen begütert. 1324 veräußerten die von Behr dem Kloster einen Hof, den sie vom Verdener Bischof zu Lehen besaßen. Vermutlich hatte Lüne kurz zuvor bereits Besitztitel der von Campe übernommen.

Bis Mitte des 16. Jahrhunderts gehörte Holzen — nach Manecke acht Hausstellen — zum ehemals selbständigen Kirchspiel Wendhausen; nachdem die dortige Pfarrkirche zur Kapelle herabgesunken war, kam Holzen zu Reinstorf.

Holzen unterstand der Vogtei Barendorf des Amts Lüne und fiel 1885 an den Landkreis Lüneburg. Alte Bausubstanz besitzt Hof Nummer 26 (früher 9). Der Holzener Gemeindewald gliedert sich in zwei Teile, Brauel und Kaaf.

Sehenswert sind die sogenannten kalkverkitteten Sande in einer Sandgrube bei Holzen. Sie entstanden vermutlich in der letzten Zwischeneiszeit (vor etwa 100 000 Jahren), indem aus kalkhaltigem Grundwasser der Kalk ausgefällt wurde, so daß er nun kieshaltige Sande verkitten konnte. Es bildete sich natürlicher Kalksandstein, auch Naturbeton genannt.

Die Bevölkerungsentwicklung im 20. Jahrhundert: 149 Einwohner (1900), 184 (1939), 412 (1946), 279 (1964), 239 (1968), 220 (1972). 1902 wurde eine Freiwillige Feuerwehr gegründet.

Landwirtschaft: 8 Vollerwerbsbetriebe, kein Nebenerwerbsbetrieb (1971).

Horndorf

Der wachsende Autoverkehr auf der Bundesstraße 216 wird um Horndorf herumgeleitet. So droht den majestätischen Linden entlang der früheren Dorfstraße — sie sind das Wahrzeichen der kleinen Gemeinde — weniger Gefahr.

Der sechs Hausstellen zählende Ort (nach Manecke) gehört seit eh und je zum Kirchspiel Reinstorf. Bevor er 1885 dem Landkreis Lüneburg beigelegt wurde, unterstand er der Vogtei Barendorf des Amtes Lüne. Dasselbe gilt für den einstelligen Hof Breitenstein, den im Mittelalter — auch gerichtsmäßig — das Lüneburger Michaeliskloster besaß. Breitenstein ist das älteste erhaltene Gebäude der ehemaligen Gemeinde Horndorf.

Die Einwohnerzahl blieb während des 20. Jahrhunderts so gut wie gleich: 100 (1900), 93 (1939), 169 (1946), 104 (1964), 90 (1968), 111 (1972).

Landwirtschaft: 6 Vollerwerbsbetriebe, 1 Nebenerwerbsbetrieb (1971).

Wendhausen

Die Wendhäuser Petrikirche, vor der Reformation Mittelpunkt eines selbständigen Kirchspiels, wird seit der Mitte des 16. Jahrhunderts von dem Geistlichen im benachbarten Reinstorf mitbetreut. Die Patronatsrechte über St. Petri übte das Lüneburger Michaeliskloster aus. Manecke gibt für Wendhausen außer der Kirche Schulhaus und neun pflichtige Hausstellen an. Bevor das Dorf 1885 dem Landkreis Lüneburg zugewiesen wurde, unterstand es der Vogtei Barendorf des Amts Lüne.

Aus einigen Sülbecker Höfen wuchs ein Adelsgut mit Landtagsstimme zusammen, das vom Herzogshaus 1608 dem Amtmann Gödecke gegeben wurde. Spätere Besitzer waren die von Ramdohr und — ab 1748 — die Meyer. Neben dem Gut kennt Manecke vier pflichtige Hausstellen.

1786 vermochte das Michaeliskloster alle Rechte abzulösen, durch die das eigene Gerichts- und Nutzungsrecht im Heideholzhäuser Forst zwischen Wendhausen und Reinstorf bis dahin eingeschränkt worden war. Nur die Bauern der beiden genannten Dörfer blieben auch weiterhin berechtigt. Das Ah- oder Jungfernholz bei Sülbeck war im Besitz der Landesherrschaft. Gut Sülbeck hatte keinen eigenen Forst.

Die Bevölkerungszahl hat sich im 20. Jahrhundert nahezu verdoppelt: 234 (1900), 257 (1939), 483 (1946), 348 (1964), 383 (1968), 395 (1972). 1902 wurde eine Freiwillige Feuerwehr aufgestellt.

Landwirtschaft: 13 Vollerwerbsbetriebe, 6 Nebenerwerbsbetriebe (1971).

Reppenstedt

Gemeinde mit 4 542 Einwohnern (1983), Sitz der Samtgemeinde Gellersen. Reppenstedt entstand durch die Gemeindereform von 1974 aus den Gemeinden Reppenstedt mit dem Ortsteil Brockwinkel und Dachtmissen. Der Reppenstedter Ortsteil Wienebüttel wurde in Lüneburg eingemeindet.

Reppenstedt

Außer drei pflichtigen Höfen zählte das alte Reppenstedt zwei steuerfreie Höfe: den sogenannten Landwehrkrug, der gerichtsmäßig nicht einem Amt, sondern der Stadt Lüneburg unterstand, und das landtagsfähige Gut Reppenstedt. Unter Umständen befand sich der Gutshof anfangs im Besitz des Adelsgeschlechts von Reppenstedt, das im zwölften Jahrhundert noch vorkommt. Die Lehnshoheit lag jedenfalls beim Lüneburger Michaeliskloster. Im 16. und 17. Jahrhundert begegnen die Namen Viskule, Töbing und Textor unter den Besitzern. Bald nach 1685 kaufte der Präsident des hannoverschen Oberappellationsgerichts, Weipart Ludwig von Fabrice, das Gut. 1760 kam es an die Grafen von Schwichelt. Die Zehntleistungen von allen fünf Reppenstedter Höfen flossen dem Hospital zum Heiligen Geist in Lüneburg zu.

Brockwinkel war zunächst ein Dorf von wenigstens drei Höfen; zwei gehörten St. Michaelis, einer dem Lüneburger Kaland. Die Klosterhöfe hatten im 14. Jahrhundert die von Brockwinkel zu Lehen, später die Viskule, die Mützeltin und die Elver. 1681 erwarb Präsident von Fabrice außer diesen beiden Höfen auch den Kalandshof; durch zwei Meier in Kirchgellersen, einen in Südergellersen sowie den Fickenteich bei Ochtmissen (Lüneburg), einen Garten mit Bienenkörben, rundete er seinen Gutsbesitz ab. Ebenso wie auf Gut Reppenstedt folgten auch in Brockwinkel 1760 die Grafen von Schwichelt. Die Zehntleistungen innerhalb der Landwehr wurden durch Vergleiche von 1710 und 1715 abgelöst; außerhalb der Landwehr blieb Gut Heiligenthal (Südergellersen) berechtigt.

Gut Wienebüttel gelangte 1386 in den Besitz des Lüneburger Bürgermeisters Albert Hoyken, wurde aber bereits 1397 an das Michaeliskloster weiterveräußert. Lehnsherr war der Landesherr. Neben dem Gut gab es noch einen Krug.

Reppenstedt wie auch Brockwinkel und Wienebüttel waren nach St. Michaelis in Lüneburg eingepfarrt. 1966 begann man wegen des starken Bevölkerungszuwachses mit dem Bau einer eigenen Kirche.

Während Reppenstedt und Wienebüttel der Hausvogtei des Amts Lüne unterstanden, gehörte Brockwinkel zur Amtsvogtei Bardowick des Amts Winsen. 1885 kamen alle drei an den Landkreis Lüneburg. Das älteste Gebäude in Reppenstedt ist ein Backhaus aus dem Jahre 1710.

Die Bevölkerungszahl ist im 20. Jahrhundert stark gestiegen: 160 (1900), 293 (1939), 570 (1946), 1644 (1964), 2212 (1968), 3223 (1972). 1962 wurde der Turn- und Sportverein Reppenstedt gegründet. Es gibt eine Freiwillige Feuerwehr.

Landwirtschaft: 9 Vollerwerbsbetriebe, 11 Nebenerwerbsbetriebe (1971); 9 Vollerwerbsbetriebe, 4 Nebenerwerbsbetriebe (1983, neue Gemeinde Reppenstedt).

Dachtmissen

In dem Wald- und Geestdorf Dachtmissen war im Mittelalter das Lüneburger Hospital Zum Heiligen Geist begütert; der kirchlichen Stiftung stand der Dorfzehnte zu.

Der fünf pflichtige Hausstellen und ein Schulhaus umfassende Ort (nach Manecke) gehörte zur Hausvogtei des Amts Lüne und kam 1885 an den Landkreis Lüneburg. Dachtmissen ist nach Kirchgellersen eingepfarrt. Als das älteste Gebäude des Dorfes gilt die ehemalige Schule.

Die Einwohnerzahl blieb während des 20. Jahrhunderts so gut wie unverändert: 81 (1900), 92 (1939), 182 (1946), 101 (1964), 103 (1968), 84 (1972). Auch in Dachtmissen wurde eine Freiwillige Feuerwehr gegründet.

Landwirtschaft: 4 Vollerwerbsbetriebe, 3 Nebenerwerbsbetriebe (1971).

Rethscheuer siehe Hohnstorf
Rettmer siehe Lüneburg
Riecklingen siehe Dahlenburg
Rohstorf siehe Vastorf
Rolfsen siehe Soderstorf
Rosenthal siehe Bleckede
Rote Schleuse siehe Lüneburg
Röthen siehe Nahrendorf

Rullstorf

Gemeinde mit 1 216 Einwohnern (1983), Mitgliedsgemeinde der Samtgemeinde Scharnebeck. Rullstorf entstand durch die Gemeindereform von 1974 aus den Gemeinden Rullstorf mit dem Ortsteil Neu Rullstorf und Boltersen mit dem Ortsteil Neu Boltersen sowie dem Wohnplatz Kronsberg.

Rullstorf

Rullstorfs Geschicke waren von jeher eng mit denen des benachbarten Scharnebeck verknüpft. Die früheste bekannte Jahreszahl gehört gerade noch in das Jahrhundert, in dem das Zisterzienserkloster Steinbeck (Landkreis Soltau) nach Scharnebeck übersiedelte: 1299 erwarben die Mönche den Rullstorfer Zehnten; gegen einen Chor Salz auf der Lüneburger Saline, das heißt den Ertrag von dem sechsten Teil einer Pfanne, handelten sie ihn dem Bardowicker Stift ab.

Die Einwohner von Rullstorf gingen in Scharnebeck zur Kirche. Als in der Reformationszeit das Klosteramt Scharnebeck gebildet wurde, war Rullstorf mit seinen elf pflichtigen Hausstellen (nach Manecke) zunächst das einzige Amtsdorf. 1852 bei der Auflösung des Amts Scharnebeck kam es an das Amt Lüne, 1885 an den Landkreis Lüneburg. Die älteste Bausubstanz im heutigen Rullstorf steckt in den Wirtschaftsgebäuden von Hof Nummer 1.

Die Bevölkerungszahlen im 20. Jahrhundert: 342 (1900), 304 (1939), 555 (1946), 415 (1964), 469 (1968), 568 (1972). 1880 entstand eine Freiwillige Feuerwehr, 1894 der Männergesangverein Scharnebeck-Rullstorf.

Landwirtschaft: 19 Vollerwerbsbetriebe, 9 Nebenerwerbsbetriebe (1971); 25 Vollerwerbsbetriebe, 12 Nebenerwerbsbetriebe (1983, neue Gemeinde Rullstorf).

Boltersen

Der Überlieferung nach wird Boltersen bereits 1124 in einer Schenkungsurkunde des Papstes erwähnt. Der wichtigste Grundbesitzer in dem Dorf war im Mittelalter Kloster Lüne. Im 13. und 14. Jahrhundert erwarb es Besitzungen, die den von Wittorf, den von dem Berge, den von Estorff und den Grope gehörten.

Von Boltersens 14 pflichtigen Hausstellen (nach Manecke) rechneten zwölf zur Vogtei Barendorf des Amts Lüne, zwei dagegen mußten ihre Leistungen dem Amt Scharnebeck entrichten, dem auch der Dorfzehnte gehörte. Bei der Ämterregulierung 1794/95 kam Boltersen ganz an Scharnebeck. Seit 1885 gehört es zum Landkreis Lüneburg. Der Ort war stets nach Neetze eingepfarrt.

Die Bevölkerungszahl blieb während des 20. Jahrhunderts konstant: 333 (1900), 333 (1939), 602 (1946), 338 (1964), 317 (1968), 343 (1972). Der Männergesangverein Boltersen von 1886 wurde 1964 zum Gemischten Chor Boltersen erweitert. Seit 1902 hat das Dorf eine eigene Freiwillige Feuerwehr.

Landwirtschaft: 15 Vollerwerbsbetriebe, 14 Nebenerwerbsbetriebe (1971).

Sandbergen siehe Bleckede
St. Dionys siehe Barum
St. Nikolaihof siehe Bardowick
Sassendorf siehe Hohnstorf

Scharnebeck

Gemeinde mit 2389 Einwohnern (1983), Sitz der gleichnamigen Samtgemeinde. Scharnebeck bildete schon vor der Gemeindereform von 1974 mit den Ortsteilen Bennerstedt, Lentenau und Nutzfelde eine Gemeinde; weitere Wohnplätze: Bahnhäuser, Kringelsburg und Neu Lentenau.

Auf Grund und Boden des welfischen Herzogshauses und des Lüneburger St.-Michaelis-

Domäne Scharnebeck auf dem Gelände des ehemaligen Klosters.

Klosters erstand 1253 das Zisterzienserkloster Scharnebeck. Die großzügige Bereitstellung von Land veranlaßte die Mönche, von Steinbeck (Landkreis Soltau-Fallingbostel) fortzugehen; dort war das Kloster 1244 gegründet worden.

Innerhalb der Grenzen des heutigen Landkreises Lüneburg waren die Scharnebecker Zisterzienser in rund 30 Dörfern begütert. Dazu kamen zahlreiche Besitztitel in entfernteren Orten. Um zu den Fastenzeiten nicht mehr auf den Kauf der — im übrigen nur sehr dünnen — galizischen Karpfen angewiesen zu sein, legte das Kloster im Drögenholz an der Straße nach Lüneburg sieben Fischteiche an. Auf der „Karpendieksbahn" gelangte man durch den Wald zu den „Karpendieks".

Die große Visitation durch Herzog Ernst den Bekenner brachte die Reformation nach Scharnebeck (1529). Aus dem säkularisierten Kirchenbesitz wurde das Amt Scharnebeck gebildet. Der in Scharnebeck selbst gelegene Besitz war künftig Domäne. Ein repräsentatives Wohngebäude (1705) und ein Speicher (1519) auf dem Domänengelände gelten als die ältesten Gebäude des Ortes.

Nachdem Scharnebeck bei der Erbteilung von 1569 der damals entstandenen Dannenberger Linie des Welfenhauses zugesprochen worden war, wurde das alte Zisterzienserkloster durch Herzog Heinrich zur Residenz ausgebaut. 1671 kehrte Scharnebeck zum Fürstentum Lüneburg zurück. 1852 ging es im Amt Lüne und 1885 im Landkreis Lüneburg auf.

Die heutige Kirche — wie ihre Vorgängerin eine Marienkirche — stammt aus dem Jahre 1723. In der zweiten Hälfte des 19. Jahrhunderts wurde Scharnebeck eines der aktivsten Zentren der Hannoversch-lutherischen Freikirche. So entstand 1870 als zweite Kirche im Ort die St.-Johannis-Kirche.

Außer 20 pflichtigen Hausstellen kennt Manecke 14 freie; es waren das Pfarr-, das Pfarrwitwen- sowie das Schulhaus, weiter zwei Häuser für die beiden Beamten der Amtsverwaltung, ein Vorwerk, ein Gefängnis, ein Pförtnerhaus, Häuser für den Förster, den Hausvogt und den Müller, schließlich die Domäne und zwei ebenfalls den Herzögen gehörende Höfe. Besitzer der Domäne waren unter anderem die Scharnebecker Amtleute Gödeke, von Ramdohr und Wolf. Sie entrichteten dem Amt Abgaben.

Die vom Sauerbach, einem Nebenflüßchen der Neetze, betriebene Wassermühle rechnete zum Kloster und später zum Amt. Der erste bekannte Pächter war — Ende des 17. Jahrhunderts — Asmus Müller. Johann Christian Benn erhielt die Mühle 1781 als Erbzinsgut; seine Familie stellte bis 1868 die Scharnebecker Müller. Anfang des 19. Jahrhunderts brannte die Mühle ab. Der Müller Jürgen Heinrich Hammer installierte eine Dampfmaschine, der Müller Führing einen Sauggasmotor. 1907 brannte die Mühle zum zweitenmal ab.

Manecke führt Lentenau noch als Schäferei. Für Nutzfelde gibt er vier pflichtige Hausstellen an. In Bennerstedt, das ursprünglich ein — wohl klösterliches — Vorwerk war, wohnte der Holzvogt.

Die Bevölkerungszahl hat sich im 20. Jahrhundert verdoppelt: 763 (1900), 895 (1939), 1679 (1946), 1389 (1964), 1425 (1968), 1537 (1972). 1888 entstand eine Freiwillige Feuerwehr, 1894 der Männergesangverein Scharnebeck-Rullstorf, 1920 ein Schützenverein, 1921 die Sportvereinigung Scharnebeck.

Das Schiffshebewerk Scharnebeck im Zuge des Elbe-Seiten-Kanals gilt als das größte Europas; es stellt das neue Wahrzeichen des Fleckens dar.

Landwirtschaft: 30 Vollerwerbsbetriebe, 14 Nebenerwerbsbetriebe (1971); 21 Vollerwerbsbetriebe, 16 Nebenerwerbsbetriebe (1983).

Scharnhop siehe Vastorf
Schieringen siehe Bleckede
Schnellenberg siehe Lüneburg

Die Wassermühle zu Soderstorf — Idylle an der Luhe; Aufnahme aus dem Jahre 1969.

Schwindebeck siehe Soderstorf
Seedorf siehe Boitze
Siecke siehe Dahlenburg

Soderstorf

Gemeinde mit 1 173 Einwohnern (1983), Mitgliedsgemeinde der Samtgemeinde Amelinghausen. Soderstorf entstand durch die Gemeindereform von 1974 aus den Gemeinden Soderstorf mit Aspelhorn, Schwindebeck und Thansen, Raven und Rolfsen. Die Gemeinden gehörten zuvor dem Landkreis Harburg an.

Soderstorf

Das Soderstorfer Wappen (es wurde im „Harburger Kreiskalender" auf das Jahr 1963 veröffentlicht und beschrieben) zeigt auf einem in Gold und Blau gespaltenen Schild links den blauen, rotbewehrten braunschweigisch-lüneburgischen Löwen, rechts einen goldenen Armreif. In Soderstorf war das Welfenhaus begütert; hier konnten die Prähistoriker zahlreiche Bodenfunde heben.

Die Soderstorfer Geschichte ist zunächst als Geschichte der Soderstorfer Wassermühle zu greifen. 1478 verkaufte Frederik von dem Berge, Inhaber des Meierhofes Thansen, einen Kamp an den Soderstorfer Müller. Die Liste der namentlich bekannten Müller beginnt um 1620 mit Heinrich Bargmann. Der mit der Mühle verbundene Hof wird zu dieser Zeit als Halbhof geführt. Die längste Zeit — vom 17. bis ins 20. Jahrhundert — befand sich die Mühle in Besitz der Müllerfamilie Vogt. In den 20er und 30er Jahren des 19. Jahrhunderts bezahlte der Soderstorfer Müller nur noch zwei Reichstaler an die Landesherrschaft, und zwar für den Weizenmahlgang.

Soderstorf, nach Raven eingepfarrt, war Bestandteil der Vogtei Amelinghausen und dementsprechend später der Amtsvogtei Amelinghausen des Amtes Winsen (Luhe).

Manecke kennt in Soderstorf außer der Mühle und einem Schulhaus sieben pflichtige Hausstellen, in Schwindebeck drei Hausstellen und in Thansen zwei. 1885 kam Soderstorf an den Landkreis Winsen, 1932 an den Landkreis Harburg, 1974 an den Landkreis Lüneburg.

Die Bevölkerungsentwicklung im 20. Jahrhundert: 202 Einwohner (1912), 429 (1939), 727 (1950), 617 (1965), 607 (1968), 602 (1972). 1922 wurde ein Schützenverein gegründet. Daneben besteht der MTV Soderstorf.

Landwirtschaft: 24 Vollerwerbsbetriebe, 9 Nebenerwerbsbetriebe (1983, neue Gemeinde Soderstorf).

Raven

Das Ravener Wappen (im „Harburger Kreiskalender" auf das Jahr 1978 veröffentlicht) zeigt auf geteiltem Schild oben einen nach links gerichteten Raben, unten ein Steinbeil (Hinweis auf vorgeschichtliche Funde).

Die St.-Martin-Kirche zu Raven tritt als Filial von Salzhausen — dort befand sich ebenso wie in Modestorp (Lüneburg) ein Archidiakonat — in die Geschichte ein. 1217 verselbständigte sie sich, Raven bildete ein eigenes Kirchspiel. Der Ort, im zwölften Jahrhundert womöglich ein einstelliger Hof, wird schon um 1200 genannt. Der Opferberg unmittelbar am Dorf kann auf eine heidnische Kultstätte hinweisen.

Die Backsteinkirche St. Martin dürfte in ihrer heutigen Gestalt um 1300 errichtet worden sein. Die eine der beiden Ravener Glocken wurde 1309 gegossen, entweder in Lüneburg oder aber an Ort und Stelle, worauf es Hinweise gibt. Das Alter der Kirche brachte es mit

Auf einem Hügel errichtet: St. Martin zu Raven;
ringsum der alte Friedhof.

sich, daß schon früh (so 1697) Sicherungsarbeiten notwendig waren.

Die Reihe der lutherischen Prediger beginnt mit Pastor Otte aus dem benachbarten Thansen (1529). 1661 entstand ein neues Pfarrhaus, 1666 erneuerte man den damals noch benutzten hölzernen Glockenturm.

Raven ist zunächst dem Go Salzhausen zuzurechnen, später der Amtsvogtei Amelinghausen des Amtes Winsen. Manecke kennt außer Pfarr-, Pfarrwitwen- und Küsterhaus neun pflichtige Hausstellen. Raven kam 1885 an den Landkreis Winsen, 1932 an den Landkreis Harburg und 1974 an den Landkreis Lüneburg.

Die Bevölkerungsentwicklung im 20. Jahrhundert: 186 (1912), 315 (1939, zusammen mit Rolfsen), 369 (1950), 227 (1965), 235 (1968), 245 (1972). Raven und Rolfsen haben einen gemeinsamen Schützenverein.

Rolfsen

Das Heidedorf Rolfsen war, nicht nur kirchlich, stets eng mit Raven verbunden. Im 20. Jahrhundert bildeten beide Dörfer vorübergehend die Gemeinde Raven (30er Jahre).

Im Mittelalter zählten die Rolfsener Höfe teilweise zur Vogtei Amelinghausen, teilweise zum Go Salzhausen. Später war die Amtsvogtei Amelinghausen des Amtes Winsen zuständig. Manecke kennt zwölf Hausstellen.

Rolfsen war seit 1885 eine Gemeinde des Landkreises Winsen und ging 1932 mit im Großkreis Harburg auf. Durch die Gemeindereform von 1974 gelangte es in den Landkreis Lüneburg.

Die Bevölkerungsentwicklung im 20. Jahrhundert: 140 (1912), 315 (1939, zusammen mit Raven), 248 (1950), 162 (1965), 192 (1968), 183 (1972). Rolfsen hat mit Raven einen gemeinsamen Schützenverein.

Sommerbeck siehe Dahlenburg
Sottorf siehe Amelinghausen

Südergellersen

Gemeinde mit 1 082 Einwohnern (1983), Mitgliedsgemeinde der Samtgemeinde Gellersen. Südergellersen entstand durch die Gemeindereform von 1974 aus den Gemeinden Südergellersen und Heiligenthal mit Neu Heiligenthal.

Südergellersen

Nicht ein Bauwerk oder ein einzelner Baum, sondern sieben Eichenhaine sind die Wahrzeichen von Südergellersen. Ehemals wurden die Schweine in die Gehölze getrieben, damit sie die Eicheln fraßen und Fett ansetzten. Inzwischen sind die Haine als bemerkenswertes Relikt einer vergangenen Zeit unter Naturschutz gestellt worden.

Für das 14. Jahrhundert sind eine Reihe von Besitzveräußerungen für Südergellersen nachweisbar. Die von Schack verkauften einen Halbhof an die von Tye (1314). Das Herzogshaus Sachsen-Lauenburg schenkte den von Horne einen Hof (1326). Die von Estorff veräußerten zwei Höfe und eine Kate an Kloster Heiligenthal (1376). Kloster Scharnebeck ließ sich im Besitz zweier Höfe bestätigen (1393). Der Dorfzehnte wurde 1371 durch die Grafen von Dannenberg an Kloster Scharnebeck verkauft; über das Amt Scharnebeck gelangte er schließlich 1794 an die Amtsvogtei Garlstorf des Amtes Winsen. Ende des 17. Jahrhunderts kam ein Hof in Südergellersen an Gut Brockwinkel (Reppenstedt).

Neun pflichtige Hausstellen in Südergellersen unterstanden der Amtsvogtei Garlstorf des Amtes Winsen, zwei dagegen der Winsener Amtsvogtei Amelinghausen (Manecke nennt außerdem ein Schulhaus). Bei der Verwaltungsreform von 1852 kam das ganze Dorf an das neugebildetete Amt Salzhausen, 1859 an das Amt Lüne und 1885 an den Landkreis Lüneburg. Kirchlich war Südergellersen stets nach

Das von Möllersche Gutshaus zu Heiligenthal, inzwischen leider abgebrochen.

Kirchgellersen orientiert. Die frühere Mühle (Manecke nennt sie noch) ist verschwunden.

Die Bevölkerungszahl hat sich im 20. Jahrhundert mehr als verdoppelt: 249 (1900), 340 (1939), 648 (1946), 537 (1964), 539 (1968), 570 (1972). 1902 wurde eine Freiwillige Feuerwehr gegründet, 1949 der Turn- und Sportverein Südergellersen.

Landwirtschaft: 17 Vollerwerbsbetriebe, 12 Nebenerwerbsbetriebe (1971); 14 Vollerwerbsbetriebe, 14 Nebenerwerbsbetriebe (1983, neue Gemeinde Südergellersen).

Heiligenthal

Noch in den 50er Jahren dieses Jahrhunderts führten aus den Richtungen Kirchgellersen, Böhmsholz (Lüneburg), Oedeme-Rettmer (Lüneburg), Oerzen (Embsen) und Südergellersen nur Sandwege nach Heiligenthal; erst seit den 60er Jahren laufen Straßen durch die Wälder, die das Dorf ringsum abschirmen. Zu dieser Verstecktheit steht die Bedeutung des Orts in Widerspruch. Kloster, Gut und Mühle haben eine lange, inhaltsvolle Geschichte vorzuweisen. Das 1966 genehmigte Wappen weist auf zwei der drei Entwicklungslinien hin und zeigt in gespaltenem Schild über schwarzem Schildfuß mit silbernem Wellenbalken (Hasenburger Bach) links in Silber ein halbes schwarzes Mühlenrad und rechts in Rot eine halbe silberne Lilie (aus dem Familienwappen der von Möller auf Gut Heiligenthal).

Das 1313 in Kirchgellersen gegründete Prämonstratenserkloster siedelte 1316 und in den folgenden Jahren nach Sibelincheborstolde über, wo der Prämonstratenserprior Everhard einen

So weit ging Lüneburgs Weide: Grenzstein bei Heiligenthal.

vom Verdener Bischof verpfändeten Hof eingelöst hatte. 1332 wird das kleine Walddorf erstmals unter dem Namen *Sancta vallis* („Heiliges Tal") erwähnt.

Nachdem das Kloster 1382 hinter die schützenden Mauern der Stadt Lüneburg verlegt worden war, kamen der Propst und die Chorherrn oft und gern in das nahrhafte Heiligenthal hinaus, wo rund um einen herrschaftlichen Gutshof ihre Ländereien, Waldungen und Fischteiche lagen.

In der Reformationszeit ging das Kloster ein (1530). Seine Besitzmasse war zwischen dem Rat der Stadt Lüneburg und dem Herzog umstritten. Erst 1562 konnte eine Einigung erzielt werden: Was auf Lüneburger Gebiet lag, fiel an den Rat; alles übrige, das heißt insbesondere Gut Heiligenthal, kam an den Herzog, der damit nun seinen Kanzler Dr. Joachim von Möller ausstattete. Das meiste erhielt der verdiente Mann als Lehen übereignet; einige Besitztitel des ehemaligen Klosters mußte er auch kaufen.

Damit begann ein neues Kapitel in der Geschichte des alten Klostergutes: Heiligenthal war künftig landtagsfähiges Gut. In der Gutskapelle — das heutige Gebäude geht auf das 16. Jahrhundert zurück — versah ein von den von Möller angestellter Geistlicher seinen Dienst. Bis 1692 war Gut Heiligenthal eine selbständige Pfarrei; dann kam es an das Kirchspiel Kirchgellersen zurück, bei dem Dorf und Mühle die ganze Zeit verblieben waren.

Das von Möllersche Gut hatte Zehntrechte in Kirchgellersen und Brockwinkel (Reppenstedt). Auch der Forst Hegernest unweit des Dorfes war Bestandteil des Lehens. Das Nachbardorf Borlevestorpe, aus dem das Kloster im 14. Jahrhundert noch Einnahmen bezogen hatte, war inzwischen längst wüst geworden.

Eine Mühle besitzt Heiligenthal seit über 600 Jahren. Es lag für die Prämonstratenser nahe, die Kraft des Hasenburger Baches auszunutzen, der sich lieblich durch das merklich eingesenkte „heilige Tal" hinschlängelte. Jeweils auf Zeit wurde die Heiligenthaler Wassermühle verpachtet; in Form von Korn und Aalen entrichteten die Müller ihre Pacht. Nach 1562 gehörte die Mühle den von Möller.

Seit dem 17. Jahrhundert sind die Namen der Müller bekannt. Anfang des 18. Jahrhunderts war die Mühle so verfallen, daß die von Möller keinen Pächter mehr zu finden vermochten. Deswegen errichteten sie einen Neubau; er entstand, wo sich die heutige Mühle erhebt. Mit der Mühle verbunden war eine Bier- und Branntweinschenke, außerdem gehörte eine kleine Landwirtschaft mit drei Kühen und sechs Schweinen dazu.

Seit 1825 konnte man die Mühle in Erbpacht bekommen. Im Verlaufe des 19. Jahrhunderts gelang es den Müllern Dietrich Neumann (1859) und Christoph Eggers (1890), fast alle gutsherrlichen Rechte abzulösen. Den letzten Rest der alten Abhängigkeit beseitigte Paul Zackariat, der 1929 die Mühle kaufte. Er war es auch, unter dem 1950 ein Neubau emporwuchs. Die aus Eichenbohlen gefügte Brücke unmittelbar an der Mühle machte 1966 einer Betonkonstruktion Platz.

Das Dorf unterstand der Hausvogtei des Amts Lüne, bis es 1885 an den Landkreis Lüneburg kam. Von den Heiligenthaler Höfen (nach Manecke zehn pflichtige Hausstellen und ein Schulhaus) sind Nummer 2 und Nummer 3 die ältesten.

Die Bevölkerungsentwicklung im 20. Jahrhundert: 121 Einwohner (1900), 146 (1939), 254 (1946), 207 (1964), 235 (1968), 247 (1972). 1923 entstand eine Freiwillige Feuerwehr.

Landwirtschaft: 5 Vollerwerbsbetriebe, 8 Nebenerwerbsbetriebe (1971).

Sülbeck siehe Reinstorf
Süschendorf siehe Nahrendorf
Süttorf siehe Neetze
Tangsehl siehe Nahrendorf
Tellmer siehe Betzendorf
Thansen siehe Soderstorf

Thomasburg

Gemeinde mit 1015 Einwohnern (1983), Mitgliedsgemeinde der Samtgemeinde Ostheide. Thomasburg entstand durch die Gemeindereform von 1974 aus den Gemeinden Thomasburg mit den Ortsteilen Junkernhof und Wiecheln, Bavendorf sowie Radenbeck mit Neu Radenbeck und dem Ortsteil Wennekath.

Thomasburg

Die Kirche Peter und Paul in Thomasburg, ältestes Gebäude und Wahrzeichen des Dorfes, nimmt wahrscheinlich denselben Platz ein, auf dem im frühen Mittelalter die Thomasburg angelegt worden war. Nach allen Seiten fällt das Gelände ab; St. Peter und Paul behauptet einen Burgberg.

In ihren ältesten Teilen soll die heutige Kirche bis auf das Jahr 1059 zurückgehen. Der erste lutherische Prediger war Johannes Kortebuck (für 1534 bezeugt). Die Kirchenbücher reichen bis 1672 zurück. Das Patronat über St. Peter und Paul besaß zunächst Kloster Rastede bei Oldenburg. Dann folgte Kloster Lüne. Der Dorfzehnte gelangte von den von Boldensen über die von Thune (seit 1319) und Kloster Scharnebeck schließlich an das Amt Lüne (1794). Außer der Pfarrkirche, dem Pfarr-, Pfarrwitwen- und Schulhaus gibt Manecke elf pflichtige Hausstellen sowie eine Mühle im Besitz der Landesherrschaft an.

Im 14. Jahrhundert besaß Kloster Rastede die von der Neetze betriebene Thomasburger Mühle. Für 1373 ist David Pusteke als Pächter bezeugt. Im 15. Jahrhundert gehörte die Mühle den von Bülow; ab 1486 war sie an Kloster Lüne verpfändet. Seit 1529 hatte das Herzogshaus die Besitzrechte, bis 1697 noch gemeinsam mit den von Bernstorff. Im 16. und 17. Jahrhundert stellte die Müllerfamilie Hagemann die Thomasburger Pächter. 1778 erhielt Christian Friedrich Carstens die Mühle gegen Erbzins. In den 70er Jahren des 19. Jahrhunderts konnte die Familie Findorff, die 1831 einen Neubau aufgeführt hatte, die auf der Mühle ruhenden Rechte ablösen.

Auch mit einem der beiden pflichtigen Vollhöfe von Wiecheln (nach Manecke) war eine Neetze-Mühle verbunden. Als früheste Besitzer von Dorf und Mühle erscheinen die Grote. 1303 verkauften sie an Kloster Lüne. In der Reformationszeit (1529) kam der Besitz auf die Landesherrschaft. Vom 15. bis in das 17. Jahrhundert hinein war die Familie Schwartow Pächter. Mitte des 17. Jahrhunderts erfolgte ein Umbau, 1794 nach einem Brand ein völliger Neubau. Ende des 19. Jahrhunderts übernahm die Müllerfamilie Block die Mühle in Wiecheln.

Thomasburg und Wiecheln unterstanden der Vogtei Barendorf des Amtes Lüne und fielen 1885 an den Landkreis Lüneburg. Wiecheln war ursprünglich nach Dahlenburg eingepfarrt. Das Holzgericht über den Thomasburger Forst hatte das Lüner Amt. Die Besitzrechte lagen zu zwei Dritteln beim Amt Scharnebeck.

Die Bevölkerungszahl ist im 20. Jahrhundert um etwa die Hälfte angewachsen: 274 (1900), 259 (1939), 501 (1946), 390 (1964), 372 (1968), 384 (1972). 1902 wurde eine Freiwillige Feuerwehr aufgestellt. 1949 entstand der Thomasburger Sportverein.

Landwirtschaft: 13 Vollerwerbsbetriebe, 18 Nebenerwerbsbetriebe (1971); 22 Vollerwerbsbetriebe, 23 Nebenerwerbsbetriebe (1983, neue Gemeinde Thomasburg).

Bavendorf

Im Mittelalter war Bavendorf im Besitz des Adelsgeschlechts von Medingen. Die Ortschaft stellte — innerhalb des Gos Oldenbrügge — einen Patrimonialgerichtsbezirk dar.

Der Bavendorfer Zehnte, zunächst Bestandteil des von Medingschen Besitzes, gehörte im 13. Jahrhundert Kloster Medingen, später dem Hochstift Verden und der schwedischen Krone. 1679 wurde das Lüneburger Herzogshaus Zehntinhaber. Schließlich stand die Abgabe dem Haus Wolfenbüttel, den Stechinelli (ab 1694) und den Schwichelt (ab 1752) zu.

Kirchlich war Bavendorf mit seinen zehn Hausstellen (nach Manecke) stets nach Thomasburg orientiert. Ehemals Bestandteil der Hausvogtei des Amts Lüne, kam der Ort 1885 an den Landkreis Lüneburg.

Die Bevölkerungsentwicklung im 20. Jahrhundert: 119 Einwohner (1900), 120 (1939), 242 (1946), 133 (1964), 139 (1968), 152 (1972). 1927 entstanden ein Schützenverein und eine Freiwillige Feuerwehr.

Landwirtschaft: 6 Vollerwerbsbetriebe, 3 Nebenerwerbsbetriebe (1971).

Radenbeck

In einer Urkunde des Klosters Scharnebeck von 1327 wird die Wassermühle in Wennekath zuerst erwähnt. Damals gehörte sie noch den Lüneburger Herzögen. Seit dem 16. Jahrhundert sind die Wennekather Müllerfamilien bekannt, darunter die Harmens, die Pächel und insbesondere die Paguhl. Im 30jährigen Krieg brannte die Mühle ab, wurde aber wiederaufgebaut. Heinrich Paguhl, der 1900 Eigentümer wurde, hielt das Müllergewerbe nicht mehr für recht einträglich und mahlte nur noch für den eigenen Bedarf; er besaß außer der Mühle einen Hof in Wennekath.

Unter den ehemals 15 Hausstellen Radenbecks (nach Manecke) befand sich ein Hof, der 1424 von den von Estorff an die von dem Berge verpfändet wurde. Der Dorfzehnte gehörte Kloster Scharnebeck, ging in der Reformationszeit auf das Amt Scharnebeck über und gelangte bei der Ämterregulierung von 1794/95 an das Amt Lüne. In Wennekath gab es acht Hausstellen, eine davon mit der Mühle verbunden. Das Bardowicker Stift war zehntberechtigt und besaß Ländereien; seinen Grundbesitz verkaufte es an Kloster Scharnebeck. Als ältestes Gebäude in Radenbeck gilt das Haus Nummer 14.

Radenbeck unterstand der Vogtei Barendorf des Amts Lüne und kam 1885 an den Landkreis Lüneburg. Kirchdorf war stets Thomasburg.

Die Bevölkerungsentwicklung im 20. Jahrhundert: 287 Einwohner (1900), 238 (1939), 410 (1946), 309 (1964), 294 (1968), 313 (1972). 1902 entstand eine Freiwillige Feuerwehr.

Landwirtschaft: 20 Vollerwerbsbetriebe, 10 Nebenerwerbsbetriebe (1971).

Tosterglope

Gemeinde mit 693 Einwohnern (1983), Mitgliedsgemeinde der Samtgemeinde Dahlenburg. Tosterglope entstand durch die Gemeindere-

Genau dort, wo heute die Thomasburger Kirche Peter und Paul steht, hatte vermutlich die Thomasburg ihren Platz.

form von 1974 aus den Gemeinden Tosterglope mit den Ortsteilen Horndorf und Köhlingen sowie Ventschau.

Tosterglope

Der geschichtsträchtigste Bestandteil der Gemeinde Tosterglope ist Gut Horndorf. Es handelt sich um einen alten Lehensbesitz der von Wittorf. Die ehemaligen Dörfer Horndorf und Ostermoor sind in dem Gutsbezirk aufgegangen. 1789 kam Horndorf nebst den beiden Bleckeder Burglehen der von Wittorf an die von Spörcken. Zu Gut Horndorf gehörten die Mühlen in Hungerstorf (Dahlem) und Süttorf (Neetze), weiter der einstellige Hof Nüdlitz (Nahrendorf) und die eine Hälfte des Bargdorfer Zehnten. Das spätestens im 14. Jahrhundert wüste Bargdorf hatte östlich der Feldmarken Barskamp und Göddingen (beide Bleckede) gelegen. Die andere Hälfte des Zehnten stand dem Bleckeder Hospital St. Jürgen zu. Ein wüst gewordenes Dorf dicht bei Gut Horndorf war Heringen.

Während Gut Horndorf der Vogtei Dahlenburg des Amts Bleckede unterstand und stets nach Dahlenburg eingepfarrt war, rechneten die zwölf pflichtigen Hausstellen in Tosterglope (nach Manecke außerdem ein Schulhaus) und die drei Hausstellen in Köhlingen zur Bleckeder Vogtei Barskamp. Die Bauern aus Tosterglope gingen immer schon nach Barskamp zur Kirche. Köhlingen wechselte vom Kirchspiel Barskamp ans Kirchspiel Dahlenburg über. Im Mittelalter hatten die von Melbeck in Tosterglope Besitz.

Gut Horndorf gehörten neben dem Horndorfer Holz auch die Ohe bei Göddingen, ein Teil des Barskamper Waldes und das Junkernholz bei Garze (Bleckede). Außerdem hatten die Horndorfer Gutsbesitzer das Holzgericht über die Amelinghäuser Waldungen.

Die Bevölkerungszahl ist in letzter Zeit rückläufig: 295 (1900), 318 (1939), 544 (1946), 406 (1964), 379 (1968), 335 (1972). 1894 wurde eine Freiwillige Feuerwehr gegründet.

Landwirtschaft: 14 Vollerwerbsbetriebe, 9 Nebenerwerbsbetriebe (1971); 12 Vollerwerbsbetriebe, 13 Nebenerwerbsbetriebe (1983, neue Gemeinde Tosterglope).

Ventschau

Nach Manecke hatte Ventschau sechs Hausstellen. Als die ältesten Gebäude gelten die Höfe Nummer 1 und Nummer 3. Ventschau unterstand der Vogtei Dahlenburg des Amts Bleckede, kam 1885 an den Landkreis Bleckede und 1932 an den Landkreis Lüneburg. Kirchort war stets Nahrendorf.

Die Bevölkerungsentwicklung im 20. Jahrhundert: 164 Einwohner (1900), 152 (1939), 273 (1946), 200 (1964), 190 (1968), 198 (1972).

Landwirtschaft: 2 Vollerwerbsbetriebe, 12 Nebenerwerbsbetriebe (1971).

Vastorf

Gemeinde mit 737 Einwohnern (1983), Mitgliedsgemeinde der Samtgemeinde Ostheide. Vastorf entstand durch die Gemeindereform von 1974 aus den Gemeinden Vastorf, Gifkendorf, Rohstorf mit den Ortsteilen Priorsgehege und Scharnhop sowie Volkstorf.

Vastorf

Wahrscheinlich ist Vastorf der Stammsitz des gleichnamigen Adelsgeschlechts; aber die Spuren haben sich verwischt. Das markanteste Gebäude in dem heutigen Dorf ist die Nikolaus-Kapelle; sie soll schon im 12. oder 13. Jahrhundert gegründet worden sein. Bevor Vastorf ans Kirchspiel Reinstorf kam, war St. Nikolaus Pfarrkirche. Das Patronat stand dem Lüneburger Michaeliskloster zu, das im übrigen auch die niedere Gerichtsbarkeit über Vastorf hatte und das Vastorfer Gehege besaß, seit 1786 sogar ganz allein. Verwaltungsmäßig gehörte Vastorf zur Vogtei Barendorf des Amts Lüne; 1885 kam es an den Landkreis Lüneburg.

In Vastorf — nach Manecke aus sechs pflichtigen Hausstellen und einem Schulhaus bestehend — gibt es noch einige alte Bauernhäuser.

Die Bevölkerungszahl ist im 20. Jahrhundert merklich angewachsen: 185 (1900), 178 (1939), 340 (1946), 278 (1964), 264 (1968), 234 (1972). 1902 wurde eine Freiwillige Feuerwehr gegründet, 1932 der Vastorfer Sportklub.

Landwirtschaft: 5 Vollerwerbsbetriebe, kein Nebenerwerbsbetrieb (1971); 18 Vollerwerbsbetriebe, 5 Nebenerwerbsbetriebe (1983, neue Gemeinde Vastorf).

Gifkendorf

Die Hünengräber in Gifkendorfs Gemarkung — sie gelten als die Wahrzeichen des Dorfes — weisen darauf hin, daß es sich um vorgeschichtliches Siedlungsgebiet handelt. Anfang der Ortsgeschichte steht der Name der alten niedersächsischen Adelsfamilie von Hodenberg. Ihr gehörte der Gifkendorfer Zehnte. Im 13. Jahrhundert freilich wurden nacheinander Kloster Medingen und dann das Lüneburger Michaeliskloster zehntberechtigt.

Aus dem Ende des 18. Jahrhunderts sind in Gifkendorf (nach Manecke sieben Hausstellen) noch drei Höfe vorhanden, und zwar aus den Jahren 1770 (zwei) und 1790. Im Mittelalter war der Ort nach Vastorf eingepfarrt. Nachdem die dortige Kirche Kapelle geworden war, wurde Reinstorf Kirchdorf. Gifkendorf unterstand der Vogtei Barendorf des Amts Lüne und kam 1885 an den Landkreis Lüneburg.

Die Bevölkerungsentwicklung im 20. Jahrhundert: 99 Einwohner (1900), 94 (1939), 224 (1946), 151 (1964), 171 (1968), 154 (1972).

Landwirtschaft: 8 Vollerwerbsbetriebe, 3 Nebenerwerbsbetriebe (1971).

Rohstorf

Bezeichnenderweise erkoren die Rohstorfer einen Baum, eine Pappel, zum Wahrzeichen des ehemals fünf Hausstellen zählenden Walddorfes (nach Manecke). Zu den ältesten Gebäuden zählen die Försterei Priorsgehege und das Waldarbeiterhaus Scharnhop.

Die Försterei Priorsgehege beaufsichtigte das Waldgebiet desselben Namens, alter Besitz des Lüneburger Michaelisklosters, seit 1786 mit sämtlichen Rechten. Vom Priorsgehege zu unterscheiden sind das Rohstorfer Bauernholz und der herzogliche Hogenroostorf. Alle drei Wälder machten im Mittelalter die Feldmark des wüst gewordenen Dorfes Hogenroostorf aus; noch 1386 verkauften dort die von Meding den Mönchen des Lüneburger Michaeliskloster einen Hof.

Auch Scharnhop war zunächst ein Dorf; im 14. Jahrhundert hatte es vier Höfe. Bereits im 16. Jahrhundert freilich gab es, offenbar infolge von Zusammenlegungen, nur noch einen. 1741 brannte er ab, erstand aber wieder. Seine starke Verschuldung führte 1884 zum Verkauf an die Klosterkammer in Hannover. Das ganze Acker- und Wiesenland wurde aufgeforstet und dem Priorsgehege hinzugefügt. Das Wohnhaus und die Scheune verkaufte die Kammer nach Becklingen (Dahlenburg), wo beide Gebäude wiedererrichtet wurden. In das Häuslingshaus zogen Forstarbeiter ein.

Während Rohstorf und Priorsgehege zur Vogtei Barendorf des Amts Lüne gehörten und 1885 an den Landkreis Lüneburg fielen, unterstand Scharnhop dem Amt Medingen und kam 1885 zum Landkreis Uelzen. Erst bei der Verwaltungsreform von 1932 wurde es von Uelzen abgetrennt und Lüneburg zugeschlagen. Kirchlich waren alle drei Ortsteile nach Reinstorf orientiert, nachdem die Vastorfer Kirche ihre Selbständigkeit eingebüßt hatte.

Die Bevölkerungsentwicklung im 20. Jahrhundert: 133 Einwohner (1900), 166 (1939), 331 (1946), 198 (1964), 203 (1968), 182 (1972). Rohstorf bekam eine Freiwillige Feuerwehr.

Landwirtschaft: 4 Vollerwerbsbetriebe, 3 Nebenerwerbsbetriebe (1971).

Volkstorf

Das — nach Manecke — drei Hausstellen zählende Volkstorf unterstand der Vogtei Barendorf des Amts Lüne und kam 1885 an den Landkreis Lüneburg. Solange die Vastorfer Nikolaus-Kapelle Pfarrkirche war, gingen die Volkstorfer nach dort. Später kamen sie zum Kirchspiel Reinstorf.

Zwischen Volkstorf und Barendorf lag ehemals das Dorf Köstorf. Möglicherweise wurde es im Lüneburger Erbfolgekrieg (1371—1373) zerstört. Die Köstorfer Feldmark — nach wie vor als Köstorfer Busch bezeichnet — ging im wesentlichen in den Besitz von zwei Volkstorfer Höfen über. Als sich 1707/8 der Barendorfer Vogt Johann Hinrich Meyer für die Köstorfer Ländereien interessierte, waren die beiden Volkstorfer Bauern nicht zum Verkauf bereit.

Der Untergang von Köstorf hat seit Jahrhunderten die Phantasie der Volkstorfer beschäftigt. Angeblich soll das Dorf bei Dahlenburg wiederaufgebaut worden sein und in dem dortigen Köstorf fortleben. Im alten Köstorf soll ein pfiffiges Kerlchen mit Krähenschiet im Kopf allerlei angestellt haben.

Die Bevölkerungsentwicklung im 20. Jahrhundert: 79 Einwohner (1900), 88 (1939), 171 (1946), 115 (1964), 107 (1968), 85 (1972).

Landwirtschaft: 4 Vollerwerbsbetriebe, kein Nebenerwerbsbetrieb (1971).

Ventschau siehe Tosterglope
Vindorf siehe Boitze
Vogelsang siehe Bleckede

Vögelsen

Gemeinde mit 1841 Einwohnern (1983), Mitgliedsgemeinde der Samtgemeinde Bardowick. Vögelsen bildete schon vor der Gemeindereform von 1974 mit dem Ortsteil Neu Vögelsen eine Gemeinde.

Das Wappen von Vögelsen (1983) zeigt auf gespaltenem Schild rechts in Grün drei nach links blickende Haubenlerchen (Hinweis auf den Ortsnamen) und links in Silber eine grüne Eiche mit acht goldenen Eicheln.

Von dem Gut, das es ehemals in Vögelsen gab, ist nur noch bekannt, daß die Stadt Lüneburg es um die Mitte des 15. Jahrhunderts in Pfandbesitz hatte. Weiter waren in Vögelsen berechtigt das Bardowicker Stift und das Hospital St. Nikolai in Bardowick.

Bevor Vögelsen Mitte des 18. Jahrhunderts der Gerichtsbarkeit der Amtsvogtei Bardowick des Amts Winsen unterstellt wurde, gehörte es zum ungeschlossenen Patrimonialgericht Schnellenberg. Für den Erwerb der Jurisdiktion über Vögelsen mußte das Amt den von Meding 400 Taler zahlen. Durch die Verwaltungsreform von 1852 kam Vögelsen — nach Manecke sechs pflichtige Hausstellen und ein Schulhaus — an das Amt Lüne; seit 1885 ist es beim Landkreis Lüneburg. Als die ältesten Gebäude gelten die Anwesen Nummer 5 und 5 a. Kirchlich war das Dorf stets nach Bardowick orientiert.

Die Bevölkerungszahl hat sich im 20. Jahrhundert stark erhöht: 159 (1900), 245 (1939), 371 (1946), 374 (1964), 939 (1968), 1329 (1972). 1902 wurde eine Freiwillige Feuerwehr gegründet, 1950 der Reit- und Fahrverein Vögelsen-Mechtersen.

Landwirtschaft: 11 Vollerwerbsbetriebe, 6 Nebenerwerbsbetriebe (1971); 5 Vollerwerbsbetriebe, 6 Nebenerwerbsbetriebe (1983).

Volkstorf siehe Vastorf
Von Estorffs Acker siehe Bleckede
Vorbleckede siehe Bleckede
Vrestorf siehe Bardowick
Wagenhorst siehe Embsen
Walmsburg siehe Bleckede
Walmsworth siehe Lüdersburg
Wappenhorn siehe Kirchgellersen

Typisch für die Lüneburger Heide:
Hof in Vögelsen.

Wendewisch siehe Bleckede
Wendhausen siehe Reinstorf
Wendisch Bleckede siehe Bleckede

Wendisch Evern

Gemeinde mit 1 088 Einwohnern (1983), Mitgliedsgemeinde der Samtgemeinde Ostheide. Wendisch Evern mit den Ortsteilen Göxe und Willerding bildete schon vor der Gemeindereform von 1974 eine Gemeinde. Der Ortsteil Hagen wurde in Lüneburg eingemeindet.

In Blau über einem goldenen Eberkopf zwei gekreuzte silberne Windfedern mit nach innen gerichteten Pferdeköpfen, in den drei Winkeln je ein goldenes Herz — so sieht das (1960 genehmigte) Wappen der Gemeinde Wendisch Evern aus.

Dem Herzogshaus stand in Wendisch Evern — Manecke kennt zehn Hausstellen — ein Fruchtzehnter zu. Als ältestes Gebäude gilt die alte Schule von 1841. Ebenso wie Göxe, Hagen und Willerding war Wendisch Evern selbst Bestandteil der Hausvogtei des Amts Lüne, dessen Aufgaben 1885 an den Landkreis Lüneburg übergingen. Kirchlich kamen die Orte an St. Johannis in Lüneburg.

Aus dem vier Hausstellen zählenden Hagen (nach Manecke) stammt das im 15. Jahrhundert erloschene Lüneburger Patriziergeschlecht von Hagen. Im 16. Jahrhundert veräußerte Otto von Clammer einen Korn- und Fleischzehnten sowie einen Meierhof an Hieronymus von Witzendorf in Kaltenmoor (Lüneburg). Hagen war noch 1939 eine selbständige Gemeinde des Landkreises Lüneburg.

Göxe und Willerding waren einstellige Höfe. Auch in Göxe ging im 16. Jahrhundert ein Korn- und Fleischzehnter von Otto von Clammer an Hieronymus von Witzendorf über. Willerding gehörte mit Ober- und Niedergericht an das Lüneburger Michaeliskloster. Auch das Hagener und das Willerdinger Holz waren im Besitz des Klosters, und zwar seit 1786 ausschließlich.

Die Bevölkerungszahl hat sich im 20. Jahrhundert verdreifacht: 262 (1900), 353 (1939), 868 (1946), 874 (1964), 958 (1968), 1090 (1972). 1902 entstand eine Freiwillige Feuerwehr, 1931 ein Schützenverein.

Landwirtschaft: 15 Vollerwerbsbetriebe, 2 Nebenerwerbsbetriebe (1971); 11 Vollerwerbsbetriebe, 2 Nebenerwerbsbetriebe (1983).

Wennekath siehe Thomasburg
Westerehlbeck siehe Rehlingen

Westergellersen

Gemeinde mit 902 Einwohnern (1983), Mitgliedsgemeinde der Samtgemeinde Gellersen. Westergellersen mit dem Ortsteil Hitzker bildete schon vor der Gemeindereform von 1974 eine Gemeinde.

Inmitten der anmutig aus Wald und Heide gemischten Landschaft zwischen Hamberg und Luhe liegt in der Gemarkung Westergellersen der Platz, auf dem seit dem Zweiten Weltkrieg nationale und internationale Meisterschaften der Vielseitigkeitsreiterei ausgetragen werden. Freilich ist der Ruhm nicht an Westergellersen hängengeblieben, sondern an dem benachbarten Luhmühlen (Landkreis Harburg).

In Zusammenhang mit dem Dorfzehnten wird Westergellersen zuerst erwähnt. 1304 verkauften die von Meding ihn an Kloster Scharnebeck. In der Reformationszeit fiel er an das Amt Scharnebeck. Bei der Ämterregulierung von 1794/95 kam er ans Amt Winsen, Amtsvogtei Garlstorf, zu der Westergellersen rechnete, bis es 1852 dem Amt Salzhausen, 1859 dem Amt Lüne und 1885 dem Landkreis Lüneburg zugewiesen wurde. Kirchort war stets Kirchgellersen.

Manecke gibt neun pflichtige Hausstellen, ein Schulhaus und ein Försterhaus an. Als die beiden ältesten Gebäude des Dorfes gelten die Häuser Nummer 46, die frühere Schule, und 10. Ein alter Speicher wird als Wahrzeichen des Ortes betrachtet. Hitzker war ursprünglich eine Schäferei.

Die Bevölkerungsentwicklung im 20. Jahrhundert: 278 (1900), 428 (1939), 774 (1946), 637 (1964), 690 (1968), 791 (1972). Die Freiwillige Feuerwehr entstand 1888, der Turn- und Sportverein Westergellersen 1946.

Landwirtschaft: 20 Vollerwerbsbetriebe, 13 Nebenerwerbsbetriebe (1971); 15 Vollerwerbsbetriebe, 10 Nebenerwerbsbetriebe (1983).

Wetzen siehe Oldendorf (Luhe)
Wiecheln siehe Thomasburg
Wienebüttel siehe Lüneburg
Willerding siehe Wendisch Evern
Wilschenbruch siehe Lüneburg

Wittorf

Gemeinde mit 886 Einwohnern (1983), Mitgliedsgemeinde der Samtgemeinde Bardowick. Wittorf mit Hohensand und Neu Wittorf bildete vor der Gemeindereform von 1974 eine Gemeinde des Landkreises Harburg.

Das Wappen der Gemeinde Wittorf ist an das Wappen der im 18. Jahrhundert ausgestorbenen adeligen Familie von Wittorf angelehnt.

Es wurde offenbar bereits vor 1945 genehmigt. In Silber verläuft ein roter Schrägrechtsbalken, belegt mit drei steigenden silbernen Fischen. Die von Wittorf waren sowohl in Braunschweig-Lüneburg als auch in Mecklenburg begütert. Man darf davon ausgehen, daß sie ihren Stammhof in Wittorf hatten und mit den Fischen in ihrem Wappen auf die fischreiche Ilmenau hinwiesen. Im 14. Jahrhundert kommen sie in Wittorf noch als Besitzer von drei Höfen vor.

Das landtagsfähige Gut (zwei Stimmen), ausgestattet mit der niederen Gerichtsbarkeit, hatte zu dieser Zeit längst andere Besitzer. Im Verlaufe der Jahrhunderte kommen die von Grone und die von Hitzacker und weiter die von dem Berge, die von Hodenberg und die von Winterstedt in Zusammenhang mit Gut Wittorf vor.

Über die Lüneburger Familie von Stöterogge gelangte das Gut Ende des 17. Jahrhunderts für 4000 Reichstaler an den Lüneburger Bürgermeister Hieronymus von Laffert. Für beinahe 200 Jahre blieb es nun in dieser Familie, bis August von Laffert den Besitz in den 70er Jahren des 19. Jahrhunderts parzellierte und an 55 Käufer, überwiegend aus Wittorf, veräußerte. Sein Verkaufserlös belief sich auf knapp 15000 Mark.

Wittorf rechnete zu dem innerhalb der Vogtei Bardowick bestehenden Sondergut. Ein Hof gehörte dem Lüneburger Michaeliskloster, zwei waren im Besitz von Kloster Lüne. Manecke nennt außer dem adeligen Hof und einer Schule mit zwei Wohnhäusern 27 pflichtige Hausstellen.

Mit dem östlichen Teil der Amtsvogtei Bardowick des Amtes Winsen gelangte Wittorf 1885 in den Landkreis Winsen und so 1932 in den Landkreis Harburg. Durch die Gemeindereform von 1974 kam es an den Landkreis Lüneburg.

In dem Ortsteil Neu Wittorf, der sich an der Straße Lüneburg—Winsen (heute Bundesstraße vier) entwickelte, wohnte bereits 1922 ein Drittel der Wittorfer Bevölkerung.

Bevölkerungsentwicklung im 20. Jahrhundert: 575 Einwohner (1912), 639 (1939), 1010 (1950), 914 (1965), 859 (1968), 829 (1972). Die Freiwillige Feuerwehr wurde 1870 gegründet, der MTV 1926 (bekannt ist der Wittorfer Spielmannszug). Außerdem besitzt das Dorf einen Schützenverein.

Wohlenbüttel siehe Oldendorf (Luhe)

Die rechtselbischen Gemeinden

Baars	siehe Neuhaus
Banke	siehe Kaarßen
Banratz (= *Groß* und *Klein Banratz*)	siehe Vockfey
Bitter	siehe Kaarßen
Bitterwerder	siehe Kaarßen

Bobzin

Unter den ehemals 31 rechtselbischen Orten des Landkreises Lüneburg ist Neu Garge der einzige, der bei der mitteldeutschen Verwaltungsreform einer Gemeinde außerhalb des früheren Amts Neuhaus zugewiesen wurde. Neu Garge fiel als Ortsteil an Bobzin. Historisch gehört das kleine Marschdorf zur Hausvogtei des Amts Bleckede und zum Kirchspiel Barskamp. 1885 kam es zum Landkreis Bleckede, 1932 zum Landkreis Lüneburg.

Bohldamm	siehe Rosien
Bohnenburg	siehe Tripkau
Brandstade	siehe Kaarßen
Bullenholz	siehe Preten
Carrenzien	siehe Neuhaus
Darchau	siehe Darchau-Kühren

Darchau-Kühren

Bei der mitteldeutschen Verwaltungsreform wurde aus den selbständigen Gemeinden Darchau mit der Domäne Groß Kühren und Konau mit dem Ortsteil Popelau die Gemeinde Darchau-Kühren.

Zwischen Konau und Popelau soll die wendische Conowburg gelegen haben, die im 14. Jahrhundert zusammen mit anderen Burgen des Darzings den Rittern von Scharffenberg gehörte. Einer unbewiesenen Überlieferung zufolge kaperten die Raubritter eines Tages ein auf der Elbe vorüberfahrendes Frachtschiff und schafften die Ladung, Fässer, auf die Conowburg. Dort entstiegen den Fässern unversehens Bewaffnete und zerstörten die Burg.

Die erste urkundliche Erwähnung Darchaus liegt für das Jahr 1360 vor. Der vornehmste Grundbesitzer in Darchau war die Familie von Rautenkranz, verwandt mit dem Herzogshaus Sachsen-Lauenburg. Das Geschlecht besaß einen Hof und in eins damit das Schulzen-, das Deichschauer- und das Zöllneramt; auch die Fährgerechtigkeit war ihm von den Herzögen überlassen worden. Die Fähre zwischen Darchau und dem gegenüberliegenden Neudarchau (Landkreis Lüchow-Dannenberg) verkehrte, bis im Juni 1945 an der Zonengrenze der Eiserne Vorhang niederging.

Manecke gibt für Darchau zehn Reihestellen, ein Müllerhaus, ein Schulhaus und ein Hirtenhaus an. Ebenso wie Konau und Popelau gehörte Darchau zur Vogtei Haar des Amts Neuhaus. Kirchlich waren die drei Orte stets nach Stapel orientiert. Groß Kühren dagegen rechnete zum Amt Hitzacker und zum Kirchspiel Bahrendorf-Neudarchau (heute Stapel). 1885 kamen alle vier Ortsteile an den Landkreis Bleckede, 1932 an den Landkreis Lüneburg.

Darchau und Groß Kühren zählten 1853 — zusammen mit dem Vorwerk Groß Banratz (Vockfey) — 186 Einwohner. 1905 waren es 144 und 1939 126 (beide Zahlen ohne Groß Banratz).

1743 ließ das Welfenhaus am Elbdeich bei Darchau eine Bockwindmühle errichten. Wer die Zwangsmühle in Dellien wegen der schlechten Straßen nur schwer erreichen konnte, durfte sein Korn zur Darchauer Mühle bringen. Seit 1751 hatten beide Mühlen denselben Pächter.

Im 19. Jahrhundert empfand man die unmittelbar am Elbdeich gelegene Mühle als Verkehrshindernis. So wurde sie 1872 auf Abbruch verkauft, zumal inzwischen auch der Mahlzwang aufgehoben und das Straßennetz verbessert worden war.

Schon Ende des 16. Jahrhunderts gab es die von Stapel aus betreute Kührener Kapelle nicht mehr; eine Sturmflut hatte sie fortgespült. Die Domäne Groß Kühren, aus dem Bauernhof Kühren entstanden, brannte am 14. August 1800 vollständig nieder.

Für Konau nennt Manecke 17 pflichtige Hausstellen, ein Schulhaus und ein Hirtenhaus. Von der Konauer Lukaskapelle waren um 1800 keine Reste mehr vorhanden. Aber noch hielt der Geistliche aus Stapel fünfmal im Jahr die sogenannten Kapellenpredigten im Hause des Konauer Schulzen. Inzwischen gibt es eine neue Lukaskapelle. Popelau bestand aus 15 Reihestellen und einem Hirtenhaus. Die Windmühle, die 1888 bei einem Deichbruch weggeschwemmt wurde und bei den Kampfhandlungen 1945 abbrannte, kennt Manecke noch nicht. Die Einwohnerzahlen für Konau und Popelau gemeinsam: 319 (1853), 244 (1905) und 248 (1939).

Das Konauer Werder war ursprünglich eine dem Herzogshaus gehörige Insel. Später wuchs es mit dem Ufer zusammen und wurde Bestandteil der Gemarkung Konau.

Dellien

21 pflichtige Hausstellen, ein Müllerhaus, ein Schulhaus und ein Hirtenhaus führt Manecke für Dellien auf. Das Dorf lag in der Hausvogtei des Amts Neuhaus und besaß eine Zollstelle. Dellien zählt zum Kirchspiel Neuhaus. 1853 hatte der Ort 265 Einwohner, 1905 209 und 1939 199.

Die von der Krainke betriebene Dellliener Wassermühle war Zwangsmühle für Darchau (Darchau-Kühren), Dellien selbst, Gülstorf (Viehle), Haar, Carrenzien (Neuhaus), Konau (Darchau-Kühren), Neuhaus, Popelau (Darchau-Kühren), Rosien und Sückau, außerdem für einige Bauern in Krusendorf (Sumte) und Sumte sowie für Gut Preten (Preten). Die Mühle bestand bereits im 17. Jahrhundert. 1701 wurde eine Windmühle dazugebaut; denn längere Zeit im Sommer führte die Krainke nicht genügend Wasser, um eine Mühle anzutreiben. 1753/54 machte die alte Wassermühle einem Neubau Platz. 1817 wurden Pläne laut, die Wassermühle abzureißen; sie war ein Hindernis für die Entwässerung des Krainkegebietes. 1822 erledigte sich das Problem von selbst, indem die Mühle abbrannte. Zehn Jahre später wurde die Windmühle stillgelegt und 1834 auf Abbruch verkauft.

Drachenstein siehe Neuhaus
Falkenhof siehe Zeetze
Gosewerder siehe Tripkau
Groß Banratz siehe Vockfey
Groß Kühren siehe Darchau-Kühren
Groß Rassau siehe Kaarßen
Grünenjäger siehe Stapel
Gülstorf siehe Viehle
Gülze siehe Neuhaus
Gutitz siehe Zeetze

Haar

Bei der mitteldeutschen Verwaltungsreform wurde der Ortsteil Klein Banratz von Haar abgetrennt und Vockfey hinzugefügt, wohin bereits Groß Banratz eingemeindet war.

Außer 31 pflichtigen Hausstellen, einem Schulhaus, einem Hirtenhaus und einem Altenteilerhaus (nach Manecke) stand in Haar das Haus des Deichvogts, der zugleich als Unterbeamter des Amts Neuhaus die Vogtei Haar verwaltete. Dazu kam eine dem heiligen Nikolaus geweihte Kapelle, in der noch um 1800 der Pastor aus Stapel fünfmal im Jahr Gottesdienst hielt. 1660 war die Nikolauskapelle durch die

Lauenburger Herzöge renoviert worden. 1838 wurde ein Neubau fertig. Haar fiel 1885 an den Landkreis Bleckede und 1932 an den Landkreis Lüneburg.

Haar — ohne Klein Banratz — hatte 1853 368 Einwohner; 1905 waren es 365 und 1939 303 (diese beiden Zahlen einschließlich Klein Banratz).

Haveckenburg	siehe Tripkau
Herrenhof	siehe Kaarßen
Herrenhof-Brandstade	siehe Kaarßen
Immenhof	siehe Neuhaus
Junker-Wehningen	siehe Tripkau

Kaarßen

Das heutige Kaarßen ist bei der mitteldeutschen Verwaltungsreform aus sieben bis dahin selbständigen Gemeinden zusammengewachsen. Es waren Bitter mit dem einstelligen Hof Pläderau, Herrenhof-Brandstade mit dem Ortsteil Bitterwerder, Kaarßen, Laave, Prievelack, Rassau mit den Orteilen Banke, Groß Rassau, Klein Rassau und Prilipp sowie Stixe mit dem ehemaligen Vorwerk Stixerhof.

Kaarßen selbst wie auch Laave, ein Teil von Rassau und Stixe hatten zur Vogtei Pinnau des Amts Neuhaus gehört, Prievelack dagegen zur Neuhäuser Vogtei Haar, Bitter, Herrenhof-Brandstade und der andere Teil von Rassau schließlich zum Amt Hitzacker. Auch kirchlich waren die einzelnen Teile der neuen Großgemeinde verschieden orientiert gewesen. Ein Teil von Bitter, Laave, Rassau und Stixe rechneten zum Kirchspiel Kaarßen, Prievelack zu Stapel, der andere Teil von Bitter und Herrenhof-Brandstade zu Hitzacker. 1885 fielen alle Ortsteile an den Landkreis Bleckede, 1932 an den Landkreis Lüneburg. Kirchlich kamen sie ohne Ausnahme zu Kaarßen.

In den Wendenkämpfen des zehnten Jahrhunderts sollen die Sachsen bei Kaarßen eine Burg errichtet haben; es soll die erste sächsische Burg im Darzing gewesen sein. Die Flurbezeichnung Junkernburg wird auf diese Burg bezogen, die angeblich sowohl im 10. als auch im 13. Jahrhundert zerstört wurde.

Bei Manecke gibt es in Kaarßen eine Pfarrkirche, ein Pfarrwitwenhaus (ein Pfarrhaus wird nicht genannt), 33 pflichtige Hausstellen, ein Schulhaus, ein Hirtenhaus und ein Altenteilerhaus. Die Kaarßer Marienkirche gilt nach Stapel als die älteste im Amt Neuhaus. 1504 wurde sie dem Archidiakonat Stapel unterstellt. Das jetzige Gebäude stammt aus dem Jahre 1614. 1620 spaltete sich das Kirchspiel Tripkau von Kaarßen ab.

In Kaarßen wurde ein Wegezoll erhoben. Im 19. Jahrhundert war eine Wind- und Dampfmühle in Betrieb. Einwohnerzahlen: 487 (1853), 434 (1905), 406 (1939).

Unweit des Ortes am Kaarßer Deich lag der Sandkrug, ein einstelliger Hof, zeitweise Gastwirtschaft.

Bitter (15 Hausstellen und ein Schulhaus nach Manecke) hatte 1905 212 Einwohner, 1939 waren es 199; der einstellige Hof Pläderau ist mitgezählt.

Aus den beiden Vorwerken Herrenhof und Brandstade sowie den Höfen im Werder bei Bitter (Bitterwerder genannt) wuchs die Gemeinde Herrenhof-Brandstade zusammen. Das Vorwerk Brandstade war im 14. Jahrhundert im Besitz der von Hitzacker. Nach verschiedenen Besitzwechseln gelangte es 1791 zusammen mit dem Landtagssitz Dötzingen bei Hitzacker an die von dem Bussche. In Brandstade stand außerdem das Haus eines herzoglichen Deichvogts, Vogtshof genannt. Einwohnerzahlen: 90 (1905), 105 (1939).

Laave bestand aus 20 pflichtigen Hausstellen, einem Schulhaus und einem Hirtenhaus (nach Manecke). Die Einwohnerzahl betrug 1853 288, 1905 300 und 1939 308.

Die entsprechenden Zahlen für Prievelack: 13 Reihestellen, ein Schulhaus und ein Hirtenhaus; 169 Einwohner (1853), 155 (1905), 111

(1939). Im Mittelalter besaß Prievelack eine Kapelle.

Groß Rassau hießen sieben Hausstellen, die dem Amt Hitzacker unterstanden, Klein Rassau zwei, die zur Vogtei Pinnau des Amts Neuhaus zählten. In Groß Rassau lag dazu ein Schulhaus. Manecke unterscheidet nicht zwischen zwei Ortsteilen, er führt nur Rassau. Banke und Prilipp hatten je zwei Höfe. Das herzogliche Vorwerk Banke war zeitweise im Besitz der von Knesebeck. Der zu Banke gerechnete einstellige Hof Spölkenwerder lag auf dem linken Elbufer.

Groß Rassau hatte 1853 79 Einwohner (Klein Rassau: 40), 1905 46 (15); in Banke (einschließlich Vorwerk und Spölkenwerder) wohnten 1853 49, 1905 35 Personen, in Prilipp 1853 44 und 1905 30. In der Banke und Prilipp einschließenden selbständigen Gemeinde Rassau lebten 1939 111 Menschen.

Stixe, an der von der Krainke durchflossenen Stixer See gelegen, hatte nach Manecke acht pflichtige Hausstellen, ein Schulhaus, ein Hirtenhaus und ein Altenteilerhaus. Dem Vorwerk Stixe, auch als Stixerhof oder Stixerdorn bezeichnet, wurde 1745 ein Teil des Vorwerks Falkenhof (Zeetze) zugeschlagen. Eigentümer war der Landesherr. Einwohnerzahlen für Stixe (einschließlich Stixerhof): 158 (1853), 130 (1905), 114 (1939).

Klein Banratz siehe Vockfey
Klein Rassau siehe Kaarßen
Kolepant siehe Vockfey
Konau siehe Darchau-Kühren
Krusendorf siehe Sumte
Laake siehe Tripkau
Laave siehe Kaarßen

Neu Bleckede

Das frühere Neu Wendisch Bleckede, kurz Neu Bleckede genannt und 1928 in Bleckede eingemeindet, wurde nach 1945 wieder eine selbständige Gemeinde. Die 28 Häuser und 1096 Hektar, die den rechtselbischen Teil Bleckedes ausmachten, waren durch eine Fähre mit dem linken Ufer verbunden. Auf Neu Bleckeder Seite steht das Fährhaus Schwarzenwasser.

Neu Garge siehe Bobzin

Neuhaus

Burgort, ja Residenz des Herzogshauses Sachsen-Lauenburg, Amtssitz und Marktflecken für den ganzen Darzing ist Neuhaus im Laufe seiner 600jährigen Geschichte gewesen.

Als 1345 Burg Preten (Preten) zerstört worden war, entstand in der Nähe eine neue Burg, Neuhaus. Für 1372 liegt die erste Erwähnung vor. Die große Zeit des befestigten Platzes an der Krainke wurde das 17. Jahrhundert. Nachdem Herzog Franz II. 1616 die Lauenburg abgebrannt war, residierte er in Neuhaus. Schon vorher hatte er die dortige Burg zu einem Schloß in Renaissancestil umbauen lassen.

Das Schloß war durch künstliche Nebenarme der Krainke gesichert. Über fünf Zugbrücken mußte man hinüber. Neben der ersten Brücke stand das Wachhaus der Schloßwache. Hinter der zweiten Brücke lagen ein zweigeschossiges Verwaltungsgebäude, weiter der Reitstall mit einer Scheune für Heu und der Schmiede, schließlich ein Lusthaus. Die dritte Brücke war durch Geschütze gesichert. Hinter der vierten befanden sich mehrere Wirtschaftsgebäude, unter anderem zum Waschen, Schlachten, Backen, Brennen und Brauen. Über die fünfte Zugbrücke endlich gelangte man in den eigentlichen Schloßbereich, zu dem auch eine Kapelle und ein Gewächshaus mit Zypressen, Feigen und anderen südländischen Pflanzen gehörten. Die Kapelle entstand 1603. Nur bis 1656 wurde in ihr Gottesdient gehalten. Anschließend verwandte man sie als Kornspeicher. Lediglich im 19. Jahrhundert mußte man sie vorübergehend wieder als Kirche nutzen, da die baufällige Kirche im Ort durch einen Neubau ersetzt wurde.

Damit die fürstlichen Herrschaften auch auf den Schloßgräben und der nahen Carrenziener See fahren konnten, hatte man ein „Lustschiff“ und zwei weitere Boote angeschafft.

Als das Amt Neuhaus nach dem Tode von Herzog Julius Franz an die Welfen kam, war für das Schloß keine Verwendung mehr. So dauerte es nicht lange, bis man es abzureißen begann. Aus den Steinen, die man dabei gewann, entstanden das Jagdschloß Göhrde sowie das Gutshaus und die Brauerei im mecklenburgischen Blücher; auch in das niedergebrannte Echem wurden Neuhäuser Steine transportiert. Das wertvolle Mobiliar war vorher an das Haus Braunschweig-Wolfenbüttel verkauft worden.

Zum Schloßbereich im weiteren Sinne gehörte das „Kommishaus“. Um 1600 gebaut, war es dazu bestimmt, die Wachmannschaften des Schlosses zu verproviantieren. Das Kommishaus wurde die älteste Gaststätte von Neuhaus. Pächter waren zumeist ausgediente Soldaten.

Seit 1752 war Neuhaus hannoversche Garnison; das Regiment von Wrangel wurde damals aus Wittingen nach Neuhaus und Stapel verlegt.

Die Neuhäuser Amtsverwaltung befand sich am Markt. Neben der „Amtsstube“, dem Behördengebäude, lagen der Grünhof, ein vom Amtmann geleiteter landwirtschaftlicher Betrieb, sowie die Wohnungen für den Amtmann und den Amtsschreiber. Der herzogliche Marstall wurde um 1700 in den Grünhof miteinbezogen und zur Wohnung für den Amtsschreiber umgebaut. Später war die Gendarmerie in dem Gebäude untergebracht. In die Amtsstube zog Mitte des 19. Jahrhunderts das Amtsgericht ein. Seit 1885 gehörte Neuhaus zum Landkreis Bleckede, seit 1932 zum Landkreis Lüneburg.

Der Ort Neuhaus gelangte erst im 17. Jahrhundert zu nennenswerter Bedeutung. Er entwickelte sich vor der Burg und hieß „Vorburg“. Erst als das Schloß abgerissen wurde, nahm er die Bezeichnung Neuhaus an.

In den Jahren 1613, 1617 und 1618 ließ Franz II. neun Hausstellen errichten und legte damit den Grund für den späteren Flecken. Der 30jährige Krieg wirkte bremsend, erst in der zweiten Hälfte des 17. Jahrhunderts wuchs Neuhaus weiter. Im 18. Jahrhundert zogen Handwerker und Gewerbebetreibende zu. Schließlich gab es 61 Vorbürgerstellen; die neun ältesten hießen Großkoten, die späteren Kötnereien.

Manecke beziffert die Zahl der Hausstellen auf 67, darunter 57 pflichtige. Die zehn Stellen, die keine Abgaben zu leisten brauchten, waren das Amtshaus, die Häuser des Amtmannes und des Amtsschreibers, das Wach- und Pförtnerhaus, das Brauhaus, weiter das Pfarr-, das Pfarrwitwen- und das Küsterhaus, schließlich noch ein Armen- und ein Hirtenhaus. In dem Brauhaus wurde das Bier für die Neuhäuser Hausvogtei und die Vogtei Haar gebraut, außerdem war es die einzige Branntweinbrennerei im ganzen Amtsgebiet.

Das Armenhaus war 1608 von Herzog Franz II. als Hospital zum Heiligen Geist gegründet worden. Vier alte Leute sollten in ihm Wohnung, Licht und Heizung finden. Die Gegenleistung war, daß sie, wenn morgens und abends die Betglocke erklang, für das Herzogshaus ein Vaterunser beteten.

Schon im 18. Jahrhundert besaß Neuhaus eine Apotheke. Als sich 1735 der Lüneburger Apotheker Johann Werner Müller in dem Flecken niederlassen wollte, wurde sein Gesuch abgelehnt. Es bestand schon die von dem Chirurgen Brauer gegründete Apotheke. 1782 siedelte der damalige Apotheker, Chirurg Grünberg, in das Haus Nummer 10 über. 1888 entstand ein Neubau (Nummer 120).

Viermal im Jahr strömte die Bevölkerung aus dem Amtsgebiet nach Neuhaus, denn viermal im Jahr war dort Krammarkt. Die Kaufleute, die dazu kamen, mußten ebenso Zoll entrichten wie die durchfahrenden Gespanne.

1853 hatte der Marktflecken mit Carrenzien und Gülze 133 Häuser und 1283 Bewohner. Bis

1905 erhöhten sich die Zahlen auf 204 beziehungsweise 1498. 1939 wohnten 1475 Menschen in Neuhaus.

In die Reihe der wichtigen Gebäude von Neuhaus gehört schließlich die Marienkirche in der Vorburg. Sie wurde 1614 von Herzogin Marie, der Gemahlin Franz II., gestiftet und 1626 eingeweiht. Bis zu diesem Datum hatte Neuhaus zum Kirchspiel Stapel gehört. Der erste Neuhäuser Pfarrer war Nicolaus Rollmann, vor 1626 Schloßprediger. Nachdem ihn 1640 die Pest hinweggerafft hatte, war es mit der Selbständigkeit der Kirchengemeinde Neuhaus wieder vorbei. Über drei Jahrzehnte wurde sie von dem Stapeler Geistlichen mitversorgt. Seit 1673 hatte Neuhaus wieder einen eigenen Pastor.

Die Neuhäuser Geistlichen mußten sich anfangs in der Vorburg einmieten. Erst in den Jahren 1703/5 entstand ein Pfarrhaus. Nachdem es 1843 durch Brandstiftung vernichtet worden war, wurde das Haus errichtet, das dann die Geburtsstätte des Afrikapioniers Carl Peters werden sollte.

Anfang des 19. Jahrhunderts war die Neuhäuser Kirche so baufällig, daß man an Abbruch denken mußte. 1824 begann man, eine neue Kirche zu bauen. Am ersten Advent des Jahres 1826 konnte sie feierlich eingeweiht werden.

Das 1878 von Carl Grosse und seinem Sohn Robert gegründete „Neuhauser Wochenblatt“ erschien bis zur Einführung der preußischen Kreisordnung. 1886 wurde der Betrieb nach Bleckede verlegt. Das Blatt kam nun unter dem Titel „Bleckeder Zeitung“ heraus. Erst 1906 erhielt Neuhaus wieder eine eigene Zeitung, das „Neuhauser Tageblatt“, von dem Buchdrucker Franz Lust herausgegeben. 1931 ging die Druckerei an die Lauenburgische Grundstücksgesellschaft über, 1932 an den Zeitungsverleger Fritz Kuck. Wegen Papiermangels mußte das Erscheinen des „Tageblattes“ 1941 eingestellt werden. Auch die „Lübtheener Grenzzeitung“ wurde in Neuhaus und im Bereich des alten Amtes gelesen.

Carrenzien war bis zu seiner Eingemeindung in Neuhaus (1929) eine selbständige Kommune. Von den reinen Bauerndörfern des Amtsgebietes unterschied es sich dadurch, daß es mehrere Handwerker beherbergte — Leineweber, Schuster und Lederzubereiter insbesondere — und viel Einquartierung hatte. Der Krugwirt Joachim Ernst Raves konnte 1691 frohlocken, daß er jährlich etwa 60 Tonnen Bier ausschenkte. Das meiste tranken die Soldaten.

Bis 1764 gab es auf dem Carrenziener See eine Fähre. Dann wurde eine Brücke gebaut. Wer sie benutzte, mußte Brückengeld zahlen.

Manecke gibt 28 pflichtige Hausstellen und ein Hirtenhaus an. In einer der Hausstellen wohnte der für die Forsten des Amts Neuhaus angestellte Förster.

Weil die Delliener Mühle 1832 stillgelegt worden war, baute die Landesherrschaft im selben Jahr in Carrenzien eine Windmühle. Alle Rechte der eingegangenen Mühle wurden der neuen übertragen. Bereits 1838 brannte sie nieder, erstand aber sogleich wieder. 1864, ein Jahr nach Abschaffung des Mahlzwangs, wurde in die Windmühle eine Korndampfmühle eingebaut.

Zur Hausvogtei des Amts Neuhaus rechneten auch das später in den Flecken eingemeindete herzogliche Vorwerk Gülze, in dem das Vorwerk Baars, bei Dellien, aufgegangen war. Der bei Gülze gelegene Schäferhof, eine Schäferei, bestand, bis 1754 seine Ländereien auf die Neuhäuser Vorbürgerstellen verteilt wurden. Nahe beim Schäferhof wiederum hatte das im 17. Jahrhundert zerstörte Vorwerk Immenhof beziehungsweise Drachenstein gelegen.

Auf dem alten Richtplatz in der Rosiener Heide fand der Neuhäuser Abdecker mit seiner Büttelei eine Bleibe.

Neu Wendisch Bleckede siehe Neu Bleckede
Neu Schutschur siehe Vockfey
Neu Wendischthun siehe Wendischthun
Neu Zeetze siehe Zeetze

Pläderau	siehe Kaarßen
Pinnau	siehe Tripkau
Pommau (= Pommau I und Pommau II)	siehe Vockfey
Popelau	siehe Darchau-Kühren

Preten

Von Lauenburg und Boizenburg aus unternahm Heinrich der Löwe im zwölften Jahrhundert zahlreiche Kriegszüge in das wendische Siedlungsgebiet östlich der Elbe. Die erste Burg, die er im Darzing anlegen ließ, war das „Nye Hus" in Preten. Rund 200 Jahre hatte die Burg zentrale Funktion. Erst nach ihrer Zerstörung (1345) löste Neuhaus Preten ab.

Die längste Zeit seiner Geschichte war Preten ein geschlossenes Patrimonialgericht. 1705 ging der Gutsbezirk von den von Perkenthien an die von Bülow über, die mit jenen verschwägert waren. 1767 folgten die von Oertzen. Weitere Besitzer waren die von Rüdiger, die von Eckard und die von der Decken. 1839 verlor Preten seine Selbständigkeit. Es wurde ins Amt Neuhaus eingegliedert. Mit diesem kam es 1885 an den Landkreis Bleckede und 1932 an den Landkreis Lüneburg.

Manecke nennt 28 Hausstellen, 18 davon pflichtig. Die zehn freien zählten zum Gutsbezirk, darunter die Schule und das Fährhaus; bei Preten konnte man auf einer Fähre die Sude überqueren.

Das Dorf war stets nach Neuhaus eingepfarrt. Auch die dienstbaren Geister des Guts gingen nach dort in die Kirche. Die Gutsbesitzer dagegen fuhren zur Stapeler Kirche, wo sie ihr Grabgewölbe hatten.

Zusammen mit der Holländerei und der Ziegelei bei Preten hatten Dorf und Gut 1853 271 Einwohner. 1905 waren es 198 und 1939 146. Die Ziegelei entstand dort, wo ehemals das Forsthaus Bullenholz gelegen hatte.

Prilipp	siehe Kaarßen
Prievelack	siehe Kaarßen
Raffatz	siehe Tripkau
Rassau	siehe Kaarßen

Rosien

Das Dorf Rosien, der Forsthof Bohldamm und die Abdeckerei in der Rosiener Heide (im 19. Jahrhundert Büttelei oder Halbmeisterei genannt) gehörten zur Hausvogtei des Amts Neuhaus und wurden nach Neuhaus eingepfarrt. 1885 fielen sie an den Landkreis Bleckede, 1932 an den Landkreis Lüneburg.

Mitte des 18. Jahrhunderts flammte ein alter Streit wieder auf; der größte Hitzkopf in der Angelegenheit war Förster Schelle in Bohldamm. Das lüneburgische Amt Neuhaus und das mecklenburgische Amt Suckow erhoben beide Anspruch auf den Forst Lilienhorst (auch als Streithorst bezeichnet) und dazugehörige Wiesen. Neuhaus berief sich auf ein Grenzbuch aus dem Jahre 1590, die Gegenseite wies auf Grenzregulierungen in den Jahren 1663 und 1702 hin. Erst 1818 konnte die Sache endgültig entschieden werden. Die Neuhäuser setzten sich durch.

Manecke kennt 20 Reihestellen, ein Schulhaus und drei Hirtenhäuser. Außerdem erwähnt er einen Zoll, der in Rosien erhoben wurde. Einwohnerzahlen (einschließlich Bohldamm und Büttelei Rosien): 298 (1853), 211 (1905), 163 (1939).

Schäferhof siehe Neuhaus

Stapel

Als Heinrich der Löwe im zwölften Jahrhundert den Darzing seinem Herrschaftsbereich hinzufügte, gab er Stapel eine wichtige Funktion. Dort hatten die deutschen Siedler den Zehnten und die slawischen Wenden den Bischofszins zu entrichten. Stapel, an der von der

Krainke durchflossenen Stapeler See gelegen, wurde der Hauptort des Darzings.

In Stapel entstand auch die erste Kirche im Darzing. Das Maria Magdalena geweihte Gotteshaus wurde 1291 dem Archidiakonat Eldena, Bistum Ratzeburg, unterstellt. Wahrscheinlich war es kurz zuvor errichtet worden. 1504 avancierte der Stapeler Geistliche zum Archidiakon. Nach der Reformation wirkten in Stapel zwei Pastoren. Die zweite Pfarrstelle ging ein, als sich 1626 das Kirchspiel Neuhaus von Stapel abspaltete.

Nach Manecke gab es in Stapel 48 Reihestellen, dazu Pfarr-, Pfarrwitwen- und Schulhaus, schließlich ein Hirten- und ein Armenhaus. Stapels zentrale Bedeutung für das Kirchspiel wurde dadurch unterstrichen, daß in dem Ort traditionellerweise viermal im Jahr Kram- und Viehmarkt war. Kaufleute, die sich dazu einstellten, mußten einen Marktzoll entrichten. Durchfahrende Wagen zahlten ein Wegegeld.

Die am Ortsrand gelegene Ziegelei ging bereits Anfang des 18. Jahrhunderts ein. Die Stapeler Windmühle wurde am 25. Mai 1920 vom Blitz getroffen und im selben Jahr wiederaufgebaut.

Im 18. Jahrhundert war Stapel über fünf Jahrzehnte hinweg hannoversche Garnison. 1725 wurde das Infanterieregiment von Wrangel von Wittingen nach Neuhaus verlegt; da man dort nicht alle Soldaten unterbringen konnte, kam etwa ein Drittel des Regiments nach Stapel. 1730 wandte sich der in Stapel liegende Hauptmann an Hannover mit der Bitte, die Mittel für den Bau eines Wachhauses zu genehmigen. Er wurde abschlägig beschieden und mußte sich weiterhin mit einem gemieteten Kötnerhaus behelfen. Nachdem dieses Haus 1751 abgebrannt war, unternahm er einen neuen Vorstoß. Zwar sollte das Kötnerhaus wieder aufgebaut werden, aber der Besitzer wollte es nicht wieder an die Soldaten vermieten; denn abgebrannt war es nur deswegen, weil die Wachmannschaft zu stark eingeheizt hatte. Bis 1771 — damals wurden die Truppen aus Stapel abgezogen — erhielt die Garnison kein Wachhaus.

Zusammen mit dem Forsthaus Grünenjäger, das ebenso wie Stapel zur Vogtei Haar des Amts Neuhaus rechnete und 1885 an den Landkreis Bleckede und 1932 an den Landkreis Lüneburg kam, hatte das Kirchdorf 1853 553 Einwohner; 1905: 462; 1939: 490.

Stiepelse

Aus doppeltem Grunde war Stiepelse an der Stiepelser See in seiner Geschichte besonders eng mit dem linken Elbufer verbunden. Kirchlich gehörte es zu Barskamp und später zu Bleckede, politisch zur Hausvogtei des Amts Bleckede (ab 1885 zum Landkreis Bleckede und ab 1932 zum Landkreis Lüneburg).

Manecke gibt 23 Hausstellen, ein Schulhaus und eine Kapelle an. Die Stiepelser Marienkapelle war mit einem Kollaborator besetzt; Stiepelse bildete innerhalb des Kirchspiels Bleckede eine Kapellengemeinde. Für ihren eigenen Bedarf hatten die Bauern aus Stiepelse eine Fähre über die Elbe eingerichtet. Eines der grausigsten Ereignisse in der Ortsgeschichte war der Deichbruch von 1629; damals wurden 13 Gehöfte durch die eindringenden Wasser der Elbe verwüstet.

Während der Napoleonischen Zeit gelang es 1810 dem Müller Johann Sellschop, die Erlaubnis für die Errichtung einer Windmühle in Stiepelse zu erhalten. Als die französische Besatzungszeit vorbei war, wollten die Müller in Bleckede, Ellringen (Dahlenburg), Marienau (Dahlem), Neetze, Süttorf (Neetze), Thomasburg und Wiecheln (Thomasburg) durchsetzen, daß die neue Mühle wieder abgebrochen werden mußte. Aber sie fanden nicht die Unterstützung der Behörden. So blieb die Stiepelser Windmühle bestehen, machte 1873 einem Neubau Platz und wurde 1919 mit einem 25-PS-Benzolmotor ausgestattet. Stiepelse zählte

1853 285 Einwohner, 1905 waren es 209 und 1939 171.

Stixe	siehe Kaarßen
Stixerhof	siehe Kaarßen
Strachau-Vergünne	siehe Tripkau

Sückau

Hausvogtei des Amts Neuhaus, Landkreis Bleckede (1885) und Landkreis Lüneburg (1932) waren die drei Stationen in der Geschichte Sückaus bis 1945. Kirchlich orientierte sich der Ort stets nach Neuhaus. In der eigenen Kapelle wurde ehemals viermal im Jahr Gottesdienst gehalten.

Nach Manecke bestand das Dorf an der Sude aus 23 pflichtigen Hausstellen, dazu kamen die Kapelle, ein Schulhaus, zwei Hirtenhäuser und drei Altenteilerhäuser. In Sückau wurde noch um 1800 ein Zoll erhoben.

Die Einwohnerzahl belief sich 1853 auf 445, 1905 auf 333, 1939 auf 226.

Sumte

Bei der mitteldeutschen Verwaltungsreform wurde die bis dahin selbständige Gemeinde Krusendorf Sumte beigelegt. Historisch gesehen gehörten beide Dörfer im wesentlichen zur Hausvogtei Bleckede, jeweils einige Höfe allerdings auch zur Vogtei Haar des Amts Neuhaus. 1820 erfolgte eine Korrektur, von nun an rechneten beide Dörfer insgesamt zu Neuhaus. 1885 wurden sie dem Landkreis Bleckede, 1932 dem Landkreis Lüneburg zugeschlagen. Sumte an der Sumter See war kirchlich nach Neuhaus, Krusendorf nach dem mecklenburgischen Blücher orientiert, bis es ebenfalls an Neuhaus kam.

Manecke nennt für Sumte 26 pflichtige Hausstellen, 21 davon zu Bleckede, die übrigen zu Neuhaus gehörig. Dazu kam ein Schulhaus. In Krusendorf unterstanden von den insgesamt zwölf pflichtigen Hausstellen zehn Bleckede und zwei Neuhaus. Außerdem gab es eine Kapelle und ein Schulhaus. In Sumte wurde ein Wegezoll erhoben. In Erinnerung blieb die Feuersbrunst, die 1792 Sumte heimsuchte.

Die Einwohnerzahlen, Sumte: 248 (1853), 162 (1905), 161 (1939); Krusendorf: 149 (1853), 92 (1905), 71 (1939).

Tripkau

Sechs vordem selbständige Gemeinden gingen bei der mitteldeutschen Verwaltungsreform in Tripkau auf: Bohnenburg, Junker-Wehningen, Laake mit Gosewerder, Pinnau, Strachau-Vergünne und Wilkenstorf mit Raffatz.

Historisch gesehen, bilden diese Orte keine Einheit. Tripkau, Haveckenburg, Bohnenburg, Laake, Gosewerder (teilweise), Pinnau, Strachau-Vergünne (teilweise), Wilkenstorf und Raffatz (teilweise) hatten zur Vogtei Pinnau des Amts Neuhaus gehört, die anderen Teile von Gosewerder, Strachau-Vergünne und Raffatz dagegen zum Amt Hitzacker, und Junker-Wehningen war bis 1846 ein geschlossenes Patrimonialgericht gewesen. Bis auf Pinnau, das nach Kaarßen, und Strachau-Vergünne, das nach Hitzacker eingepfarrt war, rechneten alle übrigen Ortsteile zum Kirchspiel Tripkau.

Wie sich die Pfarrei Neuhaus aus der Pfarrei Stapel heraus verselbständigte, so entstand das Kirchspiel Tripkau aus dem Kirchspiel Kaarßen. Anfang des 17. Jahrhunderts wurde in Tripkau durch Herzog Franz II. eine Kirche gebaut, 1620 konnte sie eingeweiht werden. 1757 machte das erste Kirchengebäude einem Neubau Platz.

Die von der Krainke getriebene Tripkauer Wassermühle, im Besitz der Landesherrschaft, war Zwangsmühle für die Dörfer Tripkau, Bohnenburg, Gosewerder, Kaarßen, Laake, Laave (Kaarßen), Raffatz, Rassau (Kaarßen), Stixe (Kaarßen) und Wilkenstorf. Um 1700 war der Verwalter des Vorwerks Bohnenburg Pächter der Mühle. Da die Tripkauer Mühle häufig unter Wassermangel zu leiden hatte, entstand 1805 auf einem Sandberg unweit der Wassermühle zusätzlich eine Bockwindmühle. Die Begradigung der Krainke (1845) bedeutete das Ende der Wassermühle, sie wurde stillgelegt und im Jahr darauf auf Abbruch verkauft. Um diesselbe Zeit ersetzte der Müller Friedrich Hintze die bisherige Windmühle durch eine leistungsfähigere Konstruktion. An der Mühle war ein sogenannter Dammzoll zu entrichten.

Angeblich soll dort, wo später das Forsthaus Haveckenburg stand, eine Burg gelegen haben; Belege dafür fehlen.

Das Dorf Tripkau umfaßte (nach Manecke) außer der Pfarrkirche ein Pastoren- und ein Küsterhaus, weiter 33 pflichtige Hausstellen, dazu ein Hirtenhaus und drei Altenteilerhäuser. Am Dorfrand lag das für die ganze Vogtei Pinnau bestimmte landesherrliche Brauhaus. Zweimal im Jahr war in Tripkau Vieh- und Krammarkt. In Tripkau wurde ein Wegezoll erhoben. 1853 gab es im Dorf Tripkau, in der Tripkauer Mühle und im Forsthaus Haveckenburg 462 Einwohner. 1905 waren es 443, 1939 375.

Ebensowenig wie eine Haveckenburg nachweisbar ist, sind Spuren einer Bohnenburg festgestellt worden. Fünf der insgesamt 15 pflichtigen Hausstellen (nach Manecke) bildeten bis 1711 das herzogliche Vorwerk Franzthal. In Bohnenburg standen weiter ein Hirtenhaus und ein Altenteilerhaus. Das Herzogshaus ließ einen Landzoll erheben. Einwohnerzahlen: 252 (1853), 155 (1905), 115 (1939).

Der Gutsbezirk Wehningen, der das Land Wehningen umfaßte, fiel 1306/7 an das Herzogshaus Sachsen-Lauenburg zurück, da die Grafen von Dannenberg ausgestorben waren. Ende des 13. Jahrhunderts gehörte er vorübergehend zu den Besitzungen des Raubritters Hermann Riebe. Im Lüneburger Erbfolgekrieg sah es so aus, als ob Wehningen an die Mecklenburger fallen würde. Seit 1428 besaßen die von Bülow das Gut, 1764 folgten die von Dannenberg, 1797 wiederum die von Bülow, 1842 schließlich die von Bernstorff.

Die Wehninger Kirche, eine gutsherrliche Patronatskirche, war ursprünglich eine Filialkirche von Tripkau. Sie wurde 1680 gegründet. Nach dem Ersten Weltkrieg hatte Wehningen keinen Pastor mehr; praktisch war die selbständige Pfarrei wieder im Kirchspiel Tripkau aufgegangen.

Der in Wehningen erhobene Zoll hieß „Elb- und Bothzoll". Als er 1825 aufgehoben wurde, erhielten die Gutsherren von Wehningen eine Abfindungssumme.

Ein von Bülow war es, der 1625 in Wehningen eine Windmühle errichten ließ. 1853 wurde die durch Sturm beschädigte Bockwindmühle zu einer Holländerwindmühle umgebaut.

Zu den 17 pflichtigen Hausstellen (nach Manecke) kamen sechs freie: das Gutshaus, das Pfarr-, das Pfarrwitwen- und das Schulhaus, schließlich die Mühle und das Haus für den Förster. Dorf und Gutsbezirk Wehningen hatten 1853 337 Einwohner, 1905 356 und 1939 331.

Das Dorf Laake gehörte im Mittelalter den von Hitzacker; 1399 wurde es an die Herzöge von Sachsen-Lauenburg verkauft. Die Zahl der pflichtigen Hausstellen betrug (nach Manecke) sechs, dazu kamen ein Schulhaus, ein Hirtenhaus und zwei Altenteilerhäuser. Laake hatte 1853 124 Einwohner und 1905 91. 1939 wohnten in Laake und Gosewerder zusammen 92 Menschen.

Von den sieben Reihestellen Gosewerders gehörten sechs zur Vogtei Pinnau des Amts Neuhaus und eine zum Amt Hitzacker. Das herzogliche Vorwerk Gosewerder war vorübergehend im Besitz der Familien von Hitzacker (ab 1453) und Krüger (1567). Kurz darauf fiel es an die Landesherrschaft zurück.

Pinnau an der Krainke hat bei Manecke 20 Reihehäuser, ein Schulhaus und ein Hirtenhaus. Eine Vogtswohnung — für den Vogt der Vogtei Pinnau — war um 1800 bereits nicht mehr vorhanden. Einwohnerzahlen: 250 (1853), 165 (1905), 149 (1939).

Während die acht pflichtigen Hausstellen Strachaus vom Amt Hitzacker abhingen, unterstanden die sechs Reihestellen Vergünnes der Vogtei Pinnau des Amts Neuhaus (nach Manecke). Das Dorf Strachau umfaßte weiter ein Schulhaus sowie zwei Brinkkoten unmittelbar an der Elbe auf dem Elbwerder Strachauerrade. Vergünne war bis 1792 ein herzogliches Vorwerk. Erst damals wurden sechs Landstellen angelegt. Außerdem hatte der Pinnauer Vogt hier seine Wohnung. Die Lauenburger Herzöge besaßen in Vergünne ein Lusthaus. Auch in Vergünne wurde ein Dammzoll erhoben.

Die Gemeinde Strachau-Vergünne war 1939 von 82 Menschen bewohnt.

Wilkenstorf setzte sich aus zehn pflichtigen Hausstellen, einem Schulhaus und der dicht bei Raffatz gelegenen Hirtenkote Bullenkrug zusammen (nach Manecke). Demgegenüber hatte Raffatz vier Hausstellen, von denen drei der Vogtei Pinnau des Amts Neuhaus unterstanden und eine dem Amt Hitzacker. Wilkenstorf hatte 1853 189 Einwohner, Raffatz — zusammen mit einer Hofstelle in Vergünne — 48. 1905 wohnten in Wilkenstorf und Raffatz 100 Menschen, 1939 waren es ebenfalls 100.

Viehle

Während Viehle (elf pflichtige Hausstellen und ein Schulhaus nach Manecke) historisch zur Hausvogtei des Amts Bleckede zu rechnen ist, war Gülstorf (sechs Hausstellen) Bestandteil der Vogtei Haar des Amts Neuhaus. Beide Dörfer gehörten zum Kirchspiel Barskamp.

Viehle und Gülstorf hatten 1853 147, 1905 124 und 1939 93 Einwohner.

Vockfey

Klein Banratz wurde bei der mitteldeutschen Verwaltungsreform von Haar abgetrennt und Vockfey beigelegt, zu dem bereits Groß Banratz gehörte. Während das Hauptdorf ebenso wie die beiden Banratz und der größere Teil von Pommau (zur Zeit der Amtsverfassung unterschied man noch nicht zwischen Pommau I und II) in der Vogtei Haar des Amts Neuhaus lag, rechneten Kolepant, der kleinere Teil von Pommau und Neu Schutschur zum Amt Hitzacker. Auch die kirchliche Orientierung war unterschiedlich: Vockfey und die beiden Banratz gehörten zu Stapel; Kolepant, das ganze Pommau und Neu Schutschur dagegen zu Bahrendorf-Neudarchau auf dem linken Elbufer. 1885 fielen alle Ortsteile an den Landkreis Bleckede, 1932 an den Landkreis Lüneburg.

Vockfey, schon im 14. Jahrhundert erwähnt, setzte sich aus zwölf pflichtigen Hausstellen, einem Schulhaus, einem Hirtenhaus und einem Altenteilerhaus zusammen (nach Manecke). Bei Vockfey liegt die von der Krainke durchflossene Vockfeyer See.

Groß Banratz war ein herzogliches Vorwerk, demgegenüber bildete Klein Banratz ein sechs pflichtige Hausstellen umfassendes Bauerndorf (nach Manecke). Zwischen Kolepant (vier Hausstellen) und Pommau (mit sieben zu Neuhaus und zwei zu Hitzacker gehörigen Reihestellen) ist auf einer Karte aus dem 30jährigen Krieg eine Burg eingezeichnet. Tatsächlich handelte es sich um den Krug und die Herberge Thondamm an dem vielbenutzten Weg von Lübeck zur Elbfähre Darchau. Neu Schutschur ist eine Niederlassung von Bauern aus dem linkselbischen Schutschur.

Das Dorf Vockfey allein hatte 1853 126 Einwohner, in Groß und Klein Banratz lebten 61 Menschen, in Kolepant 43, in Pommau I 89, in Pommau II 22, in Schutschur (Neu Schutschur wird nicht spezifiziert) 161. Die Zahlen für 1905: Vockfey 87, Groß und Klein Banratz 26, Kolepant 28, Pommau I 67, Pommau II 10. 1939 zählte Vockfey mit allen seinen Ortsteilen 161 Einwohner.

Wendischthun

Von Alt Wendischthun, das 1929 in Bleckede eingemeindet wurde, baute 1779 der erste Besitzer über die Elbe hinüber nach Neu Wendischthun. Neu Wendischthun, obwohl zur Hausvogtei des Amts Bleckede und zum Kirchspiel Bleckede gehörig, ist nie eingemeindet worden. Unter der Kurzform Wendischthun bildete es eine selbständige Gemeinde.

Wilkenstorf siehe Tripkau

Zeetze

Zeetze mit allen seinen Bestandteilen lag in der Vogtei Haar des Amts Neuhaus und wurde zum Kirchspiel Stapel gezogen. Zeetze selbst, an der von der Krainke durchflossenen Zeetzer See gelegen, hatte 16 pflichtige Hausstellen, ein Schulhaus und ein Hirtenhaus. 1853 betrug die Einwohnerzahl 261, Falkendorf und Neu Zeetze mitgerechnet; demgegenüber hatte Gutitz 237 Einwohner. 1905: Zeetze mit Neu Zeetze 206, Gutitz 189 und Falkenhof 3. 1939 — über den Landkreis Bleckede (1885) war Zeetze 1932 in den Landkreis Lüneburg gelangt — hatte die gesamte Gemeinde 368 Einwohner.

Gutitz an der Gutitzer See, auch diese von der Krainke durchflossen, entstand Mitte des 13. Jahrhunderts. Im 16. Jahrhundert hatte das Dorf 14 Halbhöfe und drei Kötnereien. Nachdem es 1626 im 30jährigen Krieg niedergebrannt worden war, lag es als Wüstung da. Das Herzogshaus ließ die noch ertragsfähigen Ländereien zu einem Vorwerk zusammenfassen. Erst 1710 wurde die Feldmark neu vermessen. Man errichtete 14 Halbhöfe, dazu vier kleine Reihestellen und ein Hirtenhaus.

Anfang des 17. Jahrhunderts wurde die Gutitzer Wassermühle an der Krainke durch eine Windmühle ersetzt. Sie war Zwangsmühle für Gutitz, Banratz (Vockfey), Pommau (Vockfey), Privelack (Kaarßen), Stapel, Vockfey und Zeetze. 1714 verwandelten die Welfen ihre Mühle in ein Erbzinsgut. Da die hohen Tannen in der Nähe den Wind abhielten, sah sich der Gutitzer Müller 1828 veranlaßt, eine Roßmühle (durch zwei Pferde betrieben) anzubauen. 1836 brannte die Mühle ab, wurde aber im folgenden Jahr wiedererrichtet.

Der Falkenhof war ursprünglich ein herzogliches Vorwerk. Um die Mitte des 18. Jahrhunderts wurden die Ländereien aufgeforstet. Neu Zeetze entwickelte sich um den Heidkrug, eine Gastwirtschaft, die ehemals dem herzoglichen Akzisevogt (ein Steuereinzieher) zur Wohnung gedient hatte.

BÜCHER-
VERZEICHNIS
UND
REGISTER

BÜCHERVERZEICHNIS

Ahlers, Herbert: *1000 Jahre Stadt und Land Lüneburg.* Lüneburg 1956. 72 S.

Ahlers, Herbert: *Chronik des 2. Weltkrieges 1939/45 für den Stadt- und Landkreis Lüneburg.* Lüneburg 1960. 73 S. (Als Manuskript vervielfältigt.)

Ahlswede, G.: *Die Fischereigenossenschaft Hohnstorf,* in: LKK 2 (1930) S. 83—92.

Ahlswede, G.: *Die Trajektanstalt über die Elbe zwischen Hohnstorf und Lauenburg,* in: LKK 3 (1931) S. 73—78.

Ahlswede, G.: *1813 in Hohnstorf,* in: LKK 5 (1933) S. 79—82.

Albrecht, Wilhelm: *Gau — Go —Amt — Kreis.* Ein Beitrag zur Verwaltungsgeschichte, in: LKK 2 (1930) S. 39—41.

Albrecht, Wilhelm: *Ein Beitrag zur Geschichte der Gesundbrunnen bei Lüne,* in: LKK 3 (1931) S. 49—51.

Albrecht, Wilhelm: *50 Jahre Landkreis Lüneburg. 1. 4. 1885 — 1. 4. 1935,* in: LKK 7 (1935) S. 73—79.

Alvermann: *Die Pferdezucht im Kreise Lüneburg,* in: LKK 8 (1936) S. 78—79.

Anderten, von: *Das Lager von Deutsch Evern im Jahre 1843,* in: LKK 4 (1932) S. 70—75.

Anderten, von: *Von Handwerk, Heimat und Herd,* in: LKK 5 (1933) S. 91—96.

Bahrfeldt, Emil; Reinecke, Wilhelm: *Der Bardewiker Münzfund.* Mit drei Lichtdrucktafeln. Berlin 1913. 34 S. (Sonder-Abdruck aus Berliner Münzblätter N. F. 1913.)

Bar: *Die Ausscheidung von Domainen für Seine Majestät den König von Hannover.* Hannover 1862. 87 S.

Basedow, Ernst: *Erbliche Bauermeystereyen 1747,* in: LKK 9 (1937) S. 85.

Baumgarten, Fritz; Brunk, Richard: *Vorgeschichtliches über Bleckede,* in: Bleckeder Zeitung 28./29. August 1959.

Baumgarten, L.: *Aus dem alten Dahlenburg,* in: LKK 6 (1934) S. 49—50.

Behr, Hans-Joachim: *Die Pfandschloßpolitik der Stadt Lüneburg im 15. und 16. Jahrhundert.* Lüneburg 1964. IX, 266 S.

Benecke, Otto; Benecke, Theodor (Herausgeber): *Lüneburger Heimatbuch.* 2. Aufl. Band 1—2. Bremen 1925—1927. (1. Aufl. Band 1—2. Bremen 1914.)

Benecke, Theodor: *Kloster Scharnebeck. Historisch-topographische Beschreibung des ehemaligen Klosters und Dorfes Scharnebeck bei Lüneburg.* Bremen 1905. 61 S.

Benecke, Theodor: *Nachtrag (Quellen) zur Geschichte des Klosters und Dorfes Scharnebeck bei Lüneburg.* Sonderabdruck des Lüneburger Tageblattes. Lüneburg 1909. 36 S.

Benecke, Theodor siehe: Benecke, Otto.

Industrielle Betriebe, in: Bleckeder Festschrift 1959, S. 64—68.

Vom alten Bienenrecht in der Lüneburger Heide, in: LKK 10 (1938) S. 91—92.

Bilder aus der Vergangenheit unserer Heimatstadt Bleckede, in: Bleckeder Zeitung 28./29. August 1959.

Bode, Benno: *Die Schlacht bei der Göhrde 16. September 1813.* Mit 21 Abbildungen und 4 Kartenskizzen. Hannover 1913. VIII, 150 S.

Böhme, Hermann: *In Echem vor 150 Jahren,* in: LKK 10 (1938) S. 76—77.

Böhme, Hermann: *Gesundbrunnen bei Lüne,* in: LKK 11 (1939) S. 68.

Böhme, Hermann: *Karl Peters in Lüneburg,* in: LKK 11 (1939) S. 71—74.

Borstelmann, Heinrich: *Quellen zur Geschichte alteingesessener Familien des Landkreises Lüneburg,* in: LKK 3 (1931) S. 39—42; 4 (1932) S. 37—40.

Borstelmann, Heinrich: *Alte Mühlen in den Kreisen Lüneburg und Bleckede.* Lüneburg 1933. 69 S.

Borstelmann, Heinrich: *Familienkunde des alten Amtes Lüne.* Lüneburg 1935. 130 S.

Borstelmann, Heinrich: *Aus der Verordnung gegen die Zigeunerplage in Hannover 1709,* in: LKK 7 (1935) S. 56.

Borstelmann, Heinrich: *Die Feuersbrünste in Neetze,* in: LKK 8 (1936) S. 58.

Boese, Friedrich: *Die Landesschützen von Bleckede,* in: Bleckeder Zeitung 28./29. August 1959.

Böse, Helga: *Lüneburgs politische Stellung im Wendischen Quartier der Hanse in der zweiten Hälfte des 15. Jahrhunderts.* Lüneburg 1971. VIII, 170 S.

Boy-Schmidt, Hans siehe: Körner, Gerhard.

Brauns, Walter: *Der Heidepastor. Das Leben und Werk Wilhelm Bodes.* Hamburg 1972. 182 S.

Brebbermann, Adolf: *Lüneburger Nachrichten, gesammelt von Wilhelm Friedrich Volger,* in: Lüneburger Blätter 24 (1978) S. 7—108.

Brebbermann, Adolf: *Lüneburg. Allerlei am Wege.* Lüneburg 1980. 108 S.

Brick, Richard: *7½ Jahrhunderte Rechtspflege,* in: Bleckeder Festschrift 1959, S. 45—52.

Brick, Richard: *Kulturgeschichtliche Streiflichter,* in: Bleckeder Festschrift 1959, S. 97—103.

Brick, Richard: *Das kleine Amtsgericht,* in: Bleckeder Zeitung 28./29. August 1959.

Brick, Richard: *Reges Bleckeder Kulturleben in den letzten Jahren,* in: Bleckeder Zeitung 28./29. August 1959.

Brosius, Dieter: *Zur Geschichte des Klosters Scharnebeck,* in: Lüneburger Blätter 23 (1977) S. 13—39.

Brüning, Kurt (Herausgeber): *Niedersachsen und Bremen.* Stuttgart 1958. XVI, 528 S. = Handbuch der historischen Stätten Deutschlands 2. = Kröners Taschenausgabe 272.

Brüning, Otto: *Ilmenau Ewer,* in: Lüneburger Museumsblätter 3 (1914—1928) S. 217—227.

Brunk, Richard siehe: Baumgarten, Fritz.

Vom BSK zum VfL Bleckede — Über 500 Mitglieder treiben heute Sport, in: Bleckeder Zeitung 28./29. August 1959.

Bückmann, Ludwig: *Der Bardengau und seine Bevölkerung,* in: Görges-Spehr: Vaterländische Geschichten und Denkwürdigkeiten der Lande Braunschweig und Hannover. Braunschweig 1927. Band 2, Teil 1, S. 471—481.

Bückmann, Ludwig: *Das Eindringen der Wenden in den Bardengau,* in: Lüneburger Museumsblätter 3, 12 (1928) S. 297—307.

Byl, Jürgen: *Eine kleine Stadt am Rande der Weltgeschichte,* in: Bleckeder Festschrift 1959, S. 17—38.

Byl, Jürgen: *Geschichte Bleckedes in Stichworten,* in: Bleckeder Zeitung 28./29. August 1959.

Byl, Jürgen: *Die „Gründung" von Löwenstadt-Bleckede im Jahre 1209,* in: Bleckeder Zeitung 28./29. August 1959.

Byl, Jürgen: *Die Gründungsurkunde der Stadt in freier Übersetzung,* in: Bleckeder Zeitung 28./29. August 1959.

Hermann Collitz, in: Bleckeder Zeitung 28./29. August 1959.

Cordes: *Der Deichbruch von Darchau vom 24. März 1888,* in: LKK 6 (1934) S. 53—56.

Czech, Franz: *Bleckede nach dem Kriege,* in: Bleckeder Zeitung 28./29. August 1959.

Deneken, Friedrich: *Alfred Mohrbutter. Ein Lebensbild.* Crefeld 1916. 23 S. 7 Bildtafeln.

Dissow, Joachim von (Rantzau, Johann Albrecht von): *Adel im Übergang. Ein kritischer Standesgenosse berichtet aus Residenzen und Gutshäusern.* Stuttgart 1961. 239 S.

Dumrese, Hans; Schilling, Friedrich Carl: *Lüneburg und die Offizin der Sterne.* Lüneburg 1956. 304 S.

Ebel, Walter: *Schäfer Ast. Der Wunderdoktor von Radbruch.* Winsen (Luhe) 1973. 112 S.

Ehlert, Hans Heinrich: *Die Markgenossenschaft (Holtung) der 17 Dörfer um Amelinghausen.* Hamburg 1935. 71 S. = Archiv für Beiträge zum deutschen, schweizerischen und skandinavischen Privatrecht 20.

Eichhorn, Alfred: *Die Geschichte des Landgerichts in Lüneburg.* Mit 16 Abbildungen. Lüneburg 1925. 76 S.

Die Einweihung der neuen Kirche zu St. Dionys Insp. Winsen a. d. L. am 17. Juni 1860 *nebst kurzer Nachricht über den Bau.* Lüneburg 1861. 32 S.

Einwohnerzahlen des Kreises Lüneburg 1939, in: LKK 11 (1939) S. 123—132.

Eitzen, Gerhard: *Die Formen des alten Bauernhauses im Lüneburgischen,* in: LKK 11 (1939) S. 95—97.

Eitzen, Gerhard: *Dachwerke des Mittelalters,* in: Lüneburger Blätter 6 (1955) S. 25—35.

Elbe, Auguste von der: *Junker Ludolf's Gedenkbüchlein. Ein Beitrag zur Geschichte der Reformationszeit in Lüneburg.* Bremen 1878. 147 S.

Elbe, Auguste von der: *In seinen Fußstapfen. Roman aus Lüneburgs Vorzeit.* Berlin 1891. 395 S. = Grote'sche Sammlung von Werken zeitgenössischer Schriftsteller 36.

Elbe, Auguste von der: *Die Eiken von Eikenheide. Roman.* Dresden 1907. 307 S.

Elbe, Auguste von der: *Der Bürgermeisterturm. Eine Erzählung aus dem 15. Jahrhundert.* 3. Aufl. Berlin 1930. 450 S.

Elbe, Auguste von der: *Lüneburger Geschichten.* Stuttgart o. J. 204 S. = Deutsche Hand- und Hausbibliothek.

Elbe, Auguste von der: *Die Grafen von Roden. Erzählung aus den Zeiten der Kreuzzüge.* Leipzig o. J. 263 S.

Gute Entwicklung des Breetzer Ziegelwerks, in: Bleckeder Zeitung 28./29. August 1959.

Fahlbusch, Rudolf: *Der Werdegang unserer Bahn,* in: Bleckeder Festschrift 1959, S. 79—82.

Fechner, Erich: *Die Landwirtschaft im Raum Bleckede,* in: Bleckeder Festschrift 1959, S. 69—72.

Ferger, I.: *Lüneburg. Eine siedlungsgeographische Untersuchung.* 1969.

Feuerschutzanlagen und Textilmaschinen, in: Bleckeder Zeitung 28./29. August 1959.

Ficken: *Die Schweinezucht in der Lüneburger Heide,* in: LKK 2 (1930) S. 103—105.

Fintel, Elsbeth von: *Der Fremdenverkehr,* in: Bleckeder Festschrift 1959, S. 93—94.

Fischer, Gerhard: *Neuland und Siedlung. Tausend Jahre planmäßiger Landesausbau in Niedersachsen.* Berlin, Hannover, Darmstadt 1958. 56 S. = Die bewohnte Erde 4.

Flächenverteilung im Landkreis Lüneburg, in: LKK 1 (1929) S. 113; 2 (1930) S. 115; 3 (1931) S. 143; 4 (1932) S. 147.

Franz, Günther: *Verwaltungsgeschichte des Regierungsbezirks Lüneburg.* Bremen-Horn 1955. IX, 141 S. = Niedersächsisches Amt für Landesplanung und Statistik, Veröffentlichungen, Reihe A 1, Band 54.

Freudenthal, Friedrich: *Die Ertheneburg,* in: Aus Niedersachsen. Schilderungen, Erzählungen, Sagen und Dichtungen. Ein Volksbuch für alt und jung. Bremen 1893, S. 300—302.

Fröhling, Alwin: *Einige Bleckeder Originale,* in: Bleckeder Zeitung 28./29. August 1959.

Gebhardt: *Die Gründung der Kirche in St. Dionys,* in: LKK 1 (1929) S. 89.

Geffert, Fr.: *Lüneburger Kleinbahnen,* in: LKK 1 (1929) S. 90—93.

Gemeindelexikon für die Provinz Hannover. Auf Grund der Materialien der Volkszählung vom 1. Dezember 1905. Berlin 1908. VII, 241 S. = Gemeindelexikon für das Königreich Preußen IX.

Gleisberg, Fritz: *Vom Kirchen- und Schulwesen,* in: Bleckeder Festschrift 1959, S. 39—44.

Görges-Spehr: *Vaterländische Geschichten und Denkwürdigkeiten der Lande Braunschweig und Hannover.* 3. Aufl. unter Mitwirkung vieler Fachleute neu herausgegeben von F. Fuhse. Mit zahlreichen Bildern. Band II: Hannover. I. Teil. Braunschweig 1927. XII, 568 S.

Gottsleben, L.: *Aus der Vergangenheit des Kirchspiels Embsen.* Lüneburg 1936. 183 S.

Gottwaldt, Heinz: *Johann Abraham Schulz — Autobiographische Skizze über seine Jugend in Lüneburg,* in: Lüneburger Blätter 6 (1955) S. 36—46.

Götze, Th.: *Türkensteuer. Ein Blick in Notzeit ehedem,* in: LKK 5 (1933) S. 88.

Grieser, Rudolf (Herausgeber): *Schatz- und Zinsverzeichnisse des 15. Jahrhunderts aus dem Fürstentum Lüneburg.* 2. Aufl. Hildesheim 1961. 153 S. = Quellen und Darstellungen zur Geschichte Niedersachsens 50.

Grimm, Peter: *Drei Hittberger Sagen,* in: LKK 1 (1929) S. 56.

Grimm, Peter: *'n poar ole Geschichten ut Hittbargen,* in: LKK 3 (1931) S. 59—60.

Gründungsurkunde der Stadt Bleckede aus dem Jahre 1209, in: Bleckeder Festschrift 1959, S. 14—16.

Hammerstein-Loxten, W. C. C. von: *Der Bardengau, eine historische Untersuchung über dessen Verhältnisse und über den Güterbesitz der Billunger.* Hannover 1869. X, 637 S.

Hartwig, Walter: *Aus der Geschichte Handorfs,* in: Heimatglocken (Winsen/Luhe) 58—65, 68—70 (1954).

Heimatkalender für die Lüneburger Heide 1967. Celle 1966. 128 S.

Heinrich, O.: *Altertümliches aus Radegast,* in: LKK 8 (1936) S. 59—60.

Hellwig, L.: *Grundriß der Lauenburgischen Geschichte zum Haus- und Schulgebrauch.* Ratzeburg 1889. VI, 38 S.

Helms, Hermann: *Das Prämonstratenserkloster Heiligenthal. Gründung, Verfassung, Wirtschaft und Verfall,* in: Archiv für Urkundenforschung 9 (1924 bis 1926) S. 307—421.

Hermann, Wilhelm: *Erinnerungen aus der Jahrhundertwende. „Nauke" — Jahrgang 1891 —berichtet über seine Vaterstadt Bleckede,* in: Bleckeder Zeitung 28./29. August 1959.

Hessing, Erich: *Denkmäler, Menschen und Geschichte im Landkreis Lüneburg.* Lüneburg 1981. 80 S.

Hitschold, Hans-Joachim: *Die Zollhundeschule,* in: Bleckeder Festschrift 1959, S. 85.

Hoffmann: *Die genossenschaftliche Beregnungsanlage Bardowick,* in: LKK 6 (1934) S. 83—89.

Hoffmeyer, L.: *Zur Geschichte des Kreises Bleckede.* Bleckede 1925. 120 S.

Hoffmeyer, L.: *Auguste von der Elbe,* in: LKK 8 (1936) S. 55.

Hoffmeyer, L.: *Das Hannoversche Verfassungsgesetz vom 26. September 1833,* in: LKK 8 (1936) S. 110—112.

Hoffmeyer, L.: *Bleckede im 19. Jahrhundert,* in: Bleckeder Zeitung 28./29. August 1959.

Hoffmeyer, M.: *Mamsell Bars. Ein Stück Bleckeder Schulgeschichte,* in: LKK 8 (1936) S. 56—58.

Hoffmeyer: *Vom Bleckeder Schützenfest,* in: LKK 7 (1935) S. 67—68.

Holm, A.; Reinstorf, E.: *Der Lüner Klosteresel,* in: LKK 1 (1929) S. 85.

Hoppe, Karl: *Die Sage von Heinrich dem Löwen. Ihr Ursprung, ihre Entwicklung und ihre Überlieferung.* Mit 9 Abbildungen. Bremen-Horn 1952. 125 S. = Schriften des Niedersächsischen Heimatbundes e. V. Neue Folge, Band 22.

Hörstmann: *60 Jahre Kreissparkasse Lüneburg,* in: LKK 1 (1929) S. 35—44.

Hörstmann: *Was so im Kreise alles passiert. Chronik der Ereignisse,* in: LKK 4 (1932) S. 126—139; 5 (1933) S. 115—129; 6 (1934) S. 113—130; 7 (1935) S. 146—157; 8 (1936) S. 131—144; 9 (1937) S. 119—132.

Hübener, Adolf: *10 Jahre Kreissparkasse Lüneburg,* in: LKK 7 (1935) S. 121 bis 123.

Huys, Lambert: *Bleckede — Stadt im Zonengrenzland,* in: Bleckeder Zeitung 28./29. August 1959.

Jacobshagen, Eduard: *Die Schieringer Hünengräber,* in: LKK 9 (1937) S. 113—114.

3600 Jahre blicken auf uns herab, in: Bleckeder Zeitung 28./29. August 1959.

1209—1959. 750 Jahre Bleckede. Festschrift. Lüneburg 1959. 108 S.

Jürgens, O.: *Die Stände im Fürstenthum Lüneburg um die Mitte des 14. Jahrhunderts,* in: Zeitschrift des historischen Vereins für Niedersachsen (1889) S. 105—156.

Kayser, Karl (Herausgeber): *Die reformatorischen Kirchenvisitationen in den welfischen Landen 1542—1544. Instruktionen, Protokolle, Abschiede und Berichte der Reformatoren.* Göttingen 1897. XII, 657 S.

Keetz, Wilhelm: *Geschichte des Fleckens Bleckede. Festschrift zur 700jährigen Jubelfeier (28. und 29. August 1909).* Mit zwei Ansichten von Bleckede. Bleckede 1909. 25 S.

Kempen, Wilhelm van: *Schlösser und Herrensitze in Niedersachsen. Nach alten Vorlagen.* Frankfurt a. M. 1960. 232 S.

Kirchner, G.: *Treibgemüsebau in Bardowick,* in: LKK 3 (1931) S. 83—84.

Klappenbach: *Turnen und Sport im Landkreise Lüneburg,* in: LKK 4 (1932) S. 77—84.

Kleyböcker, H.: *Geschichte der alten Bauernfamilie Pätzmann zu Häcklingen,* in: LKK 1 (1929) S. 48—52.

Kleyböcker, H.: *Der 30jährige Krieg in unserer Heimat,* in: LKK 2 (1930) S. 45—50; 3 (1931) S. 55—58.

Kleyböcker, H.: *Schicksale eines niedersächsischen Bauernhofes und seiner Bewohner,* in: LKK 10 (1938) S. 37—48.

Kollai, Helmut Rudi: *Die Eingliederung der Vertriebenen und Zuwanderer in Niedersachsen.* Berlin 1959. 160 S. = Schriften des Vereins für Sozialpolitik. Neue Folge, Band 7/IX.

König, Werner Harro; Morgner, Hans: *Schöne alte Salzstraße. Ein Bildband.* Lüneburg 1979. 84 S.

König, Werner Harro: *Das kleine Rathausbuch.* Lüneburg, o. J. 40 S.

Körner, Gerhard: *Geschichte und Aufgaben der deutschen Vorgeschichtsforschung in Nordhannover* (Vortrag im Lüneburger Museum am 11. Februar 1937), in: Lüneburger Museumsblätter 4 (1937) S. 115—140.

Körner, Gerhard: *Vom langobardischen Handwerk. Der Kammacher,* in: LKK 11 (1939) S. 87—93.

Körner, Gerhard: *Festtage im tausendjährigen Lüneburg.* Lüneburg 1956. 48 S.

Körner, Gerhard: *Das Salzwerk zu Lüneburg,* in: Lüneburger Blätter 7—8 (1957) S. 41 bis 55.

Körner, Gerhard: *Museum für das Fürstentum Lüneburg.* Hamburg 1965. 84 S. = Kulturgeschichtliche Museen in Deutschland 7.

Körner, Gerhard: *Leitfaden durch das Museum.* 2. vermehrte und verbesserte Aufl. Lüneburg 1972. 176 S.

Körner, Gerhard; Boy-Schmidt, Hans: *Die Wappen des Landkreises Lüneburg.* Lüneburg 1973. 56 S.

Körner, Gerhard: *Auf dem Michaeliskloster. Ansprache bei der Einweihung des Erweiterungsgebäudes der Kreisverwaltung am 7. Oktober 1981 in der St. Michaeliskirche in Lüneburg.* Lüneburg 1981. 12 S.

Die Kreissparkasse in Bleckede, in: Bleckeder Zeitung 28./29. August 1959.

Kretzer, Hans: *Niedersachsen hier und jenseits der Grenzen,* in: LKK 8 (1936) S. 100—101.

Krieg, Martin: *Die Entstehung und Entwicklung der Amtsbezirke im ehemaligen Fürstentum Lüneburg.* Göttingen 1920. II, 113 S. = Veröffentlichungen der Historischen Kommission für Hannover, Oldenburg, Braunschweig, Schaumburg-Lippe und Bremen 6.

Kronenberg: *Wir und die Kriegsgräberfürsorge,* in: LKK 10 (1938) S. 103—106.

Krüger, Franz: *Urnenfriedhof bei Lüneburg,* in: Lüneburger Museumsblätter 1, 4 (1907) S. 98—99.

Krüger, Franz; Reinecke, Wilhelm: *Ein bronzezeitliches Hügelfeld,* in: Lüneburger Museumsblätter 3, 9 (1914) S. 5—20.

Krüger, Franz: *Glockentürme aus Holz im Regierungsbezirk Lüneburg,* in: Lüneburger Museumsblätter 3, 10 (1915) S. 119—178.

Krüger, Franz: *Kloster Lüne.* Lüneburg 1923. 8 S.

Krüger, Franz: *Schmuckplatten der älteren Bronzezeit,* in: Lüneburger Museumsblätter, 3, 11 (1925) S. 183—205.

Krüger, Franz: *Grabungen auf der Ertheneburg bei Artlenburg,* in: Lüneburger Museumsblätter 3, 11 (1925) S. 246—247.

Krüger, Franz: *Die Klöster Ebstorf, Lüne und Medingen,* in: Görges-Spehr: Vaterländische Geschichten und Denkwürdigkeiten der Lande Braunschweig und Hannover. Braunschweig 1927. Band 2, Teil 1, S. 546—555.

Krüger, Franz: *Bleckede,* in: Görges-Spehr: Vaterländische Geschichten und Denkwürdigkeiten der Lande Braunschweig und Hannover. Braunschweig 1927. Band 2, Teil 1, S. 555—557.

Krüger, Franz: *Ein Doppelgrab bei Sprötze, Kreis Harburg, und andere Fundberichte,* in: Lüneburger Museumsblätter 3, 12 (1928) S. 267—284.

Krüger, Franz: *Hünengräber,* in: LKK 3 (1931) S. 65—72.

Krüger, Franz: *Ziegelstempel in Lüneburg.* Lüneburg 1933. 68 S. = Festblätter des Museumsvereins für das Fürstentum Lüneburg 5.

Krüger, Franz: *Frühgermanische Kultur im Bardengau zur älteren Bronzezeit,* in: LKK 8 (1936) S. 39—48.

Krüger, Franz: *Die Windmühle von Barnstedt,* in: Lüneburger Museumsblätter 4 (1937) S. 59—65.

Kruse, Joseph A.: *Ein geistliches Jahr. Heinrich Heines Aufenthalte in Lüneburg,* in: Lüneburger Blätter 21—22 (1970—1971) S. 21—47.

Kück, Eduard: *Das alte Bauernleben der Lüneburger Heide. Studien zur niedersächsischen Volkskunde.* Leipzig 1906. XVI, 279 S.

Kück, Eduard: *Ein Wörterbuch der Lüneburger Heide,* in: Lüneburger Museumsblätter 1, 3 (1906) S. 1—17.

Kück, Eduard; Schönhagen, Elfriede (Herausgeber): *Heidjers Tanzmusik. 28 Bauerntänze aus der Lüneburger Heide (für Klavier).* Mit Tanzerläuterungen, 12 Abbildungen und einer Abhandlung über Tanzbräuche und Heidekomponisten. Berlin 1911. 68 S.

Kück, Eduard; Sohnrey, Heinrich: *Feste und Spiele des deutschen Landvolks.* 3., neu bearbeitete Aufl. Berlin 1925. 372 S.

Kücken, Friedrich Wilhelm: in: Bleckeder Zeitung 28./29. August 1959.

Lange: *Die NSDAP im Kreise Lüneburg-Land,* in: LKK 7 (1935) S. 80—81.

Lange, W.: *Rückblicke in vergangene Zeiten.* Bleckede 1930. 60 S.

Lienau, Michael Martin: *Die Grabungen des Museumsvereins im Jahre 1908,* in: Lüneburger Museumsblätter 2, 6 (1909) S. 149—157.

Lienau, Michael Martin: *Grabungen des Museumsvereins,* in: Lüneburger Museumsblätter 2, 7 (1910) S. 201—209.

Lienau, Michael Martin: *Grabungen des Museumsvereins 1910/1911,* in: Lüneburger Museumsblätter 2, 8 (1911) S. 307—344.

Lilje, Fritz: *Aus der Arbeit der NS.-Kulturgemeinde im Landkreis Lüneburg,* in: LKK 8 (1936) S. 98—99.

Manecke, Urban Friedrich Christoph: *Topographisch-historische Beschreibungen der Städte, Ämter und adelichen Gerichte im Fürstenthum Lüneburg.* Band 1—2. Celle 1858.

Martiny, Rudolf: *Die ländliche Siedlungsgestaltung und Flurgestaltung der Lüneburger Heide,* in: Lüneburger Museumsblätter 3, 12 (1928) S. 285—296.

Matthaei, Georg: *Die Einführung der Reformation in Lüneburg vor 400 Jahren.* Lüneburg 1930. 66 S.

Matthaei, Georg: *Die Lage der Lüneburger Elbschiffahrt im 16. und 17. Jahrhundert,* in: Lüneburger Blätter 6 (1955) S. 70—79.

Meyer, August: *Einiges über die Schiffahrt auf der alten Ilmenau,* in: LKK 6 (1934) S. 57—58.

Meyer, Gerhard: *Zur Baugeschichte des Bardowicker Doms,* in: Lüneburger Blätter 3 (1952) S. 65—74.

Meyer, Gerhard: *Zur Lage von Ertheneburg,* in: Lüneburger Blätter 7—8 (1957) S. 64—80.

Meyer, J.: *Zur Reformationsgeschichte des Klosters Lüne,* in: Zeitschrift der Gesellschaft für niedersächsische Kirchengeschichte 14 (1909) S. 162—221.

Meyer, Karl: *Bleckeder Leben vor 100 Jahren. Jugenderinnerungen des k. u. k. österr.-ungar. Majors Karl Meyer,* in: Bleckeder Zeitung 28./29. August 1959.

Meyer, Theodor: *Zur Geschichte der Gemeinde St. Dionys.* Lüneburg 1891. 242 S.

Meyer: *Das Winsener Schatzregister.* Lüneburg 1891. 192 S.

Meyer-Walmsburg: *Das neue Bauernhaus in Niedersachsen,* in: LKK 10 (1938) S. 93—97.

Meyne, Willi: *Die mittelalterlichen Gestühlsreste in der Kirche zu Scharnebeck,* in: LKK 13 (1962) S. 25—44.

Mohrbutter, Elsbet: *Amtsmänner und Landräte zu Bleckede,* in: Bleckeder Zeitung 28./29. August 1959.

Morgner, Hans siehe: König, Werner Harro.

Müller, Theodor: *Chronik von Scharnebeck.* Bleckede 1976. 136 S.

Nauke siehe: Hermann, Wilhelm.

Niebuhr, Albrecht: *Die Mühle in Heiligenthal,* in: LKK 6 (1934) S. 99—106.

Niebuhr, Albrecht: *Aus der Geschichte des heimischen Handwerks,* in: LKK 4 (1932) S. 53—62.

Nürnberg, Wilhelm: *Die Bleckeder Schiffahrt,* in: Bleckeder Festschrift 1959, S. 75.

Nolte, Ernst: *Aus dem Kloster Lüne.* Lüneburg 1932. 41 S. = Festblätter des Museumsvereins für das Fürstentum Lüneburg 3.

Nolte, Ernst: *Quellen und Studien zur Geschichte des Nonnenklosters Lüne bei Lüneburg. 1. Teil: Die Quellen. Die Geschichte Lünes von den Anfängen bis zur Klostererneuerung im Jahre 1481.* Göttingen 1932. 8, 136 S. = Studien zur Kirchengeschichte Niedersachsens 6.

Carl Peters. 1856—1918, in: LKK 7 (1935) S. 107.

Pleß, Helmut C.: *Lüneburg 45. Nordost-Niedersachsen zwischen Krieg und Frieden.* Lüneburg 1976. 192 S.

Pleß, Helmut C.: *Die Geschichte der Garnisonstadt Lüneburg: Von den Burgmannen bis zur Bundeswehr,* in: Landeszeitung für die Lüneburger Heide 13. August 1984 ff.

Ploetz, Bruno: *Überlandfernverkehr im Gebiet des Fürstentums Lüneburg,* in: Lüneburger Blätter 11/12 (1961) S. 67—147.

Ploetz, Bruno: *Der Hessenkarrenweg zwischen Lüneburg und Ebstorf,* in: Lüneburger Blätter 13 (1962) S. 59—83.

Popken, Hans: *Das Forstwesen,* in: Bleckeder Festschrift 1959, S. 73—74.

Puls, Karl: *Auf vorgeschobenem Posten,* in: LKK 9 (1937) S. 87—88.

Rabeler, J.: *Köstorf. Eine wüste Ortschaft im Kirchspiel Reinstorf,* in: LKK 7 (1935) S. 44—46.

Rabeler, J.: *Holthusen,* in: LKK 8 (1936) S. 61—62.

Rabeler, J.: *Scharnhop. Ein aufgeforsteter Meyerhof,* in: LKK 9 (1937) S. 97—98.

Radbruch, Günther: *Radegast wurde per auspicia consultiret,* in: Marsch und Heide (Winsen/Luhe) 12/69.

Rasch, Marie; Reinecke, Alwine: *Lüneburg in der allgemeinen Deutschen Biographie,* in: Jahresberichte des Museums-Vereins für das Fürstentum Lüneburg 1899—1901 (1901)

S. 91—112; Lüneburger Museumsblätter 1, 1 (1904) S. 57—83; 1, 2 (1905) S. 41—67.

Ravens, Alex: *140 Jahre Deckstation Handorf. Ein Beitrag zur hannoverschen Pferdezucht in der Winsener Marsch,* in: Heimatglocken (Winsen/Luhe) 113 (1956).

Reformation vor 450 Jahren. Eine lüneburgische Gedenkschrift. Lüneburg 1980. 216 S.

Reglement der Todtenkasse „St. Crucis-Gilde", in: Bleckeder Zeitung 28./29. August 1959.

Reher, Carl Christian: *Artlenburg: Geschichte eines Elbdorfes,* in: LKK 8 (1936) S. 105—108.

Reher, Carl Christian: *Das alte Bardowick. Ein Führer durch die ältesten Stätten des Bardengaues.* Lüneburg 1938. 11 S.

Reher, Carl Christian: *Der Landkreis Lüneburg im Spiegel des Jahres,* in: LKK 10 (1938) S. 123—135.

Reher, Carl Christian: *Die Jahreschronik des Landkreises Lüneburg,* in: LKK 11 (1939) S. 111—119.

Reinecke, Helmut: *Die Rekonstruktion des Heiligenthaler Altars,* in: Lüneburger Museumsblätter 13 (1937) S. 99—107.

Reinecke, Wilhelm (Herausgeber): *Die Baurechnung der Marianikapelle zu Bardewik (1466),* in: Lüneburger Museumsblätter 1 (1904) S. 85—96.

Reinecke, Wilhelm: *Eine Siegelfälschung,* in: Lüneburger Museumsblätter 2, 6 (1909) S. 189—190.

Reinecke, Wilhelm (Herausgeber): *Erzählung der Johanna Stegen vom Jahre 1813,* in: Lüneburger Museumsblätter 2 (1912) S. 55—77.

Reinecke, Wilhelm: *Das Rathaus zu Lüneburg.* Lüneburg 1925. 160 S.

Reinecke, Wilhelm: *Bardewik,* in: Görges-Spehr: Vaterländische Geschichten und Denkwürdigkeiten der Lande Braunschweig und Hannover. Braunschweig 1927. Band 2, Teil 1, S. 530—534.

Reinecke, Wilhelm: *Der Dom zu Bardowick.* Wienhausen 1929. 16 S. mit zehn Bildtafeln. = Norddeutsche Kunstbücher. Herausgegeben von Ernst Precht, 25.

Reinecke, Wilhelm: *Kunstschätze des Landkreises im Museum zu Lüneburg,* in: LKK 1 (1929) S. 57—61.

Reinecke, Wilhelm: *Geschichte der Stadt Lüneburg.* Band 1—2. Lüneburg 1933.

Reinecke, Wilhelm: *Dem Andenken an Franz Krüger,* in: LKK 10 (1938) S. 122.

Reinecke, Wilhelm: *Kloster Lüne und seine Kunstschätze.* Mit 40 Aufnahmen von Theodor Voigt. Elmshorn 1948. 32 S., 36 Tafeln.

Reinecke, Wilhelm siehe: Bahrfeldt, Emil.

Reinecke, Wilhelm siehe: Krüger, Franz.

Reineke, Friedrich Wilhelm: *Die Geschichte der Schulen des Kirchspiels Raven,* in: Marsch und Heide (Winsen/Luhe) 6/70.

Reinhardt, Uta: *Nationalsozialistische Stadtplanung am Beispiel Lüneburg,* in: Lüneburger Blätter 24 (1978) S. 109—119.

Reinstorf, Ernst: *Bütlinger Heimatbuch.* Hannover 1921. XII, 160 S.

Reinstorf, Ernst: *Elbmarschkultur zwischen Bleckede und Winsen an der Luhe in ihrer erd- und menschengeschichtlichen Entwicklung.* Harburg-Wilhelmsburg 1929. VII, 504 S.

Reinstorf, Ernst: *Die Feststellung der Grenze zwischen Bütlingen und Artlenburg,* in: LKK 1 (1929) S. 55.

Reinstorf, Ernst: *Bütlingen,* in: LKK 5 (1933) S. 73—75.

Reinstorf, Ernst: *Artlenburg in der Geschichte,* in: LKK 6 (1934) S. 51—52.

Reinstorf, Ernst: *Ein altes Bauerngeschlecht im Lüneburgischen,* in: LKK 7 (1935) S. 55—56.

Reinstorf, Ernst: *Wie die langen Stücke in unserer Elbmarsch entstanden,* in: LKK 8 (1936) S. 49—50.

Reinstorf, Ernst: *Gedanken um St. Dionys,* in: LKK 11 (1939) S. 69—70.

Reinstorf, Ernst: *Geschichte der Dörfer Bütlingen, Barum, Brietlingen, Horburg, Lüdershausen und St. Dionys.* Alvern 1951. 79 S.

Reinstorf, Ernst: *Geschichte der Landschule im Lüneburgischen.* Winsen (Luhe), Salzhausen 1953. 86 S.

Reinstorf, Ernst siehe: Holm, A.

Rieckmann, Gustav: *Anno 1852/54: Handorf baut eine neue Kirche,* in: Marsch und Heide (Winsen/Luhe) 48/84 — 52/84.

Ringklib, Heinrich (Bearbeiter): *Statistische Übersicht der Eintheilung des Königreichs Hannover nach Verwaltungs- und Gerichts-Bezirken in Folge der neuen Organisation der Verwaltung und Justiz.* 2., verbesserte und vermehrte Aufl. Hannover 1853. XXVI, 222 S.

Ritter, Ernst: *Gutitz, ein „wüst" gewordenes und wieder errichtetes Dorf im Amt Neuhaus,* in: LKK 11 (1939) S. 58—60.

Ritter, Ernst: *Die Haus- und Hofstellen in Neuhaus-Elbe und Carrenzien.* Neuhaus 1941. IV, 208 S.

Rüther, Ernst: *Unsere Heimat und Napoleons Zug nach Rußland 1812,* in: LKK 1 (1929) S. 76—78.

Rüther, Ernst: *Feld- und Flurbeschreibung von Kolkhagen,* in: LKK 2 (1930) S. 63—66.

Rüther, Ernst: *Hillersbüttel,* in: LKK 4 (1932) S. 47—49.

Rüther, Ernst: *Die Gilde zu Amelinghausen,* in: LKK 7 (1935) S. 48—49.

Rüther, Ernst: *Zur Geschichte der St. Hippolytuskirche in Amelinghausen,* in: LKK 7 (1935) S. 50—52.

Rüther, Ernst: *Der Bauer im Oldenbrügger Gohgericht,* in: LKK 11 (1939) S. 53—57.

Rüther, Ernst: *Die Geschichte des Meierhofes in Thansen.* Winsen. o. J. 20 S.

Schäfer, H.: *In der Dahlenburger Schule vor drei Jahrhunderten,* in: LKK 10 (1938) S. 116—117.

Schilling, Friedrich Carl siehe: Dumrese, Hans.

Schlöpke, Christian: *Chronicon oder Beschreibung der Stadt und des Stiffts Bardewick.* Lübeck 1704. 529 S.

Schönhagen, Elfriede siehe: Kück, Eduard.

Schötteldreyer, Franz: *Einberufung von Unterthanen. 1803 mußte der Magistrat zu Bleckede „sechs Mann liefern",* in: Bleckeder Zeitung 28./29. August 1959.

Schötteldreyer, Franz: *So feierte man im Jahre 1909,* in: Bleckeder Zeitung 28./29. August 1959.

Schötteldreyer, Franz: *Traditionsreiche Schützengilde,* in: Bleckeder Zeitung 28./29. August 1959.

Schötteldreyer, Ute: *Bleckeder Heimatbuch. Aus der Geschichte der Stadt Bleckede und ihrer Ortsteile.* Bleckede 1983. 372 S.

Schröder, Hans: *Zwei alte Portale aus Bardewik und Lüneburg,* in: Lüneburger Museumsblätter 3, 12 (1928) S. 399—404.

Schulz, Heinrich: *Anna und Barbara Stehr von Amelinghausen. Eine Hexengeschichte,* in: LKK 2 (1930) S. 77—80.

Schulz, Heinrich: *Wie man Anno 1682 die Maul- und Klauenseuche bekämpfte,* in: LKK 3 (1931) S. 121—122.

Schulz, Heinrich: *Über heimisches Forstwesen um 1650,* in: LKK 4 (1932) S. 110—114.

Schulz, Heinrich: *Über Melbecker Holzungsverhältnisse um 1590,* in: LKK 5 (1933) S. 63—67.

Schulz, Heinrich: *Ein Melbecker Holzgericht. Auf Grund alter Urkunden,* in: LKK 6 (1934) S. 91—96.

Schulz, Heinrich: *Das Kloster St. Michaelis baut einen Fischteich im Häcklinger Felde Anno 1562,* in: LKK 7 (1935) S. 39—42.

Schulz, Heinrich: *Die Grünhagener „Bluthochzeit" anno Domini 1613,* in: LKK 8 (1936) S. 51—54.

Schulz, Heinrich: *Der Gutsherr als Richter. Anno 1651,* in: LKK 10 (1938) S. 78—82.

Schulz, Heinrich: *Der Schutztaler,* in: LKK 11 (1939) S. 75—77.

Schulze, E. O.: *Niederländische Siedelungen in den Marschen an der unteren Weser und Elbe im 12. und 13. Jahrhundert,* in: Zeitschrift des historischen Vereins für Niedersachsen (1889) S. 1—104.

Schuster, Eduard: *Kunst und Künstler in den Fürstenthümern Calenberg und Lüneburg in der Zeit von 1636 bis 1727.* Mit 15 Kunstbeilagen. Hannover, Leipzig 1905. 221 S.

Schwantes, Curt: *Wohnstätten der Bronzezeit und eisenzeitliche Schmelzgruben,* in: Lüneburger Museumsblätter 2, 8 (1911) S. 345—347.

Seeler: *Pflichten und Lasten eines Hohnstorfer Bauern vor 300 Jahren,* in: LKK 10 (1938) S. 73—75.

Seil, Wilhelm: *Der 13. Mai 1834. Die letzten Hinrichtungen in Bleckede,* in: Bleckeder Zeitung 28./29. August 1959.

Sohnrey, Heinrich siehe: Kück, Eduard.

Sommer, Johannes: *Michaeliskirche zu Lüneburg.* Lüneburg 1957. 24 S.

Spennemann, Wilhelm Cornelius (Herausgeber): *Beiträge zur Heimatgeschichte des alten Amtes Neuhaus.* Neuhaus-Elbe 1936. 134 S.

Sprengell: *Einiges aus dem Bardowiker Rathsbuche mit freundlicher Erlaubniß der beiden Rathmänner von Bardowik Johann Peter Maack und Daniel Dittmer,* in: Jahresbericht des Museumsvereins für das Fürstenthum Lüneburg 7—9 (1884—1886) S. 31—54.

Sprengell: *Mittheilungen über den Güterbesitz des Hospitals zu St. Nicolai-Hof in Bardowik,* in: Jahresbericht des Museumsvereins für das Fürstenthum Lüneburg 7—9 (1884—1886) S. 55—77.

Sprengell: *Ein uralter Pfingstbrauch in Bardowik,* in: Jahresbericht des Museumsvereins für das Fürstenthum Lüneburg 10—13 (1887—1890) S. 36—37.

Sprengell: *Ein Verzeichniß von Stellenbesitzern in Bardowik vom Jahre 1450,* in: Jahresbericht des Museumsvereins für das Fürstenthum Lüneburg 10—13 (1887—1890) S. 38—40.

Sprengell: *Noch einiges von Bardowik,* in: Jahresbericht des Museumsvereins für das Fürstenthum Lüneburg 10—13 (1887—1890) S. 67—71.

Stamer, Ludolf: *Das Elektrizitätswesen,* in: Bleckeder Festschrift 1959, S. 83—84.

Stammbaum der Familie Rautenkranz, in: LKK 7 (1935) S. 53.

Stange, Magdalene: *Das untergegangene Dorf,* in: LKK 10 (1938) S. 83—85.

Statut der Gesammt-Realgemeinde Bleckede. Bleckede 1889. 39 S.

Stegen, Johanna siehe: Reinecke, Wilhelm.

Stein, Gustav: *Großmutter Prigge,* in: LKK 1 (1929) S. 72—75.

Stein, Gustav: *Wahre Geschichten,* in: LKK 1 (1929) S. 102.

Stein, Gustav: *Schwarzwild im Landkreise Lüneburg,* in: LKK 5 (1933) S. 77—78.

Steinvorth, H.: *Der Esel mit den silbernen Hufeisen,* in: LKK 2 (1930) S. 111.

Steuernagel, F.: *Bleckeder Handwerk gestern und heute,* in: Bleckeder Festschrift 1959, S. 61—63.

Stoya, Ernst: *Die Totenstadt bei Oldendorf,* in: LKK 1 (1929) S. 67—71.

Strasser, Ernst: *Lüneburg gestern — heute.* Hannover 1961. 108 S.

Strasser, Ernst: *Lüneburg geliebte Stadt.* Uelzen 1969. 208 S.

Szymanski, Hans: *Die Anfänge der Dampfschiffahrt in Niedersachsen und in den angrenzenden Gebieten von 1817 bis 1867.* Mit 40 Tafeln. Hannover 1958. XII, 459 S. = Schriften der Wirtschaftswissenschaftlichen Gesellschaft zum Studium Niedersachsens, Neue Folge 67.

Täger, Heinrich: *Katemin durch die Jahrhunderte.* Katemin 1952. 64 S. (Handgeschrieben).

Täger, Heinrich: *Der Angelsport,* in: Bleckeder Festschrift 1959, S. 91.

Turnen und Sport, in: Bleckeder Festschrift 1959, S. 87—89.

Verfassungsstatut für den Flecken Bleckede. Bleckede 1886. 15 S.

Verwaltungs- und Gebietsreform in Niedersachsen. Gutachten der Sachverständigenkommission für die Verwaltungs-und Gebietsreform. Band 1—2. Hannover 1969.

Verzeichnis der im Kloster zu Lüne befindlichen alten Stickereien und Gewebe. Lüneburg o. J. 14 S.

Voigt, Theodor: *Lüneburg mit tausendjähriger Geschichte.* 3. Auflage. Kollmar über Elmshorn 1963. 64 S.

Wachendorf-Laave, Fritz: *Die Burgen im Gebiet des ehemaligen Amtes Neuhaus.* Lübtheen o. J. 40 S.

Wagner, Frank: *Zwischen Hamburg und Lauenburg. Ein Kapitel aus der Oberelbschiffahrt mit 23 Schiffsbildern und Zeitdokumenten sowie 16 Federzeichnungen von Alfred Grobe.* Wesselburen, Hamburg 1964. 96 S.

Wagner, Hermann: *Die Ostheide im Wechsel von Raum und Zeit. Dem Heimatforscher und Architekten Dr. h. c. Franz Krüger zum Gedächtnis,* in: LKK 9 (1937) S. 67—72.

Wagner, Hermann: *Quer durch die Heimat,* in: LKK 10 (1938) S. 49—56.

Wagner, Margarete: *Sakrale Weißstickereien des Mittelalters.* Eßlingen 1963. 44 S.

Wallis, Ludwig: *Abriß der Reformations-Geschichte Lüneburgs und Beiträge zur Geschichte der Kirchen, Klöster, Capellen und Schulen der Stadt, auch Nachricht von den bislang allda gefeierten evangelischen Säcularfesten.* Lüneburg 1831. XXIV, 232 S.

Wallmann, Karl: *Die Schützengilde,* in: Bleckeder Festschrift 1959, S. 53—54.

Wallmann, Karl: *Das Feuerschutzwesen,* in: Bleckeder Festschrift 1959, S. 58 bis 59.

Warnecke, Friedrich: *Friedrich Wilhelm Kücken. Zur Erinnerung an den Bleckeder Komponisten,* in: LKK 9 (1937) S. 81—83.

Weiss, Gerd: *Landkreis Lüneburg.* Braunschweig und Wiesbaden 1981. 150 S. = Denkmaltopographie Bundesrepublik Deutschland. Baudenkmale in Niedersachsen 22. 2.

Will, Günter: *Die Ursula-Nacht in Lüneburg am 21. Oktober 1371. Verlauf und kritische Würdigung,* in: Lüneburger Blätter 21—22 (1970—1971) S. 7—20.

Wille, Ernst: *750 Jahre kirchliches Leben in Bleckede,* in: Bleckeder Zeitung 28./29. August 1959.

Wirringa, Jakob: *Der Strombau im Bereich von Bleckede,* in: Bleckeder Festschrift 1959, S. 76—77.

Wrede, Adolf: *Die Einführung der Reformation im Lüneburgischen durch Herzog Ernst den Bekenner.* Göttingen 1887. 227 S.

Wrede, Adolf: *Ernst der Bekenner, Herzog von Braunschweig und Lüneburg.* Halle 1888. 124 S. = Schriften des Vereins für Reformationsgeschichte 25.

Wrede, Hermann: *Die Glocken des Landkreises Lüneburg,* in: Lüneburger Museumsblätter 5 (1908) S. 1—53; 6 (1909) S. 101—147.

Wrede, Hermann: *Die Blücherglocke und ihr Meister Cord Fribusch,* in: Lüneburger Museumsblätter 3, 12 (1928) S. 339—357.

Zechlin, Erich: *Lucas Lossius: Lüneburg im Sachsenlande,* in: Lüneburger Museumsblätter 1, 3 (1906) S. 41—54.

Zieting, Annemarie: *Bäuerliche Stickereien aus der Winser Elbmarsch.* Berlin 1942. 31 S., 24 Bildtafeln.

PERSONENREGISTER

(Einzelpersonen berücksichtigt, Familien allgemein nur ausnahmsweise)

ORTSREGISTER

(der Ortsnamen auf den Seiten 13—305, teilweise identisch mit Gebietsnamen; siehe zusätzlich das ABC der Gemeinden)

ABBILDUNGSVERZEICHNIS

(für die 186 Abbildungen)

Die 23 Wappen und die 16 Porträts für den Einband (von oben links nach rechts im Kreis: Heinrich der Löwe, Hermann Billung, Äbtissin, Ernst der Bekenner, Sülfmeister, Hans Stern, Tilly, Heinrich Heine, Carl Peters, Friedrich Wilhelm Kücken, Johanna Stegen, Schäfer Ast, Heidepastor Wilhelm Bode, Montgomery, Landrat Wilhelm Martens, Heidekönigin) zeichnete Harold Müller.

Verlag Nordland-Druck GmbH, Lüneburg 1985

Gestaltung: Harold Müller, Lübberstedt
Herstellung: Nordland-Druck GmbH, Lüneburg
ISBN 3-922639-00-3